KB179139

아내의 역사

최초의 아내 이브부터 〈인형의 집〉 로라까지,
역사 속 아내들의 은밀한 내면 읽기

아내의 역사

매릴린 옐롬 지음 · 이호영 옮김

cum libro
책과함께

일러두기

1. 이 책에서 성경 인용문의 번역은 《성경전서》(그리스도 예수안에, 2006)를 참고하였다.
2. 인명 중에서 라틴어 이름이 더 유명한 경우, 라틴어식으로 번역하고 영어식 이름을 병기하였다.
   예) Saint Augustine → 성 아우구스티누스(성 오거스틴)

나의 여자 친구들에게

한때 아내였거나 지금도 아내인 세상의 모든 아내들에게 바친다.

캐럴, 캐시, 신시아, 다이앤,

헬렌, 진, 리아, 마지, 메리,

미네르바, 마이라, 필리스, 스티나,

수 B., 수 G., 비다.

차례

◆ 들어가는 글 ◆

아내는 멸종 위기인가?

친애하는 애비에게

저는 아주 멋진 남자와 약혼한 지 2년이 넘었는데 아직 결혼할 마음은 없어요. 그는 저와 아홉 살인 제 딸을 사랑합니다. 세탁, 설거지, 청소 등 뭐든 해주고 제 딸을 친딸처럼 여기고 있어요. 그는 투잡을 하고 있기 때문에 우리는 부족한 것 없이 살고 있어요.

이 정도면 정말 완벽한 그림 아닌가요?

그런데 문제는 제가 그를 사랑하지 않는다는 거예요. 머리로는 그를 사랑한다고 생각하지만 제 마음은 그렇지 않거든요. 그는 여자들이 남편에게 기대하는 모든 것을 갖췄지만 과연 그것이 사랑을 대신할 수 있을까요? 아니면 제가 너무 연애소설을 많이 읽은 걸까요?

그는 될 수 있는 한 빨리 결혼하고 싶어해요. 저는 올해 스물아홉 살의 미혼모이고, 딸에게 아빠가 필요하다고 생각해요. 솔직히 그 사람처럼 저를 사랑해주는 남자를 만날 수 있을까 싶어요.

저를 사랑하고 제 딸을 친딸처럼 돌봐줄 그런 남자를 과연 또 만날 수 있을까요? 아니면 사랑하지는 않지만 훌륭한 남편 그리고 자상한 아빠가 되어줄 남자와 결혼해야 할까요?

기쁠 때나 슬플 때나

기쁠 때나 슬플 때나 님에게

마음이 끌리지 않는데도 당신이 그 남자와 결혼한다면 당신과 그 사람 둘 다에게 몹쓸 짓을 하는 것입니다. 그리고 당신을 사랑해줄 사람을 다시는 만나지 못할 거라는 두려움 때문에 결혼하면 안 됩니다. 결혼은 평생을 함께할 배우자를 선택하는 일입니다. (그 사람과 결혼한 뒤) 스스로를 팔아넘겼다고 느끼면서 살고 싶지 않다면 그를 놓아주세요.

1998년 7월 3일 〈샌프란시스코 크로니클San Francisco Chronicle〉

유사 이래로 오랫동안 이런 편지는 쓰일 수조차 없었다. 여성이 글을 쓸 줄 몰랐기 때문이 아니라 여성에게는 남편을 선택할 권리가 없었기 때문이다. 여성이 혼외 성관계를 맺거나 사생아를 낳기라도 하면 손가락질을 당했을 뿐만 아니라 심지어 어떤 사회에서는 죽임을 당하기까지 했다. 청교도적 도덕이 맹위를 떨쳤던 초기 미국 사회에서 '간통'을 저지른 사람은 벌금을 물거나 공개된 장소에서 채찍질을 당했다. 독신모는 혹독한 낙인이 찍히기 때문에 아이를 낳은 사실을 숨기려고 영아를 살해하기도 했다. 독신모가 차마 아이를 떼어놓을 수 없을 때 사회적으로 용인될 수 있는 유일한 해결책은 남편감을 찾는 것이었다.

오늘날 독신모는 더 이상 옛날처럼 사회의 비난을 받지 않는다. 위의 편지에서 볼 수 있듯 결혼하고 싶어 안달하는 남자의 프러포즈를 거절할 수도 있다. 이 편지를 쓴 여성은 남자가 자신을 사랑하고, 자기 자식도 아닌 아이를 받아들이고, 그들을 부양하기 위해 투잡을 하고, 빨래, 설거지, 청소를 하는 것만으로는 부족하다고 여긴다. 그녀는 그것만으로는 만족하지 못하고 있다. 그녀는 '자신이' 사랑할 수 있는 남자를 원한다. 그리고 저 유명한 도덕의 심판관인 애비게일 밴 뷰런(Abigail Van Buren, 〈친애하는 애비에게〉의 필자로 여러 신문에 인생 상담 칼럼을 쓰는 미국의 칼럼니스트이다—옮긴이)은 이 결정에 힘을 실어준다.

여러분은 〈친애하는 애비에게〉의 애비가 이 여성에게 올바른 충고를 했다고 생각하는가? 이 여성이 동반자, 가장, 그리고 아빠 노릇을 기꺼이 해온 남자와 헤어져야 하는가? 낭만적 사랑이 결혼을 결정하는 데 가장 중요하다는 애비의 믿음은 옳은 것인가?

이 편지는 현대 여성들의 결혼관에 대해 많은 것을 시사해주고 있다. 오늘날 독신모는 더 이상 결혼을 강요받지 않으며, 대부분의 성인이 경험한 적은 있지만 누구도 정확하게 정의하지 못하는 감정과 섹스의 중독성 있는 혼합물인 사랑의 이름으로 결혼할 수 있다. 옛날 여성들은 경제적 지원을 받기 위해서, 가족 간의 유대를 강화하기 위해서, 아이를 낳기 위해서, 외로워서, 다른 여자들처럼 평범하게 살기 위해서 등의 이유로 결혼을 했다. 성직자의 아내, 제빵사의 아내, 의사의 아내처럼 누군가의 아내가 된다는 것은 '타고난' 소명을 완수했음을 세상에 알리는 일이었다. 행복한 결혼이든, 그렇지 않든 결혼반지는 여성의 가치를 평가하는 척도가 되었다.

오늘날 '아내'라는 단어는 더 이상 위와 같은 메시지를 전달하지 않는다. 그것은 과거에 중상류층 가정에서 그랬던 것처럼 아내가 남편에게 부양받는다는 사실을 의미하지 않는다. 오늘날에는 결혼이 성적 즐거움과 안락한 가정을 얻기 위해 그리고 어머니가 되기 위해 반드시 통과해야 하는 관문이 아니다. 오늘날 미국의 아이들 가운데 40퍼센트는 혼외 관계에서 태어나고 있다.

사업을 하거나 직장에 다니는 여성에게 아내가 된다는 것은 씁쓸한 축복일 수 있다. 어떤 아내들은 남편의 연줄을 이용한다. 또 어떤 아내들은 가정보다 직장에 충실할 것을 요구하는 동료들과 상사들 앞에서 결혼한 티를 내지 않는 것이 상책이라고 생각한다. 결혼 전 이름을 그대로 쓰는 기혼 여성이 점점 더 많아지고 있듯이 말이다. 미국의 부부들 가운데 절반가량이 이혼하는 상황에서 다시 찾게 될지도 모를 이름을 번거롭게 바꿀 필요가 어디 있겠는가? 성생활을 하기 위해서, 경제적 지원을 받기 위해서, 주거 공간을 공유하기 위해서, 심지어는 아이를 갖기 위해서, 반드시 남편이 필요한 것도 아닌데 구태여 결혼을 할 이유는 또 어디에 있겠는가?

이 책에서는 아내의 역사에서 언제 이러한 문제가 발생했는지를 살펴보려고 한다. 나는 지난 50년간 여러 가지 측면에서 나타난 아내상의 변모가 (민족, 종교, 인종, 사회 계급에 따라 조금씩 다르게 나타났지만 몇 가지 공통점이 있는) 매우 오랫동안 진행되어온 변화의 정수라고 생각한다. 비록 시대에 따라 변해왔고 새로운, 그리고 좀 더 절박한 문제들에 자리를 내주기도 했지만 성경 시대와 그리스 · 로마 시대부터 시작되어 우리 시대까지 여전히 지속되고 있는 문제들에 초점을 맞추려고 했다. 우리 시대에 특히 논란이 되고 있는 문제들 가운데 몇 가지는 그 뿌리가 수백 년, 아니 수천 년 전으로 거슬러 올라가는 것도 있다.

예를 들어 고대 그리스에서 아버지는 딸을 사위에게 넘겨주기 전에 다음과 같이 서약했다. "(딸이) 정실 자식들을 낳을 것을 내 이름을 걸고 서약합니다." 고대 세계 전역에서 아내의 가장 중요한 의무는 자식을 낳는 것이었다. 성경 시대에 대를 잇지 못한 아내는 불이익을 당했다. 세상 사람들에게 손가락질을 당할 뿐만 아니라 남편에게 버림받기도 했다. 근대에 이르러서도 아이를 못 낳는 여자는 쫓겨났다. 특히 가문의 대를 이을 아들이 반드시 필요한 왕가나 귀족 가문의 아내들에게 가해지는 압력은 매우 컸다. 그러한 압력은 오늘날에도 여전히 남아 있다. 예를 들어 어떤 이슬람 국가에서는 신부 쪽에서 요구하면 결혼 계약서를 작성하여 남편이 두 번째 아내를 얻는 것을 금지하고 있는데, 이때도 첫 번째 아내가 아이를 낳지 못한 경우에는 예외로 인정된다.

많은 여성들과 남성들은 여전히 '아이를 갖기 위해서' 결혼한다. 1970년대 중반쯤 내 아들 녀석은 보모가 결혼한다는 말을 듣고서 다음과 같이 대꾸했다. "왜 결혼해요? 아이도 없잖아요." 다섯 살짜리 아이의 눈에도 또렷이 보였던 이것은 캘리포니아에서 급격하게 진행되고 있던 성 혁명의 한 사례였다. 사람들은 이미 공개적으로 동거를 하고 있었다. 동거는 다음 10년 동안 미국 전역으로 퍼져 나갔다. 이렇게 말해도 될지 모르겠지만, 내 아들은 선견지명이 있었다. 오늘날 이성애자들은 흔히 몇 달, 또는 몇 년씩 동거를 하다가 임신했다는 사실을 알았을 때에만 결혼을 한다. 따라서 결혼을 결정하는 데 아이 문제가 중요하다는 것은 결코 옛날 이야기가 아니다. 여자는 아이를 원하는데 남자는 아이를 원하지 않아서, 또는 그 반대의 이유로 결혼이 성사되지 않거나 아니면 유지되지 못하는 경우도 종종 있다.

'아내'와 '어머니' 사이의 경계는 분명하지 않다. 아내의 의무와 어머니의 책임은 종종 겹치고 때로는 충돌한다. 아내이자 어머니인 여성이라면 누구나 아이에게 쏟는 시간, 정성, 에너지, 물질적 자원에 대해 불평하는 남편을 상대해본 적이 있을 것이다. 그들은 아이들이 부부간 사랑의 결실로서 미래를 계획하게 하며 배우자 간의 유대를 유지하게 해주는 존재라는 사실도 알고 있다. 비록 서로 사랑하지 않는 경우일지라도 아이들에 대한 사랑을 공유하기 마련이다.

과거에는 대부분의 결혼이 사랑보다는 금전적 이유로 결정되었다. 남자들은 지참금이 있는 여자와 결혼을 했고 여자들은 부양 능력이 있는 남자와 결혼을 했다. 구약 시대부터 1950년대에 이르기까지 아내를 먹여 살리는 것은 남편의 의무였다. 여자는 그 대가로 섹스, 아이, 그리고 가사 노동을 제공했다. 그것은 쌍방이 암묵적으로 동의한 것일 뿐만 아니라 종교법과 민법에 성문화되어 있었다.

요즘은 배우자의 경제적 조건을 따지더라도 반드시 남편이 아내를 먹여 살려야 한다고 생각하지는 않는다. 대부분의 남녀는 둘 다 가족 경제에 기여하고 싶어한다. 실제로 한 사람의 수입에 의존해서 생활하는 것이 점점 더 어려워지고 있기 때문에 맞벌이가 늘어나고 있다. 미국 아내 5명 가운데 3명이 전일제 혹은 시간제로 일하고 있다. 오늘날 아내는 남편에게 완전한 경제적 지원을 기대할 수 없으며 이혼을 할 경우에도 위자료에만 의존해서 살 수는 없다. 사실 아내가 남편보다 돈을 많이 번다거나 이혼 시 아내가 위자료 문제로 소송을 당하는 것은 더 이상 드문 일이 아니다.

그러나 과거와 마찬가지로 여전히 아내는 육아, 살림 등을 포함한 가사 노동을 요구받고 있다. 남성 역시 집안일을 분담하기를 요구받거나, 아내보다 집안일을 더 많이 하는 경우도 있다고 주장한다. 하지만 직장에서 여성이 남성과 똑같은 강도로 일을 하고 있고, 성별

소득 격차 역시 서서히 감소하는 추세임에도 불구하고(동일 노동 시 여성과 남성의 소득 격차는 1970년대에 59 대 100이었으나 지금은 75 대 100이 되었다) 여전히 육아와 살림을 하는 데 여성이 남성보다 더 많은 짐을 지고 있다. 아내가 과거에는 남성의 것이었던 부양자 역할을 분담하고, 남성들은 남성성을 어떻게 재정의할 것인지 고민하는 가운데, 양성 간의 불만은 최고조에 달해 있다. 여성이 가사를 전담해야 한다는 낡은 생각은 사라졌지만 가정과 직장에서 평등하게 일을 분담하는 새로운 결혼 유형은 완전히 자리 잡지 못하고 있다.

앞에서 인용한 편지에서 볼 수 있듯 사랑은 결혼과 동의어가 되었다. 학자들은 사랑이 결혼을 결정하는 데 가장 중요한 요소가 된 것이 언제부터인지를 밝혀내기 위해 애쓰고 있다. 몇몇 학자들은 남부 프랑스 궁정과 음유시인의 시에서 낭만적인 사랑이 찬미되기 시작했던 중세 초기부터라고 주장한다. 중세 시대 사랑에 대한 예찬이 전례 없이 여성의 위상을 드높인 것은 사실이지만 연애담의 주인공인 여성은 항상 다른 남자의 아내였다. 궁정 로맨스에는 최소한 3명의 배우, 즉 남편과 아내, 그리고 아내의 연인이 등장한다. 하지만 미혼 남녀의 낭만적인 연애는 일상적인 생활의 틀 안에서는 잘 일어나지 않는 일로 여겨졌다.

나는 결혼을 결정하는 데 사랑이 중요한 요소가 된 것이 16세기, 특히 영국에서였다고 믿는 학파에 속한다. 사랑을 중요하게 여기는 결혼관은 17세기에 청교도들이 이주하면서 미국으로 전파되었고, 18세기 후반에는 중류층에서 유행하기 시작했다. 귀족과 상류층의 경우에는 20세기까지도 배우자를 선택하는 데 부와 가문, 지위를 중요하게 고려했다. 그렇다고 해서 옛날 부부들이 서로 사랑하지 않았다는 뜻은 아니다. 우리는 부부가 열정적인 사랑을 나누었던 고대 히브리인, 그리스인, 로마인들의 사례를 찾을 수 있다. 그러나 근대 이전에는 연애결혼보다 중매결혼이 일반적이었고, 신랑과 신부는 '사랑'에 대한 기대를 품지 않았다.

대부분의 아내들은 가정의 화목을 위해 이러한 일을 받아들였을 것이다. 아내는 성적 즐거움, 자식, 양육, 요리, 가사 노동(농촌 여성이 해야 하는 채마밭 가꾸기와 가축 돌보기 등은 논외로 하더라도) 등을 제공함으로써 자신의 소임을 다했다고 믿었으며, 신체적 학대를 받지 않고 남편에게 존중받을 때 스스로를 축복받았다고 여겼을 것이다. 회초리가 남편의 엄지손가락만 해질 때까지 아내를 때려도 좋다는 '엄지손가락의 법칙'은 19세기까지도 영국과 미국의 여러 지역에서 존재했다.

불행히도 아내는 남편에게 봉사하고 복종해야 하며, 남편은 아내를 때리고 들볶아도 괜찮다는 낡은 믿음이 완전히 사라지지 않고 있다. 우리는 아직까지도 사회에 버젓이 존재하는 진부한 믿음의 찌꺼기들을 볼 수 있다. 오늘날 미국 사회에서조차 너무도 많은 아내들이 매 맞는 여성들의 집으로 피신하지 않으면 안 된다. 그조차 운이 억세게 좋아 학대받는 상황에서 탈출구를 찾을 수 있었던 경우에 한정된 일이지만 말이다. 오늘날 미국과 유럽의 주류 사회에 속하는 남자들 중에 기독교 근본주의자들과 이슬람교도들, 그리고 유대인들이 지지하는, 아내는 남편을 떠받들어야 한다는 믿음에 찬성하는 사람은 별로 없다. 남편에게 아내를 때릴 권리가 있다는 데 동의하는 사람은 더더욱 적다. 그럼에도 이러한 낡은 생각을 뿌리 뽑기는 어렵다. 더욱이 일부 남성뿐 아니라 여성들조차 속으로는 아내가 남편보다 열등한 존재라고 생각한다. 어떤 사람들에게 아내란 여전히 '귀여운 여자'이거나 '깨지기 쉬운 그릇', 즉 성경, 중세 시대, 종교개혁의 이론에 따르면 남편의 지배를 받아야 하는 이브의 딸에 불과하다. 경제 문제뿐만 아니라 도덕적인 문제를 결정하는 데에도 아내는 남편에게 의존해야 했다. 그리고 이것은 서양의 역사에서 오랫동안 당연한 일로 여겨져 왔고 심지어는 오늘날에도 세계 여러 지역에서 규범이 되고 있다.

동시에 아내를 남편과 동등한 존재로 여기는 생각이 많은 사람들로부터 호응을 얻기 시작했다. 부부가 서로를 동반자로 여기는 결혼 형태가 중상류층에서 퍼져 나가기 시작하던 18세기 이래로 남편과 아내는 점점 평등해지고 있다. 미국 여성들이 공립 및 사립학교, 여자 신학 대학과 일반 대학에 다닐 권리를 얻기 위해 싸워서 이겼던 19세기 이후로 여성은 남성의 전유물이었던 지적, 경제적, 사회적 영역에 점점 더 많이 참여하게 되었다. 남편의 영역과 아내의 영역 사이에 존재했던 불평등은 아내들이 집으로 월급 봉투를 가져오고 남편이 아기 기저귀를 갈게 됨에 따라 과거 어느 때보다도 그 정도가 약화되었다.

누가 뭐래도 법과 교육은 이러한 변화에 중요한 역할을 했다. 엄지손가락보다 더 가느다란 매로라도 남편이 아내를 구타하는 것은 불법이다. 이제 여성은 모든 분야의 교육을 받을 수 있게 됨에 따라 결혼을 해도 남성들과 동일한 취업의 기회를 가질 수 있게 되었다. 오늘날 남성들은 섹스, 사랑, 자식, 가사 노동을 제공해줄 뿐만 아니라 돈까지 벌어오는 아내를 찾고 있다. 이 같은 조건을 모두 갖춘 여성을 찾기는 어려워서 "아내를 찾은 사람은 행운아"라는 성경 구절이 더욱 의미심장하게 들린다.

나는 아내가 있다는 것, 그리고 아내가 된다는 것이 (특정한 조건하에서) 여전히 '행운'이라는 믿음을 갖고 이 책을 썼다. 그 조건에는 부부간의 평등, 상호 존중, 그리고 애정이 포함되어 있다. 또한 아이들을 교육하고 의료 혜택을 받는 데 필요한 개인의 경제적 능력과 사회 복지 제도도 포함된다. 아내로 산다는 것은 많은 노력과 헌신을 요구한다. 최상의 조건에서라면 우리는 결혼 생활을 통해 사랑이 넘치는 관계에서 자신을 발전시키고 강하게 만들 수 있다. 우리는 이러한 관계를 통해 타협하는 방법과 서로 조화를 이루는 방법을 배운다. 인생이 우리 앞에 던져놓은 호된 시련을 겪을 때는 배우자의 위안과 지지를 얻을 수 있다. 우리는 인생의 친밀한 증인과 함께 우리의 생각과 희망, 기쁨과 두려움, 슬픔과 경험, 그리고 추억을 공유할 수 있다. 반대로 최악의 조건에서는 상처받고, 옹색해지고, 결혼 생활을 끔찍하게 여기게 된다. 물론 그렇다고 해서 다시 결혼하지 않는 것은 아니다.

아내가 된다는 것은 명예의 배지를 다는 일이 아니지만 불행의 배지를 다는 일도 아니다. 오늘날 일하는 아내라면 '누구누구의 아내'라고 불리기를 원치 않을 터이고, 전업주부는 '그냥 살림하는 여자'라는 자기비하적인 딱지를 붙이지 않을 만큼은 슬기롭다. 그들은 모두 성 중립적 용어인 '배우자'나 '파트너'라는 호칭을 선호할 것이다. 남편과 아내가 결혼 생활에서 발생하는 성적, 경제적, 가정적 문제를 어떻게 조율하건 간에 양쪽 모두 자신의 자유를 어느 정도 포기하지 않고서는 오랫동안 누군가의 배우자로 살 수 없다. 결혼 생활은 융통성과 타협, 상대방에 대한 배려와 이해 그리고 끈질긴 인내를 필요로 한다. 이런 구속을 상상하기도 끔찍하다면 결혼식 전날이라도 다시 한 번 생각해보는 게 낫다. 비록 90퍼센트 이상의 미국인이 일생에 최소한

한 번은 결혼을 하지만 모든 사람이 아내 또는 남편이 되는 것은 아니다. 그리고 이혼한 사람의 4명 중 3명은 재혼을 한다.

많은 사람들이 여전히 1552년에 만들어진 영국 국교회의 기도서(그 기원은 중세에 라틴어, 프랑스어, 영어로 각각 기록된 기도서까지 거슬러 올라간다)에 수록된 결혼 의례에 따라 결혼식을 치른다. 결혼 서약은 여전히 아름답게 들린다. "나는 오늘부터 당신을 나의 아내(혹은 나의 남편)로 맞아들여 죽음이 우리를 갈라놓는 그날까지 기쁠 때나 슬플 때나, 부유할 때나 가난할 때나, 아플 때나 건강할 때나 사랑하고 존경할 것을 맹세합니다." 원래 아내는 '복종할 것'도 함께 맹세했지만 얼마 전부터 이 구절은 삭제되었다. 이 작은 변화를 제외하면 21세기의 여성은 중세나 르네상스 시기의 신부들과 똑같은 맹세를 한다. 이것은 작지만 중요한 차이이며 다가올 시간 속에서 아내의 미래상을 규정짓게 될 변화다.

오늘날 부부가 서로 의존하며 결혼 생활을 해나가는 것은 과거에 아내가 남편에게 일방적으로 의존하던 것에 비해 훨씬 진보한 것이다. 미국인과 유럽인은 부부간에 권위를 공유하는 모델을 창출하고 있는 중이다. 이 모델이 낯설게 느껴지는 지역도 있겠지만 많은 사람들이 이것을 따라하게 될 것이다.

한층 더 불확실한 영역까지 감히 예측해보자면, 아내의 역사는 21세기에 더 많은 진전을 보게 되리라고 확신한다. 미국의 주들은 '시민결합(civil unions)' 법안을 통과시킨 버몬트 주의 예에 따라 동성 결혼을 합법화하게 될 것이며, 이로 인해 동성 커플은 상속권, 세금 공제, 그리고 파트너를 위해 의학적 결단을 할 권리를 비롯해서 많은 혜택을 누리게 될 것이다. 국경 건너편의 캐나다는 이성 간 결혼과 동성 간 결혼 사이에 존재하던 모든 법적 차별을 사실상 없앴다. 유럽에서는 많은 국가들(덴마크, 스웨덴, 스위스, 벨기에, 프랑스 등)이 성별에 관계없이 시민 결합(계약에 기초한 동성 간의 동거에 대해 국가에 신고할 경우 결혼에 준하는 권리를 보장하는 제도이다—옮긴이)을 인정하고 있고, 네덜란드에서는 (정부에) 등록한 동성 부부는 아이를 입양할 수 있고 복지와 조세 혜택까지 누릴 수 있다. 그야말로 어엿한 부부로 인정하는 것이다. 게이나 레즈비언 부부 중 누가 '아내'인가? 부부간에 어떤 성별 차이도 없는 결합이라면 '아내'라는 용어가 의미를 가질 수 있겠는가? 아니면 '아내'는 전통적으로 여성적인 특질로 간주된 것들, 즉 부드러움, 공경심, 풍부한 감성 등을 지닌 사회적, 심리적 존재로서 살아남게 될 것인가?

'아내'가 논쟁의 대상이 되고 전통적인 아내상의 의미를 잃어버린 이 시점에 여성이 물려받은 유산을 살펴보는 것은 의미 있는 일이다. 서구에서 아내의 개념은 어디에서 비롯되었는가? 대대손손 아내들에게 영향을 끼친 법과 관행은 어떠했는가? 오늘날까지 형성되어온 아내의 존재 양식들은 어떤 것인가? 어떤 전통은 살아남고, 어떤 전통은 끊어졌는가?

과거와 현재의 기록들이 만나는 이 접점에서 우리는 아내의 미래상을 예측해볼 수 있을 것이다.

1장

재산 목록 1호는 아내

고대 세계의 아내들 : 성경과 그리스 · 로마 시대의 아내상

왜 우리는 성경에 등장하는 아내들과 그리스 · 로마 시대의 아내들로부터 출발해야 하는가? 그것은 이러한 고대 문명의 아내에 대한 종교적, 법적, 사회적 관습들이 결혼한 여성에 대한 처우의 원형이 되었기 때문이다. 남성의 가재도구이자 종속물, 합법적인 후사를 얻을 수 있는 수단, 아이들의 양육인, 요리사이자 가정부로서 아내라는 역할을 오늘날의 여성들은 끔찍하게 싫어한다. 그러나 이처럼 오래된 의무들 가운데 몇몇은 집단 무의식 속에서 좀처럼 사라지지 않고 있다. 남편들은 여전히 자신의 아내가 이러한 일 가운데 몇 가지 혹은 전부를 해주길 바라며, 아내들은 변함없이 그 일들을 수행하려 한다. 오늘날 이러한 기대에 저항하는 아내들은 2000년 넘게 지속되어온 관습에 반역을 감행하고 있는 셈이다. 그들이 무엇에 반대하여 싸우고 있는지, 그리고 특정 보수 종교 집단과 같이 그들에게 반대하는 집단이나 사람들이 무엇을 지키려고 버티는지 이해하는 것은 매우 중요하다.

■ ■ ■

루카스 크라나흐의 〈아담과 이브Adam and Eve〉. 1530년.
아담은 당황하며 머리를 긁적이고 있고, 이브는 뱀의 말에 귀를 기울이고 있다.

성경에 나타난 아내상

유대교도와 기독교도 아내들의 신화는 아담과 이브의 이야기로 거슬러 올라간다. 성경에 그 이야기가 기록된 (기원전 10세기경) 이래로 아담과 이브는 처음에는 히브리인, 나중에는 기독교인과 무슬림들에게 인류의 시조로 지목되어왔다. 이브는 인류의 어머니라는 영예를 부여받은 동시에 최초로 하느님을 거역한 배우자라는 비난을 받았다.

〈창세기〉 제1장에 나오는 것처럼 태초에 하느님은 여자와 남자를 동시에 만들었다. "하느님의 모습으로 사람을 창조하시되 남자와 여자로 그들을 창조하셨다."[1] 그런데 〈창세기〉 제2장에는 인간 창조에 대한 또 다른 설명이 등장한다. 그에 따르면 이브는 아담보다 나중에 만들어졌다. 하느님은 흙을 빚어 아담을 먼저 만든 다음 꼼꼼히 살펴보다가 다음과 같이 말씀하셨다. "사람이 혼자 있는 것이 좋지 않으니 그에게 알맞은 협력자를 만들어주겠다."

아담의 갈비뼈로 이브를 만들었다는 이야기는 여성이 본질적으로 남성보다 열등하며 남성에게 의존하며 살아가게 되어 있다는 저 오랜 논쟁의 원인이 되었다. 이 이야기에서 유래한 히브리어 'icha(여성)'는 '남성에게서 나온 여성'이라는 뜻으로, 여성의 부차적인 지위를 잘 보여주는 예다.

이브의 이야기는 점점 더 심각해진다. 이브는 뱀의 말을 듣고 하느님의 명을 어겨 선악과를 따 먹고는 아담에게도 같이 먹을 것을 권한다. 이러한 행위는 남자와 여자 모두에게 돌이킬 수 없는 결과를 낳았다. 하느님은 모든 어머니들에게 출산의 고통을 겪게 함으로써 이브를 벌주는 한편 모든 인간에게 땀 흘려 일해야 하는 의무를 부과한다.

게다가 하느님은 여성이 영원히 자신의 남편에게 종속되도록 명했다. 아담과 이브가 타락한 후, 하느님은 이브를 불러 "너는 네 남편을 갈망하고 그는 너의 주인이 되리라"고 말했다. 대부분의 신화와 마찬가지로, 이 신화 역시 너무 오랫동안 굳어져서 마치 신의 뜻처럼 보이게 된 하나의 문화 현상을 나타내고 있다.

그러나 이브를 좀 더 호의적인 시선으로 보면 이 이야기를 다르게 해석할 수도 있다. 일부 페미니스트들은 이브가 나중에 만들어진 피조물이 아니라 아담을 좀 더 우수한 형태로 개조한 존재라고 주장했다. 심지어 보수적인 논평자들조차 이브가 남성에게 생물학적으로 필요한 존재 이상이라는 사실을 인정한다. 도움을 뜻하는 히브리어 '에제르(ezer)'에서 유래한 남성의 동반자이자 '지지자' 겸 '조력자'로서 아내라는 개념은 유대인과 기독교도들 사이에서 오랜 세월을 걸쳐 형성된 것이다. 사실 유대교의 종교 법전이자 시민 법전인 《탈무드》의 한 주석서는 '에제르'를 남편에게 도덕적 경각심을 일깨우는 사람으로 해석하고 있다. "그가 선할 때 아내는 남편을 지지하지만 그가 악할 때 그녀는 남편에 반하여 저항한다."[2] 그리고 무엇보다도 남편과 아내의 동등한 파트너십에 대한 주장을 펼치고자 하는 사람들은 〈창세기〉 제2장의 구절을 인용할 수 있다. "그러므로 남자는 아버지와 어머니를 떠나 아내와 결합하여, 둘이 한 몸이 된다."

성경 시대에 히브리인 남편은 한 명 이상의 아내를 두는 것이 허락되었다. 아내를 취하려면 남편은 장인에게 일정액의 돈, 즉 결혼 지참금인 모하르로 50세겔을 주고(〈신명기〉 22장 28~29절) 부양비를 지불해야 했다. 이는 부유한 사람만이 한 명 이상의 아내를 소유할 수 있었다는 의미일 것이다. 게다가 신랑과 그의 가족은 신부와 그 가족에게 선물을 주어야 했다. 일단 지참금과 선물을 전하고 나면, 함께 살지 않아도 법적으로 결혼이 인정되고 신부는 사실상 남편에게 속하게 되었다.

신부 아버지는 일반적으로 신부에게 '혼수(chiluhim)', 즉 지참금을 주었다. 지참금은 집안 살림에 쓰일 물건들로 구성되었는데, 하인과 가축, 심지어 토지는 물론 '처녀성의 대가로서' 여자에게 되돌려주게 되어 있는, 일정액의 모하르가 포함된 것이었다. 지참금은 이혼하거나 과부가 되었을 때 아내에게 돌려주어야 하는 금액과 같은 것으로서 결혼 계약서인 케투바(ketubah)에 정확한 액수가 명기되었다. 기원전 8세기까지 그 기원을 거슬러 올라가는 유대인의 결혼 계약서에는 대개 증인들 앞에서 신랑이 신부에게 선언하는 의례적인 문구가 적혀 있는데, 다음과 같다. "오늘부터 영원히 그녀는 나의 아내요, 나는 그녀의 남편입니다."

결혼의 마지막 단계는 첫날밤에 앞서 벌어지는 축하 연회였다. 결혼은 첫날밤을 치르는 것으로 완성되었음에도, 연회가 일주일 동안 계속되는 경우도 있었다. 그런데 신부가 처녀가 아니라는 게 드러났을 경우 남편은 토라(Torah, 율법)에 따라 신부를 죽일 수도 있었다. "그들이 그 여인을 그녀의 아버지의 집 문 앞으로 끌어내고 그녀의 도시 사람들이 그녀를 돌로 쳐서 죽일지니……."(〈신명기〉 22장 21절)

일단 결혼하면 신부는 법과 관습에 따라 남편에게 복종해야 했다. 성경에 근거한 아내에 대한 기본적인 요구 사항은 20세기 후반까지 대부분의 유대인과 기독교인의 결혼 서약에 남아 있었다. 결국 아내는 가축이나 노예와 다름없는 남편의 '재산'으로 여겨졌고, 무엇보다도 자식을 낳는 도구로 취급받았다. 아내는 오직 아들의 어머니로서만 시집에서 존중받았다.

1752년 이탈리아에서 작성된 케투바.
엘리아 몰로의 아들인 나탄과 이스라엘 할레비의 딸인 그라치아의 결혼 계약서로, 랍비의 아들 두 명이 증인으로 입회한 가운데 작성되었다.

남편이 아내를 내치고 싶다면 이혼 증서를 작성하여 두 명의 증인 앞에서 아내에게 넘겨주고 내쫓아버리면 되었다. 아내의 동의는 필요하지 않았다. 히브리 법에 따르면, 남편은 "남자가 아내를 취하여 그녀와 결혼한 뒤에 그녀에게 부정함이 있음을 발견하였으므로 그녀가 그의 눈에 들지 못하거든"(《신명기》 24장 1절) 아내를 내쫓을 수 있다. 그런데 그 시대에 추한 일이란 과연 무엇이었을까? 아내가 부정하거나 단지 부정이 의심되기만 해도 수치스러운 일로 간주되었으며, 순종하지 않거나 불임인 경우도 마찬가지였다. 후대의 랍비들은 이혼을 제기할 권리가 남편에게 있으며, 아내는 남편이 이혼을 결심할 만한 행동을 하지 말아야 한다고 주장했다.[3]

심지어 오늘날에도 정통파 유대인들 사이에서는 남편이 이혼 여부를 결정한다. 아내가 이혼을 원할 경우 남편은 이에 동의하고, 아내에게 '게트(get)'라는 문서를 준다. 만약 아내가 결국 자신에게 돌아올 것이라고 생각하거나, 게트를 내주는 대신 위자료 액수를 줄이거나 양육권을 얻기 위해 남편이 거절하면 아내는 종교적인 결혼 계약에서 벗어나 재혼할 수 없다. 오늘날 미국과 이스라엘에는 이러한 결혼의 굴레에 묶여 있는 많은 정통파 유대인 아내들이 존재한다. 반면에 남편은 아내에게 문서를 주기만 하면 아내의 동의 없이도 이혼할 수 있다.

성경에는 아내가 먼저 이혼을 요구할 수 없다고 되어 있지만 그 시대에도 아내가 이혼을 요구할 수 있는 예외가 하나 있었다. 남편이 죽었는데 자식이 없는 경우에는 죽은 남편의 형제가 역연혼(逆緣婚)이라고 불리는 전통에 따라 "씨를 내리기 위해서" 그녀와 결혼하도록 되어 있었다. 만일 남편의 형제가 결혼을 거절하거나 잠자리를 거부할 때 아내는 마을 원로들에게 가서 자신의 권리를 주장할 수 있었다. 다른 사람들 앞에서 그가 의무를 다하지 않은 것에 대하여 창피를 줄 수도 있었다. "그의 형제의 아내가 장로들 앞에서 그에게 다가가 발에서 신을 벗기고 그의 얼굴에 침을 뱉으며 이르기를 '자기 형제의 집을 세우려 하지 않는 자에게는 이같이 하리라.'"(《신명기》 25장 9절) 하지만 히브리인들이 후사에 대해 지나치게 집착한 결과 이렇게 공식화된 보복 행위를 여성이 실행한 경우는 거의 없었다.

이처럼 아내의 삶은 관습과 규범의 지배를 받았지만 규범이 늘 절대적으로 지켜진 것은 아니었다. 성경에는 규범에 어긋나는 일이 있었음을 보여주는 예가 많이 나온다. 예를 들어 남편은 불임인 아내를 변함없이 사랑할 뿐만 아니라 첫 번째 또는 두 번째 아들을 낳아준 아내보다 총애할 수도 있었다. 자식들을 낳아준 아내 브닌나보다 자식을 낳지 못한 아내 한나를 더 좋아했던 엘가나의 경우가 그러하다. "남편 엘가나가 한나에게 말하였다. '한나, 왜 울기만 하오? 왜 먹지도 않고 그렇게 슬퍼만 하오? 당신에게는 내가 아들 열보다 낫지 않소?' 하며 위로해주었다."(《사무엘기상》 1장 8절) 모든 사회적 영예가 어머니에게 주어지고, 자식을 낳지 못한 아내는 경멸을 받을지라도, 법으로 개인의 감정까지 규제할 수는 없었던 것이다.

많은 일화가 증명하듯이 고대 히브리 사회에서 부부는 매우 존경받는 존재였다. 이는 부부가 별다른 역할을 하지 못하는 신약의 경우와는 대조적이다. 시간이 지나 유대교도와 기독교도 모두 고대 히브리의 부부들을 긍정적인 (그리고 부정적인) 부부의 모범으로 삼았다.[4]

모범적인 아내의 예를 들라고 하면 아브라함의 아내인 사라를 떠올리게 된다. 사라는 아내로서의 장점과 순종하는 마음을 겸비한 여성이었다. 이스라엘의 좋은 아내로서 사라는 남편의 부도덕한 명령에도 복종했다. 그의 명령을 받고 그녀는 두 번씩이나 아내가 아닌 누이 행세를 했는데, 첫 번째는 이집트 파라오의 총애를 받기 위해, 두 번째는 셈족의 왕 아비멜렉의 환심을 사기 위해서였다. 외국의 군주들과 잠자리를 해야 했는데도 사라는 남편의 명령을 따랐다. 결과적으로 이러한 전략은 유익한 것으로 판명되었다. 그들은 그렇게 해서 매번 많은 돈을 벌었기 때문이다.

사라는 자식을 낳지 못하고 출산 적령기를 지났기 때문에, 아브라함에게 이집트 출신의 여자 노예인 하갈을 두 번째 아내로 취할 것을 권했다. 하지만 후에 사라가 하갈의 임신으로 모멸감을 느꼈을 때, 아브라함은 두 여자 가운데 한 명을 선택해야 하는 불편한 상황에 처하게 되었다. 비록 그는 첫 번째 아내의 손을 들어주고 하갈을 내쫓았지만, 하느님이 개입하여 하갈이 아브라함의 아들을 낳을 것이며 위대한 민족의 조상이 될 것이라는 말과 함께 그녀를 돌려보냈다. 따라서 아브라함은 다시 한 번 자신의 거처에 두 명의 아내와 첫아들인 이스마엘을 두게 되었다. 수 세기가 지난 후에 무슬림들은 이스마엘이 아랍 민족의 조상이라고 주장했다. 노년기에 아브라함과 사라는 기적적으로 아들 이삭을 낳았는데, 사라는 놀라고 또 약간은 당황해하며 이 일을 받아들였다.[5] 관습에 따라 그녀는 아이에게 약 2~3년 동안 젖을 먹여 기르고, 아이가 젖을 뗄 적에 큰 잔치를 베풀었다.

아마도 아브라함과 사라는 히브리 민족의 조상을 상징하는 신화적 인물일 것이다. 하지만 히브리인의 설화 속에서 이들은 구약 시대에 실존했던 부부처럼 등장한다. 그들은 유목민으로 혈족, 가축, 하인, 노예와 재산을 거느린 채 마을과 도시를 유랑했고, 호의적인지 적대적인지 알 수 없는 사람들 틈에서 천막을 쳤으며, 낯선 이들에게 응유(凝

乳)와 우유, 갓 구워낸 빵을 대접했고 서로 의견을 나누고 불평하고 함께 웃었다. 그리고 사라가 먼저 죽었을 때, "아브라함은 빈소에 들어가 사라의 죽음을 애도하며 슬피 울었다"(《창세기》 23장 2절)라는 구절도 그리 놀랍지 않다. 아브라함은 사라와 같은 좋은 아내를 숨김없이 애도하는 것을 부끄러워하지 않았고, 헤브론 근처의 막벨라 동굴에 적절한 장지를 마련했다.

사라와 아브라함의 아들인 이삭과 리브가, 그리고 손자인 야곱과 라헬(그리고 레아)의 결혼은 고대 이스라엘에서 아내의 지위가 어떠했는지를 잘 보여준다. 먼저 이삭과 리브가의 예를 보자. 이삭의 결혼 계약을 위하여 아브라함의 고향에 하인 하나가 파견되었다. 그 하인은 리브가 본인이 아닌 리브가의 오빠 라반과 결혼 계약을 맺었다(종종 아버지 대신 남자 형제가 누이의 처분권을 가지고 있었다). 결혼 계약은 신랑 신부가 서로 얼굴을 보지도 않은 채 이루어졌다. 그렇지만 리브가는 어느 정도 발언권을 가지고 있었다. 그들이 "리브가를 불러 '이 사람과 같이 가겠느냐?' 하고 묻자 그녀가 '예, 가겠습니다' 하고 대답하였다."(《창세기》 24장 58절) 이것은 혼기를 맞은 히브리 여인에게 신랑감을 거부할 권리가 있었음을 보여주는 몇 안 되는 근거 가운데 하나다.

리브가가 이삭을 실제로 만난 것은 이삭의 하인을 따라 가나안으로 갔을 때였다. 이야기는 이삭이 신부를 기꺼이 맞아들이는 것으로 끝을 맺는다. "이삭은 리브가를 자기 어머니 사라의 천막으로 데리고 들어가서, 그를 아내로 맞아들였다. 이삭은 리브가를 사랑하였다. 이로써 이삭은 어머니를 여읜 뒤에 위로를 받게 되었다."(《창세기》 24장 67절) 마지막 문장은 매우 인상적인데, 이삭이 자신에게 주어진 아내를 사랑할 뿐만 아니라, 어머니에 대한 정서적 대체물을 발견한 것으로 묘사되어 있기 때문이다. 우리는 지그문트 프로이트가 자신의 이론이 맞았다며 고개를 끄덕이는 모습을 상상할 수 있다.

이삭과 리브가의 아들인 야곱과 라헬의 결혼 이야기는 더욱 복잡하다. 리브가는 (하인이 아니라) 야곱을 자신의 오빠인 라반에게 보내 아내를 구하게 한다. 라반은 조카인 야곱을 환대했으나 하는 일 없이 생활하도록 내버려두지 않았다. 한 달 후에 그들은 야곱이 라반을 위해 일하고 받게 될 품삯에 대해 합의했다. 품삯은 사실상 신부 라헬의 몸값이었다. 그러나 라헬에게는 레아라는 언니가 있었는데, 전통에 따르면 언니가 먼저 결혼해야 했다. 두 자매는 다음과 같이 묘사되어 있다. "라반에게는 딸이 둘 있었는데, 큰딸의 이름은 레아였고, 작은딸의 이름은 라헬이었다. 레아는 눈매가 부드러웠지만, 라헬은 몸매도 예쁘고 모습도 아름다웠다. 야곱이 라헬을 사랑하고 있었으므로 (……)"(〈창세기〉 29장 16~18절) 라헬을 얻기 위하여 7년간 일하기로 약속했다. 성경의 감동적인 문구에 따르면 "야곱은 라헬을 위하여 7년 동안 일을 하였으나 그녀에 대한 사랑으로 인해 그에게는 며칠로밖에 여겨지지 않았다. 그가 그만큼 라헬을 사랑하였던 것이다."(〈창세기〉 29장 20절)

그러나 야곱이 노동의 열매를 딸 시간이 다가왔을 때, 그는 외삼촌에게 지독한 배신을 당했다. 어두운 밤을 틈타 라반은 라헬 대신 레아를 들여보내 야곱과 동침시켰다. 다음 날 아침 야곱은 동침한 여자가 레아였음을 알고 라반에게 따져물었다. "저에게 이러실 수가 있습니까? 제가 라헬을 위하여 외삼촌 일을 해드리지 않았습니까? 그런데 왜 저를 속이셨습니까?" (〈창세기〉 29장 25절)라고 말했다. 그러자 라반은 "우리 고장에서는 작은딸을 맏딸보다 먼저 주는 법이 없다"(〈창세기〉 29

장 26절)라고 말하며, 라헬을 얻으려면 다시 7년간 일할 것을 제안했다.

야곱은 교활한 외삼촌 라반에게 봉사하며 모두 20년을 보냈는데, 그동안 2명의 아내와 여종들에게서 여러 명의 자식을 얻었다. 성경을 보면 가정에서 아들은 지고선을 대표하는 존재였으므로 아내들은 아들을 낳기 위해 서로 각축을 벌였다. 가장 사랑받지 못했던 첫 번째 아내 레아는 3명의 아들을 낳음으로써 벌충을 했는데, 아이를 낳지 못하는 라헬은 언니를 시기하게 되었다. 그래서 라헬은 야곱에게 "보셔요, 내 몸종 빌하가 있잖아요. 그 아이와 잠자리에 드셔요. 빌하가 아기를 낳아 제 무릎에 안겨준다면, 그의 몸을 빌려서나마 나도 아들을 얻을 수 있겠지요"(〈창세기〉 30장 3절)라고 말했다. 아이가 태어난 후 무릎에 안겨주는 것은 입양을 의미했다.

아내들 사이의 경쟁은 마법의 최음제이며 임신을 촉진하는 성분이 들어 있다고 여겨지는 자귀나무(mandrake, 합환채)를 사용하면서 더욱 치열해졌다. 이 식물의 도움으로 레아는 더 많은 아들과 딸을 낳았고, 드디어 라헬도 아들을 낳았다. 이 이야기는 결혼한 여성이 대접받으려면 무엇보다 자식을 낳아야 하는 사회에서 살았던 아내들의 지독한 경쟁을 보여준다. 그리고 사라, 아브라함, 하갈의 이야기에서처럼, 이것은 히브리 가정 내에서 여성 '아웃사이더(예를 들어 이집트 여종)'의 역할, 즉 히브리 혈통의 보존을 도와주는 씨받이로서의 역할을 보여준다.

성경에는 결혼 생활의 다양한 측면을 보여주는 여러 유형의 배우자들이 등장한다. 내가 좋아하는 이야기 가운데 하나는 욥이 하느님에게 내침을 당한 후에, 아내와 주고받는 퉁명스러운 대화다. 아들과 딸, 하인과 가축을 모두 잃고 머리끝에서 발끝까지 악창으로 고생하면서도 욥은 잿더미 사이에 꿇어앉아 하느님의 뜻을 받아들였다. 그러나 그의 아내는 그렇게 하지 않았다.

"그의 아내가 그에게 말하였다. '당신은 아직도 당신의 그 고결한 마음을 굳게 지키려 하나요? 하느님을 저주하고 죽어버려요.' 그러자 욥이 그녀에게 말하였다. '당신은 미련한 여자들처럼 말하는구려! 우리가 하느님에게서 좋은 것을 받는다면 나쁜 것도 받아들여야 하지 않겠소?' 이 모든 일을 당하고도 욥은 제 입술로 죄를 짓지 않았다."(《욥기》 2장 9~10절)

우리는 자식의 죽음에 책임이 있다고 생각되는 하느님을 용서하지 못하고 슬픔에 빠진 어머니의 사무치는 목소리를 듣는다. 성경은 그녀를 고통을 감내하지 못하는 '미련한 여인'으로 묘사한다. 반면에 욥은 적어도 처음에는 시련에도 끄떡하지 않는다. 이러한 시각은 아내들을 종종 바보로 간주하는 고대 지중해의 전통에서 유래한 것이다. 자식을 잃어버린 슬픔에 빠져 공평무사한 신조차 몰라보는 여자들은 그것이 정치적인 것이든, 형이상학적인 것이든 '숲'을 보지 못한다. 딸 이피게네이아를 희생시킨 아가멤논을 끊임없이 비난했던 왕비 클리타임네스트라처럼 욥의 아내는 자신의 아이들을 죽게 한 하느님을 욕하는 데 가책을 느끼지 않았다. 아내의 복종에 관한 규범이 어떻든 간에 아내들은 일단 집에 들어오면 대놓고 남편에게 반항했고, 심지어 지극히 높은 가부장인 하느님에게도 대들었던 것이다.

남자는 여자보다 심지가 굳다고 여겨졌다. 욥은 마음의 갈등을 겪고 하느님의 정의를 의심했지만, 결코 신을 모독하는 짓을 하지 않았다. 결국 하느님은 그에게 갑절로 보상했다(〈욥기〉 42장 10절). 여기에서 성경의 저자는 욥의 아내에 관한 언급은 하지 않는다.

욥의 아내를 비롯하여 부정적인 유형의 아내와 대조를 이루는 이상적인 아내의 모습은 〈잠언〉의 마지막 부분에 등장한다. 현숙한 여인을 찾기 힘들다며 여성을 비하하는 말로 시작하여 성경 전체에서 유일하게 아내를 찬탄하는 대목으로 이어지는 이 부분은 명백히 남성의 관점에서 쓰인 것이다.

훌륭한 아내를 누가 얻으리오? 그 가치는 루비보다 높다.
남편은 그를 마음으로 신뢰하며 (……)
그 아내는 한평생 남편에게 해 끼치는 일 없이 잘해준다.
양모와 아마를 구해다가 제 손으로 즐거이 일하고
마치 상인의 배처럼 멀리서 양식을 구해온다.
아직 어두울 때 일어나 식구들에게 음식을 만들어주고 여종들에게도 그 몫을 준다.
(……)
가난한 이에게 손을 내밀고 불쌍한 이에게 손을 뻗어 도와준다.
(……)
자식들이 그를 기리고 남편도 그를 칭송한다.

이러한 사람은 착실하고 근면하며 관대한 여인으로 남편과 자식들에게 영예를 가져다준다. 시대를 불문하고 모든 남자가 꿈꾸는 아내의 모습일 것이다.

앞서 말한 바처럼 〈마태복음〉과 〈누가복음〉에 잠깐 등장하는 마리아와 요셉의 기적 같은 이야기를 제외하고는 부부에 관한 어떤 이야기도 신약성경에 등장하지 않는다. 마리아와 요셉이 서로 언약했을 때, 마리아는 12세나 13세였을 것이다. '약혼'이라는 말은 두 사람이 맺은 서약의 무게를 다 표현하지 못한다. 요셉이 마리아가 임신한 사실을 알았을 때, 그들은 비록 함께 살고 있지 않았지만 마리아는 법적으로 그의 아내였다. 유대교에서는 신부가 처녀가 아닐 경우 사형을 언도할 수 있었다. 하지만 "요셉은 의로운 사람이었고 또 마리아의 일을 세상에 드러내고 싶지 않았으므로, 남모르게 마리아와 파혼하기로 작정하였다." 그런데 "꿈에 주의 천사가 나타나" 마리아가 성령으로 잉태했음을 말해주었다. 요셉은 "아내가 아들을 낳을 때까지 잠자리를 같이하지 않았다."(〈마태복음〉 1장 19~25절)

이처럼 마리아와 요셉의 경우를 제외하면 신약성경에는 부부의 이야기가 전혀 나오지 않는다. 대신에 신약성경이 강조하는 것은 개인으로서의 인간의 구원에 관한 것이다. 자신의 행동에 책임을 지는 개인으로서 지상에서 어떻게 행동하느냐에 따라 하느님의 왕국을 물려받을 것인지, 아니면 게헤나(Gehenna, '지옥'이라는 뜻의 히브리어 — 옮긴이)에서 영원히 살지가 결정될 것이다. 아무튼 내세에는 예수가 말했듯이 결혼이 존재하지 않는다. "사람들이 죽은 이들 가운데서 다시 살아날 때에는, 장가드는 일도 시집가는 일도 없이 하늘에 있는 천사들과 같아진다."(〈마가복음〉 12장 25절) 이처럼 예수의 예언에 나타난 계시가 너무나 강력해서 사람들은 결혼을 부적절한 것으로 여기게 된 듯하다.

그렇다면 예수는 결혼을 어떻게 생각했을까? 그의 생각은 그가 명시적으로 비난했던 이혼에 관한 논평에 잘 나타난다. 예수는 하느님이 남자와 여자를 만들어 그들이 한 몸을 이루는 창조의 역사를 인용하면서 "하느님이 맺어주신 것을 사람이 갈라놓아서는 안 된다"(〈마가복음〉 10장 9절)라고 했으며, 또한 "예수께서는 그들에게 '누구든지 아내를 버리고 다른 여자와 결혼하면, 그 아내를 두고 간음하는 것이다. 또 아내가 남편을 버리고 다른 남자와 결혼하여도 간음하는 것이다' 라고 말씀하셨다."(〈마가복음〉 10장 11~12절) 간통을 금지하는 고대 히브리 법은 오로지 결혼한 여자에게만 적용되었고, 여성의 성생활은 오직 한 남자와의 관계로 제한되었다. 하지만 결혼한 남자는 이러한 의무를 지킬 필요가 없었다. 그들은 자신의 아내들은 물론 과부, 첩, 하녀와 같이 남편이 없는 여자들과 마음대로 성생활을 할 수 있었다. 간통한 여자는 간통 상대와 함께 돌로 쳐서 죽였다. 그러나 예수는 히브리 관습에 반대하여 남자의 이혼과 재혼을 간통과 동일한 것으로 여겼다. 기독교인이 되려고 하는 사람은 남자든 여자든 누구나 영원히 일부일처제를 지켜야 했다.

또한 예수는 간통한 여자에게 내려지는 지나친 형벌에 이의를 제기했다. '간음한' 여자를 모세의 율법에 따라 돌로 쳐야 하는가라는 질문을 받았을 때 예수가 한 대답은 속담이 되었다. "너희 가운데 죄 없는 자가 먼저 그녀에게 돌을 던져라."(〈요한복음〉 8장 7절) 예수가 복수가 아닌 동정을 강조하고, 죄지은 남자와 여자를 평등하게 다루라고 강조한 것은 종교의 역사에서 매우 의미 있는 사건이었다. 하지만 기독교 사회에서는 향후 수 세기 동안 간통한 여자에게 무거운 형벌을 내렸다. 13세기 프랑스에서 간통을 저지른 남녀는 벌거벗고 길거리를 행진해야 했다. 더 끔찍한 예로는, 14세기 독일에서 간통 사범들이 생매장되거나 말뚝으로 찔리는 형벌을 받은 것을 들 수 있다.[6] 1231년

프리드리히 2세 치하의 시칠리아 왕국은 간통한 사람에 대한 처벌 강도를 약하게 하는 일련의 법을 채택했다. 결혼한 여자와 통정한 남자에게는 죽음 대신에 재산을 몰수하는 처분이 내려졌고, 유죄 판결을 받은 여자에게는 코를 베는 형벌을 내리는 것으로 충분하다고 간주되었다.[7] 17세기 청교도 시대의 뉴잉글랜드(메인, 뉴햄프셔, 버몬트, 매사추세츠, 로드아일랜드, 코네티컷 주를 포함하는 미국 북동부 지역 — 옮긴이)에서는 채찍질이나 벌금형 등 일반적인 형벌에 상징적인 처벌이 결합된 형태로 형이 집행되었다. 간통한 사람은 목에 밧줄을 걸고 한 시간 동안 공공장소에 서 있어야 했다.

성경 시대의 고대 히브리인들에게 간통은 사형을 받아 마땅한 여러 "가증스러운 행위들" 가운데 하나였다. 다른 하나는 동성애였다. 동성애 사건에 대한 유죄 판결문은 다음과 같이 시작된다. "여자와 동침하듯 남자와 동침해서는 안 된다. 그것은 역겨운 짓이다."(〈레위기〉 18장 22절)

"여자와 자듯 남자와" 동침하는 것에 대한 금지는 글자 그대로 남성을 향한 것이었다. 즉 남성 동성애에만 해당하는 것이었다. 구약성경에는 여성 동성애를 금지하는 내용은 나오지 않는다. 여성 동성애가 경시된 이유는 아마도 성경을 쓴 남성 저자들이 여성 동성애의 존재를 몰랐거나 아니면 그것을 사소하게 여겼기 때문일 것이다. 그게 아니면 여성 동성애 행위는 남성 동성애처럼 "씨를 뿌리는" 것이 아니라서 덜 가증스러워 보였을지 모른다.[8]

고대 히브리인들이 동성애 행위를 왜 그렇게 혐오했는지는 여전히 논란의 대상이다. 이에 대한 대답 가운데 하나는 종족의 번식을 중시한 고대인들의 태도와 관련이 있다. 자위, 중절 성교(中絶性交, 사정하기 전에 음경을 질 밖으로 빼서 외부에 사정하는 피임법 — 옮긴이), 수간과 같이 자손을 늘리는 데 도움이 안 되는 모든 성행위는 맹렬한 비난을 받았다. 고대 지중해 세계의 다른 거주자들, 특히 그리스인과 로마인이 동성애를 용인했던 것과 달리, 유대교는 일관되게 동성애를 반대했다.[9]

기독교의 경우 예수는 간통에 대해 비난을 퍼부은 것과는 대조적으로 동성애에 관해서는 전혀 언급하지 않았다. 반면에 바울은 남성과 여성 모두의 동성애를 비난하고 나섰다(〈로마서〉 1장 26~27절, 〈고린도전서〉 6장 9절, 〈디모데전서〉 1장 10절). 동성애에 대한 바울의 부정적 시각은 이성애를 자연스럽게 보고 다른 형태의 성행위를 부자연스럽게 여기던 그 시대 사람들의 일반적인 생각에 바탕을 둔 것이다. 하느님은 세상을 창조하면서 사물에 자연스러운 질서를 부여했기 때문에 이성애적인 결합에서 일탈하는 모든 행위는 신의 설계를 부정하는 일로 여겨졌다.

유대교와 초기 기독교를 놓고 생각해볼 때, 두 종교의 결혼관에 근본적인 차이가 있다는 사실에 놀라지 않을 수 없다. 이 차이는 어떤 형식으로든 오늘날까지 지속되고 있다. 유대교는 결혼이 종족 번식의 미츠바(신의 계율과 은총)[10]와 관련이 있다고 가르쳤다. 유대교도는 종족 번식의 의무를 다하기 위해 허락받은 유일한 수단이 결혼이라고 믿었다. 그 때문에 유대인 남성과 여성에게 결혼은 의무였다. 토라와 탈무드에 등장하는 많은 랍비들은 결혼의 신성함을 강조하고 있다. 예를 들어 잠언에는 "아내를 얻은 이는 행운을 찾아냈고 주에게서 은총을 받았다"(〈잠언〉 18장 22절)라는 구절이 나온다.

한편 기독교는 이런 입장과 일찌감치 결별했다. 예수와 바울의 예를 좇아, 초기 기독교는 결혼보다 독신을 높이 평가했다. 바울은 다음과 같은 말을 했다. "장가들지 않은 남자는 어떻게 하면 주를 기쁘게 해드릴 수 있을까 하고 주의 일을 걱정한다. 그러나 장가간 남자는 어떻게 하면 아내를 기쁘게 할 수 있을까 하고 세상일을 걱정한다. 그래서 그는 마음이 분열된다. (……) 시집간 여자는 어떻게 하면 남편을 기쁘게 할 수 있을까 하고 세상일을 걱정한다."(〈고린도전서〉 7장 32~34절) 아내나 남편을 얻는 것은 하느님과 결합하는 좀 더 근원적인 일에 방해가 된다고 간주되었다. 유대인에게 신의 계율에 복종하는 유일한 방법이 결혼하여 자손을 낳는 것이었다면 바울을 추종하는 기독교인에게 신의 계율을 따르는 가장 좋은 방법은 성생활을 하지 않는 것이었다.

아내가 히브리인들에게는 '행복'으로, 기독교인에게는 구원의 방해물로 간주되었지만, 유대교와 기독교 모두 여성이 남성보다 열등하며 평생 남성의 보호를 받아야 하는 존재라고 여긴 것은 마찬가지였다. 예수가 살았던 시대에 유대인 여성들은 집 안에만 갇혀 지내야 했는데, 특히 부유하고 도시에 사는 여성일수록 더욱 그러했다. 유대인 여성들은 교회당에 가는 것을 제외하면 거의 집 밖으로 나가지 않았고 교회에 나갈 때도 눈만 내놓고 머리와 얼굴은 가려야 했다. 파멜라 노리스는《이브》에서 히브리 여성은 한쪽 눈이라도 드러낼 기회가 있으면 눈 화장, 화려한 의상, 걸을 때마다 짤랑짤랑 소리를 내는 보석 등을 통해 사람들의 이목을 끄는 방법을 알고 있었다고 주장했다.[11] 이러한 장신구들은 성경에서도 비난의 대상이었고(〈이사야서〉 3장 19~23절), 남성을 유혹하거나 말썽을 일으킬 만한 기질을 타고났기 때문에 여성을 남성들이 통제하고 감시해야 한다고 확신했던 랍비들의 분노를 샀다. 이런 분위기가 그대로 반영된 바울의 말은 이후 2000년 동안 가부장주의자들에 의해 전가의 보도처럼 인용되었다. "아내는 주께 순종하듯이 남편에게 순종해야 한다."(〈에베소서〉 5장 22절) 교회에서 아내의 복종은 눈에 띄게 두드러졌다. 바울은 "여자들은 교회에서 잠자코 있어야 한다. 그들에게는 말하는 것이 허락되어 있지 않다. 율법에서도 말하듯이 여자들은 순종해야 한다. 배우고 싶은 것이 있으면 집에서 남편에게 물어보아라. 여자가 교회에서 말하는 것은 부끄러운 일이다"(〈고린도전서〉 14장 34~35절)라고 말했다.

초기의 교부철학자들, 특히 테르툴리아누스(터툴리안), 히에로니무스(제롬), 아우구스티누스(오거스틴)는 이브가 저지른 원죄 때문에 모든 세속적 결합, 심지어 결혼마저도 사람을 도덕적으로 타락시킨다고 주장했다. 그러나 부부간의 성생활을 바라보는 교부들의 시각은 조금씩 달랐다. 아우구스티누스는 결혼에는 세 가지 미덕이 있다며 부부간의 성생활을 정당화했는데, 세 가지 미덕이란 출산, 사회적 안정, 간음에 대한 안전 장치다. 부부는 오로지 자손을 보기 위해서만 성생활을 해야 하며 쾌락을 위해서 성생활을 하는 것은 철저하게 피해야 한다고 그는 단언했다.[12]

히에로니무스는 한 걸음 더 나아가 심지어 부부간의 성생활마저도 본질적으로 악한 것으로 간주했다. 그는 성적 즐거움을 추악하고, 욕지기 나며, 품위를 떨어뜨리고, 궁극적으로 타락에 이르는 것이라며 부정했다. 주로 이브의 딸들에게 비난의 화살을 돌리면서 성행위와 죄를 결부시키는 입장은 교회 내에서 점점 확고해졌고, 5세기까지 교회 당국에 의해 광범위하게 유포되었다. 이것은 6세기까지 기독교도 남성과 여성에게 결혼의 대안을 제시했었던 금욕주의의 발흥과 관련이 있다(제도화된 독신 생활은 그때까지 유대교나 이슬람교의 관습의 일부가 아니었다).

하지만 몇몇 기독교 신학자들은 결혼을 칭송하면서 반대 입장을 표명했다. 그들은 결혼은 하느님이 결정한 것으로 사람이 나눌 수 없는 결합이라고 하며 옹호했던 예수의 말(〈마가복음〉 10장 9절)과 피로연에 온 손님들에게 기적처럼 포도주를 대접했던 가나에서의 결혼식을 예로 들었다(〈요한복음〉 2장 1~25절). 그들은 바울이 출산을 위해서 결혼이 필요하다는 사실을 받아들였으며 결혼을 그리스도와 교회의 결합에 비유함으로써 심오한 영적 의미를 부여하려 했다는 점을 지적했다. 또한 부부간의 성관계를 강조하면서 부부는 서로 사랑하라고 한 바울의 말을 인용하기도 했다. "남편은 아내에게 의무를 이행하고, 마찬가지로 아내는 남편에게 의무를 이행해야 한다. (……) 서로 상대방의 요구를 물리치지 말아라."(〈고린도전서〉 7장 3~5절) 바울은 아마도 이 개념을 구약성경에서 찾아냈을 것이다. 왜냐하면 〈출애굽기〉 21장 10절에서 볼 수 있듯이 남편은 아내에게, 심지어 노예인 아내에게까지도 "다른 여자를 맞아들이더라도, 첫 아내의 양식과 의복, 그리고 부부 동거권을 제공해야 한다"라는 규율이 있기 때문이다. 이처럼 부부 관계의 정서적, 성적 필요성을 인정한 일은, 훗날 종교개혁 시기에 개혁가들이 초기 교회의 결혼관보다 훨씬 더 긍정적인 결혼관을 채택할 수 있는 근거가 되었다.

유대교와 기독교는 양처와 악처의 전형적인 예를 제시했다. 유대교와 기독교의 교리에 따르면 여자는 모두 이브의 딸이기에 남자를 타락으로 이끌 수 있다. 그러나 또한 사라, 리브가, 라헬, 레아와 같은 구약의 여가장들과, 남편에게 행복을 선사하는 〈잠언〉 31장에서 찾아볼 수 있는 '어진 아내'와 같은 모범적인 아내들도 엄연히 존재했다. 오랜 세월 동안 유대 여인들은 부지런하고 아이를 많이 낳은 여자 조상들의 이야기를 들으며 자라났다.

한편 기독교도들은 다른 모든 것들에 앞서 칭송되었던 순종과 정절이라는 미덕에 관해서 동정녀 마리아라는 지고한 존재를 본받으려고 했다. 비록 마리아가 요셉과 결혼한 것이 단지 하느님의 아들을 낳으라는 사명 때문이었을지언정 그녀는 이상적인 아내로 받들어졌다. 그 후 수 세기 동안 기독교 여성들은 마리아의 불가사의한 순결과 자신의 세속성 사이의 간극을 느끼게 되었을 것이다.

고대 그리스 시대의 아내들

우리는 고대 그리스 시대의 아내에 관해 많은 것을 알고 있기도 하고 그렇지 않기도 하다. 사포의 시가를 제외하면 위대한 그리스 문학의 저자는 모두 남성이며, 그들의 글은 여성에 대한 남성의 관점을 반영하고 있다. 그리스 문학에 많이 등장하듯이 아내들의 목소리는 남성의 입을 통해 전해졌다. 이것은 마치 우리가 20세기 미국 여성들의 삶을 오로지 어니스트 헤밍웨이, 존 업다이크, 필립 로스의 저작들을 통해서만 알 수 있는 것과 마찬가지다. 우리가 고대 그리스의 문학 작품들을 통해 얻은, 결혼한 여성의 사회적, 법적 조건에 관한 지식만으로는 그들이 실제로 어떤 희망과 두려움을 품었으며 어떤 좌절을 경험했는지 알 수 없다.

고대 그리스의 아내들은 결혼의 후견인이자 여성의 보호자이며 제우스의 누이인 동시에 아내인 헤라 여신을 어떻게 생각했을까? 고대 그리스의 아내들은 뒷날 기독교를 믿는 아내들이 동정녀 마리아에게 기도하듯이 헤라에게 간구했을까? 품위 있는 헤라의 성상(聖像)들이 그리스의 성지와 신전을 장식하고 있지만, 말과 글을 통해 전해지는 이야기 속에서 헤라는 제우스의 총애를 받는 여자들과 그의 사생아들을 제거하려는 지독히 질투심 강한 아내로 묘사된다. 한 맺힌 아내와 숭고한 부인이라는 헤라 여신의 서로 다른 두 가지 이미지 사이의 불균형은 그리스의 아내들이 헤라 여신에게 (다른 여자와의 자유분방한 관계로 인해 언제나 불화의 씨앗을 갖고 있던) 남편으로부터 자신을 보호해달라는 요청을 할 때, 경외심과 동병상련의 감정을 함께 느꼈을 수도 있었음을 알려준다.

호메로스 시대(기원전 8세기)의 이상적인 아내는 《오디세이아》에 나오는 정숙하고 영리하고 충실한 페넬로페였다. 트로이 전쟁의 영웅인 오디세우스가 19년간 유랑하는 동안 페넬로페는 이타카에 있는 왕국을 직접 다스렸고, 아들 텔레마코스를 키웠으며 남편의 자리를 차지하려고 혈안이 된 구혼자들을 물리쳤다. 그녀는 시아버지의 수의를 완성하고 나서 남편을 선택하겠다고 말하며 시간을 끌었는데, 낮에는 수의를 짜고 밤이 되면 올을 풀었다. 이러한 책략이 백일하에 드러났을 즈음 오디세우스는 이미 집으로 돌아오는 길이었으며 늦지 않게 도착하여 아내를 되찾았다.

그들이 재결합하는 장면은 모든 문학 작품 가운데 가장 사랑받는 대목 중의 하나다. 페넬로페는 살아서 오디세우스를 만나려는 희망을 접고, 내키지 않는 마음으로 변장한 거지를 남편으로 맞아들였다. 그를 차갑게 맞이하고 그의 신원을 알기 위해 시험을 하는 과정에서 그녀는 유명한 책략가인 남편만큼이나 꾀가 많음이 밝혀졌다. 페넬로페가 고안한 시험은 부부의 동침에 관한 것이었다. 그녀가 나이 든 유모에게 침대를 침실 밖으로 옮기라고 지시하자 오디세우스는 불같이 화를 내며 그 침대는 그가 젊었을 때 올리브 나무의 일부를 가지고 만들었기 때문에 움직일 수 없음을 상기시켰다.

이 사실은 그가 오디세우스임을 증명했기 때문에 페넬로페는 "오디세우스에게 달려가 그의 목에 팔을 두르고 머리에 입을 맞추었다. (……) 그러자 오디세우스는 마음이 풀렸고, 자신의 팔에 안긴 그토록 충실하고 순종하는 아내를 보고 눈물을 흘렸다."[13] 충실과 순종, 현명함과 정숙함, 이것은 이상적인 아내인 페넬로페를 평하는 말이다. 오디세우스가 전쟁의 세계를 방랑하고 먼 곳에서 모험을 하며 낯선 잠자리를 떠도는 동안 페넬로페는 긴 기다림 속에서 정절을 지키며 옷을 짜고 있었던 것이다.

그들은 재결합한 순간에 자신들이 겪은 모든 재난의 근원인 헬레네(헬렌)를 떠올렸다. 트로이의 헬레네로 잘 알려져 있는 아르고스의 헬레네는 정숙한 페넬로페와는 정반대였다. 메넬라오스의 아내인 그녀는 파리스가 자신을 트로이로 납치해가도록 내버려두었는데, 그로 인해 트로이 전쟁이 일어났다. 아름다운 헬레네, 경박한 헬레네, 영국의 극작가이자 시인인 크리스토퍼 말로의 표현을 빌리면 "수천 선단을 발진시킨 얼굴"을 가진 헬레네는 고대의 가장 유명한 요부이자 관능미로 남자를 유혹한 위험한 여인 가운데 하나다. 그리스와 로마에서 헬레네와 페넬로페는 기독교가 후에 이브와 동정녀 마리아에게 부여했던 대립 쌍인 악처와 양처를 대표한다.

하지만 페넬로페와 오디세우스의 이야기가 오랜 시간이 흐르는 동안에도 변함없이 독자들을 사로잡았던 것은 판에 박힌 듯한 주인공들의 전형적인 특징 때문이 아니다. 두 개의 젠더에 부여된 성 역할에 따라 페넬로페가 가정주부를, 오디세우스가 방랑하는 영웅을 대표한

■ ■ ■

기원전 4세기경 아테네에 세워진 묘지 비석.
남편과 아내에게 경의를 표하기 위해 만들어진 것이다.

다고 할지라도, 이 이야기가 오늘날의 독자들에게 흥미롭게 느껴지는 것은 그들의 재미있는 술수와 친밀함, 오랜 별거에도 빛이 바래지 않는 사랑, 성적인 쾌락으로 가득한 침실에서의 재결합, 그리고 '재미있는 대화' 때문이다. 이러한 베갯머리 정담은 언제나 부부만의 특별한 영역에 속한다. "그는 고결한 아내가 그를 기다리면서 감내해야 했던 온갖 시련에 관한 이야기를 들었다. (……) 그리고 그의 차례가 돌아오자 위대한 오디세우스는 자신이 적을 괴멸했던 영웅담을 늘어놓았다." 어떤 부부가 사랑을 나누기 전에 혹은 사랑을 나눈 후에 이런 종류의 이야기를 나누면서 즐거워하지 않겠는가? 이처럼 행복한 부부의 다정한 모습을 고대의 문학 작품 속에서 찾아보기란 어렵다. 이는 현대의 많은 고전 학자들이 호메로스 시대의 결혼이 3세기 후의 아테네에서의 결혼보다 더 평등했으며, 호메로스 시대의 여자들이 그리스 여자들은 누리지 못했던 존경과 자유를 향유했다고 믿게 만드는 문학적 증거다.[14]

비록 여전히 남성 작가들이 남긴 글에 의존할 수밖에 없지만 우리가 호메로스 시대에서 기원전 5세기의 아테네로 눈을 돌리면, 아내에 관한 정보는 꽤 많이 늘어난다. 아이스킬로스, 소포클레스, 에우리피데스 등을 통해 우리는 완고한 남편과 아내들이 자행한 끔찍한 가정 폭력과 마주하게 된다. 오이디푸스와 이오카스테, 아가멤논과 클리타임네스트라, 이아손과 메데이아는 서로를 파멸시킬 운명이었다. 클리타임네스트라는 트로이 전쟁에서 돌아온 남편 아가멤논을 정부의 도움을 받아 살해하는데, 그것은 아가멤논이 트로이로 떠날 때 그들의 딸 이피게네이아를 희생 제물로 바쳤기 때문이다. 메데이아는 이아손이 새 아내를 얻기 위해 자신을 버리자 그에 대한 복수로 이아손과의 사이에서 낳은 두 아이를 죽인다. 또 오이디푸스의 이야기가 있다. 오이디푸스는 아버지 라이오스를 뜻하지 않게 죽이고 어머니 이오카스테와 결혼한다. 세월이 한참 흐른 뒤에야 모든 것을 알게 된 그는 스스로 자신의 눈을 찌르고, 이오카스테 역시 자살을 하고 만다. 이러한 이야기들은 클리타임네스트라와 메데이아 같은 원한에 사무친 아내들과 이오카스테처럼 근친상간을 저지르는 미망인들이 자신도 모르는 사이에 범할 수 있는 도덕적 타락에 대한 뿌리 깊은 두려움을 드러낸다. 정숙한 과부라면 애초에 재혼하지 않을 것이다. 이러한 그리스 비극들에서 구현된 음울한 진실은 많은 부부들 사이에서 존재했고, 앞으로도 계속해서 존재할 팽팽한 긴장을 보여준다. 아내들은 좀처럼 그렇게 극단적인 방법으로 앙갚음을 하진 않지만 남편이 다른 여자를 얻기 위해 자신을 버리거나 아이에게 해를 입히는 경우에는 정말로 남편에 대한 살의를 품는다.

한편 고대 그리스 희극은 매우 과장된 형태로 부부의 일상을 생생하게 묘사했다. 기원전 411년에 초연된 〈리시스트라타Lysistrata〉에서 아리스토파네스는 시대를 초월하는 단골 메뉴인 남편과의 성관계를 거부하는 아내의 이야기를 기상천외한 정치 풍자극으로 발전시켰다. 리시스트라타와 그녀의 공모자인 여자들이 남편과의 잠자리를 거부함으로써 전쟁을 반대하자, 그리스 사회는 정지 상태에 빠진다. 적어도 이때만큼은 침실의 힘이 무력을 능가하는 것으로 판명되었다. 천박한 소품들과 논평에 힘입어 이 희극은 "전쟁 말고 사랑을 합시다"라는 1960년대의 구호처럼 오늘날에도 신선한 감흥을 불러일으킨다.

고대 아테네에서 결혼은 대개 재산 관리의 문제였다. 즉 결혼은 신랑과 신부의 감정을 그다지 중요하게 고려하지 않는 재무 거래였다. 혼기가 찬 아들이 있는 집은 젊은 부부를 재정적으로 뒷받침할 만한 지참금이 있는 며느리를 찾곤 했다. 특히 중상류층 가정에서는 이러한 풍습이 일반화되어 있었고, 소매상이나 어부와 같은 하류층도 지참금을 놓고 흥정을 했다.

또 하나 중요한 문제는 시민권이었다. 기원전 5세기 아테네에서는 시민권이 세습되었는데, 이것은 부모가 모두 아테네 사람이고 시민 계급일 경우에만 해당되었다. 기원전 451~450년에 페리클레스가 제정한 법에 따라 자식에게 같은 지위를 물려주려면 남자 시민은 부모가 모두 시민 계급인 여자와 결혼해야 했다.[15]

이처럼 결혼의 '공적' 특성에 관한 사실은 어렵지 않게 찾을 수 있는 반면에 사적인 감정에 관해서는 알아내기가 훨씬 더 어렵다. 고대 그리스의 결혼 적령기인 14~15세가량의 소녀가 결혼이 다가왔음을 알고 무엇을 느꼈을까? 장래의 신랑은 그녀의 아버지와 상의를 했을 것이고, 소녀의 뜻은 고려되지 않았을 것이다. 설사 그렇다 해도 미래의 남편과 접촉할 기회는 거의 없었을 것이다. 결혼이 종종 "신부에게 정신적 충격을 주는 사건"[16]이었던 데에는 이유가 있다. 어린 신부는 집을 떠나 시집으로 들어가 자신의 운명을 남편과 시어머니의 친절 또는 악의에 전적으로 맡겨야 했다. 다음의 그리스 고전 애가(哀歌)에는 가족을 떠나는 신부가 느꼈을 이별의 아픔이 잘 드러나 있다.

모든 사람이 나를 몰아내고 있네.
모든 사람이 나더러 떠나라고 하네.
(……)

난 울면서 침울하게 떠나고 있다네.[17]

약혼은 결혼식 훨씬 전에 이루어졌을 것이다. 그것은 기본적으로 여자를 결혼 시장에 내놓는 남자(일반적으로 아버지)와 신랑 사이에 맺어지는 구두 계약이었다. 신부의 아버지가 "나는 누구(딸의 이름)를 정실 자녀를 낳도록 하기 위해서 내놓습니다"라고 말하면, 신랑은 "받아들이겠습니다"라고 답했다. 신부는 참여하지 않았다. 만일 파혼할 경우 약혼은 그 자체로 법적, 금전적 형벌로 책임을 물을 수 있는 구속력 있는 근거가 된다. 이것은 오늘날 부모의 의사를 묻지도 않으며, 헤어질 경우에도 아무런 뒤탈이 없어서인지 곧장 상대방의 집에 들어가 사는 연인들이 예식을 생략해버리는 풍습과는 거리가 먼 것이다.

고대 그리스의 남자와 여자에게 결혼은 삶을 결정짓는 일이었다. 그들 모두에게 결혼은 성인이 되는 통과의례 가운데 하나였다. 결혼식은 보통 겨울에 치러졌으며 2~3일간 계속되었다. 첫날에 신부의 아버지는 결혼의 신인 제우스와 헤라에게 제물을 바쳤다. 신부는 자연과 사냥의 여신이자 순결과 출산의 여신인 아르테미스에게 자신의 장난감을 바쳤다. 둘째 날에는 신부의 집에서 혼인 잔치가 열렸다. 그다음에 면사포를 쓴 신부는 이륜마차나 사륜마차를 타고 신랑과 신랑의 가까운 친구에게 인도되어 신랑의 집으로 들어갔다. 많은 사람들이 초나 횃불로 길을 밝히고 '히멘(Hymen)'이라는 축가를 부르며 앞장섰다.

호메로스의 《일리아드》에 등장하는 아킬레우스(아킬레스)의 방패에는 신랑 집으로 가는 신부의 뒤를 따르는 행렬을 그린 그림이 새겨져 있는데, 이것이 아주 오래된 관습임을 알 수 있다.

(……) 타오르는 횃불 아래 그들은 거리를 행진하며
신부의 집에서 신부를 데려오네.
합창단이 부르는 축가가 울려 퍼지고
청년들이 춤을 추네, 빙빙 돌아가는 원무를
플루트와 하프 소리가 마음을 들뜨게 하는 가운데
여자들은 문 앞으로 몰려가 호기심에 차 서 있네.

길을 따라 늘어선 여자 구경꾼처럼 우리는 결혼식이 끝나고 이어지는 몇몇 축하 행사를 엿볼 수 있다.[18]

신부가 새로운 집으로 인도되면 축하객들은 밖에 서서 축가나 신방에서 첫날밤을 잘 치르라는 노래를 불렀다. 신방에 들어간 신혼부부는 그들의 결합을 완성시키는, 그로 인해 남편이 아내를 완전히 소유하게 되는 행동을 해야만 했다. 바로 이 순간부터 신부의 남편은 그녀의 키리오스(kyrios, 보호자이자 주인)로서 장인을 대신할 것이다. 아리스토텔레스는 《정치학*Politica*》에서 아내에 대한 남편의 '정치가와 같은' 지배와 자식에 대한 아버지의 '관대한' 지배를 구별했지만, 그 권위에는 정도의 차이가 있었을 뿐 그는 "남자가 여자보다 더욱 적절히 지배한다"는 인습적인 견해를 지지했다.

결혼은 법, 관습, 의식을 통해 보호받았지만 절대 돌이킬 수 없는 것은 아니었다. 아테네에서 아내는 자식을 낳고 나서야 남편의 집에 들어갔다. 그 전까지 친정아버지는 대개 재산과 관련된 이유로 어느 때고 혼인을 무효로 만들 수 있었으며, 그러고 난 다음에 다시 한 번 딸의 후견인이 될 수 있었다. 남편은 정당한 사유 없이도 아내를 내칠 수 있었지만 그럴 때는 지참금을 돌려주어야 했다.

고대 그리스에서 남녀 간의 결혼이 유일하게 합법적인 결혼 형태로 인정받았을지라도 남편은 결코 성관계 상대를 자신의 아내로만 제한하지 않았다. 남편은 아내 외에 첩, 남녀 노예, 남창과 매춘부, 그리고 남녀 애인과 성관계를 가질 수 있었다. 공식적으로 유일한 금단의 열매는 다른 시민의 아내였다. 남편들은 아테네 남자는 세 명의 여자를 취할 수 있다는 웅변가 아폴로도로스의 말을 종종 인용했다. 세 명의 여자란 후계자를 낳고 재산을 돌보는 아내, 자신의 몸에 매일 관심(성관계를 의미)을 가지는 첩, 그리고 쾌락을 나누기 위한 헤타이라(hetaera, 매춘부)를 말한다.[19]

한편 아내는 남편 이외의 남자로부터 격리되었고, 정부와 함께 있는 것이 발각되면 엄격한 처벌을 받았다. 남편은 최소한 아내와 이혼하고 그녀를 친정으로 돌려보낼 것이었다. 아테네 사람인 에우필레토스는 아내의 정부인 에라토스테네스를 죽였는데도 정당한 살인이라는 이유로 승소했다. 간통한 남녀가 동침하고 있는 것을 발견한 에우필레토스는 발가벗은 아내의 정부를 바닥에 내동댕이치고 손을 묶은 후, 합의금을 주겠다는 제의를 거절하고 그 자리에서 정부를 죽였다. 그는 살인죄로 기소되어 법정에 섰는데, 당대의 저명한 문사인 리시아스가 준비한 연설 덕택에 자신을 변호하는 데 성공했다. 나중에 리시아스는 후대를 위하여 사건을 기록해두었다. 법정은 에우필레토스가 자신의 이익을 위해 행동했을 뿐만 아니라 도시국가 아테네의 이익을 위해 행동했음을 인정했는데, 이는 만일 간통범이 처벌되지 않을 경우 사회 질서를 무너뜨릴 수 있기 때문이었다. 기원전 400년에 한 남편의 복수심에서 비롯된 살인을 바라보는 법리는 이러했다.[20]

하지만 법은 상처 입은 아내에게 소구권(訴求權)을 주지 않았다. 심지어 결혼 생활이 끔찍하게 불행한 경우에도 마찬가지였고, 특히 자녀를 낳은 후에는 아내가 아무리 간청을 해도 이혼할 수 없었다. 학대하는 남편에 대한 유일한 소구의 수단은 가정을 포기하고 자신의 아버지나 다른 후견인의 보호 아래로 들어가는 것이었다(이 과정은 집정관의 허락을 필요로 한다). 특별법은 오로지 돈을 목적으로 결혼한 후에 자식을 낳고 나서 아내를 무시해버리는 남편인 경우에 한해서만 적용되었다. 아내는 법적으로 남편이 한 달에 적어도 세 번 성관계를 갖도록 강제할 수 있었다(하지만 아내가 어떻게 그러한 명령을 실행할 수 있겠는가!).

고대 그리스에서는 일반적으로 아내가 남편보다 열 살에서 스무 살 정도 어렸다. 아내는 집 밖의 거의 모든 활동들로부터 엄격하게 배제되었기 때문에 깨어 있는 시간의 대부분을 아고라(광장)와 시장, 경기장이나 매음굴에서 보내는 남편의 완전한 반려자가 될 수 없었다. 결혼은 자식을 낳고 집안 살림을 잘 꾸려 나가게 해주는 제도로서 존중되었지만, 그 누구도 영혼의 반려에 대한 갈망을 결혼을 통해 채울 수 있다고는 생각하지 않았다.

그 대신에 교양 있는 엘리트들이 이상적인 결합으로 여겼던 것은 동성애였다. 유대교와 기독교의 정서와는 현저히 다르게 그리스에서는 성인 남자와 소년의 결합이 자연스럽고 건전한 것으로 여겨졌다. 플라톤은 남자와의 육체적 접촉을 즐기는 소년들을 찬미했으며, 이 소년들이 어른이 되었을 때 "그들은 성적으로 소년들에게 끌려서, 관습이 그들의 자연스러운 성향을 유린하지 않는다면 결혼이나 출산에 대해서는 아무런 흥미도 못 느낄 것"이라고 믿었다. 이성 부부처럼 "애정과 온정, 사랑"으로 맺어진 동성애자들은 "평생을 함께할 관계"에 적합하다고 여겨졌다.[21]

플라톤 이외에도 크세노폰, 아리스토텔레스, 아리스토파네스, 플루타르코스(플루타르크) 같은 그리스의 저술가들은 동성애를 아무렇지도 않게 여겼다. 많은 문서들을 살펴보면, 고대 그리스에서, 적어도 상류사회에서는 동성애가 "널리 퍼져 있었을 뿐만 아니라 일반적인 일이었으며 높은 문화적 가치를 지닌 것으로 여겨졌다"[22]는 데 동의하지 않을 수 없다. 그러나 여러 고전에 나오는 것처럼 동성애의 열광적인 지지자들조차도 그것을 남자와 소년의 관계로 제한했다.[23] 남색(男色)은 젊은이들을 남자들 간의 우애의 세계로 이끌기 위해 고안되어 사회적으로 용인된 제도였다. 규정된 관습에 따르면 40세 미만의 성인 남성에게 적당한 애인 상대는 통상 12~18세가량의 소년이었다. 그러나 이것을 결혼의 대체물로 여기지는 않았다.

일반적으로 아테네의 여성들은 집에서 여자 친구들만 만날 수 있었고, 남편과 아내 사이의 애정이 특별히 강조되지는 않았기 때문에 몇몇 기혼 여성들은 (고대 그리스 사회의 여성 동성애에 대해서는 전혀 알려진 바가 없지만) 다른 여성에게 위로받으려 했을지도 모른다. 우리가 그나마 눈곱만큼이라도 아는 사실은 사포의 시가에서 추정한 것이다. 사포는 기원전 612년경 레스보스 섬에서 태어나 젊은 여성들의 사교 모임을 이끌었던 것으로 추정된다. 이 공동체에서 여성들은 음악, 노래 부르기, 시와 춤을 배웠다. 사포가 여러 명의 여성을 사랑했다는 믿음은 오늘날까지 전해 내려오는 그녀의 시가 몇 편, 그리고 그 뒤를 이은 그리스 작가들의 작품에서 발견되는 그녀에 대한 언급에 기초하고 있다.

오늘날까지 온전히 전해 내려오는 유일한 시는 사포의 〈아프로디테 찬가Hymn to Aphrodite〉다. 이 시에서 사포는 사랑의 여신에게 한 젊은 여성에 대한 짝사랑이 서로 간의 사랑으로 바뀔 수 있게 해달라고 간청한다. 아프로디테는 고무적인 대답을 한다.

오 사포, 누가 너에게 부당한 짓을 하느냐?
그녀가 정말로 달아난다 할지라도, 곧 따를 것이요,
그녀가 너의 선물을 받지 않는다 해도,
그녀는 너에게 선물을 줄 것이야,
그리고 그녀가 지금은 사랑하지 않지만, 곧 사랑하게 될 터,
비록 그녀의 의지에 반할지라도.[24]

대부분의 그리스 아내들은 사포의 시가를 모르고 있었을 것이다. 왜냐하면 대부분이 문맹이었고 매춘부들을 제외한 여성들은 사포의 시가가 낭송되었던 남자들의 향연에 참석할 수 없었기 때문이다.

사포와 같은 몇몇 여성들은 분명히 오늘날처럼 다른 여성의 품 안에서 쾌락을 찾았다. 하지만 그 당시에 이러한 관계는 아주 위험한 것으로 치부되었을 것이다. 그리스의 아내는 자신의 주인이 아니었다. "합법적인 자식을 낳기 위하여" 아버지가 남편에게 넘긴 존재인 아내는 성인기의 가장 많은 시간을 임신을 하고 출산하여 자식을 기르고 돌보며, 음식을 준비하고 옷을 만들며 보냈다. 하지만 그리스의 아내는 후대를 위하여 사랑하는 사람에게서 얻은 즐거움을 기록하지 않았다.

로마의 아내들

로마가 아테네를 대신해서 지중해 세계의 새로운 주인이 된 이후 결혼의 본질에 관한 생각도 바뀌었다. 기원전 5세기부터 기원전 2세기

에 이르는 시기의 로마에서 결혼은 아버지의 손에서 남편의 손으로 '자연스럽게' 여성에 대한 통제권이 양도되는 형식인 그리스 유형에 가까웠다. 결혼한 여성은 '순결'을 포함해 여성이 지켜야 할 엄격한 윤리에 관한 규약인 푸디키티아(pudicitia)에 따라 살아가야 했다. 이 시대의 신화적 여성들은 미망인이 된 후에도 절대 두 남편을 섬기지 않는다는 원칙에 따라 정절을 지켜 칭송을 받았다. 전설적인 여인 루크레티아는 로마의 왕 타르퀴니우스의 아들인 섹스투스 타르퀴니우스에게 겁탈을 당하자 스스로 목숨을 끊었다. 기원전 25년경에 저술된 리비우스(리비)의 《로마 건국사 *History of Rome*》에서 루크레티아는 아버지, 남편, 친구들을 불러모은 후 그들이 보는 앞에서 극적으로 자결한 것으로 나온다.[25]

부부는 남편 가문의 대를 잇고, 국가의 존속을 군사력에 의존하고 있는 신생 공화국을 위하여 아들을 제공할 의무를 지고 있었다. 전선에서 그리고 원로원에서 통치하고 있는 남성은 가정에서도 지배자여야 했다. 그러나 그리 오래 지나지 않아 공화정 후기와 제정 시대가 도래하자, 남편과 아내의 파트너십을 강조하는 평등주의적인 사상이 뿌리를 내리게 되었다.

이러한 두 가지 다른 이상을 로마 법에서는 '쿰 마누(cum manu)' 결혼과 '시네 마누(sine manu)' 결혼이라고 구별하여 불렀다. 전자는 '손(후견, 보호를 의미)이 있는' 결혼이라는 뜻이고, 후자는 '손이 없는' 결혼이라는 뜻이다. '손이 있는' 결혼에서 '손이 없는' 결혼으로의 점진적인 변화는 여성이 결혼 후에 남편의 '피보호자'가 되는 것이 아니라 명목상 아버지의 후견을 받는 상태로 남는다는 것을 의미했다.

로마에서는 아버지가 딸들에게 적합한 배우자를 찾아줄 책임이 있었지만, 어머니, 고모, 결혼한 언니와 결혼한 친구들도 신랑감 주선에 나설 수 있었다. 젊은 여성이 어떤 방식으로든 주도권을 잡는 것은 권장되지 않았으며, 부모의 선택에 따라야 했다. 아버지는 종종 딸이 아주 어릴 적에(공화정 초기에는 6세 또는 7세에) 약혼을 협의하기도 했다. 이것은 예비 사항의 협의와 같은 것으로 결혼까지 이어질 수도 있고 그렇지 않을 수도 있었다.

공화정 초기에는 신체적 건강과 가문을 먼저 따져보고 배우자를 정했으나 차츰 금전이나 정치적 연줄을 고려해서 결혼을 결정하는 경향이 강해졌다. 기원후 100년경에 소(小)플리니우스는 조카딸의 신랑감을 찾아달라고 부탁하는 친구에게 편지를 쓰면서 남편 될 사람의 공적인 업무, 외모, 집안의 재산 등을 고려하여 적합한 후보자를 추천했다. "그는 능력이 뛰어나고 재무관, 호민관, 집정관의 직함을 가지고 있으며 (……) 성격이 솔직하고 용모는 젊어 보이고 혈색이 좋다네. 그의 생김새는 전체적으로 번듯하고 타고난 고결함과 원로원 의원의 기품이 배어 있어. 나는 개인적으로 이러한 점들이 신부의 처녀성에 대한 정당한 대가라고 생각하네." 그러고 나서 마지못하는 척하면서 "그의 부친이 많은 재산을 가지고 있다는 사실을 덧붙여야 할지 모르겠네. 경제력이 가장 중요하다고 여기는 요즈음의 풍조와 이 나라의 법의 관점에서 볼 때 말이야"[26]라고 썼다. 소플리니우스는 짐짓 고상을 떨며 말했지만, 여기에서 돈은 결정적인 요소였다.

돈이 가장 중요한 기준이었다면, 잘생긴 외모나 훌륭한 인품은 여기에 날개를 달아주는 것이었다. 여성에게는 처녀성이 요구되었고, 남성에게는(특히 소플리니우스가 속한 귀족 계급에서는) 예의 바르고 믿음직하며 활력이 넘칠 것이 요구되었다.

■ ■ ■
폼페이 벽화에 묘사된 부부의 모습. 79년 이전에 그려진 것으로 추정된다.

결혼 약속은 종종 직업적인 중매인이 개입해 협의되었는데, 결혼 중개 사업은 로마에서 날로 번창했다. 양가의 아버지가 자녀의 결혼에 합의할 수도 있었고, 장래의 신랑이 본인의 배우자에 대해서 협상을 할 수도 있었다. 일단 남자들끼리 문제를 해결하면 신랑은 신부에게 가운뎃손가락에 낄 반지를 준다. 이 같은 관습은 지금까지도 약혼

반지를 교환하는 형태로 내려오고 있다. 젊은 여성의 아버지는 약혼 잔치를 베풀어야 했다. 결혼식, 성인식과 더불어 약혼식은 로마 상류층 사람들의 분주한 사회 생활 중 하나였다.

약혼한 커플들의 관계에 대해서는 알려진 바가 거의 없다.[27] 약혼한 여성은 샤프롱(사교계에서 여성의 보호자 역할을 하는 사람—옮긴이)과 함께 다녔을까? 좋은 가문에서 자란 숙녀가 결혼식 전에 장래의 남편과 이야기할 수 있었을까? 오비디우스(오비드)는 자신의 관능적인 시들은 결혼하기로 약속한 연인의 얼굴을 보고 냉랭해지지 않은 아가씨가 읽어야 한다고 말했는데, 이는 적어도 제정 초기에는 약혼자들이 상대방이 어떻게 생겼는지를 알았다는 것을 암시해준다.[28] 그러나 오비디우스 작품의 음란한 성격에 비추어 볼 때 부모들이 딸의 손에 그의 작품을 쥐어주었을 것이라고 생각하기는 어렵다.

로마의 결혼법은 아버지(어머니는 제외된다) 및 신부와 신랑의 동의를 필요로 했다. 여자는 12세, 남자는 14세가 넘으면, 법률가들이 결혼 동의(maritalis affectio)라고 불렀던 선언을 하고 나서 신부를 신랑의 집으로 데려갈 수 있었는데, 이로써 결혼이 성립되었다. 이렇게 이루어진 결혼은 더 이상의 예식 없이도 법적인 구속력을 가졌다. 유효한 결혼의 가장 중요한 요인이 당사자 간의 동의임을 강조하면서 로마 당국은 이러한 개념을 로마 제국에, 궁극적으로는 서양 세계 전체에 퍼뜨렸다. 결혼할 때 당사자들의 동의를 요구한 것은 수 세기 동안 아내의 지위를 향상시키는 데 기여했다. 아내는 더 이상 아버지가 남편에게 재산처럼 공여하는 물건이 아니었다.

결혼식은 보통 6월 하순에 치렀다. 부엌의 여신인 베스타의 신전에서 연례 대청소가 시작되는 5월이나, 6월 15일 이전에 결혼하는 것은 불길한 일로 여겨졌다. 결혼식 전날에 신부는 어릴 때 갖고 놀던 장난감을 가정의 수호신들에게 바치고 어릴 때 입었던 옷가지들을 내다버렸다. 결혼식 때 신부는 머리를 여섯 갈래로 땋아 원뿔 모양을 이루도록 리본으로 한데 묶고, 그다음에 플라메움이라고 하는 노란 베일을 썼다. 신부는 한 폭의 천으로 지은 아래까지 내려오는 흰 가운을 입고 오직 남편만이 풀 수 있도록 복잡하게 매듭 지어진 허리띠를 맸다.

결혼식은 친구들과 일가친척이 지켜보는 가운데 신부의 집에서 치러졌다. 결혼식 초대를 받아들이는 것은 그들의 의무였는데, 이는 하객의 참석이 공식적인 의례의 일부분으로 여겨졌기 때문이다. 들러리인 부인이 신랑 신부의 오른손을 잡고 있었고 그들이 서로 입맞춤을 하는 동안, 복점관(auspex, 옛 로마에서 새의 울음소리나 행동 등으로 길흉을 점쳤던 사람)의 직책을 담당한 사제나 가족의 친지 가운데 한 명이 결혼식 사회를 봤다. 그러고 나서 결혼 계약서에 서명하고, 그다음엔 증인이 서명했다.

가족과 친구, 심지어 노예들도 신혼부부에게 선물을 주었다. 신부의 부모가 베푸는 호화로운 결혼 피로연이 끝나면 규모가 작은 특이한 연극이 공연되었다. 신랑 친구들이 고함치고 노래 부르고 음란한 농담을 해대며 신부를 끌고 다니는 동안 신부는 친정어머니에게 매달리는 체했다. 강간을 떠올리게 하는 이러한 의례는 오늘날에도 집시 문화를 포함하여 몇몇 문화권에서 여전히 행해지고 있다. 그런 다음에 사람들은 함께 행진을 하며 전통적으로 아내의 의무를 상징하는 실패와 물렛가락을 든 두 하인의 인도를 받으며 신부를 남편의 집으로 데려갔다. 새로 살 집의 현관에서 신랑은 신부에게 가사를 관리하는 데 필수 요소인 불과 물을 주었다. 그리스에서와 마찬가지로 행렬을 이루어 따라온 사람들은 신혼부부가 첫날밤을 치르는 동안 신혼방 밖에서 결혼 축가를 불렀다.

시인인 카툴루스가 쓴 유명한 축혼가는 호메로스 시대 이래로 크게 변한 것 같지 않은 결혼 행렬을 묘사하고 있다. 카툴루스는 먼저 신부에게, 그다음에 신접살림 집으로 가는 길을 밝히고 있는 소년들에게 말한다.

> 오세요, 아름다운 아가씨! 더 이상 머뭇거리지 말아요!
> 와서 우리가 부르는 노래를 들어요.
> 전능한 신, 결혼의 신에게 당신을 위하여 부르는 이 노래를
> (……)
> 소년들이여 횃불을 들어라! 높이 들어라!
> 나는 붉디붉은 스카프를 본다네.
> 계속! 신부를 집에 모시자.
> 행진하면서 선율에 맞춰 노래를 불러라.
> 결혼의 신, 만세! 히멘 신.[29]

매우 힘찬 이 시의 끝 부분에서 카툴루스는 신랑에게 자식을 바라는 마음으로 아내를 사랑스럽게 받아들이라고 재촉한다.

자식을 낳는 것은 언제나 남성이 아내를 취하는 중요한 이유였다. 앞선 시대의 유대인이나 그리스인처럼 로마인도 결혼을 남성이 정실의 자녀를 얻도록 고안된 제도로 생각했다. 더욱이 로마 시민들에게는 시민의 의무의 일환으로 자녀를 낳을 것이 장려되었다. 계속되는 전쟁으로 인해 귀족의 수가 점점 줄어들고 있던 공화정의 마지막 한

세기와 제정 초기에는 결혼과 출산을 장려하는 법이 제정되었다. 아우구스투스(기원전 27년부터 서기 14년까지의 로마 제국 황제)는 25세에서 60세 사이의 남성과 25세에서 50세 사이의 여성은 의무적으로 결혼하거나 재혼해야 한다고 공포했다. 자녀를 많이 낳은 사람들, 특히 아우구스투스가 이상적이라고 여긴, 자녀가 셋인 부모에게는 상이 주어졌다. 그러나 상류층은 이러한 상을 탐내거나 필요로 하지 않았고, 오히려 가족의 수를 제한하는 길을 모색했다. 자녀가 있으면 비용이 많이 들고 아이들에게 신경 써야 할 일이 많았기 때문이다. 세련된 로마의 남성과 여성 중에는 이런 부담을 지고 싶어하지 않는 경우도 있었다.

초보적인 형태의 피임이 당시에 이미 행해졌는데, 그것은 임신을 예방한다고 알려진 다양한 성분으로 흠뻑 적신 모직물로 만든 질 좌약 같은 것들이었다. 가장 흔하게 거론되는 것으로는 꿀, 삼나무 고무, 백반과 납 또는 기름을 혼합한 석고 등이 있었다. 낙태는 흔한 일이었고, 2세기 말까지는 법으로 처벌되지 않았다. 그리고 영아 유기를 처벌하는 법이 없었는데, 특히 여자아이가 더 많이 유기되었다. 그 결과 여자아이보다 남자아이가 더 많이 살아남았는데, 이는 여자가 결혼 시장에서 중요한 위치를 차지하지 못했기 때문이다. 자식을 낳고 가문의 대를 잇기 위해 아내를 얻는 것은 모든 미혼 남성들의 시민으로서의 의무였다. 고대 히브리인과 그리스인에게 출산이 결혼을 하는 유일한 이유가 아니었음에도 자식이 없는 것은 이혼 사유가 되었다. 로마 최초의 이혼으로 기록된 것은 기원전 230년 또는 231년에 루가라는 별명으로 불린 스푸리우스 카빌리우스의 이혼이었는데, 사유는 아내가 자식을 낳지 못한다는 것이었다.

공화정 후기 로마의 엘리트들 사이에서 이혼은 흔한 일이었다. 남성이 자식을 낳아줄 여자를 얻기 위해서 이혼하는 것은 물론이고 출세를 위해서 이혼하는 경우도 다반사였다. 폼페이우스나 안토니우스와 같은 정치 실세들은 결혼을 다섯 번이나 했다. 하지만 이혼이 아무리 형식적인 것이었을지라도, 그것은 가족에게, 특히 아이들에게 오늘날과 마찬가지로 마음의 상처를 주었다. 뛰어난 웅변가이자 정치가였던 키케로는 그의 조카인 퀸투스가 부모가 이혼하려고 할 때 얼마나 혼란에 빠졌는지 지켜보았다. 결국 그의 부모는 이혼을 하지 않았지만 퀸투스는 이후 5년간 어머니 편을 드느라 부모 사이의 갈등에서 헤어나지 못했다.[30]

키케로 자신은 결혼한 지 약 30년 후에 이혼을 택했다. 비록 그의 아내인 테렌시아가 그의 선거운동을 지원하기 위해 그에게 그녀의 개인 재산에서 돈을 빌려줄 만큼 매우 관대했고, 그가 정치적 이유로 유배 중이었을 때도 그에게 매우 충실했지만, 그는 그녀가 더 이상 자신과 딸인 툴리아를 적절히 부양하지 못한다는 이유를 들어 헤어지기로 결정했다. 그러나 테렌시아는 키케로가 더 젊고 부유한 여성과 결혼하기 위하여 자신을 떠났다고 생각했다. 플루타르코스에 따르면 키케로는 자신의 제자와 결혼했는데, 그 이유는 다음과 같다. "그 젊은 여성은 큰 부자였다. (……) 많은 나이 차이에도 불구하고 친구와 친척들은 키케로에게 그녀와 결혼하라고, 그래서 그녀의 돈으로 빚을 갚으라고 설득했다." 하지만 두 번째 결혼은 오래가지 못할 운명이었다. 툴리아(그녀는 세 번 결혼했다)가 아이를 낳다가 죽었을 때 키케로는 아내가 자기 딸의 죽음을 충분히 슬퍼하지 않았다는 이유로 두 번째 아내와 이혼했다.[31] 키케로가 이렇듯 두 아내에 대해 제멋대로 군 것은 남성들이 아무런 비난을 받지 않고도 쉽게 이혼을 요구하고 성취할 수 있었음을 보여준다. 이 시기의 로마에서는 여성도 친정아버지의 동의를 얻기만 하면 이혼할 수 있었다.

간통 역시 공화정 후기와 제정 초기 동안에 지배 계급 사이에서 증가했던 것으로 보인다. 몇몇 기혼 여성들은 로마의 다른 아내들이 미덕으로 명예를 드높인 것만큼 애정 행각으로 유명해졌다. 집정관 메텔루스의 아내 클로디아는 애인이 많았는데, 그중에는 그녀를 자신의 시(詩)에서 레스비아라는 이름으로 불렀던 카툴루스도 있었다. 아우구스투스 황제의 딸인 율리아는 문란한 애정 행각을 벌인 나머지 아우구스투스 황제에 의해 섬으로 유배되었다. 그녀의 애인 4명은 추방당했고, 1명은 처형되었다.

이처럼 방종한 풍속을 바로잡으려고 기원전 18년 아우구스투스 황제는 '간통 및 혼외정사에 관한 율리우스 법'을 공표했다. 이후로 남편은 아내의 간통 사실을 안 지 60일 이내에 기소해야만 했다. 그러나 피해자가 아내일 경우에는 적용되지 않았다. 이 법에 따르면 "아내는 (남편이) 결혼 서약을 위반했다고 불평해도 간통죄를 물어 남편을 형사고발할 권리가 없는데, 이는 법이 남성에게 이러한 특권을 부여한 반면에 여성에게는 허락하지 않았기 때문이다."[32] 아내가 간통을 저지르면 남편은 이혼할 수 있었고, 아내는 지참금의 반과 재산의 3분의 1을 빼앗기고 섬으로 유형을 떠나야 했다. 이혼 사건을 주관했던 소플리니우스를 통해 우리는 다음과 같은 소송 절차를 엿볼 수 있다.

> 다음 날 청취한 소송 사건은 갈리타라는 여성의 간통 사건이었다. 그녀는 이제 막 관직에 출마하려는 군단 사령관의 아내였는데, 백부장(centurion, 로마 군대에서 100명으로 조직된 단위 부대의 장 — 옮긴이)

과의 애정 행각으로 자신과 남편의 계급에 불명예를 가져다주었다. 그녀의 남편은 이 사실을 총독에게 고발했고, 황제에게 알렸다. 증거를 면밀히 검토한 후 황제는 백부장을 면직하고 추방했다. (……) 그런데 남편은 아내에 대한 애정으로 머뭇거렸으며 아내의 행위를 용서했다는 이유로 견책받았다. 그는 아내의 간통 사실을 고발하여 일단 연적을 제거한 것에 만족하며 아내를 집에 계속 데리고 있었다. 이 사건을 종결짓기 위해 법정에 소환된 그는 마지못해 아내를 내주었다. (……) 그녀는 당연히 유죄 판결을 받았고 간통 및 혼외정사에 관한 율리우스 법에 따라 선고를 받았다.[33]

계급과 성별의 차이가 이 소송에 끼친 영향은 매우 인상적이다. 남편과 아내는 원로원 계급인 반면에 백부장은 그렇지 않았다. 때문에 이 사건은 상급자에 대한 모욕, 사회 계급에 대한 불명예로 여겨졌다. 백부장은 쉽사리 제거되었다. 일단 연적이 사라지자 남편은 아내를 되찾은 것에 만족했을 것이다. 그러나 법은 다르게 판단했다. 아내 역시 처벌받아야 마땅하다는 것이다. 남편이 "아내에 대한 애정으로" 주저했다는 점을 주목해야 한다. 법이 어떤 판결을 내렸든, 아내의 간통이 아내에 대한 남편의 감정까지 훼손시키지는 못했던 것이다.

로마에서 부부간의 애정은 매우 바람직한 것으로 여겨졌다. 배우자끼리의 친밀한 결합이라는 이상(동반 추방이나 동반 자살도 포함)은 로마의 스토아 철학에서 유래했다. 그러나 공개적인 애정 표현은 대중의 눈살을 찌푸리게 했다. 예를 들어 한 원로원 의원은 딸 앞에서 아내와 키스했다는 이유로 원로원에서 제명되었다. 플루타르코스는 이 일을 기록하면서 비록 처벌이 "조금 지나치다"고 생각했지만, 주저하지 않

고 "남들의 면전에서 키스하고 포옹하는 것은 수치스러운 짓이다"라고 덧붙였다.[34]

과도한 감정 표현은 조롱의 대상이 되었다. 젊은 아내에게 너무 관대하게 구는 나이 든 남자들은 웃음거리가 될 수 있었다. 폼페이우스(폼페이)는 죽은 두 아내에게 지나치게 감정을 표현한 것으로 유명했다. 그는 정치적인 이유로 율리우스 카이사르의 딸인 율리아를 네 번째 부인으로 맞이했지만, 그럼에도 그녀와 사랑에 빠졌다. 이때 그의 나이는 60세였고, 율리아의 나이는 딱 그 절반이었다. 플루타르코스는 비난조로 "그는 젊은 아내에 대한 애정 때문에 나약해졌다"[35]라고 썼다. 그녀 역시 그와 사랑에 빠진 것처럼 보였으나, 두 사람의 사랑은 아내가 출산하다 요절하면서 일찌감치 종지부를 찍었다. 슬픔에 잠긴 채 폼페이우스는 곧 또 다른 정략결혼을 했는데, 이번에는 과부인 코르넬리아를 아내로 맞이했다. 빼어난 교양을 갖추었으며, 젊고 아름다울 뿐만 아니라 기하학과 철학에 해박하고 류트 실력도 뛰어난 매력적인 여인에게 폼페이우스가 완전히 사로잡히는 데에는 그리 오랜 시간이 걸리지 않았다.

코르넬리아와 폼페이우스가 기원전 52년에 결혼할 즈음, 로마 귀족 계급의 아내들은 고대 그리스에서는 상상조차 할 수 없었던 책임과 기쁨을 누렸다. 그들은 친정에서 받은 재산의 소유권을 행사할 수 있게 되어 부유해졌다. 남편이 관리하던 결혼 지참금은 이혼할 경우에 아내에게 반환되었다. 아내는 사적인 교육을 받을 수 있었고 연회, 전람회, 공연과 같은 대중 행사에 참여할 자격을 얻었다. 이러한 행사가 시 낭송회든, 나체 무희들의 춤판이든, 혹은 법석대는 주연이든 상관없이 결혼했다는 이유로 여성의 입장이나 참여를 막을 수는 없

었다.[36]

상류층의 아내는 수유를 포함한 가사의 의무를 유모, 하인, 노예에게 맡길 수 있었기 때문에 상당히 독립적으로 가정을 벗어나 돌아다녔다. 많은 사람들이, 특히 타키투스가 로마 제국의 아내들은 더 이상 자식에게 젖을 먹이지 않는다고 비난하고, 젊은이들이 시민으로서의 도덕심이 부족한 이유를 어머니 젖을 제대로 먹지 못한 탓으로 돌렸을 만큼 상류층 여성들이 아이에게 젖을 먹이는 것은 매우 드문 일이었다.[37]

로마의 아내는 자기 집의 완전한 여주인이며, 한 가지 특별한 예외를 제외한다면 '곳간 열쇠의 관리자'였다. 포도주 저장소의 열쇠는 남편이 갖고 있었는데, 이는 아내가 술을 마시는 것이 허락되지 않았기 때문이다. 이러한 금기는 술 취한 아내는 '순결하게' 남아 있을 수 없을 것이라는 오래된 염려에서 비롯된 것이다.

남편이 전장에 가거나 추방되면 아내는 남편의 일을 도맡아야 했다. 통상 로마에 머물면서 가족의 재산을 관리했던 것이다.[38] 아내는 남편의 영광과 시련을 함께 겪었다. 코르넬리아는 폼페이우스와 보냈던 4년간의 짧은 결혼 생활에서 이 두 가지를 경험했다. 그녀는 내전 중에 폼페이우스가 로마에서 탈출할 때 동행했고, 그가 중요한 전투에서 패한 후 이집트에 갔다가 살해되는 것을 지켜보아야 했다.

이 시대의 가장 유명한 부부는 안토니우스(안토니)와 클레오파트라일 것이다. 살아 있을 때 이미 유명했던 그들의 전설 같은 이야기는 2000년이 넘는 시간 동안 사람들의 상상력을 자극해왔다. 윌리엄 셰익스피어, 버나드 쇼와 세실 B. 드밀은 그들의 이야기를 개작했던 후대의

로마 시대의 석관 조각.
어머니가 아이에게 젖을 먹이는 모습을 그녀의 남편이 지켜보고 있다.

여러 해석가들 가운데 일부일 뿐이다. 그들과 관련된 역사적 사건도 한 편의 서사시 같은 사랑 이야기의 증거로서 독자적인 의미를 지니고 있다. 또한 우리는 그들의 이야기를 통해 로마 제국에서 아내의 지위에 대해 짐작해볼 수 있다.

이집트의 여왕인 클레오파트라는 율리우스 카이사르와 짧은 시간 동안 관계를 가졌고, 그때 아들 카이사리온을 낳았다. 기원전 41년에 카이사르가 죽은 후 옥타비아누스(옥타비우스), 레피두스와 함께 권력을 공유했던 제2차 삼두정치에 참여하게 된 안토니우스는 클레오파트라를 소아시아로 불러들였다. 그곳에서 그들은 숙명적인 사랑을 시작했다. 안토니우스는 이집트의 여왕을 만나기 전에 이미 세 번의 결혼 경험이 있었지만 열정적으로, 미친 듯이 그리고 돌이킬 수 없을 정도로 사랑에 빠질 만반의 준비가 되어 있었다.

안토니우스의 세 번째 아내 풀비아가 로마의 집에 남아 훗날 아우구스투스 황제가 될 옥타비아누스와 전쟁 중인 남편의 대리인 역할을 하는 동안에 안토니우스는 알렉산드리아에서 기원전 40~41년의 겨울을 클레오파트라와 함께 보냈다. 그들의 관계에 대해 기록한 로마의 모든 문서는 클레오파트라를 매혹적인 외국 여인으로 묘사하고 있다. 로마인들은 클레오파트라가 '동양적인' 방식으로 안토니우스의 고결한 전사적 감성을 무장 해제시켰다고 생각했다. 그러나 그들이 서로 무엇을 주고받았는지에 대해서 우리가 알 수 있을까? 우리가 아는 것은 오로지 그들이 이란성 쌍둥이 남자아이와 여자아이를 낳기에 충분할 만큼 몸을 섞었다는 사실뿐이다.

그사이에 풀비아는 정치적인 이유로 로마를 떠나야 했고, 남편을 만나러 가는 도중에 병들어 죽었다. 자신이 벌여놓은 일을 수습하기 위해 로마로 돌아와야 했던 안토니우스는 옥타비아누스와 화해하기 위해 노력했다. 안토니우스는 제국을 3개의 지역으로 분할하는 협약을 성사시키기 위하여 옥타비아누스의 누이인 옥타비아와 결혼해야 했다. 둘 다 최근에 배우자와 사별했기 때문에 사람들은 두 사람이 아주 잘 어울리는 한 쌍이라고 여겼다. 옥타비아는 안토니우스의 어린 두 아들의 양육을 책임져야 했다. 훌륭한 로마의 아내답게 그녀는 이 일을 완벽히 수행할 준비가 되어 있었다. 하지만 그녀는 안토니우스와 클레오파트라 사이에 쌍둥이가 있다는 사실을 과연 알기나 했을까? 여하튼 간에 양측은 미망인은 남편이 사망한 후 10개월까지는 결혼을 할 수 없다는 법의 적용을 원로원으로부터 면제받은 후에 로마에서 결혼식을 올렸다(그때나 지금이나 법률의 폐지와 면제는 권력자 마음이다). 안토니우스는 옥타비아와의 결혼을 기념하기 위해 주화를 주조했다. 살아 있는 여인의 초상이 로마의 주화에 새겨진 것은 처음이었다.

수년 동안 안토니우스는 이중 결혼, 즉 로마에서의 공식적인 결혼과 이집트에서의 비공식적인 결혼을 유지했다. 옥타비아는 두 딸을 낳았다. 그러나 안토니우스가 기원전 37년에 한 면에는 자신의 초상을, 다른 한 면에는 클레오파트라의 얼굴을 새긴 주화를 주조한 것으로 알 수 있듯 그의 마음은 클레오파트라에게로 기울어졌다.[39] 1년이 지난 뒤 이탈리아에 있던 옥타비아는 남편이 이집트의 여왕과 결혼했다는 충격적인 소식을 들었다. 법률가들은 로마 시민은 로마인과 결혼해야 하는데 클레오파트라는 외국인이기 때문에 그 결혼은 구속력을 갖지 못한다는 사실을 그녀에게 확인시켜주었다. 모든 것을 용서하기로 한 옥타비아는 기원전 35년에 남편이 다급히 필요로 했던 군대와 금을 가져다줄 요량으로 길을 나섰다. 아테네에 도착한 그녀는 물건만 보내고 로마로 돌아가라는 편지를 받았다. 3년이 지난 후에 안토니우스는 공식적으로 이혼을 통지했다. 그로부터 1세기 후의 사람인 플루타르코스가 기록한 바에 따르면 "안토니우스는 옥타비아를 집에서 내보내라는 명령을 로마에 보냈다. 그녀는 눈물을 흘리고 몹시 슬퍼하며 당시 자기 아버지와 함께 있던 풀비아의 첫째 아이를 제외한 모든 자식들을 데리고 집을 떠났다"[40]고 한다. 그 이후로 그녀는 옥타비아누스의 보호 아래 살았는데, 그는 조만간 로마 제국의 유일한 지배자가 될 것이었다.

옥타비아누스는 이집트의 여왕 때문에 오만방자하게도 자신의 누이와 이혼을 한 안토니우스의 처신을 몹시 못마땅해했다. 특히 안토니우스가 작성한 유언장을 보고 격노했다. 안토니우스는 자신이 로마에서 죽을지라도 광장에서 성대한 노제를 치른 후 시신을 알렉산드리아의 클레오파트라에게 보내라고 썼던 것이다. 옥타비아누스는 안토니우스를 수많은 위법 행위로 고소했는데, 이 중에는 안토니우스가 20여만 권의 장서가 있는 페르가몬 도서관을 클레오파트라에게 기증한 일도 포함되어 있었다. 또한 "연회에서 많은 손님들이 보는 가운데 벌떡 일어나 그녀의 발을 만진 것"과 그가 중요한 순간에 재판정을 떠났는데, 이는 클레오파트라가 우연히 지나가는 것을 보고 "쫓아가서 그녀의 집에 가기 위해서"였다는 기소 내용도 있었다. 그렇다면 좋아하는 감정을 감추는 것이 진정으로 로마인다운 행동이었던가?

옥타비아누스의 선전포고로 시작된 전쟁은 기원전 31년 악티움에서 안토니우스와 클레오파트라의 처절한 패배로 끝났다. 두 사람은 알렉산드리아로 달아났고, 죽음으로써 대가를 치르게 될 것을 알았다. 각각 52세와 39세의 나이로 죽음을 맞는다는 게 고통스러웠지만 옥타비아누스의 처분을 기다릴 생각은 없었다. 아니 진정한 로마인답게 안토니우스는 자결할 것이고, 클레오파트라도 똑같이 명예를 의식하고 그렇게 할 것이었다. 이들의 마지막 순간은 그것의 사실 여부와 상관없이 죽는 날까지 연인이었을 뿐만 아니라 동반 자살을 통해 하나가 되는 로마 부부의 모습을 전해준다.

안토니우스는 클레오파트라가 죽었다는 잘못된 소식을 듣고 자살했다고 한다. 플루타르코스의 설명에 따르면 그는 자신의 칼로 배를 찌른 뒤 쓰러졌는데, 여왕이 아직 살아 있다는 말을 듣고 그녀에게 데려다달라고 부탁했다. 클레오파트라는 "그를 침대에 눕히고 자기 옷을 찢어 그 위에 덮었다. 그리고 자신의 손으로 가슴을 치고 스스로를 쥐어뜯으며 그의 상처에서 흘러내린 피로 얼굴이 범벅이 된 채 그를 자신의 주인, 남편, 황제라고 불렀다."

클레오파트라의 죽음도 극적이었다. 옥타비아누스가 방문했을 때 그녀는 고통을 견디면서 자식을 위해서라도 계속해서 살아갈 의향이 있다는 것을 믿게 한 후 자살로 생을 마감했다. 전설에 따르면 그녀는 무화과 더미 사이에 이집트 코브라를 숨겨두었다가 코브라를 자극하여 자신을 물게 했다. 그러나 플루타르코스조차도 "실제로 어떤 일이 일어났는지는 아무도 모른다"라고 기록했다. 옥타비아누스는 클레오파트라가 코브라에 물려 죽었다는 설명을 받아들였던 것 같다. 그래서 "그녀의 죽음에 실망했지만, 그 정신의 위대함에 감탄했으며, 그녀의 주검을 왕족다운 화려함과 장중함을 갖추어 안토니우스의 곁에 묻으라고 명령했다."

그들이 죽은 다음에 역설적이게도 안토니우스의 자식들(그와의 사이에 태어난 두 딸은 말할 것도 없고 풀비아가 낳은 아들 가운데 하나와 클레오파트라와의 결합으로 낳은 자식들까지)을 거두어 키운 것은 옥타비아였다. 옥타비아는 이전 결혼에서 생긴 세 명의 자식과 똑같이 그들을 키웠다. 오늘날 '재결합한' 가족의 복잡함을 보면 옥타비아가 떠맡은 짐이 얼마나 무거웠을지 짐작할 수 있다.

안토니우스의 경쟁자였던 옥타비아누스, 즉 아우구스투스의 삶은 최상류층의 결혼의 또 다른 모습을 엿볼 수 있게 한다. 두 번의 결혼 경력이 있는 스크리보니아와 옥타비아누스의 첫 번째 결혼은 정략결혼으로 2년도 채 되지 않아 막을 내렸다. 그녀와의 사이에 한 명의 딸을 낳고 나서 옥타비아누스는 그녀가 자신의 애첩들 가운데 한 명에게 관대하지 않다는 이유로 이혼했다. 같은 시기에 그는 유부녀에다 임신까지 한 리비아를 침실로 끌어들였다. 그러고는 리비아의 남편에게 이혼을 강요했고, 아이가 태어난 지 3년 뒤인 기원전 38년에 그녀와 결혼했다. 51년에 이르는 통치 기간 동안에 아우구스투스는 리비아에게서 자식을 하나도 얻지 못했지만 끝까지 결혼 생활을 유지했다. 그는 75세에 임종하면서 아내에게 행복했던 결혼 생활을 잊지 말라는 당부를 남겼다.[41]

리비아는 전처에 비해 표면적으로는 남편의 혼외정사에 관대했다. 그녀는 그의 첩들을 받아들였을 뿐만 아니라 심지어 그를 위하여 정부를 알선했다고 한다. 리비아에 대해서는 많은 이야기가 전해진다. 타키투스와 같은 역사가들의 악의에 찬 설명으로 미루어 보면 그녀는 첫 번째 결혼에서 얻은 티베리우스의 앞길에 장애가 되는 사람들을 제거하며 아들의 제위 계승을 준비했고, 호기심 많고 잔소리가 심하기로 악명 높은 여자였다. 다른 역사가들은 좀 더 관대했는데, 발레리우스 막시무스와 세네카가 그러했다. 오늘날 대부분의 학자들은 리비아가 아우구스투스의 성공에 큰 기여를 했다고 본다. 또한 그들의 사랑은 귀감이 되었다. 로마의 첫 번째 황후로서 그녀는 조화로운 결혼 생활과 위엄 있는 행동으로 후대의 황후들에게 모범이 되었다.[42]

로마 귀족들의 결혼 풍속을 알고 싶다면 소플리니우스가 세 번째 아내인 칼푸르니아에게 쓴 편지들을 보자.

나는 지금처럼 내가 맡은 공적 의무에 관해 불평해본 적이 없소. 그것 때문에 내가 당신의 건강을 위해 함께 캄파니아로 가지 못하게 되었고 당신의 뒤를 가까이 따라가지도 못하게 되었으니 말이오. 나는 당신이 기운을 차렸는지, 체중이 늘어났는지 지금 당장 내 눈으로 보고 싶다오.

당신은 내가 없어 외로울 때 내 편지를 읽는 것이 유일한 위안이라고 말했소. (……) 내가 당신을 얼마나 그리워하는지 당신은 알지 못할 것이오. 나는 당신을 매우 사랑하오. 그리고 우린 이별에 익숙하지 않아요.[43]

소플리니우스의 편지들은 비록 출간을 목적으로 쓴 것이긴 해도 위대한 사랑의 증거임에 틀림없다. 대부분의 아내들은 그러한 찬사를 받지 못했다.

하지만 아내와 사별하고 애통해하는 남편들이 아내를 기리며 세운 비석의 글들을 액면 그대로 믿는다면 많은 아내들이 남편과 부부의 정을 나누었다고 말할 수 있다. 묘비의 글은 그리운, 거룩한, 뛰어난, 매혹적인, 착실한, 충실한, 순결한, 성실한, 검약한, 유쾌한, 우아한, 아름다운, 사랑스러운 아내를 칭송하고 있다. 기원전 1세기에 투리아라는 여성에게 남편이 헌정한 비문은 그 진가를 인정받은 아내의 모습을 보여주었다. 비문은 다음과 같이 시작된다. “이혼으로 중단되지 않고 이토록 오래 지속된 결혼은 드물다.” 이 비문은 남편이 정치적으로 실각했을 때 그를 복귀시키기 위하여 초인적인 노력을 기울였던 한 아내의 이야기를 들려준다. 남편을 은밀히 로마로 불러들여 집의 후미진 곳에 숨겨놓은 후 그녀는 수많은 탄원을 통해 재판관의 마음을 움직였고, 마침내 성공하는 쾌거를 이룩했다. 부부는 다시 함께 살 수 있게 되었다. 이들의 행복에 먹구름을 드리우는 유일한 걱정거리는 자식이 없다는 것이었다. 투리아는 남편이 다른 여성과 결혼하게 하려고 이혼을 제의했지만 남편은 거절했다. 남편은 이 모범적인 여성을 "성실하고 순종적인 아내, 훌륭하고 품위 있게 행동했으며, 사교적이고 친절한 아내"[44]라고 애도했다.

루브르 박물관에는 난파 사고로 숨진 아내 코르넬리아 티케와 딸 율리아 세쿤디나를 위하여 180년경에 율리우스 세쿤두스가 만든 장례 제단이 보관되어 있는데, 거기에는 다음과 같이 적혀 있다. "다른 사람과 비교할 수 없을 만큼 남편을 사랑했고, 남편에게 충실했으며, 놀라울 정도로 자식들에게 헌신했던 그녀는 38년 4개월 7일을 살았다. 그중 23년은 나와 함께였다." 11세의 딸은 "탄복할 만한 선량함, 순결한 행동거지와 평범한 여성보다 뛰어난 교양"을 가진 아이로 추모되었다.

아내들도 역시 사망한 배우자에게 바치는 기념물을 세웠는데, 남편들이 아내를 추모할 때 사용한 것과 같은 단어를 써서 애정을 표현했다. 하지만 같은 단어라도 성별에 따라 다른 의미로 받아들여졌다. '순종하는'은 여성이 남편에게 고분고분한 것을 의미했던 반면에, 남편이 아내에게 순종적인 것은 용납할 수 없는 일이었다.[45] '순결한'은 남성에게는 단지 사려 깊게 행동한다는 의미로 쓰인 반면에 여성에게는 문자 그대로 육체적 정절의 뜻으로 사용되었을 것이다.

재혼을 거부하는 50세 미만의 여성에게는 법적 처벌이 따랐지만 미망인이 사망한 배우자에 대한 정절을 지키는 것은 오히려 칭송되었다. 심지어 오직 한 번만 결혼한 여성에게는 열녀(univera)라는 이름으로 경의를 표했다. 하지만 아내를 잃은 남성에게는 그런 것을 요구하지 않았다. 남편은 아내가 죽으면 즉시 결혼할 수 있었지만, 미망인은 죽은 남편에 대한 예우로 10개월 후에야 재혼할 수 있었다. 이 기간은 후에 12개월로, 다시 2년으로 늘어났다.

고대 세계를 떠나기 전에 고대 그리스에서와 마찬가지로 제정 후기의 로마에서 용인되었던 동성애를 살펴보자. 역사가인 존 보스웰에 따르면 "로마에는 많은 동성 커플이 있었는데, 그들은 이성 커플처럼 배타적이지 않은 결합을 이루며 끝까지 함께 살았다."[46] 54년에서 68년까지 재위한 로마 제국의 네로 황제는 연달아 두 명의 남성과 공식적인 결혼식을 치르기까지 했다. 수에토니우스는 네로의 첫 번째 동성 결혼식에 관해 다음과 같이 기록했다. "네로는 소년 스포루스를 거세하여 소녀로 전환시키려고 한 다음에 지참금, 면사포 등 모든 것을 갖추어 결혼식을 거행하면서 궁정의 모든 사람을 참석시켰다. 그러고 나서 소년을 집으로 데려가 아내로 대했다. 그는 스포루스에게 황후가 입는 멋진 의복을 입히고 자신의 가마에 태워 종종 탐욕스럽게 키스하며 로마 시내의 조상(彫像)의 거리를 따라 행차했다."[47] 나중에 그는, 면천되어 자유민이 된 도리포루스와도 똑같은 방식으로 결혼했다. 네로는 궁정에서 세 명의 아내, 즉 그가 간통죄를 씌워 이혼한 후 처형했던 첫 번째 아내 옥타비아, 3년 후에 죽은 두 번째 아내 포파이아, 세 번째 아내인 스타틸리아 메살리나를 대한 것과 똑같은 예우로 남자 신부들을 대할 것을 강요했다.

동성 결혼식은 1세기와 2세기에 점점 증가했던 것으로 보이는데,

342년에 금지되었다. 동성 결혼식에 대한 몇몇 사람들의 반응은 오늘날 보수파들이 게이와 레즈비언의 언약식, 동거, 결혼 합법화에 대해 목소리를 높여 반대하는 것과 상당히 유사하다. 예를 들어 유베날리스(주베날)는 그의 신랄한 〈풍자 2 Satire 2〉에서 "가정과 재산을 가진 남자가 다른 남자와 결혼하는 것을 보라!"고 외쳤다. 그리고 그 유명한 조롱하는 말투로, 아직은 '사소한 일'에 지나지 않았던 친구의 결혼식에 참석해야 했다고 말했는데, 그가 우려했던 것은 동성 결혼식의 증가가 세간에 미칠 파문이었다.

> 그러한 의식들은 우리가 아주 나이 들기 전에 공공연히 공적인 장소에서 거행될 것이다. 그리고 그 사실을 문서에 기재하려고 할 것이다! 하지만 이 신부들은 한 가지 풀 수 없는 문제로 괴로워한다. 그들은 결코 임신할 수도 없고, 아이를 볼모로 남편을 붙들 수도 없다.[48]

유베날리스는 모든 남자와 남자의 관계를 비웃었을 뿐만 아니라 로마의 아내를 겨냥하여 〈풍자 6 Satire 6〉에서 더 형편없는 이성 간 결혼의 모습을 그렸다. 결혼 생활에 따르는 위험과 남자 애인을 두는 쾌락을 견주면서 유베날리스는 묻고 있다. "어린 남자친구와 잠자리에 드는 것이 더 낫지 않은가? 남자친구는 밤새 잔소리를 늘어놓거나 곁에 누워서 선물을 요구하지는 않는다."[49] 유베날리스에 따르면 로마의 아내들은 온갖 기만과 방탕을 저지르기 때문에 남성에게 결혼은 자신의 '우둔한 머리'를 들이미는 '올가미'일 뿐이다.

로마의 작가들은 여성들 사이의 동성 결혼을 잘 알고 있었고, 그것을 "끔찍하고, 불법이며, 음탕하고, 변태적이며 수치스러운"[50] 것으로 단죄하는 데 조금도 주저하지 않았다. 로마의 문화는 남성 간의 성애(性愛)에 상대적으로 관대했던 반면에 여성 간의 사랑에 대해서는 일관되게 적대적이었다. 하지만 1세기와 2세기에 주로 활동했던 소(小) 세네카, 마르티알리스(마르샬)와 유베날리스 같은 작가들의 조롱 섞인 말들을 일단 신뢰한다면, 여성 동성애 역시 남성 동성애만큼 로마 사회에서 차지하는 비중이 컸을지도 모른다.

의사들은 여성 동성애를 여성에게 남성의 특징이 나타나는 '질병'으로 간주했다. 2세기에 로마에서 활동했던 그리스 출신의 유명한 의사인 소라노스는 이러한 증상의 원인이 큰 클리토리스를 지닌 여성의 신체적 조건 때문이라고 생각했다. 클리토리스는 남성의 성기에 비견될 수 있는, 여성 성기의 가장 눈에 띄는 부분이기 때문에 클리토리스가 큰 여성은 여성의 '수동적인' 특징 대신에 남성의 '능동적인' 특징을 지닌다고 여긴 것이다. 이러한 상황을 "바로잡기 위해서" 소라노스를 비롯한 학자들은 클리토리스 절제술로 알려진 외과 시술을 권했다. 이것은 오늘날 의료 전문가와 여성 운동가들이 성기 제거(할례)에 반대하는데도 불구하고 이집트, 수단 등과 그 주변 지역에서 이슬람 관습의 하나로서 행해지고 있다.

남성의 동성애 관행이 일반적으로 용인되었던 반면에 여성의 동성애가 고대 로마에서 한결같이 비난받았다는 것은 그리 놀라운 일은 아니다. 고대의 남성은 모든 면에서 여성보다 훨씬 많은 자유를 누렸을 뿐인데 이는 그 후에 기독교인, 도덕주의자와 정신분석학자들이 '죄스러운', '비정상인' 또는 '변태적인' 것으로 지칭한 행위를 포함했다. 플라톤에서 플루타르코스까지 여성 동성애가 남성 저자들에게 독설의 배출구가 되었던 500여 년 동안 남성들은 남성 동성애와 이성애의 우열에 관한 논의를 멈추지 않았다. 플루타르코스의 《연가 *Eroticus*》는 이 논쟁의 핵심을 잘 보여준다.

한 동성애 지지자는 "진정한 사랑은 여성의 육체와 관련이 없다. (……) 유일하게 참된 사랑은 소년과의 사랑이다"라고 논한다. 그는 소년을 사랑하는 것을 철학과 격투의 생동감 있는 미덕과 연관짓고 "언제나 위안을 추구하며 쾌락으로 허약해져서 여성의 무릎과 침실을 떠나지 못하는 사랑"을 비난하고 있다. 제정 로마 시대에 표출된 이러한 태도는 여성을 혐오하는 남자들이 사회의 주류였던 고대 그리스로 회귀하는 것이었다.

하지만 플루타르코스의 대화편에 나오는 부부간의 사랑에 대한 변론을 들어보면 이성 간의 사랑을 바라보는 관점이 고대 그리스 시대와 다르다는 것을 알 수 있다. 이 담론에는 로마인들이 칭송했던 이성 간의 사랑을 바라보는 긍정적인 관점이 스며들어 있다. 부부의 즐거움을 열등한 사랑의 형태로 깎아내리는 대신 부부애의 옹호자는 "결혼한 부부에게 성교는 매우 신비한 애정, 친교의 기초가 된다"라고 말한다. 그는 부부 사이에 싹트는 '애정과 신뢰'와 '우애'에 관해서 이야기하고 있다. 그리고 이 결혼의 옹호론자는 5세기 동안 소년에 대한 사랑을 선호했던 상류 사회의 문화를 천시하면서 "에로스적 사랑은 혼인 관계 내에서 성립할"[51] 때 가장 조화롭다고 주장한다. 《연가》가 이성 간 결혼으로 끝을 맺으며 결혼식에 모든 사람을 초대하고 있다는 사실은 자못 의미심장하다.

소유 관계에서 제한적이나마 동반자 관계로

호메로스에서 네로로 이어지는 그리스 · 로마 문명이 1000여 년 동안 지속되는 가운데 아내에 대한 인식은 큰 변화를 겪었다. 주목할 만한 것은 아내의 '소유'에 관련된 것이다. 고대 그리스에서 젊은 여성은 결혼하기 전까지 아버지의 소유였다. 그다음에는 아버지에 의해 남편에게 '양도되었다.' 아내에 대한 이러한 관념은 오늘날에도 사제가 "누가 이 여성을 주느냐?"라고 묻고 신부의 아버지가 "저입니다"라고 대답하는 서양의 결혼식 의례에 여전히 남아 있다. 결혼 적령기의 여성은 아버지의 집에서 남편의 집으로 이전되는 물건이었고, 남편의 집에서 그의 성을 따르고 통제를 받아들여야 했다. 남편은 이러한 계약을 문제 삼을 이유가 없었고 어떤 아내들은 틀림없이 억울했겠지만 대부분 받아들일 수밖에 없었다.

하지만 시간이 지남에 따라 로마에서 신부의 동의가 법적 · 사회적 무게를 지니게 되었다. 아버지의 승인이 있으면 신부는 자유로운 의지에 따라 스스로를 '공여(供與)'할 수 있다는 뜻이다. 바꾸어 말하면 아버지가 남편감에 관해 딸에게 의견을 묻고 딸이 거부하면 결혼시키는 것이 어렵다는 의미일 것이다.

같은 맥락에서 고대 그리스의 선배들에게는 허용되지 않았던 이혼의 가능성이 제정 로마의 여성들에게는 열려 있었다. 부유한 아내는 괄목할 만한 정도의 자유를 누렸다. 실제로 유베날리스가 풍자한 로마 사회의 실상을 일부만 믿는다 해도, 우리는 제정 로마 시대의 아내가 자유로운 성생활을 당연한 것으로 여겼음을 알 수 있다. 유베날리스의 시에 등장하는 로마의 귀부인은 다음과 같은 매우 근대적인 신조를 표명하고 있다. "오래전에 서로 합의했잖아요. (……) 당신은 당신이 하고 싶은 대로 하고, 나는 나 좋은 대로 할 수 있다고요."[52]

로마인의 결혼관은 서로를 동반자로 여긴다는 점에서 요즘의 결혼관과 비슷하다. 하지만 로마인들의 결혼관이 오늘날 우리의 결혼관과 같다고 가정하는 것은 순진한 일이다. 고대 사회에서 결혼은 대개 경제적, 사회적 또는 정치적 이유로 엮인 가족사였다. 누구도 신랑과 신부가 '서로 사랑할 것'을 기대하지 않았다(아마 그들은 상대방의 얼굴을 본 적도 없을 것이다). 이러한 관점에서 나는 부모가 여전히 자식의 짝을 맺어주는 인도의 중매결혼을 떠올린다. 사랑으로 배우자를 선택하는 우리의 결혼관과 얼마나 다른가! 전통적인 인도와 고대 로마의 가족에게는 사랑이란 결혼 후에 오는 것이 정상이었다. 사랑이 오지 않는다 해도 가정이 평화로우면 그것으로 충분했다.

고대 그리스와 로마에서 남편과 아내의 역할은 안정적인 사회 질서를 유지하는 데 기여하는 것이었다. 거기에는 두 가지 중요한 원칙이 있었는데, '과도한 것은 피해야 한다'는 그리스의 이상과 '진실해야 한다'는, 즉 가정과 친구와 조국에 충실해야 한다는 로마의 이상이었다. 그리고 '부부간의 충실'이 다른 덕목보다 우위에 놓이면서 아내의 위상도 높아졌다. 일부일처제에 대한 로마인들의 존중심이 제국 전역으로 퍼져 나갔고, 마침내 오늘날 우리가 따르는 유대교와 기독교의 도덕에까지 스며들었다.

2장

섹스는 타락의 지름길

중세 유럽의 아내들, 1100~1500년

"아내에 대해 좋게 말하는 것은 불가능하다."

— 제프리 초서, 〈바스의 아내The Wife of Bath〉 서문

봉건 시대 성에 살던 귀부인과 도시민의 아내, 가난한 임금 노동자 여성과 영세 농민 여성의 공통점은 무엇일까? 출신과 성장 환경, 나라와 시대 배경이 그토록 다른 여성들의 공통점을 찾아내려면 어떤 방법이 있을까? 첫 번째는 중세의 아내들에게 영향을 끼쳤던 법적, 종교적 규범을 살펴보는 것이다. 두 번째는 문헌을 통해 그 시대의 결혼관을 살펴보는 것이다. 아내들이 했던 다양한 일을 묘사한 세밀화, 목판화, 판화, 초상화들은 이들의 일상을 잘 보여준다. 그러나 결혼한 여성이 자신의 삶을 기록한 글보다 더 가치 있는 것은 없다. 이러한 근거들을 토대로 우리는 결혼한 여성들의 생애에 관한 모자이크를 만들어볼 수 있다. 그들의 삶이 우리에게 매우 낯설게 비칠지라도, 오늘날 우리의 삶과 비슷한 측면들을 찾아볼 수 있다.[1]

법적 · 종교적 고려

중세 초기에 가톨릭 교회는 차츰 결혼에 대한 법적 권한을 장악해 나갔다. 유럽 대부분의 지역에서는 로마의 전례에 따라 결혼할 때 신랑과 신부 그리고 양가 아버지의 동의가 필요했다. 그러나 12세기 중반 이후로는 카논(canon)이라고 알려진 교회법의 영향으로 두 가지 변화가 일어났다. 첫 번째는 교회가 개인들에게 증인들뿐만 아니라, 성직자가 배석한 가운데 결혼할 것과 '교회에서' 예식을 치를 것을 강요한 것이다. 두 번째는 교회가 합법적인 결혼을 성사시키는 데 부모의 동의보다 당사자들의 의지를 중요한 기준으로 내세운 것이다. 이러한 혁명적인 교리는 여러 세기에 걸쳐 지속되면서 영향력을 발휘했다.[2]

혼인성사를 통해 일단 결혼이 선언되고 나면 취소할 수 없었다. 종교법으로 이를 공식화한 것은 1563년 트리엔트(트렌트) 공의회였지만, 결혼의 성례적인 본질은 8세기 이후로 널리 받아들여졌다. 중세의 남녀는 결혼을 절대 돌이킬 수 없는 것이라고 여겼다. 비록 그것이 엄청난 불행이라고 해도 마찬가지였다. 대체로 이혼이 불가능하다는 것은 여자에게 유리한 일처럼 보였는데, 대부분의 경우 남자가 이혼을 주도했기 때문이다.[3] 결혼은 종교에 귀의한 여성들을 제외한다면 독신 여성들은 누릴 수 없는 안정감을 주었다.

중세는 기본적으로 위계 사회였다. 농노와 소작인들은 지주(master)를 섬기고, 지주들은 신분이 더 높은 영주와 그 부인을 섬기며, 이들 모두는 왕을 섬긴다. 이러한 봉건제 안에서 아내는 자신의 사회적 지위와는 상관없이 남편보다 아랫사람이다. 13세기 영국의 법률가 헨리 드 브랙턴(Henry de Bracton)이 규정했듯이, 아내는 남편이 교회법을 위반하는 행동을 하라고 명령하지 않는 한 항상 그에게 복종해야 했다. 헨리 드 브랙턴은 한 판례를 예로 들면서 부부가 왕실의 문서를 위조하여 남편은 교수형을 당했지만, 아내는 남편의 명령을 따랐을 뿐이라는 이유로 무죄 판결을 받은 일을 언급했다.[4] 프랑스 법과 영국 법은 남편을 죽인 여인은 살인죄를 저질렀다는 사실보다 남편을 배신한 일 때문에 재판에 회부되어야 한다고 선언할 정도였는데, 이것은 아내가 자신의 지배자이자 주인의 생명을 앗아갔기 때문이라고 했다.

독일어권에서 아내에 대한 남편의 권리는 작센 법전과 슈바벤 법전에서 찾아볼 수 있다. 남편의 권리에는 아내의 인격뿐만 아니라 재산에 대한 권리까지 포함되었다. 남편은 아내의 재산, 의복, 보석과 심지어 침대보까지 처분할 수 있었다. 만일 아내가 남편의 요구에 응하지 않을 경우, 남편은 아내를 때릴 법적인 권리를 가지고 있었다. 대부분의 나라에서 남편들은 마음만 먹으면 살인죄를 적용받지 않고 아내를 체벌할 수 있었다.

구타는 남편이 아내에게 권위를 행사할 수 있도록 법과 관습의 인준을 받아 널리 용인된 행위였다. 그것은 민간의 금언과 문학의 주된 테마였고, '남편을 구타하는 아내'라는 반어적 표현은 해학의 소재로 이용되곤 했다. 그러나 실제 상황은 아내를 학대하는 야만적인 남편의 행위를 당연한 일처럼 용서하곤 했던 재판 기록이 보여주듯 해학과는 거리가 멀었다. 심지어 가족이나 이웃이 개입하여 이 문제를 법정으로 가져갈 때조차 남편은 벌금을 내거나 "아내를 집에 들이고 상냥하게 대하겠다"는 조건으로 사건이 종결되었다.[5] 합법적으로 아내를 구타하는 관습은 중세에 와서도 사라지지 않았다. 이는 19세기에 이르기까지 근절되지 않았다. 불법으로 규정된 후에도 아내를 때리는

■ ■ ■
1515년경 창작된 시몬 베닝의 〈시간의 다 코스타 서Da Costa Book of Hours〉 중 '4월'의 세밀화. 농촌 여인들이 소의 젖을 짜고, 버터를 만들고, 가축을 돌보고 있다.

관습은 끈질기게 남아 인종과 사회적 지위를 불문하고 수많은 아내들에게 상처를 입혔다. 매 맞는 아내들에게 쉼터를 제공하고 오늘날에는 형법상의 범죄가 된 구타 행위를 근절하려는 최근의 노력은 수 세기에 걸친 관행에 제동을 거는 것이다.

이처럼 결혼은 남자가 종교적, 법적 근거를 통해 아내의 주인임을 확인하는 제도였다. 그러나 결혼은 두 당사자와 궁극적으로는 자식들의 행복을 위한 결합이기도 했다. 농부 계급에서 결혼이란 대개 두 사람이 공동의 생존을 위해 자원을 함께 모으고자 하는 경제적 계약이었다. 돈, 물품, 가축 또는 토지 등으로 구성되는 신부의 지참금은 새로운 가정을 이루는 데 반드시 필요했다. 신부는 최소한 침대, 젖소 또는 가재도구 등을 지참금으로 가져와야 했다. 또한 농장에서 살아가는 데 필요한 기술(가축과 가금류 사육, 암소 젖 짜기, 버터 만들기, 실잣기와 바느질)을 가지고 있어야 했다. 남편은 아내에게 거처를 제공하며 부양해야 했다. 로마 법이 여전히 적용되는 영지와 지방, 특히 루아르 강 남쪽에서는 신부의 가족이 약속한 지참금을 신랑에게 지불하지 않았을 경우 결혼이 무효가 되었음은 말할 것도 없다.[6]

독일 법이 적용되는 유럽 지역에서 농부의 결혼은 기본적으로 지참금의 규모와 결혼식 날짜에 관한 합의에 도달한 두 가족 사이의 계약이었다. 결혼식은 신부의 아버지 또는 가족 가운데 연장자가 주도하여 신부를 신랑에게 합법적으로 양도하는 의식이었다. 중세 고지 독일어로 쓰인 13세기의 시는 이러한 광경을 다음과 같이 묘사하고 있다.

이제 우리는 혈기왕성한 레머슬린트에게

젊은 고텔린트를 주어 아내로 맞아들이게 한다.
이번에는 고텔린트에게
젊은 레머슬린트를 남편으로 맞아들이게 한다.
이윽고 머리가 센 남자가 일어섰다.
말씀하신 이는 현자로다.
결혼식에 정통한 사람
그는 신랑 신부를 원 안에 세우고
먼저 레머슬린트에게 말한다.
"그대는 여기에 있는 고텔린트를
아내로 맞이하겠습니까? 만일 그렇다면 '예'라고 말하십시오."
"예. 기꺼이 그렇게 하겠습니다." 젊은이는 대답했다.
(……)
다음에 고텔린트에게 말한다.
"그대 역시 레머슬린트를 남편으로 기꺼이 맞이하겠습니까?"
"신께서 제게 그를 허락하신다면 그렇게 하겠습니다, 어르신."[7]

하지만 우리는 농부의 결혼이 오직 법적이고 경제적인 일이라고만 생각해서는 안 된다. 서로에 대한 관심 역시 나름대로 중요했다. 시골 젊은이들은 숲이나 들판, 그리고 건초더미에서 결혼 전에 사랑을 나눌 기회가 있었다. 많은 커플들은 여자가 수태함으로써 불임이 아님을 증명한 후에 결혼식을 올리는 것을 부끄러워하지 않았다. 식을 올리고 얼마 후 아이를 출산하는 것은 수치가 아니었으며, 심지어 사생아를 낳아도 농촌 사회, 적어도 영국에서는 그다지 비난받을 일이 아니었다.

한편 귀족 계급들은 대개 재력을 보고 결혼을 결정했다. 결혼은 유력자끼리 결탁하거나 유산을 물려주는 수단이었다. 아버지는 적절한 연줄을 맺고 다음 세대에서도 지위를 유지할 수 있도록 자녀들에게 최고의 배우자를 찾아주어야 할 의무를 느꼈다. 따라서 딸들을 엄격히 단속했으며 결혼 전에 고귀한 처녀성을 잃지 않도록 조심해야 했다.

아들은 하류층의 여자, 정부나 매춘부와 관계하는 형태로 '젊음'의 자유를 누리도록 허용되었다. 작위와 토지를 맏아들에게 물려주는 장자 상속 제도 때문에 차남들은 일반적으로 미래의 신부에게 줄 것이 없었고 따라서 결혼하기가 어려웠다. 그 결과 신붓감의 수에 비해 신랑감의 수가 모자라는 불균형이 생겼다. 딸의 결혼은 당사자뿐만 아니라 가족의 경제적, 후생적 이익을 위한 것이라고 여겨졌으므로 지독히 고집 센 처녀를 제외하고는 아버지나 후견인의 뜻에 반대할 수 없었을 것이다. 일반적으로 부유하고 지위가 높을수록 배우자에 대한 선택권이 적었던 것 같다.

상인 계급의 딸들은 배우자를 만나고 고르는 데 재량권이 조금 더 많았을 것이다. 때때로 그들은 아버지의 조력자였기 때문이다. 상인, 화가, 주류 제조업자, 의사, 여관 주인들은 아들이나 아내뿐만 아니라 딸의 도움도 받았고, 딸들 가운데 많은 수가 아버지의 일과 관련된 남자와 결혼해서 결혼 후에도 계속 일을 했다. 12~15세기 상업 지역과 도시의 발흥은 한 학자가 '자유의 창'이라고 불렀던 것을 유럽의 여성들에게 주었다.[8] 파리, 스트라스부르, 마르세유, 바젤, 베네치아, 런던이나 독일의 뤼베크, 프랑크푸르트 암 마인, 쾰른, 뉘른베르크, 라이프치히 등지에서 중산층 가정의 딸들은 비록 가문의 연장자가 주선하는 중매결혼을 한다 할지라도, 귀족 계급이나 농부 계급의 여자들에 비

■ ■ ■

12세기 후반에 에스파냐에서 만들어진 필사본.
중세 유럽에서 결혼은 재산을 상속하는 주요한 수단이었다. 이 그림에는 영주가 아내의 동의하에 딸을 사위에게 주면서 봉건적 권리를 양도하는 모습이 묘사되어 있다.

해 다른 직업에 종사하는 남자들과 접촉하거나 내연의 관계를 맺을 기회가 더 많았다.

신랑과 신부는 양가 사이에 재정적인 문제가 합의되면 공식적으로 약혼을 했다. 중세 초기에는 이런 결정이 결혼과 같은 구속력을 가졌다. 예를 들어 12세기 초 영국의 앵글로색슨계 귀족 가문인 마크예이트(Markyate) 가문의 크리스티나가 부모의 강요로 약혼을 한 후 7년 동안 결혼을 미루자 그녀의 부모는 "이웃의 웃음거리, 주위 사람들의 조롱과 놀림감"이 될까 봐 두려워했다. 사제는 크리스티나에게 약혼은 결혼과 다름없다고 주장하면서 결혼하라고 설득했다. "우리는 네가 교회의 관습에 따라 약혼한 것을 알고 있다. 하느님의 법에 따라 인준된 혼인성사는 취소될 수 없는데, 이는 하느님이 맺은 것을 어떤 사람도 떼어놓을 수 없기 때문이다." 결국 크리스티나의 일은 주교에게 넘어갔고, 주교는 그녀의 손을 들어주었다. 그녀는 처녀로 남겠다는 어린 시절의 맹세를 실행하고 "하느님만을 자유롭게 섬기기 위하여" 종교생활을 하도록 허락되었다.[9]

이 당시 교회에서 결혼식을 치를 것을 의무화한 종교적인 칙령이 있었지만 아직 강제적이지 않았고 심지어 신자들도 이를 지키지 않는 경우가 많았다. 독일의 여러 지역에서 농부들은 가족의 입회하에 결혼했고, 이탈리아나 프랑스와 같은 가톨릭 국가에서는 상류층조차 결혼식을 세속적인 형태로 치렀다. 광범위한 저항에 직면한 교황 알렉산데르 3세는 사람들에게 교회에서 결혼하는 것을 강요하려던 시도를 포기해야 했다. 신랑과 신부의 '동침'이라는 오래된 관습을 떠올리게 하는, 다음의 결혼식 장면은 당시 결혼식이 세속적인 형태로 거행되었음을 잘 보여준다.

1194년 프랑스 귄(Guînes) 백작의 장남인 아르누는 집에서 결혼식을 올렸다. 혼례를 집행한 사제는 다음과 같은 기록을 남겼다. "남편과 아내가 한 침대에서 동침할 때, 백작은 다른 사제와 나의 두 아들 그리고 나를 방으로 불러들였다." 사제 자신이 결혼했으며 사제였던 두 아들의 아버지였다는 사실에 주목하라. 백작은 사제에게 신혼부부를 성수로 정화시키고 침대에 향료를 뿌리고 축복하여 하느님에게 인도하라고 말했다. 그런 다음 백작 자신이 부부가 "신의 사랑 속에서 살고, 화목을 유지하며 살아 있는 동안에 그들의 자손이 늘어나기를" 기원하면서 신의 축복을 간구했다. 여기에서 결혼식은 신혼부부의 침실에서 신랑의 아버지가 예식의 절차를 좌지우지하는 가운데 사제들이 집도하는 형식으로 치러지고 있다.[10] 이 6명의 회합에 참석한 유일한 여자인 신부는 자신이 속한 여성 집단에서 격리된 이상한 침실에서 두려움에 떨었는지도 모른다. 그녀는 의식의 엄숙함을 실감했을 것이고, 특히 새로운 가족의 상속자를 생산해야 한다는 의무감을 느꼈을 것이다.

그러나 교회의 강력한 압력에 의해 점차 결혼을 공표하고 교회에서 결혼식을 치르는 풍속이 유럽 전역으로 퍼져 나갔다. 1231년에 (남부 이탈리아의 많은 지역을 포함하고 있던) 시칠리아 왕국의 왕이자 신성 로마 제국의 황제였던 프리드리히 2세는 다음과 같은 법을 공포했다. "결혼하려는 왕국의 모든 사람들, 특히 귀족들은 약혼식을 치른 후에 정식으로 사제의 축복을 받으며 엄숙하고 공개적으로 결혼식을 거행할 것을 명령한다."[11]

결혼을 '공개적으로' 축하하기 위하여 결혼 예고장이 3주(제기될 수 있

▪ ▪ ▪
플랑드르의 귀족 생 고들리브와 부유한 지주인 베르톨프의 결혼(부분도).
중세 말에도 교회에서 결혼식을 올리는 것이 일반화되지 않았고, 1563년 트리엔트 공의회 이후에야 교회에서 결혼하는 것이 가톨릭교도들의 의무 사항이 되었다.

는 반대를 충분히 고려한 기간) 동안 교회에 게시되어야 했다. 예를 들어 어떤 사람이 장래의 신부나 신랑에게 이미 배우자가 있다고 주장하거나, 질투하는 경쟁자가 결혼하려는 남녀가 4촌, 6촌, 8촌 또는 10촌 관계(교회에서 결혼을 금지하는 혈족의 범위)임을 폭로할지도 모를 일이다. 그렇지만 이의 제기를 막기 위하여 결혼식은 '교회에서' 거행될 것이다. 일반적으로 '교회에서'는 '교회의 문 앞에서(입구나 옆문 가운데 하나)'를 의미했다. 다음은 제프리 초서의 《캔터베리 이야기*The Canterbury Tales*》에 나오는 바스(Bath)의 아내를 묘사하는 문구다. "그녀는 교회의 문 앞에서 다섯 번 결혼했다." 영국과 프랑스에서 관습화된 라틴 전례에 따르면, 신부와 신랑은 (남자는 여자의 오른편, 여자는 남자의 왼편에서) 사제와 증인들이 지켜보는 가운데 교회 문 앞에 함께 서 있었다.

잉글랜드 요크에서 행해진 예식(프랑스의 렌뿐만 아니라 사르넘과 헤리퍼드에서 치러진 것과 유사한)은 고대의 예식 분위기를 풍긴다.[12] 사제의 고색창연한 언어를 이해하기 위해서는 약간의 노력만 기울이면 된다. "오, 형제여. 우리는 이 두 사람을 혼인시키고 육체를 결합시키기 위하여 거룩한 교회에서 하느님과 천사들 그리고 모든 성자 앞에 모였습니다. (……) 만약 여러분 가운데 누구라도 이 두 사람이 합법적으로 혼약을 맺는 것이 잘못되었다고 생각하는 사람이 있다면, 지금 말하십시오."

그다음에 사제는 신랑에게 "당신은 이 여인을 아내로 삼아 병든 때나 건강한 때나 변함없이 아내를 보호하며, 죽는 날까지 그녀를 유일한 아내로 취하겠는가?"라고 묻는다.

신랑이 "예"라고 대답한다.

그러면 사제는 신부를 향해 신랑에게 한 말을 되풀이한 다음 "그에게 순종하며 봉사할" 것인지를 묻는다.

신부가 "예"라고 대답한다.

그런 뒤에 사제는 "누가 이 신부를 인도하여 왔는가?"라고 묻는다. 신부는 일반적으로 아버지에 의해서 인도된다. 결혼 예식 가운데 이 절차는 고대 가정의 풍속, 즉 딸이 아버지를 통해 남편에게 '양도된다'는 사실을 떠올리게 한다.

그다음에 신랑은 로마 시대의 의식에서와 마찬가지로 자신의 오른손으로 신부의 오른손을 잡고, 사제를 따라 서약을 한다. "이제 나는 아무개를 나의 아내로 맞아, 죽음이 우리를 갈라놓는 그날까지 기쁠 때나 슬플 때나, 부유할 때나 가난할 때나, 아플 때나 건강할 때나 사랑하고 존경할 것을 맹세합니다." 그러면 여성이 똑같은 서약을 한다.

이제 신랑은 방패나 책 위에 금과 은, 그리고 반지를 놓는다. 사제가 반지에 축복을 하면 신랑은 반지를 신부의 약지나 중지에 끼운다. 신부의 손을 잡고 신랑이 사제를 따라 "이 반지로 나는 그대와 결혼을 하고, 이 금과 은으로 당신을 공경하며, 이 선물로 당신을 (……)" 이라고 말하고 나면 사제는 신부의 지참금(남편에게 가져온 돈이나 재산)에 관하여 묻는다.

예식은 기도와 축복으로 끝나며, 이어 혼인성사를 거행하기 위해 교회 안으로 들어간다. 하객들은 완벽하고 구속력 있는 것으로 간주되는 교회 문 앞에서의 결혼 예식이 끝나면 이 결혼의 합법성에 대해 더 이상 이의를 제기할 수 없다.

이러한 교회 예식은 유럽 전역에 흩어져 자신들만의 계율과 의례를 따르며 살고 있던 유대인 사회에는 해당되지 않았다. 그러나 유대인들이 제아무리 자족적인 삶을 영위하고 있다 해도 기독교 문화에 영향을 받지 않을 수는 없었다. 예를 들어 기독교의 일부일처제가 유대인들에게 얼마나 많은 영향을 끼쳤는지를 생각해보라. 첫 번째 밀레니엄의 끝 무렵, 무어인 치하의 에스파냐에 살았던 세파르디 계통의 유대인들과 근동 지역의 유대인들은 여전히 일부다처제를 따르고 있었지만 아슈케나지 유대인들은 자신들이 정착한 동구와 서구 국가들의 관습에 따라 일부일처제를 따르고 있었다. 보름스의 랍비 게르숌 벤 유다(Gershom ben Judah)의 제안에 따라 1040년에 일부다처제는 공식적으로 금지되었고, 독일과 프랑스에서 이 풍습은 종식되었지만 세파르디 유대인들은 다음 1000년 동안에도 일부다처제를 유지했다. 일부다처제가 완전히 사라진 것은 이스라엘이 건국된 20세기 중반의 일이다.

13세기에 프랑스에서 살았던 유대인들이 부른 결혼 축가는 유럽식

■ ■ ■

14세기 알자스에서 만들어진 유대인의 결혼반지. 가정을 상징하는 뾰족한 지붕 모양의 보석에 "축하합니다(Mazel Tov)"라는 문구가 새겨져 있다.

결혼 형태에 유대인들이 문화적으로 동화한 예를 잘 보여준다. 히브리어와 프랑스 고어로 쓰인 이 노래는 신부와 신랑, 합창단이 함께 불렀는데, 전통적인 히브리 결혼 축가에 중세 프랑스 기사의 이미지가 결합되어 있다. 두 연인의 상징인 해와 달을 찬미하는 〈이사야서〉의 한 소절인 "너의 요새를 넘겨주어라(중세의 전쟁에서 유래한 명령)"가 전투 명령을 노래한 소절 다음에 바로 따라 나오고 있다. 이는 신부의 성채에 대한 신랑의 공격을 비유한 것이다.

중세학자 새뮤얼 로젠버그(Samuel Rosenberg)가 번역한 것을 보면 이 노래에는 프랑스어와 히브리어(후자는 이탤릭체로 쓰여 있다), 성(聖)과 속(俗), 음란함과 정숙함이 한데 어우러져 있다.

프랑킨센스 언덕으로

우리의 신랑이 왔구나.

태양아 빛나라, 달이여 비추어라!

너의 요새를 넘겨주어라,

그의 손에 피처럼 붉은 칼이 들려 있으니.

그의 진군에 저항한다면

아무도 너를 구할 수 없다.

(……)

가젤, 우아한 무희여,

나는 당신에게 사랑을 호소하러 왔습니다.

내 사랑을 받아주지 않으면 또 다른 전투에서

나는 당신에게 도전할 것입니다.

(……)

맹렬한 열정으로 무장한 나는

당신이 가시는 길을 따라 난관을 헤치고 나아갈 것입니다.

지금 바로 나를 죽게 해주시오.

(……)

신랑의 목소리가 들려왔다.

그리고 하객들에게 이야기했지.

아름다운 노래까지도 진부해지네.

신랑 신부를 옥좌로 올려라![13]

이러한 히브리 문화와 지역 문화의 융합은 유대인들이 종교적 정체성을 유지하기 위한 하나의 방편이었다.

중세 이래로 사제가 결혼식에 참여하기 시작했을 때, 결혼을 인정받으려면 신방을 차리는 것이 의무 사항이었으므로 교회는 부부의 침실에서부터 결혼의 모든 단계에 영향을 미쳤다. 4세기에 교부들은 부부는 오직 출산을 위해서만 동침해야 한다고 설파했고, 그것은 중세에 강력한 교리가 되었다. 쾌락만을 위한 성생활은 격렬하게 비난받았다. 특히 아내가 성적 쾌락을 즐기는 것은 금지되었다. 아내는 수동적인 수용자로서 남편을 기쁘게 받아들이는 것으로 충분하고 남편과 열정을 공유하는 것은 금지되었다.[14] 성관계는 부부간의 빚으로 간주되었는데, 이것은 각각의 배우자가 상대방에게 진 빚이며 오늘날처럼 자연스럽게 공인된 즐거움이 아닌 엄숙한 의무였다.

이와 같은 종교적인 가르침을 따르든 따르지 않든 대부분의 부부들은 부부간의 성 행위조차 원죄의 타락을 가져다준다고 여겼다. 4세기에 요비니아누스와 성 요하네스 크리소스토무스와 같은 기독교 사상가들은 결혼을 변호하고 아내가 구원의 장애물이 아니라 구원의 조력자이며, 결혼 생활이 독신 생활만큼 가치가 있다는 견해를 피력했지만, 히에로니무스와 아우구스티누스 같은 동시대 소장파 신학자들의 악의에 찬 관점이 승리를 거두었다. 중세의 신학은 육체는 죄악의 근원이며 결혼은 필요악 가운데 하나라고 주장했다.

기독교 신학자들은 결혼 생활을 과부의 삶이나 처녀의 생활보다 더 못한 상태로 여겼는데, 그 이유는 순결한 과부나 처녀는 성관계를 하지 않기 때문이다. 히에로니무스는 직설적으로 "결혼한 여성들은 처녀 다음 자리를 차지하는 것을 자랑스럽게 여기도록 하라"[15]고 말했다. 12세기 독일의 필사본《융프라우슈피겔》에는 이러한 관점이 그림으로 분명히 표현되어 있다. 이 그림은 여성의 가치를 3단계로 나누고 있다. 맨 위에는 많은 밀을 거두어들이는 처녀들이 있다. 중간에는 좀 더 적은 곡식을 추수하는 과부들이 있다. 그리고 맨 아래에는 아주 적은

■ ■ ■

12세기 독일의 필사본.
기독교에서 여성의 위치는 금욕의 단계에 따라 결정된다. 처녀는 맨 위에, 미망인은 중간에, 아내는 맨 아래에 있다. 성생활을 적게 할수록 수확(하늘이 내린 보상)이 더 많다.

수확으로 만족해야 하는 아내와 남편이 있다.[16]

오늘날 우리는 순결의 이상이 신도들 사이에서 어떻게 미화되었으며 얼마나 널리 퍼져 있었는지 상상하기 어렵다. 우리가 성을 상품화한 광고의 이미지 공세에 휘둘리고 있듯이 중세 기독교인들은 금욕주의자들이 강요하는 모범적 이미지에 갇혀 있었다. 노래와 시를 통해 문맹인 청중들에게 전해진 성자들의 삶은 순결 서약을 하는 사람에 대한 찬양을 담고 있었다. 프랑스 고어로 된 〈성 알렉시우스의 일생Life of Saint Alexius〉은 순결의 중요성을 강조하고 있다. 주인공이 성인(聖人)의 반열에 오르게 된 것은 그가 결혼식 날 밤에 아내를 버리고 청빈한 생활을 하기 위해 달아난 일에서 시작되었다.[17] 남성들을 위한 도덕은 분명했다. 성실한 남편이 되기보다는 아내를 떠나 금욕적으로 사는 것이 더 낫다는 것이다. 이와 비슷한 맥락에서 결혼을 거부하고 종교 생활을 위해 자녀를 버린 여성 성자들도 높이 평가되었다. 대부분의 성녀들은 동정녀였는데, 종종 고문과 죽음의 위협에도 불구하고 강간에 저항한 점이 높이 평가되어 성녀로 추대되었다.

1100명의 순교 성인을 기리기 위하여 세워진 많은 교회들은 자신들의 상처를 보여주거나 참수된 머리를 손에 들고 있는 성인들의 조각으로 장식되어 있다. 부부들의 조각은 악명 높은 아담과 이브를 제외하면 거의 눈에 띄지 않는다. 그들의 형상을 보면서 중세의 소년 소녀들은 인류 최초의 부부가 저지른 죄를 자신들도 저지를 수 있다는 사실을 마음속에 새겼을지도 모른다. 그들이 구원을 얻으려면 수녀원이나 수도원에 가는 편이 나았다.

교회나 수도원에 살고 있는 성직자들은 결혼하거나 첩을 두지 않는 것은 물론이고 어떠한 성적 관계도 맺지 말아야 했다. 교회는 325년에 열린 니케아 공의회 이래로 성직자에게 육체적 순결을 강요해왔다. 교황 레오 9세는 1049년에 성직자의 결혼을 비난했고, 12세기 초에 라테라노 공의회는 한술 더 떠서 사제는 결혼할 수 없으며 결혼한 사람은 사제가 될 수 없다고 선언했다. 그러나 중세 초기에는 상당히 많은 사제들이 첩을 두고 살았으며, 심지어 몇몇 사제는 출셋길이 막힌다는 것을 뻔히 알면서도 공식적으로 결혼했다. 우리는 엘로이즈와 저명한 성직자인 아벨라르가 주고받은 편지를 통해 그들이 교회에서 신부와 몇몇 증인이 참석한 가운데 결혼식을 올렸음을 알고 있다. 그들이 결혼 후 한참 지나서 쓴 편지들은 성직자 세계에서의 성과 사랑, 성직자와 그의 아내가 견뎌야 했던 사회적 압박을 증언해주고 있다.

엘로이즈와 아벨라르 이야기

900년 전의 엘로이즈와 아벨라르의 이야기는 아직도 연애담 겸 괴담으로서의 충격적인 가치를 그대로 지니고 있다. 그러나 우리가 확보한 증거에 따르면 이 이야기는 실화다.[18] 아벨라르는 학업을 위하여 장자 상속권을 포기한 맏아들이었다. 그는 곧 다른 소요학파의 철학자들과 경쟁했고, 20대에 이미 대중 연설과 준수한 용모로 이름을 날렸다. 30대 초반에는 신학의 대가가 되었다. 그가 엘로이즈를 만난 것은 파리에 체류하고 있을 때였다. 그는 37세였고, 엘로이즈는 아마도 15세였을 것이다.

아벨라르가 라틴어로 쓴 《내 고통의 역사*Historia Calamitatum*》는 동시대인들에게 회자되었는데, 아벨라르는 그들 관계의 발단을 다음과 같이 회상했다.

> 파리에는 퓔베르 신부의 조카딸인 엘로이즈라는 아주 젊은 여성이 있었다네. 그녀를 아주 소중히 여긴 그는 그녀가 학문 탐구에 전념하도록 있는 힘껏 뒤를 봐주었지. (……) 박식한 여성이 드물었기 때문에 이 젊은 여성의 가치는 더욱 빛났고 그녀의 이름을 모르는 사람이 없게 되었어. 나는 그녀가 대단히 매혹적이라고 느꼈고, 그녀와 잠자리를 가져야겠다고 생각했네. 그런 것쯤은 식은 죽 먹기라고 믿었지. 나는 당시에 아주 유명했고, 젊고, 용모도 매우 뛰어났기에 어떠한 여인도 나를 감히 거절하지는 못할 거라고 믿었어.

오늘날의 독자라면 젊은 여인을 유혹하려고 하는 이 교사이자 성직자의 생각에 분개할 것이다. 그러나 우리의 시각으로 12세기의 사람을 평가해서는 안 된다. 이 사건에 대한 엘로이즈의 회상을 들어보자.

> 어떤 왕이, 어떤 철학자가 당신의 명성에 필적할 수 있을까요? 어떤 나라, 어떤 도시가 당신을 보기 위해 흥분으로 달아오르지 않을까요? 당신이 대중 앞에 나타났을 때 당신을 숭배하기 위해 서두르지 않을 사람이 과연 있을까요? 어떤 기혼 여성이, 어떤 미혼 여성이 당신이 안 계실 때 당신을 욕망하지 않을 것이며, 당신이 계실 때 불타오르지 않을까요? 당신은 특히 어떤 여성의 마음이든 바로 사로잡을 수 있는 재능을 두 가지 갖고 있습니다. 당신은 시를 짓고 노래하는 법을 잘 알고 있는데, 다른 철학자들에게서는 볼 수 없는 재능입니다.

아벨라르는 오늘날의 대중 스타 같은 유명인으로 대규모의 군중과 열렬한 팬들을 끌어모을 수 있었다. 그럼에도 불구하고 엘로이즈에 대한 사랑으로 불타오르기 전까지는 독신으로 남아 있었다. 그녀에게 접근하기 위하여 그는 엘로이즈의 숙부에게 그녀를 개인 교습하는 대가로 신부의 집에 기거하겠노라고 제안했다.

오래지 않아 아벨라르는 엘로이즈를 완전히 사로잡았다. 그는 나이, 남자라는 사실, 그리고 직업과 명성에 따르는 권위를 내세워 그녀에게 접근했을 뿐만 아니라 그녀를 징벌할 권리도 가지고 있었다. 이때 징벌이란 언어적, 신체적 체벌을 말하는데, 아벨라르는 "유혹에 실패하면 위협과 구타로 그녀를 아주 쉽게 무릎 꿇게 할 수 있었다." 그러나 그는 그녀를 유혹하는 데 실패하지 않았다. 하지만 아벨라르는 그들이 서로 사랑하게 되고 그 자신 또한 그녀와의 관계에 중독돼버리리라고는 예상치 못했다. 두 사람은 첫사랑의 정열에 휩쓸려 성적인 환희에 빠져들었다.

하지만 성적 즐거움에는 내리막길이 있게 마련이다. 이로 인해 아벨라르는 철학자와 교사로서의 일을 소홀히 했다. 그의 학생들은 아벨라르가 정신을 딴 데 팔고 있다고 불평하기 시작했고, 소문이 퍼져나갔다. 결국 퓔베르 신부도 집안에서 벌어지고 있는 연애 사건을 알게 되었고, 두 연인은 헤어져야 했다.

그다지 놀랄 일도 아니지만 엘로이즈는 자신이 임신한 것을 알았다. 아벨라르는 그녀를 자신의 누이가 있는 영국으로 보내 아이를 낳을 때까지 그곳에서 지내게 했다. 하지만 그는 파리에 남았고 퓔베르 신부와 맞닥뜨려야 했다. 명백히 이것은 남자들 사이의 일이었고, 아벨라르는 자신이 '더럽힌' 여성과 결혼해야 한다고 결정했다. 아벨라르가 내건 유일한 조건은 자신의 명성과 경력이 훼손되지 않게끔 비밀리에 결혼식을 치르겠다는 것이었다. 그는 사제 서품을 받지 않은 성직자였으므로 교회법에 따라 아내를 취할 수는 있으나 결혼하면 설교단에 설 수 없었다. 흥미롭게도 엘로이즈의 불명예는 결혼으로 회복되었던 반면에 저명한 성직자로서 그의 위치는 격하되었다.

엘로이즈는 아들이 태어나자 아스트롤라브라고 이름을 지어 아벨라르의 누이 손에 맡기고 비밀리에 파리로 돌아왔다. 아벨라르는 그녀의 숙부에게 약속한 대로 엘로이즈와 결혼하려고 했다. 그런데 엉뚱하게도 엘로이즈가 결혼을 하지 않겠다고 했다.

선입견을 버리지 못하는 나이였던 그녀는 아내와 어린아이들이 기거하는 지붕 밑에 철학과 신학이 함께 깃들 수는 없다고 생각했다. 나중에 아벨라르도 같은 말을 했다. "종교적이고 철학적인 사색에 몰두한 사람이 갓 태어난 아이들의 울음소리, 아이들을 달래기 위한 유모의 노래, 하인들이 소란스럽게 북적대는 것을 견뎌낼 수 있겠는가? 어린아이들이 계속해서 내놓는 똥걸레를 참아내야 하는 것은 얼마나 구역질나는 일인가!" 아벨라르와 엘로이즈 모두 성직자들에게 결혼을 단념하도록 만들었던 상투적 문구들을 내면화하고 있었던 것이다.

엘로이즈는 우상처럼 여겼던 남자의 신세를 망치고 싶지 않았다. 그녀는 그의 아내보다는 친구, 누이, 연인으로 불리기를 원했고, 결혼이라는 굴레가 아니라 사랑만으로 그와 함께하고자 했다. 나중에 그녀는 다음과 같이 기록했다. "아내라는 이름이 더욱 신성하고 강해 보일 것이다. 그러나 '연인'이라는 이름은 여러분을 놀라게 하고 싶지는 않지만 첩이나 고급 매춘부라는 이름처럼 감미롭다." '결혼보다는 사랑을, 구속보다는 자유를' 선호했기에 그녀는 교회 안에서 신부의 손에 양육된 중세의 어머니라기보다는 20세기의 자유로운 여성처럼 느껴진다.

그러나 엘로이즈의 저항은 소용이 없었다. 아벨라르는 그녀의 숙부와 맺은 약속을 존중하기로 결정했다. 연인들은 퓔베르와 몇 명의 증인이 참석한 가운데 새벽녘에 교회에서 몰래 결혼했다. 결혼을 비밀로 하기 위하여 아벨라르와 엘로이즈는 밖에서만 이따금씩 은밀하게 만났을 뿐이다. 엘로이즈의 숙부가 끔찍한 일을 벌이지 않았다면 이야기는 여기서 끝났을지도 모른다. 다음에 일어난 일은 부부의 결합에 파란을 일으켰고, 후대에까지 그들의 이야기가 사람들의 입에 오르내리게 되었다.

결혼식이 끝난 후 부부가 떨어져서 살고 있는 동안에 퓔베르는 절대 비밀에 부치기로 했던 약속을 저버리고 공개적으로 그 결혼에 대하여 떠벌리기 시작했다. 그는 일이 이렇게 해결되는 데 만족하지 못하고 아벨라르가 가문의 명예를 훼손한 것에 대해 더 많은 보상을 받아내려고 했다. 퓔베르가 엘로이즈를 매질하기 시작하자 아벨라르는 그녀를 납치해서 그녀가 소녀 시절에 자라고 교육받았던 수녀원에 데려다놓기로 결정했다. 그는 수녀원에서 엘로이즈가 입을 수녀복을 만들게 했다. 그녀는 종신 서약을 한 사람만 착용할 수 있는 베일을 빼고는 수녀와 똑같은 복장을 했다. 아벨라르가 자유를 얻으려고 엘로이즈를 수녀원에 보냈다고 생각한 퓔베르는 잔혹한 복수 행위로 그를 벌했다. 퓔베르의 명령을 받은 하인들이 몰래 잠입해 잠든 아벨라르의 고환을 제거해버린 것이다.

수년이 흐른 후 아벨라르는 이 사건을 회상하면서 당시의 고통과 수치뿐만 아니라 하느님의 신묘한 정의에 대해서도 이야기했다. "신은 공정한 결정을 내려 죄지은 내 몸의 부위를 치셨도다!" 중세에는 범죄 행위와 관련된 신체의 부위를 절단하여 사람을 벌하는 것이 흔한 일이었지만, 이것이 정말로 아벨라르가 맨 처음 보인 반응이었는지는 의심스럽다. 어쨌든 그는 당혹감과 수치심을 견디지 못하고 수도원으로 피신했다.

한편 엘로이즈는 어떻게 되었는가? 그녀의 운명은 다시 한 번 아벨라르에 의해 결정되었는데, 이번에는 두 번 다시 돌이킬 수 없었다. 그는 그녀에게 평생 베일을 걸치고 있어야 한다고 명령했다. 같은 날 그는 생 드니 대수도원에서, 그녀는 아르장퇴유에 있는 수녀원에서 각각 사제복과 수녀복을 입었다. 엘로이즈는 겨우 17세였고, 아벨라르는 39세였다.

이 극적인 이야기의 결말은 달라질 수 있었을까? 아벨라르와 엘로이즈가 여느 부부처럼 함께 살 수 없게 된 것은 무엇 때문이었는가? 사실상 외부의 장애물은 없었다. 교회에서 결혼했기 때문에 엘로이즈와 아벨라르는 어디까지나 합법적인 부부였다. 결혼을 하고도 합방하지 않았을 때만 교회가 혼인 무효를 인정했기 때문에 거세당했다는 사실조차도 방해물은 되지 못했다. 게다가 고환이 제거된 남성도 여전히 성생활을 할 수 있었다. 그러나 부부로서 함께 사는 것이 아벨라르의 흥미를 끌지 못했던 것 같다. 이 모든 일이 일어난 다음에 그는 독신의 성직자로 살며 초기의 소명으로 돌아가기로 결심했다. 그는 이후 24년 동안 수도사, 작가, 교사와 파라클레 대수도원의 설립자로서 살았는데, 운명의 장난인지 이 수도원에서 엘로이즈는 대수녀원장의 지위에 오르게 된다.

그녀가 파라클레 대수도원에서 아벨라르에게 쓴 두 통의 편지를 통해 사태의 전말을 살펴보자. 첫 번째 편지의 인사말은 두 사람의 처지가 어떻게 다른지를 보여준다. "주인님, 더 정확히 말하면 아버지께. 남편, 아니 오라버니께. 당신의 하녀, 더 정확히 말하면 딸로부터. 당신의 배우자, 아니 누이로부터." 그들을 갈라놓은 사건이 일어난 지 15년이 지나 이제 파라클레 대수도원의 대수녀원장이 된 엘로이즈는 아벨라르에게 애인이자 아내로서 이야기했다. 그녀는 편지에 "나는 독특한 방식으로 당신의 것입니다. (……) 당신은 가장 고결한 의무로 (……) 혼인성사로 (……) 그리고 내가 당신을 언제나 그리워하고 한없이 사랑했기 때문에 (……) 나와 엮여 있습니다"라고 썼다.

엘로이즈는 남편의 명령을 모두 따랐건만 결국 버림받았던 것에 대해 남편을 원망했다. "할 수 있으면 나에게 단 한 가지라도 이유를 대봐요. 당신 혼자 멋대로 결정해서 우리 두 사람은 모두 종교에 귀의했는데, 그다음에 당신은 나를 전혀 돌아보지 않은 채 까맣게 잊어버리고는 당신의 얼굴을 보여주지도 않았고 나에게 용기를 주는 말도 건네지 않았으며, 심지어 당신이 없을 때 나를 위로해줄 편지 한 통도 보내지 않더군요." 그녀는 '신앙심 때문이 아니라' 아벨라르가 그렇게 하라고 명령했기 때문에 '수도원 생활이라는 고행길'을 받아들였음을 여러 번 상기시켰다. 엘로이즈는 자신의 충절이 여전히 남편이면서 예전의 선생이자 연인이자 주인을 향한 것이어야 한다고 생각했다.

엘로이즈의 열정적인 감정은 두 번째 편지에서 더 솔직하게 표현된다. 그녀는 두 사람이 함께 탐닉했던 "관능적인 쾌락"을 기억에서 지울 수 없음을 인정하고 있다. "내가 어디를 향하건, 그것이 내 눈 속으로 밀고 들어옵니다." 이전의 행동을 죄받을 짓으로 여기고 이제 성적 갈망은 없다고 했던 아벨라르와는 달리 엘로이즈는 잃어버린 쾌락의 시간들을 여전히 그리워하고 있음을 고백했다. "실제 있었던 행위뿐만 아니라 내가 당신과 함께 그것을 했던 장소와 시간까지도 내 마음속에 너무나 뚜렷이 남아 있어서 나는 같은 상황에서 당신과 함께했던 모든 일을 곱씹어봅니다. 심지어 잠자리에서조차 그 생각이 나를 놓아주지 않습니다."

이별에 대해 아벨라르와 엘로이즈가 보인 서로 다른 반응을 두고 오랜 세월 동안 논쟁이 그치지 않았다. 여성을 혐오하는 비평가들은 엘로이즈의 갈망을 여성의 음란한 본성 탓으로 돌리거나 사랑이 인생의 유일한 관심거리인 여성의 기질 탓으로 돌렸다. 어떤 이들은 아벨라르가 고결한 금욕 생활을 하고 신에게 더 헌신했다며 그를 높이 평가했다. 그들의 나이 차이를 지적하는 사람은 소수에 불과했다. 편지를 주고받았을 당시 엘로이즈는 23세였고 아벨라르는 54세였는데, 거세의 결과를 고려하지 않더라도 이러한 나이 차이가 그들의 성적 욕망의 차이를 어느 정도 설명해줄 수 있을 것이다. 더구나 엘로이즈가 고백하듯이 그녀는 스스로 종교 생활을 선택하지 않았다. 그것은 아벨라르가 강요한 일이었다. 그녀가 인정했듯이 그녀는 신의 뜻보다 아벨라르의 뜻을 거스르는 것을 더 두려워했고, 신보다 그를 기쁘게 하고 싶어 안달했다. 다른 누구도 아닌 바로 대수녀원장이 말이다.

이 편지들이 교환된 지 10년 후에 아벨라르는 죽어서 파라클레 대수도원에 묻혔다. 엘로이즈는 20년을 더 살다가 1164년에 죽어 남편 곁에 묻혔다.

등장인물의 품격과 사건의 섬뜩한 본질에서 타의 추종을 불허하는 이 놀라운 이야기는 성직자가 결혼했을 때 직면할 수 있는 위험을 잘 보여준다. 중세 사회에서 사제와 동거하는, 혹은 사제와 결혼한 여자

('사제의 부인'이라고도 하고 '사제의 매춘부'라고 부르기도 하는)를 용인하는 경우도 많았는데, 이때도 사제의 금욕 생활을 망쳤다는 이유로 남자보다는 여자에게 비난의 화살이 쏟아졌다. 사제는 자신의 공적인 직업을 계속 유지할 수 있었던 반면에, 그의 아내는 정숙한 태도를 유지하라는 충고를 귀에 못이 박이도록 들었다. 엘로이즈는 대부분의 결혼 생활 기간 동안 수녀원에 격리되었는데, 이는 통상 독신 여성 또는 미망인에게 주어진 숙명과 같은 것이었다. 비록 보기 드문 예이긴 해도 그녀의 이야기를 통해 우리는 위대한 종교 사상들이 빠르게 확산되고 이성애에 대한 새로운 관념이 탄생했다고 하는 12세기 프랑스에 살던 한 아내가 자신의 관점에서 기술한 성적 열망을 만나게 된다.

낭만적인 사랑의 탄생

프랑스인들이 12세기에 낭만적인 사랑을 '발명했다'는 것은 오늘날까지도 계속되는 논쟁의 주제다.[19] 낭만적인 사랑의 주인공은 완벽한 기사와 가까이하기 어려운 신분의 귀부인이다. 낭만적인 사랑은 무엇보다도 혼외 관계의 은밀한 사랑으로 표현되었다. 전설적인 켈트족 연인인 트리스탄과 이졸데가 우연히 사랑의 묘약을 마신 후, 이졸데는 트리스탄이 모시는 군주인 콘월의 마크 왕과 결혼하기로 되어 있었는데도 서로 떨어져서는 살아갈 수 없게 되었다는 신화가 보여주듯이 금지된 사랑일수록 정열에 더욱 불을 붙이는 것이다. 마크 왕이 아내의 부정을 의심하기 시작하자 트리스탄은 결국 도망쳐야만 했다. 그렇지만 트리스탄과 이졸데는 서로의 사랑을 무덤까지 가지고 갔다.

일상의 상황에 따라 죽 끓듯 변하는 '일반적인 사랑'과는 대조적으로, 트리스탄과 이졸데의 이야기는 거역할 수 없고 소멸되지 않는 열정, 고난은 물론 심지어 죽음까지도 극복하는 '불멸의 사랑'을 상징한다. "내가 없이는 당신도 없고, 당신 없이는 나도 없다"는 그들의 슬로건은 모든 진정한 연인들의 좌우명이다.

프랑스 남부 지방의 궁정에서 유래하여 나중에 북부까지 널리 퍼졌던 이러한 사랑관은 남성과 여성의 관계를 새로운 시각으로 바라보고 있다. 그것은 여성에게 남성에 대한 권력을 부여함으로써 전통적인 남성과 여성의 역할을 뒤집었다. 이러한 관점에서 여성은 남성을 지배하기 위해, 남성은 여성에게 봉사하기 위해 존재했다. 사실 이 같은 시각은 봉건 세계의 지극히 미미한 부분에 국한되었고 일반적인 규범에 대한 반대급부로 고안된 것이었지만, 처음으로 여성은 남성보다 우위에 놓이게 되었던 것이다.

문학 작품에서 진정한 기사는 자신이 섬기는 귀부인에게만 몸과 마음을 다해 봉사했는데, 이는 가신이 주군에게 또는 아내가 남편에게 바치는 것과 동일한 헌신을 의미했다. 그녀는 결코 도달할 수 없는 존재로 남아 있으면서, 그가 내적으로 변모하고 정신적인 완전함을 추구하도록 이끌었다. 그 귀부인이 정말로 가질 수 없는 사람인지 아닌지를 알아보려고 노력하는 과정에서 수많은 편지가 쓰였다. 여성은 예외 없이 결혼을 했고 그것도 대개는 기사의 주군과 결혼했기 때문에 연인들은 결혼할 수 없었다. 그들이 순결했을까? 이론상으로는 그랬지만, 실제로는 종종 그렇지 않았다.

1180년경 크레티앵 드 트루아가 쓴 무훈시에 나오는 랑슬로(랜슬롯)의 예를 생각해보라. 랑슬로는 완벽한 기사에다 완벽한 연인이다. 실제로 그가 전투에서 보여준 비범한 힘은 아서 왕의 왕비인 귀네비어를 향한 강렬한 사랑에서 나온다. 사악한 왕자의 포로가 된 귀네비어를 구출해야 했을 때 아무것도 그를 막을 수 없었다. 그에게 보상할 시간이 도래하자 그녀는 크레티앵이 쓴《랑슬로, 수레를 탄 기사 *Chréstien's Lancelot*》에 나오는 다음의 구절처럼 보답한다.

> 그러자 왕비는 팔을 뻗어 그를 감싸안고 그녀의 가슴으로 끌어당겼다. 그러고 나서 그녀는 그를 침대로 이끌었다. (……) 이제 랑슬로는 그가 원하는 모든 것을 가진 것이다. 이는 왕비가 기꺼이 그와 함께 있으며 그의 애무를 반겼기 때문이고, 그녀가 팔로 그를 안고 있듯이 그가 그녀를 안고 있었기 때문이다. 이 몸짓, 키스의 몸짓, 감각적인 몸짓은 달콤하고 좋았다. (……) 랑슬로는 밤새 즐거워하고 기뻐했다.[20]

아무리 금지되고 비윤리적이며 사회에 해악을 끼치는 것이라고 비난받아도 불륜의 사랑은 고래 힘줄처럼 단단히 명맥을 유지했다. 중세 이후로 간통은 끊임없이 반복되는 문학 주제 가운데 하나였다. 아서 왕 전설의 다른 변종들은 기사들이 추구하는 이상의 정신적인 측면에 좀 더 관심을 기울였지만 그런 경우에도 대개 기사의 용맹은 고귀한 귀부인으로 인해 솟아난 것이다.

하지만 사랑받는 존재로서 여성의 격상된 지위가 실제 아내들의 삶을 반영한 것은 아니었다. 한 역사가가 지적했듯이 "그것은 여성 인구 가운데 극히 제한된 층, 즉 귀족 여성만의 현실이었다."[21] 일반적으로 사회적, 경제적, 정치적 이유에서 나이 든 남성과 결혼한 귀부인에게 빛나는 갑옷을 입은 젊은 기사라는 존재는 에로틱한 상상의 배출구 역할을 했다. 결국 이러한 궁정 로맨스에서 유래한 낭만적인 사랑관은 귀족 계급으로부터 평민에게로 내려왔고 오늘날까지도 남아 있다. 구세주 전설류의 영웅담 속류 버전과 더불어 '할리퀸 로맨스'는 지금도 불만에 찬 아내들의 상상력을 만족시키고 있다.

12세기와 13세기에는 남성과 여성에게 사랑을 어떻게 행동으로 표현해야 하는지, 즉 사랑의 기술을 가르치는 조언 문학(advice literature)이 등장했다. 이러한 '새로운' 사랑은 풍부한 감성과 탄식, 세련된 화술과 귀족적 몸짓을 요구했고, 육체적 보답보다는 정신적 보답을 요구하는 것이었다. 실제로 1170년경 마리 드 샹파뉴의 궁정에서 카펠라누스가 쓴 가장 영향력 있는 라틴어 판본《사랑론 입문*De arte honeste amandi*》은 '순수한 사랑'이 속된 사랑보다 바람직하다고 설파했다. 그렇지만 그 이면에 숨겨진 메시지에는 성적인 욕구를 채우고자 하는 갈망이 표현되어 있다.

달콤한 말은 유혹의 기술 가운데 필수적인 것으로 간주되었고, 거기에는 여성의 눈, 코, 입술, 치아, 뺨, 목, 손과 발에 대한 찬미가 포함되어 있었다. 듣기 좋은 칭찬을 한 후에 남성은 행동을 개시해야 했다. "불타는 키스를 퍼부어 그녀를 압박하라." 만약 그녀가 저항하면 "음, 어쨌든 그녀를 끌어안고 키스하라."[22] 남성들 사이에 통용되던 금언은 "모든 여성은 정복될 수 있다"는 것이었다.[23]

어떤 작가는 심지어 강간도 용인될 수 있다고 했다. "한 손으로 그녀의 옷을 걷어올리고, 그다음에 다른 손을 그녀의 성기에 갖다대라. (……) 그녀가 소리치고 비명을 지르게 하라. (……) 당신의 벗은 몸을 가까이 밀착시키고, 그녀를 당신의 뜻대로 하라."[24] 사람들은 사랑한다면 폭력을 휘둘러도 된다고 여겼다. 실제로 저자는 강간범에게 그녀가 그에게 충실하다면 그녀와 결혼하기를 권고하고 있다. 그런 식으로 순결을 잃은 처녀는 그녀를 유혹한 남자와 (특히 임신한 경우에는 더더욱) 결혼하도록 권고받았다.

젊은 여성을 위한 추천 도서로는 어떤 것들이 있는가? 남자들을 위한 안내서보다는 그 수가 적었지만 이것들 역시 중세에 크게 유행했다. 13세기 프랑스 궁정의 의사였던 리샤르 드 푸르니발은 누이에게 보내는 편지 형식으로《사랑에 관한 충고*Advice on Love*》를 썼다. 라틴 시가에서 영감을 받은 그는 사랑을 남성이나 여성이 처음으로 경험할 수 있는 "정신의 어리석음, 막을 수 없는 불길, 포만감 없는 굶주림, 유쾌한 통증, 달콤한 즐거움, 기분 좋은 광기"라고 표현했다.[25] 하지만 남성을 '적극적'으로, 여성을 '소극적'으로 바라본 고대의 편견에 따르면 여성이 구애하고 남성이 구애의 대상이 되는 것은 결코 바람직하지 않았다. 그렇다면 여성은 어떻게 해야 할까?

리샤르는 누이에게 "사랑을 드러내기 위하여 교묘한 가장"을 해야 한다고 충고했다. 여자는 남자에 대한 관심을 모호한 말로 표현하고, "솔직하고 적나라한 간청이 담기지 않은"[26] 그윽하고 애정 어린 눈길을 보내는 편이 좋았다. 남자의 주도권을 침범하지 않는 한에서 교태를 부리라는 충고가 뒤따랐다. 여성이 먼저 사랑 고백을 하거나 첫 키스를 하는 것은 생각할 수조차 없었다.

또 다른 13세기 작가인 로베르 드 블루아는 유부녀들을 위한《귀부인에게 드리는 충고*Advice on Ladies*》를 출간했다. 그는 여성들에게 결혼 서약에 충실할 것을 요구하는 한편, 욕망을 억제하기보다는 자극하기 위한 교태의 기술을 전하고 있다. 그는 또 여성에게 과음과 과식을 피하고, 약간의 향료로 숨결을 달콤하게 하고, 흥분했을 때 키스를 피하라고 했는데, 이는 "땀을 흘릴수록 더욱 냄새가 나기 때문이다."[27] 몇몇 여성들은 당시 유행하던 가슴이 깊이 파인 옷을 입었다는 이유로 비난받았다. 그런 여성들은 다른 사람이 가슴을 만지지 못하게 하라는 주의를 받았다. "허락받은 사람을 제외하고 그 누구도 당신 가슴에 손을 대거나 애무하거나 어루만지지 못하도록 주의하라."[28] 오로지 남편만이 아내의 가슴을 만질 수 있다고 생각했던 것이다.

대체로 사랑에 관한 이야기들을 읽거나 경청한 사람은 엘리트 계층에 국한되었을 것이다. 하지만 그 이야기들은 우리에게 대문자 'L'로 시작하는 사랑(Love)이 문학 담론의 심장부에 확고히 자리 잡았음을 말해준다. 그것은 분명 전체 인구에서 소수일 뿐이지만 영향력이 있는 사람들의 생각을 반영하고 있다.

사회 구성원 가운데 대다수를 차지했던 문맹자들 사이에서도 사랑은 대화와 노래의 주제였다. 하류층 사람들에게 잘 알려진 노래 가운데 하나인 〈서방 잘못 만난 아내mal mariée〉라는 비가는 아내와 남편과 애인의 삼각관계를 다루고 있다. 이러한 노래들을 폭넓게 연구한 리아 르메르에 따르면 그것은 여자들끼리 춤을 추거나 혹은 남녀가 춤을 추는 동안 여성들이 불렀던 것이다.[29] 이 노래들은 남편에 대한 여성의 불만과 더 젊고 매력적인 애인을 가지고 싶어하는 욕망을 표현하고 있다. 남편은 늘 "악하고 폭력적이며 추하며 탐욕스럽고 악취를 풍기고 나이 들었고" 종종 아내를 폭행한다. 애인은 다음에서 보듯 "젊고 잘생겼으며 친절하고 용감하다."

뚱보 남편, 나는 당신 사랑에 대해 알고 있어.

이제 나도 친구가 있어!

그는 잘생겼고 당당하지.

뚱보 남편, 나는 당신 사랑에 대해 알고 있어.

그는 나에게 밤낮으로 봉사하지.

이것이 내가 그를 그토록 사랑하는 이유야.[30]

여성은 자신을 젊고 명랑하다고 소개하면서 스스로를 '아내'라기보다 여자 친구라고 부른다. 그녀는 애인을 남자 친구라고 부르는데, 이것은 두 사람이 법적, 종교적 결속을 통해서가 아니라 친밀감을 통해 서로 연결되어 있다는 것을 보여준다. 엘로이즈가 아벨라르에게 아내라는 이름보다 애인이라고 불리는 것을 더 좋아했던 것도 이러한 사고 방식에서 비롯되었다.

민요의 가사를 보면 불행한 결혼 생활을 하는 아내들은 남편을 속인다는 죄책감에 시달리지 않은 것 같다. 그들은 반항하며 소리를 높인다. "내 남편은 나를 만족시키지 못해. 보상 차원에서 애인을 만들 거야."[31] 어떤 민요에서는 아내가 남자 친구와 키스했다고 남편이 폭행한 것을 불평한다. 그녀는 복수를 위해 무엇을 해야 할지 알고 있다. "나는 바람을 피울 거야. (……) 내 남자 친구와 홀딱 벗고 자러 가야지."[32] 그러나 세 번 반복되는 후렴구 "남편이 왜 나를 때리지?"라는 소절이 아마도 그녀의 현실에 더 가까웠을 것이다. 이처럼 아내들의 성적인 복수를 표현한 민요들이 유부녀의 실제 행동을 반영했는지, 아니면 단순히 희망과 꿈을 나타낸 것인지를 알기는 어렵다.

이러한 민요는 몇몇 아내들이 교회의 금욕적인 가르침을 어기고 반항이나 간통과 같은 '악덕'을 행하고 또 그것을 즐겼음을 보여준다. 11세기 중반 이후에는 상류 사회의 남녀들 역시 아랍에서 건너온 체스를 즐기면서 교회의 권위에 도전했다. 유럽인들은 아랍의 장관(Vizier) 말을 대체하는 왕비 말을 만들었고, 중세 말기에 왕비 말은 체스판에서 가장 강력한 말이 되었다. 왕과 왕비 말은 기본이 되는 한 쌍이다. 왕이 가장 중요한 존재이긴 하지만 왕비는 자신이 받드는 왕보다 더욱 강력해졌다. 이러한 체스의 위계는 중세 후기 유럽의 복잡한 부부 관계를 설명할 수 있는 흥미로운 실마리가 된다.

어머니이자 또 다른 노동자들

중세의 아내는 대개 결혼한 지 1년 안에 어머니가 되었다. 어머니는 일반적으로 동경의 대상이며 신이 여성에게 부여한 역할을 완수한 사람으로 여겨졌다. 임신 중 산파와 의사에게 의지하며 어려움을 겪던 산모들은 순례를 떠났으며 약과 부적을 샀고 자신과 아이를 위해 성모 마리아와 성인들에게 기도했다. 아내들은 가족의 재산을 물려받을 상속인으로, 하층 계급에서는 농장의 일꾼으로 아들을 원했다. 딸은 동료와 결연을 맺거나 집안일을 돕는 데 유용했다. 경제적, 사회적, 종교적, 정서적 이유 때문에 사람들은 자식을 축복으로 여겼다.

교회는 오늘날에도 그러하듯이 어떠한 형태의 피임에 대해서도 강경한 반대 입장을 고수했다. 일반적인 피임법인 중절 성교는 주로 남성의 죄악으로 간주되었으며, 임신 중절은 여성의 죄악으로 여겨졌다. 경제적 이유이든, 또는 어머니가 간음이나 간통을 숨기기 위해 아이를 버리는 경우이든, 영아 살해 역시 여성의 범죄로 여겨졌다.[33] 그러나 교회와 세속의 법정이 심리한 영아 살해 사건은 중세를 통틀어 몇 건 밖에 되지 않았다. 16세기에 영아 살인이 법적으로 살해죄와 동일시되고 사형이 수반된 후에야 심리된 사건의 수가 상당히 늘어났다.[34]

질외사정과 수유 기간 동안 자연스럽게 피임이 되는 경우를 제외하고는 제대로 된 피임법이 없었기 때문에 일반적으로 여성들은 많은 자녀를 낳았다. 마저리 켐프(Margery Kempe)와 같은 여성은 14명, 또는 그 이상의 자녀를 낳았지만 대개 7~8명이 '정상적'이라고 여겨졌다. 마저리 켐프는 계속되는 출산의 경험과 너무나 많은 아이에 대한 양육 책임 때문에 남편과 더 이상 성생활을 하지 않겠다고 결심했던 것 같다. 우리는 나중에 이 주제에 대해 다시 살펴볼 것이다.

출산에는 많은 위험이 따랐다. 부잣집 여성은 산파의 도움을 받았지만 가난한 여성은 친척 여자들과 이웃에 의존할 수밖에 없었다. 남편은 출산 현장에서 배제되었다. 오히려 남편이 함께하는 것을 재수 없는 일로 여겼다. 가뭄에 콩 나듯 그 수가 드물었던 외과의사는 다른 모든 수단이 실패했을 때 단지 태아를 제거하기 위해서 출산에 참여했다. 산모가 사망하는 일이 많았기 때문에 교구의 사제는 임신한 여성이 고해성사를 하고 해산에 들어가기 전에 영성체를 받았는지 확인했다.

임신한 여성과 분만 중인 여성을 위한 특별 미사가 성사(성스러운 의미를 지닌 종교적 의례) 가운데 하나가 되었다. 사람들은 "분만 중인 불쌍한 여성들"을 구하고 "그들을 모든 어려움에서 구제할" 능력을 지닌 성모 마리아가 "산고를 겪는 여성들의 인자한 조력자"로서 강림해줄 것을 간구했다. "출산을 빠르고 성공적으로 마치게 해달라고" 하느님에게도 기원했다.[35]

출산 후 산후 조리 기간은 갓 어머니가 된 사람에게는 특별한 시간이었다. 유복한 가정의 산모는 침대에 누워 방문객들을 맞이하고 모든 사람의 관심을 받았다. 종종 부유한 이탈리아 가정의 산모는 즐겁게 몸조리하라는 의미에서 놀이판을 선물받았다. 아이가 사내라면 남편은 한쪽에는 놀이판, 다른 한쪽에는 그림이 그려진 출생 쟁반을 주문할 것이다. 하버드 대학교 포그 박물관은 15세기 초에 만들어진 쟁반을 소장하고 있는데, 거기에는 체스판과 출산 후의 모습이 그려져 있다. 시중드는 사람들이 높은 침대에 앉아 있는 산모에게 식사를 가져다 주고 있다. 아래에는 신생아가 막 씻겨 강보에 싸여 있고 손님들은 양쪽에서 드나들고 있다. 물론 이탈리아와 다른 여러 지역에서 가난한 여성들은 두 발로 설 수만 있게 되면 즉시 자리에서 일어나야 했다.

구약성경에 따르면 여성은 출산 후 6주 동안 불결한 존재로 간주되어 예배에 참석할 수 없었다. 여성은 '감사성찬(感謝聖餐)'을 받고 나서야 교회 출입을 할 수 있었다. 이 의식은 교회 밖에서 출산한 여성에게 축복을 내리는 것으로 시작되었다. 사제는 그 여성에게 성수를 뿌린 다음 그녀의 오른손을 잡고 교회 안으로 인도했다.

일반적으로 부유층이건 빈곤층이건 어머니들은 모두 아이에게 모유를 먹였는데, 종종 소작농들은 영양 보충을 위해 우유를 먹이기도 했다. 그러나 몇몇 귀족 계급, 특히 이탈리아와 프랑스에서는 유모를 고용했다. 유모는 대개 좋은 집안의 여성 가운데 신중하게 골랐으며 집에서 함께 살았다(이것은 유모에게 아기를 보내 함께 지내게 하는 이후의 풍습과는 대조적이다).[36]

우리는 트로툴라(Trotula)의 글을 통해 당시 여성들이 직면했던 의료 문제에 관한 여성의 시각을 엿볼 수 있다. 트로툴라는 11세기 후반 또

■ ■ ■

1410년경 이탈리아에서 만들어진 놀이판.
산후 조리를 할 때 산모가 가지고 노는 것으로, 놀이판에는 출산 장면이 묘사되어 있다.

는 12세기에 살레르노에서 개업을 했던 유일한 여성 의사이며, 중세에 라틴어와 각 나라 말로 유포된 몇몇 논문에 그녀의 이름이 언급된 바 있다. 트로툴라는 월경과 출산, 불임과 (여성이 비난받던) 임신 중절, 그리고 처녀처럼 보이는 방법에 관한 글을 썼다. 그녀는 또한 여성들에게 건강 관리법과 미용법을 소개했는데, 이 중에는 남편을 기쁘게 해주기 위한 산후 질 축소법도 포함되었다. 그 내용은 다음과 같다. "이제 그렇게 크고 고약한 냄새를 풍기는 은밀한 부분(성기)을 가진 여자를 치료할 때가 되었다. 벌어지고 악취 나는 성기 때문에 남편은 아내를 돌보지 않을 뿐만 아니라 곁에 가고 싶어하지도 않는다."[37] 아내는 예나 지금이나 자식을 낳을 책임뿐 아니라 남편을 성적으로 즐겁게 해줄 책임을 지고 있었다.

여성은 또한 아이들을 양육하고 교육할 책임이 있었다. 남자아이는 일곱 살 정도가 되면 아버지가 교육을 맡지만 여자아이는 계속해서 어머니가 교육을 맡았는데, 이는 물론 자식을 교육시킬 수 있을 만큼 유복한 가정에만 해당하는 일이었다.

읽기, 쓰기, 셈 공부에 중점을 둔 공교육은 13세기 말에야 플랑드르와 파리의 상류 사회 소녀들에게 시행되었고, 몇 십 년 후에는 이탈리아에서도 시행되었다.[38] 15세기 초에는 독일과 스위스에 여학교가 설립되었다. 영국에서는 남자아이들만이 공립학교에 다녔다. 부유한 집안이나 귀족 가문의 소녀들은 대체로 가정에서 개인 교습을 받았으나 대부분의 농촌 사람들은 교육을 받지 못했다.

도시의 처녀들은 결혼 뒤 어떻게 하루를 보냈을까? 독일의 중세 사학자 에리카 위츠에 따르면 많은 도시의 아내들은 집안일뿐만 아니라 바깥일도 했다고 한다.[39] 그들은 남편이 병석에 눕거나 멀리 떠나 있을 때 남편의 대리인 역할을 했으며 상거래, 금융, 직물업, 여관과 선술집 경영, 빵집, 양조장, 목욕탕, 다양한 수공업 등의 사업에서 남편과 동업자 관계를 이루는 경우가 많았다.

독일의 길드에서 완벽한 장인이 되기 위한 조건 가운데 하나는 아내가 있어야 한다는 것이었는데, 아내가 없으면 작업장의 운영이 순조롭지 않을 것이라고 생각했기 때문이다.[40] 어떤 도시에서는 남편의 배우자 자격으로 여성의 길드 가입을 허가했다. 스위스의 바젤 시는 1271년 남편이 살아 있어야 한다는 조건하에 여성도 건설업자 길드에 참여할 수 있도록 했다. 런던에서는 소상인 여성도 길드 회원이 될 수 있었고, 파리의 몇몇 수공업 길드에서는 '장인'뿐만 아니라 '장인의 아내'도 길드에 가입할 수 있도록 허용했다. 일반적으로 미망인은 죽은 남편의 공방을 계속 운영할 수 있었지만 같은 길드 소속이 아닌 남자와 재혼을 하는 경우에는 공방을 포기해야 했다.

어떤 아내들은 남편과 상관없이 독립적으로 일하기도 했는데, 특히 직조업과 맥주 제조업 분야에 많이 진출했다. 1420년 무렵에 한 독일인 사업가가 작성한 문서를 보면 한 여성이 두 명의 남자에게 자신의 기술을 전수하기 위해 계약을 맺었다는 것을 알 수 있다. 이 계몽적인 문서의 내용은 다음과 같다.

> 나, 지식으로 무장한 피긴은 남편의 동의와 허락을 얻어 두 남자를 성심성의껏, 그리고 내 능력이 닿는 한 성실히 가르쳐서 훌륭한 기술자로 만들겠다는 것에 대해 명예롭고 현명한 시장님들 그리고 쾰른 시의회와 합의했습니다. (……) 나는 앞서 말한 신사분들과 쾰른 시를 위해 이 서류의 작성 시점으로부터 8년 동안 계속 이 일을 수행할 의무를 지게 되었습니다. 그리고 그들이 내게 기술자 교육이 필요하다고 말하면 몸이 심각하게 아프지 않는 한 쾰른으로 와서 교육과 훈련을 실시하겠습니다. (……) 이에 대한 대가로 나는 그들에게 쾰른화(貨) 1마르크를 나의 임금과 활동비로 제공해줄 것을 요구합니다.[41]

이 여성의 남편은 이 계약의 이행으로 인해 아내가 며칠 동안 외박을 하게 된다 해도 가족의 수입이 늘어나는 것을 생각해 기꺼이 동의했을 것이다.

기혼 여성 중에는 산파 노릇을 한 사람이 많았고, 그중 소수는 의사 노릇을 했다. 파리 대학과 같은 명문 학교들의 교수진은 대학 졸업자(모두 남자였다) 외에는 그 어느 누구도 '전문의'라는 직함을 쓰지 못하게 했고, 14~15세기까지 의료 관련 직업에 여성이 종사할 수 없게 했다. 파리 대학의 기록에 남아 있는 자코바 펠리시(Jacoba Felicie)의 이야기는 파리와 그 근교에서 의사로 활동하던 여성이 일을 중단할 수밖에 없었던 상황을 알려준다.[42] 의사든 산파든 여성이 계속 일을 할 수 있는 방법은 결혼을 하는 것이었다. 이런 경우는 플랑드르 지방의 도시에서 흔히 찾아볼 수 있었다.

도시 바깥에 사는 농부의 아내들은 식사를 준비하고 집을 청소하며, 소젖을 짜고 닭과 돼지에게 먹이를 주고 채마밭을 가꾸고 우물이나 개울에 가서 물을 길어 오고 집 근처의 연못이나 개울가에 나가 빨래를 하고, 물레로 실을 잣고 바느질을 하면서 하루하루를 보냈다. 게다가 강보에 싸인 갓난아이를 기르는 한편 좀 더 큰 아이들을 보살피고 아픈 이들과 노인들까지 돌보아야 했다. 또한 밭에 나가 괭이질, 제초, 추수, 그리고 추수 후의 이삭줍기를 도왔다. 이 모든 일을 하는데 자식 이외에는 그 누구의 도움도 받을 수 없었다.

'도움'이란 농민이나 도시 빈민은 꿈도 꿀 수 없는, 부유한 가정의 아내만이 누릴 수 있는 특권이었다. 무역업이나 전문직에 종사하는 사람들의 아내는 최소한 한 명의 하인을 거느렸고, 큰 부잣집에서는 더 많은 하인을 고용했다. 15세기 영국의 패스턴가 사람들이 남긴 편지들을 보면, 아내가 12~15명의 하인을 감독하는 일을 맡았음을 알 수 있다.[43] 패스턴가의 아내들은 집안 단속의 의무에 더하여 하인들이 식료품과 피복 창고에 손을 대지 않는지 감시하는 일까지 떠맡았다. 신분이 어떠했든 간에 모든 아내들은 태곳적부터 존재했던 성별에 따른 노동 분업의 원칙에 따라 집안 살림을 하는 책임을 떠맡았다.

그리젤다와 바스의 아내

1400년경에 저술된 《파리의 주부*Le Mesnagier de Paris*》에 나오는 그리젤다와 초서의 《캔터베리 이야기》에 나오는 바스의 아내는 근본적으로 다른 아내의 두 유형을 보여준다. 열다섯 살의 아내에 비하면 할아버지뻘 나이였던 《파리의 주부》의 저자는 종교의 전통적인 가르침에 근거를 두고 민담에서 빌려 온 그리젤다라는 인물을 통해 순종형 아내상을 만들어냈다. 그리젤다는 고분고분한 아내의 전형이다. 가난한 집안 출신으로 유력한 귀족의 눈에 든 그녀는 유일한 지참금으로 그에게 무조건 복종하겠다는 약속을 했다. 하지만 이 약속은 극단적인 잔인함과 모욕으로 점철될 끝없는 사건들을 낳게 된다. 그녀가 낳은 아이들은 미리 정해진 수순에 따라 처벌을 당하고, 남편이 두 번째 아내를 얻겠다고 말하는 순간 그녀는 맨발로 친정집에 돌아가게 되는데, 그리젤다는 이 모든 시련을 조금의 불평도 없이 달게 받았다. 그리젤다가 무조건적인 복종의 시험을 통과했기 때문에 이야기는 〈욥기〉와 마찬가지로 해피엔드로 끝난다. 그리젤다가 오늘날 우리의 눈에 얼마나 비현실적으로 보이건 간에 당시 파리의 남편들은 자신의 아내가 그래주기를 바랐다.

《파리의 주부》 전반부에서는 아내의 종교적, 도덕적 의무, 특히 남편에 대한 의무들에 관해 나오지만 후반부에서는 좀 더 실용적인 집안일들(정원 가꾸기, 하인들에 대한 감독, 상세한 요리법에 따른 음식 준비)이 지면을 차지하고 있다. 그리고 바로 그 후반부의 내용 때문에 이 책은 수 세기 동안 독자들에게 사랑을 받았다.

저자는 나이 어린 아내에게 자신의 책을 헌정하고 있다. 하지만 우리는 그녀가 정말로 좋은 요리사이자 주부가 되었는지, 그녀가 정숙하고 순종하는 아내로 남았는지, 남편이 보여준 사랑에 그녀가 화답했는지 등 그의 어린 아내의 삶에 대해 아는 것이 전혀 없다. 다만 그녀가 남편보다 오래 살았고, 남편이 그녀의 "미덕들"이 자신뿐만 아니라 미래에 "그런 경우가 온다면 다른 남편에게도" 보탬이 되기를 바란다고 책의 서문에 적은 대로 그녀가 재혼을 했으리라는 것을 짐작할 수 있을 뿐이다.[44]

'그런 경우'가 실현되어 최소한 다섯 번 결혼을 해서 좋은 대조를 이루던 아내가 있는데, 초서의 책에 나오는 바스의 아내다. 모든 면에서 그리젤다와 정반대였던 바스의 아내는 고대부터 남자들이 여자의 결함이라고 생각한 것을 모두 지니고 있지만, 중세에도 있었음이 틀림없고 모든 시대에 걸쳐 살아남은 강한 여성의 전형이다.

그녀는 앞에 나서기 좋아하는 데다 속임수에 능하고 수다스러우며 시비를 잘 걸고 애정이 넘치고 원기왕성하다. 세상 사람들이 칭송하는 금욕적인 이상에 개의치 않고 그녀는 성적 쾌락을 옹호하고 다닌다. 그녀는 "성기는 무엇을 위해 만들어졌는가?"라고 질문한 다음 "필요한 일과 쾌락을 위해서"라고 대답한다. 그녀는 그녀의 "꽃(성기)

을 부부의 성생활과 아이 만들기"[45]를 위해 쓴다는 것이다.

여성의 관능적 매력과 강인함을 상징하는 바스의 아내는 그리젤다의 신화와 정면으로 충돌한다. 그녀는 남편과 싸우고 거짓말을 하며 말대꾸를 하고 주먹질을 당하면 자신도 주먹질로 갚아준다. 그녀는 가장 사랑했던 마지막 남편이 통제권을 포기하고 "나의 진정한 아내여, 남은 생은 당신 뜻대로 살구려" 하고 선언할 때까지 물러나지 않았다. 이처럼 남편이 항복하자 그녀는 비로소 모든 분쟁이 사라지고 집안에는 완전한 조화가 찾아왔다고 말한다.

그리젤다와 바스의 아내는 중세에 아내를 바라보는 극단적인 두 관점을 대변해준다. 남자들은 그리젤다가 보여주었던 무조건적인 희생을 이상화했고, 여성들은 남자들을 실망시키고 분개하게 만듦으로써 그 이상을 파괴했다. 《라 투르 랑드리의 기사의 책*The Book of the Knight of La Tour Landry*》과 《결혼이 주는 열다섯 가지 즐거움*Fifteen Joys of Marriage*》을 쓴 프랑스 남자들과 《왜 아내를 두지 말아야 하는가*Why Not to Take a Wife*》와 《결혼한 남자들의 연옥*The Purgatory of Married Men*》을 쓴 영국 남자들은 양처(良妻)란 사흘에 한 번씩 두들겨 맞고 발밑에 깔려 사는 아내임을 증명하려고 애쓰면서 수 세기 동안 존재해온 여성에 대한 혐오와 편견에 찬 시각을 고수했다.

마저리 켐프의 이야기

《마저리 켐프의 서*The Book of Margery Kempe*》는 중세 후기 아내의 또 다른 모습을 보여준다. 신비주의자로 특별한 삶을 살았던 마저리 켐프의 모습은 당대의 허구적인 여성상과 상반된 것이다. 마저리 켐프는 1373년 노퍽 주 킹스린의 유복한 중류 가정에서 태어나 스무 살에 자신보다 조금 신분이 낮은 존 켐프와 결혼했다. 첫 아이(열네 명 가운데 첫째)가 태어난 후에 그녀는 산후 우울증을 겪었는데 8개월 뒤 예수의 모습을 보고 나서 병이 나았다. 그 후로 그녀는 자주 흐느껴 울고 하느님과 신비한 대화를 나누는 등 우여곡절이 많은 삶을 살았다. 문맹인 그녀가 예순 살의 나이에 구술을 통해 기록으로 남긴 것이 바로 이 종교적 행적이다. 필기사가 대필을 했고, 마저리 켐프가 3인칭으로 구술했음에도 불구하고 그녀 자신의 목소리는 여과 없이 전해지고 있다. 그녀는 신경 쇠약을 겪고 예수의 환영을 본 이후 다음과 같이 행동했다.

> 곧바로 그녀는 제정신이 들었고 예전처럼 냉정을 되찾았다. 그러고는 남편이 다가오자마자 그에게 전에 그랬던 것과 같이 식료품 창고에 가서 음식을 꺼내오게 열쇠를 줄 수 있느냐고 물었다. 하녀들과 그녀를 감시하던 사람들은 그녀에게 어떤 열쇠도 주어서는 안 된다고 충고했다. (……) 하지만 그녀에 대해 언제나 상냥함과 동정심을 잃지 않았던 남편은 열쇠를 내주라고 명령했다. 그러자 그녀는 자기가 들 수 있는 최대한의 음식을 갖고 왔고, 다시 한 번 우리의 구주이신 예수 그리스도가 어떻게 그녀 안에서 은총을 베푸시는지를 보려고 온 친구들과 가족 그리고 다른 모든 사람들을 알아보았다.[46]

가정의 영역과 종교의 영역이 구분되지 않는다는 점은 마저리 켐프의 자서전을 그 시대의 다른 종교적 저서들과 차별화해준다. 또한 이 책은 아내의 관점에서 결혼 생활을 이야기하고 있다. 마저리의 묘사에 따르면 남편은 그녀가 아프기 전에 관리했던 식료품 창고의 열쇠들을 다시 돌려줄 만큼 그녀를 신뢰하며, 오직 그녀의 회복만을 바라고 있는 부드럽고 열정적인 사람이다. 아마도 그녀의 남편은 자신보다 좋은 집안 출신인 아내에게 빚을 졌다고 생각했던 것 같다. 하지만 마저리가 종종 남편에게 모질게 굴었다면 그건 그녀가 항상 자신에게 더 혹독했기 때문일 것이다. 그녀는 자신을 자신만만하고 질투심이 강하고 고집 세고 퉁명스럽고 과거의 경험에서 아무것도 배울 줄 모르는 사람으로 묘사하고 있다. 결혼하고 처음 몇 년 동안 그녀는 "자신의 화려한 옷차림"에 대해 자부심을 느꼈으며 "다른 이웃들이 자기처럼 옷을 잘 차려 입으면 눈이 뒤집히곤 했다." 그리고 "순전히 탐욕 때문에, 그리고 자존심을 세우기 위해" N읍에서 가장 큰 양조장을 3~4년 동안 운영했지만 막대한 손실을 입고 말았다.

양조업이 망하고 이번에는 제분업에 손을 댔지만 이 역시 실패했다. 연거푸 행운의 여신이 등을 돌린 것을 그녀는 "자신의 오만함에 대한 주님의 응징"이라고 받아들였다. 그녀의 종교적 성향은 그녀의 삶의 모든 측면에서 드러나기 시작했으며 다음의 이야기에서 자세히 열거되듯이 무르익을 대로 무르익었다.

> 어느 날 밤, 남편과 침대에 누워 있을 때 그녀는 너무나 달콤하고 즐거운 음악 소리를 들었다. 그녀는 자신이 천국에 온 것이라고 생각했다. 그래서 침대에서 벌떡 일어나 말했다. "아아 내가 저지른 죄여!" 그다음부터 그녀는 똑같은 소리를 들을 때마다 흐느끼면서

천국의 희열을 갈구하며 깊은 신심에서 우러나오는 폭포수 같은 눈물을 쏟았다.

그녀의 행동이 이웃들에게 얼마나 이상하게 보였든 간에 마저리는 자신 같은 신비주의자만이 알 수 있는, 보다 높은 존재와 소통하고 있다고 믿었다. 그녀가 천상의 음악을 들었던 그날 밤은 남편과의 관계에 전환점이 되었다. 그녀의 이야기를 들어보자.

그날 이후로 그녀는 남편과 성관계를 하지 않으려고 했다. 결혼의 빚을 갚는 것이 너무나도 역겨웠기에 그녀는 복종의 의무를 지켜야 하는 것만 아니라면 성관계를 하느니 차라리 하수구의 진흙과 거름을 먹고 마시는 것이 낫겠다고 생각했다.

그녀는 남편에게 "나는 당신에게 내 몸을 안을 권리가 없다고 말하는 것이 아니에요. 하지만 나는 지상의 피조물들에 대한 사랑과 관심을 버렸어요. 그것은 오직 하느님을 향한 것입니다"라고 말했다. 그러나 남편은 그녀를 마음대로 다루었고, 그녀는 울고 슬퍼하는 가운데 복종했다. (……) 그녀는 남편에게 정숙하게 살라고 충고했으며 자신들이 무절제한 성생활과 상대방의 육체를 통해 얻는 커다란 즐거움이 하느님을 불쾌하게 하고 있으니 이제는 서로 합의를 통해 육체의 쾌락을 자제함으로써 스스로를 벌주고 응징한다면 좋을 것이라고 말했다.

마저리 켐프는 분명히 '시대를 대표하는' 여성은 아니었다. 하지만 그녀의 독특한 개성이 그녀가 남긴 기록의 가치를 훼손하지는 않는다. 그것은 교단에서 설파한 기독교 신학이 어떻게 부부의 침실에까지 영향을 미쳤는지 잘 보여준다. 정숙을 강조하고 성생활을 혐오했던 중세의 교리는 그녀의 남편의 개인적 성향과 맞지 않았고 심지어는 그녀의 과거의 행동과도 어긋나는 것이었다. 그녀는 신비주의적 경험을 통해 스스로 계몽되었다고 생각했고, 남편과 성행위를 하면서 느낀 쾌락을 부정하게 되었다. 기독교의 교의에 따르면 '무절제한 성생활'은 하느님을 불쾌하게 하는 행위였다. 아이를 낳기 위한 성생활만이 인정되었고, 이미 많은 아이를 낳은 마저리는 더 이상 성생활을 해서는 안 되었다.

하지만 그녀의 남편은 아내가 그토록 열망하는 정숙의 서약을 받아들일 준비가 되어 있지 않았다. 계속되는 불안 속에서 마저리는 기도의 강도를 더욱 높였다. 그녀는 하루에도 두세 번씩 교회에 나갔고, 오후 내내 기도를 드렸으며, 금식을 했고, 고행자가 걸치는 거친 마모직 셔츠를 입었다. 오늘날 우리는 이러한 의상을 입는 행위를 변태적이라고 생각하는 경향이 있는데 그녀의 설명을 들어보면 실제로 어땠는지 알 수 있다. "그녀는 엿기름을 말리는 용도인 가마에서 꺼낸 거친 마모직 셔츠를 가능한 한 안 보이게 몰래 가운 속에 둘렀다. 남편이 눈치채지 못하게 하기 위해서였다. 매일 밤 거친 마모직 셔츠를 입고 옆에 누웠는데도 남편은 전혀 눈치채지 못했다." 우리는 지속적으로 성관계를 맺었는데도 어떻게 남편이 그걸 모를 수 있을까 의심할 수도 있을 것이다. 하지만 우리는 어느 시대의 기준에서 보더라도 정상이 아닌 여자의 말을 그대로 믿을 수 있는지도 의심해보아야 한다.

그녀는 수많은 교회 활동의 와중에 영국의 성지들을 순례하고자 했다. 하지만 '남편의 동의 없이'는 떠날 수가 없었다. 중세의 아내는 집을 비울 때 반드시 남편의 허락을 받아야 했는데 이 점에서 그녀는 전통적인 법과 관습을 따랐다고 볼 수 있다. 남편은 이를 흔쾌히 허락해 주었고 가끔 그녀와 동행했다. 또 다른 결정적 순간이 찾아온 것은 그들이 요크를 향해 순례 길에 올랐을 때였다. 둘은 8주 동안 성관계를 자제하고 있었는데, 그 문제에 대해 누군가가 물어오자 남편은 "아내가 만지기라도 하면 너무 겁을 줘서 더 이상 시도조차 하지 않는다"고 대답했다. 하느님과 마저리 사이의 대화와 순결해지려는 그녀의 부단한 노력과 열망이 결실을 얻었음이 틀림없다. 다음과 같은 합의에 도달하기까지 두 사람 사이에는 긴 협상이 필요했다. "나의 욕망을 인정해주세요. 그러면 당신의 욕망도 인정받게 될 것입니다. 내 침대로 오지 않겠다고 약속해주세요. 그러면 내가 예루살렘에 가기 전까지 빚을 다 갚을게요." 이윽고 그녀의 남편이 대답했다. "내가 과거에 당신의 몸을 자유롭게 소유했듯 이제 하느님께서 자유롭게 소유할 것이오."

이 중대한 사건은 그녀가 40세 무렵에 일어났고 링컨의 주교 앞에서 정숙의 서약을 함으로써 공식화되기에 이르렀다. 그것은 예루살렘과 이탈리아, 에스파냐에 이르는 머나먼 성지 순례의 시작을 알리는 것이었다. 마저리 켐프는 여행을 할 수 있을 만큼 충분한 재력이 있었고, 자식들도 몇몇은 이미 다 자랐고, 나머지는 하인들과 친척들 손에 맡길 수 있었기 때문에 걱정할 필요가 없었다.

마저리 켐프의 이야기는 중세 아내들의 연대기 속에서 매우 두드러진 것이긴 하지만 이와 유사한 사례가 없는 것은 아니다. 다른 유명한 성녀 역시 결혼했다.[47]

오이니스의 메리는 브라반트에 살던 부모의 권유에 따라 열네 살에 결혼했지만 순결하게 살겠다고 남편을 설득해서 결국 나병 환자들을 돌보며 살았다.

폴리뇨의 안젤로는 유복한 집안의 아내이자 어머니로서 지내다가 40세에 기독교로 개종한 뒤 고행과 참회의 삶을 살았다.

스웨덴의 비르기타(브리짓)는 열세 살 때 세도가였던 아버지의 손에 이끌려 비슷한 가문의 남자에게 시집을 갔고 여덟 명의 아이를 낳았다. 1344년에 남편이 죽자 그녀는 시토 수도회 소속의 수도원에 칩거하면서 수도원의 부원장에게 자신이 받은 계시를 받아 적게 했다. 1350년에 로마로 간 그녀는 그곳에 머무르면서 비르기타 수도회라는 새로운 교파를 세웠다. 이 교파는 유럽에서 널리 세력을 떨쳤고, 특히 그녀의 모국인 스웨덴에서 교세를 크게 확장했다.

프로이센의 몽상가 몬타우의 도로테아는 열여섯 살에 결혼하여 아홉 명의 아이를 낳았지만 한 아이만 살아남고 나머지는 모두 죽었다. 불행한 결혼 생활 끝에 그녀는 남편에게 정숙의 서약을 맺자고 설득했다. 그녀는 말년에 아헨과 로마로 순례를 떠났고 은둔자로서 일생을 마쳤다.

중세에는 아내나 어머니로 사는 것보다 독신 생활을 더 높이 평가했기 때문에 이 아내들은 종교적 소명을 다하게 해달라고 남편들을 설득할 수 있었다. 이 종교적 소명에는 정숙의 서약과 자식들을 포기하는 것까지 포함되어 있었다. 마저리 켐프는 자식들에 대해서는 별로 언급하지 않았다. 그녀는 주로 자신의 정신적 행로를 기록으로 남기는 데 몰두했다. 이어지는 순례의 길 가운데 그녀는 유명한 여성 은둔자 노위치의 줄리언을 방문했다. 줄리언의 〈현시Showings〉는 여성이 쓴 최초의 영어 작품이며, 《마저리 켐프의 서》는 남녀를 통틀어 영어로 저술된 최초의 자서전이다.

크리스틴 드 피장

같은 시기 프랑스에서는 크리스틴 드 피장(Christine de Pisan)이라는 또 다른 '최초의 여성' 이야기가 세상을 떠들썩하게 했다. 그녀는 직업적 글쓰기를 통해 스스로 생계를 유지한 최초의 여성이었다. 본래 이탈리아 출신인 크리스틴은 파리의 교양 있고 유복한 가정에서 자라났다. 그녀의 아버지는 샤를 5세의 부름을 받고 파리로 이주한 점성가였다. 그녀는 읽기와 쓰기를 배웠지만 공식적인 교육은 받지 못했다. 그녀는 열다섯 살에 학문을 좋아하고 인간미가 넘치는 스물 네 살의 귀족 에티엔 드 카스텔과 결혼했다. 나중에 크리스틴은 "그보다 더 나은 남편은 상상조차 할 수 없었다"[48]라고 회고했다. 그들은 세 명의 아이를 낳고 10년 동안 행복하게 살았다. 남편이 요절하자 그녀는 자신과 아이들, 그리고 과부인 친정어머니를 부양하기 위한 수단으로 글쓰기를 택했다. 약 30편의 작품을 썼는데, 그중 가장 유명한 것은 페미니스트적인 시각으로 여성들의 유토피아를 그린 《여성의 도시*La Cité des Dames*》다. 아내로서의 크리스틴 드 피장의 모습은 너무 일찍 세상을 떠난 남편을 기리면서 쓴 아름다운 운문들에서 가장 잘 드러난다. 〈결혼 예찬In Praise of Marriage〉은 중세의 아내가 침실에서 남편과 나눈 행복에 대해 묘사하고 있는데, 여자가 쓴 글로는 매우 드문 것이다.

결혼은 달콤한 것
그건 내 경험이 확실히 보증한다네.
주님이 보내주신 내 남편처럼
훌륭하고 현명한 남편과 산다면 누구라도 마찬가지.

(……)

결혼 첫날밤

나는 한눈에 알아보았네.

그의 커다란 가치를, 내게 상처와 고통을 주지 않기 위해

그는 나를 건드리지 않았거든.

그러나 자리에서 일어나기 전

그는 백 번도 넘게 나에게 키스를 했네.

어떤 너저분한 짓도 요구하지 않은 채로.

분명 이 소중한 사람은 나를 많이 사랑하는 거야.

(……)

그가 완전히 나의 것이라고 말하면

욕망으로 내 몸이 달아오르네.

그가 주는 달콤함으로 나는 기절할 듯해,

분명 이 소중한 사람은 나를 많이 사랑하는 거야.[49]

이와는 대조적으로 〈미망인의 슬픔A Widow's Grief〉은 남편을 잃은 크리스틴의 황폐한 감정을 잘 그리고 있다.

나는 검은 옷을 입은 미망인, 고독하지.

슬픔에 잠긴 얼굴과 아주 초라한 복장

커다란 우울에 빠져 상심한 몸짓으로

나를 서서히 죽게 하는 상복을 입고 있다네.

남편이 죽으면 아내 탓이고, 처녀와 미망인의 삶이 아내의 삶보다

신성한 것으로 평가되는 중세의 진부한 가치관에서 벗어나 크리스틴 드 피장은 아내로서의 역할에서 큰 기쁨을 발견하고 미망인의 지위로 '격상'된 다음에 오히려 큰 슬픔을 느꼈다.

이탈리아의 지참금 문화

중세 말의 이탈리아는 우리가 지금까지 보아온 결혼의 보편적인 형태에서 크게 벗어나지 않지만 이탈리아의 고유하고 독특한 문화를 보여준다. 13세기까지 결혼식에 대한 교회의 권한을 인정했던 프랑스나 영국과 달리 이탈리아에서는 교회에서 치르는 결혼식보다 민간에서 치르는 결혼식을 선호했다. 결혼은 확실히 가족의 행사였고, 결혼을 통해 양가 모두 이득을 챙겼다. 결혼에서 얻을 수 있는 이득이란 며느리가 그녀의 남편에게 지참금 형태로 가져오는 재산, 귀족 혹은 유력한 가문과 결합하여 얻게 되는 후광, 혹은 어려울 때 도움을 청할 수 있는 친족망을 구성하는 것 등이었다. 결혼은 평생을 함께할 젊은 남녀가 결정할 수 있는 일이 절대 아니었다.

부모와 중매인은 같은 계급 출신 중에서 적당한 짝을 고르려 했다. 종종 상인 출신의 부자가 귀족과 '언감생심 결혼하는 일'이 있었지만, 귀족과 장인의 결혼과 같이 신분의 차이가 너무 나는 결혼은 사회 규범을 위반하는 것으로 간주되었다.

좋은 가문의 처녀들은 자신의 혼사에 대해 왈가왈부하지 못했고, 남자와 접촉할 기회조차 차단당했다. 보카치오는 《데카메론*Decameron*》에서 몇몇 처녀들과, 심지어 유부녀들도 만나서는 안 되는 남자와 마주치게 될까 봐 교회나 결혼식에도 참석할 수 없었으며 극단적인 경우에는 창가에 서 있거나 바깥을 내다보지도 못했다고 말했다.[50] 여성들이 지나가는 남자를 관찰할지도 모르기 때문에 창문은 유혹의 진원지였다. 이탈리아의 도시에서 젊은 남자들이 열린 덧문 너머에 앉아 있는 처녀의 눈길을 끌기 위해 창문 앞에서 왔다 갔다 하는 것은 흔히 볼 수 있는 풍경이었다.

지역에 따라 관습이 조금씩 다르긴 했지만 이탈리아에서 결혼은 대개 다음 세 가지 행사로 이루어졌다. 첫째, 예비 신랑과 예비 신부의 아버지 사이에 이루어지는 약혼. 둘째, 반지를 주고받는 것으로 이루어지는 신랑 신부 사이의 합의. 셋째, 신부가 신랑의 집으로 가는 행사.

약혼은 결혼 서약과 다름없이 중요하게 여겨졌다. 14~15세기의 피렌체 지방에서 약혼을 파기한다는 것은 엄청난 결과(가문 간의 장기적 적대와 변심한 측이 일생 동안 결혼을 하지 못할 가능성)를 가져올 수 있었다. 약혼이 파기되면 가톨릭교도와 유대교도들은 무거운 벌금을 물어야 했다.[51]

토스카나 지방의 상인인 그레고리오 다티(Gregorio Dati)는 다음에 나오는 일기의 도입부에서 3개월 이상 지속되는 결혼 의례들에 대해 기록했다. "1393년 3월 31일 나는 이사베타를 아내로 맞는 데 합의하고 서약했다. 4월 7일 부활절 다음 날인 이스터 월요일에 공증인 루카 씨를 증인으로 세우고 그녀에게 반지를 전달했다. 6월 22일 일요일, 제9시 기도를 마친 후에 그녀는 하느님과 행운의 이름으로 남편인 나의 집으로 왔다."[52] 신부(神父)에 대해서는 한마디 언급도 없다. 사제 없이, 그리고 교회에서 의식을 치르지 않고 신부의 집이나 공증인의 사무실에서 결혼식이 이루어지는 것이 일반적이었다. 식일로는 대개 사람들이 가장 많이 참석할 수 있고 신부가 신랑의 집으로 갈 때 따라가 줄 사람이 많은 일요일을 택했다.

이탈리아에서 결혼은 남녀 모두에게 의무 사항이었다. 결혼하지 않은 여성들은, 열두 살이나 열세 살이 될 때까지는 종신 서약을 할 수 없는데도 불구하고 일곱 살 정도의 어린 나이에 수도원으로 보내진 수녀이거나 충분한 액수의 지참금이 모일 때까지 기다리는 하녀였다. 숙식을 제공하는 것 이외에 따로 보수를 주지 않고 하녀가 시집갈 때 지참금을 주기로 하고 묶어두는 경우도 드물지 않았다.

도시의 남자들은 보통 30세, 시골의 남자들은 26세가 결혼 적령기였고, 토스카나의 여성들은 대개 18세나 그보다 어린 나이에 시집을 갔다. 부부간에 나이 차이가 많이 났기 때문에(평균 여덟 살이지만 부잣집에서는 열다섯 살 정도 차이가 나는 경우가 많았다) 남편은 아내에게 복종을 요구하고, 아내는 남편에게 보호와 후견을 기대하는 것이 일반적이었다. 오늘날 우리가 중요하게 여기는 '상호성'과 '타협'이라는 근대적 가치들이, 나이 차이가 많이 나는 남편이 권위를 행사하는 가정에서도 중요한 의미를 지녔을지는 알 수 없다.

고대 로마에서와 마찬가지로 아내는 항상 남편의 집안으로 시집을 갔고 그의 집으로 들어갔으며, 따라서 부계와 시집의 대를 잇게 되어 있었다. 토스카나의 가정은 2세대 혹은 3세대, 그리고 남편 쪽의 다양한 친척들로 이루어져 있었다. 이탈리아에서 사위는 무남독녀를 둔 프랑스 집안에서 가끔 그랬던 것과는 달리 절대로 장인의 집에 들어가지 않았다. 사위가 장인의 집에 들어가 사는 것은 '데릴사위 결혼'이라고 불렸다. 유대인 가정에서도 지참금이 많은 신부가 남편을 자기 부모 집으로 데려가는 것은 흔한 일이었다. 특히 부유한 상인의 딸이 영광스럽게도 가난한 랍비의 아들과 혼인을 한 경우가 그러했다. 하지만 가톨릭 국가인 이탈리아에서 아내는 출가외인이었다.

지참금 제도는 사회 계층과 상관없이 일반화되었다. 심지어 1430년 이후 피렌체에서는 시에서 관리하는 지참금 계(Monte delle Doti)가 생기기도 했다. 그것은 아버지가 딸이 어릴 때부터 저축을 해서 모은 돈을 결혼식 때 사위에게 주는 제도였다.[53]

아버지들이 재산의 일부를 떼어 딸에게 지참금으로 주는 것은 법으로 정해진 의무였다. 이것은 시집가는 딸들에게 지참금을 주고 남은 재산이 아들들에게 귀속된다는 것을 의미했다. 지참금은 신혼부부가 새 출발을 하는 데 필요한 액수보다 더 많았다. 그것은 신부와 그녀의 가족, 그리고 신혼부부의 가치를 말해주는 상징이었다. 젊은 여성의 지참금이 얼마인지는 공공연하게 알려졌다. 공증인이 그 액수를 기록했고, 이웃들은 입방아를 찧어댔다.[54]

결혼식을 치르고 나면 지참금은 남편이 관리하게 되는데, 일반적으로 집안 살림을 돌보는 데 사용했고, 남편이 먼저 죽으면 미망인이 관리했다. 유럽에서는 일반적으로 미망인이 전 재산의 3분의 1을 물려받았다. 얼마가 됐든 남은 재산은 모두 자녀의 몫이었다. 지참금은 약혼식 때 결정되며 종종 몇 번으로 나누어 지불되기도 했는데 할부 금액은 정확히 공증되었다. 첫 회분 지참금은 신부가 남편의 집으로 가기 전에 내야 했지만 나머지는 수년에 걸쳐 지불되기도 했다. 하지만 이러한 할부 관행은 아내의 가족이 지참금을 지급할 수 없게 되거나 지급하지 않으려고 할 때에는 갈등의 불씨가 되었다. 그 외에 시집갈 때 가져가는 것으로는 아마포로 만든 혼숫감과 개인 물건들이 있었다.

신랑은 집과 '선물'을 마련해야 했다. 신랑은 결혼식 날 신부가 입을 옷값을 지불해야 했는데, 그것은 과시하기 좋아하는 피렌체 사람들에게는 돈이 많이 드는 일이었다. 그는 또한 신방에 가구들을 채워 넣어야 했는데, 그중 하나가 '결혼 함(wedding chests)'이었다. 결혼 함에는 신랑과 신부에게 결혼의 의무, 정절 관념 등을 훈계하는 신화와 관련된 그림들을 새겨놓았다. 이 함들은 종종 신혼부부가 집으로 행렬할 때 전시된 후 부부 침대의 발치에 놓였다.

상류층 신랑들은 일종의 '예단(지참금에 대한 답례)'으로 엄청난 액수를 지불했는데, 못사는 사람이라고 해서 이러한 관습을 무시할 수는 없었다. 농민의 아들은 신부의 지참금 가운데 첫 회분으로 신부의 옷을 마련해 선물을 대신했다. 이러한 관행은 15세기를 거치면서 모든 사회 계층에서 두루 통용되었다.

가장 고위층에서 이러한 예물로는 비잔틴 장식물 세트가 주를 이루었다. 피렌체의 남편은 신부에게 준 선물에 대한 법적 소유권을 계속 유지했다. 결혼이 취소되면 신부는 모든 선물을 신랑에게 돌려주어야 했다. 종종 남편들은 자기가 죽었을 때, 그리고 아내가 재혼했을 때 받을 유산에 대해 마음대로 적어놓았다. 미망인이 남편의 집을 떠나게 됐을 경우 결혼했을 때 받은 옷가지와 보석, 혹은 지참금과 혼수를 챙기지 못한 채 몸만 나가는 것은 이례적인 일이 아니었다. 자식들은 이 물건들을 어머니에게 돌려줄 때 종종 늑장을 부렸다. 피렌체의 고문서 보관소에는 지참금을 돌려주지 않는 자녀들을 상대로 미망인이 벌인 재판 기록이 잔뜩 쌓여 있다.

결혼식 직후에 선물을 되돌려주는 경우도 심심치 않게 있었다. 남편은 결혼식 동안 친구와 친척들로부터 선물들을 빌렸다가 1년 안에 되돌려주기도 했다. 혹은 남편이 선물 대여업자에게 돈을 받고 되파는 경우도 있었는데, 그렇게 해서 선물들은 다른 남편들의 손에 넘어갔다.

반지 증여에는 훨씬 더 복잡한 규칙이 적용되었다. 결혼식 날 남편은 아내에게 반지를 두세 개 선물했다. 여기에 더하여 피렌체에서는 결혼식 당일, 혹은 다음 날 남편의 아버지와 가족 가운데 몇 사람이 신부에게 반지를 여러 개 선물했다. 잘사는 귀족 가문의 경우 그 수가 15개에서 20개에 이를 정도였다. 반지는 남편의 가족 가운데 결혼한 여자들이 그 집안 사람이 된 신부를 환영하는 뜻에서 주는 것이었다. 그러나 이러한 선물들 역시 의례적인 가치만을 지닐 뿐이었다. 그것들은 남편이 준 옷가지나 보석들과 마찬가지로 신부의 소유가 아니었다. 조만간 그것들은 집안에 새로 들어오는 미래의 신부 차지가 될 터였다.

14세기와 15세기 내내 이탈리아 전역에서 지참금과 예단 비용과 결혼식 비용은 엄청나게 증가했다. 모든 딸들에게 지참금을 주는 것이 점점 더 어려워졌으며, 많은 처녀들이 비용이 적게 든다는 이유로 결혼하는 대신 수녀원으로 갔다(딸을 수녀원에 보내는 데 드는 비용은 결혼시키는 데 드는 비용의 절반에 불과했다). 16세기에 이르러 베네치아 인근의 베네토에서는 지참금의 규모가 지나치게 커졌다. 베네치아의 무역업이 쇠퇴하게 된 것이 귀족 남편들이 아내의 지참금에 의존하여 살아가려고 하기 때문이라는 비난까지 나올 정도였다.

우리는 지참금 제도가 여성에게 불리한 것이라고 생각하는 경향이 있는데, 지참금을 마련하기 어려운 사람들에게는 그랬을 것이다. 지참금은 분명 여성이 결혼할 수 있는지를 가장 잘 보여주는 지표였고, 어떤 남자와 결혼할 것인가를 결정하는 가장 중요한 요소였다. 하지

만 지참금이 많은 여성에게 그것은 결혼한 후에도 유지되는 여전히 높은 신분의 상징이 되었다.[55]

당시의 결혼 풍속을 잘 보여주는 유물들, 예를 들어 지참금, 반지, 계약서들과 기타 그와 유사한 것들에 대한 정보는 많지만 남편과 아내가 인간적으로 어떤 관계를 이루고 살았는지에 대해 알려주는 것은 별로 없다. 남성이 쓴 가족에 대한 회고록은 감정 표현이 절제되어 있고, 여성이 쓴 동종의 문서는 극히 드물다. 하지만 감정을 절제할 수 없는 순간은 있게 마련이다. 아내가 죽었을 때가 그렇다. 그때 남편은 아내가 살아 있을 때 그녀에게 했거나 혹은 하지 못했을 사랑의 말을 마음속에 담아두지 못하게 된다.

몇몇 일기에는 얼마 전에 죽은 아내에 대해 단순히 일상적인 칭찬을 넘어서는 사랑의 감정을 담은 표현, 즉 '가장 달콤한', '가장 애교 있는', '열렬히 좋아하는' 등과 같은 단어들이 등장한다. 볼로냐의 한 저자는 격렬한 슬픔에 빠져 오열한다. "나는 세상 사람들이 생각할 수 있는 것 이상으로 그녀를 사랑했다. 그녀보다 나은 여자가 이 세상에 있다든가, 혹은 있었다는 사실을 나는 믿을 수 없다."[56]

배우자에 대한 부정적인 감정 역시 다른 의미의 종말(결혼이 깨졌을 때)의 순간에 표현되고 기록되었다. 이때 남편들과 아내들은 당연히 결혼 무효나 이혼 승낙의 권한을 지닌 교회 당국 앞에서 불평을 늘어놓는다. 역사가 진 브룩커가 찾아내어 소개한 조반니와 루잔나의 별난 이야기는 피렌체 부부의 내밀한 공간으로 우리를 인도한다.[57] 법정 공증인의 기록에 입각한 이 이야기는 섹스, 열정, 간통, 비밀 결혼, 그리고 결혼 무효의 과정을 담고 있다. 그것은 우리에게 15세기 피렌체 여성들이 합법적인 결혼 계약을 맺었던 그리고 맺지 않았던 환경에 대한 재미있는 이야기를 들려준다.

루잔나와 조반니의 이야기

루잔나와 조반니는 1420년에 피렌체에서 태어났는데, 그들의 집은 걸어서 5분 걸리는 이웃에 있었다. 하지만 둘 사이의 공통점은 이것이 전부였다. 루잔나는 장인의 딸이었던 반면에 조반니는 지체 높은 공증인의 아들이었다. 루잔나의 집안이 장인들과 소상인으로 구성되어 있었던 반면에 조반니가 속한 델라 카사(Della Casa) 가문은 피렌체 상류 사회의 일원이었다. 엄격한 신분제 사회였던 초기 르네상스 시대의 피렌체에서 이 두 가문의 결혼이란 상상조차 할 수 없었다.

루잔나가 결혼 적령기인 17세가 되자 그녀의 아버지는 집에서 몇 백 미터밖에 떨어지지 않은 이웃에 사는 아마포 제조업자이자 잘 나가는 빵집 주인의 아들인 열아홉 살의 안드레아 누치에게 딸을 시집보냈다. 루잔나의 지참금은 250플로린이라는 상당한 액수에 달했는데, 이 내용은 그 지역의 공증인이 작성한 결혼 계약서에 꼼꼼히 기록되었다.

그로부터 5년 후 이웃 마을의 교회를 방문했던 조반니는 루잔나와 마주치게 되었다. 매우 아름다웠던 루잔나는 결혼한 몸이었지만 피렌체의 부유한 상인의 유혹을 뿌리치지 못했다. 20대 초반이었던 조반니는 아직 결혼 적령기는 아니었지만 나이와 처지로 보아서는 충분히 부정한 관계를 즐길 수 있었다. 이후 10년간 루잔나와 조반니는 연인으로 지냈다. 장인 사회의 일원으로서 그녀는 자유롭게 나다닐 수 있었던 것 같다. 만약 상류 사회의 여성이라면 이것은 꿈도 못 꿀 일이었다. 게다가 그녀에게는 거치적거리는 아이들도 없었다.

그녀의 법적인 남편에 대해서는 1453년에 죽었다는 사실 외에 알려진 것이 없다. 남편이 죽자 루잔나와 조반니는 결혼할 수 있게 되었다. 사실 그녀는 몸이 달아 죽을 지경이었다. 조반니가 마침내 결혼식을 올리는 데 동의했을 때, 이제 여동생의 명예의 수호신이 된 루잔나의 오빠가 공증인(통상 피렌체에서 결혼식을 집전하며 결혼 계약서를 작성하는 사람)의 입회를 요청하고 나섰다. 그러자 조반니는 이 사실을 알면 의절할 것이 분명한 아버지와의 불화를 염려하여 결혼을 비밀로 해줄 것을 요청했다. 그 대신에 조반니는 친구인 프란체스코 수도회 수사 펠리체 아시니에게 주례를 서달라고 부탁했다.

이 결혼은 실제로 거행되었던가? 이는 1455년 피렌체의 대주교가 풀어야 했던 숙제다. 이 사건은 우여곡절 끝에 교황에게까지 제출되었고, 교황은 다음과 같은 편지를 대주교에게 전달했다.

> 피렌체에 거주하는 여성이자 주님 안에서 사랑하는 우리의 딸 루잔나 디 베네데토는 조반니 디 로도비코 델라 카사라는 사람이 자신과 합법적으로 결혼 계약을 맺었음에도 불구하고 다른 피렌체 여자와 공식적인 결혼식에서 서약과 반지를 주고받았으며 관례에 따라 의식을 치렀다고 알려왔다.

교황의 친서에는 대주교가 사건을 조사하여 루잔나의 주장이 사실로 판명되면 조반니의 두 번째 결혼을 무효로 하고 그에게 중혼을 한

죄를 물어 벌금을 물리라고 되어 있었다.

루잔나의 말이 사실이라고 증언해준 사람은 20명이었다. 거기에는 그녀의 가족 3명과 조반니의 옛 친구 펠리체도 포함되어 있었다. 그들의 기억에 따르면 그 결혼식에 왔던 사람은 조반니와 루잔나, 그녀의 오빠 안토니오와 그의 부인, 그의 새어머니, 그리고 두 명의 친구였다. 펠리체 수사는 저녁 식사 후에 조반니가 루잔나를 아내로 맞고 싶다고 말했고, 결혼식에 참석한 사람들이 그와 그 커플을 둥글게 에워쌌다고 증언했다. 처음에 수사는 관례에 따라 신부와 신랑에게 서로 결혼하기를 원하는지 물어보았다. 두 사람이 그렇다고 대답하자 조반니는 왼손에 들고 있던 반지를 루잔나의 손가락에 끼워주었다. 신랑은 루잔나의 가족들과 입맞춤을 나누고 그들에게 선물을 주었다. 이윽고 조반니와 루잔나는 신방에 들기 위해 침실로 갔다.

결혼식이 끝난 후 조반니는 가끔 와서 함께 밤을 보냈을 뿐, 루잔나와 한집에 살지는 않았다. 루잔나는 공적인 장소에 나갈 때 미망인의 복장을 착용했지만 집 안에서는 결혼한 여자의 옷을 입었다. 도시에서 조반니와 루잔나는 결혼을 비밀로 했지만 시골에서는 부부로서 전원 생활을 즐겼다. 그 지역 농민 5명이 조반니와 루잔나가 함께 있는 것을 보았다고 증언했으며 그들을 부부라고 생각했다.

8개월 후에 루잔나는 조반니가 명문가의 딸인 열다섯 살의 마리에타와 결혼 계약을 맺었다는 사실을 알았다. 얼마 전 조반니의 아버지가 세상을 떠났기 때문에 더 이상 루잔나와의 결혼을 비밀에 부칠 이유가 없는 상황이었다. 루잔나는 조반니에게 두 번째 결혼을 포기하고 자신과의 결혼을 공개할 것을 종용했지만 그는 거절했다. 일이 이렇게 되자 그녀는 교회 당국에 호소하기로 결심했다.

조반니는 결혼한 적이 없다고 잡아뗐다. 1443년부터 그녀와 성관계를 맺은 것은 사실이라고 인정하면서도 그녀가 여러 명의 정부를 거느린 문란한 여자라고 비난하며 그녀의 얼굴에 먹칠을 하려고 했다. 그의 소송 대리인들의 말을 들어보자. "욕정에 사로잡힌 루잔나는 젊고 돈 많은 그(조반니)와 육체적 관계를 맺고 싶어 안달했다." 조반니의 증인들은 그가 훌륭한 남자라고 말했고, 루잔나의 이웃들 가운데 몇 명은 그녀를 부도덕한 여자로 묘사했다. 그들은 루잔나가 길을 걸을 때 정숙한 여자처럼 눈을 내리깔지 않고 남자를 뚫어지게 쳐다보는가 하면 남편이 살아 있을 때 이미 정부를 둔 여자였다며 그녀를 비난했다. 정부가 한 명이 아니라 여러 명일지도 모른다는 이야기까지 덧붙였다. 그러니 누가 그녀의 말을 믿으려 하겠는가?

조반니는 루잔나가 정부였을 뿐이라고 주장하고 루잔나는 자신이 그의 정식 아내라고 맞서면서 소송은 몇 달을 질질 끌었다. 조반니는 자신과 같이 지체 높고 젊은 남자가 사회적 지위도 낮고 '늙은' 여자(그들은 같은 해에 태어났다)와 결혼할 리가 만무하다는 사회적 통념을 이용했다. 루잔나의 소송 대리인은 낮은 계급 출신이라도 아름다운 여성은 언제나 자기보다 높은 계급의 남자와 결혼한다며 응수했다. 결국 대주교는 루잔나의 손을 들어주었다. 교회는 결혼식 3주 전부터 결혼 예고를 하고 교회에서 결혼식을 거행하도록 권장함으로써 이 같은 일을 막으려고 노력해왔지만, 이 사건의 발단이 된 비밀 결혼은 두 사람이 증인들 앞에서 부부가 되기로 맹세를 했기에 결혼으로 인정해야 한다고 했다. 조반니의 두 번째 결혼은 무효가 되었고, 조반니는 루잔나를 합법적인 아내로 인정하고 '부부애'로써 대하라는 명령을 받았다. 적어도 여기까지는 정의가 낮은 곳에 임한 것처럼 보였다.

그러나 이것이 이야기의 끝이 아니다. 조반니는 대주교의 판결에 불복했다. 그는 부자였고 배경이 좋았으므로, 먼젓번 판결을 뒤집을 수 있었다. 1456년부터 1458년 사이에 조반니와 루잔나의 결혼은 무효라고 선포되었다. 조반니는 신분이 비슷하고, 델라 카사 가문의 대를 이을 자식을 낳아줄 마리에타와 합법적인 가정을 꾸리게 되었다. 1456년 이후로 루잔나의 종적은 어디에서도 찾을 수 없다.

결국 돈, 권력, 사회적 관습, 그리고 적자(嫡子)를 얻으려는 욕구가 승리했다. 조반니와 루잔나의 이야기는 어느 시대에나 나타나는 모순된 두 가지 현상을 보여준다. 첫 번째, 성애(性愛)는 앞에 어떤 장애물이 있건 간에 뜨겁게 타오른다는 것이다. 계급의 장벽(그리고 인종 혹은 종교) 혹은 부부가 서로에게 맹세하는 순결의 서약은 성적 열망 앞에서 무용지물이 된다. 그와 같은 성애의 강렬함을 알고 있는 연인들은 "당연한 일이야"라고 동의할 것이다.

두 번째, 사람들은 자신의 가족과 공동체가 속한 사회의 법과 관습을 존중한다는 것이다. 많은 사회에서 일부일처제는 매우 강력한 규범이다. 남자든 여자든, 심지어 여러 명의 섹스 파트너를 두고 싶어하는 사람들조차 일부일처제의 이상에 경의를 표한다.

조반니의 경우, 그는 젊은 시절 유부녀와 간통에 해당하는 연애를 했다. 그러나 가족과 사회가 기대하는 결혼을 해야 할 시기가 되자 그는 신분이 더 낮은 데다 '불임'인 루잔나와 정식 부부가 될 생각이 없었다. 그는 사람들이 자신에게 기대하는 대로 행동했다. 사회적 배경이 비슷하고 나이 어린 아내를 맞아들인 것이다. 그녀는 가문의 명성을 드높였고 자식을 낳아주었다. 사회적 질서의 관점에서 보면 그는 "당연한 일을 한 것이다." 그렇지만 도덕적 질서의 관점에서 보면 그의 행동에는 문제가 많다.

그렇다면 우리는 루잔나의 이야기를 어떻게 바라보아야 하는가? 분명히 그녀는 어떤 면에서도 당대의 이탈리아 여성을 대표하지는 않는다. 250년 전의 엘로이즈와 마찬가지로 그녀는 고집이 세고 열정적이며, 어떤 비난에도 아랑곳하지 않고 연인을 위해 위험을 감수했다. 조반니와의 관계가 그녀의 바람대로 합법적인 부부로 이어지지는 못했지만 그렇다고 중세 초기에 간통 사실이 드러났을 때 여성이 받았던 혹독한 벌을 받은 것은 아니었다.

이 기간 중 이탈리아의 유대인들은 교회법에 따르지 않아도 되었다. 그들에게는 결혼이 유효한가, 그렇지 않은가, 그리고 결혼에 문제가 발생할 경우 어떻게 해야 하는가를 판결해줄 유대교 당국이 있었다. 1470년에 기록된 다음의 사건을 통해 우리는 중세 유대인의 결혼 풍속이 어떠했는지 짐작할 수 있다.[58]

파비아 출신으로 여인숙 주인이었던 유대인 하킴 벤 예히엘 코헨 팔콘(Hakkym ben Jehiel Cohen Falcon)은 결혼 초기에 아내가 집을 나갔다가 다시 돌아왔을 때 그녀를 받아들여야 할지 말지를 유대교 당국에 문의했다. 사건의 개요는 다음과 같다. 그의 아내는 남편에게 여인숙 일을 그만두라고 졸랐으나 남편은 아무런 대꾸도 하지 않았다. 결국 그의 아내는 다음과 같이 행동했다. "아내는 정오에 은쟁반과 보석을 전부 챙겨서 평소 자주 들락거리던 이웃의 이교도 여자의 집으로 갔다."

남편이 아내를 쫓아 이웃 여자의 집까지 갔을 때, 그는 아내가 2명의 이교도 여자, 2명의 남자, 보좌 주교, 그리고 그 주교의 담임 신부와 함께 있는 것을 발견했다. 그들은 그녀를 기독교로 개종시키기 위해 찾아온 것이었다. 남편이 아내만 알아듣도록 독일어로 말한 내용은 다음과 같다.

남편: 당신, 왜 여기 와 있는 거요? 왜 집으로 돌아오지 않지?

아내: 나는 여기 머무를 거고 집에 돌아갈 생각은 추호도 없어요. 나는 여관집 아낙 따윈 되고 싶지 않아요.

남편: 당신은 이 문제에 관해 당신 마음대로 할 수 있소.

아내: 또 나를 조롱하는군요. 당신은 열 번도 넘게 거짓말을 했어요. 난 이제 당신 말은 안 믿어요.

보좌 주교 일행은 남편에게 너무 서두르면 될 일도 안 된다고 설득하고 그녀에게 마음을 정할 수 있도록 40일의 시간을 주자고 제안했다. 남편이 울면서 집에 돌아간 후 아내는 "매우 엄격한 기독교 계율을 따르는" 수도원으로 보내졌다. 그녀는 거기서 하루 동안 머물렀지만 바로 다음 날 마음을 바꾸었다. 그래서 주교에게 "저는 코헨이라는 사람의 아내입니다. 제가 이곳에 더 머무르게 되면 다신 그의 집 울타리 안으로 들어갈 수 없게 돼요. 남편이 저랑 이혼하자고 할 겁니다"라고 말하면서 집으로 돌아가고 싶다고 했다. 성직자 집안인 코헨 가문은 아내가 탈선을 한다 해도 꼭 이혼할 필요까지는 없었던 다른 유대인 가문과 달리 더 엄격한 규율을 따르고 있었다. 그녀가 '참회의 눈물로써' 용서를 구하며 집으로 돌아오자 남편은 이 문제를 랍비들의 판단에 맡겼다. 그는 아내를 다시 받아들여도 좋다는 허락을 받았을까? 그들이 어떻게 판결하든 그는 그 결정에 따를 수밖에 없었다.

조반니와 루잔나의 이야기에 관련된 문서들처럼 이 흥미로운 문서 역시 코헨의 아내가 어떻게 되었는지 말해주지 않고 있다. 교회 당국은 그녀가 아내로서의 역할을 다시 하도록 허락했을까? 그녀는 남편과 유대인 사회의 비난을 한 몸에 받으며 계속 살아야 했을까? 남편은 여인숙 문을 닫고 다른 사업을 시작했을까? 많은 아내들은 툭하면 가출을 했고, 다른 아내들도 한두 번쯤은 그런 생각을 해보았을 것이다. 종종 가출은 도저히 참기 힘든 상황을 변화시키기 위한 극약 처방으로 나타나기도 했다.

결혼이 거의 모든 성인 남녀에게 의무나 다름없었던 중세 유럽에서 아내와 남편은 일반적으로 배우자가 죽을 때까지 서로에게 묶여 있었다. 물론 부부의 나이 차와 짧은 수명(평균 수명은 30세였다)을 감안할 때 부부가 함께하는 결혼 생활은 통상 10년에서 15년을 넘기기 어려웠다.[59] 과부와 홀아비의 재혼은 흔한 일로, 어떤 면에서 오늘날 이혼 후의 재혼이 흔한 현실에 비견될 수 있다. 10년 혹은 15년간의 결혼 생활이라니? 아마도 우리는 이 정도 기간의 결혼 생활로 만족하고 남은 인생(미국 남자의 평균 수명은 75세, 여자는 거의 80세다) 동안 홀로 살아야 할지도 모른다. 결혼해서 누군가와 평생을 함께하는 일은 평균 수명이 길지 않았던 시대에는 그 의미가 더 각별하지 않았을까?

종교, 가족, 사회가 힘을 합쳐 결혼을 지지했던 시대에는 확실히 결혼을 해서 사는 것이 훨씬 편했을 것이다. 반면에 오늘날의 결혼은 안타깝게도 이러한 지지를 받지 못하는 것으로 보인다. 하지만 우리 시대와 비교해봤을 때, 전근대적 결혼에는 일반적으로 오늘날 우리가 중요하게 여기는 덕목들(사랑, 개인의 선택, 부부간의 평등)이 결여되어 있다.

중세의 아내가 사랑을 몰랐던 것은 아니다. 대중가요와 발라드, 궁정시들, 그리고 설화들은 낭만적인 사랑이 사회 계층에 상관없이 존재했음을 보여주고 있다. 그러나 결혼은 사랑만으로 결정하기엔 너무나 중요한 일이었다. 결국 결혼은 두 명의 배우자가 각자의 재산과 능력을 어떻게 결합하느냐에 달려 있었다. 농부의 아내는 농장 경영에 반드시 필요했고, 도시민의 아내는 남편이 사업, 공방, 혹은 자유직에 종사하는 데 없어서는 안 될 자산이며, 성이나 영지를 관리하는 데 능수능란한 안주인이 필요하다는 사실을 누구나 인정하고 있었다.

중세 말기, 특정한 계층의 아내들의 지위가 높아지는 조짐이 나타나기 시작했다. 베네치아와 파리에 살던 상류층 여성들과 지주 계급 출신의 영국 아내들, 그리고 유럽 전역의 도시민의 아내들은 다른 사람들보다 높은 수준의 물질적 안락과 권위를 누렸다. 15세기 이후로 등장하기 시작한 부부의 모습을 담은 초상화를 통해 우리는 아내의 지위가 상승했음을 알 수 있다. 뉴욕의 수도원에 있는 〈메로드 제단화 Merode Altarpiece〉에 나오는 '도노스 엥겔브레히트와 그의 아내'에서 볼 수 있듯이 교회의 제단화 옆면에 그려진 부부의 초상화들은 다소 종교적인 분위기를 풍기지만, 다른 많은 15세기의 초상화들은 노골적인 세속성을 드러내면서 결혼 생활을 칭송하고 있다.

이러한 새로운 정신을 보여주는 작품으로는 〈레스베트 판 뒤벤도르데의 초상Lysbeth van Duvendoorde〉을 들 수 있다. 그림 뒷면에 기록된 정보에 따르면 그녀는 1430년 3월 19일 라인 주의 집행관이었던 시몬 판 아드리헴과 결혼했고 1472년에 사망했다. 그림에 삽입된 "마음을 열고 다가오는 그이를 오랫동안 그리워해 왔습니다"라는 문구를 통해 그녀는 남편에 대한 사랑을 표현하고 있다. 서로 간의 사랑을 나타낸

▪ ▪ ▪

이스라헬 판 메케넴의 〈오르간 연주자와 그의 아내The Organ Player and His Wife〉.
부부가 함께 음악을 즐기고 있다. 배경에는 부부의 침대가 그려져 있다.

이 품격 있는 문구는 이 부부의 명예를 드높여주었다.

프랑크푸르트의 거장으로 알려진 독일 화가가 부인과 함께 있는 모습을 그린 그림에는 36세와 26세 부부의 모습이 담겨 있다. 그녀는 오른손 가운뎃손가락에 결혼반지를 꼈고 꽃을 들었는데 행복한 가정생활을 상징하는 버찌와 빵, 그리고 칼과 같은 오브제들이 그 옆에 놓여 있다.

15세기 초반에 얀 반 에이크의 유명한 그림 〈조반니 아르놀피니와 조반니 체나미의 혼인Arnolfini and His Wife〉과 그에 버금가는 명작인 캉탱 마시의 〈환전업자와 그의 아내The Money Lender and His Wife〉, 1490년과 1503년 사이에 이스라헬 판 메케넴이 제작한 판화 〈일상생활Alltagsleben〉과 플랑드르, 네덜란드, 독일, 이탈리아에서 창작된 여러 작품들은 결혼이 독신 생활이나 미망인의 삶보다 못하다고 평가받던 중세 초기와 비교해볼 때 부부에 대한 존중심이 점점 높아지고 있는 현실을 반영하고 있다.[60] 결혼과 아내에 대한 이러한 호의적인 견해는 다음 세기의 종교적, 사회적 지각 변동을 일으키는 데 영향을 미쳤다.

3장

청교도의 침실에서는 무슨 일이 벌어지고 있었나?

독일, 영국, 미국의 프로테스탄트 아내들, 1500~1700년

현명한 남편, 아내와 평화롭게 지내기를 원하는 남편은
다음 세 가지 규칙을 지켜야 한다.
첫째, 종종 훈계할 것,
둘째, 가끔 꾸짖을 것,
셋째, 절대 때리지 말 것.

—《경건한 가정 운영 형태*A Godly Form of Household Government*》, 1614년

아내의 역사가 종교의 역사와 밀접히 연관되어 있다는 사실은 조금도 놀랄 일이 아니다. 심지어 오늘날에도 세계의 많은 지역에서 결혼한 여성들의 운명은 종교에 따라 결정되고 있다. 극단적인 경우를 꼽는다면 이란, 파키스탄, 아프가니스탄 등에서는 이슬람교의 계율에 따라 공공장소에서 여성들은 머리끝에서 발끝까지 가리지 않으면 안 되고, 간통을 한 경우에는 돌로 쳐 죽이거나 처형할 수 있다. 상대적으로 여성에게 우호적인 서양의 세속적인 결혼 관련법은 유대교와 기독교에 뿌리를 두고 있다. 우리는 미국이 초기에는 종교적 신념에 따라 행동하는 청교도들이 세운 신정(神政) 국가였다는 사실을 잊어버리곤 한다. 그들의 신앙은 대부분 성경에 근거한 것이지만 프로테스탄트 종교개혁의 격동기에 형성된 부분도 상당히 많이 있다.

3장에서는 16세기의 종교개혁에서 시작되어 독일, 스위스, 영국을 거쳐 북아메리카까지 전파된 결혼의 변동 양상을 고찰해보고자 한다. 나는 여기에서 세 가지 근본적인 질문을 던지려고 한다. 첫째, 마르틴 루터의 결혼에 대한 생각과 그의 결혼은 당대와 후대에 어떤 영향을 미쳤는가? 둘째, 헨리 8세가 시작하고 엘리자베스 1세가 반석에 올려놓은 변화들은 성스러운 결혼에 대한 국교회의 시각을 어떻게 바꾸어 놓았는가? 셋째, 영국의 프로테스탄트들, 특히 청교도들은 미국의 아내들이 따라야 할 모범적인 아내상을 어떻게 창출했는가?

루터 시대 독일의 결혼

아우구스티누스 수도회의 수사였던 마르틴 루터만큼 결혼 제도에 큰 영향을 미친 사람은 없다. 그는 1517년 비텐베르크의 교회 문에 95개조의 명제를 써 붙이고 면죄부를 파는 교회의 관행에 의문을 제기했다. 이어서 그는 성직자가 독신일 필요가 있는가에 대한 질문을 포함해 격론을 야기했던 다른 문제들을 내놓았다. 오늘날 면죄부는 비웃음의 대상이지만 성직자의 독신 문제는 여전히 논쟁거리가 되고 있다. 이 문제에 관한 가톨릭교회의 입장은 루터가 전직 수녀인 카테리나 폰 보라와 결혼식을 올렸던 1525년과 달라지지 않았다.

성직자는 결혼할 수 없다는 교의에 대한 루터의 반대는 성경에 기초하고 있다. 신약성경을 통틀어 예수가 사도들의 결혼을 비난한 대목은 단 한 줄도 발견할 수 없다. 루터는 바울과 예수가 청년기에 결혼을 했을 것이라고 짐작했다. 바울은 성직자가 부인을 거느려도 좋다고 했는데(〈디모데전서〉 3장 2절, 〈디도서〉 1장 6절), 이는 루터의 말에 권위를 부여해주었다. 더욱이 실제로 많은 목사들이 첩과 함께 살고 있었으며, 많은 경우 자식까지 낳았기 때문에 그는 동거하느니 결혼을 하는 것이 낫다고 판단했다. 그는 1520년에 발표한 〈독일 민족의 기독교 귀족들에게 보내는 연설Open Letter to the Christian Nobility of the German Nation〉에서 이러한 견해를 표명하고 단호한 어조로 다음과 같은 세 가지 결론을 내렸다.

"첫째, 모든 성직자가 아내 없이 지낼 수는 없다. 비단 그 육체의 나약함 때문만이 아니라 가정의 필요성 때문에 그렇다"(여성이 남성의 성적 욕구와 가정을 이루려는 욕구를 만족시키기 위해 필요하다고 여긴 점에 주목하라).

"둘째, 교황은 우리가 먹고 마시는 것을 금지하거나 우리의 몸이 음식물을 소화하고 살이 찌는 것을 금지할 권한이 없는 것처럼 이것(성직자의 독신)을 명할 권한이 없다"(여기에서 성행위는 다른 육체적 활동과 다름없이 '자연스러운' 것으로 간주되고 있다).

"셋째, 교황의 법이 성직자의 결혼을 금지하는데도 (성직자들이) 결혼생활을 해왔다면 이미 이 법은 효력을 잃었다고 봐야 한다. 하느님의 율법에는 어느 누구도 남편과 아내를 갈라놓지 못할 것이라고 되어 있는데 이것은 교황의 법에 우선한다."[1] 같은 해 〈교회의 바빌론 유수에 관한 서곡Prelude on the Babylonian Capacity of the Church〉에서 루터는 결혼은 성사 가운데 하나가 아니라고 주장했다. 그와 그에 동조하는 종교개혁가들은 성사를 일곱 개에서 세 개로 축소했다. 성경에 언급되어 있고 구원에 반드시 필요하다는 이유로 세례성사, 고해성사, 성체성사만이 인정되었다. 그러나 혼인성사가 성사 목록에서 빠진 것이 결혼이 기독교인의 생애에서 중요하지 않다는 뜻은 아니었다. 신앙의 문제에 관한 한 그의 절대적인 시금석인 성경에 기초하여 루터는 성직자와 평민을 불문하고 모든 사람에게 결혼할 것을 권했다. 또한 이혼에 대해서는 "여전히 논의해보아야 할 문제"임을 인정하면서도 개인적으로는 혐오감을 드러냈다.[2]

루터는 성직자의 결혼까지 포함한 결혼에 대해 분명한 지지의 뜻을 밝히면서 정통교리(orthodoxy)에서 출발했지, 여성을 단지 출산을 위해 필요한 열등한 존재로 여기는 가톨릭교회의 관점에서 출발한 것이 아니다. 하지만 그보다 앞선 시대를 살았던 사람들이나 동시대인들과 마찬가지로 루터 역시 "여성은 남성에게 봉사하고 그들의 조력자가 되기 위해 창조된 것"이라고 생각했다.[3]

따라서 그는 가족 관계를 남편이 가장이 되고 아내는 그보다 서열이 낮으며 자녀들은 부모에게 복종할 의무를 지는 위계 구조로 바라보았다. 루터의 저작들, 특히 앞으로 수 세기에 걸쳐 루터 교회 신자 가정의 교본이 될 《소교리문답*Small Catechism*》은 그의 가족관을 잘 보여준다. 루터가 강조하는 배우자 간의 서로에 대한 복종은 성차별적이다. 남편은 "약한 그릇과도 같은 아내에게 경의를" 표해야 하며, 아내는 "주님께" 복종하듯 남편에게 복종해야 한다는 식이다. 그러나 바울의 말씀에 따라 루터는 부부간의 사랑이 하느님이 주신 성스러운 임무라고 주장하기도 했다.[4]

독일과 스칸디나비아는 물론이고 미국에 이르기까지 전 세계 루터 교회의 신도들은 부부는 서로 사랑해야 하지만, 남편이 아내보다 더 높은 권위를 가진다는 가르침을 신앙의 일부로 받아들였다. 그들은 또한 기독교인의 소명에는 종교적 의무뿐만 아니라 부부간의 의무도 포함된다는 루터의 의견에 동의했다. 1525년 42세였던 루터는 자신이 설파한 것을 실천에 옮기고 싶어했다. 25세의 카테리나 폰 보라와 결혼함으로써 그는 점점 더 늘어나고 있던, 아내를 둔 개혁파 목사들의 대열에 합류했다. 물론 전직 가톨릭 신부의 결혼이 이번이 처음은 아니었지만 그의 결혼은 엄청난 영향력을 발휘했을 것이다.

루터의 아내로서 역사 속에 등장한 카테리나 폰 보라는 과연 어떤 여성이었을까? 그녀가 쓴 글은 물론이고 심지어 루터에게 쓴 편지조차 전혀 남아 있지 않기 때문에 우리가 그녀에 대해 알고 있는 것은 모두 루터와 그의 동시대인들의 입에서 나온 것이다. 우리가 그녀를 더 잘 알 수 없다는 것은 얼마나 안타까운 일인가! 남성 관찰자의 필터를 통과하고도 빛을 발하는 그녀의 강한 개성은 매우 인상적이다.

카테리나는 변변한 재산이 없는 귀족 가문 출신이었다. 어머니는 그녀가 아기였을 때 죽었고, 아버지는 재혼을 하면서 그녀를 수도원 부속학교에 입학시켰다. 아홉 살에 그녀는 사촌이 대수녀원장으로 있는 작센 지방의 님브셴에 소재를 둔 시토 수도회 소속 수녀원에서 서원식을 치렀다. 16세에 수녀가 된 그녀는 종교개혁의 파도가 밀려오지 않았다면 영원히 그리스도의 아내로 살았을 것이다.

1522년 님프셴 근처의 아우구스티누스 수도회 수도원에서 부원장이자 그녀의 친척이었던 한 수사가 서원을 깨고 많은 동료들과 함께 루터교로 개종했다. 이 일은 수녀였던 카테리나와 그녀의 언니에게 큰 영향을 끼쳤다. 자매는 가족들에게 편지를 보내 자신들도 서원을 깨면 안 되는지 물었다. 그러나 가족들은 이 처녀들을 속세의 생활로 복귀시킬 마음이 조금도 없었다. 대다수의 수녀들이 가족이 지참금을 낼 수 없거나 내지 않기 위해 수도원에 보내진 터였다. 그들의 가족은 이미 수녀원에 돈을 지불했던 것이다. 그런데 무엇 때문에 이 처녀들

■ ■ ■
루카스 크라나흐가 그린 마르틴 루터의 아내 카테리나 폰 보라의 초상화.

을 다시 불러들이겠는가?

집에서 아무 응답이 없자 수녀들은 스스로 알아서 문제를 처리했다. 그들은 개혁의 지도자였던 마르틴 루터에게 새로운 사상에 눈을 뜬 이상 더는 수녀로 살아갈 수 없다는 내용의 편지를 써서 보냈다. 그러나 극심한 파벌 싸움으로 분열된 땅에서 그들이 어떻게 수녀원을 탈출할 수 있었겠으며 또 어디로 갈 수 있었겠는가?

그들은 생선 상인과 짜고 무모한 탈출 계획을 세웠다. 1523년의 부활절 전야에 카테리나와 여덟 명의 수녀들은 청어통을 실은 짐마차에 몸을 숨겨 사흘 후 루터가 수사이자 신학 교수로 있던 비텐베르크의 아우구스티누스 수도회 수도원에 당도했다. 그는 이 여성들에게 좋은 가정으로 보내주거나 몇몇에게는 결혼을 주선해주겠다고 약속했다. 비텐베르크의 한 학생이 다음과 같은 내용의 편지를 친구에게 보낸 것에서도 알 수 있듯이 소문은 빠르게 퍼져 나갔다. "며칠 전에 짐마차 한 대를 타고 수녀들이 도시에 왔는데 이 여성들에게는 결혼이 목숨보다 더 중요한 것 같았다. 그들이 더 나쁜 길로 빠지기 전에 하느님이 남편감을 구해주시기를!"[5]

카테리나는 살림을 배우기도 하고 적당한 남편감이 있는지를 눈여겨보면서 비텐베르크에서 2년을 보냈다. 뉘른베르크 귀족 가문 출신의 교양 있는 청년이 그녀에게 호감을 보였지만 그의 부모가 수녀 출신의 여성과 결혼하는 것을 반대하는 바람에 어쩔 수 없이 결혼을 포기해야 했다.

그녀의 바람을 이해한 루터는 교구의 목사였던 카스파르 글라츠를 소개했다. 카테리나는 글라츠가 마음에 들지 않았다. 그 대신 루터의 친구인 암스도르프나 루터를 마음에 두고 있음을 넌지시 알렸다. 분명 그녀는 제비꽃처럼 수줍은 여자가 아니었다. 지참금은 없었지만 어쨌든 카테리나는 귀족 가문 출신이었으며 수녀원에서 흠잡을 데 없이 살아온 자신의 과거에 대해 자부심을 가졌다.

사람들이 전직 수녀를 아내로 삼는 것을 꺼리는 것은 당연한 일이었다. 하지만 루터는 차츰 그녀가 자신에게 어울리는 상대라고 생각하게 되었다. 가난한 집안 출신으로 구리 광산에서 큰돈을 번 그의 아버지에게 승낙을 얻어 카테리나와 결혼한 그는 매우 성공적인 결혼생활을 시작했다. 처음에는 두 사람 모두 편의를 위해 결혼한 것이었지만 나중에는 진정한 사랑으로 맺어지게 되었다.

공식적인 결혼이나 다름없다고 간주된 그들의 약혼식은 네 명의 증인이 지켜보는 가운데 치러졌으며, 2주 뒤에 루터의 부모가 참석한 공식적인 축하연이 베풀어졌다. 루터는 그 명성에도 불구하고 결혼식

연회 비용을 마련하는 데 후견인들의 기부에 의존하지 않으면 안 되었다. 이것이 신부가 맞닥뜨려야 했던 수많은 경제적 어려움 중 첫 번째 것이었다.

비텐베르크 수도원의 더러운 짚단으로 만들어진 매트리스에서 결혼 생활을 시작했을 때 그녀는 무슨 생각을 했을까? 잘생기지도 않았고 세련되지도 못한, 올챙이처럼 배가 나온 중년의 사내와 침대에 누워 그녀는 무엇을 느꼈을까? 훗날 그녀는 루터의 조야한 표현들과 촌스러운 매너를 비판하지만 결혼 초기에는 대개 입을 다물고 있었다. 나이와 위상 차이를 감안하여 그녀는 결혼 생활 내내 남편을 부를 때 박사님(Herr Doctor)이라는 경칭을 사용했다.

카테리나는 앉아서 불평이나 할 여성이 아니었다. 처음부터 그녀는 강력한 의지를 가지고 집안 관리를 도맡았다. 그들이 있는 수도원은 엘레크토르 프리드리히가 루터에게 위탁했다가 결혼 선물로 루터에게 넘겨준 것이었다. 1층에 방이 40개 있었고, 위층에는 수도사들의 방이 딸려 있었다. 오래 지나지 않아 수도원은 카테리나와 루터 사이에 태어난 여섯 명의 아이들(그중 한 명은 영아기에 사망했다)뿐만 아니라 고아가 된 예닐곱 명의 조카들, 상처한 루터 친구들의 아이들 네 명, 카테리나의 고모 마크달레나, 아이들의 가정교사들, 남녀 하인들, 기숙학생들, 손님들 그리고 도피자들의 보금자리가 되었다. 카테리나는 훌륭한 주부가 되는 데 머무르지 않고 대형 기숙학교의 유능한 경영자가 되었다.

청결을 위해 그녀는 아마도 세탁실 겸용으로 쓰였을 실내 욕실을 만들었다. 또한 수익을 얻기 위해서 양조장을 만들고 채마밭을 일구었으며 사과, 배, 포도, 복숭아, 호두를 수확할 수 있는 과수원을 만들었다. 그녀는 가축을 치며 젖을 짜고 도살을 했으며 소들을 팔았고 버터와 치즈를 만들었다. 비록 잘난 체한다느니 거만하다느니 하는 소리를 들었지만 게으르다고 욕하는 사람은 아무도 없었다. 루터는 종종 그녀를 '나의 주인님'이라고 불렀고, 가끔 애칭인 '케테(Kethe)'를 동음이의어인 '케테(Kette, 사슬이라는 뜻)'로 바꿔 부르기도 했다. 그러나 결혼 생활에서 아내는 남편의 말에 따라야 한다는 평소의 주장에도 불구하고 루터는 아내의 의견을 기꺼이 받아들였던 것으로 보인다. "집안 살림에 관해서는 케테의 의견에 따른다. 다른 문제는 성령의 뜻에 맡긴다"고 그는 말했다.[6]

아내로서 카테리나는 남편의 신체적, 정서적인 욕구들(식생활, 병치레, 주기적인 우울증 등)의 모든 측면을 잘 알아서 챙겼다. 예부터 아내는 치료사이거나 아니면 최소한 남편의 건강을 돌봐야 할 책임이 있었다. 1467년 독일의 한 결혼 생활 지침서에 따르면 아내의 의무 가운데 하나는 남편이 이를 뽑을 때 함께 있는 것이었다. 지침서에는 치과의가 이를 뽑는 동안 남편이 아내의 손을 잡고 의자에 앉아 있는 그림이 실려 있었다.[7]

카테리나는 약초와 찜질약에 대해 아는 것이 많았다. 그녀는 루터의 식생활을 세심히 관찰한 뒤에 그에게 마사지를 해주었다. 루터가 우울증에 빠졌을 때 그는 이를 악마의 소행이라고 해석했지만 그녀는 남편이 걸어 잠근 방의 문을 부수고 들어간다든지 하는 과격한 방법까지 가끔 동원해가며 우울증이 가라앉을 때까지 그의 곁을 지켰다. 물론 카테리나는 공적인 자리에서는 복종하는 모습을 보였을 테지만 단둘이 있을 때에는 언제 나서야 할지, 언제 루터의 결정을 뒤엎어야 할지를 잘 알고 있었다.

■ ■ ■

1467년에 출간된 체스 교본에 실려 있는 펜 소묘.
남편이 이를 뽑을 때 함께 있는 것은 아내의 의무 가운데 하나였다.

게다가 그녀는 경제권을 꽉 틀어쥐고 있었다. 루터는 곤란에 처한 학생들과 친척들을 후하게 대접했는데 결혼 후 카테리나는 가계를 유지하기 위해 여기에 들어가는 비용을 줄였다. 카테리나를 비난하는 사람들은 그녀가 루터의 관대한 행동에 제동을 건 것과 그녀의 근검 절약 정신에 대해 분개했다. 카테리나가 가계를 꾸리는 것을 좋아했기 때문이기도 하지만, 경제 관념이 없는 교수나 유대인 랍비와 같이 신념을 가진 남자와 결혼한 많은 여성들이 그런 것처럼 그녀 역시 경제적인 문제에 신경을 쓸 수밖에 없었다.

부모로서 카테리나와 마르틴 루터는 죽이 잘 맞았다. 그들은 여섯 명의 아이들을 기쁘게 받아들였으며 아이들의 이유(離乳)와 양치질을 근대적인 부모 특유의 관심을 갖고 지켜보았고 그들의 성취에 자긍심을 느꼈으며 두 딸의 죽음을 깊이 애도했다. 물론 아이들을 보살피는 데 두 사람은 의견 차이를 보였다. 카테리나는 아이들을 배 속에서 열 달 동안 길렀고 힘들게 출산을 했으며 모유를 먹여 키웠다. 그녀는 집 안을 어지르는 아이들을 쫓아다니며 청소를 했을 것이다. 과연 그녀가 아이들에게 루터처럼 "너희들이 해놓은 짓을 보고도 내가 너희들을 사랑해야만 하는 거냐? 집 안을 온통 쑥대밭으로 만들고 이 방 저 방을 돌아다니며 소리를 질러대는데도?"라며 호통을 쳤을까?[8] 아벨라르와 엘로이즈가 시끄럽게 떠들고 어지르는 아이들이 지적인 탐구와 병행될 수 없다고 보았던 반면, 루터는 아이들을 생활의 중심으로 받아들였는데, 이것은 종교개혁이 가져온 변화 가운데 하나다. 아내가 큰 살림을 도맡고 아이들이 천방지축 뛰노는 목사의 집은 프로테스탄트 부부들에게 새로운 모델이 되었다.

스위스와 스트라스부르의 여성들은 대개 전직 사제였던 프로테스탄트 종교개혁가와 결혼함으로써 독일인들의 족적을 따랐다. 그들은 종교 분쟁으로 인한 고난과 위험뿐만 아니라 종교개혁을 향한 남편들의 열망까지 공유했다. 카테리나 폰 보라와 마찬가지로 이들은 싸움에 임하는 신학자들에게는 동반자로서 유대감과 위안을, 그리고 프로테스탄트 망명자에게는 피난처를 제공했다. 종교개혁의 열기가 극도로 고조되었을 때 그들도 종종 도피해야 했다.

비브란디스 로젠블라트(Wibrandis Rosenblatt)는 바젤과 스트라스부르 등지에서 프로테스탄트 개혁가들과 세 번이나 결혼하여 세 남편의 아이들을 낳았다. 이전에도 그녀는 바젤의 인문주의자 루트비히 켈러와 결혼한 적이 있었는데 결혼 2년 만인 1526년에 사별했다. 비브란디스는 켈러가 남긴 딸 하나를 데리고 곧이어 외콜람파디우스라고 알려진 유식한 신학자이자 교수인 바젤 성 마르틴 교회의 목사와 결혼식을 올렸다. 이때 그녀의 나이는 24세였고 그는 45세였는데, 에라스무스를 포함한 동시대인들은 이들의 나이 차이를 조롱거리로 삼았다. 하지만 외콜람파디우스는 이 선택에 대단히 만족한 것으로 보인다. 1529년에 그는 동료 개혁가였던 볼프강 파브리키우스 카피토에게 보낸 편지에서 "나의 아내는 내가 원했던 바로 그 사람이오. 나는 그녀를 다른 누구와도 바꾸지 않겠소. 그녀는 성마르지도 수다스럽지도 않으며 쓸데없이 참견하지도 않소. 반면 집안일은 살뜰히 보살핀다오."[9] 비브란디스가 그를 어떻게 생각했는지 알 길은 없지만 어쨌든 그녀는 3년 동안 아들 하나와 딸 둘을 낳고 살며 프로테스탄트 목사들과 그 가족들을 기꺼이 돌보았다. 또한 그녀는 다른 개혁가들의 아내들과 편지를 교환했고, 바젤의 종교 논쟁에서 남편이 승리하는 데 일조했으며, 1531년에 그가 죽었을 때 진심으로 애도했다.

같은 해에 카피토도 혼자가 되었다. 친구들의 권유에 고무된 카피토가 비브란디스에게 마음을 주고 그녀 역시 그를 세 번째 남편으로 맞이하기로 결심하기까지는 채 1년도 걸리지 않았다. 두 번의 결혼에서 얻은 아이들과 함께 그녀는 카피토가 저명한 사목이자 교사로 있던 스트라스부르로 이주했다. 다시 한 번 비브란디스는 아내, 주부, 어머니로서의 삼중의 의무를 충실히 수행했고, 카피토와 10년 동안 결혼 생활을 하면서 다섯 명의 아이를 더 낳았다. 그녀가 낳은 9명의 아이들은 1541년 역병이 창궐하기 전까지는 모두 살아남았다. 하지만 역병은 세 명의 아이들뿐만 아니라 카피토까지 데려가고 말았다.

같은 시기에 종교개혁가 나타나엘 부처의 아내 엘리자베트 부처도 병에 걸렸다. 엘리자베트는 비브란디스가 상을 당했다는 소식을 듣고 그녀에게 와달라고 청했다. 비브란디스가 밤에 그녀를 찾아갔을 때(그녀는 상중의 여자가 낮에 돌아다니는 것을 부끄럽게 여겼다) 엘리자베트는 곧 혼자가 될 자기 남편과 결혼해달라고 부탁했다. 한 여성이 죽음을 앞두고 다른 여성에게 한 이 호소는 그들이 어떤 사람이었는지 잘 보여준다. 한쪽은 자신이 죽고 난 뒤에 남겨질 남편의 안위를 걱정하는 아내이고, 다른 한쪽은 자애와 근면으로 명성이 자자한 미망인이다. 비브란디스는 이듬해에 부처와 결혼했다.

부처는 죽은 아내를 애도하는 한편 새 아내를 사랑하는 방법을 배워갔다. 그는 이 두 감정을 친구에게 보낸 편지에서 털어놓았다. "지나치게 사려 깊고 걱정이 많다는 점만 제외하면 새 아내는 완벽하다네. 나는 다만 그녀가 나에게 친절한 만큼 나도 그녀에게 친절할 수 있기를 바랄 뿐이네. 하지만 먼저 간 아내를 생각하면 가슴이 아리다네."[10] 새로운 가정은 부부, 비브란디스의 어머니, 비브란디스의 살아 남은 다섯 명의 자식들로 이루어졌다. 여기에 새로 얻은 두 명의 아이(그중 하나는 어릴 때 죽었다)와 입양한 여자 조카가 보태졌다. 비브란디스는 네 명의 남편에게서 모두 열한 명의 아이를 얻은 셈이다.

스트라스부르에 있던 부처의 집은 비텐부르크에 있는 루터의 집과 마찬가지로 이탈리아인 베르미글리와 같은 프로테스탄트 전사들에게 피난처가 되어주었다. 그는 나중에 이들과 함께 보냈던 날을 회고한 글에서 다음과 같이 적고 있다. "부처의 집에 도착한 후로 17일 동안 나는 따뜻한 환대를 받았다. 그 집은 그리스도를 위해 싸우다 곤경에 처한 사람들의 피신처였다."[11] 하지만 그와 다른 사람들을 돌봐주고 감독하는 책임을 맡았던 비브란디스에 대해서는 한마디도 언급하지 않았다. 남편이 쾰른의 대주교를 보좌하고 있는 동안 비브란디스는 스트라스부르에 홀로 남아 집안일을 꾸려 나갔다. 부처는 일 때문에 집을 비울 때가 많았는데 아내 혼자서 병석에 누운 어머니와 아픈 아이들, 끝없이 몰려드는 망명자들을 돌보면서 가정을 지켜냈다.

나타나엘 부처는 성경 번역과 케임브리지에서 강의를 해달라는 크랜머 대주교의 초청을 받아들여 1548년 영국으로 떠났다. 그사이에 비브란디스는 남편의 한 동료로부터 "부처를 돌보러 가지 않으면 그가 다른 여자랑 결혼해버릴지도 모릅니다. 미망인인 서퍽 백작 부인이 그를 차지할 것입니다"[12]라는 말을 듣고 기분이 상했다.

결국 비브란디스는 가족을 데리고 영국으로 이주했지만 부처는 1551년 과로로 사망했다. 그 바람에 이번에는 가족들을 이끌고 스트라스부르로 돌아가야 할 책임이 그녀의 어깨 위에 놓이게 되었다. 이 시기에 그녀가 독일어와 라틴어로 쓴 편지를 보면 그녀에게 자력으로 재정적 문제를 관리할 능력이 있었음을 알 수 있다. 그녀는 크랜머 대주교에게 편지를 써서 도움을 요청했고, 대주교는 100마르크의 기부금을 보내왔다.

비브란디스와 아이들은 스트라스부르로 돌아왔다가 다시 그녀의 고향인 바젤로 갔다. 1564년에 비브란디스가 숨을 거두자 사람들은 그녀를 두 번째 남편 외콜람파디우스 곁에 묻었다.

독일어를 쓰는 바젤, 스트라스부르, 비텐베르크의 프로테스탄트 아내들은 종교개혁에 크게 이바지했다. 그들의 헌신 덕분에 남편들은 살아남아 성공할 수 있었다. 그들은 가족 관계의 새로운 형태를 창출하는 데 일조했다. 그것은 아내가 남편의 명령에 따르기는 하지만 아이들을 교육하고 기독교 공동체를 만들어가는 데 남편의 공인된 동반자가 되는 형태였다. 루터가 번역한 독일어판 성경을 읽을 수 있게 되어 고무된 아내들은 향후 4세기에 걸쳐 지속될 성경 해석을 둘러싼 혼성 담론의 전통을 열었다. 또한 편지 쓰기, 가족 및 사업상의 일로 여행하는 것과 같은 활동은 아내들을 종교적, 사회적 개혁에 참여할 수 있게 했다.

튜더와 스튜어트 왕조 시대 영국의 결혼

독일과 스위스에서 종교개혁은 매우 빠른 속도로 번져 나갔다. 1525년부터 1550년에 이르는 시기 동안 프로테스탄트 교리는 성직자의 결혼을 인정했고, 혼인성사를 치르지 않는 것을 흔한 일로 만들었다. 그러나 영국에서는 사정이 달랐다. 이 두 가지 문제가 해결되는 데에는 훨씬 더 오랜 세월이 필요했던 것이다. 헨리 8세는 아라곤의 캐서린과 이혼하기 위해 교황청과 실질적인 단절을 선언하고 영국 국교회를 설립하기에 앞서 루터를 공격했다. 그는 1521년 5월에 루터의 책들을 불태워 없앨 것을 명한 뒤 《마르틴 루터에 대한 7성사의 옹호*Assertio Septum Sacramentorum adversus Martinum Lutherum*》를 썼다. 그러나 헨리 8세의 보수적인 신학은 뒤이은 그의 행동과 극명한 대조를 이룬다. 그는 치졸한 방법을 동원하여 아내들을 제거하고 여섯 명의 아내를 차례로 맞아들였지만, 결혼과 관련하여 프로테스탄트들의 주도로 독일과 스위스에서 이미 이루어진 종교적, 법적 개혁은 질질 끌며 뒤로 미루었다.

1536년에 이르러서야 영국의 성사 목록에서 혼인성사가 삭제되었다.[13] 역설적으로 결혼이 탈신성화되자 영국 국교회는 그것의 가치와 존엄성을 강조하는 데 온갖 수단을 동원했다. 국교회는 신자들에게 "결혼은 하느님을 기쁘게 하는 일"이라는 사실을 여러 번 환기시키고 "부부간의 사랑"의 기쁨을 찬미했다. 1552년에 나온 새로운 기도서는 중세부터 사용되어온 요크 지방의 기도서(이 책의 마지막 장에서 설명할 것이다)와 유사한 결혼관을 나타내고 있다. 기도서는 결혼이 자손의 생산과 간통 방지를 위해 하느님이 정한 것이라는 주장을 굽히지 않았지만 그 어느 때보다 "서로의 공존, 도움, 안위"를 강조하고 있다. 결혼을 독신이나 미망인의 삶보다 덜 성스러운 것으로 여겼던 중세의 관점에서 벗어나 새로운 기도서는 결혼을 가장 우위에 두었다. 머지않아 결혼은 기독교도들에게 명목상의 규범일 뿐 아니라 '윤리적 규범'이 될 것이었다.[14] 게다가 북유럽과 스위스에서 그랬던 것처럼 영국에서도 수도원 생활이 사라지게 됨에 따라 독신을 택한 사람들에게는

1796년에 창작된 영국 판화.
헨리 8세의 아내들인 아라곤의 캐서린, 제인 시모어, 캐서린 하워드, 앤 불린, 클리브스의 앤, 캐서린 파의 얼굴이 묘사되어 있다.

제도적 대안이 남아 있지 않았다.

기도서의 내용 가운데 변하지 않은 것은 아내에 대한 남편의 권위였다. 아내는 남편과 똑같이 "기쁠 때나 슬플 때나, 부자일 때나 가난할 때나, 아플 때나 건강할 때나 서로 사랑하고 소중히 할" 것을 맹세했지만 아내만은 여기에 더하여 "복종할" 것을 서약했다. 중세 라틴어 판본부터 채택되어 영어 판본에도 실린 신부의 복종 서약은 서로 간의 사랑과 정신적 평등을 강조한 기도서의 새로운 내용과 모순되는 것처럼 보였기 때문에 끝없는 논쟁을 불러일으켰다.

결혼에 관한 조언을 담은 지침서들은 이중적인 메시지를 전달했다. 그 책들은 〈창세기〉까지 거슬러 올라가는 신탁 가운데 하나로서 남성의 지배를 당연시하면서도, 바울(특히 〈골로새서〉 3장 18~19절, 〈에베소서〉 5장 22~33절)의 말을 근거로 부부가 서로 아끼고 사랑하라고 했다.[15] 수많은 청교도 목사들이 주말에 이러한 모순된 내용의 설교를 했다. 그리고 그것은 종종 책으로 출간되기도 했다.

영향력 있는 청교도 신학자 윌리엄 구즈(William Gouge)는 몇몇 유복한 집안의 아내들이 그의 설교 내용 가운데 일부(예를 들어 아내는 남편의 동의 없이 재산을 소유해서는 안 된다는 것)를 반대하고 나선 이후로 전통적인 가부장제의 관습과 부부간의 애정과 조화를 중시하는 새로운 경향을 융화시키려고 노력했다. 그의 설교에 반대한 아내들은 남편이 식탁에서 일어날 때나 떠날 때 일어나서 존경의 예를 갖추어야 한다든가 남편이 부당한 비난을 할 때조차도 언제나 겸손하고 명랑해야 한다는 충고도 받아들이지 않았다.[16]

1622년에 쓴 《가정의 의무*Domestic Duties*》에서 구즈는 이러한 반대 의견을 기꺼이 수용했다. 구즈는 부부가 서로 동등하게 대해야 한다고 썼고, 나아가 남편이 아내를 "자신과 더불어 가족을 이끌어가는 공동 수장"[17]으로 만들 것을 권유했다. 그는 남편을 머리에, 아내를 가슴에 비유하면서 생존을 위해서는 둘 다 필요하다고 역설했다. 그러나 구즈는 "남편과 아내 사이의 사소한 불평등"을 인정하면서도 "남편이 모든 부분에서 우월하기 때문에 어떤 부분에서도 평등은 존재하지 않는다"[18]고 결론지었다. 엄격한 청교도이거나 온건한 국교회에 소속되어 있던 그 시대의 다른 성직자들과 마찬가지로 구즈는 가부장제의 질서가 하늘의 별자리만큼이나 바뀔 수 없는 것이라고 믿었다.

그럼에도 구즈와 그의 청교도 동료들 가운데 많은 사람들이 아내를 때리는 것을 금지함으로써 과거의 가부장적 관행에서 진일보한 면모를 보여준 것은 사실이다. 16세기 말에도 아내를 폭행한 남편이 교회 법정에 기소된 사건이 빈번했음을 보여주는 법정 기록과 의료 기록이 오늘날까지 전해온다. 하지만 남편을 법정에 기소해봤자 별로 소용이 없었다. 1600년에서 1610년 사이에 그레이트 린포드에서 활동하던 점성가이자 의사인 로버트 네이피어(Robert Napier)는 아내를 폭행한 사례들을 당연한 일로 적고 있다. 예를 들면 매우 화가 난 스티븐 롤린스의 아내는 남편이 술만 마시면 매질과 학대를 일삼는다고 불평했다. 엘리자베스 이스턴의 남편은 가족들이 부추기자 아내를 "개 패듯이" 때렸다.[19]

"침대와 식탁에서의 격리"라는 형식을 취하는 이혼은 매우 비싼 대가를 요구했고 실제로 하기도 어려웠기 때문에 불운한 아내들은 이러한 종류의 학대에서 벗어나기 위해 아무것도 할 수 없었다. 새로운 시대정신을 이끌어간 진보적인 국교회 신자들과 청교도들은 아내를 체벌하는 행위를 인정하지 않았으며 아이들과 하인들에 대한 체벌만 용인했다. 남편은 아무리 제멋대로인 아내라도 이해심을 갖고 다룰 것, 필요하다면 말로 타이를 것, 그리고 무엇보다도 아내를 사랑할 것을 권고받았다. 윌리엄 구즈는 "사랑은 특별히 남편에게 해당하는 의무이며, 그는 아내와 모든 일을 함께해야 할 것"[20]이라고 말했다.

우리는 이 시대에 결혼을 결정할 때 사랑을 중시하는 관점이 막 싹트기 시작했다는 것을 알 수 있다. 튜더 왕조 시대의 도시와 시골에서 행해지던 결혼 풍습을 연구한 역사가 에릭 칼슨은 조금도 주저하지 않고 "가장 중요하게 고려된 것은 사랑이었다"[21]고 단언했다. 재산이나 사회적 지위가 귀족층과 향신층 사이에서 결혼을 결정하는 데 큰 비중을 차지한 것은 사실이지만 이들 상류층은 인구의 10퍼센트에 불과했고 사랑에 기초한 결혼이 증가하는 추세였다. 적어도 상류층 여성은 자신을 따라다니는 남편 후보자들에 대한 거부권을 갖고 있었고, 가장 마음에 드는 남자를 선택할 수 있었다.

농촌에 거주하는 서민들 가운데 젊은 사람들은 공공장소와 은밀한 장소(들판, 숲, 공원, 헛간, 시냇가, 시골의 길가 등) 어디에서나 만날 수 있는 자유와 기회를 누렸다. 그들은 시장, 유원지, 교회 등의 장소에서 만났고, 때로는 교회 예배가 끝난 뒤 선술집에서 만나기도 했다. 많은 젊은이들은 자신을 고용한 집의 하인 또는 견습공으로서 서로 가까이에서 일했다. 대부분이 10대 중반에 집을 떠나 견습공 또는 사환으로 취직했기 때문에 성인이 되었는데도 부모의 지원을 받는 오늘날의 젊은이들보다 훨씬 성숙하고 독립적이었다.

400년 전 영국의 대다수 젊은이들은 20대 초반에 이미 가정을 꾸리기 위해 재산을 모으는 일에 몰두했다. 남성은 24세에서 30세 사이에 결혼했고, 여성은 22세에서 27세 사이에 결혼했으며, 인구의 10퍼센트 정도는 평생 독신으로 살았다.[22]

평균 결혼 연령은 여자는 24세, 남자는 27세 정도였다. 상류층 여성들은 16세에서 24세 사이로 결혼 연령이 좀 더 낮았는데 평균 20세였다. 향신층과 귀족층은 딸의 나이가 어려도 더 나은 배필을 구해보려고 조바심을 냈다.

여성에게 구혼 기간은 말 그대로 인생의 황금기였다. 혼기에 접어든 여성은 여러 명의 추종자를 거느릴 수 있었다. 그렇다고 부모가 딸의 애인을 덥석 받아들이는 것은 아니다. 부모는 침묵과 냉담함부터 시작해서 직접적인 접근 금지, 극단적인 경우에는 딸을 때리거나 가두는 방법을 통해 마음에 들지 않은 후보에 대해 반대 의사를 표현했다. 어떤 아버지는 자신이 골라준 남자한테 시집가느냐 마느냐에 따라 지참금이 달라질 것이라고 말했다.[23] 대부분의 부모들은 자식들의 행복이 어떤 배우자를 만나느냐에 달려 있다고 여겼기 때문에 적령기의 처녀가 애인과 일을 벌이기 전에 개입하려고 했다. 목사들은 21세 미만일 경우 부모에게 결혼 승낙을 받도록 했지만 법적 요건은 아니었다.

약혼은 손을 잡고 '언약'이라고 알려진 결혼 서약을 하는 오래된 의례를 중심으로 이루어졌다. 이는 종교개혁과 반종교개혁이라는 혁신적인 변화들이 일어난 후에도 사라지지 않은 대중적 관행이었다. 잉글랜드에서는 18세기 중반까지 존속했고, 스코틀랜드에서는 20세기까지도 지속되었다. 언약은 근본적으로 성스러운 결합의 계약이자 결혼과 다름없는 것이었다. 교회 법정이 증명을 위해 요구하는 것처럼 두세 명의 증인들이 지켜보는 가운데, 즉 교회가 강력히 권하는 대로 목사의 입회하에 이루어지든, 아니면 아무도 없이 둘만 하는 것이든 언약식은 하느님의 눈을 벗어날 수 없었다. 영국의 남녀는 하느님이 그들의 약속에 대한 증인이라고 믿었기 때문에 서약을 가볍게 여기지 않았다. 너무나 쉽게 약속을 하고 일회용품을 쓰고 버리듯 약속을 깨뜨리는 시대에 살고 있는 우리로서는 사람들이 그토록 진지하게 약속을 지켰다는 사실을 믿기 어렵다.

약혼 서약에 정해진 의식 같은 것은 없었다. 상대방을 자신의 '약혼자' 또는 '결혼한' 아내나 남편으로 받아들이겠다는 약속을 현재 시제로 말하기만 하면 되었다. 사람들은 자신들만의 특별한 의식을 치렀고 어떤 커플은 만약 나중에 어느 한쪽이 서약을 깨려고 한다면 문제가 될 수 있음에도 불구하고 증인 없이 약혼식을 치르기도 했는데, 기도서에는 이런 사람들을 위한 약혼식 예문이 수록되어 있었다.

좀 더 신중한 여성들은 아버지나 친척 남자들 혹은 목사에게 집이나 여관처럼 많은 증인들이 지켜보는 장소에서 공개적인 약혼식을 하기 위해 중개자가 되어달라는 부탁을 하기도 했다. 1598년 엘리자베스 카운트와 로버트 휴버드가 그랬듯이 약혼식이 끝나자마자 같이 잠자리를 하는 커플도 있었다. 이들은 그것이 자기 고장의 풍습이라고 주장했다.[24] 실제로 시골에서는 약혼식을 하자마자 결혼했다고 여기고 함께 사는 경우가 흔했다.

아이를 낳기 전에 결혼식을 치르기만 한다면 약혼식 후에 성관계를 가져도 무방하다는 쪽으로 사람들의 인식이 변해갔다. 약혼식 이후 6개월 안에 혼례를 치르는 것이 관례가 된 것도 바로 이 때문일 것이다. 그러나 어떤 사람들은 임신하기 전에는 교회에서 결혼식을 올리는 문제에 그리 얽매이지 않았다. 약혼식은 커플을 맺어주는 기능을 할 뿐이므로 아이를 적자로 인정받기 위해서는 오직 종교 의례를 치

러야만 했던 것이다. 신부들 가운데 약 20~30퍼센트가 임신한 상태로 결혼식을 올렸던 듯하다.[25]

고위층과 깐깐한 도덕주의자 집안에서는 약혼 이후 성관계를 하거나 동거에 들어가기 전에 반드시 결혼식을 치르도록 했다. 약혼한 커플은 독신보다는 더 많은 자유를 누리고 결혼한 사람보다는 더 적은 책임감을 느끼는 "미혼자와 기혼자 사이"[26]라는 특수한 범주에 속했다. 적절한 약혼 기간에 대해서 목사들은 서로 다른 견해를 가졌다. 약혼자들이 교회에서 결혼식을 치르기도 전에 '죄악'에 빠지지 않도록 하기 위해 약혼 기간은 단기간(3개월에서 4개월)이 좋다고 주장하는 사람들도 있었다.

결혼식은 두 사람 가운데 한 명이 속해 있는 교구 교회에서 거행되었다. 16세기 중반부터 '교회에서'란 더 이상 교회 문 앞이 아닌 교회 안을 의미했다. 신부와 신랑은 교회 안에서 최초로 영성체를 받고 혼인 서약을 낭송했다. 국교회 목사가 집전하던 의례에는 결혼의 영속성을 상징하는 결혼반지와 같이 오늘날에도 여전히 사용되는 많은 말들과 상징들이 쓰였다. 지금은 사라진 상징 가운데 하나는 목사가 신부에게 전통적으로 해주던 '평화의 입맞춤'인데, 미국의 프로테스탄트 목사들은 19세기까지 이 관습을 지켰다. 16세기에 국교회 목사의 입맞춤은 신랑이 신부에게 입맞추고 결혼 축하연을 시작하라는 신호였다.[27]

식이 끝나면 교적에 정식으로 결혼 사실이 기록되었다. 나중에 부부가 교구 밖으로 이사를 가게 되면 그들이 적법하게 결혼했으며 혼인 중에 낳은 아이들이 적자라는 사실을 교적을 통해 입증할 수 있었다. 교회 예식은 집과 술집, 또는 동네 풀밭 등에서 벌어지는 온갖 종류의 축하 행사(교회까지 가는, 그리고 교회에서 나온 신혼부부의 행진, 먹고 마시기, 음악과 춤)를 포함하는 것이었다.

그러나 청교도들은 교회에서 결혼식을 올리는 것과 이교도적이거나 혹은 가톨릭적으로 보이는 모든 행위를 기피했다. 야외 행진이나 신랑신부 골탕 먹이기와 같은 촌스러운 관습들은 말할 것도 없었다. 목사가 반지에 축복을 빌거나 신랑이 기도서 사이에 동전을 끼워두는 것과 같이 성경에 구체적으로 언급되지 않은 모든 종류의 의례를 멀리함으로써 국교회와 차별화했다. 청교도들은 가까운 사람들만 초대해 집에서 식을 치렀는데, 이렇게 수수한 결혼식은 하느님의 주의 깊은 눈길 아래 서로에 대한 의무를 강조한다는 의미가 있었다. 그중에서도 가장 엄격한 부류의 사람들은 결혼반지조차 교환하지 않았다.

청교도들은 성경에 근거한 전통적인 권위(자녀에 대한 부모의 권위, 그리고 아내에 대한 남편의 권위)를 일관되게 지지했다. 목사들은 아이들에게 배우자 선택을 포함한 모든 점에서 부모의 의견을 따를 것을 권유했다. 아버지의 권위는 17세기 말에 정점에 달했다. 도덕주의자들은 젊은이들이 "제멋대로 고삐를 늦추고 변덕스러운 욕망에 따라" 행동하는 경향을 개탄하면서 부모 편을 들었지만 전반적인 추세는 젊은이들에게 유리하게 돌아가고 있었다.[28] 자식을 경제적인 이해관계에 따라 결혼시키는 부모들은 비난을 받았다. 토머스 비콘 목사가 1560년에 쓴 글에는 몇몇 부모들이 자신들의 권위를 남용하여 "세속적인 이익을 위해" 자녀들을 결혼시킨다는 내용이 나오는데, 이는 향후 100년간 지속적인 반향을 일으켰다.[29] 청교도들은 자녀들이 부모의 의사에 따라야 한다고 생각했지만 물질적인 이익만을 추구하는 정략결혼은 선호하지 않았다. 그 대신에 결혼을 지속할 수 있게 해주는 정신적인 조화와 사랑을 강조했다.

영국인은 대륙의 유럽인에 비해 연애결혼을 더 중시했던 것으로 보인다. 17세기 말까지 영국에서 나온 결혼 생활 지침서들에 따르면 남자가 아내를 고를 때는 "자신의 감정에 따라야" 했으며 여자는 비록 남자만큼 자유롭지는 못했지만 남자의 청혼을 거절할 권리가 있었다.[30] 18세기의 몽테스키외와 19세기의 프리드리히 엥겔스는 "부모의 뜻을 묻지 않고 자신의 사랑을 찾아" 결혼할 권리를 누리던 자유로운 영국 여성과, 법률에 따라 결혼하려면 반드시 부모의 동의를 얻어야 했던 유럽 여성의 상황을 대비했다.[31] 영국 여성들이 누렸던 자유는 유럽, 특히 지중해 연안의 여성들과는 달리 그녀들이 비교적 활발하게 바깥 생활을 할 수 있었던 것과 관련된다. 또한 그것은 영국의 만혼 풍습, 신랑과 신부의 나이 차이가 상대적으로 적은 현상을 반영한다.

하지만 튜더와 스튜어트 왕조 시대의 영국 사회가 가부장적 유산을 청산했다고 단언하기는 이르다. 목사들은 교구민들에게 자식은 부모를 공경해야 하고 아내는 남편에게 복종해야 한다는 사실을 끊임없이 주지시켰다. 부모에 대한 자식의 복종과 남편에 대한 아내의 복종은 설교와 소책자뿐만 아니라 이야기, 소설, 연극의 주제였다. 엘리자베스 여왕 시대의 가장 유명한 극작가인 윌리엄 셰익스피어의 작품들도 예외는 아니다.

셰익스피어의 연극은 부모의 권위와 이에 대한 젊은 연인들의 도전이 빚어내는 갈등에 천착하고 있다. 《로미오와 줄리엣》, 《말괄량이 길들이기》, 《겨울 이야기》 등을 읽으면서 우리는 오늘날 당면하고 있는 것과 유사한 문제를 발견하게 된다. 자녀에게 가장 좋은 짝을 골라주기 위해서 부모는 무엇을 해야 하는가? 딸은 부모가 고른 배필을 거부할 수 있는가? 젊은이들은 부모의 반대에도 불구하고 자기 마음 가는 대로 행동해도 되는가? 이야기의 무대가 시칠리아든 보헤미아든 간에 셰익스피어의 희곡은 당대인들의 결혼관의 변화를 보여준다. 그리고 이러한 변화 가운데 결혼을 할 때 부모의 명령보다 서로 간의 끌림을 더 중요하게 생각하는 사람이 늘고 있다는 사실이야말로 가장 큰 호소력을 지닌다.

《겨울 이야기》의 한 장면은 이러한 논쟁을 상징적으로 보여준다. 젊은 왕자 플로리첼은 양치기의 딸인 페르디타(태어나자마자 버려졌지만 원래는 공주)에게 사랑을 느낀다. 플로리첼은 여행자 차림을 한 낯선 사람 두 명에게 약혼식의 증인이 되어달라고 부탁하고, 페르디타의 양아버지는 딸에게 동의하느냐고 묻는다. 딸이 동의한다고 대답하자 양치기였던 그녀의 아버지는 다음과 같이 말하면서 페르디타와 플로리첼의 약혼을 선포한다.

> 손을 잡아라. 약속해라.
> 그리고 낯선 친구들이여, 그대들은 증인이 되어주오.
> 내 딸을 그에게 주노니 그녀의 것은
> 이제 그의 것이 되리.

우리는 이미 전통적인 약혼 관습에서 본 적이 있는 여러 요소들을 다시 한 번 보게 된다. 신랑과 신부는 언약의 의미로 손을 잡고, 아버지는 딸을 신랑에게 넘겨주며 지참금을 줄 것을 약속하고 하객들은 서약의 증인이 된다. 증인들이 지켜보는 가운데 젊은 연인이 결혼 서약을 했기 때문에 약혼은 성립되었다.

이때 여행자들 가운데 한 사람(변장한 플로리첼의 아버지)이 플로리첼을 시험하는 질문을 던진다.

폴릭세네스: 바보, 나쁜 자식 (……) 아버지는 계신가?
플로리첼: 계십니다. 그런데 무슨 일이죠?
폴릭세네스: 아버지는 이 사실을 알고 계신가?
플로리첼: 그분은 지금도 그리고 나중에도 모르실 겁니다.
폴릭세네스: 내 생각에 아버지는 아들의 결혼식 날 탁자에 손님으로 계실걸.

플로리첼은 원칙적으로 아들의 결혼 문제에 아버지의 의견이 존중되어야 한다는 데 동의했지만 자기의 경우만은 예외라고 생각했다. "당신이 생각하는 그런 이유 때문이 아니라 다른 이유로 저는 아버지에게 이 사실을 알리지 않을 것입니다." 여기서 우리는 신부의 천한 신분을 문제 삼아 결혼을 반대할 것이 뻔한 아버지에게 알리지 않고 약혼을 강행한 단호한 아들의 모습을 볼 수 있다. 아들은 자신의 감정이 시키는 대로 했을 뿐이다. 물론 이 연극은 해피엔드로 끝난다.

《로미오와 줄리엣》에서 셰익스피어는 부모의 반대에 부딪힌 젊은이들의 사랑을 주제로 위대한 비극을 창조했다. 지고지순한 연인들은 부모의 뜻을 어겨야 할 뿐 아니라 몬터규가와 캐풀렛가의 반대를 극복해야 한다. 이탈리아를 배경으로 하고 있음에도 불구하고 이 이야기는 분명 당대 영국 사회의 현안이었던 향신층 가문 간의 반목과 비밀 결혼 관행을 반영한 것이다. 유복한 가정 출신으로 열여섯 살 동갑

내기인 토머스 다인과 마리 마빈의 비밀 결혼이(이들의 집안은 불구대천의 원수였다) 《로미오와 줄리엣》을 쓰는 데 영감을 준 듯하다. 다인과 마빈의 결혼과 희곡의 집필은 모두 1595년에 있었던 일이다. 마리가 시어머니에게 쓴 편지가 오늘날까지 남아 있는데, 하느님이 "어머니의 마음을 돌려놓는 데"[32] 도움을 주시기를 바란다는 내용이 나오는 것으로 보아 결혼한 지 6년이 흐른 뒤에도 다인의 부모는 아들의 결혼을 인정하지 않았던 것 같다.

비록 꾸며낸 이야기이지만 《로미오와 줄리엣》을 통해 우리는 엘리자베스 여왕 시대 향신층의 결혼 풍습을 엿볼 수 있다. 예를 들어 줄리엣은 패리스가 구혼할 당시 열네 살도 채 되지 않았다. 처음에 줄리엣의 아버지는 "그 애가 잘 여문 신붓감이 될 때까지 두 번의 여름만 기다려주구려"라고 답했다. 줄리엣이 아직 어리기 때문에 열다섯 살이나 열여섯 살은 되어야 결혼시키겠다는 것이다. 하지만 그는 딸이 남자의 구애를 받기에 어린 나이라고 생각하지는 않았으며, 그래서 패리스에게 "딸의 마음을 얻으라고" 귀띔했다. 아버지의 동의 여부는 딸의 의지에 달려 있었던 것이다. 나중에 어떤 이유에서인지는 알 수 없지만 줄리엣의 아버지는 이 입장을 철회하고 자기만이, 심지어 딸의 동의 없이도 딸을 시집보낼 권리가 있다고 주장한다. 그와 그의 아내는 줄리엣에게 패리스와 당장 결혼할 준비를 하라고 명한다. 줄리엣이 "전 결혼하지 않겠어요. 전 너무 어려요"라고 말하자 아버지는 화를 낸다. 하지만 아버지는 딸의 의견을 무시하고 다음과 같이 말할 권리가 있다. "나는 너를 내 친구에게 줄 거야."

그러나 관객들이 알고 있는 것처럼 줄리엣은 로렌스 신부의 주례로 로미오와 비밀리에 결혼한 몸이기 때문에 절대로 패리스와 결혼할 수가 없다. 신부는 두 연인을 위해 계획을 꾸미는데, 그것이 결국 로미오와 줄리엣을 죽음에 이르게 한다. 이 이야기의 함의는 신부란 믿을 수 없고 간섭하기 좋아하는 인간이라는 것이다. 그는 애초에 그들을 비밀리에 결혼시켜서는 안 되었고, 줄리엣이 죽은 것처럼 가장하는 무모하고 위험한 계략을 통해 그 결혼을 숨기려고 하지 말았어야 했다. 그러나 더 나쁜 것은 줄리엣 아버지의 꽉 막힌 태도다. 그의 비타협성은 비극을 앞당겼다. 이 이야기의 교훈은 첫째, 그 누구도 사랑하지 않는 사람과 결혼하라고 강제할 수 없으며, 둘째, 어떤 부모(종교, 종족, 민족)의 반대도 젊은이들 사이의 자연스러운 감정인 사랑에 끼어들어서는 안 된다는 것이다.

《말괄량이 길들이기》는 루첸티오와 비안카가 아버지의 동의 없이 결혼한다는 내용이다. 그러나 이 연극의 진짜 주인공은 페트루키오와 카타리나이며, 주된 내용은 부부 사이의 관계에 대한 것이다. 이 연극이 주장하는 바에 따르면 아내는 최소한 남들이 있는 자리에서만큼은 남편에게 완벽하게 복종해야 한다.

셰익스피어 시대의 영국에서 복종하지 않는 아내는 희극에 단골로 등장하는 소재였다. 고분고분하지 않은 아내를 제압하는 방법을 소개하거나 역으로 권위를 휘두를 줄 모르는 남편을 웃음거리로 삼는 것은 통속적인 문학 작품에 흔히 나오는 이야기다. 짧은 바지를 입은 아내와 아내에게 꼼짝 못하는 남편은 영국과 북유럽 전역에서 희극적 소책자, 만담, 목판화 등에 단골 메뉴로 등장했다.[33] 입바른 소리를 한 여성들은 문학과 미술 작품 속에서 비난의 대상이 되었을 뿐만 아니라 실제로 "세상을 시끄럽게 한 죄"로 기소되어 법정에 서기까지 했다.[34]

그렇다. 종종 규범과 실천 사이의 불일치가 존재한다는 것은 사실이다. 사람들은 항상 규범이 정해놓은 대로 행동하지는 않는다. 《말괄량이 길들이기》는 이러한 규범을 전복하려는 여성과 그것을 원래의 상태로 돌려놓으려는 남성의 시도를 보여주는 좋은 예다. 페트루키오는 아내가 남편에게 철저하게 복종할 때 바람직한 결혼 생활이 이루어진다고 믿었다. 그런 그가 맡은 일은 카타리나라는 악명 높은 말괄량이가 자신에게 복종하게 만드는 것이다. 그는 성공할 것인가?

연극의 마지막 장면에서 카타리나는 페트루키오에게 길들여진 것처럼 보인다. 그녀는 기꺼이 복종하는 태도를 보여줌으로써 그가 다른 남편들과 한 내기를 승리로 이끈다. 헌신적인 그리젤다의 예를 따르기로 한 후, 그녀는 한술 더 떠 다른 두 여성에게 다음과 같은 선언을 하기에 이른다.

당신의 남편은 당신의 주인이자 인생이며 수호자,
당신의 머리이자 당신의 왕이며 당신을 보살피시는 이.
(……)
나는 여성들이 그토록 단순하다는 사실이 부끄럽다.
평화를 위해 무릎을 꿇어야 할 곳에서 전쟁을 선포하다니
봉사하고 사랑하고 복종해야 할 때
규칙과 주도권을 찾으며 동요하다니.

카타리나는 여동생들에게 "너희들의 손을 남편의 발 아래에 놓으라"고 충고한다. 이는 그녀가 페트루키오에게 완벽하게 복종한다는 뜻으로 하는 행동이었다.

토머스 세실의 〈말괄량이들에게 주는 새해 선물A New Year's Gift for Shrewes〉.
아래에 적힌 만평 내용은 다음과 같다. 월요일에 결혼하면 화요일에 아내는 더 이상 착한 여자가 아닐 것이다. 수요일에 남편은 숲으로 가라. 목요일에 남편은 몽둥이를 하나 만들어라. 그리고 금요일에 남편은 아내에게 본때를 보여라. 그래도 아내가 뉘우치는 모습을 보이지 않으면 토요일에 악마가 그녀를 데려갈 것이다. 그러고 나면 일요일에 남편은 평화로운 식사를 즐길 수 있을 것이다.

물론 카타리나가 진심으로 그렇게 말했을까라는 질문을 할 수 있다. 그녀는 아내가 남편에게 쩔쩔매야 "평화와 사랑, 조용한 가정"을 이룰 수 있다는 페트루키오의 생각에 정말로 동의하고 있는 것인가? 아니면 단지 공적인 자리에서만 배우자에게 순종하는 척하며 사적인 자리에서는 자기 뜻대로 하는 영리한 여자인가? 그것도 아니면 그녀와 페트루키오는 침실에서 둘만의 웃음거리로 삼을 연극을 하고 있는 것인가?

셰익스피어 시대에 이런 연극을 관람하고 일요일에는 목사의 설교를 듣고 선술집에 가면 친구들과 수다를 떠는 젊은 여성이 있었다면 그녀는 딸이자 아내로서의 의무를 둘러싼 관점들 사이의 대립을 눈치챘을 것이다. 목사는 그녀에게 부모와 미래의 남편에게 복종하라고 가르쳤다. 그녀가 본 연극과 그녀가 부르던 노래들, 그리고 그녀가 읽었던 책들(만약 그녀가 글을 읽을 줄 알았다면)은 그녀에게 자신의 감정에 충실하라고 가르쳤다. 주변을 둘러보면 자기의 부모처럼 항상 조화롭지는 않아도 안정되어 보이는 부부들이 있었다. 따라다니던 남자에게 차인 여자, 남편에게 버림받은 여자(남편을 잘못 만난 재수 없는 여자)도 있었다. 더 나쁜 경우에는 방종한 생활을 하다가 들켜서 간통죄로 사람들에게 몰매를 맞는 여자들도 있었다. 심지어 문란한 여자라고 소문이 나면 평생 결혼을 못 할 수도 있었다. 평생 동안 양육에 대한 짐을 지고 살아가야 하는 독신모는 부도덕한 존재인 데다 사회의 짐이 될 수 있다는 이유로 조금도 동정받지 못했다.

결혼의 존엄성을 욕되게 하는 것은 용납할 수 없는 일이었다. 간통은 종파에 상관없이 모든 성직자들로부터 맹렬히 비난받았다. 청교도들은 남녀를 불문하고 간통을 저지른 사람을 격렬히 비난했고, 나아가 수 세기 동안 위세를 떨쳐온 (성별에 따라 다르게 적용되던) 이중 잣대를 바꾸려고 시도하기까지 했다.[35] 일반적으로 (남성의 간통은 해당되지 않았지만) 아내의 간통은 이혼의 근거가 되었고, 1650년부터는 비록 두세 번밖에 적용되지 않았지만 간통한 여자는 중죄로 처벌받았다.[36] 합법적인 부부이면서 따로 사는 사람들에게는 지나치게 오랫동안 별거하는 것이 허용되지 않았다. 헬렌 딕슨(Helen Dixon)의 예는 시사하는 바가 크다. 남편을 따라 "아는 사람 하나 없는 낯선 곳"으로 가기를 거부한 그녀는 교회 법정에 소환되었고 결국 그를 따라가라는 명령을 받았다.[37] 이처럼 결혼 생활의 어려움을 경고하는 이야기를 들은 지각 있는 젊은 영국 여성이라면 결혼을 결심하기에 앞서 심사숙고하지 않을 수 없었을 것이다.

결혼은 여성에게 안정된 지위와 남편의 보호를 보장해줄 것이다. 최상의 경우라면 재정적인 후원자 겸 다정한 동반자를 얻을 것이다. 한 신심 깊은 목사의 표현에 따르면 아내와 남편은 "서로를 깊이 사랑하는 동료"가 될 것이다.[38] 그녀는 죄의식을 느끼지 않고 성관계를 맺을 것이고, 사랑으로 보살필 합법적인 자식을 낳고, 늙어서는 자식들에게 기대 살 것이다. 신성한 결혼의 반열(이제 독신보다 더 찬양받는 상태)에 입문함으로써 그녀는 기독교인으로서의 소명을 다할 것이다. 반대로 만약 결혼을 하지 않는다면 그녀는 '노처녀(spinster란 말은 실잣기를 뜻하는 spinning에서 유래했다)'들과 함께 탁자의 끝자리나 겨우 차지할 수 있을 뿐이다.

그러나 여성에게 결혼이 무조건적인 축복은 아니었다. 결혼은 자유를 포기하고 남편의 노예가 된다는 것을 의미했다. 그것은 남편의 권위와 변덕 그리고 그의 주먹질을 받아들인다는 것을 뜻했다. 또한 결혼은 불행한 결혼 생활 속에서 아내들이 겪을 끊임없는 정신적 긴장의 잠재적 위험을 의미했다. 17세기 초반에 정신 질환으로 찾아온 1000여 명의 여성을 상담했던 로버트 네이피어의 기록에 따르면 그들은 특히 딸과 아내로서 겪었던 억압으로 인해 고통 받은 것으로 드러났다.[39]

여성에게 결혼은 19세기 이전까지 마취제나 소독제도 없이 겪어내야 했던 임신과 출산에 대한 두려움을 뜻하기도 했다. 결혼은 아이를 낳다가 죽을 가능성, 빈번한 아이의 죽음, 그리고 과부가 될 가능성까지 포함하는 것이었다. 물론 대륙의 여성들에 비하면 더 늦은 나이에 결혼했고 결혼하는 여성의 수가 더 적긴 했지만 결국 영국의 딸들 가운데 대다수는 결혼을 선택했다.

이 시기 영국인들의 결혼관이 유럽 다른 나라들의 결혼관과 달랐던 점은 최선의 결혼이란 동반자 관계가 되어야 한다는 믿음이었다. 〈창세기〉의 말씀으로 돌아간 영국의 프로테스탄트들은 하느님의 말씀을 매우 진지하게 받아들였다. "남자가 혼자 사는 것은 좋지 않다"거나 아내는 "그의 곁에서 떠받드는 사람"이어야 한다는 것이다.

한 쌍의 기독교도는 손에 손을 맞잡고 한 걸음씩 영생을 향해 자신들의 길을 가는 동시에 지상에서의 쾌락과 의무를 함께 누리라고 권유받았다.

프로테스탄트들이 인정하고 묵과한 쾌락 중에는 부부의 성적 쾌락도 포함되어 있었다. 오늘날에는 의뭉스러운 위선자들이라고 평가받지만, 청교도들은 규칙적인 성관계가 결혼 생활을 유지하는 데 반드시 필요하다고 생각했다. 남편과 아내는 서로를 기쁘게 하기 위해 노력해야 했고, 금욕은 일반적으로 좋지 않게 여겨졌으며, 특히 어느 한쪽이 일방적으로 그렇게 할 경우에는 더욱 나쁘게 여겨졌다. 윌리엄 훼이틀리가 쓴 결혼 생활 지침서 《신부의 처녀지*A Bride's Bush*》에 따르면 아내는 침실에서 남편과 동등하게 성적 만족을 추구할 권리가 있으며 "쾌락을 위한 남녀 간의 농탕질"은 장려되어야 한다.[40] 실제로 청교도 작가들의 작품을 면밀히 살펴보면 침실에서는 지배와 복종을 둘러싼 성적 구별이 사라진다는 것을 알 수 있다. 윌리엄 구즈는 "(남편과 마찬가지로) 아내는 침실에서 하녀이자 여주인이다. 자신의 몸을 바친다는 점에서는 하녀이지만 그의 몸을 가질 권리가 있다는 점에서는 여주인이다"[41]라고 말했다.

국교회 신부이자 시인이었던 존 돈(Jon Donne)은 자신이 쓴 열 개의 축혼가 가운데 하나를 "사람들 사이의 평등"에 헌정했다. 그는 성적인 문제에서 아내를 남편과 동등한 지위에 올려놓았을 뿐 아니라 인습적인 성별 간 경계를 완화시켰다. "그녀는 그와 마찬가지로 사랑을 원하고 있다." "신랑은 남자가 아니라 시녀다." "따라서 신부가 남자가 된다." 여성이 종종 남성처럼 담대하게 행동하고 남성은 종종 여성처럼 수동적으로 굴 때, 성은 엄격하게 성 역할을 지켜야 하는 문제가 아니라 당사자들만의 자유로운 쾌락의 문제다. 열두 명의 아이를 낳아준 여성의 남편으로서 존 돈은 육체와 영혼이 완벽하게 합일된 행복한 부부를 염두에 두었던 것이다. 〈신랑들이 오시네The Bridegroomes Comming〉에서 발췌한 결혼 첫날밤 장면을 보라.

비록 그들의 영혼은 오랫동안 알아왔지만
영혼의 옷, 몸은 아직 보지 못했다네.
처음에 그녀는 천천히 시작할 거야.
하지만 곧바로 모든 것을 내맡기겠지.
다른 것을 주기 전에 눈이나 마음을 냉큼 주게 될 거야.[42]

이것은 육체적 쾌락을 혐오한 중세의 가치관, 그리고 오직 아이를 얻기 위해서만 성생활을 해야 한다는 기존의 종교적 가르침과는 거리가 멀다. 여기에는 육체적 사랑을 '간음'을 방지하는 것일 뿐만 아니라 결혼한 사람들의 권리이자 미덕으로 새롭게 평가하는 추세가 반영되어 있다.

튜더 왕조와 스튜어트 왕조 시대의 남성들이 쓴 시와 설교문을 읽으면 우리는 여성의 삶을 둘러싼 종교적, 문화적 분위기를 가늠할 수 있게 된다. 그러나 17세기 말을 지날수록 우리는 더 많은 것을 알 수 있다. 여성들이 직접 쓴 편지, 일기, 회고록과 시들이 오늘날까지 남아 있다. 그 덕분에 우리는 기혼 여성의 주관적 경험의 세계 속으로 들어가는 것이 좀 더 수월해진다. 최고 특권층들의 목소리만을 담고 있고 많은 사회적 문제들을 비켜가고 있음에도 우리는 이 문헌들을 통해 과거의 여성들에게 좀 더 가까이 다가설 수 있다.

앞서 《로미오와 줄리엣》과 연관지어 소개한 다인 가족의 편지들은 두 세대에 걸친 지주 계급 출신의 여성들에 대해 풍부한 정보를 제공해주는 원천이 되었다. 1575년에 롱리프 대영지의 상속자였던 존 다인은 부유한 상인 가문 출신의 열여섯 살 난 소녀 조앤 헤이와이어와 중매로 결혼했다. 29년의 결혼 생활 동안 남편에게 쓴 그녀의 편지들은 젊고 예의 바른 여성이 롱리프에서 그리고 그녀가 지참금으로 받은 트래셔의 성에서 유능하고 총명한 안주인으로 성장해간 과정을 잘 보여준다. 그녀는 시골에서 일을 도맡아 하도록 자신을 버려둔 채 남편이 런던 집에서 너무 많은 시간을 보낸다고 불평하고 있는데, 이 같은 불평은 귀족 계급 출신의 다른 여성들이 쓴 유사한 편지에도 반복해서 나타난다.[43]

다인 집안의 다음 세대인 토머스 다인과 마리 마빈의 결혼 생활은 1595년 두 사람이 사랑에 빠지는 순간부터 18년 후 마리가 출산 도중 숨질 때까지 지속되었다. 그때 그녀의 나이는 겨우 서른넷이었다. 토머스의 부모는 둘의 결혼을 결코 인정하지 않았음에도 불구하고 1604년 부친이 사망했을 때 토머스는 롱리프의 상속자가 되었다. 그는 그곳에서 토지를 관리하는 역할을 맡게 된 아내와 함께 살았다. 하지만 롱리프로 이사간 일은 그들 부부 사이에 약간의 분란을 일으킨 불씨가 되었다. 마리는 편지에서 남편이 그녀의 사업적 판단을 불신하고 "자기를 무능력하다고 업신여긴 것"이 얼마나 큰 상처가 되었는지 털어놓고 있다. 그녀의 시어머니가 예전에 그랬듯이 그녀는 남편이 런던에 있는 동안 자신을 "순진한 바보"처럼 남겨둔 것에 대해서도 불평했다. 그렇지만 마리는 자신이 이웃의 어떤 여자 못지않게 "주부의 역할을 잘하고" 있다고 주장했고, "감탄할 만큼 좋은 남편"이라고 여길 정도로 남편을 사랑했다.

이 무렵부터 작성되기 시작한 개인의 일기들은 그 시대와 그 시대 사람들의 생각을 알 수 있는 빼어난 기록물이다. 영국 여성이 쓴 최초의, 그리고 가장 중요한 일기는 청교도였던 마거릿 호비(Margaret Hoby)의 일기다.

마거릿 데이킨스 호비는 요크셔 지방의 광대한 토지 소유자의 무남독녀였다.[44] 그녀와 같은 계층이며 같은 종교를 믿는 여성들이 따르던 관습대로 그녀는 토지 귀족 출신으로 엄격한 청교도인 헌팅던 백작 부인의 집으로 들어갔다. 그녀의 후견 아래 마거릿은 광대한 토지를 감독하는 법을 배우고, 열여덟 살에 그 집안의 또 다른 피후견인과 결혼했다. 2년 후 자식도 없이 미망인이 되자 그녀는 재빨리 재혼을 했지만 다시 한 번 사별의 아픔을 맛보았다. 스물다섯 살 때 그녀는 예전에 청혼을 거절한 적이 있었던 토머스 하디 경(아마도 키가 작고 호감을 주지 못하는 그의 외모 때문이었을 것이다)을 세 번째 남편으로 맞이했다.

마거릿 호비는 1599년에 자신의 신앙 생활을 기록하기 위해 일기를 쓰기 시작했다. 그녀는 하루 일과를 가족과 함께 기도하고 성경을 읽는 것으로 시작한 뒤 나중에 혼자 따로 기도를 드렸다. 그리고 공적인 기도회와 영지에 소속된 예배당의 목사가 주최하는 강독회에 참석했고, 청교도 집안에서 흔히 하던 찬송가 부르기에도 동참했다. 잠들기 전에 그녀는 혼자서 따로 한 번 더 기도를 드렸다. 또 일요일마다 두 번 교회에 나갔다. 집안의 정신적 지도자로서 그녀는 여성들에게 책을 읽어주었고, 토요일에는 설교 내용에 대해 그들과 토론을 벌였다.

그녀의 일기는 지참금의 일부였던 해크니스에 있는 영지를 관리하는 데 있어 모든 측면에 관심을 쏟는 영주 부인의 분주하고 다양한 활동들에 대해서도 알려준다. 그녀는 하인들을 감독하고 임금과 그 밖의 각종 비용을 지불하며, 아픈 사람들을 돌보고 마직물의 세탁, 털실로 옷 짜기, 다림질, 왁스로 윤내기와 기름칠, 화주 증류, 벌집 관리, 음식 저장 등과 같은 집안일을 하면서 시간을 보냈다. 호밀을 심고 옥수수를 기르는 일꾼들을 주의 깊게 감시했으며, 양을 사들이고 나무를 심었다. 그녀는 자신이 기른 장미에 대해 자부심을 느꼈으며 정원에서 일하기를 좋아했던 것 같다. 또 하인들과 더불어 가족들의 옷 대부분을 직접 만들었고, 손수 약을 먹이고 간단한 처치를 해줌으로써 집안 사람들의 건강을 챙겼다.

이웃들이 요청할 때 이루어지는 그들의 대화는 꾸밈없고 진지했다. 1600년 3월 13일에 그들은 '꼭 알아야 할 의무들(자식들의 결혼 상대를 골라준다든가 친구 및 친척의 자녀들에게 대부가 되어준다든가 하는 의무)'에 관한 이야기를 나누었다. 그녀 자신이 헌팅던 백작 부인의 집에 들어갔던 것처럼 그녀는 자신과 같은 계층 가문의 아이들을 집으로 데려왔다. 1603년 3월의 어느 날 그녀의 일기는 다음과 같이 시작된다. "나의 사촌 게이츠가 열세 살 난 딸 이안을 내게 데려왔다. 그가 말한 대로 거리낌 없이 내게 준 것이다." 그녀는 자식이 없었기에 열세 살짜리 소녀를 매우 환영했을 것이다.

그녀의 남편은 대부분 출타해 있었던 것처럼 보인다. 그녀가 영지를 경영하고 집안의 재산을 불리는 동안 의회 의원이자 온갖 위원회의 위원이었던 남편은 공적 영역에서 다양한 활동을 했다. 그가 집에 있을 때 부부가 함께하는 일은 식사, 교회 출석, 산책, 사업 문제 토론 등이 고작이었다. 영혼의 결합까지는 아니더라도 안정적인 동반자 관계를 추구하는 질서 있는 청교도적 삶이 바로 그들의 삶의 방식이었다.

마거릿 호비는 엄격하게 자신을 채찍질했다. 아무리 작은 죄에 대해서도 신의 벌을 받아들였고, 참회의 형태로서 자주 단식을 감행했다. 그녀의 일기에는 그런 반성의 기록이 자주 나온다.

"(나는) 오늘 기도를 하지 않았다. 다른 죄를 저질렀을 때와 마찬가지로 신은 기꺼이 나를 내적으로 채찍질하게 하셨다."

1599년 9월 10일

"주님, 저의 흐리멍덩함을 용서하소서. 저는 정신이 나태해져서 저의 의무인 묵상을 빼먹었나이다."

1599년 9월 14일

"나는 내가 지은 죗값으로 주님께서 아주 큰 슬픔을 내려주십사 기도했고, 약속대로 주님께서 그 죄를 사해주셨다. (……) 나는 내 안에서 부끄러움을 느끼게 하는 글을 읽었다. 주님, 감사합니다."

1600년 7월

신실한 기독교도였던 마거릿 호비의 태도는 2세기 전에 살았던 마저리 켐프의 거친 마모직 셔츠, 그리고 연극 같은 행동과는 거리가 멀었다. 청교도적이고 내면적인 수련을 통해 그녀가 얻은 명성은 마저리 켐프의 유명세에는 미치지 못했지만, 개인의 결함을 의식하고 신의 벌을 두려워하며 용서와 구원에 대해 희망을 가진 점에서는 켐프 못지않았다. 이와 같은 청교도 정신은 대서양을 건너 미국으로 전파될 것이었다.

청교도의 여행 가방

17세기에 뉴잉글랜드에서 살았던 기혼 여성들의 삶에 대한 우리의 지식은 미국 최초의 여류 시인 앤 브래드스트리트(Anne Bradstreet)로 인해 상당히 풍부해졌다. 그녀의 개인사는 식민지 아내들의 삶의 전형이기도 했고 파격이기도 했다. 그녀는 시대 규범에 따라 신분과 종교가 비슷한 남자와 결혼을 했고, 여덟 명의 아이를 낳았으며, 남편이 사업과 공적 생활을 하는 동안 주로 집을 지켰다. 다른 한편으로 앤 브래드스트리트는 여성으로서는 예외적으로 훌륭한 교육을 받았고 대서양 양안에서 이름을 떨친 시인이 되었다. 엘로이즈, 마저리 켐프, 크리스틴

드 피장의 경우처럼 숨 막히는 사회의 억압 속에서 훌륭한 여성이 무엇을 할 수 있었는지 그녀의 업적을 통해 살펴보자.

앤 더들리 브래드스트리트는 영국 노샘프턴 지방에서 1612년 또는 1613년에 태어났다. 그녀의 아버지는 법률가이자 토지 관리인이었고, 어머니는 양가의 규수였다. 견실한 청교도였던 그들은 기존의 국교회 관례에서 벗어나는 행위는 뭐든지 배척했던 제임스 1세 치하에서 종교적 박해를 경험했다. 이 가족은 청교도 목사이자 《가정 경영의 거룩한 형식—신의 말씀에 따른 사적인 가족들 내의 위계*A Godlie Forme of Household Government—For the Ordering of Private Families, according to the direction of God's Word*》라는 유명한 책의 공저자인 존 도드(John Dod)와 긴밀한 친분 관계를 맺고 있었다. 이 책에서 도드는 수 세기 동안 존재해 온 기독교 세계 내에서의 위계 질서에 대해 이야기한다. 아이들이 부모에게 종속되고 하인들이 주인에게 종속되는 것이 당연하듯이 아내는 남편에게 종속된다. 이러한 서열은 하느님이 정하신 것이므로 이를 잘 유지하고 윗사람을 공경함으로써만 개인은 구원받을 수 있다. 그러나 도드는 최신의 프로테스탄트 신학을 반영하여 배우자는 "영혼이 평등한 사람들"이며 아내는 남편에게 기독교상의 "누이"이자 "그와 더불어 하늘의 왕국의 주인"이라고 말하기도 했다.[45]

앤 더들리가 미래의 남편인 사이먼 브래드스트리트를 만난 것은 겨우 아홉 살 때였다. 당시 그는 그녀의 아버지의 토지 관리인을 도와 일하다가 링컨 백작의 집사가 되었다. 그녀보다 열한 살 위였던 사이먼은 앤의 오빠가 수학했던 케임브리지의 이마누엘 칼리지(비국교도의 전당)를 다녔다. 오빠와 달리 앤은 가정에서 체계적이지 못한 교육을 받았다.

앤은 1628년 영국 여성의 평균 결혼 연령인 24세 혹은 25세보다 훨씬 이른 15세 혹은 16세의 나이로 결혼식을 올렸다. 결혼하고 2년이 채 안 되었을 때 그들 부부와 더들리가는 매사추세츠로 이민을 떠났다. 1630년 그들은 앤의 어린 시절 친구이며 자신의 남편과 함께 이민을 떠났던 아르벨라 존슨의 이름을 딴 아르벨라호라는 배를 타고 대서양을 건넜다. 아르벨라호는 700여 명의 승객을 싣고 매사추세츠 해안에 당도한 11척의 배 가운데 하나였다.

이민의 이유는 종교적인 것이었다. 더들리 일가와 브래드스트리트 일가는 제임스 1세와 찰스 1세 시절에 존재했던 반청교도적 분위기를 점점 더 견딜 수 없었다. 몇 년 전에 필그림(Pilgrim, 순례자)들이 그랬던 것처럼 그들은 신세계에서 종교적 신념을 좀 더 자유롭게 펼칠 수 있고, 자신들이 이해하는 하느님의 뜻에 근접한 사회를 건설할 수 있다고 여겼다.

아르벨라호의 악취 나는 좁은 선실에서 부대끼며 항해한 10주는 더들리가나 브래드스트리트가와 같은 상류층 사람들에게는 견디기 어려운 시간이었을 것이다. 여자들과 아이들은 갑판과 선창 지붕 사이의 선실에서 자고, 남자들은 해먹에서 잠을 청했다. 식사는 소금에 절인 고기 또는 생선과 딱딱한 비스킷뿐이었고, 온기라곤 조리용 스토브에서 나오는 열이 전부였다. 차가운 바람과 거친 물살, 그리고 배 멀미가 사람들을 괴롭혔지만 아르벨라호에서 일어난 사고는 사산아가 태어난 것이 유일했다. 6월에 살렘에 도착했을 때 그들은 황폐하기 그지없는 변경의 한 공동체와 맞닥뜨렸다.[46] 아르벨라와 그녀의 남편, 그 밖의 많은 정착민들이 처음 몇 달 사이에 죽어갔다. 겨울이 오기 전에 더들리가와 브래드스트리트가는 찰스턴 근처로 이사를 했고, 1631년에는 케임브리지(당시에는 뉴타운이라고 불렸다)로 거처를 옮겼다. 1630년대 말에는 이곳에 하버드 대학이 설립되었다.

17세기 이래로 미국에 온 다른 이민자들의 아내와 마찬가지로 앤 브래드스트리트는 힘든 여정을 경험했고 도착과 동시에 정신적 충격을 받았다. 그녀는 띄엄띄엄 있는 오두막들과 나쁜 풍속이 만연한 이 땅에서 제대로 가정을 꾸려 나갈 수 있을까 염려했을 것이다. 나중에 그녀는 다음과 같이 썼다. "신세계와 새로운 습속들을 보았을 때 내 심장은 마구 뛰었다."[47] 그녀를 구역질나게 했던 풍속에 관한 언급이다. 그러나 앤은 다른 이민자들보다는 나은 처지였다. 그녀는 상대적으로 부유한 부모와 형제자매들, 남편(그는 나중에 그녀의 아버지와 마찬가지로 매사추세츠 만[灣] 식민지 정부에서 영향력 있는 인물이 되었다)과 함께 왔던 것이다.

그녀가 겪은 최초의 불행은 "폐병처럼 질질 끄는 병"으로 인해 가중되었다. 그녀는 그것을 자신의 오만한 콧대를 꺾고 선행을 베풀게 하기 위해 하느님이 내린 "벌"이라고 받아들였다.[48] 질병을 하느님이 내린 벌이라고 해석하는 것은 기독교도, 특히 청교도 사이에 널리 퍼진 믿음이었다. 앤은 일생 동안 그와 유사한 하느님의 심판을 수차례 경험하게 된다.

결혼하고 5년 동안 아이를 낳지 못한 것도 불안의 원인이었다. 그녀가 회상하듯이 "나에게는 더없는 슬픔이었지만 오랜 세월 동안 나에게 아이를 주지 않으시고 아이를 낳기 전까지 내가 기도와 눈물로 하루하루를 보내게 한 것은 하느님의 은총이다."[49] 유럽의 아내들과 마찬가지로 미국의 아내들은 불임보다 더한 저주는 없다고 믿었다. 특히 '자손을 번성시키는' 일이 지상 명령이나 마찬가지이며 넓은 땅을

■ ■ ■

미국산 떡갈나무 요람.

개척할 일손이 필요하고, 아이들이 농장 일과 집안일을 하는 데 중요한 노동력이었던 나라에서, 아이들은 하느님의 축복으로 여겨졌다. 대부분의 기혼 여성들은 아이를 원했고, 모유 수유를 하는 동안 생리가 늦어져 자연적으로 피임이 되는 시기를 제외하고는 잦은 임신을 경험했다. 앤은 1630년대 보스턴에서 활동하던 산파인 제인 호킨스로부터 다산에 좋다는 약이나 임신을 촉진시킨다고 알려진 말린 비버의 고환으로 만든 탕약을 샀을지도 모른다.[50] 그러나 그런 문제들에 대해서 그녀는 어떤 기록도 남기지 않았다.

1633년에 아들 사무엘이 태어나자 앤은 개척자 사회에서 어머니 역할을 하는 힘겨운 일을 처음으로 떠맡게 되었다. 1633년에서 1652년 사이에 모두 여덟 명의 아이가 태어났다. 그녀의 시에는 "한 둥지에 깃들인 여덟 마리 새"라는 표현이 나온다.[51] 네 명의 아들과 네 명의 딸은 모두 별탈 없이 자랐다. 자식 가운데 4분의 1 또는 절반이 어른이 되기 전에 죽었던 시대에 이런 자식복은 앤이 하느님을 찬양할 수 밖에 없는 또 하나의 이유가 되었다.

다른 청교도 어머니들과 마찬가지로 앤 브래드스트리트는 아이들에게 모유를 먹였다. 17세기 초반의 영국에서 상류 사회의 여성들은 누구나 유모를 두었지만 프로테스탄트들은 유모가 아이에게 젖을 먹이는 것을 부자연스러운 일이라고 비난했다. 오늘날 우리가 청교도에 관해 품고 있는 편견과는 달리 어머니들은 손님이 있는 자리에서도 모유를 먹였고, '청교도답지 않게' 그 과정을 거리낌 없이 이야기했다. 이에 관한 앤 브래드스트리트의 생생한 묘사를 들어보자. "어떤 아이들은 젖꼭지에 쑥이나 겨자를 발라놓아도 젖을 떼려고 하지 않는다. 그것을 닦아버리거나 단것과 쓴 것을 함께 빨아먹는다."[52] 그녀는 또한 젖떼기 과정을 "어린애처럼 어리석어서 빈 젖을 빨아대고", 신이 내리는 인생의 쓴맛을 보지 않고서는 "보다 실속 있는 음식", 즉 더 나은 삶을 맛볼 수 없는 몇몇 기독교인들의 삶에 비유했다. 앤 브래드스트리트의 이러한 비유는 어머니로서의 경험과 하느님이 만든 우주의 질서에 대한 깊은 통찰에서 비롯된 것이다.

앤 브래드스트리트는 임신을 환영했지만 당시 성인 여성의 사망 원인 중 5분의 1이 출산 과정에서 일어났기 때문에 식민지 어머니들이 품었던 출산에 대한 두려움을 그녀 역시 갖고 있었다.[53] 앤이 남편에게 헌정한 시에는 그러한 두려움이 드러나 있다.

내 사랑, 죽음이 얼마나 빨리 내 걸음을 막아설지
당신이 얼마나 빨리 당신의 친구를 잃게 될지
우리는 아무것도 모릅니다. 하지만 사랑은 나더러
당신에게 작별 인사를 하라고 말하네요.
우리를 하나로 묶었던 매듭이 풀렸을 때
나는 더 이상 당신의 것이 아닐 거예요.[54]

다행히 그런 일은 일어나지 않았지만 앤이 출산 중에 죽을지도 모른다는 생각을 했음을 알 수 있다. 또한 우리는 그녀가 남편에게 '친구'와 같은 감정을 느끼고 있음을 엿볼 수 있다.

그녀가 쓴 결혼에 관한 시 다섯 편은 나이와 상관없이 모든 아내가 경험하고 싶어하는 깊은 사랑을 담고 있다. 〈친애하고 사랑하는 남편에게To my Dear and loving Husband〉라는 시에서 그녀는 이러한 감정을 매력적이고 직설적인 방식으로 표현했다.

두 사람이 하나라면 그건 분명 우리죠.
아내에게 사랑받는 남자, 그건 바로 당신
한 남자 안에서 행복한 아내라고 생각하는
여자들이여, 어디 한번 나와 비교해보세요.[55]

1635년에 이사한 입스위치에서 그녀는 서로 헤어져 있어도 자신과 남편은 정신적으로 이어져 있다는 내용의 〈공적 업무로 부재중인 남편에게 보내는 편지A Letter to her Husband, absent upon Publick employment〉라는 시를 썼다.

내 머리, 내 가슴, 내 눈동자, 내 인생,
내 기쁨, 무궁무진한 보고(寶庫),
당신과 내가 일심동체라면
나는 입스위치에 있는데 어떻게 당신은 거기 머무를 수가 있나요?
(……)
당신의 살로 만들어진 살, 당신의 뼈로 만들어진 뼈
저는 여기에 당신은 거기에 있지만 여전히 우리는 하나입니다.[56]

남편에게 바친 또 다른 시에서 그녀는 장난스럽게 자신들을 한 쌍의 동물에 비유했는데, "한 나무의 잎을 뜯는 두 마리의 사슴", "한 둥지에 깃들여 사는 두 마리의 거북", "같은 강물에서 헤엄치는 두 마리의 물고기"라고 묘사했다.[57] 이처럼 열정적인 사랑을 노래하는 아내의 모습은 부부애를 담은 얼마 안 되는 시들보다는 지옥의 불을 연상케 하는 설교를 통해 형성된, 성적으로 억압된 청교도의 이미지와는 거리가 멀다.

17세기에는 영국에서든 신세계에서든 시를 쓰는 여성이 많지 않았다. 청교도 여성의 절반가량은 글을 읽지 못했고 쓰는 법은 더더욱 몰랐다.[58] 그리고 식민지에 거주하는 많은 사람들이 여성은 "그녀들보다 정신력이 강한 남성이 하는 일에 쓸데없이 참견해서는 안 된다"고 하는 매사추세츠 만 식민 거류지의 초대 지사 존 윈스럽의 생각에 동의했다. 코네티컷의 주지사 에드워드 홉킨스의 아내인 앤 예일 홉킨스(Anne Yale Hopkins)의 예를 거론하고 있는 그의 말을 들어보자. 윈스럽에 따르면 예일 홉킨스는 "읽고 쓰는 데 온 힘을 쏟은 나머지" 정서불안이 되었다는 것이다. 다음과 같은 그의 말은 남성에게 적합한 일과 여성에게 적합한 일이 따로 있다는 오래된 믿음을 반영한다. "그녀가 집안일이나 다른 여자들처럼 여성에게 어울리는 일을 했더라면 (……) 그녀는 제정신을 유지했을 것이고 신이 그녀에게 마련해준 자리에서 쓸모 있고 영광스럽게 살아갈 수 있었을 텐데……."[59]

앤 브래드스트리트는 이러한 통념을 잘 알고 있었고 비판자들을 염두에 두고 쓴 〈서시The Prologue〉에서 다음과 같이 토로하고 있다. "나는 모든 독설가에게 미운 털이 박혔다. 누가 내 손에는 펜보다 바늘이 더 잘 어울린다고 말하는가." 그러고는 남성이 우월하다는 전제에 경의를 표한 뒤 남성들이 "반짝이는 금"이라면 여성들은 "정제되지 않은 질료"라고 말하면서 여성도 시적 재능을 가질 수 있다는 것을 인정해달라고 했다.[60] 시를 쓰는 것은 남자만 할 수 있는 일이라고 생각하는 엄격한 청교도 사회에 대항하여 앤 브래드스트리트가 자신을 지킬 필요성을 느낄 수밖에 없었던 이유를 이해하기는 어렵지 않다.

청교도들은 남성의 영역과 여성의 영역을 구분했다. 여성과 남성은 각기 다른 문으로 교회에 입장했고 성별과 지위에 따라 앉는 자리가 달랐다. 남자는 남자끼리 여자는 여자끼리, 처녀들은 처녀들끼리, 아이들은 아이들끼리 모여 앉았다.[61] 가장 잘난 남자들은 신도석 제일 앞 줄에 자리를 잡았고, 오직 남자만이 연설할 권리가 있었다.

대부분의 청교도 여성들은 남들의 주목을 끌지 않으면서 예배에 참석하는 데 만족했다. 그들의 주요 관심사는 제일 먼저 교회에 도착하는 것이었다. 3~5킬로미터, 심지어는 8킬로미터나 떨어진 교회에 일주일에 한 번씩 가는 일은 병자나 노인들은 말할 것도 없고, 어린아이들을 동반해야 하는 어머니들에게는 여간 힘든 일이 아니었다. 브래드스트리트가와 더들리가가 입스위치로 이사한 까닭은 케임브리지에서 보스턴까지 예배 보러 다니기가 너무 멀어서였는지도 모른다. 자주 병석에 누웠고 어머니로서의 책무에 시달리던 앤 브래드스트리트로서는 주말마다 걸어서 찰스 강을 건너 교회에 가는 일이 불가능할 때도 있었다.

17세기와 18세기에 걸쳐 청교도 남성들은 아내와 아이들에게 집에서 가까운 교회가 필요하다고 하며 정부 관료들에게 새로운 교회를 지어달라는 청원을 자주 했다. 사적인 경로를 통해 여성들 자신이 압력을 가하는 경우도 있었다. 한나 갤로프(Hannah Gallop)는 매사추세츠 초대 주지사의 아들이자 코네티컷의 주지사였던 삼촌 존 윈스럽 2세에게 편지를 보내 코네티컷의 미스티크에 교회를 건립할 수 있도록 도와달라고 부탁했다. 그녀는 젖먹이를 둔 엄마들이 장거리를 다니다가 "졸도하거나 몹시 쇠약해지는 일이 많고, 몇몇 사람들은 겨울 내내 나다닐 수가 없다"[62]고 썼다.

결국 브래드스트리트가는 1645년 또는 1646년에 입스위치에서 앤도버로 이사를 했고, 거기서 새로운 공동체를 만들 희망에 부풀었다. 읍사무소의 기록에 따르면 사이먼 브래드스트리트의 집은 대지가 8만 제곱미터 정도였다. 앤은 다시 한 번 가족들의 짐을 꾸렸다 풀었다 해야 했고, 가까운 숲에 여우와 늑대들이 사는 개척지에서 새로 살림을 시작해야 했으며, 아이들과 하녀들의 생활을 조정해야 했다. 장남 사무엘은 하버드 대학에 들어갈 준비를 하고 있었고, 막내아들 사이먼은 학교를 다니기 위해 입스위치에 가 있었다. 앤도버에서 앤은 세 명의 아이들을 더 낳았고, 그녀 삶의 일부라 할 수 있는 저술 활동을 계속했다.[63] 사이먼이 제재소의 주인으로 성공하고 뉴잉글랜드 전역을 휩쓸고 다니며 활동하는 인물로 이름을 날리게 된 것도 그곳에서였다. 브래드스트리트가는 20세기까지도 사회적 동질성과 농촌의 매력을 잃지 않았던 앤도버에서 매우 번창했다.

그곳의 목사였던 존 우드브리지는 앤의 여동생인 머시와 결혼했다. 그는 1647년 영국으로 여행갔을 때 앤 브래드스트리트의 시를 그곳에 소개했다. 그렇게 해서 저자 자신도 모르는 사이에 1650년 《열 번째 뮤즈*The Tenth Muse*》라는 제목으로 그녀의 책이 런던에서 출간되었다. 20여 쪽에 달하는 이 책의 서문에서 존 우드브리지는 앤 브래드스트리트를 "우아한 행동과 특출한 재능, 경건한 화술, 고귀한 취향, 근면함, 그리고 집안일을 신중하게 처리하는 능력으로 그녀가 사는 곳에서 존경받고 가치를 인정받는 여성"이라고 소개했다. 그리고 부지런하고 가족과 공동체에 헌신하는 행실 바른 아내라는 완전무결한 초상 옆에 "이 시들은 잠과 휴식 시간을 줄여가며 얻은 자투리 시간에 쓴 결실이다"라고 덧붙였다.[64] 브래드스트리트의 문학적 업적이 그녀가 기본적으로 해야 하는 가사일과 대립 관계에 있다는 인상을 주고 싶지 않았던 것이다. 당시 사람들이 여성 작가들에 대해 가졌던 부정적인 생각을 조금이라도 알아보려면 1650년 런던에서 토머스 파커가 누이에게 보낸 편지를 읽어보는 것으로 충분하다. 그는 분명한 어조로 누이의 문학적 성과를 비난하고 나섰다. "네가 책을 출간한 것은 여자의 본분을 벗어난 일로 잘못된 행동이다."[65]

앤 브래드스트리트는 1672년 숨을 거둘 때까지 집필을 계속했지만 생전에 출간된 시집은 《열 번째 뮤즈》가 유일하다. 1678년에 유고집으로 출간된 《다양한 기지와 학식이 담긴 시*Several Poems Compiled with Great Variety of Wit and Learning*》는 17세기 뉴잉글랜드에서 출간된, 여성 작가가 쓴 총 네 권의 작품 가운데 하나다. 같은 시기에 남성 작가가

쓴 책은 907권이었다.[66]

여기에서 우리는 앤 브래드스트리트의 형이상학적 장시들이나 성경 주해, 혹은 그녀의 과학이나 연금술에 관한 논문들을 검토해보려는 것이 아니다. 청교도 사회가 소녀들과 여성들에게 어떤 제약을 가했든 간에(실제로 그 제약은 엄청나게 많았다) 비록 종교적인 이유였지만 여성들의 교육을 권장했다는 사실을 주목해야 한다. 남성과 여성 모두 성경, 특히 장 칼뱅의 후원하에 만들어졌고 스위스로 망명한 영국인 청교도들이 1560년에 번역한 《제네바 성경》을 읽으라는 권유를 받았다. 1642년 매사추세츠에서는 자녀와 견습생들이 성경과 친해질 수 있도록 하기 위해 부모들에게 읽기를 가르칠 의무를 부과하는 법이 통과되었다.[67] 여성들은 또한 끼리끼리 모여 그 주의 설교 내용에 대해 토론하라고 권유받았다. 영국에서 쉽게 찾아볼 수 있는 여성 신도 모임은 앤 브래드스트리트의 부모 세대 때 신대륙에도 생겨났다.

앤 브래드스트리트의 어머니 도로시 더들리는 공적, 사적으로 신앙생활에 헌신한 여성의 전범이었다. 앤은 어머니를 예찬한 글에서 특히 다음과 같은 활동을 언급하고 있다. "공적인 회합은 매우 잦았다. 그리고 어머니는 사실(私室)에서 거의 나오지 않았다." 도로시 더들리는 "오점이 없는 인생을 살았고, 사랑으로 충만한 어머니이자 순종적인 아내, 친절한 이웃, 가난한 사람들에게 인정을 베푸는 여인, 가족들에게 진정한 교사라고 불리는 데 부족함이 없는 부인이었다."[68] 의지가 굳센 남편, 그리고 신세계에서 그녀의 조언과 지지를 필요로 하는 자녀들에게 헌신한 어머니는 앤의 귀감이 되었다.

앤의 아버지 토머스 더들리는 아내가 죽었을 때 앤의 여동생 머시에게 쓴 편지에서 그녀가 사랑으로 충만했고 친절했으며 열정적이었던 사람이라고 회고했다. 물론 정황을 고려해볼 때 이보다 더 못하게 말하기는 어려웠을 테지만 말이다. 그는 기독교도 아내들이 자랑하는 다른 여러 덕성들(겸손, 온순함, 온화함, 복종, 참을성)을 보탤 수 있었을 것이다. 오늘날의 우리로서는 여성의 주요한 덕목이 이런 것이었다는 사실을 상상조차 하기 어렵다. 식민지 여성들은 개인적으로는 자신과 가족이 뉴잉글랜드의 혹독한 겨울을 견디기 위해서라도 신체 면에서나 감정 면에서 강인해져야 했지만, 공적으로는 '약한 그릇'으로서의 여성에 어울리는 외모를 가꾸어야 했다. 그리고 도로시 더들리와 같은 많은 여성들은 청교도적 에토스를 철저히 내면화한 나머지, 여성은 연약한 존재이며 아내는 남편에게 의존해야 한다는 믿음에 조금도 의문을 품지 않았다. 남편이 아내에게 의존하는 측면에 대해서 말하는 사람은 드물었다. 그러나 수 세기 동안의 결혼 생활에 대해 연구한 사람들은 남편이 아내를 여읜 후 엉망진창이 되거나 일찍 죽는 경우가 많고, 혹은 재빨리 재혼을 하는 경우도 있었다고 전한다. 토머스 더들리는 후자의 경우에 속했다. 40년간 아내에게 헌신했던 그였지만 그녀가 죽고 4개월도 채 지나지 않아 재혼했다.

앤 브래드스트리트도 어머니 못지않게 모범적인 여성이었다. 그녀의 어머니가 지녔던, 아내로서 그리고 어머니로서의 강인함에 더하여 그녀는 작가로서의 재능을 갖고 있었다. 그녀는 에밀리 디킨슨과 에이드리언 리치로 이어지게 될 미국 여성 시인의 계보에 이름을 올렸다.

그러나 당대의 모든 사람들이 앤 브래드스트리트처럼 원만한 결혼 생활을 했던 것은 아니다. 다른 사람들은 그와 같은 행운을 누리지 못했다. 예를 들어 앤의 누이동생 세라는 스캔들과 이혼으로 결말이 난 끔찍한 결혼 생활을 했다. 남편인 벤저민 케인과 더불어 떠난 런던 여행에서 세라는 혼성 모임에 나가 설교를 했는데, 이 때문에 아내로서 적절하지 못한 행동을 했다는 비난을 한 몸에 받으며 홀로 매사추세츠로 돌아왔다. 그녀의 남편은 그녀가 간통을 통해 옮았을 것이라고 추정되는 매독균을 자기에게 옮겼다고 비난을 퍼부었다.

당시 매사추세츠의 주지사였던 그녀의 아버지는 주 의회를 통해 딸의 이혼을 추진했지만, 그녀는 보스턴의 퍼스트 교회로부터 "부당한 예언"을 했으며 파문당한 사람과 "가증스럽고 음란하며 수치스러운 행동"을 했다는 이유로 파문당했다.[69] 당시 간통죄를 저질렀다는 것이 입증되면 매질이나 벌금형 또는 둘 모두에 처해졌는데 그녀는 가벼운 처벌을 받았던 듯하다. 뉴잉글랜드나 남부 지방에서 간통죄를 범한 사람은 목에 새끼줄을 매고 공공장소에 서 있거나 속죄한다는 뜻으로 흰 지팡이를 들고 흰색 천을 두른 채 교회에 나가는 모욕을 받았다. 1612년에 버지니아에서, 1631년에는 매사추세츠에서 간통죄를 사형에 처한다는 법률이 통과되었지만 실제로 형이 집행되는 경우는 거의 없었다.[70] 매사추세츠, 코네티컷, 뉴헤이븐에서 간통에 대한 눈에 띄는 처벌은 오직 세 번 행해졌을 뿐이다. 첫 남편이 살아 있었음에도 세라에게는 재혼이 허용되었다. 하지만 딸에 대한 양육권은 빼앗겼다.

이혼은 비록 드문 일이긴 했지만 그것이 부자들의 특권이었던 영국보다는 뉴잉글랜드에서 성별 그리고 계급에 상관없이 좀 더 쉬웠다. 청교도들에게 결혼은 성사가 아니라 단지 두 사람 사이의 민사 계약에 속하는 일이었으므로 다른 계약들과 마찬가지로 무효가 될 수 있었다. 청교도들은 피해를 입은 쪽(통상 여성)이 재혼을 함으로써 간통이 나 간음의 유혹에 빠지지 않을 것이라는 가정하에 이혼을 최후의 방책으로 허용했다. 17세기의 매사추세츠에서는 간통, 유기, 장기간의 부재, 부양 의무 방기, 중혼, 학대 등이 이혼 사유로 인정되었다. 뉴잉글랜드에서 이혼 사유 중 절반 이상은 간통이 원인이었다. 남편은 "맘에 드는 어떤 여자하고도, 또 허락하는 여자라면 아무하고라도 잠자리를 했다."[71] 뉴잉글랜드에서 이혼을 제기하는 쪽은 남성보다 여성이 많았다. 이는 케인 부부와는 달리 불행한 결혼 생활을 하는 아내들이 남편들보다 훨씬 절망적인 상황에 있었음을 방증한다.

퍼스트 교회에 남편이 제기했던 세라 케인의 죄목 가운데 특이한 것은 그녀가 방종했을 뿐만 아니라 '예언'을 했다는 점이다. 전통적으로 기독교를 믿는 아내라면 바울이 제언했고 존 윈스럽이 재차 확인한 바에 따라 교회에서 침묵을 지켜야 했다.

하지만 몇몇 청교도 아내들은 종교적 발언을 했는데, 앤 허친슨(Anne Hutchinson)도 그중 하나다. 그녀가 종교적 문제를 거론한 일은 '도덕률 폐기 논쟁'이라고 불린 사건으로까지 비화되었다. 교단에서 탈퇴한 비국교도 목사의 딸이었던 앤은 남편과 아이들을 데리고 영국에서 보스턴으로 이주했다(그녀는 모두 15명의 아이를 낳았다). 신세계에서 허친슨가에 할당된 약 2000제곱미터의 땅에서 앤은 성공한 상인의 아내에게 부과되는 의무를 수행했다. 출산을 돕고 자신이 처방한 약초로 만든 약을 나누어주면서 경험 많은 간호사이자 의사로서 존경을 받았다.

그러나 앤은 또 다른 활동, 즉 기존의 종교에 반대하는 활동을 하게 되었다. '구원'은 (선한 행위보다는) 신의 은총에 전적으로 의존한다는 이론을 설파했던 존 코튼(John Cotton)의 가르침에 따라 앤은 일요 설교에 대해 토론하는 여성 회합을 조직하고 비정통파적 견해를 설파하기 시작했다. 교회에서 침묵해야 했던 여성들은 이 회합에서 다른 여성들의 지지를 받으며 발언하고 자신의 생각을 표현할 수 있었다. 여성들만의 모임은 확대되어 곧 남성들까지 참여하게 되었고, 앤의 넓은 거실은 60명에서 80명의 사람들로 들어찼다.[72]

앤 허친슨의 영향력이 확대되는 데 위협을 느낀 교회 당국은 그녀를 청교도 신앙에서 이탈한 죄로 기소했다. 그녀는 침묵을 지킬 것을 거부한 채 이웃 마을들을 순회하며 비판자들과 지지자들을 한곳에 모았다. 윈스럽 지사는 아내는 남편에게 복종할 뿐 기존 질서에 대한 문제 제기에 관심을 기울일 필요가 없다고 확신했고, 그녀에게 반대하는 분파들의 손을 들어주었다. 그녀는 "아내보다는 남편, 신도보다는 설교자"[73]의 역할을 자임했다는 이유로 비난을 받았다. 결국 파문과 추방령을 선고받은 그녀는 남편을 포함한 소규모 그룹의 사람들과 더불어 매사추세츠를 떠났다. 그녀는 로드아일랜드의 개척자 가운데 한 명이 되었다. 4년 후 남편이 죽자 롱아일랜드 주의 사운드에 정착했지만, 1643년 인디언들에게 살해당했다.

물론 종교적 지도자이거나 시인이었던 청교도 아내는 거의 없다. 대부분의 아내들은 해도 해도 끝이 없는 가사와 육아에 따르는 잔일에 시달려야 했다. 그들은 영국 여성들에 비해 일찍(통상 20~23세 사이) 결혼했고 여섯 또는 일곱 명의 아이를 낳았다. 앤 브래드스트리트처럼 최상의 조건을 갖춘 경우에는 자식들이 어른이 되는 것을 지켜볼 수 있었지만 자식이 아동기에 사망하거나 아내 자신이 일찍 죽는 경우가 훨씬 많았다. 그리고 홀아비와 과부들은 재혼하여 전 부인 혹은 전 남편과의 사이에서 낳은 아이들로 구성된 새로운 가족을 꾸렸다. 오늘날 이혼 후 재혼하여 '재구성된' 가정의 수는 초기 미국에서 사별 후 재혼한 가정의 수에 한참 못 미친다. 자식들은 부모와 침실을 함께 썼을 뿐만 아니라 의붓 형제들과도 침대를 (종종 한 침대에 서너 명씩) 함께 쓰곤 했다.

뉴잉글랜드에서 대부분의 사람들은 옥외에 세탁할 곳과 목장을 갖춘 방 하나 또는 두 개짜리 집에 살았다. 아내는 요리, 세탁, 옷 수선, 버터 만들기, 빵 굽기, 식품 저장하기, 아기 양육을 위해, 또한 딸들에게 이 모든 기술을 전수하기 위해 이 공간들을 깨끗하게 유지할 책임이 있었다. 이외에도 비누, 왁스, 초, 빗자루 만드는 방법을 가르쳤다. 대부분의 아내들은 채마밭을 가꾸었고 닭과 돼지에게 모이를 주었으며 소젖을 짰다.

남성과 여성 사이에는 확실하게 노동 분업이 이루어졌다. 대부분의 남성들은 사냥, 수렵, 경작을 통해 식량을 조달했다. 또한 직접 집을 짓고 필요한 도구들을 만들었으며 양을 쳐서 양털을 얻었다. 그들은 가죽으로 물건을 만드는 데 적극적이었으며 아마 재배에도 열심이었을 것이다.[74] 그들 가운데 일부는 상점 주인, 장인, 의사, 법률가였다. 남편이 사업을 하거나 수공업에 종사하는 경우에 아내는 종종 그를 도와 일했다. 실제로 선술집을 경영하고 화주를 파는 것은 아내의 협조 없이는 불가능했기 때문에 아내가 없는 남자에게는 당국에서 허가증을 내주지 않는 경우도 있었다. 매사추세츠 톤튼 출신의 한 남자는 아내가 죽고 난 뒤에 허가증을 갱신하려 하자 "술집을 유지할 능력이 없다"[75]는 이유로 거절당했다.

남편과 아내들은 자녀들의 도움에 의지했고, 남의집살이를 하는 18~25세의 '계약 하녀'에 의존했다. 계약 하녀들은 신세계로 데려오는 비용을 부담해주고 생계를 보장해주는 대가로 수년 동안 일을 했다. 식민지 가정의 3분의 1이 남의집살이를 하는 하녀들을 두고 있었다. 그러나 모든 집에 차례가 돌아갈 만큼 하녀들의 수가 충분한 적은 한 번도 없었던 것 같다.[76] 종종 이들 하녀들은 여자 주인과 긴밀한 관계를 맺었는데 이들은 젊은 여성의 미래에 관심을 보였고, 식모살이가 끝날 때에 맞추어 남편감을 구해주기도 했다. 계약 하녀들은 마음씨 착한 신랑이 남은 기간의 임금을 지불해주지 않는 한 결혼할 권리가 없었다.

앤 브래드스트리트의 시누이인 메리 윈스럽 더들리의 경우에서 알 수 있듯 한지붕 아래에 사는 주인과 식모들 사이에는 언제나 불화의 불씨가 내포되어 있었다. 메리는 양어머니에게 보낸 편지에서 거만한 식모를 '눈엣가시'라고 묘사했다. "만약 제가 어머니에게 그 계집애가 퍼부은 욕설과 추잡한 말들을 다 쓴다면 그건 제가 어머니를 슬프게 하는 꼴밖에 안 될 것입니다."[77]

하녀들 역시 안주인에 대해 부정적인 견해를 갖고 있었다. 남편은 '윗사람'으로서 아내를 체벌할 수 있었는데 안주인이 이 논리를 하녀에게 적용하여 체벌하는 경우에는 특히 심했다. 어떤 하녀들은 남자 주인의 성적 노리개가 되기도 했다. 엘리자베스 디커만은 집주인인 존 해리스가 동침을 요구했으며 "만약 부인에게 발설할 시에는 목매달아 죽이겠다"고 협박했다면서 미들섹스 카운티 법정에 고발했다. 법원은 엘리자베스의 고발을 받아들였고 존 해리스를 20대의 태형에 처했다.[78] 하녀가 주인의 아이나 다른 남자의 아이를 임신하면 그녀는 공공연한 모욕뿐만 아니라 임신, 출산, 몸조리로 빼앗긴 시간을 벌충하기 위해 1년을 더 일해야 했다. 1672년 버지니아에서 제정된 법령은 주인 남자가 사생아의 아버지일 경우 이런 의무를 부과하는 것이 불공정하다고 판단하고, 주인은 하녀에게 추가 노동을 요구할 수 없다고 선포했다.[79] 얼마나 많은 아내들이 남편의 혼외 관계를 수습하기 위해 다른 방법을 찾았을지 궁금하다.

하녀가 있든 없든 좋은 가정주부가 된다는 것은 좋은 아내가 되기 위한 필수 조건이었다. 미국 여성들은 당연히 가사에서 자신의 정체성을 찾았고, 가끔씩은 요리, 실잣기, 뜨개질, 바느질, 자수 등을 잘한다는 데 자긍심을 느꼈다. 17세기부터 20세기에 이르기까지 미국의 아내에 관한 이야기에는 사과파이 맛이 배어 있었고 조각 천으로 만들어진 퀼트 무늬가 수놓아져 있었다. 비록 오늘날에는 감상적인 것으로 여겨지지만 뛰어난 요리 솜씨와 집 안에 필요한 아기자기한 물건을 만드는 능력은 여성의 성취를 보여주는 진정한 표지(標識)였다. 로렐 울리히는 그의 뛰어난 저작인 《양처들 *Good Wives*》에서 요리란 "사과를 넣은 돼지고기나 거위 로스트, 파슬리와 겨울 향초를 사용한 뱀장어파이, 파 수프 혹은 구즈베리 크림" 따위의 특별식을 의미한다고 적고 있다. 비록 가장 흔한 음식은 삶은 고기와 콩, 파스닙(네덜란드 방풍나물), 양파, 또는 양배추였겠지만 말이다.[80] 아궁이처럼 생긴 화덕에서 모든 것을 요리하던 대부분의 가정에서 여러 가지 요리를 한꺼번에 만드는 것은 매우 어려운 일이었다.

봄에는 치즈 만들기, 여름에는 채마밭 가꾸기, 가을에는 사과주 만들기 등 '계절 특식'을 만들었다. 사과를 따서 그것이 발효되는 냄새를 맡아본 적이 있는 사람이라면 1년 내내 즐길 수 있는 사과주를 생산하느라 쏟아 부은 노고와 지난한 과정을 느낄 수 있을 것이다.

"주부 노릇을 하는 데 자긍심을 느꼈던" 뉴버리의 비어트리스 플러머 같은 여성은 베이컨과 빵을 만드는 재주보다 돈에 눈독을 들였던 남자와 결혼하는 불운을 겪기 전까지만 해도 처음 두 남편에게 솜씨를 인정받은 아내였다.[81] 결혼 전에 전 남편에게 물려받은 재산의 소유권을 그녀가 계속 보유한다는 내용의 합의서에 서명을 했는데도 불구하고 새 남편은 마음을 바꿔 협약을 파기하라고 강요했다. 결국 그들의 불화는 요리사이자 주부로서 한 여자가 품고 있는 자부심과 그녀의 재산을 탐낸 한 남자의 탐욕에 대해 알려주는 증언들을 남긴 채 법정에서 종식되었다. 그녀가 결혼 전에 작성한 서류를 찢어 없애지 않았기 때문에 그녀는 자신의 재산을 계속 소유할 수 있게 되었다. 벌금형을 받은 못된 남편과 계속 살았는지는 알 수 없다.

미국에서도 여성이 결혼 전에 보유했던 재산을 통제할 권리를 인정하는 혼전 협약이 체결되는 일은 드물었지만 이런 것이 부자들에게만 해당되었던 영국보다는 조금 사정이 나았다. 1667년 매사추세츠 주 플리머스에 사는 한 부부가 서명한 계약서에는 아내가 "당시 그녀의 소유였던 집과 땅, 물건과 가축들 모두에 대한 소유권과 자유로운 처분권을 가진다"[82]고 적혀 있다.

혼전 협약을 통해 별도의 내용을 명기해두지 않는 한, 결혼과 동시에 남편은 자동적으로 아내의 재산을 소유하고 관리할 권리를 획득했다. 여성의 재산에 대한 남성의 소유권은(부인의 모든 재산은 남편 재산에 통합된다) 부부를 '일심동체'라고 간주한 영국 불문법에 따른 것이다. 옷이나 침구 '자질구레한 소지품'과 같은 개인 물품들을 제외하고는 아내의 모든 재산에 대한 처분권이 남편에게 넘어가는 것이다.

법적으로 남편은 아내의 보호자이며 따라서 빚을 포함해서 아내가 한 모든 행동에 책임을 지게 된다. 그녀가 경범죄를 저지르면 법정은 (아내가 공공연히 모욕을 당하는 벌을 받는데도) 남편에게 벌금을 부과한다. 예를 들어 험담을 늘어놓거나 입을 함부로 놀려 다른 사람의 명예를 훼손한 '참새족들'은 물고문용 의자에 머리를 박는 벌을 받는다.

아내가 다른 사람으로부터 피해를 입고 소송을 걸고자 할 때 (남편의 허락을 받아서 직접 소장을 제출할 수 있게 되어 있는데도) 대개 소송을 제기하는 쪽은 남편이었다. 미혼녀, 이혼녀, 미망인(불문법의 용어를 사용하면 독신녀)은 독자적으로 소송을 제기할 수 있었고, 법적인 거래와 사업상의 거래를 할 수도 있었지만 기혼 여성은 남편을 도와서 일하는 경우를 제외하고는 독자적인 사업을 할 수 없었다.

여성의 권한 가운데 하나는 남편의 뜻을 대행하는 것이었다. 법적으로 미망인은 남편 재산의 3분의 1에 대한 권리를 가졌다. 실제로 남편들은 그보다 더 많은 부분을 아내 몫으로 따로 챙겨두거나, 자신이 죽은 후에도 집에서 계속 살 수 있게 해주었다.[83] 미망인이 된 여성들은 남편의 농장이나 사업을 물려받아 직접 운영하기도 했다. 어떤 미망인들은 자기 몫을 챙겨 (초기 뉴잉글랜드에서는 과부들의 일이라고 여겨진) 여인숙이나 술집 같은 새로운 사업에 뛰어들기도 했다.

많은 여성들이 남편을 먼저 떠나보내고 혼자 살다 일생을 마쳤다. 이는 오늘날처럼 여성의 수명이 더 길었기 때문이 아니다. 17세기에 남성과 여성의 평균 수명은 엇비슷했다. 그러나 아내들은 대개 남편보다 나이가 적었기 때문에 남편보다 조금 더 오래 살았다. 재산이 많은 극소수의 여성들은 혼자 살면서 어느 정도 독립성을 누렸지만 대부분의 미망인들은 아이들, 특히 아들로부터 방 한 칸 또는 용돈 등을 얻어 썼다. 최악의 경우에 가난한 미망인들은 교회의 도움이나 공적 자선에 의존해야 했다.

최근까지도 미국 건국 초기의 역사 연구에서 여성들에 대한 관심은 매우 적었다. 지난 30년 동안 이런 무관심을 교정하기 위해 쏟은 노력의 결과로 몇몇 탁월한 업적이 나온 것은 사실이다. 하지만 식민지 아내들에 대한 연구 성과는 드물고 연구의 일관성도 없다.

어떤 이들(예를 들어 라일 쾰러 같은 사람)은 여성들이 종속적인 지위에 놓인 데에서 비롯된 부정적 측면들을 강조했다. 즉 신세계에서 사람들이 어떤 종류의 새로운 자유를 누렸든 간에 거기에는 딸들과 아내들의 자유는 포함되지 않았다는 것이다. 낸시 월로치는 유럽 다른 지역과 마찬가지로 영국에서도 널리 받아들여졌던 여성의 복종이라는 이데올로기가 "식민지에 그대로 옮겨와 쉽게 뿌리를 내렸고", 그 결과 식민지 여성은 권력과 권위의 자리에서 배제되었으며 오직 "재앙이나 일탈, 즉 인디언의 포로가 되거나 마법술 등"[84]과 관련해 공적인 역사에 등장할 뿐이라고 주장했다. 다른 역사가들(예를 들어 로렐 울리히)은 여성에게 복종이 요구되었다는 사실을 부인하지 않으면서도 아내들이 어머니로서, 남편의 대리인으로서, 이웃으로서, 산파로서, 자선사업가로서, 개척자 여성 영웅으로서 등 다양한 방식으로 권위를 행사했다고 주장했다.

미국 여성에게 유리하게 작용한 요인 가운데 하나는 북부와 남부 모두에서 남자가 여자보다 많았다는 것이다. 1620년 메이플라워호를 타고 플리머스에 도착한 청교도 102명 가운데 여자는 겨우 28명이었다. 이보다 앞선 1607년 제임스타운, 버지니아에 정착했던 최초의 개척민들 가운데 여자는 단 한 명도 없었다. 그러나 1608년 가을에 도착한 그룹에는 토머스 포레스트의 부인과 하녀 앤 버라스도 끼어 있었다. 부인은 오래지 않아 죽었지만 하녀는 금방 짝을 찾았고 그들의 결혼은 버지니아에서 거행된 첫 번째 예식으로 기록되었다.

식민화 과정을 감독하던 버지니아사는 1620년과 1622년 사이에 독신 여성 140명을 배에 태워 데려오는 전례 없는 일을 벌였다. 남성은 뱃삯으로 120~150파운드를 지불하고 아내를 살 수 있었다.[85] 체서피크 만(메릴랜드와 버지니아 사이에 있는 만—옮긴이)에서는 이민 초기의 몇 십년 동안 남자와 여자의 비율이 6 대 1 정도였는데 1680년대에 이르면 3 대 1이 되었다.[86] 이러한 불균형은 1619년까지 수송되어온 노예들의 성비가 여자 2명에 남자 3명꼴이었기 때문이기도 하다. 영국에서는 남자 9명에 여자 10명꼴로 여성이 남아돌았던 반면에 신세계에서는 계급의 높고 낮음이나 결혼 지참금의 다소에 관계없이 신부가 부족했다. 부유한 미망인은 물론이고 남의집살이를 하는 하녀도 원하기만 하면 남편을 구할 수 있었다.

메릴랜드 주 당국은 메릴랜드가 남편을 찾는 하녀들의 천국이라고 선전했다. "주변 어느 곳을 둘러봐도 여기처럼 하녀로서 더 없는 행복을 찾을 수 있는 고장은 없을 것입니다. 왜냐하면 그들은 바닷가에 도착하자마자 결혼을 할 수 있기 때문입니다."[87] 버지니아 주와 메릴랜드 주가 여성을 수입하여 대성공을 거두자 캐롤라이나 주도 그곳에 오면 장밋빛 미래가 펼쳐질 거라고 홍보하기 시작했다. 인생을 변화시키고 싶어하는 하녀나 독신 여성이라면 남편이 아내에게 지참금을 주던 황금기를 떠올릴 것이다. 50세 미만에다 상냥하기만 하다면 정직한 남자가 그녀들을 아내로 사갈 것이다.[88]

신붓감이 부족했기 때문에 여성은 남편을 선택할 수 있는 기회가 많았고, 어떤 여성들은 이러한 상황을 적극적으로 이용했다. 예를 들어 1623년 버지니아에서 남편을 잃은 세실리 조던은 그레빌 풀리 목사와 즉각 약혼을 했다. 단 미망인이 된 지 얼마 안 된 여자에게 부과되는 정숙의 의무 때문에 남들에게 약혼 사실을 알리지 않는다는 조건을 달았다. 그러나 풀리는 다른 사람들에게 말했고, 화가 난 약혼녀는 다른 구혼자에게 가버렸다. 풀리는 약속을 파기했다며 소송을 걸었지만 소송에서 승리한 것은 세실리 조던이었다.[89]

두 명의 남자와 약혼했던 또 다른 버지니아 여성 엘리너 스프래그는 1624년에 "동시에 다수의 남자와 약혼했다는 죄목"으로 신도들로부터 벌을 받았다. 그녀가 받은 처벌은 공개적으로 회개하는 것에 불과했지만 목사는 이와 유사한 범죄는 매질이나 벌금형에 처할 것이라고 엄포를 놓았다.

어떤 버지니아 여성은 결혼 시장에서 자신의 가치를 정확히 꿰뚫어 보고 전통적인 복종 서약을 거부했다. 1687년 결혼식에서 세라 해리슨 블레어는 남들과 똑같은 질문을 받았다. 그녀는 남편에게 복종할 것을 약속했을까? 그녀는 "아니요"라고 대답했다. 목사는 같은 질문을 두 번이나 계속했지만 그녀는 "아니요"라고 연거푸 대답했다. 결국 예식은 일반적인 관행과 달리 그녀의 의지에 따라 진행되었다.[90]

백인 여성이 이처럼 드물었다면 개척민 남성과 인디언 또는 흑인 여성과의 결혼이 어째서 더 많이 이루어지지 않았는지 의문을 품을 수도 있을 것이다. 백인 여성이 부족하기는 마찬가지였던 뉴프랑스(1534년에서 1763년까지 북아메리카 대륙에 있었던 프랑스 식민지—옮긴이)의 프랑스인들은 다른 인종의 여성과 결혼하는 일이 많았다. 초기 제임스타운

시몬 반 데 파세의 판화 〈포카혼타스〉.
인디언 추장 포우하탄의 딸이자 버지니아의 개척자인 존 롤프의 아내인 포카혼타스는 1616년에 남편과 함께 영국으로 건너갔다. 그녀는 런던에서 유명 인사가 되었고, 미국으로 돌아오던 중 18세의 나이로 세상을 떠났다.

정착지에서 존 롤프는 인디언 추장 포우하탄의 딸인 포카혼타스와 결혼하면서 자기보다 기우는 배필을 만났다고 생각하지 않았다. 전해지는 이야기에 따르면 그녀가 그의 구세주였든 아니었든 간에, 결혼은 롤프와 기독교로 개종한 신부에게만 좋은 일이 아니라 백인과 인디언의 평화로운 관계를 위해서도 좋은 일로 간주되었다.

버지니아의 담배 밭에 노예들이 투입된 이후로 그들 역시 백인들과 결혼한 시기가 있었다. 이에 대한 기록이 남아 있다.[91] 아직 노예 취급을 받지 않았던(어쨌든 영국에서 그들은 노예가 아니었다) 식민지 개척 초기에 흑인들은 계약에 따라 남의집살이를 하는 하인으로 간주되었고, 백인 하인과 흑인 노예 사이에는 별다른 사회적 거리가 존재하지 않았다. 그러나 노예제가 정착되고 노예의 인격을 인정하지 않게 되면서 백인이 흑인이나 인디언과 성관계를 맺거나 결혼하는 것은 금지되었다. 1630년에 이미 제임스타운에서는 휴 데이비스라는 남자가 "자신의 몸을 함부로 굴려 검둥이와 잠자리를 같이함으로써 하느님을 모독하고 기독교인에게 수치를 주었다는 이유로 검둥이들과 다른 사람들 앞에서 심한 매질을 당해야 하며 다음 안식일까지 잘못을 인정해야 한다"[92]는 명령을 받았다.

1661년 메릴랜드 주는 백인 여성과 흑인 남성의 결혼을 금지하는 최초의 법안을 통과시켰다.[93] 1691년에 버지니아 주는 백인은 흑인이나 인디언과 결혼할 수 없으며, 이 법을 어긴 백인은 거주지에서 추방한다고 선포했다.[94] 1705년 매사추세츠 주에서는 (백인과) 다른 인종과의 결혼을 금지하는 법이 통과되었다. 같은 해 미국의 풍속을 관찰했던 어떤 사람은 남자들이 (비백인) 여성들이 "남편들을 파멸시키기 위해 같은 종족 출신의 여자들과 공모하지나 않을까" 두려워하지만 않았어도 존 롤프와 같은 사례는 "더 많은 땅을 개척하기 바랐던 다른 정착민들을 통해 널리 계승되었을 것"이라고 주장했다. 1717년에 버지니아 주의 주지사 알렉산더 스포츠우드(Alexander Spotswood)는 런던에 있는 한 지인에게 편지를 써서 "나는 인디언 아내를 둔 영국 출신 남자를 단 한 명도 알지 못하오"[95]라고 적었다. 영국 남자와 흑인 여성에 대해서도 그는 똑같은 이야기를 할 수 있었을 것이다. 1705년과 1750년 사이에 펜실베이니아, 매사추세츠, 델라웨어 및 모든 남부의 영국령 지역에서 다른 인종 간의 결혼을 금지하는 법률이 통과되었기 때문이다.[96]

식민지 미국에는 다른 신세계의 식민지와 달리 백인과 백인 이외의 인종 사이에 태어난 아이들을 지칭하는 캐나다의 메티스(metis, 캐나다 원주민과 유럽인 사이의 혼혈 — 옮긴이)나 라틴아메리카의 메스티소(mestizos, 남미 원주민과 스페인계 또는 포르투갈계 백인 사이의 혼혈 — 옮긴이)와 같은 용어가 존재하지 않았다. 그렇지만 미국 전역에서 백인과 흑인 또는 물라토(mulato, 백인과 흑인의 혼혈 — 옮긴이) 사이의 결혼을 금지하는 법이 통과되었던 19세기까지는 에스파냐인 혹은 프랑스인이 지배하던 플로리다와 루이지애나에서 물라토가 백인의 권리들 가운데 몇 가지를 행사하면서 살았다.[97]

원주민이나 흑인들과 경쟁할 필요가 없었던 17세기의 백인 여성들은 희소성에서 비롯된 특혜를 누렸다. 개척민 사회에서 살아가야 한다는 사실이 그들을 가족과 공동체의 생존에 없어서는 안 될 존재로 만든 것이다. 1619년 7월 31일 이미 버지니아 자치회의 신사 양반들은 "새로운 농장에 남자가 더 필요한지 아니면 여자가 더 필요한지에 대해서는 알려진 바가 없다"는 사실을 인정했다.[98] 1633년부터 1652

년에 사망할 때까지 보스턴 퍼스트 교회의 스승으로 추앙받았던 청교도 목사 존 코튼은 다음과 같은 견해를 피력했다. "여성이란, 없으면 남자가 불편하기 때문에 존재하는 피조물이다. 정부에 대한 다음과 같은 격언은 아내에 대해서도 통한다. 나쁜 정부도 아예 없는 것보다는 낫다."[99] 이런 종류의 반어적 칭찬은 착한 아내가 최고라고 믿었던 중세의 종교적 입장에 비하면 크게 진보한 것이다.

21세기에 살고 있는 사람의 유리한 입장에서 이 시대에 대해 살펴보면, 16세기와 17세기의 프로테스탄트들은 근대적인 결혼을 위한 토양을 다졌다고 할 수 있다. 미국 역사가 에드먼드 모건은 청교도들이 부부간의 사랑을 높이 평가했다는 점을 강조한다. "남편과 아내가 세상 그 무엇보다 서로를 사랑하지 않는다면 서로를 기만하는 것일 뿐 아니라 신에게 불복종하는 셈이다." 그러면서 17세기의 사랑이 오늘날과 똑같은 의미를 지닌 것은 아니라고 덧붙인다. 그것은 낭만적인 열정과 혼동되어서는 안 되며 하느님에 대한 사랑과 경쟁하려 해서도 안 되는 것이었다. 오히려 부부간의 사랑은 한 목사의 말에 따르면 "결혼 생활의 본질적 부분은 건드리지 않으면서 결혼에 따르는 여러 첨가물들을 달콤하게 만드는 설탕"과 같은 것이었다. 기껏해야 그것은 의무, 분별력과 조화를 이루는 애정이었을 따름이다.[100]

또 다른 역사가 존 길리스는 청교도들의 부부 생활이 "서로를 동반자로 여기는 근대적인 결혼 형태에, 심지어 부부 사이의 (비록 제한적이긴 하지만) 평등을 선포할 정도로 근접했다"[101]고 단언한다. 모든 가능성을 두고 생각해보아도 청교도 아내가 그렇게 많은 것을 요구했을 리가 없다. 아내들은 대개 남편에게 가족의 '머리' 역할을 맡긴 채 자신은 '가슴' 역할을 수행하는 데 만족했다. 아내들은 교회에서 정해진

기도석에 앉았으며 집에 돌아와서는 기도를 드리기 위해 자신의 방으로 들어갔다. 그러나 침실에서는, 앤 브래드스트리트가 그 당시 일반화된 일들을 우리에게 암시해준 것이 맞다면 우리를 깜짝 놀라게 할 만한 일들이 일어나고 있었다.

4장

혁명의 그늘에 선 사람들

공화국 미국과 프랑스의 아내들

18세기에 서양 여성들은 새로운 정체성을 갖게 되었다. 그것은 바로 정치의식이었다. 왕정을 타파한 미국 독립전쟁과 프랑스 혁명의 시련 속에서 대서안 양안의 여성들은 정치의식에 눈떴다. 애국파(Patriots)든 국왕파(Loyalists)든, 여성들은 그들의 남편, 아버지, 남자 형제, 아들들처럼 자신들도 나랏일과 연관되어 있다고 느꼈다. 비록 극소수만이 (그 말의 공적인 의미에서) 역사를 만들어갔지만 여성들은 혁명적 투쟁으로 건설된 새로운 공화국의 공동 창조자였다. 이 문맥에서 '여성'은 아내를 뜻하는데, 그것은 18세기 프랑스의 많은 여성과 마찬가지로 식민지 미국에서 대부분의 성인 여성들은 기혼자였기 때문이다.

식민지 미국의 완벽한 아내

18세기 미국 아내의 정체성은 다음과 같이 세 가지로 설명할 수 있다. 첫째, 아내는 비록 '종속적인 반려자'이긴 했지만 남편의 육체적, 감성적 반려자였다. 둘째, 아내는 남편과 함께 부모로서의 의무를 다해야 하는 어머니였다. 셋째, 아내는 가사 노동을 하는 주부였다.

대부분의 여성이 기도라든가 성경 독해, 예배 참석, 그리고 여성 모임에서 행해진 설교에 대한 토의 등과 같은 종교 생활을 위한 시간을 할당해두고 있었다. 도시 여성들은 사교를 위해서뿐만 아니라 이웃이 아프거나 산후 조리를 할 때 서로 도움을 주려는 목적으로 친교를 맺었다. 돈 많은 여성들은 저녁 식사, 파티, 며칠 혹은 몇 주간의 여행 등 세련된 여흥을 즐기기도 했다. 그들은 편지 쓰는 시간, 그림 그리는 시간, 하프시코드나 피아노를 연주하는 시간, 바느질을 하고 시를 읽을 시간을 따로 마련하기도 했다. 역사가 시작된 이래로 항상 그랬던 것처럼, 부유한 여성은 다른 사람들보다 나은 삶을 살 수 있었다. 하지만 이제 경제적 조건뿐만 아니라 지리적 조건도 여성들의 삶에 영향을 미치기 시작했다. 예를 들어 도시 거주자들은 시골 사람들보다 생활이 더 어려웠고, 북부 사람들은 딸을 학교에 보낼 수 있었다. 이는 남부에서는 아직 불가능한 일이었다.

아내의 지위는 남편의 신분에 따라 결정되었다. 아내는 대장장이 마누라, 주지사 사모님, 장관 부인, 상인의 아내 등으로서만 공적으로 알려졌을 뿐, 자신의 지위를 통해 인정받지는 못했다. 기혼 여성이 명성을 얻는 것은 그녀가 뛰어난 산파이거나 훌륭한 종교 지도자인 경우에 한해서였고, 그것은 매우 예외적인 일이었다.

일단 결혼을 하면 여성은 식민지에서 강한 효력을 발휘하던 영국 불문법에 의거하여 유부녀로 간주되고 남편이 아내를 대신해 모든 법적 권리를 행사하게 된다. 남편만이 소송을 제기하거나 피소될 수 있었고 계약을 체결할 수 있었으며 재산(아내 소유였다가 그에게 귀속된 것을 포함하여)을 사고팔 자격이 있었다. 아내는 법적 자유를 박탈당했고 이혼하기조차 매우 어려웠으므로 남편의 보호와 자비에 의지할 수밖에 없었다.

이 시기에 영국, 프랑스, 미국에서 출간된 서적들 역시 똑같은 논조를 띠고 있다. 즉 여성은 "약한 그릇"이며 "유약한" 성이고 이성적인 면에서 남성보다 열등한 존재로, 남편에게 봉사하고 자식들을 양육하기 위해 태어났다는 것이다. 종교적인 관점으로 역사를 해석하는 것에서 탈피한 계몽 사상의 시대인 18세기에도 사람들은 여성이 남성에게 종속된 운명을 타고났다는 것을 조금도 의심하지 않았다. 대서양 양안에서 큰 영향력을 발휘했던 장 자크 루소의 교육서 《에밀》에 나오는 말을 살펴보자. "남자는 강하고 적극적이어야 하며, 여성은 약하고 수동적이어야 한다. 여성이 지녀야 할 가장 바람직한 덕성은 친절함이다. 여성은 남편이 아내에게 가하는 부당한 일과 잘못을 불평 없이 받아들이는 것을 일찌감치 배워야 한다."[1]

영미권의 저명한 작가들은 여전히 남편과 아내의 불평등을 옹호했다. 여성의 열등한 지위를 이성적 결함의 탓으로 돌리건 아니면 하느님의 뜻으로 돌리건 결과는 마찬가지였다. 식민지 시대의 여성과 남성은 아내는 남편보다 약하며 따라서 남편에게 의존해야 한다고 여겼다. 목사, 의사, 윤리학자들은 모두 "하느님은 여성을 남성에게 의존하도록 만들었으며 따라서 여성은 남성에게 복종해야 한다"고 주장했다.[2] 존 그레고리(John Gregory)의 《딸들에게 전하는 어느 아버지의 말*A Father's Legacy to his Daughter*》을 비롯한 몇몇 서적들은 아내는 남편에게 '봉사하기'보다는 남편을 '기쁘게' 하도록 노력해야 한다고 충고했다. 즉 여성은 남성의 보호와 지원을 얻기 위해 복종해야 한다는 것이다.

아내가 복종의 뜻을 나타내지 않거나 노골적으로 순종하지 않으면 남편은 권위를 세우기 위해 영미법에서 허용된 "적당한 물리적 교정

(敎正)"을 아내에게 가할 수 있었다. 교정의 형태에는 아내를 구타하거나 방에 감금하는 등 여러 가지가 있었지만 불구로 만들거나 생명을 빼앗는 일은 금지되었다. 폭력을 행사한 남편은 처벌을 받았고 몇몇 남편들은 가족과 친지의 도움을 받은 아내에게 기소되기도 했다. 부당한 대우를 받았던 여성들 가운데 몇몇은 이런 방식으로 남편의 학대로부터 벗어나는 데 성공했지만 대부분의 여성들은 말없이 고통을 감내해야 했다.

남성들은 여성의 열등함은 '타고난' 것이며, 따라서 여성은 자신들의 지배를 받아야 한다고 공공연히 주장했다. 그리고 이러한 주장을 반영한 법률들은 여성이 스스로를 바라보는 방식에도 영향을 미쳤다. 역사가 메리 베스 노턴은 수많은 여성들의 일기와 편지들을 읽고 나서 대부분의 여성이 스스로를 남성들보다 열등하다고 믿었으며 자기비하에 빠져 있었다고 평가했다. 노턴의 글에 나오는 이러한 여성들의 말은 매우 인상적이며 섬뜩하기까지 하다. '가난하고 의지할 데 없는 여성', '닭대가리', '우둔', '저능', '판단력 부족', '재기 결핍', '바보', '무지함', '비일관적', '쇠약한', '무딘', '실수투성이' 등과 같은 표현은 여성이 자기 자신이나 다른 여성을 업신여길 때 쓰는 단어 가운데 극히 일부에 지나지 않는다.[3]

여성이 높이 평가받을 수 있었던 유일한 영역은 여성의 '천부적' 영역이라고 간주되었던 집 안이었다. 여전히 가내 수공업에 많은 부분을 의존하고 있었던 당시의 집 안에서 여성은 가계를 효율적으로 운영하는 것을 통해 자부심을 느낄 수 있었다. 한두 명의 하인을 거느렸던 중산층 여성은 인근 농장, 채마밭, 목장 등에서 가족의 식량 대부분을 생산하고 조달했다. 도시에서는 기성복을 구입하는 여성들이 점차 늘어났지만 중류층 여성은 여전히 물레와 베틀을 돌렸다. 잘사는 여자들은 재단사를 고용하기도 했지만 대부분의 아내들은 하인을 포함한 가족들의 옷을 손수 지었다. 주부로서의 기본적인 의무에서 어느 정도 자유로워진 특권층 여성들은 복잡한 문양의 수를 놓은 침대보와 커튼이라든가 레이스 모자, 소매 주름 같은 좀 더 예술적인 형태의 창조에 관심을 기울였다. 한 도덕주의자가 다음과 같이 설파한 대로 사람들은 아내의 손이 잠시라도 쉬고 있는 꼴을 보지 못했다. "한가한 오후는 악처를 양산한다."[4] 박물관과 특별 전시회에서 옛날 미국 여성들이 만든 아름다운 공예품을 볼 때 우리는 오직 극소수의 여성만이 자신의 창조적 재능을 발휘할 여가를 가졌다는 사실을 떠올려야 한다.

북부 도시의 부유층 여성들은 8시 이전에 일어나 오전 시간을 가사에 할애하고 2시쯤에 식사를 한 후 오후에는 친구의 집을 방문하거나 승마, 독서, 음악 연습 등의 여가 생활을 즐겼다.[5] 남부의 유복한 여성들 역시 주부로서 보내는 시간과 여가 시간을 구분했다. 남부의 모든 지역은 손님을 극진히 환대하는 것으로 유명했는데, 친구나 친척이 예고 없이 집에 들이닥쳐 취식을 요구하는 것은 흔한 일이었다.[6]

그러나 대부분의 중류층과 빈민층의 아내들은 다람쥐 쳇바퀴 돌듯, 해도 해도 끝나지 않는 집안일에서 벗어나지 못했다. 도시에서 쉽게 구할 수 있는 저임금의 가정부조차 고용할 돈이 없었던 이 아내들(아마 그녀들 역시 결혼 전에 하녀나 요리사, 세탁부로 일했을 것이다)은 그저 근근이 생계를 이어가기 위해 옛날부터 여성의 몫이었던 노동을 계속했을 따름이었다. 많은 아내들이 남편들의 장사와 수공업을 거들었고, 과부가 된 후에는 종종 그 일을 승계하기도 했다. 도시에는 집에서 가까운 곳에 시장과 상점이 있어 그만큼 여성의 생활이 편리했지만, 그렇지 못한 농촌 지역에서는 모든 것을 자급자족해야 했기 때문에 잠시도 쉬지 않고 일을 해야 했다.

땅과 기회를 찾아다니는 남편을 따라 사람이 거의 살지 않는 동네로 이주해온 아내들은 고립감과 고독감에 시달리곤 했다. 노스캐롤라이나 변두리에 살던 한 판사는 1778년 아내에게 보낸 편지에서 자신이 어떤 부부의 집을 방문했는데 이들은 너무 외진 곳에 살고 있어서 젊은 아내가 반경 30킬로미터 안에 알고 지내는 여자가 단 한 명도 없더라는 이야기를 썼다.[7] 많은 개척 여성들은 고향에 두고 온 친척들에게 편지를 해서 이민 온 조상들 중 몇몇이 과거에 그랬던 것처럼 다른 사람들은 잘 먹고 잘 살고 있는데 자신들만 고생을 하고 있다며 불만을 털어놓았다.

최근까지도 많은 역사가들은 20세기 여성들과 비교하면서 식민지 시대 여성들의 삶을 미화하려는 경향이 있었다. 과거에는 여섯 명에서 여덟 명 정도의 자식을 낳았는데 오늘날의 여성들은 겨우 두세 명만 낳으면서 어떻게 출산의 고통과 양육에 대해 불평을 늘어놓을 수 있는가? 조상들은 비누를 포함해서 모든 것을 무(無)로부터 만들어냈는데 전기 오븐과 세탁기를 사용하는 여성들이 어떻게 가사 노동의 부담에 대해 투덜거리는가? 근면함과 성실함으로 정평이 난 '불평할 줄 모르는' 여성들은, 로마 공화정 시대의 여성들이 제정 로마 시대에 찬미되었던 것과 마찬가지로 '퇴폐적인' 근대 여성의 본보기로서 추앙되었다.

그러나 제정 시대의 로마인들도, 성인(聖人)의 전기를 연구하는 미국 역사가들도 과거의 '모범적' 여성들이 자신의 삶을 어떻게 생각했는지에 대해서는 궁금해하지 않았다. 그들은 이 여성들이 정말로 행복했는지 묻지 않았다. 한 사회를 사원에 새겨진 부조나 정부 문서에 기록된 공식적인 얼굴로 판단하는 것과, 여성들이 자신이 느끼고 경험한 바를 주관적으로 기록한 시, 편지, 일기, 회고록 등에 나타난 그 사회의 맨 얼굴을 보고 평가하는 것은 전혀 다르다.

우리는 18세기 미국 여성들이 항상 그처럼 모범적이지 않았다고 말할 수 있는 근거를, 아내가 "침대와 식탁을 버리고 가출을 했다"든가 "몰래 집을 나갔다"는 내용의 신문 광고들에서 찾을 수 있다.[8] 잃어버린 말과 탈출한 노예, 도망간 하인들에 대한 공시와 나란히 등장하는 이러한 광고들은 가정 불화가 계층에 상관없이 고르게 존재했음을 입증하고 있다. 왜 남편은 그런 광고를 냈을까? 어떤 남편은 아내가 진 빚을 책임지지 않겠다는 사실을 알리기 위해서라고 말했지만 실제로는 아내에게 창피를 주기 위해서였다. 광고 게재를 요구한 사람들은 은쟁반, 돈, 보석과 같이 법적으로는 그녀의 것이 아닌 귀중품들을 들고 나갔다는 이유로, 또는 다음 문구에서 보듯 부정을 저질렀다는 이유로 아내를 비난했다.

> 본인의 아내인 캐서린 트린은 신성한 서약을 어기고 너무나 수치스러운 행동을 했다. 그녀는 집을 나가 미장이인 윌리엄 콜린스라는 남자와 불법적으로 동거를 했으며, 어젯밤 그의 침대 밑에 숨으려다 들키고 말았다. 이에 충격을 받은 남편인 본인은 나를 믿고 그녀를 신뢰했던 모든 사람들에게 그런 창녀 짓을 하는 여자가 진 빚을 갚아줄 수 없음을 미리 알려줄 필요가 있다고 생각한다.[9]

세라 캔트웰(Sarah Cantwell)이 낸 다음과 같은 광고에서 볼 수 있듯 종종 아내는 남편에게 반격하기도 하고 자신의 행동을 변호하기도 했다.

> 존 캔트웰은 나를 신용했던 모든 사람들을 향해 경고하는 내용의 광고를 신문에 내는 후안무치한 짓을 저질렀다. 그는 나와 결혼하기 전에 돈 한 푼 없던 사람이다. 그가 언급한 침대와 식탁은 내가 결혼할 때 가져간 것이다. 그는 결혼할 당시 침대도 식탁도 없었다. 나는 가출한 게 아니라 그가 때리자 그를 피해 도망쳤을 뿐이다.[10]

이 광고들 뒤에 숨어 있는 이야기로 한 편의 소설을 써도 될 정도다.

아내이자 애국자였던 애버게일 애덤스

미국의 제2대 대통령 존 애덤스의 아내였던 애버게일 애덤스(Abigail Adams)는 이상적인 삶을 살았다고 알려진 18세기의 아내 가운데 한 명이다. 그녀가 쓴 보석 같은 편지를 읽고 나면 왜 그녀의 전기를 쓴 이디스 젤러스가 그녀를 "모범적인 여성, 어머니, 자매, 딸, 친구, 초기 미국의 애국자"라고 불렀는지 알 수 있다.[11] 그녀의 생애가 특별했던 것은 사실이지만 그녀 또한 평범한 식민지 여성이 겪었던 일들을 경험했다.

널리 알려진 애버게일의 생각들 가운데 하나는 결혼의 미래에 대한 것이었다. 1776년에 독립선언서 초안을 작성하던 위원 가운데 한 사람이었던 남편에게 쓴 편지에서 그녀는 "여성들을 기억해달라"고 말했다. 그녀는 부부간에 어느 한쪽이 다른 한쪽에게 일방적으로 명령해서는 안 된다고 생각했다. 편지는 계속된다. "남편들에게 그처럼 무제한적인 권력을 주어서는 안 됩니다. 남자들이란 기회만 있으면 전제자가 된다는 것을 잊지 말아주세요." 이어서 그녀는 새로운 형태의 부부 관계, 즉 남편이 아내의 주인이 아니라 부드럽고 애정이 넘치는 아내의 친구가 되는 관계를 제안했다. 그리고 여성이 더 행복해지기를 바라며 진심 어린 탄원으로 글을 맺었다. "우리를 신의 섭리에 따라 당신들의 보호를 받도록 만들어진 존재이자 하느님의 모습을 본떠 만들어진 존재로 보아주시고 당신들의 권력을 우리의 행복을 위해서만 사용해주십시오."[12]

오늘날처럼 삶을 평가하는 데 중요한 기준은 아니었지만 당시 '행복'은 '경건함'과 '덕' 같은 단어들을 제치고 삶의 질을 평가하는 중요한 요소로 언급되기 시작했다. 독립선언서에는 모든 인간이 "삶, 자유 그리고 행복을 추구할" 권리를 지닌다는 혁명적인 문구가 들어 있다. 이러한 권리는 남성뿐만 아니라 여성의 정신에도 곧 뿌리를 내렸다. 행복에 대한 애버게일의 생각은, 남편이 아내를 보호하는 것은 하느님의 명령이며 하느님이 자신의 백성을 지배하는 것을 본뜬 것이라는 성경에 근거한 오래된 믿음에서 비롯되었다. 하지만 모든 여성의 행복을 지상의 법률로 보장해야 한다고 생각한 점에서 그녀는 급진적이었다. 아내에 대한 남편의 권력 행사를 제한하는 특별한 법이 없다면 남편은 계속해서 결혼 생활의 불화를 야기할 것이며 아무런 제재를 받지 않고 여성들을 불행에 빠뜨릴 것이었다.

물론 애버게일이 용기 있는 생각과 선동적인 말을 들고 나오게 된 데에는 당대의 혁명 담론의 영향이 컸다. '전제적인' 영국 왕과 정치적

■ ■ ■
1766년경에 벤저민 블라이스가 그린 애버게일 애덤스의 초상화.

자유를 요구하는 미국 신민들, 그리고 '전제적인' 남편과 그 아래서 침묵하는 아내라는 비유는 다음과 같은 활기찬 문장에서 잘 드러난다. "만약 여성들에게 특별한 주의와 관심을 기울이지 않을 경우 우리는 모반을 선동할 것이며, 우리의 목소리를 조금도 반영하지 않는 법에 어떤 구애도 받지 않을 것입니다."[13]

존은 생색을 내면서 거드름을 피우는 답장을 보냈다. "당신이 제안한 특별한 법은 꽤나 재미있구려." 어린이, 견습공, 인디언, 흑인 등 다양한 집단 속에서 일고 있던 독립에 대한 열망을 잘 알고 있던 그는 아내의 편지 속에서 "다른 어떤 집단보다 수가 많고 강력한 힘을 지닌 부족이 불만을 터뜨리고 있다"는 경고를 발견했다. 하지만 남성의 지배를 합리화하는 진부한 입장으로 후퇴한 그는 "페티코트의 전제(專制)"란 남편들이 향유해온 "주인의 이름"과 같은 것이라고 못 박았다.[14] 애버게일의 제안을 진지하게 생각해보기는 한 모양이다.

이디스 젤러스에 따르면 "초기 미국사에서 한 여성이 남성의 권력에 대해 비판을 가한 것은 주목할 만한" 일이었다.[15] 16년이 지난 후, 프랑스 혁명의 와중에 《여성의 권리 옹호*Vindication of the Rights of Women*》를 썼던 영국 여성 메리 울스턴크래프트(Mary Wollstonecraft)처럼 애버게일은 여성들 역시 이제 막 걸음마를 시작한 민주주의의 수혜자여야 한다고 주장했다. 그리고 메리 울스턴크래프트의 경우와는 달리 애버게일의 청원이 사적인 것이었다 해도 그녀는 자신이 남편을 통해서 공적인 정책에 일정한 영향력을 행사할 수 있다고 믿을 만한 충분한 이유를 갖고 있었다.

비록 아내의 요구에 거만하게 대응하긴 했지만 실제 사생활에서 존은 '주인'보다는 '친구'에 가까운 사람이었다. 애버게일은 존이 필라델피아, 뉴욕, 워싱턴, 파리, 영국 등지에서 국정을 돌보는 동안 홀로 매사추세츠에 남아 있으면서 그에게 "친애하는 나의 벗에게"로 시작하는 수천 통의 편지를 썼다. 매사추세츠 주 브레인트리에서 일반적으로 남편의 권한에 속했던 행정적, 법적 책임을 지고 부부의 재산권을 행사한 사람은 애버게일이었다. 혁명기에 이런 권리를 누린 여성은 애버게일 애덤스뿐만이 아니었다. 많은 아내들이 독립전쟁 중에 병사나 혹은 민병대가 되어 싸우느라 집을 비운 '남편의 대리인' 역할을 수행하곤 했다. 그들은 예전 같으면 남자들이 했을 돈벌이와 가족 문제에 대한 결정을 혼자 도맡아야만 했다. 적군이 쳐들어올 위험에 온몸으로 맞서야 했고 머리 위에서 집이 무너진다든가, 난리통에 아이를 잃어버린다든가, 신체적인 손상을 입는다든가, 성폭행을 당한다든가 하는 전쟁의 공포를 견뎌내야 했다. 가끔은 불청객이 일으킬 수 있는 분란을 감수하면서까지 적군 또는 아군을 집에 숨겨줘야 할 때도 있었다. 그들은 식량 부족, 강제 이주, 그리고 이질이나 천연두에 걸린 일가족의 병치레 등을 이기고 살아남아야 했다. 그렇다. 단지 살아남기 위해 이 여성들은 용감해져야 했다.

애버게일 스미스 애덤스처럼 많은 혜택을 누린 여성은 거의 없었다. 우선 그녀는 부유한 집안 출신이었다. 아버지 윌리엄 스미스 목사는 매사추세츠 주 웨이머스에서 입신한 사람이었고 어머니는 명문인 퀸시 가문 출신이었다. 이 시기의 다른 뉴잉글랜드 처녀들과 마찬가지로 애버게일은 같은 계층의 소년들처럼 공식적인 교육을 받지는 못했지만 대신 아버지의 서재에 드나들 수 있었다. 존 애덤스를 만났던 해인 1759년에 그녀는 열다섯 살이었고 존은 하버드 대학을 졸업하고 브린티 마을에서 변호사를 하던 스물세 살의 청년이었다.

그가 그녀에게 구혼한 과정을 잘 보여주는 편지들에서 엄격하고 자주 인상을 찌푸리는 것으로 유명했던 훗날의 미국 대통령의 모습을 발견하기란 쉽지 않다. 그는 애버게일을 "귀여운 아가씨"라고 불렀으며 자기가 "멈추고 싶을 때까지의 키스와 9시 이후의 모든 시간을 허락해 달라"고 조를 만큼 쾌활하고 다정다감했다. 그녀는 편지 첫머리에서 존을 "나의 친구"라고 불렀고 고대사나 고대 신화에서 필명을 따던 당시의 유행대로 "다이애나"라고 편지에 서명했다. 나중에 그녀는 덕망 있는 로마 시대의 귀부인과 《베니스의 상인》에 나오는 빈틈없는 법률가의 이름에서 힌트를 얻어 '포셔(Portia)'라는 이름을 썼다.

1763년 애버게일의 공식적인 약혼자로 인정받은 존은 "나의 기쁨과 슬픔에 항상 동반하실 이여"라는 다정한 말로 시작하는 편지에서 "한시바삐 부드러운 결혼의 끈이 당신과 나를 묶어주기를 소망합니다"라고 적고 있다. "친애하는 나의 벗에게, 나는 방 안에 홀로 수녀같이 앉아 있습니다"로 시작하는 1764년 4월 12일의 편지에서 볼 수 있듯 애버게일의 타고난 성정은 거침없는 편이었다. 하지만 애버게일의 답장은 그 낭만적인 심성에 비해 조금 절제된 편이었다. 그녀는 종종 여덟 살 많은 윗사람을 향한 존경심을 조심스럽게 내보였는데 가끔은 도가 지나쳐 아첨으로 들릴 때도 있었다. "그의 모범을 따라 나 역시 좀 더 결함 없는 생활을 할 수 있기를. 그리고 고칠 수 없는 것은 자비롭게 용서하는 나의 친구와 영원히 함께하기를."

존은 애버게일과 다른 모든 여성을 '친절', '부드러움', '상냥함' 등의 단어를 사용해가며 침이 마르도록 칭찬했다. 그는 또한 장난스럽게 애버게일의 결점 목록을 만들기도 했는데, 이를테면 "카드놀이와 노래 공부", "발가락을 안쪽으로 구부리고 걷기", "다리를 꼬고 앉기", "큰 고랭이처럼 머리 흔들기" 등을 하지 말아야 한다고 충고했다. 그녀는 "다른 사람들이 미덕 목록을 읽었을 때처럼 기뻐했지만" 자신의 다리에 대한 논평만큼은 그냥 지나치지 않았다. "숙녀의 다리에 관심을 기울이는 것은 신사의 도리가 아니라고 생각합니다." 이 시대에는 숙녀라면 자신의 피아노 다리까지 가려야 했던 빅토리아 여왕 시대처럼 여성에게 품행을 단정히 할 것을 요구하지는 않았다.

이 초기 편지들에서 애버게일은 존에 대한 존경심을 보여주고 있지만 그렇다고 해서 자기를 내세우지 않은 것은 결코 아니었다. 그들은 또래 친구처럼 서로 사랑하는 편안한 관계로 맺어져 있었다. 사실 그들이 주고받은 편지를 보면 시간이 갈수록 그들이 감정에 충실하고 상대방을 존경하고 있다는 것이 또렷이 나타난다. 결혼 몇 주 전, 존은 애버게일에게 그녀가 자신의 성품에 좋은 영향을 미칠 것이라는 믿음(18세기에 전형적이었던 믿음)을 고백했다. "당신은 인생에 대한 내 감정들을 윤택하고 세련되게 만들어줄 것이며, 나의 사교적이지 못한 기질과 모든 결점들을 고치게 해줄 것입니다. 나아가 나의 지나친 솔직함과 신중한 분별력이 조화될 수 있도록 해줄 것입니다."

이러한 시대에 뒤떨어진 생각은 아마도 오늘날의 독자들을 놀라게 할 것이다. 과연 우리는 여전히 배우자가 자신에게 도덕적 영향력을 행사할 것을 기대하는가? 점잖고 관대한 짝을 고른 덕택에 더 친절하고 지혜로워질 것이라고 기대하고 결혼하는 젊은이가 몇이나 될까? 사람들은 더 큰 행복, 더 많은 부, 더 확실한 성공을 거머쥐기 위해 결혼한다. 그렇다! 그런데 더 나은 인간이 되려고 결혼하다니?

애버게일과 존이 서로에게 걸었던 기대는 15년 넘게 지속된 파트너십을 통해 완벽하게 구현되었다. 존은 새로운 공화국의 건국의 아버지가 되었으며, 프랑스와 영국 대사를 지냈고, 조지 워싱턴 아래서 부통령을, 그리고 미국의 제2대 대통령을 역임했다. 애버게일은 물론 '대통령의 부인'이 되었다. 하지만 존이 외국에 나가 있었던 4

년, 그리고 나중에 그가 필라델피아와 워싱턴에 가 있던 몇 개월 동안 그녀는 혼자 브레인트리의 재산을 관리하고 자녀들을 키우면서 견뎌냈다.

애버게일과 존이 예외적인 사람들이었다는 것은 두말할 나위가 없지만, 그들의 이야기에서 놓치지 말아야 할 것이 있다. 왜냐하면 그것은 오래도록 지속된 사랑, 고통스러운 이별, 끈질긴 인내에 관한 이야기이기 때문이다. 애버게일은 죽기 얼마 전 자신의 생애에서 가장 커다란 시련은 독립전쟁 중에 남편과 떨어져 있어야 했던 것이라고 회상했다. 독립전쟁으로 인해 그녀는 "나의 수호자, 내 청춘의 벗, 나의 동반자이자 내가 선택한 남편"이라고 불렀던 사람과 수년 동안 이별해야 했다.[16] 1818년에 그녀가 죽었을 때 존(그는 그 후로도 8년을 더 살았다)은 그녀를 "45년을 나의 아내로, 그리고 또 많은 해를 나의 연인으로 살았던 내 생의 소중한 동반자"로서 기렸다.[17] 당시에 '연인'이란 말은 구애의 대상인 정숙한 처녀에게도 그리고 결혼한 아내에게도 쓸 수 있는 말이었다.

애버게일과 존은 18세기의 새로운 결혼 형태의 긍정적인 측면을 상징하는 부부다. 신구 대륙에서 가부장제가 위세를 떨치던 시절이었지만 서로를 동반자로 여기는 새로운 결혼 형태가 차츰 뿌리를 내리고 있었다. 식민지의 엘리트들이 영국의 유산 계급에서 수입한 이 이상적인 결혼 형태는 비옥한 대지에서 꽃을 피우고 퍼져 나갈 것이었다.[18] 부부가 서로의 동반자가 되는 결혼 형태는 누구나 사랑의 이름으로 자신의 짝을 찾을 권리가 있다는 사실을 의미했다. 그것은 배우자들이 근본적으로 애정, 우정, 존경, 공통의 가치, 관심으로 서로 이어져 있다는 것을 의미했다. 또한 그것은 새롭게 맺어진 부부가 그들

■ ■ ■

랠프 얼이 그린 대법원장과 그의 아내 올리버 엘즈워스.
《미 연방 법원 체계*The American federal court system*》의 주 저자인 엘즈워스는 여덟 아이의 어머니였던 아내와 많은 일을 함께 처리했다. 자신의 소유인 시골의 사유지를 배경으로 엘즈워스는 자신만만한 자세를 취하고 있다. 옷을 잘 갖추어 입은 엘즈워스는 18세기의 부유한 신사의 풍모를 보이는 반면에 헐렁한 모슬린 모자를 쓰고 목부터 발끝까지 내려오는 치렁치렁한 의상을 입고 있는 아내의 모습은 부자연스럽고 어색해 보인다.

부모들의 정체성과는 구별되는 독자적인 정체성을 가질 것이며, 남편과 아내의 '수평적' 관계가 부모와 자식 사이의 '수직적' 관계에 우선하게 될 것이라는 사실을 의미했다. 17세기의 네덜란드, 18세기의 영국, 프랑스, 북유럽, 미국에서 그려진 부부의 초상화에는 이와 같은 결혼의 새로운 이상이 잘 드러나 있다.

독립전쟁으로 인한 새로운 결혼 형태의 확산

독립전쟁은 서로를 동반자로 여기는 결혼 형태가 확산되는 데 촉매 역할을 했다. 물론 남녀의 위계는 사라지지 않았지만 남편과 아내가 정치적 입장을 같이하고 시민으로서의 선을 추구하는 것이 바람직하다고 여겨졌다. 비록 남편은 공적인 영역에서 활동하고, 자신은 집에 남아 있었지만 애버게일 애덤스는 자신도 남편 못지않은 애국자라고 생각했다. 출타한 남편을 대신해 가정이라는 전선에서 집안일에 전념하는 것은 국가에 꼭 필요한 일이라고 여겨졌다.

1760년대 이전의 식민지 미국에서 사람들은 여자가 정치 토론에 깊숙이 관여하는 것을 적절하지 못한 행동으로 여겼다. 그러나 모국(영국)에 대한 불만의 소리가 점점 높아지면서, 미국 여성들은 자주 정치적 대화에 참여하게 되었다. 필라델피아의 시인인 한나 그리피츠(Hannah Griffitts)는 앤서니 웨인 장군에게 보낸 1777년 7월 13일자 편지에서 신여성 의식을 내비쳤다. "전에는 왕권을 쥐는 것에 대해서만큼이나 정치에 대해서도 알지 못했고 생각해본 적도 없었습니다. 하지만 지금은 상황이 바뀌었고 나는 모든 여성이 조국이 당면한 문제가 무엇인지를 알고 싶어한다고 믿습니다."[19] 1776년 새뮤얼 애덤스는 그의 아내 벳시에게 쓴 편지에서 "물론 내가 당신에게 전쟁이나 정치에 관한 내용의 편지를 쓰는 건 흔치 않은 일이었소만"이라고 전제한 후 군사적, 정치적 사건에 관한 소식을 전했다. 4년 후의 편지에서 그는 한 발 더 나아갔다. "남편이 원하는 경우에도 왜 아내와 정견에 대해 토의해서는 안 되는지 모르겠소."[20]

독립전쟁을 거치면서 아내들은 정치적 격랑을 좇는 데 남편들만큼이나 적극적으로 되었다. 그들은 신문과 팸플릿을 읽었고 군사 작전을 훤히 알고 있었으며 상대가 남자든 여자든 가리지 않고 함께 정치 토론을 벌였다. 여성의 정치의식의 변화와 정치 참여는 역사가 메리베스 노턴에 따르면 "참으로 중요한" 것이었다.[21]

보스턴 여성들은 독립전쟁에 많은 기여를 했다.[22] 여성들은 시 대표자 회의에서 보직을 맡거나 투표에 참여할 수 없었기에 정부에 직접적으로 참여한 것은 아니었지만 정치의 세계로 들어가는 방법을 찾아냈다. 1776년 독립전쟁이 일어나기 직전 10년 동안 그들은 단지 방관자에 머무르지 않고 보스턴 학살 사건, 보스턴 차 사건, 보스턴 포위 등과 같은 중대한 역사적 사건에 군중, 불매 운동가, 전투적 지지자로서 적극적으로 참여했다.

영국산 수입품 불매 운동의 성공에 여성들은 결정적 역할을 했다. 1767년에 수입 천들을 사용하지 않기로 결의한 것이다. 이러한 불매 운동이 효과를 거두려면 도시 여성들이 외국 옷감을 구입하지 말고 직접 옷감을 만드는 것이 급선무였다. 자선단체에 들어온 모직물을 판매하는 것과 더불어 옷감을 짜는 일이 여성들의 애국심을 상징하게 되었다.

1770년에는 차 불매 운동이 벌어졌다. 그해 2월에 〈보스턴 이브닝 포스트Boston Evening Post〉는 "저명한 최상류층 여성들을 포함하여 300여 명의 부인들"이 차를 사지 말자는 청원서에 서명했다고 보도했다.[23] 남자들이 영국 선박 세 척에 올라가 차 상자들을 바다에 내던졌던 1773년 12월의 보스턴 차 사건이 일어나기 몇 해 전에 가정의 안주인인 기혼 여성들은 소비자로서 영국에 압력을 가했던 것이다.

영국이 보스턴 항을 폐쇄하고 위수령을 선포했던 보스턴 차 사건

전야에 여성들은 남성들과 손을 잡고 적에게 도전장을 던졌다. 가정 주부들은 영국 군인들이 집 안에 숨겨놓은 무기를 수색하지 못하게 방해하는 등 영국군의 작전 수행을 방해하는 역할을 맡은 군중의 일부였다. 1775년 4월 인근의 렉싱턴에서 전쟁이 발발하자 보스턴에는 계엄령이 선포되었고, 애국심이 강한 여성과 그 가족들은 국왕파들을 등지고 무리를 지어 보스턴을 떠났다.

1775년 봄에 보스턴을 떠나야 했던 여성들은 매사추세츠 전역에서 다른 애국적 여성들의 지지를 받았다. 애버게일 애덤스는 브레인트리를 통과하는 난민들을 돕기 위해 최선을 다했고, 그녀의 문학적 동료였던 머시 오티스 워런은 애국적으로 사고하고 행동하는 다른 여성들을 격려하기 위해 플리머스에 있는 자신의 집에서 편지며 시, 희곡들을 보내왔다.

보스턴은 여성들의 새로운 정치의식이 싹튼 최초의 도시였고, 이러한 의식은 다른 도시들로 퍼져 나갔다. 예를 들면 코네티컷의 아내들은 가격을 올리기 위해 매점매석한 혐의가 있는 상인들과 맞서 싸웠다. 또 다른 예로 이스트 하트포드에서는 스물두 명의 여성들이 한 상인의 집에 쳐들어가 설탕 저장고를 찾아낸 후 자신들이 가져간 저울에 달아서 상인의 아내가 제시한 것보다 4달러나 적은 '적정 가격'을 주고 나왔다.

필라델피아의 여성들은 어떠했는가? 1780년에 그들은 전쟁에 동참하기 위해 여성 조직을 결성했다. 에스더 드버트 리드(Esther deBerdt Reed)는 애국적 여성이라면 사치스러운 복장과 장신구를 하지 말아야 하고 저축한 돈을 혁명군에게 헌납해야 한다고 주장했다. 일명 "숙녀들의 공물"이라 불린 그녀의 제안은 큰 반향을 일으켰다. 3일이 채 되지 않아 필라델피아 여성 서른여섯 명으로 구성된 한 여성 조직은 주지사 부인의 지도하에 자치주별로 군대에 보낼 물건들을 모아 마사 워싱턴에게 보내는 운동을 전개하자고 식민지 전역의 여성들에게 제안했다. 비록 영광은 관료 부인들의 차지가 되었지만 그 공로는 마땅히 모든 여성에게 돌아가야 할 것이다.

필라델피아에서 이 운동을 전개한 사람들은 도시를 열 개 구역으로 나누고 2인 1조로 짝을 지은 여성들이 구석구석 훑도록 했다. 훌륭한 운동가들 중에는 펜실베이니아 주 법원장 부인인 샐리 맥킨, 벤저민 러시의 부인인 줄리아 스톡턴 러시, 로버트 모리스(러시와 모리스는 독립선언서에 서명한 사람들이다) 등도 있었다. 이 저명한 여성들은 하녀들처럼 신분이 낮은 여성들에게도 운동에 동참해달라고 호소했고, 그러한 행동을 체면 깎이는 일이라고 생각하지 않았다. 한 달 안에 그들은 1600여 명의 사람들로부터 30만 코네티컷 달러(이 수치는 인플레이션 때문에 부풀려진 것이며 경화로는 7500달러에 해당)를 모금했다.

같은 달에 전국의 신문들은 일제히 에스더 리드의 독창적인 제안을 전했다. 뉴저지, 메릴랜드, 버지니아의 여성들이 속속 숙녀연합(Ladies' Association)에 합류했으며 비슷한 캠페인을 벌여 나갔다. 그 결과 2000여 벌이 넘는 군인용 셔츠를 만들기에 충분한 아마포를 구입하고도 남는 돈을 모았다. 워싱턴 장군이 이러한 '여성의 애국심'을 공식적으로 칭찬한 데 힘입어 많은 아내들이 자신들 역시 전쟁 수행에 한몫한다고 느꼈다.

국왕파 남편을 둔 여성들은 불쾌한 경험을 했다. 그들은 이웃의 애국자들로부터 종종 욕설을 들었으며, 어떤 때는 신체적인 공격을 받기도 했다. 1775년 매사추세츠에 살던 한 여자가 아들 이름을 영국인

사령관의 이름을 따서 지어주자 한 무리의 여성들이 그녀의 집을 습격하여 모자(母子)에게 타르는 바르지 않았지만 새털을 잔뜩 씌워놓았다. 아내들 역시 독립전쟁의 전선 양쪽으로 갈라섰기 때문에 절교는 이제 피할 수 없는 일이 되었다. 어떤 경우에는 정치적 견해의 차이 때문에 결혼이 파국에 이르기도 했다. 필라델피아의 부유한 여성 엘리자베스 그래미는 스코틀랜드 출신 남편 헨리 퍼거슨과 이혼했다. 하지만 펜실베이니아 주정부가 대영제국에 대한 남편의 충성심을 이유로 들며 그녀의 재산을 몰수하는 것을 막지는 못했다.

사회적으로 저명한 또 다른 국왕파 인사의 부인 그레이스 그로우든 갤러웨이는 남편과 딸이 영국령 뉴욕 주로 떠난 후에도 필라델피아에 남아 있었다. 자신의 운명을 남편의 운명에서 떼어놓기 위해, 그리고 자신이 친정아버지에게 물려받은 부를 딸에게 물려주기 위해 그녀는 법에 호소했지만 아무 소용이 없었다. 결국 그녀는 필라델피아의 저택과 가족 이름으로 된 모든 예금을 잃었고, 아버지의 재산이 모두 남편의 이름으로 등기되어 있는 것을 보고 실의에 빠진 채 1781년에 죽었다.[24]

몇몇 국왕파의 아내들은 적극적으로 영국의 승리를 위해 도왔다. 그들은 전선을 넘어 영국 군인들에게 서신을 전달하기도 하고, 첩자로 활동하기도 했으며, 영국 포로들을 돕기도 했다. 그러나 대다수는 단지 살아남기 위해, 그리고 가족들의 생존을 위해 발버둥쳤을 따름이었다. 애국파 진영과 마찬가지로 대부분의 국왕파 아내들과 어머니들에게는 무엇보다도 가족이 우선이었다. 독립을 지지했지만 "조국이 먼저고 가족은 나중이다"라는 남편의 말을 비난한 헬레나 코트라이트 브래셔의 입장에 이 여성들은 기꺼이 동의했을 것이다.[25]

공화파와 왕당파: 프랑스의 아내들

미국의 독립전쟁이 끝난 후 이번에는 프랑스가 10년 동안 피로 얼룩진 혁명을 경험하게 되었다. 갈등이 심화되자 공화파가 왕당파에, 하층민이 부자에, 평민이 귀족에 대항하여 일어선 것이다. 정치적 스펙트럼의 양쪽에 선 아내들, 특히 귀족 여성들은 단두대에서 남편의 머리가 잘리는 것을 보았으며 종종 그녀들 역시 목숨을 잃었다. 혁명에 반대하는 외국과의 전쟁으로 많은 남자들이 수천 명의 미망인과 가족들을 남긴 채 전사했다.

상층 부르주아지나 귀족과 같이 혁명 이전에 사회의 상류층에 속했던 미망인들은 사실상 남편의 삶과는 상대적으로 분리된 생활을 영위했다. 돈과 신분, 가문을 위해 정략결혼을 한 탓에 배우자들은 상대방과 친밀한 관계를 맺거나 공통의 관심사를 만들려고 하지 않았다. 실제로 귀족 집안의 남편과 아내가 서로 너무 사랑하는 것처럼 보이는 것은 세련되지 못한 일로 여겨졌다. 기혼 남성이 성적인 쾌락을 즐기기를 원하면 대개 혼외 관계를 맺었다. 마찬가지로 그의 아내 역시 쾌락을 누리고 싶고 남편이 외도를 일삼는다면 내연의 연인을 만들 수 있었고, 그것이 불명예스러운 일도 아니었다.

상류 계급의 아내들 가운데 소수는 문화적이고 지적인 작업에 몰두했다. 문학 살롱의 대부분은 기혼 여성에 의해 운영되었는데 남편이 동참하는 경우도 있었고 그렇지 않은 경우도 있었다. 저명한 여성 선각자들 가운데 뉴턴의 책을 번역한 샤틀레 부인도 있었는데 그녀는 당대의 위대한 석학의 반열에 들었으며, 에피네 부인 역시 교훈적인 작품으로 이름을 떨친 박식한 여성이었다. 사실 두 '아내들'은 남편이 아니라 각각 볼테르와 그림이라는 유명한 연인들과의 관계로 널리 알려졌는데 이는 프랑스가 미국 사회와는 얼마나 달랐는지를 잘 보여준다.

혁명으로 치닫던 시기인 18세기 후반 콩도르세 부인, 롤랑 부인, 그리고 라부아지에 부인 등은 남편의 출세에 큰 기여를 했다. 1788년에 자크 다비드가 그린 앙투안 라부아지에 부부의 유명한 초상화에서 화학자 라부아지에는 책상에 앉아 펜을 쥐고 있으며 그의 눈동자는 아름다운 아내 앤의 얼굴을 뚫어져라 쳐다보고 있는데 정작 아내의 시선은 그림 밖에서 자신을 바라보는 사람의 눈을 향하고 있다. 아내가 남편을 존경 어린 눈길로 바라보고 있고, 남편의 눈은 공적인 세계를 향해 있는 것이 보통이었던 다른 부부의 초상화들과는 좋은 대조를 이룬다. 라부아지에 부부의 초상은 서로 간의 사랑과 존경을 중시하고 동반자로서 살아가는 새로운 결혼 형태를 잘 나타낸다.

라부아지에는 아내에게서 사랑뿐만 아니라 영감도 추구했다. 그의 펜이 후대에 명성을 떨칠, 위대한 과학적 업적을 낳은 것은 그녀의 도움이 있었기 때문에 가능했다. 뛰어난 화가였던 그녀는 자신의 재능을 남편의 과학 연구를 위해 사용했고, 그의 조력자이자 뮤즈로서 기억되기를 바랐다. 이러한 사실은 라부아지에의 친구였던 장 프랑수아 뒤시스가 쓴 시에 분명하게 드러나 있다.

아내이자 사촌인 당신
당신에게 복종하는 라부아지에에게
사랑과 기쁨을 선사하는 그대
그대는 뮤즈와 비서,

■ ■ ■

자크 루이 다비드의 〈앙투안 로랑 라부아지에와 그의 아내Antoine Laurent Lavoisier and His Wife〉. 근대 화학의 창시자인 라부아지에가 영감을 구하는 듯한 표정으로 아내를 바라보고 있다.

두 가지 일을 해내는구려.[26]

1704년 라부아지에가 단두대의 이슬로 사라진 뒤에도 그의 미망인은 계속해서 그의 저서를 출간하고 삽화를 그리는 일에 몰두했다. 위대한 남자와 동등한, 지적 동반자까지는 아니라 하더라도 그의 충실한 내조자라는 역할은 18세기 유럽에서 소수의 특권층 여성들이 수행하기 시작했던 아내의 역할이었다.

그러나 프랑스의 상류층에서 아무리 몇몇 아내들이 개명되었다 한들 여자는 남자와 다르고 열등하다는 생각은 독립전쟁 당시의 미국에서나 혁명기의 프랑스에서나 마찬가지였다. 남녀 평등을 옹호하는 사람들은 혁명 이전부터 존재했고, 1789년과 1793년 사이에 더욱 증가했지만 장 자크 루소와 그의 추종자들이 퍼뜨린 성차별적 사상(여성은 남편의 명령에 따라 움직이는 가축과 같은 존재이며 공적인 일에 참여해서는 안 된다는)이 공화국 정권의 내부에도 여전히 존재했다. 그러나 같은 시기의 미국 여성들에 비해 18세기 프랑스 여성들은 자신들의 권리를 찾는 데 훨씬 더 적극적이었다. 또한 역사가 캐런 오펜이 《유럽의 페미니즘, 1700-1950 *European Feminisms, 1700-1950*》에서 자세히 보여주고 있듯이 여성들의 입장을 대변해준 남자들도 있었다.[27] 유명한 수학자이자 철학자인 콩도르세 남작은 이미 1787년에 여성을 결혼에 묶어두는 법률에 반대했고, 혁명 초기에 수년 동안 국민의회에서 '부부간의 평등'을 소리 높여 외쳤으며 심지어는 재산을 소유한 여성에게 시민의 권리를 부여하라고 주장했다. 그러나 여성은 기혼, 미혼, 사별, 재산의 유무를 막론하고 1789년에 선포된 '인간과 시민의 권리에 관한 선언'의 적용 대상이 아니었다. 극작가이자 팸플릿 작가인 올랭프 드 구즈(Olympe de

Gouges)가 1791년에 작성한 매우 급진적인 '여성과 여성 시민의 권리에 관한 선언' 그리고 여성의 권리를 요구하며 국민의회에 제출한 청원서 등은 급진적인 공화파들에게 무참히 짓밟혔다. 1791년에 국민의회 의원들은 "여성은 새로운 시민권의 적용 대상이 아니다"라고 선언하고 오히려 "아내이자 여성으로서의 역할을 부여"했다.[28]

혁명기의 '가장 고결한 부인'으로 칭송받은 훌륭한 아내이자, 마리 앙투아네트를 제외한다면 혁명 정치에 누구도 부인할 수 없는 강력한 영향력을 행사했던 유일한 여성인 롤랑 부인은 그 대표적인 예라고 할 수 있다.[29] 혁명이 최고조에 달했던 1791년부터 1793년까지의 2년 동안 롤랑 부인, 즉 마리 잔 마농 필리퐁 롤랑(Marie Jeanne Manon Philipon Roland)은 남편이 정부의 요직에 있는 동안 그의 오른팔 역할을 했다. 나중에 남편의 친구들은 그녀가 잔소리가 심하고 신경질적인 여자라고 비난을 퍼부었지만 그녀는 다른 사람들에게 전통적인 순종형의 아내로 보이기 위해 심혈을 기울였다. 1793년 수감되었을 때 쓴 회고록에서 그녀는 롤랑의 아파트에서 정기적으로 모였던 급진 좌파 출신의 의원들 사이에 오고 간 정치적 토론을 다음과 같이 회상했다.

> 나는 나의 성별에 어울리는 역할이 무엇인지를 알고 있었고 한 번도 그것을 저버린 일이 없었다. 나는 회합에 참석했지만 절대 참견하지 않았다. 그들이 머리를 짜내는 동안 나는 탁자를 둘러싼 사람들로부터 저만치 떨어져서 손으로 뭔가를 하거나 편지를 쓰곤 했다. 그러나 나는 10개의 서장(書狀)을 급송해야 했기에(이런 일은 종종 있었다) 그들이 소곤대는 소리를 한 마디도 놓치지 않았고 종종 내가

하고 싶은 말을 입 밖에 내지 않기 위해 입술을 깨물어야 할 때도 있었다.[30]

남편이 주역으로 부상하기 전에도 그녀는 신중하게 정치에 대한 열정적인 관심과 남편의 출세를 돕는 내조자로서의 역할을 감추었다. 1년 후 그녀의 남편이 내무부 장관에 해당하는 요직에 올랐을 때 브리소 의원은 그녀에게 중간 다리 역할을 해줄 것을 요청했다. 그녀의 표현을 빌리면 "브리소가 어느 날 저녁 나를 찾아와서는 (……) 남편이 그 짐을 기꺼이 떠맡을 것인지를 물어보았다. 나는 그의 열정과 신념이 이런 뇌물로 인해 꺾이지는 않을 것이라고 대답해주었다."[31] 롤랑 부인의 절친한 친구였던 소피 그랑샹은 훗날 롤랑 부인이 남편보다 정치적 권력에 대한 욕망이 더 강했다고 주장했다.

남편이 새로운 자리에 앉았을 때, 롤랑 부인은 장관 부인의 역할을 기꺼이 해냈다. 그녀는 일주일에 한 번꼴로, 한 번은 남편의 동료들을 위해, 다른 한 번은 재계와 정계의 다른 명사들을 위해 여흥을 베풀었다. 하지만 터무니없이 사치스러운 여흥을 베풀지는 않았는데 그런 행동이 공화주의의 이상에 어긋나기 때문이었다.

하지만 무대 뒤에서의 롤랑 부인은 훨씬 더 정력적인 파트너였다. 그녀는 남편이 책임을 맡고 있는 여론국의 배후에서 제일가는 유력자이자 그곳에서 간행된 여러 출판물의 실제 저자이기도 했다. 훗날 그녀는 자신의 글은 남편의 사상을 문학적으로 표현한 것일 뿐이라고 스스로를 변호했다.

회람, 교시, 중요한 공문을 써야 했을 때, 우리는 기꺼이 서로에 대해 품고 있는 신뢰에 따라 그것에 대해 논의하곤 했다. 그의 생각에 고무되고 자신의 생각으로 무장한 나는 그보다 더 자주 펜을 들었다. 같은 원칙과 같은 정신을 공유했기에 우리는 마침내 형식에 동의할 수 있었고 나의 남편은 (그의 기획을) 내게 맡겨 잃을 것이 하나도 없었다.[32]

하지만 곧이어 롤랑과 왕 사이에 불화가 생기면서 롤랑은 사임하지 않을 수 없었다. 롤랑 부인은 그들이 인쇄하고 프랑스 전역에 배포한 롤랑의 사직서를 자신과 남편이 함께 썼다고 말했다("우리는 왕에게 보낸 유명한 서한을 함께 작성했다").

그러나 롤랑 부부를 파멸시킨 것은 왕이 아니라 극좌파였다. 1792년 8월 왕족들이 투옥된 후 롤랑은 의원 겸 내무부 장관으로 임명되었지만 그의 (그리고 그의 아내의) 좀 더 중도적인 정치적 견해를 당통, 마라, 로베스피에르 일파는 못마땅하게 생각했다. 1792년 9월 25일 당통은 국민의회 석상에서 롤랑의 장관직 재임용을 문제 삼고 나섰다. 그는 "롤랑에게 임명장을 주고 싶거든 롤랑 부인에게도 주십시오. 모든 사람이 알고 있는 것처럼 롤랑은 자신의 업무를 혼자서 처리하는 게 아니지 않습니까?"[33]라고 했다. 당통은 자신의 경쟁자를 어떻게 비방해야 하는지 정확히 알고 있었던 셈이다. 18세기에는 여성의 정치 개입을 매우 꺼렸기 때문에 아내와 정치 권력을 나누는 정치가는 웃음거리가 되었을 것이다. 만약 그런 일이 과거의 일일 뿐이라고 생각한다면, 힐러리 클린턴이 클린턴 행정부 초기에 의료 정책을 입안했을 때 사람들이 보여주었던 부정적인 반응을 생각해보라. 그녀는 얼마 되지 않아 최소한 겉으로는 정책 결정에서 발을 빼야 했고, 나중에는 가장 비참한 시절에 "남편 곁을 지켰다"는 이유로 인기 있는 아내가 되었다.

롤랑 부인은 1793년 로베스피에르가 단행한 원내 다수 의원에 대한 숙청 때 체포되었다. 롤랑은 지방으로 몸을 숨겼지만 그녀는 "그저 아내에 불과한" 사람을 죽이지는 못할 것이라고 생각하고 정적들과 맞서기 위해 남았다. 5개월의 수형 생활 동안 그녀는 혁명에 관한 목격담을 기록한 가장 유명한 연대기가 될 회고록을 집필했다. 1793년 11월 그녀가 유죄판결을 받고 처형되자 피신 중이던 남편도 스스로 목숨을 끊었다.

새로운 국가 건설에 참여한 공화파의 아내였든, 아니면 왕정에 충성을 맹세한 귀족의 아내였든 간에 "그저 아내에 불과하다는 것"은 혁명기에 어떤 보호 장치도 되어주지 못했다. 엘리자베트 르 바(Elisabeth Le Bas), 마리 빅투아르 드 라 빌리루에(Marie-Victoire de La Villirouët), 엘리자 푸주레 드 메네르빌(Elisa Fougeret de Ménerville)에 관한 다음과 같은 이야기들은 혁명이 어떻게 결혼한 여성이 이전 같으면 꿈도 꾸지 못했을 영웅적인 역할을 수행하도록 했는가를 잘 보여준다.

엘리자베트 뒤플레가 국민의회의 의원이자 로베스피에르(그는 당시 엘리자베트 아버지의 집에 기숙하고 있었다)의 친구인 필리프 르 바를 만났을 때 그녀는 겨우 스무 살이었다. 그녀는 로베스피에르의 여동생인 샤를로트와 함께 공개 토론을 구경하러 의회에 갔다가 르 바를 보고 첫눈에 반했다. 둘은 서로 호감을 느꼈으며 몇 달 후 르 바는 그녀가 혁명의 원칙에 충실한지 검증하지 못한 채 그녀에게 사랑을 고백했다. 그는 그녀가 쓸데없는 쾌락을 기꺼이 포기하고 아이들을 양육하는 데만 전념하는 현모양처가 되어줄지를 확인하고 싶어 그녀의 가족에게 접근했다. 그녀의 가족들은 열렬한 공화주의자들이었으므로 자기를 기꺼이 사위로 맞아들일 거라고 생각했다. 게다가 그는 엘리자베트보다 열 살이나 연상이었고 좋은 교육을 받았으며 높은 지위에 있었다. 시집 안 간 언니들이 여럿 있었던 탓에 엘리자베트의 어머니가 조금 망설이긴 했지만 그는 그녀의 부모로부터 승낙을 얻어내는 데 성공했다.

결혼 날짜가 잡히고 엘리자베트가 혼수를 준비할 기간이 20일밖에 남지 않았을 때 집을 여러 채 소유하고 있던 그녀의 아버지는 그중 한 채를 그들에게 넘겨주었다. 그러나 그때 정치적 변동이 일어났다. 르 바는 특수 임무를 부여받고 결혼하기로 한 날 약혼녀를 남겨둔 채 떠나야 했다. 엘리자베트를 달랠 길은 없었다. 그녀는 친구인 로베스피에르의 진지한 충고에도 불구하고 "더 이상 애국자가 되기를 원하지 않았다."[34] 국가의 부름과 약혼녀의 요구 사이에는 타협의 여지가 없었다. 결국 그녀는 결혼식을 치를 수 있을 만큼의 시간을 얻어 (로베스피에르를 통해) 필리프를 집으로 데려오는 데 성공했다. 몇 달이 채 지나지 않아 그녀는 아이를 가졌다.

열렬한 공화주의자들 사이의 이 연애담은 정치적인 파국으로 인해 금방 끝이 났다. 로베스피에르가 1794년 7월 27일에 일어난 테르미도르 반동으로 인해 실각하자 르 바 역시 죽음을 맞았다. 뒷날 엘리자베트는 당시에는 "정신이 없었고 거의 미친" 상태였으며 어린 아들조차 내팽개친 채 이틀 동안 누워 있었다고 말했다. 르 바의 미망인이자 그의 아이의 어머니라는 이유로 그녀는 탈라뤼 감옥에 아기와 함께 수감되었다. "나는 아들에게 먹을 것을 주었다. 나는 스물한 살도 채 안

된 나이였다. 나는 모든 것을 빼앗겼다"고 훗날 그녀는 회상했다.

엘리자베트는 아기와 함께 9개월 동안 수감되었다. 매일 밤 그녀는 우물가로 내려와 기저귀를 빨았고 매트리스 사이에 그것을 넣어 말리곤 했다. 그녀는 다른 의원과 재혼하여 '명예롭지 못한' 남편의 성을 버리라는 간수와 정부 인사의 권유를 거절했을 뿐 아니라 오히려 결혼으로 얻은 성에 집착하는 모습을 보였다. 마침내 석방되고 난 뒤에도 그녀는 평생 남편의 성을 썼다. 아내로서 살았던 1년의 세월에 대한 기억이 미망인으로서 지낸 65년의 세월을 지탱해주는 힘이 되었다. 그 긴 세월 동안 그녀는 남편에 대한 신뢰도, 그가 목숨을 걸고 지키려 했던 혁명의 이상도 잃지 않았다.

롤랑 부인과 르 바 부인의 이야기는 공화파 여성들이 남편의 공적 생활에 얼마나 깊이 연루되어 있었는지, 또 남편의 정치적 행적 때문에 처형되기까지 했다는 것을 잘 보여준다. 종종 투옥되었고 귀족의 지위를 지키려다가 단두대의 이슬로 사라지는 경우도 드물지 않았던 귀족 여성들의 사례는 훨씬 더 참혹했다. 하지만 귀족 가문의 아내들의 상황은 지역에 따라, 공동체와 맺고 있는 특수한 가문의 관계(공동체가 가문을 보호하는가, 아닌가)에 따라, 그리고 남편의 유무를 포함하여 기타 다양한 요인에 따라 각양각색이었다. 만약 남편이 반혁명군에 가담하기 위해, 혹은 외국으로 도피해 아내 혼자 남아 가족과 재산을 돌보아야 하는 상황이라면 그녀는 항상 불우한 운명의 희생자가 되었다. 귀족의 지위 때문에, 혹은 외국으로 탈출한 남편과 불법적인 접촉을 했다는 혐의를 받아 감옥에 갇힐 수도 있었다.

훗날 라 빌리루에 백작 부인이 된 마리 빅투아르 드 랑비이의 사례는 이러한 문제들에 대해 많은 점을 시사해준다. 26세에 키가 142센티미터였던 이 조그만 브르타뉴 출신의 여인은 1793년 "과거에 귀족이었으며 남편과 오빠가 망명했다는 이유로 투옥되었다."[35] 투옥될 당시 그녀는 독일과 스코틀랜드 저지(Lowlands)의 반혁명 세력과 손을 잡기 위해 프랑스를 떠난 남편과 헤어진 지 20개월이나 된 상태였다. 떠나기 전에 남편은 그녀에게 재산을 관리할 수 있는 권한을 위임했다. 그녀는 법적으로도 세 명의 어린 자식들(그중 한 명은 남편이 떠나고 6개월 후에 태어났다)의 친권자였다.

투옥되기 전 라 빌리루에 백작 부인은 아이들과 함께 나이 많은 친척 여자 집에 머무르고 있었는데 1793년 6월 2일 로베스피에르가 망명한 사람들의 처자식, 부모 형제는 모두 용의자(반혁명분자가 될 소지가 다분하므로)라고 선포한 뒤 체포되어 감금되었다.

하지만 라 빌리루에 백작 부인은 말없이 앉아서 처분을 기다리고만 있지 않았다. 그녀는 차갑고 습기찬 감방 안에서 지방의원들과 국민공회 의원들에게 자신을 체포한 데 대해 이의를 제기하고 수감자들에 대한 처우를 고발하는 내용의 서장을 잇달아 보냈다. 수감 후 1년이 흐른 뒤인 1794년 10월에는 자신의 탄핵에 이의를 제기하는 소장을 작성했다. 과거에 귀족이었다는 사실에 관해서는 "사람은 자신의 부모를 결정할 수 없다"는 이유를 제시했다. 망명자의 아내라는 사항에 관해서는 "1792년 7월 이후로 나는 남편의 소식을 듣지 못했다. (……) 나는 그가 더 이상 살아 있지 않다고 믿을 만한 충분한 근거가 있다"고 적었다.

그녀의 항변 가운데 주목을 끄는 대목은 남편의 행동으로 인해 아내를 처벌할 수 없다는 주장이다. 그녀는 "그가 망명자라고 치자. 그 사실이 내가 그의 행위와 행동에 책임을 져야 할 이유가 될 수 있는가? 남편은 언제 어디서나 법적, 실제적 가장이다. 따라서 누구도 그 아내를 남편의 행동을 이유로 기소할 수 없다." 아내는 남편과 독립적인 도덕적, 법적 존재이며, 따라서 남편의 행위로 인해 아내가 비난받아서는 안 된다고 주장한 것은 극히 드문 일이었다. 마침내 라 빌리루에 백작 부인의 서한들은 노력의 결실을 맺었다. 1795년에 그녀는 같은 처지에 놓였던 다른 수감자들과 함께 석방되었다.

혁명으로 수천 명의 프랑스 아내들은 남편의 권리를 대신 행사하고 공격적인 행동을 해야 하는 상황에 처했다. 롤랑 부인과 마찬가지로 라 빌리루에 백작 부인은 여류 작가로서의 역할이 자신을 놀림감으로 만들 수 있다는 것을 알았다. 그러나 자신의 문학적 재능을 자신과 동료들을 구하는 데 사용하는 것을 주저하지 않았다.

그로부터 4년이 지난 1799년 1월, 그녀는 저술 활동을 넘어서는 일을 하지 않을 수 없게 되었다. 그때 그녀와 남편은 이름을 숨긴 채 파리로 돌아와 조용한 삶을 영위하고 있었다. 남편이 망명했던 전력 때문에 체포되어 사형 선고를 받을 위험에 처하자 그녀는 법정에서 그의 변호를 맡기로 결심했다. 물론 그녀는 변호사로서 훈련을 받은 적이 없었고 그녀가 그의 편에 서서 변호하는 것이 허용될지도 미지수였다. 그러나 그녀가 워낙 설득력 있게 주장한 끝에 남편을 변호할 수 있다는 허락을 얻어냈고 법정에서 두각을 나타냈다. 그녀는 사랑하는 남편의 무죄 방면을 위해 "법복을 갖춰 입었고 날아갈 듯한 콧수염을 길렀으며 목에 잔뜩 힘이 들어간" 일곱 명의 법관을 설득하는 데 성공했다. 법정에서 행한 42분간의 변론은 그녀가 나중에 자식들에게 남긴 회고록에서 자세히 서술했듯이 남편에게 씌워진 죄목에 대해 법리적으로 조목조목 따질 줄 알며 '아버지이자 남편'인 재판관들을 어떻게 설득해야 하는지 알고 있었다는 사실을 보여준다. 라 빌리루에 백작 부인을 법정으로 데려왔던 호송관은 그녀의 연설이 끝난 뒤, 남편이 아내에게 키스하려고 다가가는 것을 만류하지 않았다고 한다. 재판관들이 판결문을 낭독하기까지는 겨우 30분이 걸렸을 뿐이다. 라 빌리루에 백작 부인은 아내가 남편을 변호하는 일이 세간의 화제가 된다는 점과 사람들의 동정심을 적절히 이용했던 것이다.

혁명에 떠밀려 전혀 예상치 못한 행동을 하게 된 또 다른 귀족 부인 가운데 엘리자 푸주레 드 메네르빌이 있다. 세도 있는 치안판사 가문의 딸이었던 그녀는 18세의 나이로 재산 많고 평판 좋은, 열세 살 연상의 남자와 결혼했다. 같은 계층의 여자들이 그렇듯이 그녀는 부모가 선택한 남자를 주저 없이 받아들였다. 결혼 초반 5년 동안 그녀와 남편은 친정 식구들과 함께 살았고 그녀도 그런 상황을 기꺼이 받아들였다. 그러다가 1791년 10월 그녀와 남편, 그리고 두 자녀는 혁명의 파도를 피해 프랑스를 떠났다.

그들은 벨기에와 네덜란드를 거쳐 영국에 정착했다. 이동할 때마다 프랑스로부터 들려오는 소식은 점점 끔찍한 것이었다. 그녀의 어머니와 자매들은 투옥되었고, 아버지는 단두대에서 목숨을 잃었다. 그녀와 남편이 집에서 멀리 떠나가면 갈수록 수중의 돈도 차츰 줄어들었다. 금박을 두른 마차와 눈부신 다이아몬드에 둘러싸여 결혼 생활을 시작했던 메네르빌 부인은 런던에서 결국 생활 전선에 뛰어들어야 했다. 그녀는 먼저 망명한 다른 아내들의 선례를 좇아 가족의 생계를 책임졌다. 그녀의 말을 들어보자. "나는 시내 상인들이 포르투갈에 보내려고 하는 부채에 색을 칠했다. 또 러시아로 수출할 물건들에 텐트 스티치를 하기도 했다. 프랑스어 교습도 했다. (……) 드레스에 수를 놓는 일이 그중 가장 돈 되는 일거리였다."[36] 대부분의 상류층 남성들이 이국 땅에서 돈을 버는 일이 불가능하다고 생각한 반면에 아내들은 훨씬 유연한 자세를 보였다. 아내들은 군사 훈련도, 법률 교육도 받지 못했다. 할 줄 아는 것이라곤 바느질, 요리, 그리고 심심풀이로 배운 그림 정도였지만 그 기술들을 요긴하게 써먹었다. 혁명이 모든 희망을 꺾어버렸음에도 일부 아내들은 가족의 생계 부양자가 되었다는 사실에 자긍심을 느꼈다.

혁명의 시발로부터 나폴레옹의 등극에 이르기까지 10년간(1789~1799년) 프랑스 여성들은 과거에는 관심이 없었던 정치의식에 눈뜨게 되었다. 메네르빌 부인과 같은 왕당파들은 이러한 정치의식에 눈뜨지 않았다 해도 별 상관이 없었을 사람들이다. 혁명이 일어나지 않았다면 귀족 계급의 아내들은 대부분 좋은 시절을 누리고 아버지와 남편의 출세를 바라며 평탄하게 살아갔을 것이다. 그러나 혁명은 이 여성들이 스스로 사고하고 행동하게 만들었다. 정부를 상대로 공식적인 목소리를 내지는 못했지만 여성들은 자신들을 배척하는 정치 체제와 협상하는 방법을 수없이 개발했다. 여성들의 정치적 입장과 관계없이, 즉 왕당파였건 아니면 공화파였건, 그들이 가장 큰 관심을 기울인 것은 가족의 생존이었다.

공화국의 시민을 길러내는 어머니

한바탕 몰아친 소란이 잠잠해진 뒤 자유, 평등, 박애의 이상은 기혼 여성들에게 무언가 영향을 미쳤는가? 여성들이 새롭게 눈뜬 정치의식과 그들의 애국적인 활동이 당장 약간의 결실을 맺었는가? 간단히 대답하면 '아니요'이다. 미국의 아내들이나 프랑스의 아내들은 집단으로서의 여성 자격으로, 그들의 삶을 망가뜨렸던 혁명의 혜택을 받지 못했다. 남편들은 시민이 되었지만, 그들은 '누구누구의 아내'로 남아 있었다.

미국에서는 폭군 같은 남편에게서 아내들이 보호받기를 바랐던 애버게일 애덤스의 소망을 충족시키는 어떤 법도 제정되지 않았다. 미국인들은 영국의 지배라는 사슬을 벗어던지는 데에는 성공했지만 영국의 불문법을 대체할 어떤 새로운 법률도 만들지 않았다. 아내는 여전히 남편에게 봉사하고 복종해야 하는 존재였다. 아내의 정체성은 남편의 정체성에 잠식되어 있거나 '가려져' 있었다.[37]

프랑스에서 결혼한 여성의 지위는 오히려 퇴보했다. 1789년 혁명 초기에 맹위를 떨쳤던 진보적 정신은 피비린내 나는 공포정치 속에서 희미해져갔다. 1804년 나폴레옹이 완성시킨 법전은 남편과 아내 사이에 평등의 원칙을 제도화하려던 기존의 모든 노력을 무위로 돌려버렸다. 기본적으로 그것은 과거로부터 이어져온 불평등을 다시 한 번 확인하고 강화했을 뿐이었다. 프랑스의 아내들은 남편들의 피후견인으로서 '보호'의 대가로 남편에 대해 완벽한 '복종'의 의무를 졌다. 대개의 기혼 여성은 자신의 이름으로 된 재산을 관리하거나 소유할 권리도, 자신이 벌어서 얻은 수입을 관리할 권리도 갖지 못했다. 반면 남편은 공식적으로 자신뿐만 아니라 아내에게 속한 모든 재산을 관리할 수 있는 권리를 가졌다.

혁명 초기의 몇 해 동안 논리정연하고 전도유망했던 페미니스트 사상가들은 나폴레옹 치하에서 사려 깊게 침묵을 지켰다. 스탈 부인은 여자가 똑똑한 꼴을 그냥 봐넘길 수 없었던 나폴레옹에 의해 파리에서 추방되었다. 젊은 여성들을 교육시켜야 그들이 "결혼의 노예 상태"에 종속되는 것을 막을 수 있다는 주장이 담긴 메리 울스턴크래프트의 《여성의 권리 옹호*Vindication of the Rights of Woman*》는 그녀의 조국 영국은 물론이고 프랑스와 미국에서도 더 이상 읽히지 않았다.[38]

역사가 린다 커버가 '공화국의 어머니'라고 불렀던 것처럼 당시 정치 체제와 여성의 관계를 새롭게 정립하려는 시도가 있었던 것은 사실이다.[39] 미국과 프랑스의 여성들은 공화국을 위해 봉사할 시민들을 길러내도록 요구받았다. 이로써 여성이 가정에서 져야 하는 책임에 정치적인 색채가 부여되었다.[40] 어쨌든 교육을 받을 여유가 있었던 소녀들은 집에서 교육 받았고 소년들도 유아기 때는 마찬가지였다. 그 때문에 글을 가르치는 일뿐만 아니라 아이들의 신앙심과 애국심을 기르는 것도 어머니의 몫이었다. 공화국의 장점을 널리 선전하기 위해 가톨릭 교리문답집을 본떠 만든 애국심을 고취시키는 교과서가 프랑스 어머니들에게 배포되었다. '좋은 어머니와 자녀들'에 관한 대화 가운데 하나는 다음과 같은 자녀들의 질문으로 시작한다. "어머니, 귀에 못이 박이도록 들어온 공화국에 대해서 좀 말씀해 주세요." 그러자 어머니는 "공화국이란 평등에 기초한 정부란다"라고 운을 떼며 대답한다.[41]

공적 교육이 개화되기 훨씬 이전에 프랑스와 미국 정부는 어머니들

■ ■ ■

1789년에 니크 르 죈이 제작한 판화.
'인간과 시민의 권리에 관한 선언'을 어머니가 아들에게 읽어주고 있다.

이 자녀들, 특히 아들들에게 국민 통합을 위해 필요하다고 생각되는 사회적 덕성들을 주입할 것을 요구했다. 훌륭한 시민을 길러내는 어머니에 대한 가치 부여, 혹은 프랑스에서 그랬던 것처럼 어머니가 곧 교육자라는 생각은 다음 세기에 사회적, 정치적 활동에 뛰어들었던 프랑스와 미국의 몇몇 용감한 여성들에게 활동 기반을 마련해주었다.

그러나 모성을 바라보는 이러한 시각에 대해 어떤 사람들은 그것을 여성의 일보후퇴로, 나아가 아내들이 혁명기에 시대적 필요에 의해 습득한 새로운 기술들을 사용하지 못하게 하려는 시도로 간주했다.[42] 모성은 그것이 공공선이라는 사상과 얼마나 긴밀히 연결되어 있든 간에 집안일의 영역에 속해 있다. 고대 그리스의 여성들과 마찬가지로 프랑스와 미국의 어머니들은 시민의 권리를 아들에게 가르치는 능력 덕택에 기껏해야 '수동적인' 시민으로 머물렀을 따름이다. '능동적인' 시민으로서의 권리는 남성에게만 주어졌으며, 20세기까지도 남성만의 특권이었다.

훌륭한 시민을 길러내는 어머니상은 아마도 실제 여성들의 삶과는 거리가 먼 규범적인 이상형이었을 것이다. 미국에서건 프랑스에서건 스스로를 미래 시민들의 교육자로 여겼던 여성들이 얼마나 되었겠는가? 기껏해야 극소수에 불과했을 것이다. 대부분의 여성들은 어머니로서의 역할을 국가보다는 가족을 위한 것으로 이해했을 뿐이다. 물론 자신의 역할을 이해했던 경우에 한한 이야기이지만 말이다.

혁명과 전쟁 기간에 뒤따르게 마련인 모성에 대한 찬사는 남성의 경우에 유혈참사의 악몽이 끝났다는 일종의 안도감의 표현이다. 유명한 심리학 개념에 빗대어 말하면 공화국의 시민을 길러내는 어머니라는 이데올로기는 남성 에고(male ego)에 복무하는 퇴행의 일종이다.[43] 나는 그것이 여성을 어머니로서의 삶과 가정에만 묶어두려는 고의적인 음모였다고는 생각하지 않는다. 하지만 그 결과는 마찬가지였다. 공화주의자이든 아니든 간에 아내와 어머니들은 집에 머무르도록, 그리고 남성에게 공적인 영역을 맡기도록 되어 있었다.

그러나 능동적이고 용감한 정치적 인물로서의 아내상을 그린 예술작품이 있다. 바로 1805년에 초연된 베토벤의 오페라 〈피델리오 Fidelio〉다. 이 작품에는 프랑스 혁명의 고유한 이상과 여성성에 대한 베토벤의 고상한 이상이 한데 녹아 있다. 베토벤은 남자 주인공인 플로레스탄이 아니라 그의 아내 레오노레에게 초점을 맞추었다. 그녀는 소년으로 분장해서 감옥에 갇힌 남편을 구출해낸다. 대미를 장식하는 노래는 베토벤의 〈환희의 송가〉만큼이나 우리를 감동으로 이끈다. 그리고 이 이야기는 아내들에게 특별한 여운을 남긴다.

5장

도덕의 갑옷을 입은 낭만적인 사랑

빅토리아 여왕 시대 대서양 양안의 아내들

그러나 가정의 요정들 가운데 가장 훌륭한 이는

남편의 의자 위로 금발을 드리우는 그의 아내.

—시어 기프트, 〈아내Little Woman〉[1]

그녀는 그의 요구에 따라

자신의 삶의 장난감을 내려놓고

여성이자 아내로서의 명예로운 일을 택한다.

—에밀리 디킨슨, 〈아내The Wife〉

"합법적인 아내가 된다는 것은 노예로 팔려 가는 것과 비슷한 일이다."

—루시 스톤

"나는 몇 번이나 결혼했지만 이제 다시는 못하겠다."

—세 번 결혼한 해방 노예 엘리자 홀맨[2]

대다수의 사회사학자들은 서구에서 근대적인 결혼관이 미국 독립전쟁과 1830년 사이에 등장했다는 사실에 동의한다. 재산, 가족, 사회적 지위가 여전히 결혼을 결정하는 데 중요한 요소였지만 이 기간 동안 사랑은 배우자를 선택하는 가장 중요한 기준이 되었다. 미국의 젊은 여성 엘리자 채플린은 1820년에 친구에게 보낸 편지에서 자기 세대의 신념을 다음과 같이 표현했다. "내 마음에 들지 않으면 내 손을 내주지 않겠어."[3] 많은 부모들, 특히 미국의 부모들은 자녀들이 스스로 남편이나 아내를 고를 것이며, 그 결정에 대해 부모는 거부권밖에 가지지 못할 것이라는 사실을 받아들였다. 연애결혼이 이전 세기에도 존재했던 것은 분명하지만 이제 그것은 대중적인 이상, 나아가 규범이라고까지 말할 수 있게 되었다.[4]

이처럼 결정적인 변화가 일어난 이유를 설명하기 위해 많은 이론들이 나왔다. 그것은 영국, 북유럽, 미국의 계몽된 부르주아지들 사이에 널리 퍼진, 서로를 동반자로 여기는 결혼 형태가 자연스럽게 진화한 결과인가? 아니면 혁명의 정신이 자식들을 부모의 후견에서 해방시켜 좀 더 독립적인 선택을 할 수 있도록 만든 것인가? 연애시와 연애소설의 독자들 사이에 낭만주의라는 열정의 급류를 불러일으켰던 것은 이성의 시대에 대한 반격인가? 아니면 '신의 선물'인 결혼을 결정하는 데 성스러운 사랑이 반드시 필요하다는 믿음을 전파했던 영국과 미국의 복음주의가 낳은 결실인가? 그것은 많은 젊은 여성들을 집에서 나와 부모의 감시의 눈길이 없는 공장에서 일하도록 만들었던 초기 산업화의 결과였을까? 이유야 어떻든 간에 19세기에 젊은이들은 부모로부터 점차 해방되었고 연애결혼을 선호했다.

이 장에서는 낭만적 사랑이 영국과 미국에서 어떤 방식으로 실현되었는가를 살펴보려고 한다. 편지, 일기, 그리고 아내로서의 삶에 대해 고민했거나 아내로 살아본 적이 있는 여성들이 남긴 회고록, 남녀 작가들이 쓴 감상적인 시들과 연애소설, 자칭 전문가들이 쓴 결혼에 대한 충고를 담은 책들은 결혼을 성사시키는 데 이상과 현실이 어떻게 작용했는지를 잘 보여준다. 지역, 계급, 인종, 종교의 차이에도 불구하고 연애결혼을 선호한 중류층의 결혼관은 영국과 미국에서 널리 퍼져 나갔다.

영국에서의 사랑과 결혼, 그리고 돈

빅토리아 여왕 시대에는 사랑이 결혼의 중요한 조건으로 인정되었다. 그렇다고 해서 고삐 풀린 육체적 열망을 충족시키는 일이 자유로웠다는 뜻은 아니다. 유혹이 제아무리 강렬하고 구애가 끈질기다 해도 미래의 남편과 아내는 성관계를 결혼 후로 미루는 것을 포함하여 일련의 사회적 관례에 따라야 했다. 비록 많은 여성, 특히 하류층 여성들이 (결혼식을 위해) 교회 안에 들어섰을 때 이미 임신 중이었다는 여러 증거가 있긴 하지만 대부분의 중상류층 커플들은 결혼할 때까지 성관계를 갖지 않고 기다렸다. 1800년에서 1849년 사이에 조사된 통계에 따르면 첫아이 임신 건수 가운데 5분의 1에서 5분의 2는 혼전에 이루어졌다. 혼외 출산을 한 여성은 공적인 비난과 사적인 학대를 감내해야 했지만 그것이 많은 여성, 특히 하녀들이 사생아를 낳는 것을 막지는 못했다.[5]

일반적으로 서로 사랑해서 결혼하는 것이 바람직하게 여겨졌음에도 사랑만으로 결혼을 계속 유지할 수는 없다고 생각하는 사람도 많았다. 많은 수의 젊은 여성들은 배우자를 고를 때 비슷한 사회적, 종교적 배경과 가치관을 고려해야 한다고 믿었다. 열렬한 구애자가 과연 좋은 남편이 될 수 있을지, 혹은 자신이 좋은 아내가 될 역량을 갖고 있는지 알기 위해 노력하던 19세기 여성들의 편지와 일기를 읽어보면 오늘날 우리에게 교훈을 주는 내용을 많이 발견할 수 있다.

빅토리아 여왕 시대 도덕을 중시했던 중류층의 특성은 연애편지를 교환할 때에도 배어난다. 당대의 예의범절에 따르면 첫 번째 편지는 젊은 남자 쪽에서 써야 하고, 젊은 여성은 부모의 동의를 받은 후에 답장을 해야 한다. 특히 남자가 사랑을 고백하기 전에 여성은 마음을 드러내서는 안 되었다. 이러한 분위기 속에서 토머스 트롤로프는 프랜시스 트롤로프에게 보낸 편지에서 자신은 "여인에게 사랑 고백을 구두로 해야 좋은지 아니면 편지로 해야 좋은지"를 몰랐다고 말했다(이 둘은 나중에 결혼해서 소설가 앤서니 트롤로프를 낳았다). 편지를 택한 그는 "지상에서 미래의 내 행복은 그대의 손에 달렸소. 당신이 이 편지에 답장을 보내주기 전까지 나는 매 순간 불안에 떨어야 할 것이오"라고 썼다. 그는 그녀와 함께 있을 때 느꼈던 기쁨을 프랜시스가 "다 알지 못하는 건 아닐까?" 의심하면서도 그 기쁨을 "서로 공유하고 있을" 거라고 짐작했다. 그렇지만 피차 다 알고 있는 감정을 그녀가 순진하게 털어놓기 전에 그가 먼저 정식으로 청혼을 해야 했다. 그는 자신의 연봉이 900파운드 정도라는 것을 말해두는 것이 바람직하다고 생각했다. 그는 패니(프랜시스의 애칭)가 '결정'할 때까지 3주의 기간을 주었는데, 패니는 바로 다음 날 화답했다. 그가 정식으로 청혼을 했기 때문에 그녀 역시 솔직해질 수 있었다. 그녀는 "자부심과 감사함을 느끼며" 청혼에 응했다. 그러면서 자신은 매해 아버지로부터 겨우 50파운드를 받을 뿐이며, 1300파운드의 저축이 있다고 말했다.[6] 패니는 30세에 가까웠고 토머스는 35세나 되었지만 둘은 모두 꽃다운 나이의 연인들을 위해 고안된 의례에 충실히 따랐고, 패니는 말할 기회를 얻을 때까지 자신의 감정을 고백하지 않고 기다렸던 것이다. 확실히 여성이 먼저 고백하는 것을 금기시하는 사회에서 그녀들은 잃을 것이 더 많았다. 특히 당시 20대 남녀 성비가 100 대 90 정도로 추정될 만큼 신랑 후보가 신부 후보보다 많았던 현실을 고려한다면 더욱 그러했다.

연애편지는 몰래 보관했고 파혼할 때에는 돌려주어야 했다. 4개월에서 8개월의 약혼 기간은 연인들이 서로 잘 맞는지를 결정하는 데 충분한 기간으로 간주되었다. 약혼 기간이 너무 길어지면 연인들이 육체적 접촉을 가질 위험이 있었기 때문에 사람들은 약혼 기간이 너무 길어지는 것을 피했다.

결혼 전에 5년간이나 약혼 기간을 가졌던 존 오스틴과 세라 테일러의 경우는 빅토리아 여왕 시대 사람들에게 얼마나 요란하게 도덕이 강요되었는지를 보여주는 극단적인 예다. 공직자 집안으로 유명한 명문가 출신인 세라는 발랄하고 끼가 있는 여성이었다. 그녀는 존으로부터 그녀의 과거가 그녀 자신의 평판에 "약간의 흠집"을 내고 있지는 않은지, 또 그녀의 영혼이 그와 "교감하기에 진정으로 손색없는" 것인지를 생각해보라는 내용의 편지를 받았다.[7] 세라는 사촌에게 존을 향한 자신의 사랑이 "세상의 그 무엇보다도 나의 인격을 고양하고 개선하는 데 도움을 줄 것"이라는 편지를 썼다. 약혼 기간 중 존이 런던에서 법학을 공부하는 동안 세라는 노위치에 남아서 약혼자가 추천한 근대와 고대 작가들의 책을 읽었다. 그녀는 이 기간을 "아내라는 이름에 값하는 사람이 되기 위해 사랑과 엄격한 학습만으로 산 5년"이라고 회상했다. 실제로 그녀는 목적을 이루었고 1819년 8월 마침내 결

■ ■ ■

1859년에 아서 휴스가 그린 〈기나긴 약혼The Long Engagement〉.

혼했다.

그러나 그들이 결혼할 수 있었던 것은 그녀의 인격이 도덕적으로 나아졌기 때문이 아니라 존의 아버지가 매년 300파운드를, 그리고 세라의 아버지가 매년 100파운드를 대겠다고 약속했기 때문이다. 결혼을 고려할 때 사랑의 환희는 그것이 도덕적 욕구와 결합했을 때조차도 결코 경제적 현실과 분리될 수 없었다. 문제는 근본적으로 남편이 아내를 먹여 살릴 수 있느냐 없느냐에 달린 것이었다. 사랑과 돈은 제인 오스틴에서 이디스 워튼에 이르기까지 영국과 미국의 위대한 소설가들의 주제였을 뿐만 아니라 19세기 사회의 골간을 구성하는 것이었다. 고매한 시인 엘리자베스 배럿 브라우닝은, 어떤 사람들은 마치 "경매하듯" 행동한다며 정략결혼을 일종의 "합법적 매춘"이라고 비난했다. 찰스 디킨스는 돈만 보고 결혼하는 속물적인 인간들(《우리들의 친구*Our Mutual Friend*》에 나오는 라믈 부부 같은)을 만들어내기도 했지만, 그 시대 사람들은 일반적으로 돈 한 푼 없이 결혼하는 것을 '신중하지 못한' 일이라고 생각했다.

당시의 기록에는 젊은이들에게 적절한 소득(1858년 〈타임스The Times〉에 실린 한 서한에 따르면 연간 300파운드)이 생기기 전에는 결혼하지 말라는 충고가 담겨 있다.[8] 그 정도의 소득에 미치지 못했던 노동자 계급은 자립할 수 있을 때까지 기다렸다. 이는 영국 남성과 여성이 비교적 늦게 결혼(여성은 26세, 남성은 좀 더 나중에)했다는 것을 의미한다.

결혼에 대해 고민하는 여성에게 물질적 안락이 남편의 주머니 사정에 달렸다는 것을 깨우쳐줄 필요는 없었다. 결혼할 때 지참금으로 얼마를 가져왔건 일을 해서 얼마를 벌었건 간에 아내의 돈은 모두 법적으로 남편의 소유였다.

더욱이 중상류층 가정의 아내들이 돈을 버는 것은 상상도 할 수 없었다. 남편이 식구들을 먹여 살릴 책임을 진 유일한 사람이었다. 여성의 노동과 아동의 노동이 중류층 가계에 보탬이 되고 아내가 남편의 가게에서 일을 도와주던 시대는 지나가버렸다. 숙녀의 증명서는 바로 돈을 벌기 위해 일을 할 필요가 없다는 사실이었다. 오직 노동자 계급과 소농 계급의 남편만이 아내가 일을 하도록 했다.

그렇다면 남편의 노동으로 살아가는 중류층 아내들의 임무는 무엇이었던가? 그것은 세 가지로 나누어볼 수 있다. 첫째, 남편에게 복종하고 남편을 만족시키는 것. 둘째, 자녀들을 육체적, 정신적으로 건강하게 키우는 것. 셋째, 집안을 관리하는 것(청소, 세탁, 요리 등). 아내들은 집안을 관리하는 일을 식모를 부림으로써 해결했다. 식모란 비턴 부인이 유명한 《가정 관리 교본*Book of Household Management*》에서 하인 "군단의 지휘관"이라고 불렀던 특권층의 가정부를 뜻했다. 시골의 지주 귀족 가문에서는 하녀를 스무 명에서 스물다섯 명을 부렸고, 도시의 중류층 아내는 형편에 따라 한 명이나 두 명, 또는 다섯 명을 부렸다.

특권층 아내들의 외부 활동은 주로 교회에 가거나 친구들을 방문하는 것으로 채워졌다. 그 밖에 허용되는 외부 활동으로는 박애 사업이 있었는데, 19세기 후반으로 갈수록 그 양상이 점점 다양해졌다. 박애주의자 숙녀들은 학교, 소년원, 그리고 노인·장애인·빈민을 위한 봉사단체에서 자선 활동에 시간을 쏟았고, 특히 독신모와 교정 대상인 창녀들(이들 중 일부는 이민을 떠나기도 했다)의 처지에 관심을 가졌다. 세라 테일러 오스틴과 같은 소수의 특권층 여성들은 지적, 문화적, 나아가 정치적 이득을 추구하기도 했다.

남편과 아내는 사랑으로 결혼했지만, 결혼한 후에는 역사가들이

'분리된 영역'이라고 지칭한 서로 다른 영역을 지키며 살아갔다. 대부분의 중류층 여성들은 집에 머물렀고, 남성들은 바깥에 나가 일을 했다. 남녀의 영역은 가족, 일, 사회의 필요에 따라 구분되었고, 남자의 영역과 여자의 영역은 이론적으로는 동등했다. 하지만 현실적으로 영역 분리의 이데올로기는, 후일 페미니스트들이 주장한 대로 공적, 사적 영역에서 능동적이었던 남성은 보다 충만한 삶을 살 수 있게 만든 반면에 여성은 자신의 능력을 발휘할 수 없게 했다. 그러나 19세기 전반에 걸친 페미니스트들의 이의 제기는 그다지 화제가 되지 못했다.

그 대신에 이제 막 나오기 시작했던 여성의 처신에 대한 지침서들은 그녀들이 어떻게 가정에서의 책무를 다할 것인가에 대해 떠들어댔다. 1830년대와 1840년대 영국과 미국에서 아내와 어머니들을 겨냥해 출간되기 시작한 결혼 생활 지침서들은 오늘날까지도 그 명맥을 유지하고 있다. 《굿 하우스키핑*Good Housekeeping*》이 나오기 훨씬 이전부터 가정 관리 전문가였던 스폭 박사와 루스 박사는 여성들에게 가정의 평안을 책임질 유일한 사람은 그녀들 자신뿐이라는 생각을 주입했다. 오직 여성들만이 자녀들의 도덕적, 육체적 건강을 책임질 수 있고, 남성들을 사회적 선으로 이끌 수 있는 힘을 지녔다고 그들은 주장했다. 빅토리아 여왕 시대의 아내들과 어머니들은 남성을 파멸로 이끈 이브의 딸에서 정신적 지도자의 위치로 격상되었다. 낭만주의적이고 복음주의적인 개신교는 여성들의 '감성적' 본성을 높이 평가했으며, 여성이 훌륭한 아내, 자애로운 어머니가 되기 위해 노력할 것을 촉구했다. 그러나 아내의 지위가 격상되었다고는 하나 여전히 남편에게 종속되어 있다는 것을 잊어서는 안 된다. 세라 스티크니 엘리스(Sarah Stickney Ellis)는 《영국의 여성들*The Women of England*》이라는 책에서 여성을 '상대적 피조물'이라고 지칭했다. 135년 후에 프랑스의 역사학자인 프랑수아즈 바슈(Françoise Basch)가 빅토리아 여왕 시대의 여성들을 다룬 책에서 다시 보여준 것처럼 이는 적절한 표현이었다. 여성은 마땅히 누려야 할 권리를 전혀 누리지 못하고 있었다. 빅토리아 여왕 시대의 문인인 W. R. 그레그(W. R. Greg)에 따르면 "여성이라는 존재의 본질은 남성에게 의존하고 그들을 섬기는" 데 있다. 존 러스킨(John Ruskin)은 조금도 비꼬려는 의도 없이 여성이 가진, 권력 없는 권력의 패러독스에 대해 다음과 같은 말을 남겼다. "남편의 집에서 진정한 아내는 그의 하녀처럼 군다. 그녀가 여왕이 되는 것은 그의 마음속에서다."[9]

남편을 섬기는 데에는 성적인 것도 포함되어 있었다. 남성은 (여성보다) 색을 밝히는 피조물로 간주되었다. 여성을 천사로 취급하는 새로운 관점이 널리 퍼지면서 여성은 모든 육체적 욕망을 거세당했다. 저명한 영국인 의사 윌리엄 액턴은 "여성이 스스로 성적 희열을 추구하는 일은 매우 드물다. 여성은 남편의 성행위에 몸을 내맡기지만 그것은 어디까지나 그를 성적으로 만족시키기 위해서일 뿐이다"라고 말했다.[10]

내과 의사들이 여성 역시 성적 쾌락을 느낄 수 있다는 사실을 인정했을 때조차 여성들은 먼저, 그리고 주로 남편을 만족시킬 것을 권고받았다. 자신의 조국에서 베스트셀러가 된 결혼 생활 지침서의 저자인 오귀스트 드베 박사는 "오, 아내들이여! 이 충고를 따르십시오. 남편의 욕망에 따르도록 하세요. (……) 그를 만족시키도록 하란 말입니다. (……) 연극을 해서라도 쾌락의 충동을 자극하십시오. 그것이 남편을 지키기 위한 것이라면 이러한 순수한 속임수는 용인될 수 있습니다"[11]라고 말했다. 오르가슴을 느끼는 척하는 것은 가족의 안위를 위해 자신을 희생하는 또 하나의 방법일 뿐이었다.

좀 더 전형적인 영미의 결혼 생활 지침서들은 침실 밖에서의 아내의 의무를 강조했다. 아내는 가족의 행복을 위해 애쓰고 '가정의 요정'으로서 자신을 꾸미고 집안에 따스함과 활기, 하느님의 사랑과 조국애가 감돌게 만드는 존재여야 했다. 많은 저자들 가운데 특히 세라 스티크니 엘리스나 비턴 부인 그리고 《어머니들에게 보내는 편지*Letters to Mothers*》의 저자인 리디아 시거니(Lydia Sigourney)는 가정적인 어머니에 대한 예찬을 일종의 세속적 종교로 만드는 데 일조했다.

국민들에게 빅토리아 여왕은 현모양처의 이상을 체현한 사람이었다. 앨버트 공과 아홉 명의 자녀들에게 둘러싸인 빅토리아 여왕은 훌륭한 아내와 어머니의 상징이 되었다. 빅토리아 여왕의 젊은 시절은 연애결혼이 우위를 점하던 시기와 일치한다. 그녀는 제인 오스틴이 쓴 여섯 권의 소설 가운데 몇 권을 읽었음에 틀림없다. 그 소설들에서 결혼은 모든 미혼 여성들이 꿈꾸는 목표로 묘사되어 있다. 오스틴의 여자 주인공들처럼 자신의 운명이 좋은 남편을 찾느냐 마느냐에 따라 결정되는 곤경에 처한 적은 없었지만, 빅토리아 여왕은 그 시대의 여성들과 같은 생각을 했다. 행복한 결혼은 여왕을 포함한 모든 사람이 원하는 것이었다. 그녀의 편지와 공식 담화와 행동을 통해 판단하건대, 그녀는 앨버트 공이 젊은 나이에 죽고 남은 반세기를 비탄에 젖은 미망인으로 살아가게 되기 전까지 매우 축복받은 결혼 생활을 했던 것으로 짐작된다.

19세기 초반에 제인 오스틴이 쓴 소설들은 유복한 중산층 내부에서 남성은 물론 여성 역시 사랑에 입각하여 배우자를 선택하기 위해 애쓰는 결혼 게임의 본질을 묘사했다. 하지만 오스틴의 소설 속 남자 주인공과 여자 주인공 사이에는 뚜렷한 차이가 있다. 여성은 문제의 남성이 고백하기 전에는 솔직하게 마음을 표현할 수 없었다. 여성이 먼저 고백해서는 안 된다는 낡아빠진 생각이 오스틴의 시대에도 여전히 맹위를 떨쳤다.

그렇지만 오스틴의 여자 주인공들은 자신의 욕망을 표현할 방법을 알고 있었다. 그들은 최신 유행을 좇고 '여성스러운' 걸음걸이를 따랐으며 자신의 가장 아름다운 모습을 보여줌으로써 육체적인 매력을 과시하려고 애썼다. 그들은 결혼 시장에서 우위를 점하기 위해 노래를 부르고 춤을 추었고, 최소한 오스틴의 책 속에서는 지성적이기도 했다. 《에마*Emma*》에서 나이틀리가 말한 것처럼 "분별력 있는 남자라면 멍청한 여자를 원하지 않는 법이다." 비록 모든 남자가 그런 것은 아니었지만 (제인 오스틴은 《오만과 편견》에서 베넷 부인과 같은 멍청한 아내들의 모습을 보여주었다), 교양 있는 사람들은 이제 '분별력'이 남성만의 특권이 아니며 박식한 아내가 해로운 존재가 아니라고 생각하기 시작했다. 오스틴의 여주인공들은 남편을 찾아 헤맸고 대개 성공했다. 이것은 19세기 초반 영국의 현실을 반영한다. 그렇지만 오스틴을 포함해서 10~12퍼센트의 영국 여성은 일생 동안 독신을 고수했다.

1817년 오스틴이 사망한 후 차세대 여류 소설가로 떠오른 샬럿 브론테 역시 결혼하지 않은 채 중년의 나이가 되었다. 젊은 시절 샬럿 브론테는 두 번씩이나 청혼을 거절했다. 청혼한 남자 가운데 한 명은 꽤 괜찮은 목사였는데, 그를 사랑하지 않는다는 이유로 거절했다. 그녀는 여동생에게 보낸 편지에서 그 이유를 밝히고 있다. "그에게 호감이 가고 또 그가 친절한 사람이라는 건 잘 알고 있지만 그를 위해 죽어도 좋다고 생각할 만큼의 열정은 없어. 만약 결혼을 한다면 남편을 열렬하게 사랑하고 싶어."[12] 샬럿 브론테의 결혼관이 지나치게 낭만적인 것은 사실이지만 이 편지를 이 책의 서두에서 언급했던 '친애하는 애비'에게 보내는 편지와 비교해볼 때 그 차이는 얼마나 큰가?

하지만 샬럿 브론테가 서른아홉 살에 결혼한 남자는 그녀가 젊은 시절에 열망했던 그런 사람이 아니었다. 목사였던 아서 벨 니콜스는 평범한 남자였고, 이미 유명한 작가였던 샬럿 브론테에게 필적할 만한 지식인은 결코 아니었다. 게다가 그를 위해 죽어도 좋을 그런 유형의 남자도 아니었다. 그러나 서른아홉 살의 샬럿 브론테는 더 이상 기다릴 수 없다고 느꼈던 것 같다. 그녀는 아일랜드에서 니콜스의 가족과 함께 겉으로 보기에는 행복한 신혼 생활을 했고, 나중에는 그를 사랑하게 된 것처럼 보인다. 그러나 그녀는 임신과 관련된 병으로 결혼 9개월 만에 세상을 떠났다.

샬럿 브론테의 여주인공들은 그녀보다는 운이 좋았다. 제인 에어는 격정적인 이야기의 결말 부분에서 다음과 같이 말할 수 있었으니까 말이다.

> 결혼하고 10년이 흘렀다. 나는 전적으로 내가 지상에서 가장 사랑하는 사람을 위해 산다는 것, 그리고 그와 더불어 산다는 것이 무엇인지를 알게 되었다. 나는 최고의 축복을 받았다. 왜냐하면 남편의 삶이 완전히 나의 삶과 일치하듯 내 삶도 남편의 삶 그 자체이기 때문이다. 어떤 아내도 나만큼 남편과 가까울 수는 없었을 것이다. 그의 뼈와 살은 완전히 나의 뼈와 살이다.

200년 전의 앤 브래드스트리트와 마찬가지로 브론테의 소설 주인공들은 많은 여성들이 동경했던 결혼 생활 속에서의 사랑과 평등 그리고 일치의 이상을 표현하기 위해 성경을 인용했다.

이 시기의 전형적인 영국 소설은 배우자를 찾으면 인생의 모든 문제가 해결되기라도 하는 듯이 결혼으로 끝을 맺었다. 프랜시스 트롤로프의 소설《영리한 여인의 삶과 모험*The Life and Adventures of a Clever Women*》에서 30세의 여주인공 샬럿 모리스는 결혼 전날 일기에 다음과 같이 쓰고 있다. "여성의 생애에 대해 쓴 소설의 마침표를 찍는 시점(결혼)에 이르렀지만 내가 갑자기 일찍 죽는 일이 생기지 않는 한 내 이야기는 이것으로 끝나지 않을 것이다."[13] 여섯 명의 아이를 둔 어머니이자 경제적 궁핍에서 벗어난 작가였고 당시까지 아내로서 잘 살아왔던 트롤로프는 쓰라린 경험을 통해 현실의 결혼 생활이 시와 소설에 그려진 행복한 결혼 생활과는 거리가 멀다는 사실을 깨달았다.

영국과 미국의 결혼에 관한 법률

먼저, 법은 기혼 여성을 남편과 동등하게 취급하지 않았다는 사실을 지적해야 한다. 19세기 영국과 미국의 불문법의 토대가 되었던 윌리엄 블랙스톤의《영국법 주해*Commentaries on the Laws of England*》를 보면 아내들은 어떤 법적 권리도 가지지 못했다. "결혼을 통해 남편과 아내는 법적으로 한 사람이 된다. 즉 여성의 법적 권리는 결혼 기간 동안 유예되거나 남편이 행사하게 된다. 남편의 날개, 보호와 엄호하에서 그녀는 모든 일을 수행한다." 혹은 유명한 속담처럼 "남편과 아내는 한 사람이고 그 사람은 바로 남편이다."

법은 여전히 남편이 아내에게 "적절한 교정"을 가할 수 있게 했으며 손가락보다 크지 않고 남자의 엄지손가락보다는 가는 매로 때릴 수 있는 권한을 부여했다. 상류층 사람들이 체벌은 주로 하류층에서 행해졌다고 주장한 것과는 달리, 오늘날 남아 있는 자료를 보면 모든 사회 계층에 매맞는 아내가 있었다는 사실을 알 수 있다.

재산 문제에 대해서도 법은 여성의 소유권을 명백히 제한하고 있다. "여성의 개인 재산은 결혼에 의해 전적으로 남편에게 귀속된다." 여기에는 아내가 결혼 전에 소유한 모든 재산과 결혼 후에 벌어들인 모든 소득이 포함된다. 남편은 사망 시 재산 중 3분의 1만 아내에게 물려주고, 나머지는 그가 지정한 사람에게 상속할 수 있었다.

불행한 기혼 여성의 입장에서 더욱 나쁜 것은 남편이 원하지 않으면 별거할 수 없다는 것이다. 1840년 영국에서 일어난 세실리아 마리아 코크런(Cecilia Maria Cochrane)의 사건은 매우 시사적이다. 그녀는 남편에게서 도망쳐 나와 4년의 세월이 흐른 뒤 파리에서 어머니와 살게 되었다. 남편이 계략을 써서 그녀를 데리고 돌아와 감금하자 그녀는 재판을 받기 위해 애를 썼다. 판사는 "영국 법이 남편에게 부여한 아내에 대한" 지배권 규정에 따라 코크런이 아내를 "세상과의 방종한 접촉에서 보호하기 위해 한집에서 동거하는 것이 마땅하다"고 판결했다. 세실리아 코크런에게 '영구 감금형'이 언도된 것이다.[14]

아이들의 양육 문제를 보자. 자녀 양육권은 아버지에게 귀속되었다. 이혼할 경우, 남편이 학대나 간통으로 피소되었더라도 이혼한 여성은 아이들을 만날 수 없었다. 이혼하려면 의회의 법령에 따라 당시 유복한 중류층의 1년치 생활비의 세 배와 맞먹는 금액인 800~900파운드를 지불해야 했으므로 19세기 전반의 영국에서 이혼은 극히 드문 일이었다. 따라서 이혼 건수의 3퍼센트만이 아내에 의해 제기된 것은 당연한 일이었다.[15] 비록 극소수이긴 하지만 그런 천문학적인 돈을 지불할 수 있었던 여성은 도대체 어디서 그런 돈을 구했는가라는 질문을 할 수 있다. 가족이나 부유한 친구가 도와주었거나, 몇몇은 가족의 재산을 훔쳐서 그렇게 했을 것이다.

저 유명한 캐롤라인 셰리든 노턴(Caroline Sheridan Norton)은 이혼과 양육권 관련법을 변화시키는 데 견인차 역할을 했다. 그녀는 조지 노턴 경과 이혼한 뒤 세 자녀를 만날 수 없게 되었다. 1836년 별거하게 되었을 때 당시 남편이 소유했던 재산의 상당 부분이 사실은 그녀의 부모로부터 받은 것이었음에도 남편은 생활비를 지급하지 않았다. 캐롤라인 노턴은 글을 쓰기도 하고 혼자 힘으로 살아가기 위해 노력했지만 그녀가 벌어들이는 소득은 법적으로 남편의 것이었고, 그는 수시로 그것을 갈취하려고 했다. 캐롤라인 노턴은 자신의 불만, 그리고 같은 처지에 있던 다른 여성들의 불만을 요약한 논쟁적인 글을 썼고, 그 결과 1839년에 제한적이긴 하지만 어머니에게 자식을 만날 수 있는 권리를 부여하는 법안이 통과되었다.

의회가 마침내 이혼법 개정 문제를 의제에 포함시켰을 무렵, 1855년에 캐롤라인 노턴이 쓴 《크랜워스 대법관이 제출한 결혼과 이혼 의안(議案)에 대해 여왕 폐하께 드리는 서한*Letter to the Queen on Lord Chancellor Cranworth's Marriage and Divorce Bill*》에는 그녀의 개인사와 관련한 놀라운 이야기가 나온다.

> 영국에서 아내는 남편의 집을 떠날 수가 없습니다. 남편은 '부부간의 권리'의 복원을 주장하면서 아내를 제소할 수 있을 뿐 아니라

> 그녀가 피신처로 택한 친구 집이든 친척 집이든 쳐들어가서 물리적인 힘을 사용해 그녀를 끌고 갈 권리도 있습니다.
>
> 만약 아내가 남편의 학대를 이유로 소송을 제기한다면 그것은 '자신의 생명이나 자식을 위험에 빠뜨리는 학대' 때문임에 틀림없습니다.
>
> 남편이 아내에게 이혼 소송을 제기하는 경우 아내는 1심에서 자신을 변호할 권리가 없습니다. (……) 변호사를 선임할 수도 없고 '체면에 손상을 입힌다'는 이유로 남편과 그의 정부로 추정되는 여자 사이에 벌어지고 있는 소송에 개입할 수도 없습니다.
>
> 만약 영국에서 아내가 부정을 저지르면 남편은 재혼을 위해 그녀와 이혼할 수 있지만 반대의 경우에는 남편이 아무리 난봉꾼이라도 이혼을 할 수가 없습니다. 영국의 법정은 이혼을 허락하지 않기 때문입니다. 매번 결혼 무효 특별법에 의거한 판결이 내려지고 있습니다.[16]

결혼과 관련된 법 개정 운동에 지대한 공헌을 한 다른 여성으로는 부유하고 영향력 있는 급진적 의원의 딸이었던 바버라 레이 스미스 보디천(Barbara Leigh Smith Bodichon)을 들 수 있다. 그녀가 1854년에 출간한 팸플릿《쉽게 풀어 쓴 여성에 관한 가장 중요한 법률들에 대한 소고*A Brief Summary, in Plain Language of the Most Important Laws concerning Women*》는 19세기 중반 의회에서 논쟁이 일어났을 때 중요한 역할을 했다. 이 책은 의원들뿐만 아니라 기존 법률하에서 아내들이 겪고 있던 고난의 증거들을 수집하는 위원회를 만들었던 개혁 지향적인 여성들 사이에서도 큰 반향을 얻었다. 엘리자베스 배럿 브라우닝, 해리엇 마티노, 엘리자베스 개스켈 등 기라성 같은 문학가들을 포함하여 2만

6000명이 연서한 청원서가 1856년 의회에 제출되었다. 청원서에는 "여성의 활동 영역을 무한대로 확장하는 근대 문명은 여성이 남성에게 경제적으로 의존할 필요가 없게 만들었다. 따라서 지금은 여성들이 스스로의 노동을 통해 벌어들인 소득에 대한 법적인 보호가 필요한 시기다"라고 적혀 있다. 하류층 여성들이 공장을 비롯하여 잡다한 직종에서 일자리를 찾았던 반면에 중상류층의 기혼 여성들은 "가족의 소득을 증대시키기 위해 문학과 예술의 세계"로 들어가고 있었다. 빈곤한 여성은 특히 법적 보호가 필요한데, "아침부터 밤까지 일한 대가로 받은 노동의 결과를 (남편에게) 강탈당하고 선술집에서 낭비되는 것을 그저 지켜보아야 하기 때문이다."[17] 1861년에 시행된 인구 조사에 따르면 당시 노동 인구의 3분의 1은 여성이었고, 그 가운데 4분의 1이 기혼 여성이었다.

1857년에 제정된 이혼법으로 별거나 이혼과 관련된 재판권이 교구 재판소에서 새로 만들어진 세속 재판소로 넘어갔다. 이혼의 사유는 여전히 학대와 간통이었지만 아내는 남편의 간통이 유기, 학대, 성폭행, 남색, 수간 등과 연관되었음을 증명해야 했다. 남편은 아내의 간통만으로 이혼을 요구할 수 있었다. 아내의 간통은 남편의 간통보다 나쁘다는 통념에 근거한 이 같은 이중 잣대는 평등한 이혼법이 통과된 1929년까지 영국 사회에 남아 있었다. 1857년에 제정된 법이 가져온 가장 중대한 변화는 별거나 이혼을 허가받은 여성이 결혼하지 않은 개인이 행사할 수 있는 것과 동일한 재산권을 부여받게 되었다는 점이다. 이것은 가족의 재산과 자신의 소득에 대해 전적인 소유권을 남편에게 넘겨야 했던 기혼 여성에게는 아무 의미도 없는 것이었지만 분명 올바른 방향으로의 진보였다.

이혼은 여전히 드물었고 비싼 대가를 치러야 하는 일이었지만 여성이 먼저 이혼을 제기하는 경우가 좀 더 빈번해졌다. 1869년의 프랜시스 켈리(Frances Kelly) 사건은 이 사실을 잘 보여준다. 그녀는 "학대"와 "권위의 부적절한 행사"를 이유로 남편 제임스 켈리 목사와의 별거를 허락받았다. 그녀의 손을 들어준 승소 판결문에 따르면 남편이 아내를 굴복시키기 위해 아내를 의도적으로 불행하게 만들려고 했다는 것이다. 비록 그 판결문은 남편의 지배권을 지지하는 것이긴 하지만 동시에 남편의 행동에 제한을 가하고 있다. "남편의 정당하고 지고한 권위를 폄하하지 않고도, 아내는 남편이 요구하면 무슨 일이라도 해야 하는 노예가 아니라고 얼마든지 말할 수 있다."[18] 그로부터 몇 년 지나지 않아 이혼은 서구에서 중요한 사회 문제가 되었다. 하지만 19세기 영국에서 이혼은 어디까지나 상류 계급의 특권에 속했으며 이혼남보다는 이혼녀에게 더 큰 오점을 남겼다.

1870년 마침내 의회는 아내들이 독자적인 재산과 수입에 대한 처분권을 가지는 것을 허용하는 내용의 기혼 여성 재산권에 관한 법안을 통과시켰다. 이 입법이 성사된 공로는 1865년 국회의원으로 선출된 적이 있었던 탁월한 철학자 존 스튜어트 밀과 그의 아내 해리엇 테일러 밀에게 돌려야 할 것이다. 의회가 논쟁으로 달구어졌던 1868년에서 1870년 사이에 밀은 《여성의 종속*The Subjection of Women*》이라는 논문을 출간했는데, 이는 여성의 권리를 옹호하는 사람들의 필독서가 되었다. 보디천 부인을 포함한 뛰어난 남성들과 여성들은 기혼 여성의 재산권을 인정하는 것이 여성의 독립과 도덕적 타락을 낳을 것이라고 주장하는 보수파의 반대를 물리치는 데 공헌했다. 의원이었던 헨리 레이크스(Henry Raikes)가 주장한 것처럼 부부 싸움을 할 때 아내는 "나는 내 몫의 재산이 있어. 당신이 나를 좋아하지 않는다면 나는 나를 좋아하는 남자와 살 테야"라고 말할 수 있었다. 그에 따르면 동등한 재산권은 "남녀 간에 허구적이고 인공적이며 부자연스러운 평등을 창출할" 것이었다.[19] 남녀 평등은 여전히 레이크스와 같은 사람들에겐 "부자연스러운 것"으로 여겨졌다.

개혁을 지지하는 사람들은 기혼 여성에게 재산권을 부여하는 쪽으로 관습법을 수정한 미국 주들을 예로 들었다. 레이크스와 다른 보수주의자들이 이와 같은 영국의 '미국화'에 반대하고 나섰지만 1870년에, 그리고 기혼 여성 재산권 법에 기존 법보다 강경한 조항들이 추가되었던 1882년에 개혁은 본격적인 궤도에 오르게 되었다. 이때부터 영국 여성은 결혼할 때 소유하고 있던 것 또는 결혼 이후에 획득한 것이라면 무엇이든 자신의 소유로 할 수 있었을 뿐 아니라 자기 이름으로 계약을 맺을 수도 있었고, 소송을 하거나 당할 수도 있었으며, 자기 재산을 판매, 기부 혹은 증여할 수 있는 권리도 갖게 되었다.

남편이 가정 폭력을 일삼는다는 것이 입증된 아내를 위한 특별 규정들도 추가되었다. 그런 남자의 아내는 "자신의 수입과 재산을 보호해줄 조치"를 요구할 수 있었다. 남편에게서 "아내의 동의 없이 접근하거나 그녀의 집을 방문할 권리"를 박탈할 수도 있었다. 아내는 아이들이 열 살이 될 때까지 키울 수 있는 양육권을 부여받았고, 남편은 "매주 아내와 자식들이 생활하는 데 드는 경비"를 지불하라는 명령을 받았다. 이러한 조치가 아내 구타나 다른 형태의 학대를 완전히 근절하지는 못했지만 적어도 법이 폭력 남편을 제재하는 데 필요한 규정을 마련했다는 점에 의의가 있다.

19세기 미국의 결혼 관련 법률들은 영국의 법률과 크게 다르지 않았지만 몇몇 주들은 공통의 판례를 만들었고, 몇몇 주는 눈에 띄게 여성을 우대했다. 1848년 페미니스트 개혁가들이 엘리자베스 케이디 스탠턴과 루크리셔 모트의 지도하에 개최한 세니커폴스 회의에서 그들은 법전에 규정된 수많은 불평등을 시정할 것을 요구하는 여성 권리 장전을 초안했다. 〈감정 선언Declaration of Sentiments〉으로 알려진 그들의 결의문은 전권을 가지고 있던 남편을 통렬하게 비판했다.

> 결혼을 하면 그가 그녀에게 법적인 의미에서 민사상 사망 선고를 내린다.
>
> 그는 그녀에게서 재산에 관한 모든 권한을, 심지어 그녀가 벌어들인 임금에 대한 것까지도 박탈한다.
>
> 그는 적당한 이혼 사유가 무엇인지를 규정해놓은 이혼법을 만들어 놓고, 여자의 행복은 안중에도 없이 이혼했을 때 양육권이 누구에게 돌아갈지 정해놓는다. 이 법은 모든 경우에 남자가 권한을 가진다는 잘못된 원칙에 따라 만들어졌고 모든 권력을 남자의 손에 쥐어준다.[20]

이때부터 19세기 내내 페미니스트 운동의 지도자였던 엘리자베스 케이디 스탠턴과 수전 B. 앤서니(Susan B. Anthony)는 불평등한 결혼 문제를 해결하는 것이 여성들에게는 '모든 개혁의 근간'이라는 사실에 합의했다. 기혼인 엘리자베스 케이디 스탠턴은 1853년 미혼인 수전 B. 앤서니에게 보낸 편지에 다음과 같이 적고 있다. "여성이 결혼 생활에서 지위의 하락을 경험하는 한 여성의 권익 향상을 추구하는 것은 헛되지 않다. (……) 나는 여성의 권리와 관련된 모든 문제가 결혼에서 비롯된다고 본다."[21] 엘리자베스 케이디 스탠턴이 받아들일 수 있는 유일한 결혼은 남녀 간의 사랑, 호의, 평등에 기초한 결혼뿐이었다.

미시시피 주가 아내의 재산권을 처음으로 인정했던 1839년부터 결혼한 여성의 법적 지위는 점차 향상되었다. 1869년과 1887년 사이에 33개 주와 컬럼비아 특별지구(District of Columbia, 워싱턴 소재지)는 아내들에게 스스로 벌어들인 소득을 자신의 뜻에 따라 쓸 수 있는 권리를 부여했다. 루이지애나, 텍사스, 뉴멕시코, 애리조나, 캘리포니아 등 몇몇 주들은 재산을 부부의 공동 소유로 하는 부부 공동 재산법을 채택했다. 나아가 1860년 뉴욕 주에서 그런 것처럼 몇몇 주들은 아내가 남편과 더불어 아이들의 공동 후견인이라고 인정했다. 그리고 몇몇 주(아이오와 주는 이미 1838년에)는 이혼 시 어머니가 양육권을 독점하는 것을 인정했다.

19세기 말의 법에 대해 다루고 있는 논문들은 앞서 두 세대가 이룩한 변화들을 반영하고 있다. 헨드리크 하르토흐가 그의 명저 《미국의 남편과 아내*Man & Wife in America*》에서 잘 보여주고 있는 것처럼, 1890년대 이래로 법과대학의 판례집들은 남편과 아내의 의무에 대한 전통적인 관념을 지키려고 애쓰면서도 가정 내에서 남편과 아내의 새로운 위상을 반영하고 있다. 아내는 여전히 가사 노동 그리고 성관계와 같은 전통적인 의무를 다해야 했다. 남편은 여전히 보호와 부양의 책임을 지고 있었다. 아내가 새롭게 재산권을 행사하게 되었다고 해도 여전히 아내는 남편에게 의존하고 보호를 받아야 하는 존재로 간주되었다. 여러 주들에서 법이 아내에게 유리한 쪽으로 개선되었지만 여전히 불문법에 근거한 통념, 즉 아내는 남편의 보호를 받아야 한다는 생각이 법의 해석에 많은 영향을 끼치고 있었다.[22]

미국에서의 아내 노릇

미국인들이 영국인들과 동일한 불문법의 영향을 받았다고는 하지만 두 나라의 많은 사회적 차이들은 영국 아내들과 미국 아내들의 행동 방식에 많은 차이를 가져다주었다. 1830년경에 트롤로프처럼 신세계를 방문한 외국인 여행객은 처녀들이 "자유롭게 행동하는 것"에 놀랐고, 곧 "활달한 아내는 부담스럽다"는 쪽으로 입장을 바꾸었다.[23] 영국의 작가이자 세계 여행가, 그리고 노예제 폐지론자였던 J. S. 버킹엄은 남부를 오랫동안 방문하던 중 같은 나이의 영국 소녀들에 비해 미국 주간 학교의 소녀들이 누리는 '좀 더 많은 자유'에 주목했다. 비록 아이들이 남녀 모두 매우 어른스럽고 열세 살의 소녀와 열네 살의 소년이 결혼하는 등 조혼이 많은 것을 못마땅하게 바라보았지만 버킹엄은 "전체적으로 결혼 생활은 영국에서와 마찬가지로 매우 행복해 보인다"[24]고 인정했다.

영국과 유럽 대륙의 양갓집 소녀들이 품행과 복장에 엄격한 통제를 받았던 반면에 미국의 소녀들은 좀 더 자유로웠다. 그러나 일단 결혼하고 나면 미국 여성들은 자유에 대한 생각을 장롱 깊숙이 묻었다. 영국에서처럼 가족들의 도움을 받을 수 없었던 아내들은 아무리 해도 끝나지 않는 집안의 허드렛일에 묻혀 지내야 했다. 미국 여성들의 대다수는 세탁이나 대청소를 위해 고용한 일꾼들의 손을 이따금 빌리는 것을 제외하고는 거의 모든 일을 직접 해냈다. 네 집 가운데 한 집꼴로 노예가 있었던 남부의 주들을 제외하면 인구의 15퍼센트만이 집에 상주하는 하인의 도움을 받을 수 있었다.

이보다 못사는 미국인들은 생존을 위해 온 가족이 일을 해야 했다.

농장을 경영하는 집에서 아내는 대개 괭이질을 하고 잡초를 뽑고 추수를 했으며, 예닐곱 살의 아이들은 나뭇짐과 물동이를 날랐다. 버킹엄은 테네시 주의 오지에서 땅을 개간하면서 최소한의 일용품으로 근근이 살아가던 개척자와 그의 가족들이 겪어야 했던 고생과 가난에 대해 깊은 동정심을 표했다. "온 가족이 새벽부터 밤까지 남녀노소 가릴 것 없이 열심히 일했다. (……) 그들을 씻기기에는 엄마 역시 너무 지쳐 있었기에 그들은 대개 매우 지저분했다."[25]

도시의 가난한 가정에서는 혼전의 자식들이 벌어들이는 수입도 고마운 것이었다. 특히 이민자 가족들은 남편과 아들들의 수입에만 의존한 것이 아니라 세탁소나 하숙집에서 일하는 아내와 식모살이를 하는 딸의 부수입에도 의존했다. 좀처럼 바꾸기 어려운 신분 체계에 갇혀 있지 않았다는 점에서 미국의 노동자 가정은 같은 계급의 영국 가정과 구별된다. 미국에서는 부모가 '노동자 계급'이어도 자식은 중류층, 나아가 상류층이 되는 경우가 비일비재했다. 미국 사회의 경제적, 사회적 이동성은 미국 아내들의 삶을 살펴볼 때 반드시 고려해야 하는 중요한 요소다.

다른 요소로는 민족적, 인종적 배경의 다양성을 들 수 있다. 영국계 미국인들이 수적으로 계속 우위를 점하긴 했지만 19세기 초반과 제1차 세계대전 사이에 아일랜드, 독일, 스칸디나비아, 동유럽, 아시아로부터 끊임없이 밀려든 이민자들은 고유한 언어와 문화적 유산을 가지고 있었다. 따라서 모국의 전통적인 결혼 관습이 미국 사회의 관습과 충돌하는 경우가 종종 있었다. 남편이 술만 먹으면 학대하는 것을 당연하게 받아들이도록 사회화된 아일랜드 출신 어머니, 동유럽의 유대인 마을에서 가발을 썼던 정통 유대인 아내, 남자 앞에서는 눈을 내리깔도록 훈련받은 인형 같은 일본인 아내 등은 모두 알게 모르게 지금까지 따라온 모국의 규범에 의문을 품게 되었다.

흑인 여성에 대해서는 특별한 고려가 필요하다. 노예 해방 이전에 노예들은 합법적으로 결혼할 수 없었다. 주인의 재산으로 간주되었기 때문에 더 많은 노예들을 생산하기 위해 번식하는 것이 허락(사실상 장려)되었을 따름이다. 심지어 종교적인 예식을 치른 부부도 함께 살 수 없는 경우가 있었다. 노예 주인들은 아버지, 어머니, 자녀들로 이루어진 한 가족을 제일 높은 가격을 부르는 입찰자에게 따로따로 팔아넘기는 것을 예사로 알았다. 가족들은 경매 망치 소리와 함께 뿔뿔이 흩어져야 했다. 오직 남부와 북부의 해방 노예만이 합법적으로 결혼할 수 있었을 뿐이다. 남북전쟁 이후에 흑인 남성과 여성은 자신의 주인이 되었고, 해당 주의 법률에 따라 남편과 아내가 될 수 있었다. 1865년에서 1880년 사이에 과거 남부 연방에 속했던 지역에서는 백인과 흑인이 결혼한 경우도 있었다.

그러나 과거의 유산이 하루아침에 사라지지는 않았다. 남부에서는 학교, 대중 교통수단, 호텔, 식당, 그리고 다양한 형태의 오락 시설에서 인종 차별과 백인 우월주의가 계속되었다. 41개 주에서 제정되었거나 혹은 다시 제정된 다른 인종 간의 결혼을 금지하는 법률에 따라 백인과 흑인의 결혼은 범죄로 간주되었다. 사우스캐롤라이나 주는 1998년에야 다른 인종 간의 결혼을 금지하는 법을 폐지했고, 앨라배마 주도 비슷한 조항을 삭제하기 위한 주민 투표를 2000년까지 미루어놓았다(주민 투표 결과 2000년에 앨라배마 주에서도 타 인종 간의 금혼 조항이 폐지되었다—옮긴이).

지리적 다양성을 제쳐놓고 미국의 아내들에 대해서 말할 수는 없다. 2세기에 걸친 초기 미국 역사의 영역이 주로 동부에 국한된 것이라면 최근 200년간 미국은 그 영역을 태평양 연안과 그 너머로까지 확장했다. 일리노이, 유타, 캘리포니아, 하와이 주의 아내들은 조금씩 다른 주법 때문에 북부나 남부의 아내들과는 매우 다른 경험을 했다. 예를 들어 와이오밍 주의 여성들은 1869년에 이미 투표권을 획득했고, 1896년까지 서부에서 세 개 이상의 주들이 여성들의 참정권을 법제화했다. 여성의 투표권이 여성을 여성답지 못하게 만든다는 생각을 불식시키는 데 열을 올렸던 와이오밍의 한 아내는 〈여성신문Woman's Journal〉의 독자들에게 와이오밍의 남편들은 일터에서 돌아오면 여전히 "따스한 난로 옆에서 가정을 사랑하며 깨끗한 가운을 걸쳐 입은 여성스러운 아내가 만든 맛있는 저녁을 먹는다"[26]고 못 박았다. 영국에서와 마찬가지로 미국의 여타 지역에서는 여성들이 제1차 세계대전 전까지 참정권을 부여받지 못했다. 지리적 다양성에서 비롯된 문제는 인종적 다양성과 사회 계급에서 비롯된 문제와 나란히 이 책의 다음 장들에서 좀 더 분명하게 드러날 것이다.

마지막으로 빅토리아 여왕 시대 아내들의 법적, 사회적, 문화적 지위는 초기 여성 운동의 결실이라는 사실을 인정해야 한다. 1848년 세니커폴스 회의에 참석한 여성들은 대부분 기혼이었는데, 동료들의 처지를 개선하기 위한 이들의 노력이 미국의 아내상을 조금씩 바꾸어놓았다. 엘리자베스 케이디 스탠턴과 수전 B. 앤서니는 기존의 결혼 제도가 여성에게는 노예제도와 비슷한 천역의 일종이라고 보았다. 이는 영국의 작가 메리 울스턴크래프트가 1792년에 쓴 《여성의 권리 옹호*Vindication of the Rights of Woman*》에서 처음으로 사용한 비유다. 1850년대까지 '결혼 제도는 곧 노예제도'라는 생각이 불평등한 결혼을 반대하는 개혁가들 사이에 널리 퍼져 있었다. 1855년 최초의 페미니스트 가운데 한 명인 루시 스톤은 자신의 혼인 예배를 집전한 목사에게 사람들 앞에서 "결혼 문제에 대한 현재 법 체계의 불공정성에 대한 경각심 없이"[27] 절대 결혼 예식을 집전하지 않겠다고 말하도록 했다.

'천사'에 비유된 빅토리아 여왕 시대의 여성상과 나란히 미국의 새로운 여성상이 만들어지고 있었다. 새로운 여성상은 천사에게도 몸과 머리가 있는 것으로 보았다. 제인 오스틴과 샬럿 브론테의 소설에 나오는 고집 센 여주인공들은 대서양을 건너 미국의 진보적인 사상가들에게까지 영향을 미쳤다. 남부에서 성장했지만 노예제 폐지 운동에 동참하기 위해 북부로 이주한 세라 그림케는《양성 평등에 관한 서한 *Letters on the Equability of the Sexes*》에서 여성들을 가사에만 매달리도록 하는 사회를 비판했다. 그녀는 스스로를 "열등한 피조물"이라고 생각하도록 길러진 여성들은 "스스로를 존중하는 마음"이 부족해서 상처받게 되는데 이것은 교육을 통해 바로잡을 수 있다고 했다. 그녀는 그러한 교육은 궁극적으로 남편에게도 이득인데, 왜냐하면 그들이 좀 더 흥미로운 동반자를 갖게 될 것이기 때문이라고 했다.[28] 같은 기조에서 미국인 목사 조지 버냅은 1848년 출간된 설교집에서 "잘 교육 받은 정신의 미"와 교육 받은 여성의 매력에 대해 언급하고 있다. 그는 여성들에게 "분별력 있고 재미있는 대화는 보석으로 만든 왕관보다 훨씬 더 많이 교육 받은 남성의 관심을 끌 것"[29]이라고 말했다.

19세기에 교육의 중요성은 국가적 차원에서 강조되었다. 국가가 돈을 대는 초등학교가 1830년대와 1840년대를 통해 동부에서부터 빠르게 퍼져 나갔고, 19세기 중반까지 여성을 위한 특수 사립학교와 신학교가 설립되었다. 여자대학도 남북전쟁을 전후로 해서 우후죽순처럼 생겨났다. 1890년대까지 소년들보다 두 배나 더 많은 소녀들이 고등학교를 졸업했고, 주립 남녀공학과 사립 여학교는 여유 있는 집안의 젊은 여성들에게 문호를 개방했다.[30]

여성의 교육은 주로 훌륭한 결혼 상대를 만나기 위한 것으로 여겨졌고, 무엇보다도 현모양처를 길러내는 데 가치를 두었다. 버냅 목사가 "남자와 여자는 서로 다른 영역에서 활동해야 한다. 여성은 집안을 돌보고 식사를 준비하며 옷을 짓고 아이들을 기르고 교육하는 일에 힘써야 한다"[31]고 썼을 때 그는 자신의 세대가 물려받은 낡은 교훈을 되풀이한 것이었다. 《가정 경제에 관한 논문*Treatise on Domestic Economy*》의 저자 캐서린 비처, 1830년대부터 1870년대까지 《구디스 레이디스 북*Godey's Lady's Book*》의 영향력 있는 편집자로 일했던 세라 조세파 헤일과 같이 당대 여성들의 대변인 역할을 했던 이들조차 궁극적인 여성의 소명은 내조자이자 주부의 역할이기 때문에 가사에 대한 교육이 다른 교육보다 우선시되어야 한다는 데 기꺼이 동의했다. 여성이 재정적, 사회적으로 자립하기 위한 수단으로서의 교육은 용인되지 않았다. 특히 남북전쟁 전의 남부에서는 교육이 여성을 본연의 '영역'에서 이탈시킬 수 있다는 이유로 여성의 교육을 꺼렸다. 1870년에 인가를 받은 매사추세츠 주에 있는 나의 모교 웰슬리 칼리지조차 "섬김을 받으려 하지 말고 섬겨라"는 교훈을 채택하고 있었다. 1950년대에 우리는 이 교훈을 "목사가 되려 하지 말고 목사 부인이 되어라"고 바꿔서 비아냥거리곤 했다.

엘리자베스 케이디 스탠턴: 아내, 어머니, 운동가

여러분 가운데 대부분이 엘리자베스 케이디 스탠턴이라는 이름을 알고 있을 것이다. 하지만 여성의 권리를 찾는 운동의 창시자가 결혼 경력 50년에 일곱 명의 아이들을 두었다는 사실을 아는 사람이 몇이나 되겠는가? 어떻게 이 아내는 자신의 의무를 다하면서 노처녀 친구인 수전 B. 앤서니와 더불어 19세기의 가장 유명한 여성 해방 운동가가 되었는가? 14세기의 마저리 켐프와 마찬가지로 엘리자베스 케이디 스탠턴은 아이들을 핑계로 자신의 소명을 저버리지 않았다. 켐프와 마찬가지로 그녀는 생의 마지막에 쓴 빼어난 자서전에서 자신의 소명을 극적으로 묘사했다. 마저리도 엘리자베스도 '전형적인' 아내는 아니었지만 그들의 이야기는 그들 자신의 결혼 생활뿐만 아니라 그때 그곳에서 아내로 산다는 것이 어땠는지를 잘 보여준다.

엘리자베스 케이디의 자서전 《80여 년, 1815-1897*Eighty Years and More, 1815-1897*》은 뉴욕 주의 유명한 변호사의 딸이었던 어린 시절의 이야기에서 시작된다.[32] 빅토리아 여왕 시대에 쓰인 자서전의 특징대로 엘리자베스는 어머니가 "열 명이나 되는 아이들(이들 중 겨우 다섯 명만이 살아남아 어른이 되었다)로 북적거리는 대가족을 보살피느라 늘 피로했다"고 적은 것을 제외하면 어머니에 대해 극도로 말을 아끼고 있다. 네 명의 자매와 귀여움을 독차지한 한 명의 남자 형제(그는 불행히도 어린 나이에 죽었다)와 함께 자란 엘리자베스는 남동생과 경쟁하다가 (그가 죽고 나자) 그를 대신하기로 마음먹었다.

그녀는 아버지의 사무실에서 고객들의 이야기를 듣거나 학생들과 대화를 나누었고, 여성과 관련된 법률 서적을 읽으면서 많은 시간을 보냈다. 이웃의 스코틀랜드 출신 이민자의 말에 따르면 "많은 남성들은 여성과 재산에 대한 낡아빠진 봉건적 사고를 고수하고 있었다. 아버지들은 임종을 앞두고 어머니를 모신다는 조건하에 모든 재산을 장남에게 준다는 유언을 남겼다. 따라서 집안의 전 재산을 가지고 온 어머니가 마음이 맞지 않는 며느리와 방탕한 아들의 동정에 의존하는 불쌍한 식객으로 전락하는 것은 드문 일이 아니었다."

아버지에게 법률 상담을 받으러 온 여성들의 '눈물과 하소연'에 강한 인상을 받은 엘리자베스는 법전 속에서 '법률의 부당함과 잔인함'을 보고 당혹스러워했다. 한 법학도는 다음과 같은 말을 해서 그녀의 속을 뒤집어놓았다. "적당한 때에 네가 나의 아내가 되면 저 장신구들(그녀의 보석들)은 내 것이 될 거야. 나는 그것들을 가져다 금고에 넣고 자물쇠를 채울 테고, 넌 내 허락 없인 그것들을 걸치지 못하게 될 거야. 내가 그것들을 시가 한 상자와 바꾸어버릴 수도 있지. 그러면 너는 그것들이 연기로 변해 사라지고 마는 것을 보게 될 거야."

아버지는 딸에게 진지하게 충고했다. 어른이 되면 "올버니로 가서 입법자들에게 말해야 한다. 네가 이 사무실에서 본 전부를 그들에게 얘기해주도록 해라. 자기가 물려받은 모든 것을 빼앗기고 자격 없는 아들들에게 의존할 수밖에 없는 이 스코틀랜드 여성들의 고난을 말이다. 그리고 만약 네가 그들을 설득하여 새로운 법률을 제정하도록 만들 수 있다면 낡은 법률들은 폐기될 것이다." 아이러니하게도 엘리자베스가 이러한 행동 지침을 따를 준비가 되자 그녀의 아버지는 결혼한 여성에게는 맞지 않는 일이라며 반대했다.

16세가 될 때까지 엘리자베스는 남녀공학 사립학교에서 공부를 했다. 그러나 같은 반 소년들이 스키넥터디에 있는 유니언 칼리지에 진학할 때 그녀는 여자에게는 입학이 허용되지 않는다는 말을 듣고 망연자실했다. 그녀는 대신 프랑스어와 음악, 무용 등의 여성적 '교양'을 주로 가르치는 트로이에 있는 윌러드 부인의 여학교에 들어갔다. 이전에는 당연시했던 소년들과의 학창 생활을 할 수 없게 되자 그녀는 남자 친구들에게 '강렬한 호기심'을 느꼈다.

학교를 떠난 뒤, 엘리자베스는 부모님의 집으로 돌아가서 여러 젊은 남녀와 친교를 맺었다. 그녀의 인생은 "일반적인 횟수의 연애 행각 덕택에 힘을 얻었지만" 형부의 충고에 따라 그녀와 그녀의 자매들은 될 수 있는 한 "결혼에 얽혀 들어가는 것"을 미루었다.

그녀가 "노예제 폐지 운동의 연단에서 가장 감동적이며 열정적인 웅변가"였던 헨리 B. 스탠턴을 만난 것은 24세 때였다. 엘리자베스는 뉴욕 주의 피터보로에 있는 친척 제릿 스미스의 집에 머물고 있었다. 스미스의 집은 남부에서 캐나다로 탈출하는 노예들이 거쳐 가는 곳 가운데 하나였다. 또한 그곳은 "도시와 시골 곳곳에서 온 상류층"의 회합 장소이기도 했다. 매일 아침 숙녀들과 신사들이 이 지역에서 열리는 노예제 반대 집회에 참석하기 위해 모여들었다. "큰 집회에서 사람들이 열광하는 모습을 지켜본 일, 머리끝을 쭈뼛하게 만드는 웅변과 연설하는 사람들의 명석한 주장, 이 모든 것은 이 시절을 내 인생의 가장 뜻 깊은 날들 중 하나로 기억하도록 만들었다." 이러한 분위기 속에서 엘리자베스와 헨리는 사랑에 빠졌다.

그러나 이제 막 싹트기 시작한 사랑을 눈치챈 사촌 제릿은 엘리자베스에게 그녀의 아버지가 절대로 노예제 폐지론자와의 결혼을 허락하지 않을 것이라고 경고했다. "우리의 약혼이 그의 집에서 이루어졌기 때문에 의무감을 느낀 그는 나에게 사랑, 우정, 결혼, 그리고 경솔한 자들이 빠지기 쉬운 모든 함정들에 대한 긴 논문을 주는 것으로 모든 책임에서 벗어나려고 했다."

엘리자베스 쪽의 '의심과 갈등'에도 불구하고 사태는 매우 빠른 속도로 진척되었다. 가족의 반대를 무릅쓰고 불확실한 결혼을 위해 "자유와 기쁨에 찬 소녀 시절을 접는 것이 현명한 일인지" 그녀는 의심했다. 심지어 "걱정과 당황스러움"으로 몇 달을 보낸 뒤 파혼을 하기까지 했지만, 헨리 스탠턴이 세계 노예제 반대 집회의 대표 자격으로 유럽으로 떠나게 되자 그와 떨어져 있고 싶지 않았던 그녀는 7개월 동안의 약혼에 종지부를 찍기로 했다. 두 사람은 1840년 5월에 결혼식을 올렸다.

스탠턴가에서 서두르는 바람에 "제일 재수 없는 날로 여겨지는" 금요일에 결혼식을 치르게 되었다. 엘리자베스는 자신과 남편이 "더도 말고 덜도 말고 딱 남들만큼 결혼 생활에서 오는 갈등을 겪으면서 약 반세기에 걸쳐 함께 산 결과, 일곱 명의 아이를 낳았고 그중 한 명만 제외하고는 지금까지 살아 있다(1897년 현재). (……) 그러니까 재수가 나쁠까 봐 금요일에 결혼식을 치르는 것을 두려워할 필요는 없다"고 단언했다. 19세기의 예절 교본에 따르면 결혼하는 데 토요일 역시 길일은 아니라고 되어 있다.[33]

금요일에 결혼식을 올리는 것도 드물었지만 그녀가 혼인 서약에서 '복종'이라는 단어를 빼달라고 요구한 것은 더 유별난 일이었다. 목사의 반대에도 불구하고 엘리자베스 케이디는 전통적인 복종 서약을 하지 않고 헨리 스탠턴과 결혼했다(2주 뒤에 아멜리아 젠크스는 나중에 옷 수선의 동의어이자 저 유명한 '블루머[여성용 반바지]'와 동의어가 된 이름을 가진 덱스터 C. 블루머와 결혼하면서 이 선례를 따랐다).

엘리자베스는 몇 명 안 되는 친구들과 가족들이 지켜보는 가운데 "검소한 흰색 이브닝드레스"를 입고 결혼을 했다. 그 후 뉴욕으로 신혼여행을 갔고 유럽행 배에 올랐다.

엘리자베스 케이디 스탠턴의 이야기가 여러 가지 면에서 예외적이라는 사실은 분명하다. 그녀는 부유하고 배경이 좋은 집안 출신으로 다른 소녀들에 비해 훨씬 더 많은 교육을 받았다. 그리고 모든 현상에 대해 의문을 품는 독특한 성향을 지녔다. 그러나 그녀는 처음에는 영국에서 그리고 나중에는 조국에서, 자신도 아내를 속박하는 법률과 편견에서 자유롭지 못하다는 사실을 깨달았다.

1840년 런던에서 개최된 노예제도 반대 집회에 그녀는 여성 대표단의 일원으로 남편과 함께 참석했으나 집회장의 주 회의장에 앉을 수 없었다. 발코니 쪽 위층으로 밀려난 여성 대표단은 투표권도 없었다. 그녀의 자서전 서문에서 게일 파커(Gail Parker)는 이때 받은 모욕이 엘리자베스 케이디 스탠턴이 페미니스트가 되는 데 결정적인 계기로 작용했다고 썼다.

어쨌든 1840년에 그녀는 막 결혼한 신부로서 신혼여행을 즐기고 있었다. 그녀와 남편이 만났던 훌륭한 남녀들, 친구들과 함께한 런던과 파리 관광, 그리고 스코틀랜드의 호수와 산으로 떠난 둘만의 여행을 그녀는 만끽했다. 오직 아일랜드에서 목격했던 비참한 빈곤만이 그들의 마음을 무겁게 했을 뿐이다.

미국으로 돌아오면서 헨리는 엘리자베스의 아버지와 함께 법학 공부를 하겠다고 마음먹었다. 이는 그녀가 다시 한 번 부모와 한지붕 아래에서 살며 자매들과 더불어 "추가된 2년간의 행복"을 누리게 된다는 사실을 의미했다. 때가 되어 자매들도 결혼을 했고, 엘리자베스에 따르면 그들 모두 "결혼 생활에서 특별한 행운을 누렸다."

오래지 않아 엘리자베스는 첫째 아이를 출산했다. 그녀는 아이를 엉덩이부터 겨드랑이까지 헝겊으로 둘둘 마는 것은 근거가 의심스러운 관행이라며 거부하는 등 진보적인 어머니의 면모를 보여주었다. 임시로 고용한 유모가 아이를 헝겊으로 둘둘 말 때마다 엘리자베스는 매번 헝겊을 풀었다. 의료계에서 책을 발간해서(한 예로 《예법의 바자북 *Bazaar Book of Decorum*》은 아이를 마는 천이 '건강과 성장'을 위협한다고 주장했다[34]) 이런 관행이 터무니없는 것이라고 밝혔음에도 무지한 어머니와 유모들은 아기를 둘둘 말아두곤 했다.

대부분의 미국 어머니들과 마찬가지로 엘리자베스는 아이들을 직접 돌보았다. 유모는 북부에서 한 번도 대중화된 적이 없었으며, 젖병은 1800년 이전에 이미 있었지만 루이 파스퇴르가 젖병을 끓이면 안전하다는 것을 입증했던 1890년대 이전까지는 대중화되지 않았다. 엘리자베스는 아이에게 두 시간에 한 번꼴로 젖을 물렸으며 '어머니로서의 본능'을 믿도록 교육 받았다.

어머니 노릇은 진지한 일로 인식되었다. 어떤 미국 역사가들은 이것이 식민 시대 초기에 강조되었던 남편의 '내조자'로서의 역할에 비견될 만한 빅토리아 여왕 시대 아내의 중요한 역할이라고 주장했다. 새로운 국가가 어머니의 임무는 좋은 시민을 길러내는 것이라고 규정했던 18세기와 19세기 초에 걸쳐 아이들을 교육할 권한은 아버지에서 어머니에게로 넘어왔다. 19세기 중반까지 미국에서 어머니 역할을 하는 것은 여성의 존재 이유이자 더없는 영광으로 여겨졌다. 그들이 관장하는 가정은 감수성이 예민한 어린이들에게는 도덕적 성채를, 세상의 고된 세파로부터 돌아오는 지친 남편에게는 편안한 안식처를 제공

엘리자베스 케이디 스탠턴과 그녀의 딸 해리엇 스탠턴.

하는 공간이어야 했다.

1843년 헨리 스탠턴은 법조계에 입문했고 보스턴에서 변호사로 개업했다. 처음으로 엘리자베스는 한 집안의 안주인이 되었다. 나중에 회고하듯이, "보스턴 만이 바라다보이는, 새 가구들을 들여놓은 새 집은 내가 갈망했던 모든 것이었다. 스탠턴 씨는 처음에 내가 가사를 전담해야 한다고 말했다. 그래서 나는 성실한 하인 두 명과 함께 두 아이를 돌보는 일을 비롯한 집안일에 전념했다."

빅토리아 여왕 시대의 다른 부유층 여성들과 마찬가지로 엘리자베스는 아내와 어머니의 역할을 충실히 수행했다. 그것도 열렬히 원해서 그렇게 했다. 그녀의 말을 들어보자. "처음으로 한 가정의 안주인이 된 여성은 젊은 목사가 처음 집전을 할 때와 같은 자긍심과 만족감을 느낀다. 네 벽으로 둘러싸인 집안에서 최고의 자리에 군림한다는 것은 한 여성의 생애에서 자랑할 만한 순간이다. 나는 가사와 관련된 것이라면 무엇이나 연구를 했고 그것을 무척 즐겼다."

셋째 아이가 태어난 뒤에도 엘리자베스의 불만은 하나밖에 없었다. "충실하고 일솜씨 좋은 하인이 없다는 것이었다." 그러나 같은 계급의 다른 여성들과는 달리 엘리자베스 케이디 스탠턴은 하인을 부리는 것이 유일한 해결책이라고는 생각하지 않았다. 그녀가 품었던 다른 가족들과의 "협조적 가정 관리에 대한 희망"은 두말할 것 없이 미국과 유럽에서 일어나고 있던 유토피아적 공동체, 특히 그녀가 잘 알고 있었던 프랑스의 푸리에 공동체로부터 영감을 받은 것이었다.

1847년에 스탠턴 일가는 세니커폴스로 이주했다. 그들은 결혼 생활 6년을 그곳에서 보냈으며 네 명의 아이를 더 낳았다. 처음에 엘리자베스는 보스턴에서 그녀를 지탱해주었던 친구도 없고 여러 가지 활동도 할 수 없는 세니커폴스를 마음에 들어하지 않았다. 그들의 집은 도시 외곽에 있었는데 길은 뻘밭이나 다름없고 인도조차 없는 곳이었다. 남편은 자주 집을 비웠고 그녀는 실제로 처리할 수 있는 것보다 더 많은 책임을 지게 되었다. 그녀가 당시 자신이 처한 상황에 대해 말한 내용은 100년 후 베티 프리던(Betty Friedan)이 《여성의 신비 *The Feminine Mystique*》에서 아내로서 살아가는 어려움에 대해 말한 것과 매우 비슷하다.

> 집과 토지를 잘 관리하고 생활용품을 일일이 구매하고, 옷장을 정돈하고, 아이들을 치과 의사와 구두장이에게 데려다주고, 각각 다른 학교에 데려다주거나 좋은 가정교사를 찾아주는 일 등을 표시가 날 정도로 하려면 양손뿐만 아니라 머리도 끝없이 움직여야 했다. 이제는 살림을 하는 일이 주는 신선함도 사라져버렸고 그토록 매력적이었던 집안일들이 넌더리가 났다.

생애 최초로 엘리자베스는 집안에 매어 있는 것, 너무 많은 의무들, 친구도 없고 자극적인 정신 활동도 없는 것 등 자기가 마주하는 모든 일들에 짓눌리고 있음을 느꼈다. 과거에는 꿈에도 생각지 못했지만 어떻게 여성이 절망 속에서 모든 것을 포기하게 되는지 알게 되었다. 훗날 그녀는 "그런 상황에서는 더 이상 가사를 관리할 수 없었다"고 말했다.

다행스럽게도 엘리자베스는 아이들과 함께 친정으로 돌아갈 수 있었다. 그곳에서 그녀는 자신의 절망을 같은 조건에 처한 여성들의 상황과 연관지음으로써 절망에서 해방되어 자신의 길을 개척해 나갈 수 있었다. 훗날 그녀는 "아내, 어머니, 주부, 의사, 정신적 지도자로서 여성이 차지하는 비중, 지속적으로 집안을 관리하지 않으면 모든 것이 뒤죽박죽이 되어버리는 상황, 많은 여성들의 의기소침하고 불안해 보이는 얼굴을 보고 나는 여성에 대한 사회의 부당한 처우를 개선하기 위해 적극적인 조치들이 취해져야 한다고 생각했다"라고 회상했다. 위대한 사상가들이 해왔던 일을 그녀 역시 했다. 그녀는 자신의 개인적인 불행을 보편적인 차원으로 끌어올려 사적인 문제뿐만 아니라 공적인 문제를 해결하기 위해 노력했다. 1848년에 열린 세니커폴스 회의와 이어진 19세기 후반의 여권 운동의 역사는 한 미국 주부의 불만에서 비롯되었다고 해도 과언은 아닐 것이다.

1850년 이후로 엘리자베스 케이디 스탠턴은 수전 B. 앤서니와 함께 여성의 참정권 획득이라는 가장 시급한 문제를 포함해서 진보적인 여권 운동가들이 부르짖고 있던 중요한 문제들을 미국 시민들에게 알려 나갔다. 수전 B. 앤서니도 엘리자베스 케이디 스탠턴도 1920년 여성이 참정권을 획득한 순간을 지켜보지는 못했지만 그들은 오랜 동반자 관계를 유지하면서 여러 차례 승리의 순간들을 함께 맛보았다. 1860년 뉴욕 주가 통과시킨 기혼 여성 재산권 법안은 엘리자베스 케이디 스탠턴의 덕을 톡톡히 보았다. 이 법안은 마침내 아내들이 자신의 재산과 소득을 가지는 것을 허용했다. 1902년에 숨을 거둘 때까지 엘리자베스 케이디 스탠턴은 수전 B. 앤서니와 더불어 남녀의 완전한 평등을 위해 지칠 줄 모르고 일했다. 그들의 강도 높고 뚜렷한 목적을 공유한 우정은 종종 결혼에 비교되곤 했다. 역사가 캐럴 스미스 로젠버그가 말한 것처럼 19세기 여자들의 우정이 그 사랑의 깊이에서 아내가 남편에게 보여줄 수 있는 감정에 필적한 것은 이상한 일이 아니었다.[35]

엘리자베스 케이디 스탠턴은 1892년 미 연방의회의 사법위원회에서 '자아의 고독'이라는 제목으로 교육, 고용, 정치 활동과 관련된 분야에서 여성의 권리를 옹호하는 뛰어난 연설을 했다. 그것은 단순한 연설 이상이었다. 그것은 각각의 개인이 근본적으로 혼자라는 종교적 믿음에서 비롯된 뜨거운 외침이었다.

연설을 통해 엘리자베스 케이디 스탠턴은 여성이 상대적인 피조물이라는 이론을 전적으로 부정했다. 어머니, 아내, 자매, 딸로서의 역할은 "부차적인 역할"이라고 말했다.[36] 남성의 진정한 본성과 마찬가지로 여성의 진정한 본성은 "각각의 영혼의 독립과 자주성의 필요"에서 찾아야 하는 것이다. 엘리자베스 케이디 스탠턴은 동시대인들에게 직설적으로 다음과 같이 말했다. "여성들이 얼마나 많이 남성에게 의지하고, 보호받고, 또 지원받기를 원하는가에 관계없이, 그리고 남성들이 그녀들이 제발 그렇게 하기를 얼마나 원하는가에 관계없이 그녀들은 혼자서 인생이라는 항해를 해나가야 한다."

아내이자 어머니로서의 경험에 근거해서 엘리자베스 케이디 스탠턴은 여성이 남성에게 의존해야 한다는 이론에 반대하며 여성의 자립을 강조하는 주장을 펼쳤다.

> 부와 행운, 지위를 갖고 인생의 험난한 풍파로부터 자신을 지켜줄 친절한 남편을 두었으며 한 집안을 꾸려 나가는 젊은 아내이자 어머니는 인생의 일상적인 재난에서 자신을 지켜줄 안전한 정박지를 갖고 있는 셈이다. 그러나 집안을 꾸려 나가고, 사회에서 바람직한 영향력을 행사하며, 친구들과 남편에 대한 사랑을 지켜 나가고, 아이와 하인들을 잘 훈육하려면 그녀는 상식, 지혜, 사교술, 그리고 인간의 본성에 대한 보기 드문 지식을 갖고 있어야 한다. 이 모든 일을 해내기 위해서는 기본적인 덕성뿐만 아니라 가장 성공한 정치가들이 갖고 있는 장점들이 필요하다.

생의 마지막 몇 년 동안 "젊음이 주는 희열이 사라지고, 아이들이 장성하여 결혼한 다음 떠나서, 조급하고 소란스러웠던 삶이 정리되고 나면 남자나 여자나 그들이 가진 능력과 재산에 의지해서 살 수밖에 없고 남편은 아내의 짐을 떠맡을 수 없게 된다"는 사실을 엘리자베스 케이디 스탠턴은 너무나도 잘 알고 있었다. 스탠턴 자신이 그랬던 것처럼 이 연설은 시대를 훌쩍 앞서간 것이었다.

남부의 여성들

비록 북부의 남성과 여성이 여권운동에 대해 무지했거나, 아니면 반대했을지라도 19세기 중반 엘리자베스 케이디 스탠턴과 결부되어 있던 여권운동은 북부에서 일어난 것이었다. 대부분의 남부 사람들은 여권운동이 여성은 본질적으로 연약한 피조물이므로 남자에게 의존하도록 되어 있다는 전통적인 믿음을 위협했기 때문에 그것에 반대했다. 독립적이고 교육 받은 '중성적(unsexed)' 여성에 대한 두려움은 전쟁 전의 남부에서 끊임없이 표출되었다. 여성의 복종(노예제는 말할 것도 없고)을 주장하는 사람들의 대표 격이었던 조지 피츠휴는 여성이 "신경질적이고 변덕스러우며, 예민하고 내성적이고 의존적인 한 남성은 여성을 숭배하고 흠모한다. 여성의 약점이 여성의 강점이며, 여성은 이러한 약점을 발전시켜야 한다"고 주장했다. 그러면서 "우리 남부 남성들은 블루스타킹(학자처럼 아는 척하는 여자—옮긴이)들에게 질질 끌려 다니는 것보다는 병약한 여성을 간호하는 것을 절대적으로 선호한다"고 결론지었다[37](이런 언사를 오늘날의 남성들이 우스꽝스럽게 여긴다는 사실 자체가 변화를 말해주는 것이다).

일반적으로 남부의 여성들은 남성에게 의존하는 것을 기꺼이 받아들였다. 가족과 종교, 매스미디어가 그들에게 주입한 교훈들을 내면화했던 것이다. 1855년 거트루드 토머스(Gertrude Thomas)는 능력 있는 남편을 주신 데 대해 하느님에게 감사드린다고 일기에 적고 있다. "그것은 나의 여성적 본성에 잘 맞는다. 나는 남편을 우러러보는 것이 기쁘고 나보다 강한 남편에게 보호받으며 나의 여성적 연약함을 느끼는 것을 좋아한다." 캐서린 에드먼드스턴(Catherine Edmondston)은 시집을 내고 싶어했는데, 이것이 여성답지 못한 일이 아닌지 걱정하면서 "무조건적인 복종은 아내의 첫 번째 의무"라는 말을 되뇌었다. 메리 하워드 스쿨크래프트(Mary Howard Schoolcraft)는 사우스캐롤라이나 주에 대한 자부심을 드러내며 북부의 여성들이 여권에 관심을 갖는 것과는 달리 "그곳의 숙녀들은 남편에게 복종하도록 길러진다"고 말했다.[38]

남부의 소녀들은 아내, 어머니, 안주인으로서의 역할을 잘 수행하도록 교육을 받았다. 부모, 교회, 학교, 책, 잡지들은 입을 모아 젊은 숙녀들은 결혼을 해야 한다고 가르쳤다. 1828년에 소녀들을 위한 충고를 담은 책을 펴낸 버지니아 랜돌프 케리(Virginia Randolph Cary)는 여성의 교육을 지지했지만 여성들이 집안일을 잘할 수 있도록 하기 위해서라는 단서를 달았다. "나는 정신적으로, 도덕적으로 높은 교양을 갖추었으되 집 안에서 조용히 지내는 데 만족하는 여성들을 보고 싶다."[39]

문법, 철자법, 서필, 기하, 지리, 외국어(대개는 프랑스어), 수예, 그림, 음악 등 재예(才藝) 교육에서 벗어난 새로운 교육을 하는 중등학교와 대학은 매우 드물었다. 따라서 이러한 재예를 가르치는 학교들이 혼기를 맞은 중류층 소녀들의 교육에 적합하다고 여겨졌다. 1830년대와

1840년대에 설립된 남부의 여자 대학에서 교육 과정은 남자들이 기대하는 이상적인 아내를 길러내는 데 적합하게 고안되었다. 젊은 여성들은 너무 많이 배우고 자기 '처지'에 맞지 않게 능력을 발휘함으로써 스스로를 '여성답지 못하게 만들어서는' 안 된다는 주의를 끊임없이 받았다. 1857년 조지아의 한 여자 대학의 졸업식 연설문에 나오는 "여기 계신 여러분은 남성에게 사랑받는 명예롭고 평등한 동반자입니다. 하느님과 자연이 여러분에게 부여한 자리를 지키기만 한다면 여러분은 늘 그렇게 남아 있을 수 있습니다" 등의 이야기 말이다. 다른 여학교에서 어떤 연사는 젊은 숙녀들에게 "여성은 하고 싶다고 해서 함부로 말을 하면 안 됩니다. 일반적으로 여성은 너무 빨리, 너무 많이, 너무 크게 말하는 경향이 있는데 여러분은 그렇게 해서는 안 됩니다. 왜냐하면 사실로 증명되지 않은 일에 대해 여성이 잘못 말하면 그 남편이 싸움이나 소송을 통해 책임을 져야 하기 때문입니다"[40]라는 내용의 강연을 했다.

남북전쟁 전 남부의 부부들은 (북부의 부부들도 마찬가지이지만) 여전히 블랙스톤이 성문화한 18세기 영국 불문법의 지배를 받고 있었기 때문에 남편은 진짜로 아내의 행동에 '책임'을 져야 했다. 만약 아내가 함부로 입을 놀리면 남편은 명예훼손죄(17세기와 18세기 미국에서 빅토리아 여왕 시대의 엄격한 예의범절 때문에 일어나곤 했던 고소 사건)로 기소된 아내를 변호해야 했다. 독설을 쏟아내는 '참새들'은 더 이상 고소가 취하될 때까지 물고문용 의자에 앉는 벌에 처해지지는 않았지만 여성들 혹은 그녀의 남편들은 무거운 벌금형에 처해졌다. 아내의 인신, 재산, 아이들은 모두 남편의 관리하에 있었으며 남편이 책임져야 하는 것들이었다.

1930년대에 엘리너 미오트 보트라이트는 남북전쟁 전의 조지아 여성들에 대한 연구를 했는데, 구혼과 결혼 그리고 남부 여성들의 삶의 여러 측면을 심층적으로 분석하고 있다는 점에서 주목할 만하다. 대부분의 조지아 여성들에게 결혼은 선택의 여지가 없는 것이었다. '노처녀'는 놀림과 경멸의 대상이었고 가족과 친척에게 무시당하는 존재였다. 자발적으로 독신을 선택할 만큼 용감한 여성은 거의 없었고 대부분의 여성이 어떤 남편이든 없는 것보다는 낫다고 생각했다. 소녀들은 아주 어린 나이부터 혼수 준비를 시작했고, 14세나 15세에 결혼식을 치르는 일도 드물지 않았다. 스무 살에도 혼자인 처녀는 '쉰 여자'로 간주되었다. 하지만 1790년과 1860년 사이에는 조지아뿐만 아니라 미국 전역에서 남자가 여자보다 훨씬 많았기 때문에 남편을 찾을 기회는 얼마든지 있었다[41](남북전쟁에서 60만여 명의 남자들이 죽은 후로 이 비율은 역전된다).

남북전쟁 전 남부의 처녀는 애교가 많고 아양을 떨고 낭만적이어야 했는데, 일정한 예법의 선을 넘지 않는 범위 안에서만 그랬다. 대농장에서 그리고 도시의 중류 가정에서 젊은 여성들은 신중한 부모들에게 보호를 받았으며, 부모들은 딸이 응접실에서 구혼자를 자극할 때 (행동이 아니라) 말로만 그치는지 감시하느라 밤늦게까지 깨어 있곤 했다. 거실에서, 교회에서, 달빛 아래에서 연애가 꽃을 피웠다. 감리교, 침례교, 장로교에서는 여전히 남자와 여자의 좌석을 구분했다. "숙녀들은 중앙에 모여 앉고 신사들은 양쪽 가의 신도석에 따로 모여 앉았으며" 젊은 남녀는 교회에 오가는 길에 걸어가거나 승마를 할 때에만 함께 있을 수 있었다.[42] 바비큐 파티, 댄스 파티, 과자를 만드는 사교 모임, 노래 모임 등도 연애를 할 수 있는 기회를 제공했다.

일단 남자는 자기가 쫓아다니는 여자로부터 만족할 만한 화답을 받으면 구혼을 하기에 앞서 아버지의 동의를 구하는 것이 관례였다. 이런 예법은 아버지에게 정식으로 묻기 전에 연인들 사이에 합의가 이루어지거나 혹은 불화가 발생했기 때문에 그다지 잘 지켜지지는 않았던 듯하다. 그러나 서로 사랑하는 연인 사이라고 해도 여자는 남자가 사랑을 고백할 때까지 마음을 표현할 수 없었다.

조지아 주에서 7만 3000제곱미터에 달하는 토지와 100명의 노예를 거느린 부유한 가문 출신인 22세의 여성 마리아 브라이언(Maria Bryan)은 언니에게 보낸 편지에서 1829년 12월 자신에게 반한 남자가 어떻게 구애했는지 말했다.

> 플로이드 소령이 그 커다란 체격으로 현관문을 막을 듯이 서 있었어. 나는 그를 방으로 들어오게 하고 앉으라고 권했지. 그런데 의자에 앉는 대신 그는 마치 자기 앞에 서 있는 아름다운 사람의 모습 외에는 아무것도 생각할 수 없다는 듯이 나를 바라보았고 정신을 차려 자리에 앉자마자 열정적으로 말하기 시작했어. 어떤 소소한 변덕도, 나를 행복하게 하는 일에 전 생애를 바치겠다는 그의 결심을 흔들리게 하지는 않는다는 거야. "오, 가슴속에서 솟아난 뜨거운 애정을, 당신에게 쏟는 사람의 애정을 받아주오."[43]

마리아는 단호하게 거절했지만 플로이드 소령은 포기하지 않았다. 7개월 후에 그는 편지로 다시 한 번 청혼을 했다. 마리아는 다시 한 번 언니에게 불평을 늘어놓았다. "여러 남자들의 입에서 쏟아지는 사랑이라는 말이 내게는 세상에서 가장 역겨운 단어야. 지금 그 말이 얼마나 끔찍하게 느껴지는지 언니도 알 테지."

마리아 브라이언은 24세가 되어서야 남자의 입에서 나오는 '사랑'이라는 단어가 그럴듯하게 다가오는 상대를 만났다. 1831년에 24세의 육군 장교를 만났는데 그녀의 아버지는 반대를 했던 것 같다. 그녀는 언니에게 편지를 써서 아버지의 집을 떠나는 것이 주는 가장 큰 아픔은 "아버지가 슬퍼할 거라는 거야"라고 말했다. 엘리자베스 케이디 스탠턴과 마찬가지로 마리아 브라이언은 자신이 선택한 남자와 결혼하기 위해 아버지의 반대를 뿌리쳤다. 당시에 부모가 동의하지 않는 결혼이 얼마나 자주 이루어졌는지는 정확히 알기 어렵다. 그러나 재산이 좀 있는 경우에 자식들은 아버지의 동의를 얻으려고 갖가지 노력을 하게 마련이었다.

시골 사람들, 노동자 계급의 남녀, 그리고 남부 사람들이 '가난뱅이 백인 쓰레기'라고 불렀던 서민들은 예법의 영향을 덜 받았다. 많은 사람들이 부모의 간섭과 친구들의 입방아를 피해 어떻게 해서든 자신이 원하는 상대를 만났다. 중상류층 여성들에게는 정숙함이 강조되었던 반면에 하류층 여성들은 임신한 상태로 결혼을 하는 일이 종종 있었다. 남부의 한 의사는 빈곤층에서는 사생아와 정실 자식이 비슷한 비율로 태어난다고 말했다.[44]

일부 하층민들은 아내를 구하는 광고를 내기도 했다. 아칸소의 한 남자는 다음과 같은 광고를 냈다. "침대, 옥양목 치마, 커피포트와 프라이팬이 있고 반바지를 자르는 법을 아는 여자라면 사냥용 셔츠를 만드는 법, 아이를 기르는 법도 알 것이고 둘 중 한 사람이 죽기 전까지 내 보살핌을 받을 수 있을 것이다."[45]

일단 청혼이 받아들여지면 남자 쪽이 여자 쪽보다 많은 부담을 졌다. 조지아 주 법과 여론은 남자가 약혼을 파기하는 것은 용인하지 않았지만 여자 쪽에서 파혼하는 것은 허용했다. 아마도 여자가 남자에 비해 독신으로 살게 되었을 때 잃을 것이 많다고 판단했기 때문일 것이다. 여성들의 일기와 서한에는 약혼 기간 동안의 흥분과 행복뿐만 아니라, 결혼에 대한 불안과 걱정도 나타나 있다. 예비 신부들은 결혼이 인생에서 가장 중요한 결정이라는 사실을 잘 알고 있었다. 버지니아에서 결혼식을 치르기 며칠 전 일기에서, 세라 앤더슨은 스스로에게 다음과 같이 되묻고 있다. "B박사는 내가 남편에게 바라는 모든 것을 갖고 있는가? 한마디로 그는 내가 사랑받고 싶어하는 만큼 나를 사랑해줄 것인가? 지상에서 가장 행복해지기를 바라는 것은 아니지만 나는 남편이 영혼을 다해 나를 사랑하기를 원한다. (……) 완벽한 행복을 바란다면 바보겠지만 나의 심장은 완벽한 사랑을 원한다."[46] 빅토리아 여왕 시대의 많은 여성들에게 그러했듯이 사랑은 세라 앤더슨에게도 결혼을 결정하는 데 필수적인 요소였다.

약혼 기간에 신부의 친구들이 퀼트 이불을 만드는 것은 결혼을 공식적으로 인정한다는 뜻이었다. 남부에 살든, 북부, 중서부, 또는 서부에 살든 퀼트 이불을 만들었던 이들은 19세기 중반까지 마을의 의례이자 예술이 되어버린 실용적인 활동에 참여한 것이다. 처음에 그들은 크기, 색깔 등 이불의 디자인을 함께 결정했다. 이어 각각의 여성은 사각형의 조각을 만들고 그 속에 잉크나 자수를 이용해서 자기 이름을 새겨 넣었다. 이윽고 완성된 조각들을 한데 꿰매면 퀼트 이불의 앞면이 완성되었다. 그리고 퀼트 이불의 뒷면을 목화솜으로 덮인 틀 아래에 펴고 그 위에 앞면을 덮는다. 그러고 난 다음 장식적인 기능도 겸해서 앞면과 뒷면을 바느질해 연결한다. '약혼 퀼트' 혹은 '신부의 퀼트'라고 부르던 이 이불은 평생 간직했으며 대대로 물려 쓰는 것이 보통이었다.

결혼식은 교회나 집에서 열렸다. 19세기 말이 되면 좀 더 실용적인 색깔의 드레스를 입는 신부도 종종 있었지만 대체로 신부는 전통적으로 순결과 결부되었던 색인 흰 옷을 입었다. 신부는 오렌지색 꽃을 머리에 꽂거나 부케를 들었고, 빅토리아 여왕이 결혼식 때 쓴 이후로 유행이 된 베일을 썼다. 결혼식 말미에 목사가 신부에게 키스를 하고 나면 식사와 음료, 음악, 춤이 이어졌다. 가족과 친지들이 결혼식에 참석하기 위해 장거리를 여행해왔기 때문에 보통은 성대한 축하 행사가 뒤따랐다. 결혼식이 화려하든 검소하든 웨딩케이크는 반드시 있어야 했고, 손님들 손에 케이크 조각을 들려 보내는 것이 관례였다. 결혼하고 나면 여성은 '결혼식의 흰색'과 젊은 시절에 입던 화사한 색상의 옷을 버리고 좀 더 수수한 색깔의 옷을 입어야 했다. 어머니가 되면 바로 레이스 모자를 쓰기 시작했다. 미망인이 되면 최소한 1년간 '미망인 모자'를 쓰고 '상복'을 입어야 했다

기혼 여성의 의무 사항은 계급, 재산, 지역에 따라 달랐다. 메릴랜드, 버지니아, 조지아, 노스캐롤라이나와 사우스캐롤라이나에서는 대농장의 안주인이 종종 수십 명, 심지어 수백 명의 노예들이 딸린 대토지를 감독하는 일을 했다. 켄터키와 테네시에서는 소농장의 안주인이 7~8명의 노예를 감독하는 것이 일반적이었다. 시골 지역에서는 군소 농장의 주인이 들판에서 노예들과 함께 직접 일을 했고, 집안이 너무 가난해서 노예가 없는 경우에는 부부가 함께 농장에서 일하곤 했다. 아내는 또한 모든 식사 준비와 베틀에서 솜 틀기, 옷 짓기, 규칙적으로 우물이나 가까운 개울에서 물을 길어 나르는 일 등을 도맡아 했다.

■ ■ ■

웨딩드레스를 입은 신부의 모습.
1837년에 창간되었고 세라 J. 헤일이 편집을 맡아 성공을 거둔 여성 잡지 《구디스 레이디스 북》에 실린 삽화로 매우 정교하다.

대농장에서 백인 여성과 흑인 여성은 매우 가까운 거리에서 서로 다른 삶을 살았다. 대농장의 안주인(대개 기혼 여성이지만 미망인이나 드물게는 독신 여성도 있었다)은 가사와 관련된 농장의 모든 일을 감독했다. 안주인은 식사 준비와, 가족 성원 및 노예들이 입을 의복을 만드는 일, 하룻밤 혹은 며칠에 걸쳐 머무르는 일이 잦은 손님들의 접대, 그리고 아픈 사람들의 병구완을 책임지고 있었다. 출산과 양호실 감독(있는 경우에만 해당되는 것이지만)을 포함해서, 백인과 흑인을 불문하고 건강을 돌보는 일도 안주인의 몫이었다. 남부에서 노예에게 읽기를 가르치는 것은 불법이었지만 어떤 안주인들은 노예의 자식들에게 교리와 글을 가르쳤다. 시간이 조금 남을 때는 바느질감을 집어들거나 피아노를 쳤지만 이런 여유는 사실 거의 없었다. 이론적으로 남부의 여성은 연약하고 정숙해야 했지만 실제로 농장의 안주인으로 살아가려면 강인하고 유능해야 했다. 철없는 소녀 시절을 보내다가 갑자기 집안일로 허리가 휘는 주부의 삶을 살게 된 남부의 여성들은 심한 정신적 충격을 받았을지도 모른다. 여성들은 살아가면서 끊임없이 변화로 인한 충격을 겪었다. 안주인으로 져야 할 새로운 의무들을 두려워하지 않고 결혼했던 17세의 용감한 젊은 신부는 '현실과 맞닥뜨리는 순간' 완전히 혼란에 빠졌다. 사우스캐롤라이나에 살던 대농장 주인의 아내는 울면서 남편에게 저 많은 노예들을 어떻게 다루어야 할지 모르겠다고 호소했다. 수줍은 16세의 신부는 하인들을 통솔할 수 있기까지 2년이 걸렸다.[47]

말리 웨이너는 1830년부터 1880년까지 사우스캐롤라이나에 살던 대농장 여성들을 다룬 책에서, 그리고 유진 D. 지노비즈는 남북전쟁 전의 남부에 대해 쓴 글에서 안주인과 노예들 사이의 복잡한 관계를

Marriage Certificate.

REQUIREMENTS OF THE HUSBAND

REQUIREMENTS OF THE WIFE

This Certifies that ... of ... and ... of ... were by me United in the Bonds of Marriage on ... in the year of our Lord one thousand eight hundred and ... conformably to the Ordinance of God and the Laws of the State of ...

Witnesses ... Pastor of the ... Church

■ ■ ■

가죽에 석판으로 인쇄한 결혼 증명서(1848).
'남편의 의무'와 '아내의 의무'는 성경의 구절과 석판공이 마음대로 고른 문구로 이루어져 있다. 남편은 아내를 사랑하고 부양하며 유기하지 않을 의무를 졌다. 남편이 가족을 부양하지 않을 경우 이는 바람을 피운 것보다 더 나쁜 짓으로 간주되었다(〈디모데전서〉 5장 8절). 아내는 남편을 사랑하고 복종할 의무를 가졌다(〈창세기〉 3장 16절).

묘사하고 있다.[48] 흑인과 백인 여성들은 집안이 원활히 굴러가게 하기 위해서뿐만 아니라 정서적이고 개인적인 필요에 의해 서로 의지했다. 그들은 서로에게 자신의 병과 비참한 비밀을 속속들이 털어놓았고 가부장적인 위계 질서 안에서 여성들끼리 서로 의지하는 또 하나의 세계를 만들었다. 요리, 세탁, 바느질부터 백인 아기에게 젖을 먹이는 일까지 노예들이 수행하는 허드렛일을 감독하는 사람이 안주인이 아니라 흑인 유모인 경우도 흔했다. 그렇지만 대다수의 안주인은 노예들과 더불어 많은 일들을 함께 해나갔다.

안주인들과 여자 노예들이 함께 치르던 가장 큰 행사는 대농장에 거주하는 모든 사람들을 위해 봄가을로 옷을 짓는 것이었다. 안주인은 천을 마름질하고, 노예들은 바느질을 했다. 수개월이 걸려 완성된 옷을 노예들에게 나누어주었고 모든 사람들이 기뻐했다. 소피아 왓슨(Sophia Watson)은 부재중이던 남편에게 보내는 편지에서 앨라배마 대농장의 들뜬 분위기를 다음과 같이 묘사했다. "니그로들은 앞다투어 식탁 앞으로 왔고 의복을 받으려고 줄을 섰지요. 남자들이 먼저였고 여자가 그다음, 맨 마지막으로 아이들에게 옷을 주었습니다. 모두가 만족하는 것 같았고, 새 옷을 받아서 무척 기뻐하는 것처럼 보였습니다."[49]

그러나 모든 노예들이 "무척 기뻐한" 것은 아니었다. 해리엇 제이콥스는 리디아 마리아 차일드(Lydia Maria Child)가 편집한 《노예 소녀의 인생 만사*Incidents in the Life of a Slave Girl*》에서 주인인 플린트 박사의 아내에 대한 불쾌한 기억을 다음과 같이 회고했다. "내 텅 빈 옷장을 채운 것은 그녀의 작품들이었다. 나는 그녀가 겨울마다 하사한 질 나쁜 교직물 천으로 만든 옷을 생생히 기억한다. 나는 그것을 얼마나 싫어했던지! 그것은 노예임을 알려주는 상징 가운데 하나였다."[50]

남편이 집을 비우거나 아플 때, 혹은 죽고 없을 때 안주인은 대농장의 모든 관리 책임을 떠맡아야 했다. 헨리 왓슨과 그의 아내 소피아 왓슨이 9개월 동안 주고받은 편지들(특히 남편이 아내의 질문에 대답한 내용)은 대농장 경영에 관한 상세한 정보를 제공하고 있다. 소피아는 편지에서 처음 노예들에게 명령을 내릴 때 자신감이 없었다고 토로했다. 그러나 3개월 후에 그녀는 다음과 같이 쓸 수 있게 되었다. "당신이 떠나던 당시에 내가 생각했던 것보다 그들은 확실히 더 잘 해내고 있어요."[51]

다른 안주인들은 명령을 내리는 데 부담을 덜 느꼈고, 몇몇 안주인들은 남편이나 다른 감시인들에게 악역을 미루지 않고 직접 노예를 체벌하기도 했다. 텍사스 출신 노예 하나는 노예를 체벌하는 데 주인 남녀가 역할을 어떻게 나누었는지 다음과 같이 회고했다. "주인님은 남자를, 마님은 여자를 때렸지요. 마님은 종종 쐐기풀 더미로 때리기도 했습니다. 마님이 그것으로 때리면 처음에는 그리 아프지 않았지만, 나중에는 얼얼하고 불에 덴 듯이 아팠어요."[52] 또 다른 해방 노예는 쇠가죽으로 만든 채찍으로 자신을 때리던 잔혹한 여주인을 잊지 못했다. "나를 때리고 휴식을 취한 후 또다시 때렸어요."[53] 채찍을 든 사람은 일반적으로 남자였지만 노예를 때리는 데 재미를 붙인 여주인들은 그 가학성에서 남자에게 결코 뒤지지 않았다.

대농장에서 살아간 여성들이 받았던 스트레스 중 하나는 계속되는 임신이었다. 믿을 만한 피임법이 없었던 시대에 여성들은 여섯 명 혹은 여덟 명 심지어 열 명의 아이를 둔 이후에도 또 임신을 하게 될까봐 두려워했다. 앨라배마 클레이의 가족 가운데 한 사람은 집에 돌아왔을 때 아내가 열두 번째 아이를 가졌다는 사실을 알고 그녀의 "슬픔과 한탄"을 함께 나누었다. 남부의 한 장군은 전쟁 중에 아내에게 보낸 편지에서 임신은 "10개월 동안의 고통과 계속되는 통증"이라고 말했고, 1년 뒤에 아내가 또 임신한 것을 알게 됐을 때는 다음과 같은 말로 아내를 동정했다. "사실 이번에는 임신이 아니기를 바랐소. 그러나 여보, 일이 이렇게 된 것을 보니 이 모두가 하느님의 뜻임에 틀림없다는 생각이 드오." 노스캐롤라이나의 농장 안주인은 1867년 남편에게 다음과 같이 불평하고 있다. "윌리스, 꽃이 전혀 비치지 않고 있어요." 그러자 남편은 앞서 장군보다는 덜 따뜻한 어조로 "나는 당신이 아이를 더 가지지 않을 것을 기대했던 적은 결코 없었소. 당신은 나이도 젊은 데다 밭이 좋아서 아이를 계속 낳게 될 것이오. 그것이 신의 뜻이라면 우린 따를 수밖에 없소." 신의 뜻에 따르는 것, 그것이 이 아내가 "고통과 슬픔일 뿐"[54]이라고 생각하는 너무 잦은 임신을 포함하여 그녀가 지게 될 짐에 대한 언제나 똑같은 대답이었다.

북동부와 서부에 비해 남부에서는 출산율의 감소가 뒤늦게 나타났다. 19세기 동안 미국 백인 여성의 출산율은 약 50퍼센트가량 줄어들었다. 통계학적으로 보면 1800년에는 결혼한 어머니 1명당 7.04명의 아이를 낳았는데, 1900년에는 3.56명의 아이만을 낳았다.[55] 이것은 성적 금욕, 중절 성교, 낙태, 그리고 피임 기구(8장 참조)의 고안과 같은 다양한 노력 덕분이었다. 남북전쟁 전에 이러한 방법 가운데 하나라도 사용했던 남부의 여성이 얼마나 되는지는 역사학자들마다 의견이 다르다. 어떤 학자들은 농장주 계급의 부부들은 산아 제한을 하지 않았다고 주장하고, 어떤 사람들은 그랬다고 주장한다. 남부의 출산율이 북부보다 높았던 또 다른 요인은 수유에 노예를 이용했다는 것이다. 남부 여성들은 아이에게 젖을 물리지 않았던 탓에 '자연적인' 피임의 혜택을 입을 수 없었을 것이다. 한편 여자 노예들은 19세기 초 평균 여섯 명의 아이를 출산하며 약간 낮은 출산율을 보였는데 향후 100년간 여기에 필적할 만한 출산율의 감소는 일어나지 않았다. 이것은 이들이 처음 성 경험을 하는 나이가 어리다는 것, 그리고 주인들이 새로운 노예들이 태어나기를 기대한다는 것 등의 다양한 이유 때문이었다.

흑인 유모와 보모들의 도움을 받는다 해도 남부의 여성들은 자녀들의 안녕을 책임진 사람이었다. 사실상 이들은 사적, 공적 담론을 통해 국가와 자기가 속한 주뿐만 아니라 낭만적으로 묘사된 지역, 아름다운 여성들과 멋진 남성들, 그리고 감사할 줄 아는 노예들이 산다고 소문난 남부를 위해 훌륭한 아이들을 길러낼 의무에 대해 거듭거듭 주의를 받았다. 하지만 남부에 대한 목가적이고 낭만적인 묘사는 북부와 해외의 관찰자들이 기록한 많은 증언들이나 노예들이 남긴 증언과는 상반된 것이다.

여자 노예들은 농장에서 이 일 저 일 닥치는 대로 했다. 들판에서 일하는 여자 노예들은 쟁기질과 괭이질에다 목화 따기, 심지어 장작을 패는 일까지 했다. 집 안에서 일하는 여자 노예들은 요리, 바느질, 빨래, 다림질, 젖 주기, 아이들 보살피기, 나아가 안주인과 주인의 개인적인 요구까지 일일이 챙겨야 했다. 그들은 비누를 만들고 염색을 했으며 바구니를 짰고 심부름을 했다. 그러고 나면 정작 자기 남편과 아이들을 위해 쓸 시간이 없었다. 그렇지만 조금이라도 짬이 나면 이들은 자기 집 살림까지 돌보아야 했다. 몇몇 이들에게는 토요일에 집 청소와 빨래를 할 수 있는 자유 시간이 주어지기도 했다. 하지만 모든 노예들이 그런 행운을 누린 것은 아니다. 한 해방 노예의 말을 들어보자. "어머니는 일요일 날 우리에게 입힐 옷을 토요일에 밤새도록 빨아야 했습니다."[56]

여자 노예들은 아내로서 비슷비슷한 삶을 살았다. 그들은 공식적으로 주인의 재산이었기 때문에 합법적으로 결혼할 수는 없었지만 주인이 골라주었든 아니면 스스로 택했든 간에 사실상 남편인 사람과 종종 동거를 했다. 주인에 따라 실태가 다르긴 했지만 많은 소유주들은 노예들을 가축 다루듯 했으며 노예들이 자식을 낳도록 용의주도하게 계획을 세웠다. 앨라배마의 한 해방 노예는 다음과 같이 말했다. "부모님은 요즘 사람들처럼 결혼하지는 않았습니다. 당시 흰둥이들은 노예들을 말이나 소쯤으로 여겼으니까요."[57] 텍사스 출신의 전직 노예 세라 포드는 그녀의 어머니가 다음과 같이 말했다고 회상했다. "주인들은 남자와 애 낳는 여자를 노새처럼 여겼어. 여자가 남자를 좋아하지 않는 것은 아무런 문제도 되지 않았지. 시키는 대로 안 하면 매질이 돌아왔으니까."[58] 역시 텍사스 출신인 베티 파워스는 다음과 같이 말했다. "주인님이 '짐과 낸시는 같이 살아라'라고 말했고 명령이 떨어지면 그대로 따르는 게 좋았습니다. 그들은 여자의 감정에 대해서는 전혀 고려하지 않았거든요."[59]

로즈 윌리엄스는 그녀가 어떻게 해서 루푸스라는 노예와 같이 살게 되었는지 다음과 같이 회상했다.

> 주인님이 내게 와서 "저기 있는 오두막에서 루푸스랑 살도록 해라. 수리를 좀 하면 살 수 있을 거다"라고 말했다. 그 오두막은 지어진 지 16년쯤 되었고, 나는 루푸스가 싫었다. 그는 사람을 들들 볶는 타입이었다. 그는 몸집이 컸고 모든 사람들이 자기가 말하는 대로 해야 한다고 생각했다. 우리는 함께 저녁 식사를 했고 여기저기 돌아다니며 이야기를 나누었다. 잠잘 준비를 하고 나는 침상에 누웠다. 내가 잠자리에 든 후 그 깜둥이가 나도 모르는 사이에 침상으로 기어 올라왔다. "지금 뭐 하는 거야, 이 바보 깜둥이야"라고 내가 소리쳤다. 그는 입 닥치라고 말하고선 "침대는 내 것이기도 해"라고 말했다.

내가 “너 지금 내 머리를 만졌어. 꺼져”라고 말하면서 발로 그를 뻥 차고 떠밀자 그는 어찌할 겨를도 없이 마룻바닥으로 굴러떨어졌다. 깜둥이는 길길이 날뛰며 발광을 해댔다. 그 모습이 마치 한 마리의 야생 곰 같았다. 그는 침대로 몸을 던졌고 나는 재빨리 부지깽이를 들었다. 그것은 길이가 90센티미터 정도였는데, 그가 내게로 다가오자 그의 머리 위로 그것을 휘둘렀다. 그가 더 이상 접근하지 않았던가? 그렇다.

다음 날 주인 마님에게 가서 루푸스가 뭘 원하는 거냐고 물어보았더니 주인 마님은 주인님이 원하는 것을 일러주었다. “너는 튼튼한 계집이고 루푸스도 튼튼한 남자 아니냐. 주인님은 너희들이 튼튼한 아이들을 낳아주기를 바란다.”

다음 날 주인님은 나를 불러 “계집애야, 나는 너를 사는 데 큰돈을 지불했고, 그것은 네가 내 아이들을 기르고 내 재산을 늘리게 하기 위해서였다. 바로 그 이유로 너를 루푸스와 같이 살게 한 것이다. 몽둥이로 맞고 싶지 않으면 시키는 대로 해라”라고 말했다.

나는 주인님이 돈을 주고 나를 사서 내 가족들과 헤어지지 않게 해주었고 매질로부터도 보호해주었다고 생각했다. 내가 뭘 할 수 있었겠는가? 결국 주인님이 시키는 대로 하기로 했고 모든 것을 포기해버렸다.[60]

전쟁 전의 남부에서 주인은 노예를 결혼시킬 권리는 물론 이를 파기할 권리도 갖고 있었다. 노예들이 스스로의 선택에 따라 결혼해도 좋은지 아닌지 결정할 수 있는 권리도 가지고 있었다. 안주인 역시 집안의 노예들에 대해 발언권을 갖고 있었고 노예들 사이의 연애에 개입하곤 했다. 그녀는 못된 남자를 좋아하는 처녀를 꾸짖을 수도 있었다. 한 해방 노예는 자기 여주인을 흉내 내면서 다음과 같이 말했다. "그놈은 누구냐? 왜 그놈과 같이 왔냐? 한 번만 더 그 원숭이하고 같이 있다가 내 눈에 띄기만 해봐라. 네가 그놈보다 나은 짝을 고르지 못하겠다면 내가 대신 골라주마."[61]

다른 여주인들은 덜 고압적이었다. 아흔 살 먹은 한 해방 노예는 "백인들이 '너는 여자에게 구애할 때 뭐라고 하니?'라고 물었을 때 '우리는 그냥 이야기를 나눌 뿐입죠'라고 대답했다. 그러자 사내답게 키스하자고, 또 결혼하자고 말해본 적이 있느냐고 물었다. 우리는 '아닙니다'라고 대답했다. 그는 '구애할 줄도 모르는구나'라고 말하고 나서 구애하는 방법을 알려주겠다고 했다."[62]

'연애 중'이라는 말은 주인 부부로부터 가축이 아니라 인간 취급을 받는 노예들에게만 의미 있는 말이었다. 텍사스 출신의 해방 노예인 맨디 해드낫은 아이가 없는 부부를 주인으로 만나 친자식과 다름없는 보살핌을 받았는데 이는 대단히 예외적인 경우다. 그녀는 "16세였을 때 나는 사랑이 하고 싶었다. 마님은 곧장 한 사내를 저택으로 불러 나를 만나게 했다. 그는 매주 일요일에 3킬로미터를 걸어 저택으로 왔고 우리는 루진 침례교회에 함께 다녔다. 그러고 나면 마님은 우리를 위해 일요일 저녁 식사를 차려주셨다"고 말했다. 나중에 맨디가 결혼하기로 결심하자 안주인은 그녀가 혼수감을 마련하는 데 도움을 주었고 일요일 정찬용 접시 세트를 선물로 주었다.[63]

노예의 결혼이 법적으로 용인된 것은 아니었는데도 결혼식을 올리는 일은 보편적이었고 종종 그 집의 주인에 의해 주재되었다. 미시시피 주의 한 대농장 주인은 자신이 거느린 일곱 쌍의 노예 부부들의 결혼식 때 자기가 주도한 연회에 대해 일기에 썼다. 그는 노예 한 사람 한 사람에게 상대방을 배우자로 맞이하는 데 동의하는지 공개적으로 묻고 남편 또는 아내로서의 의무를 이행할 것을 맹세하도록 했다. 그러고 나서 그는 "필요한 모든 형식을 다 치렀으므로 나는 여기에 모이신 분들의 허락을 받아 일곱 쌍의 부부가 남편과 아내가 되었음을 알립니다"라고 말했다. 이어 그는 "우리 조상들이 만든 아름다운 관습에 따라 신랑은 신부에게 키스하세요"라고 덧붙였다.[64]

역사가 칼 데글러(Carl Degler)는 이 의식이 비록 표준적인 기독교 결혼식의 영향을 받긴 했지만 결혼을 축복하기 위해 신의 이름을 빌리지 않았을 뿐 아니라 부부에게 영원히 신의를 지킬 것을 요구하지도 않았다는 점을 지적한다. 그런 선서는 주인이 남편이나 아내를 팔아넘겨서 부부를 갈라놓을 수 있었던 사회에서는 아무 의미도 없을 터였다.[65]

루이지애나 출신의 해방 노예 버지니아 벨은 그녀가 살던 대농장에서 거행된 결혼식 과정을 다음과 같이 묘사했다. "어떤 노예든 결혼하기를 원하면 주인 루이스가 저녁 식사 후에 그들을 집으로 불러 여자와 남자가 서로 손을 잡게 한 다음 큰 소리로 책을 읽어주었다. 내 생각에 성경이었던 것 같다. 그러고 난 후 그는 그들이 결혼했다고, 그렇지만 내일 아침에 일할 준비를 하라고 말했다."[66] 또 다른 루이지애나 출신 해방 노예는 주인이 신혼부부에게 좀 더 친절했다는 것만 제외하고는 비슷한 이야기를 하고 있다. "흑인 처녀가 결혼을 할 때, 주인이 직접 저택에서 혼례를 올려줍니다. 토요일에 예식을 치르고 일요일에는 쉬게 하는 거죠."[67]

다른 여러 사례를 들춰보면 목사는 어떤 때는 저택에서, 어떤 때는 교회에서 예식을 집전했다. 텍사스 출신의 해방 노예 낸시 킹은 전쟁 중에 백인 목사의 집전으로 교회에서 결혼했다고 회상했다. "노마님이 제게 웨딩드레스를 만들 천을 주셨습니다. 엄마는 실을 잣고 천을 염색하고 저는 옷을 지었죠. 겨우 홈스펀 천으로 만든 것이었지만 당시로서는 싼 게 아니었습니다. 결혼식이 끝나자 주인님은 우리에게 성대한 만찬을 베풀어주셨고 우리는 마음껏 즐겼지요."[68]

텍사스 출신의 또 다른 해방 노예는 자신이 직접 선택한 남편과 자신을 맺어주었던 종교적 결혼식을 즐거이 회상했다. "남편의 이름은 데이비드 헨더슨인데 우리는 한집에서 살았고 같은 주인님 밑에 있었어요. 아뇨, 주인님인 힐 씨는 우리를 맺어주려고 한 적이 없어요. 제 생각으로는 하느님의 뜻이었던 것 같아요. 우리는 집에서 결혼식을 했고 흑인인 침례교 목사가 집전을 했죠. 저는 흰색 면으로 만든 드레스를 입었고 힐 부인은 결혼 선물로 밀가루 한 냄비를 주셨지요. 주인님은 우리가 살 집을 내려주셨습니다. 남편은 제게 친절했고 신중했으며 난폭한 사람이 아니었어요."[69]

흰색 웨딩드레스부터 성경 낭독에 이르기까지 흑인의 결혼은 백인의 예식을 따르기는 했어도, 노예의 한 세대에서 다음 세대로 전승되는 독특한 관습이 있었는데, 그것은 신랑과 신부가 빗자루 위를 뛰어넘거나 건너가는 것이었다. 흑인들의 빗자루 뛰어넘기 관습은 '매듭 만들기(tying the knot, 결혼의 비유로도 쓰인다—옮긴이)'에 대응하는 것으로 기원이 불확실하지만 남부 지방에 광범위하게 퍼져 있었다. 루이지애나 주 출신의 노예였던 메리 레이놀즈는 빗자루를 뛰어넘는 의식을 다음과 같이 묘사했다. "마사와 미시는 다른 모든 흑인들처럼 결혼했지. 신랑과 신부는 현관을 가로지르는 빗자루가 놓여 있는 집 안에 있었고, 우리는 집 밖에 서 있었어. (……) 그리고 우리가 빗자루를 건너갔어. 이제 그들은 결혼한 거야."[70] 앨라배마 출신의 해방 노예인 카토 카터는 흑인의 결혼식에 대하여 다음과 같이 비꼬았다. "일반적으로 빗자루를 뛰어넘고 나면 그것으로 결혼이 성립되었지. 종종 백인들이 성경 구절을 읽어주었는데, 그러면 그들은 결혼한 것을 더욱 실감하는 거지."[71]

일단 결혼하고 나면 노예 부부는 통나무로 만든 오두막이나 판잣집에서 함께 살았다. 대부분의 배우자들은 한지붕 아래서 살 수 있었지만 주인이 서로 다를 때에는 함께 사는 것이 힘든 경우도 있었다. 텍사스 출신의 한 해방 노예는 아버지가 이웃의 대농장에 살면서 매주 수요일과 토요일 밤에만 엄마를 보러 올 수 있었다고 회고했다. 또 다른 해방 노예는 남편이 결혼식 직후에 주인에게 돌아가야 했지만 토요일에 집에 와서 일요일까지 하룻밤을 함께 보내는 것은 허용되었다고 전한다.[72] 어떤 남편들은 원래 2주에 한 번씩만 집에 올 수 있었지만 한 흑인 여성은 "그보다는 자주 얼굴을 볼 수 있었는데 그 이유는 기회만 되면 도망쳐 나왔기 때문"[73]이라고 회고했다. 자유민들과 마찬가지로 노예들은 결혼을 구속적인 관계라고 간주했다. 역사가 허버트 거트맨이 사우스캐롤라이나의 대농장에 살았던 흑인들의 삶을 연구한 책에서 볼 수 있듯이 사망하거나 노예로 다시 팔리는 등의 이유로 결혼 생활이 방해받지 않는 한 20년 혹은 그 이상을 같이 사는 것은 드문 일이 아니었다.[74]

많은 노예 신부들이 어떻게 해서 결혼할 당시에 이미 임신 중이거나 혹은 어머니인 상태였는지 알기는 어렵다. 당대의 백인 증인들은 대부분의 노예 처녀들이 15세 또는 16세가 되었을 때(이 나이는 19세기 미국 여성의 첫 번째 월경 시기와 대략 일치한다) 이미 성적으로 문란했다고 주장한다. 그러나 거트맨은 흑인 여성들의 성생활에 대해 다른 관점을 제시한다. 그는 처녀의 임신이 성적인 문란함에서 비롯된 경우와 근대 이전의 농경 사회에서 흔히 그랬던 것처럼 결혼을 약속한 사이에서 혼전 관계를 맺은 경우를 구별한다. 1863년의 전미 해방 노예 조사위원회(American Freedmen's Inquiry Commission)에서 실시한 설문 조사 결과를 근거로 그는 "남녀 노예에게는 결혼 후에 정절의 의무가 부과되었다"라는 결론을 내렸다.[75] 얼마나 많은 노예들이 그런 기대에 부응하며 살았는지는 알 수 없지만 일부일처제가 노예들 자신, 교회, 그리고 그들의 남녀 주인들에 의해 흑인 집단 내에서 강화되었던 것은 사실이다. 노예를 소유한 적이 있었던 프랜시스 버틀러 레이(Frances Butler Leigh)가 1865년 직후 관찰한 바에 따르면 흑인들은 "처녀가 혼전에 아이를 갖는 것을 그다지 나쁘게 생각하지는 않았지만 일단 결혼한 후에는 정절을 지키도록 요구했다."[76] 남편에게도 한 여자에게만 충실할 것이 요구되었지만 남자는 바람을 피워도 여자에 비해 덜 비난받았다.

노예와 관련된 기록과 구술담을 보면 외재적 구조뿐만 아니라 개인 간의 차이로 인해서도 결혼 생활이 부부마다 엄청나게 달랐음을 알 수 있다. 평탄한 부부가 있었는가 하면 곡절이 많은 부부가 있었다. 사랑으로 결합한 부부가 있었는가 하면 증오로 갈라선 부부도 있었다. 행복한 결혼, 불행한 결혼, 그리고 서로에게 무관심한 결혼도 있었다. 아내들은 전 남편과 현재의 남편에 대해 사랑과 감사부터 증오와 혐오까지 온갖 감정을 품고 있었다. 긍정적인 감정이 압도적이긴 했지만(특히 어머니에 대해서 긍정적이었다) 아이들 역시 부모의 결혼 생활에 대해 매우 다양한 목소리로 회고했다. 많은 경우에 아이들은 아버지를 모르고 자랐다. "아빠에 대해선 아는 게 없어요"라는 대답은 구술담에서 공통적으로 나타나는 후렴구 같은 것이었다. 그 이유는 아이들이 어릴 때 아버지가 다른 곳으로 팔려가는 일이 잦았기 때문이다. 아버지가 있는 경우에 그는 백인 가정에서와 마찬가지로 집안의 가장으로서 아내와 아이들에게 복종을 요구했다.

하지만 전체적으로 봤을 때 아버지보다는 어머니가 흑인들의 이야기에서 훨씬 두드러지는 존재였다. 대부분의 노예들과 주인들은 부모 가운데 어머니를 더 중요하게 여겼으며 흑인 가족은 모계 중심이었다. 실제로 버지니아의 예가 다른 주에도 적용될 수 있다면 주인들이 노예들의 목록을 작성할 때 아버지의 이름이 아니라 어머니의 이름에 따라 아이들을 분류하는 것이 일반적이었다.[77] 아이의 생애에서 최초 몇 년 동안 어머니는 아이의 생존에 반드시 필요한 존재다. 비록 백인 아기의 유모 노릇을 하고 있을지라도 모든 어머니들은 자기 아이들에게 모유를 먹였다. 한 어머니의 잊기 어려운 회고담을 들어보자. "나는 한쪽에는 백인 아기를, 다른 쪽에는 흑인 아기를 안고 젖을 물렸다."[78] 젖먹이를 둔 엄마는 심지어 제 자식에게 젖을 물리는 것조차 주인의 허락을 받아야 했다. 밭일을 나가도록 명령을 받은 한 노예는 슬픔에 차서 회고했다. "나는 마당에서 울며 보채는 아이를 두고 집을 나섰다."[79] 텍사스 주 출신의 샬럿 베벌리에게는 좀 더 행운이 따랐다. 그녀는 자식이 없었던 친절한 안주인의 도움을 받았는데 이 부인은 모든 아이들이 탁아소에서 적절한 보살핌을 받도록 조치했다. "종종 흑인 아기들이 50개도 넘는 요람에 누워 있었고, 안주인은 그들을 돌보고 보살피기까지 했다. 그녀는 아이들을 돌려 눕히고 직접 기저귀를 갈았다. 나는 뿔피리를 불어 엄마들이 오전과 오후에 밭에서 돌아와 아이에게 젖을 물릴 수 있도록 했다."[80]

결혼을 했든 독신이었든, 아이가 있었든 없었든, 여자 노예들은 주인과 감독관의 성적 노리개가 되는 일이 잦았다. 텍사스 출신의 베티 파워스는 이 문제에 대해 아무렇지도 않게 말했다. "감독관과 백인 남성들은 제멋대로 여성들을 유린했죠. 여성은 거절하지 않는 편이 나았을 거예요. 만약 거절하는 날에는 매질이 기다리고 있었으니까요."[81] 미시시피 주에서 노예 살이를 했던 앤 클라크는 한 마디로 잘라 말했다. "엄마는 주인의 아이 둘을 낳았는데 이들은 노예로 팔려갔어요."[82] 토머스 존스는 자기 어머니가 해방되던 해에 겨우 두 살이었는데 어머니에게 훗날 다음과 같은 이야기를 들었다. 그의 어머니가 텍사스에서 살던 시절 주인이었던 오돔 소령은 결혼하지 않고 "필리스 아줌마라고 불리던 깜둥이 여자를 하나 거느렸는데 그녀는 주인의 아이를 몇 명 낳았다." 소령은 노예들에게 친절한 것으로 유명했는데 필리스 아줌마로부터 얻은 "거의 백인인" 다섯 명의 아이들뿐만 아니라 그녀가 다른 남자와의 사이에서 낳은 "깜둥이" 아이에게조차 잘해주었다. "술에 취하거나 꼭지가 돌면 그녀는 다른 자식들보다 흑인 아이를 더 사랑한다고 말하곤 했다."[83]

주인의 성적인 강요에 저항했던 여자 노예들은 성폭행보다 더 심한 벌을 받았다. 패니 베리라는 이름의 버지니아 출신 해방 노예는 수키라는 다른 노예가 겪은 일을 털어놓았다. "늙은 주인은 항상 수키를 자기 여자로 만들려고 했죠." 하루는 그녀가 양잿물을 만들고 있었는데 주인이 다가왔다. "그녀가 그를 밀어서 뜨거운 양잿물이 끓고 있었던 냄비에 그의 엉덩이가 빠져버렸습니다. 양잿물은 끓어 넘치고 있었고 그는 죽지 않을 만큼 데었습니다. (……) 주인은 다시는 노예 처녀들을 건

드리지 않았지요." 그러나 며칠 뒤에 수키는 경매에 부쳐졌다.[84]

노예가 대담하게도 안주인에게 불평을 늘어놓으면 안주인은 문제의 남자를 상대로 싸우기도 했지만 어떤 아내들은 남편에게 너무 주눅이 들어 성적인 학대를 당한 소녀를 변호하지 못하고 겁에 질려 있었다. 버지니아 출신의 해방 노예 헤이스 셰퍼드는 다이애나라는 노예가 안주인을 찾아가 주인 어른에게 강간당하지 않게 해달라고 부탁하자 안주인은 소녀를 불쌍히 여겼지만 남편에게 맞거나 "머리를 깎이지나" 않을까 두려워했다고 회상했다.[85]

겨우 열 몇 살이었던 해리엇 제이콥스가 주인인 플린트 박사에게 심한 학대를 받자 플린트 부인은 남편의 의중을 몇 번 떠본 뒤에 진상을 조사하기 위해 소녀를 방으로 불렀다. 소녀에게 진실만을 말할 것을 성경에 손을 얹고 맹세하게 한 뒤에 플린트 부인은 다음과 같이 명했다. "이 의자에 앉아라. 내 눈을 똑바로 보고 주인 어른과 너 사이에 있었던 일을 모두 말하거라." 주인이 소녀를 겁탈하려고 몇 번씩 시도했다는 해리엇의 설명을 들은 부인은 눈물을 흘렸다. "그녀는 자신의 결혼 서약이 더럽혀졌으며 자신의 존엄성이 땅에 떨어졌다고 생각했다. 그러나 그녀는 남편의 배신에 화가 나 불쌍한 희생양에 대해서는 어떤 동정도 보이지 않았다."[86] 소녀를 보호해주겠다고 약속해놓고도 플린트 부인은 너무 화가 나고 질투심에 불타서 결국 남편뿐만 아니라 노예 소녀에게까지 적개심을 느꼈다.

노예에게 최악의 공포는 자신이나 남편 혹은 아이들이 따로따로 팔려 나가서 가족이 뿔뿔이 흩어질지도 모른다는 것이었다. 메릴랜드 출신의 한 해방 노예 소녀는 상대적으로 품위 있었던 주인이 그녀에게 "비열한 주인들이 어떻게 아버지들과 남편들 그리고 어머니들과 아내들 및 아이들을 골라내는가를 보여주었을" 때 겁에 질렸다. "그는 우리를 커다란 플랫폼으로 데려갔는데 그곳에서 한 백인이 노예와 함께 일어나서 입찰 가격을 큰 소리로 외치고 있었다. 노예는 불쌍한 표정으로 자리에서 일어났고 어떤 사람이 노예를 사 가자 군중들이 고함을 지르고 탄성을 질렀다."[87] 또 다른 사람은 자신의 부모가 어떻게 헤어졌는지 말했다. "하루는 아침에 우리를 모아놓고 어머니가 통곡하면서 말하기를 자기는 텍사스로 가게 되었는데 아빠를 데려갈 수 없다고 했어요. 아빠는 함께 갈 수가 없었어요. 그날 이후로 우리는 두 번 다시 아빠 얼굴을 보지 못했죠."[88]

조지아의 두 섬에 있는 대농장의 상속자와 결혼했던 영국의 여배우 패니 켐블은 한 노예 가족의 이산을 막기 위해 자신이 한 일을 감동적으로 묘사하고 있다. 그녀는 어린 두 딸과 남편 피어스 미즈 버틀러와 함께 1838년과 1839년 겨울에 남부로 이주했다. 약 4개월 동안 체류하면서 그녀는 일기에 다음의 이야기(1863년에 출간)를 썼다.

> 우리는 아이 보는 하녀 겸 조수로 프시케라는 젊은 여자를 데리고 있었다. 그녀는 스무 살을 갓 넘긴 나이였고 자태가 아름답고 우아했으며 행동거지가 품위 있었고 피부색을 뺀다면(그녀는 피부가 가무잡잡한 흑백 혼혈이었다) 아주 예쁘장한 얼굴이었다. 그녀에게는 여섯 살이 채 안 된 두 명의 잘생긴 아이들이 있었다. 이 가련한 여인은 (버틀러 씨의) 잘생기고 지적이며 적극적이고 훌륭한 노예의 아내였다.[89]

그런데 프시케와 그녀의 남편이 서로 다른 주인에게 속하게 되는 일이 일어났다. 조는 버틀러의 소유였지만 프시케와 아이들은 감독관의 소유가 되었다. 패니 켐블은 남편에게서 떠나는 관리를 기쁘게 하기 위해 "조를 선물로 주기로 했다"(이렇게 되면 조는 새 주인을 따라 앨라배마로 떠나야 한다)는 말을 듣고 아연실색했다. 조가 거의 제정신이 아니었다는 것은 두말할 나위가 없다. "그의 목소리는 흐느낌 때문에 갈라졌고 분노 때문에 제대로 말을 잇지 못했다. 다만 절대로 이 농장을 떠나 앨라배마로 가지 않을 것이며 늙은 부모님과 불쌍한 아내 그리고 아이들을 두고 갈 수 없다고 반복할 따름이었다."

패니는 남편에게 "남편 자신의 영혼을 위해서라도 그런 잔인한 짓은 저지르지 말 것"을 호소했다. 겉으로 보기에 남편은 그녀의 간절한 탄원에 별로 관심이 없는 듯했지만 (그녀가 유명한 배우였음을 기억하라!) 일이 잘 풀려서 조는 앨라배마에 가지 않아도 되었고 버틀러는 감독관에게서 프시케와 아이들을 사들여 조와 가족들이 함께 살 수 있게 했다. 그러나 패니 켐블이 회고하듯이, 읍소하며 애원하고 노예들을 위해 문제를 해결하려고 하는 정신 나간 영국 여자와 그런 호소에 귀를 기울이는 농장 주인이 없었다면 상황은 확실히 다르게 흘러갔을 것이다.

일은 잘 해결되었지만 패니 켐블과 피어스 버틀러의 결혼은 지속되지 못했다. 노예 문제뿐만 아니라 결혼 생활을 둘러싼 의견 차이로 인해 이들의 결혼은 10년 뒤에 씁쓸한 이혼으로 막을 내렸고 세간에 화제를 불러일으켰다. 버틀러는 결혼의 실패가 "결혼 문제에 관해 아내가 품고 있던 특이한 견해" 때문이라고 말했다. "그녀는 결혼이 동등한 사람들끼리의 동반자 관계여야 한다고 주장했다." 그 증거로 그는 훨씬 전에 아내에게서 받은 편지를 공개했는데, 이 편지에서 그녀는 남편이 아내에 대한 통제권을 가져야 한다는 생각에 반대했다. "남편과 아내가 동등한 권리를 가져야 한다는 주장은 잘못된 것"이라는 버틀러의 비난은 그 시대의, 특히 남부의 통념을 반영한 것일 뿐이다.[90] 1849년에 이혼했을 때 그는 영미법과 관습에 따라 자녀 양육권을 가졌다.

패니 켐블의 이야기는 남부의 부부 생활에 대해 고정관념을 가져서는 안 된다는 것을 보여준다. 그것은 관습을 깨뜨리려고 하는 한 영국 여성이 어떻게 남편과 아이들을 잃게 되었는지를 알려준다. 그것은 백인 여성들의 삶이 노예들의 삶과 한데 얽혀 있었음을 알게 해준다. 또한 그때나 지금이나 대립하는 이데올로기와 서로 다른 대의를 따르는 부부에게는 결혼 생활이 전쟁터로 변할 수 있음을 보여준다.

빅토리아 여왕 시대에 얼마나 많은 부부가 그런 부부 싸움으로 파경에 이르렀을까? 오늘날에도 부부가 자신들의 불화를 남들에게 알리고 싶어하지 않을 때 불화의 정도를 가늠하기란 매우 어렵다. 앤 피러스콧은 《남부의 숙녀*The Southern Lady*》에서 계속되는 임신에 대한 두려움을 비롯하여 여성들이 겪는 여러 가지 어려움과 노예를 관리하고 감독하는 일 등의 과중한 집안일을 수도 없이 열거했다.[91]

어떤 남부 여성들은 공개적으로 노예제도를 반대했다. 1839년 2월 《사바나 텔레그래프*Savannah Telegraph*》에 실렸던 조지아 주 의회에 보내는 탄원서에서 319명의 여성들은 주 전역에서 노예제를 철폐해달라고 요구했다. 조지아 주 의회 산하의 한 심의회는 이 탄원을 "아버지와 남편, 남자 형제들의 소관이어야 마땅한 주제에 대해 여자들이 이유 없이 개입한 것"이라고 혹평하고, 여자들에게 "지금부터라도 집안일에만 전념하는 것이 사회에 더 도움이 될 것이며 법률과 헌법의 잘못된 점을 고치기보다는 남편과 자식들의 옷이나 꿰매는 것이 더

■ ■ ■

1899년에 프랜시스 벤저민 존스턴이 찍은 버지니아 농촌의 흑인 노부부 사진.

바람직하다"[92]고 충고했다.

공적으로는 거부당하고 사적으로는 비난을 받는 가운데 남부의 여성들은 가부장제의 억압 아래에서 살고 있었다. 그러나 이 여성들 모두가 또는 대부분이 불행한 결혼 생활을 했을 것이라고 믿는다면 잘못이다. 스콧은 《남부의 숙녀》에서 여성들이 일기, 편지, 회고록에 남긴 말에 근거하여 행복한 결혼의 예를 소개하고 있다. 패니 무어 웨브 범파스(Fanny Moore Webb Bumpas)는 1842년 3월 9일의 일기에 다음과 같이 적고 있다. "얼마나 편안한가! 완전히 신뢰할 수 있고 모든 기쁨과 슬픔을 나눌 수 있는 배우자가 있다는 것은 얼마나 큰 행복인가." 수전 콘월 슈메이크(Susan Cornwall Shewmake)는 1861년 3월 1일의 일기를 다음과 같이 시작하고 있다. "내일은 결혼 13주년이 되는 날이다.

시간이 얼마나 빨리 지나가버렸는지, 그리고 이날들은 얼마나 행복으로 충만한 것이었는지." 조지아의 한 농장주 부인은 상대적으로 길고 평탄했던 결혼 생활을 유지할 수 있었던 것에 감사하며 다음과 같이 썼다. "신이시여, 저의 소중한 남편을 축복하사 제가 죽는 날까지 제 곁에 있게 해주소서. 우리는 늙어가지만 나이를 먹을수록 우리의 사랑은 깊어만 간답니다. 우리는 23년 동안 기쁨과 슬픔을 함께 나누었습니다."[93] 물론 결혼 생활에서의 만족도는 그때나 지금이나 부부에 따라 천차만별이다.

노예들이 오랜 결혼 생활의 경험을 1인칭으로 서술한 이야기는 별로 감성적이지는 않지만 매우 진솔하다. 예를 들어 앨라배마 출신의 미네르바 웬디가 59년 동안 함께 산 남편에 대해 말하는 것을 들어보자. "결혼 당시 나는 열아홉 살인 6월의 신부였죠. 블랙슈어라는 백인 침례교 목사가 나를 이끌고 저쪽에 서 있던 흑인 에드가 벤디에게 데려갔고, 그날 이후로 우리는 함께 살았습니다."[94] 노예제가 폐지되고도 한참이 지나서 텍사스 출신의 캐롤라인 라이트는 다음과 같이 말하면서 자랑스러워했다. "윌과 결혼한 지 75년이 되었고 지금도 함께 살고 있어요. 요새 젊은 사람들이 결혼을 아무렇게나 생각하는 건 경솔한 짓이죠."[95]

일반적으로 남북전쟁 전의 남부에서 백인 아내들의 생활은 자식의 수 면에서나, 노예에 대한 의존도 면에서, 그리고 '남부식 환대'라고 불린 손님을 접대하는 일 등의 문화적인 면에서도 북부의 아내들과는 많이 달랐다. 그러나 남북의 문화가 아무리 다르다 해도 그들 사이에는 공통점이 더 많았다. 남북 모두 아내에게 남편에 대한 복종을 맹세하게 하는 등 영국 불문법의 지배를 받았다. 양쪽 다 거의 기독교를 믿었고 아일랜드나 다른 가톨릭 국가에서 이민 온 사람들보다 백인 앵글로색슨 프로테스탄트들이 압도적으로 많았기 때문에 종교적 동질성을 강하게 유지하고 있었다. 여유 있는 계층의 남부 여성들은 사라토가 온천과 같은 유명한 온천에 가기 위해 북부로 떠났고 북부 여성들과 친분을 맺었으며 그 인연으로 그들의 아들이나 형제들과 결혼하는 일도 종종 있었다. 남북전쟁 전까지 남부와 북부의 가족들 사이에는 활발한 교류가 있었다.

남부와 북부의 부부들은 안정된 주거 환경(도로와 우편 체계를 통해 서로 연결되어 있었던 신도시들과 도시들, 농촌 마을들) 속에서 살아갔다. 그러나 서부로 진출한 미국인들은 그들의 능력을 시험하고, 동부였다면 결코 요구되지 않았을, 나아가 적절하다고 여겨지지도 않았을 여성들의 능력을 이끌어내는 원시적인 환경과 마주하게 되었다. 오리건 트레일(Oregan trail, 미국 북서부로 가는 대규모 이주로의 하나 — 옮긴이)은 말할 것도 없고 인디애나의 농장에서 볼 수 있는 연약하고 얌전한 아내는 서부에서 설 자리가 없었다. 여성 개척자들에게는 육체적 강인함, 정신적 끈기, 용기, 재주, 나아가 일정 정도의 독립심마저 요구되었다.

6장

서부의 흙먼지 속에서 살다 간 여성들

빅토리아 여왕 시대 미국 개척자의 아내들

미국의 중서부와 서부에 정착했던 개척자들의 이야기는 전설이 되었다. 후세 사람들이 지나치게 신화화한 이 전설에서 허구와 역사적 사실을 구별해내기란 쉽지 않다. 오늘날 우리가 서부 개척민과 결혼한 여성들의 생활을 엿볼 수 있게 해주는 기록들(일기, 기행문, 편지, 회상록)은 대개 친필 원고로, 각 지역의 기록 보관소로 흘러 들어갔다가 최근에야 체계적으로 연구되고 있다.[1]

서부 개척자들의 삶은 여러모로 200년 전 미국으로 이민 온 사람들의 경험을 떠올리게 한다. 그중 하나로 당시 여성보다 남성의 비중이 높았던 것을 들 수 있다. 동부의 주들, 캐나다, 유럽 등에서 서부로 온 남성들은 대개 여성들보다 먼저 건너오고 나서야 여성 동반자가 꼭 필요하다는 사실을 깨달았다. 그들은 아내나 애인을 불러오거나 운명에 도전하는 용감한 독신 여성과 살림을 차렸다.

열일곱 살에 조국 스위스를 떠나와 미네소타의 농장으로 이주한 한 청년은 몇 년 지나지 않아서 되도록 빠른 시일 내에 신붓감을 보내달라는 편지를 가족에게 보냈다. 신붓감은 소, 돼지, 닭을 돌볼 수 있을 만큼 튼튼해야 하고 그가 '남자의 일'로 바쁜 동안에 통나무집을 관리해야 할 것이었다. 부모가 고른 여성과 2년간 편지를 주고받은 끝에 그는 장장 8천 킬로미터를 여행해서 미국으로 건너온 신부를 1858년

6월 4일에 세인트폴에서 만났고, 바로 다음 날 식을 올렸다.[2]

1860년의 아이오와 주 워털루의 한 신문에 다음과 같은 광고를 낼 만큼 용감한 여성은 적었지만, 수천 명의 여성들이 외로운 개척자들의 부름에 화답했다.

> 뉴욕 주 중부의 작은 마을에 사는 젊은 숙녀가 서부의 젊은 남성과 결혼을 전제로 한 편지 교환을 원합니다. 저는 24세이고 품행이 단정하며 예쁜 편은 아니지만 좋은 성격을 지녔습니다. 건강하고 남에게 크게 처지지 않을 정도로 교육을 받았으며 집안일의 재미에 푹 빠져 있답니다.[3]

아마 주부로서의 빼어난 솜씨는 외모가 조금 처지는 단점을 덮어주었을 것이다. 광고 팸플릿은 여성들에게 특히 호소력을 발휘했다. 한 팸플릿은 "아이오와 주 법은 재산을 소유하고 사용하는 데 아내와 남편을 차별하지 않는다. 남편이 사망할 경우 남편 소유의 전체 부동산 중 3분의 1이 상속 재산권에 따라 무조건적으로 아내에게 귀속된다"[4]는 1870년 선언을 소개하고 있다. 그것은 영국에서 기혼 여성의 재산권 법이 선포된 것과 같은 시기에 나온 것이며, 미국에서 주별로 시행되었던 부부간 가족 재산 공동 소유권을 규정한 법들을 반영한 것이다. 따라서 이 선언은 새로운 법의 제정에 대해 알고 있었던 여성들에게는 커다란 영향력을 발휘했다. 그러나 미망인에게 재산의 3분의 1만을 상속하는 구습은 여전히 사라지지 않고 있었다.

대초원에 살게 되었든, 평원에 정착하게 되었든 대부분의 여성들은 황량한 환경과 처음 맞닥뜨렸을 때 충격을 받았다. 일리노이 주의 초기 정착민들 중 한 여성이 보인 다음과 같은 부정적 반응은 다른 많은 여성들의 반응이기도 했다. "새로운 땅, 젖과 꿀이 흐르는 땅에 도착했을 때 우리는 실망했고 향수병에 빠졌지만 이미 와버렸기에 이곳에서 최선을 다하는 수밖에 없었다."[5] 하늘을 겨우 가린 짐마차 위에 임시변통으로 마련한 집, 천막, 달개집, 판잣집, 떼를 입힌 오두막, 회오리와 호우, 태풍, 홍수, 진흙과 오물, 메뚜기, 뱀, 스컹크, 코요테, 늑대, 곰, 인디언과 백인 불량배라는 무서운 존재, 교회와 학교 그리고 문명의 혜택을 누릴 수 없다는 것 등이 여성들의 불만 사항이었다. 새로운 집을 보고 기뻐한 여성은 거의 없었다. 캐리 러셀 데트릭(Carrie Lassel Detrick)은 어머니가 캔자스의 첫 번째 집을 보고 당혹해하던 일을 떠올리며 다음과 같이 말했다. "우리의 짐마차가 아버지가 마련한 방 하나짜리 집의 문 앞에 당도했을 때 아버지는 어머니가 마차에서 내리는 것을 도와주었다. 나는 황량한 농장을 뚫어지게 바라보던 어머니의 표정과 아버지의 목에 매달려 오래도록 울던 모습을 기억한다."[6]

그렇다면 왜 이 여성들은 친숙한 환경, 가족, 친구 그리고 안정적인 공동체가 주는 안락함을 버리고 미지의 모험에 몸을 맡기게 되었을까? 대개의 경우 그것은 그들이 결정한 일이 아니었다. 이주를 결정한 것은 남편들이었다. 가족이 살 장소를 정하는 것은 법적으로 남편의 권한이었으므로 아내는 그 결정을 거부할 수 없었으며 특히 경제적인 이유 때문에 내린 결정이라면 더더욱 그러했다.

메리 제인 헤이든은 캘리포니아에서 금광이 발견된 뒤 골드러시가 일어났을 때 남편이 다른 뉴잉글랜드 출신 남자들과 함께 그곳으로 가는 것을 단독으로 결정했던 일을 기억했다. 그녀가 남편에게 "나와 이제 태어난 지 겨우 6주가 지난 아기는 어떡하죠?"라고 묻자 그는

"내가 돌아올 때까지 당신은 친정에 가 있어"라고 대답했다. 약간의 침묵이 흐른 뒤에 그녀는 "헤어진다는 생각에 내 가슴은 찢어지는 것 같아요"라고 말하며 더 이상 감정을 참지 못했다.

> 내가 말했지요. "우리는 함께 살려고 결혼한 거예요. 그리고 나는 당신이 가장 잘살 수 있다고 믿는 곳이라면 어디라도 기꺼이 따라가고 싶어요. 지금 당신은 내가 갈 수 없다고 생각하는 곳에 갈 권리가 있어요. 하지만 가면 돌아오지 않아도 돼요. 난 당신이 죽었다고 생각할 테니까요." 그가 대답하더군요. "당신이 그렇게 생각한다면 가지 않겠어." 그가 화를 내면서 말한 게 아니라는 점을 꼭 알아주세요. 우리는 결혼하고 2년 동안 한 번도 다투지 않았어요. 그래서 우리는 그다음 해에 캘리포니아 금광으로 떠나기로 했지요.[7]

W. B. 캐턴(W. B. Caton)은 1879년에 캔자스로 이주하자는 남편의 일방적인 결정을 받아들였다. "제게 캔자스란 파멸, 무법자, 태풍을 의미했지요. 거기에 가면 뭔가 좋은 일이 생길 거라는 남편의 말에 동의할 수가 없었어요. 하지만 결국 남편의 뜻에 따르지 않을 수 없었죠."[8] 〈외딴 곳 1852Overland 1852〉라는 제목의 시는 당시 남편과 아내의 태도가 얼마나 달랐는지 잘 보여준다.

> 그는 서쪽으로 가려 했네.
> 그는 지칠 줄 모르는 사람
> 그리고 신은 알고 있다네, 땅은 부족하며
> 돈도 언제나 넉넉지 않다는 것을.

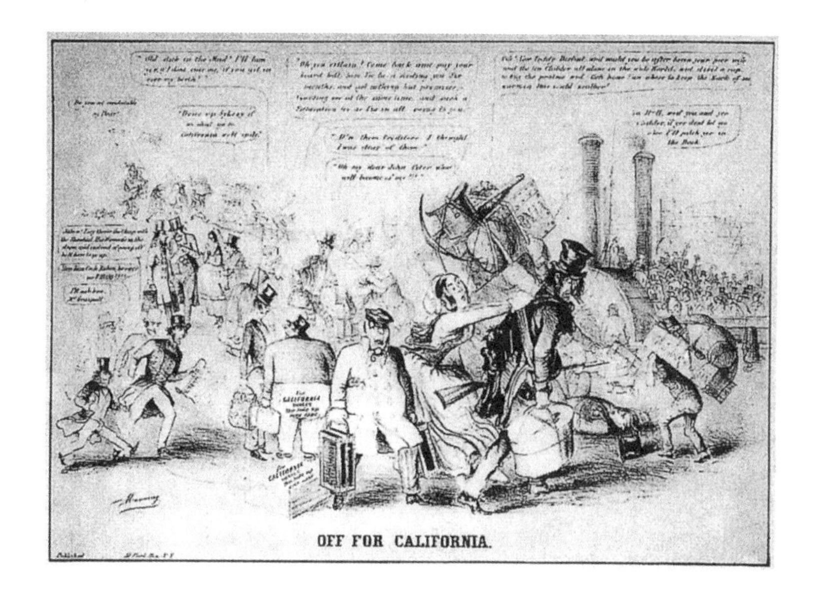

■ ■ ■

골드러시 풍자만화.
남편이 "캘리포니아를 향해 출발"이라고 말하며 떠나려고 하자, 아내가 "여보, 나는 어떡하라고!" 하고 외치며 그를 붙잡는다. 남편은 "당신과 애들은 꺼져. 나를 가게 내버려두지 않으면 당신을 부두에 내던질 거야"라고 말한다.

하지만 그가 내게 말하던 날
나는 가지 말자고 눈물로 호소했네.
그는 간다면 가는 줄 알아.
그게 최선이니 꾸물대지 말라고 대꾸했네.[9]

일단 여행이 끝나고 그럭저럭 기본적인 꼴을 갖춘 집이 마련되면 남편과 아내는 새로운 땅에서의 생존 경쟁에 뛰어들었다. 자신들 외에 의지할 데가 없었던 부부는 '남성'의 영역과 '여성'의 영역을 엄격하게 구분해서 가사를 분담할 수 없었다. 아내는 전통적으로 남성의 일로 여겨온 파종, 추수, 목축, 심지어는 사냥 등에 자주 동원되었고, 이렇게 함께 일한 덕분에 많은 사람들이 결혼 생활에서 좀 더 평등한 동반자 관계를 맺을 수 있었다. 하지만 아내가 대개 요리, 바느질, 수선, 세탁, 다림질, 청소, 그리고 최소한의 재료를 가지고 집안을 꾸미는 것 등과 같은 가사 노동에 종사한 것은 어느 주나 별반 다를 바가 없었다. 훌륭한 흔들의자나 심지어는 나무로 만든 차통(茶桶)이 유일하게 집안을 빛내주는 물건이었을 것이다. 그리고 거의 항상 아기가 가슴에 매달려 있거나 또는 바닥에 눕혀져 있었다.

일반적으로 어린이들은 여분의 노동력으로 간주되어 환영받았고 대가족이 선호되었다. 이 시기 미주리 주의 출생률에 관해 다룬 책을 보면 보통 2, 3년 터울로 아이를 낳았다고 되어 있고, 좀 더 보수적인 평가에 따르면 전국 평균을 약간 상회하는 수준이었다고 하지만 다른 연구자는 개척자 1가구당 평균 10명의 아이를 출산했다고 추산하고 있다.[10]

시어도어 보스트와 소피 보스트라는 스위스 부부는 결혼 1년 뒤인 1859년에 딸의 출생을 기쁜 마음으로 알렸다. 아빠가 된 시어도어는 스위스에 있는 부모에게 쓴 편지에서 의기양양하게 아내가 미네소타에서 하고 있는 일을 자세히 적었다.

사랑하는 부모님, 하느님의 은총으로 소소(소피의 애칭 — 옮긴이)가 귀여운 딸 줄리 아델을 낳았는데 산모와 아기 모두 건강합니다. 아내는 19일 새벽 3시에 진통을 시작해서 어제 20일 아침 10시에 기나긴 산고 끝에 드디어 해산을 했어요. 그녀는 분만을 도울 의사를 부르라는 나의 권유를 뿌리치고 기어이 이웃에 사는 산파를 불렀어요. 저는 새벽 2시 30분에 의사를 불렀는데, 의사는 자연분만이 최선이라고 생각해서인지 10시가 되도록 도착하지 않았어요. 의사가 온 후에도 아이는 나오지 않았고, 아내는 30분 뒤에 마드무아젤이 올 때까지 진통을 해야 했어요.[11]

하지만 모든 아내들이 그런 복을 누린 것은 아니었다. 미시시피 주를 벗어나면 산파가 상대적으로 드물었고 의사는 더더욱 적었다. 산모들은 이웃의 다른 부인이나 남편 혹은 나이 든 딸의 도움 외에는 기댈 곳이 없는 경우가 많았다. 남편이 출타 중이고 의사도, 산파도, 이웃도 없어서 혼자서 출산해야 하는 여성도 종종 있었다. 물론 이 경험은 어떤 여성에게나 두려움을 주었을 것이다. 개척 여성들을 괴롭힌 것은 신체적 위험과 고난뿐이 아니었다. 심리적 박탈감 역시 그들을 괴롭혔다. 그들은 편지와 일기 속에 외로움과 고립감, 향수병, 불안감, 의기소침함, 슬픔, 상실감, 그리고 여러 가지 근심을 토로하고 있다. 콜로라도에 살던 몰리 도시 샌퍼드(Mollie Dorsey Sanford, 조금 뒤에 그녀에 대해 자세히 기술할 것이다)는 1860년 10월 22일자 일기에 다음과 같이 적었다. "나는 이처럼 지독한 향수병에 시달린다는 사실이 부끄럽다. 물론 나는 내가 여기 적은 모든 것을 입 밖에 내지는 않을 것이다. (……) 남편이 자신과 함께 있는 것을 내가 불행해한다고 생각할까봐 나는 그를 위해 즐겁게 지내려고 노력한다. 그는 나와는 달리 애초에 가족이 없었고 따라서 이런 나를 이해하지 못한다."[12] 몰리처럼 남편에게 사랑받고 또 남편을 사랑하는 사람조차도 자신의 '우울한' 감정을 남편에게 털어놓을 수 없었던 것은 여성의 고립감을 증폭시키는 원인이 되었다.

여성들은 두고 온 가족을 그리워했고 친지 가운데 여자가 없는 것을 아쉬워했다. 기회만 있으면 그들은 다른 여성들과 친분을 맺었고 종종 퀼트 모임에 가거나 결혼식에 참석하기 위해, 혹은 출산할 때 도와주기 위해 먼 거리를 여행하는 일도 마다하지 않았다. 오리건 주의 한 여성은 나이가 든 후에 초기 개척자들에게 큰 힘이 되어주었던 여자들의 관계에 대해 다음과 같이 회고했다. "내가 소녀였을 당시 여자는 아플 때 간호사를 고용할 필요가 없었다. 다 나을 때까지 이웃 사람들이 와서 집안일을 해주고 아이들을 자기 집에 데려가 돌봐주었으며 집에서 만든 빵과 젤리, 그리고 다른 것들을 갖다 날랐다."[13] 이런 이야기를 들을 때 우리는 식민지 시기 미국에 살던 여성들을 떠올리지 않을 수 없다.

그러나 다른 측면에서 보면 19세기의 개척 여성들은 그 선조들과는 차이점을 보였다. 그들이 모두 영국계 미국인이었던 것은 아니다. 캐나다, 멕시코 그리고 미국의 다른 지역에서 온 사람들뿐만 아니라 유럽에서 온 여성들까지 중서부와 서부로 이주했고, 19세기 말에는 중국과 일본에서 온 여성들까지 합류했다. 초원 지대에 정착한 외국인 가운데 스칸디나비아 출신이 가장 많았는데 이들은 남부 여성이나 영국 여성보다 훨씬 더 잘 적응했던 것으로 보인다. 그 이유는 대부분의 북유럽 여성들이 가난한 농촌 출신이었기 때문이다. 아일랜드, 스코틀랜드, 웨일스, 독일에서 온 이민자들 역시 상대적으로 빨리 적응했다. 하지만 많은 사람들이 고향을 그리워했다. 미국에서 하인 노릇을 하던 와중에 짝을 만나 결혼한 소녀라면 제아무리 열악한 조건이라 할지라도 농가에서 살게 된 것을 기쁘게 받아들이겠지만, 부르주아지 출신의 독일인 아내는 과거에 누리던 품위 있는 삶을 그리워하게 마련이다.

인종적으로 다양했던 개척 여성들은 서로 다른 언어를 사용했고 관습과 종교도 서로 달랐다. 프로테스탄트들, 가톨릭 신자들, 그리고 드물기는 했지만 유대인들은 변경에 살면서 각각 긴밀한 공동체를 이루며 살았다. 이 공동체 안에서 여성들은 줄곧 모국어로 대화했으며 고유한 신앙과 의례들을 지켜 나갔다. 많은 사람들은 구애하고 결혼할 때 좀 더 자유로운 미국식을 따르지 않고 자신들이 떠나온 나라의 전통을 따랐다. 부모가 능력이 없어도 지참금을 지불해야 하는 결혼 풍속을 피해 대서양을 건너온 유럽의 여성들은 미국에서 만난 동족 공동체 성원들, 특히 종종 적당한 남자들을 소개해주던 부인들의 말을 기꺼이 따랐다. 예를 들어 중서부의 러시아 이민자들은 중매결혼을 고수했는데, 나이 든 여성들은 "튼튼한 팔뚝을 꼬집어보고 반짝반짝 윤이 나는 깨끗한 부엌을 검사"한 뒤에 여성의 됨됨이를 판단했다. 러시아인들과는 달리 이탈리아인들은 재빨리 중매결혼의 관습을 벗어버리고 다른 미국인들처럼 '사랑 때문에' 결혼했지만 여전히 가톨릭 교회에서 결혼식을 올렸고, 결혼 생활의 정교(情交)와 관련된 금기들(단식일, 축일, 임신 중 성교 금지)을 지켰다.[14]

유럽에서 온 이민자들은 어쩔 수 없이 사회의 주류인 앵글로아메리칸 문화의 영향을 받았다. 토요일과 일요일에는 고유한 신앙을 함께 하는 사람들과 예배를 보았지만 학기 중이 되면 사람들은 아이들을 초원이나 평야 지방에 생겨나기 시작한 남녀공학 학교의 기숙사나 자취방으로 보냈고, 이웃의 미국인 여성들 아니면 자녀들로부터 새로운 조국의 언어와 관습을 익혔다.

유럽계 미국인 여성들이 사귀기 힘들었던 여성 중에는 아메리카 원주민이 있었다. 개척자 아내들이 인디언 남자들과 만날 기회는 많았다. 남편이 집을 비웠을 때 인디언 남자들이 용감하게도 음식을 구하기 위해 접근하는 일이 종종 있었다. 우리는 여자들의 일기, 서한, 회고록, 소설에 나타난 이러한 사건을 연구한 논문을 통해 인디언들의 관심이 대개 음식(조리된 식사, 갓 구운 빵, 또는 가정의 특별식 등)을 얻는 데 있었음을 알 수 있다. 전해 내려오는 이야기와는 반대로 인디언 남자들은 머리 가죽을 벗기거나 여자들을 잡아가는 데 (물론 예외도 있었지만) 별 관심이 없었다. 그리고 실제로 강간당할 위험도 별로 없었다.[15] 이러한 사건들을 기록한 개척 여성들에 따르면 그들은 겁을 먹긴 했어도 침착하게 침입자에게 먹을 것을 주었고 귀중한 식량을 빼앗아 가도 냉정을 잃지 않았다. 이런 행동은 신중한 대응으로 여겨졌다.

몬태나의 노던 체엔과 같이 인디언 부족들과 가까운 곳에 살고 있었던 개척 여성들에 따르면 두 집단의 여성들이 우정을 나누지는 않았지만 이웃으로서 서로 호의는 품고 있었다고 한다. 얼마 안 되긴 하지만 인디언 여성들이 직접 쓴 글을 통해 우리는 원주민들의 생활을 엿볼 수 있다.

족장의 딸인 세라 위네무카 홉킨스는 청소년기의 일부를 백인 학교에서 보냈고, 백인 남자와 두 번 결혼했다(첫 번째 결혼은 이혼으로 끝났다). 그녀가 자신의 부족인 피오테스 족의 복지를 증진시키는 데 전력을 다했던 성년기에 남자는 그녀의 인생에서 별로 중요하지 않았던 듯하다. 1883년에 그녀는 피오테스 족이 백인에게 당했던 고난을 사람들에게 알려야겠다는 생각에서 자서전을 썼다.[16] 처음에 그들은 네바다에서 캘리포니아로 이주하는 사람들이 도착하자 보금자리를 떠나야 했다. 나중에는 인디언 보호 거주지로 밀려났는데 그곳에서도 부패한 관리들에게 종종 사기를 당했다. 그녀는 당시 피오테스 족이 겪었던 학대와 모욕을 지난날의 목가적인 일화들과 비교하고 있다. 여기에는 연애와 결혼의 풍습에 대한 상세한 묘사도 들어 있다.

> 소녀들은 성숙한 여자가 되기 전까지는 결혼할 수 없다. 그리고 그 시기는 매우 성스러운 어떤 것으로 여겨진다. 처녀는 조금 더 나이 든 두 명의 친지와 함께 세 사람이 들어가면 꽉 차는 티피라고 불리던 작은 오두막에 격리된다. (……) 그녀는 몸을 튼튼하게 만들어준다고 여겨지던 특정한 노동을 하면서 지낸다. (……) 매일 세 번씩 그녀는 한 번에 나무 다섯 짐을 해서 높이 쌓아 올려야 한다. 모두 열다섯 짐이 된다. 5일째가 되면 수행하는 사람이 그녀를 강으로 데려가 목욕을 하게 한다. 그녀는 이 일이 지속되는 25일 동안 육식을 삼가고 그 후로도 평생 동안 한 달에 5일은 이 일을 반복해야 한다. 25일의 기간이 지나면 그녀는 가족들이 기다리는 집으로 돌아가는데, 이때 보살펴준 대가로 자기가 가진 모든 옷을 친구들에게 주어야 한다.
>
> (……) 혼기가 찬 처녀에게 관심이 있거나 약혼하고 싶어하는 총각이 있다는 사실은 모두가 아는 것이지만 연애는 백인들 사이의 연애와 사뭇 다르다. 그는 절대로 처녀에게 말을 걸거나 그녀의 가족을 방문하지 않고 말 타는 멋진 모습을 보여준다든지 하는 방식으로 관심을 끌려고 한다.

침묵의 구애 기간은 1년 또는 그보다 더 오래 지속된다. 간혹 인디언 전사가 처녀의 티피에 쳐들어간다 해도, 그는 그녀나 그녀의 곁에서 자고 있는 그녀의 할머니에게 말을 걸지 않는다. 만일 그녀가 할머니에게 자기도 그 청년에게 관심이 있다고 말하면 아버지가 청년을 불러 진정으로 딸을 사랑하는지 물어보고 딸에게도 같은 질문을 던진다. 아버지는 둘에게 아내와 남편으로서 지켜야 할 각자의 의무를 환기시킨다. "아내는 사냥감을 손질하고 음식을 준비하며 사슴 가죽으로 만든 옷을 세탁하고 남편이 신을 모카신(북미 인디언들이 신던 뒤축 없는 신—옮긴이)을 만들고 자신의 머리를 손질하고 나무를 해야 한다. 한마디로 모든 집안일을 도맡아 해야 한다."

일단 전사와 처녀가 결혼하기로 마음먹으면 "양가로부터 들어오는 선물들을 모아두기 위해 티피가 세워지고" 그들은 결혼식을 준비한다.

> 결혼식에서 모든 음식은 바구니에 담긴다. 처녀는 총각 옆에 앉아서 그에게 자기가 손수 준비한 음식 바구니를 건네준다. 그는 그것을 오른손으로 받아서는 안 된다. 그녀의 손목을 잡고 왼손으로 그것을 받는다. 이것으로 결혼식이 끝나고 아버지가 성혼 선언을 한다. 그들은 자신들의 보금자리인 천막 형태의 오두막으로 가서 첫아이를 낳을 때까지 산다. 이 역시 축하를 받는다. 아버지와 어머니는 고기류를 멀리하고 아버지는 25일 동안 나무를 하는 노동을 수행하며 이 기간 동안 아내의 몫이던 가정 살림을 다 맡아 해야 한다. (……) 젊은 어머니들은 종종 함께 모여 남편들의 태도에 대한 품평회를 하고 아이들에게 아버지 노릇은 잘하는지 아내들의 건강에 주의를 기울이는지 서로에게 물었다.

이 이야기만 가지고 다른 부족의 생활까지 이러했으리라고 생각할 수는 없지만 그래도 이 이야기는 사춘기, 약혼, 결혼, 출산과 같이 인생에서 중대한 시기들을 특징짓는 의례들을 잘 짚어내고 있다. 또한 성별에 따라 구분된 남편과 아내의 의무 사항들도 지적하고 있다. 인디언 여성들은 주류 사회의 백인 여성들과 마찬가지로 '살림'을 도맡아하지만, 흥미롭게도 아이를 출산한 뒤 25일간은 그 의무가 면제된다. 그리고 관례에 따라 남편이 거들지 않으면 최소한 여성들에게 비난을 받는다.

구애 관습의 일부인 선물 증정은 인디언 부족들 사이에 널리 퍼져 있었다. 젊은 인디언 전사는 애인의 티피 입구에 사슴 한 마리를 조용히 던질 수도 있었다. 선물이 티피 안으로 들어가면 구애 작전이 성공한 것이다. 그는 처녀의 가족들에게도 모피, 깃털, 가축 등을 선물했고 50마리의 말 혹은 모피 담요에 해당하는 '신부의 몸값'을 지불했다. 캐록 인디언들 사이에서는 몸값을 내지 않은 결혼은 인정받지 못했고, 해변에 살던 몇몇 부족들 사이에서는 산더미만큼의 선물을 주지 않고 결혼한 부부 사이에 태어난 아이는 사생아로 취급되었다.[17]

아메리카 원주민들의 중매결혼 풍습은 부족마다 조금씩 달랐다. 어떤 부족은 결혼 전에 동거를 허용했으나 어떤 부족은 그렇지 않았다. 어떤 부족은 일부일처제를 따랐으나 어떤 부족은 일부다처제(혹은 일처다부제)를 따랐다. 블랙풋 족과 같이 일부다처제인 부족에서는 조강지처가 영예로운 '정실 부인'의 자리에 앉아 다른 후처들을 다스렸다. 폭스 족은 아내의 여동생을 침실 근처로 데려와서 두 번째 부인이 될 만큼 자랄 때까지 자리를 지키게 했다. 모계 사회였던 부족에서는 여자가 평생 함께하고 싶은 남자를 고를 때까지 여러 남자와 살아볼 수 있었다.

대부분의 부족은 아내에게 정조를 지킬 것을 요구했고, 부정한 아내는 불구로 만들거나 추방하는 등 심한 벌을 주었다. 간통죄를 저지른 아파치 족의 아내는 코와 귀가 베이는 벌을 받았다. 그러나 아내를 공유하는 것은 다른 문제였다. 이것은 푸에블로 인디언의 문화에서 찾아볼 수 있듯이, 특정 부족들이 종교적 의례를 지키던 기간에는 점잖은 행동으로 여겨졌다.

백인과의 결혼은 장려되지 않았지만 그렇다고 금지되지도 않았다. 1800년대 초반에 사냥꾼과 상인들은 여러모로 가치 있는 동반자였던 인디언 여자를 신부로 맞는 일이 흔했다. 인디언 여자들은 백인과 원주민 사이의 의사소통을 도울 수도 있었고, 침입자를 막아줄 수도 있었으며, 돌아다니며 먹을 것을 구하고 사냥을 돕고 부상자를 치료했으며 장비를 고쳐주었다.

인디언 여성과의 결혼을 합법화하기 위해 애쓴 백인 남자들이 많지는 않았지만 몇몇 사람들은 프로테스탄트 목사나 가톨릭 사제를 찾아가 선처를 호소했다. 전설적인 사냥꾼 앤드루 가르시아와 그의 신부인 팡 도레이는 가톨릭 신부의 주례로 각각 스물셋과 열아홉의 나이에 결혼식을 올렸다.[18] 그는 결혼식을 올리기 전까지 그녀와 합방하지 않았는데 이는 다른 사냥꾼 친구를 깜짝 놀라게 한 사건이었다. 이처럼 다른 인종 간의 결혼은 백인이 이주한 이래 미국의 역사가 서로 다른 문화의 공존과 혼합의 역사였다는 사실을 일깨워준다.

미국의 역사 속에서 어떤 전설도 초원을 지나고 평원을 건너고 산을 넘어 서부의 끝에 도달했던 남자들과 여자들의 그것만큼 위대하지 않다. 약 35만 명의 개척자들이 1841년에서 1867년 사이에 오리건 트레일을 따라 여행길에 나섰던 것으로 추정된다.[19] 총각들은 금광과 모험을 찾아가는 여로로 캘리포니아의 남쪽 길을 택했던 반면에 아내와 아이들을 동반한 기혼 남성들은 오리건 트레일을 선호했기 때문에 이 길은 '가족의 산길(family trail)'이라고 불렸다.

오리건을 향하여

오리건을 향해 서쪽으로 출발한 최초의 미국인은 네 쌍의 선교사 부부였다. 1838년의 일이었다. 그중에는 엘가나 워커(Elkanah Walker)와 메리 리처드슨 워커(Mary Richardson Walker) 부부도 끼어 있었다. 메리의 일기와 편지를 짜맞추면 하나의 훌륭한 이야기가 된다.[20] 메리와 엘가나의 결혼은 선교사가 되겠다고 한 메리의 요청이 기각된 이후에 선교사 협회의 주선으로 이루어졌다. 메리는 19세이던 1830년부터 3년간 메인 웨슬리언 세미너리(메인 주의 웨슬리 교파의 신학교—옮긴이)에서 공부를 했지만 미혼의 여성이 외지로 선교 활동을 떠난 선례가 없었기 때문에 목표를 이루기 위해서는 선교사의 아내가 되어야 했다. 195센티미터의 키에 수줍음을 타는 서투른 신학도였던 엘가나 워커도 아내를 구하고 있었다. 메리에게는 여러 명의 구애자가 있었지만 (특히 그중 한 사람을 많이 좋아했지만 '바람둥이'라는 이유로 딱지를 놓았다) 엘가나와 약혼을 하고 그가 공부를 마칠 때까지 기다려 결혼을 했다. 그 뒤 그녀의 고향인 메인 주로부터 미주리 주로 파견되었다가 거기서 인디언의 땅을 지나 오리건까지 흘러들어가게 되었다. 이와 같은 낯선 땅으로 여행하기 위해서는 국방부에서 발급한 허가증이 필요했다.

미주리에서 그들은 세 쌍의 다른 신혼부부와 25마리의 말과 노새를 거느린 캐러밴(隊商, 무리를 지어 여행하는 상인, 순례자, 여행가 등의 집단—옮긴이)과 동행하게 되었다. 그들은 물소 지역(buffalo country)에 도착할 때까지 버틸 비상식량으로 밀가루, 쌀, 설탕, 후추, 소금을 준비했고 대개 신선한 물소 고기만으로 연명했다. 그곳에 도착했을 때 메리는 진이 다 빠지고 낙담한 상태였다. 어느 날 그녀는 일기에 다음과 같이 썼다. "쓸 말이 너무 많다. 하지만 너무나도 피곤하다. 우리에게는 약 2.4×3.7미터 크기의 천막이 두 개 있다. 천막을 함께 쓰는 부부들의 공간을 나누고 가려주는 커튼도 하나 있다. (……) 스미스 부부는 천막의 저편에서 시끄럽게 자고 있다. 워커 씨는 내 옆에 누워서 내가 일기를 너무 오래 쓰고 있다고 말했다."

육체적 피로가 극에 달하고 사생활이 전혀 보장되지 않는 상황에서 메리는 남편이 까다롭게 굴 때마다 그의 비위를 맞춰주어야 했다. 그녀는 일기에서 다음과 같이 불평하고 있다. "워커 씨가 나에게 조금이라도 친절하게 대해준다면 기분이 훨씬 나아지련만. 그의 비위를 맞추는 일이 너무나도 힘들어서 나는 더 이상 그런 희망을 품지 않는다. 내가 먼저 나서면 주제넘은 일이라고 비난받았고 묵묵히 있으면 게으르다고 구박을 받았다. 나는 그의 마음에 들기 위해 계속해서 노력하긴 했지만 가끔씩 모든 일이 소용없는 짓이라는 생각이 들었다." 그로부터 얼마 지나지 않아 그녀는 "오래오래 울었는데" 그녀가 "오늘 그는 매우 친절했다"고 일기에 적은 걸 보면 이 사건이 엘가나에게 어떤 영향을 미친 듯하다.

장장 6개월이나 지속된 4800킬로미터 여행의 어려움은 외적인 동시에 내적인 것이었다. 그 일부는 아마도 메리의 임신으로 인한 것이었을 텐데 빅토리아 여왕 시대 사람들 특유의 신중함을 발휘하여 메리는 여행 내내 임신 사실을 알리지 않았다. 그들이 오리건에 도착하고 나서 몇 달 뒤에 메리는 7명의 아들 중 첫째 아이를 출산했고, 세상의 모든 엄마들처럼 첫아이를 본 그녀는 억누를 수 없는 기쁨을 느꼈다. 출산에 대한 그녀의 묘사는 두려움, 고통, 인내, 구원, 행복 등 여러 가지 감정이 뒤섞인 것이었다.

> 9시경 진통이 극에 달했다. 용기가 사라지는 것을 느끼기 시작하면서 나는 차라리 결혼하지 말았더라면 하고 생각했다. 그러나 물러설 곳이 없었다. 나는 현실과 마주해야 했다. 11시쯤 되었을 때 나는 더더욱 용기를 잃어가고 있었다. (……) 그러나 가장 고통스러운 순간이 아직 오지 않았다고 생각한 바로 그 순간 아이의 울음소리가 귓전을 때렸다. '아들입니다'라는 인사가 들렸다. 내 자식을 가진 기쁨으로 나는 금방 고통을 잊었다. 그날 저녁 남편이 나와 아들에게 고마운 마음을 전하고 수십 번의 키스를 퍼부어주었다.

메리 리처드슨 워커와 같은 선교사의 아내들은 남편이 다코타의 수족부터 노스웨스트의 네페르세 족, 서부의 끝에 살고 있는 위네바고족과 키커포 족에 이르기까지 다양한 인디언 부족들에게 하느님의 말씀을 전파하는 것을 도왔다. 1838년과 1869년 사이에 아메리카 원주민들을 개종시키기 위해 파견된 270명의 장로교도 가운데 독신은 단 한 명이었다. 그 이유는 의욕에 불타는 성직자에게 아내가 없다는 것은 치명적인 결함이 될 수 있다고 판단한 교회가 정책적으로 선교사는 결혼해야 한다고 못 박았기 때문이다. 오리건의 한 선교사는 알래스카의 교회에 자리가 났는데도 가지 못하게 되자 불평을 늘어놓았다. "내가 미혼이라는 이유로 좋은 기회를 놓친 것이 벌써 세 번째다."[21]

메리 리처드슨 워커의 이야기는 노스웨스트 최초의 기독교 선교사들 중 한 사람의 아내로서 그녀가 커다란 역할을 수행했기 때문에 공식적인 역사에 기록되었다. 그러나 기록을 전혀 남기지 않았거나 단편적인 기록만을 남긴 탓에 무명으로, 혹은 거의 알려지지 않은 채로 남게 된 여성들의 이야기는 얼마든지 있다. 키터라 펜턴 벨크냅(Kitturah Penton Belknap, 일명 키트)이라는 중서부 여성의 이야기도 그중 하나다. 오리건을 향한 그녀의 여정은 일기에 생생하게 기록되어 있다. 남편 조지와 함께 아이오와 주를 떠나기 전에 그녀는 네 아이를 낳았지만 그중 세 명을 잃고 말았다. 1847년 10월 그녀가 일기를 쓰던 당시 살아남은 아들은 한 살이었다. "이제 우리에게는 한 명의 아기만이 남았다. 그래서 난 얼마 안 되는 힘을 쥐어짜 로키 산맥을 넘으려 한다."[22]

여행을 위한 준비에는 "마차 덮개로 쓸 리넨 천과 자루 몇 개" 외에도 "조지의 모슬린 셔츠 네 벌과 두 벌의 아기 옷"을 짓는 것까지 포함되었다. 남편의 셔츠와 아기 옷, 그리고 식량 자루를 바느질하는 것은 그렇다 치더라도 마차의 덮개를 만든다는 것은 생각만 해도 한숨이 나오는 일이다! 이런저런 준비를 하는 동안 그녀 곁에 있었던 남편의 모습은 몇 단어로 집약되어 있다. "남편이 나에게 책을 읽어 주는 저녁에 나는 바느질을 했다." 남편이 아내와 아이들에게 소리 내어 책을 읽어주는 것은 개척자 가족들의 기록에 반복해서 나타나는 모습이었다. 키트가 쓴 일기는 부부간의 살가운 정을 잘 보여준다. 최소한 그녀는 전형적인 중산층 여성들이 편지나 일기, 회고록, 나아가 대화할 때 남편을 부르는 격식에 따라 남편을 '벨크냅 씨'라고 부르는 일은 하지 않았다.

벨크냅 가족이 기나긴 여정의 첫발을 내딛었을 때, 다른 다섯 가족이 함께 동행했다. 각 가족은 마차를 한두 대 갖고 있었는데, 여덟 마리의 황소가 한 대의 마차를 끌었다. 1.2×3미터를 넘지 않는 마차에 6개월 동안 여행하는 데 필요한 물건들을 모두 실어야 했다. 키트는 (나중에 식탁보와 궤짝으로 쓰일) 천으로 만든 자루와 나무 상자들을 밀가루, 옥수수 가루, 말린 사과와 복숭아, 콩류, 쌀, 설탕, 커피로 채웠다. 마차에 빈자리를 조금도 남기지 않겠다고 다짐했을 만큼 그녀는 희망에 가득 차 있었다. "목욕통을 놓을 자리를 확보하기 위해 한구석을 비워놓았는데 도시락 바구니는 목욕통 안에 집어넣으면 딱 맞을 크기다. 우리가 사용할 접시들은 모두 바구니 속에 담을 것이다. 나는 좋은 도자기들을 갖고 출발할 테지만 그것들이 깨지면 대신 사용할 주석 그릇들도 챙길 것이다. 네 개의 작고 멋진 식탁보들도 만들어두었기 때문에 집에 있을 때나 다름없이 살 수 있을 것이다."

그러나 사람을 녹초로 만드는 여행이 지속되자 키트의 낙천성도 바닥을 드러냈다. 그녀를 비롯한 많은 사람들이 어느 누구도 온전한 상태로 이 여행을 마칠 수는 없다고 생각했다. 함께 길을 나섰던 동료들의 죽음(특히 아기들이 죽는 경우가 많았고 아이를 낳다 죽는 산모들도 있었다)은 큰 충격을 주었다. 티푸스, 이질, 천연두, 콜레라와 같은 전염병, 폭풍과 눈을 찌르는 먼지, 피부염과 골절, 변덕스러운 날씨, 다른 사람들과 보조를 맞출 수 없었던 사람들이나 길 위에서 죽어간 사람들과의 가슴

아픈 이별, 이 모든 일 가운데 어느 것 하나도 그녀는 잊을 수 없었다.

아들이 몹시 아팠을 때, 키트 벨크냅은 마지막 하나 남은 자식마저 잃지 않을까 하는 두려움에 휩싸였다. "밤중에 나는 (어린 아들을) 여기에 두고 가야 하나 하는 생각을 했고, 만일 그렇게 된다면 나는 남겠다고 마음먹었다." 다행스럽게도 아침 햇살이 "새로운 용기"를 불어넣어주었다.

장정을 계속하고 아픈 아기를 돌보면서도 키트는 또 임신을 했는데, 이 사실을 누구에게도 털어놓지 않았다. 여성들은 글을 쓸 때 임신 사실에 대해서는 거의 다루지 않았다. 가족들에게 보낸 편지에서도 임신에 대한 이야기를 너무 완곡하게 쓴 탓에 주의 깊게 읽지 않으면 오늘날의 독자들은 그것을 눈치챌 수 없다. 키트 벨크냅의 여행기는 오리건 트레일에서 중단되지만 우리는 다른 전거들을 통해 그녀와 가족들이 무사히 오리건에 도착했고 거기서 아이를 출산했다는 사실, 그리고 남편과 그녀가 각각 1897년, 1913년에 죽기 전까지 5명의 아이들을 길러냈다는 사실을 알고 있다.

리디아 A. 러드(Lydia A. Rudd)가 남긴 〈오리건으로 가는 길에 쓴 비망록Notes by the Wayside en Route to Oregon〉은 오리건 트레일을 따라 끊임없이 닥쳐왔던 병마와 죽음을 기록하고 있다. 1852년 5월 9일 그녀는 "우리는 오늘 5월 4일이라는 날짜가 새겨진, 만들어진 지 얼마 안 된 무덤을 지나쳤다. 거기에는 오하이오 출신의 한 사내가 묻혀 있었다. 온 길을 도로 짚어 돌아가는 남자도 보았다. 그는 막 아내를 묻었다. 그의 아내는 홍역에 걸려 목숨을 잃었다."[23] 이 이름 없는 사내는 분명 너무도 낙담하여 아내 없이 혼자서는 가던 길을 계속 갈 수가 없었을 것이다. 여로에서 가족의 죽음을 지켜본 다른 많은 '귀향인들' 역시 이 사내와 마찬가지 경우였다.

6월 23일에는 리디아의 캐러밴에도 사망자가 생겼다. "기프트맨 씨가 어젯밤 11시에 세상을 떠났다. 그는 혈육 하나 남기지 않은 채 아내를 떠났지만 그녀에게는 남편과 함께 온 두 명의 친절한 남자와 그녀를 돌봐줄 남동생이 있었다. 그 젊은 미망인에게 구혼자는 필요하지 않았다.

리디아는 반복해서 질병, 사고, 그리고 죽음을 맞은 사람들에 대한 기록을 남겼다. 한번은 그녀도 통절하게 울부짖었다. "동부의 주에서 겪은 병환과 죽음도 고통스러운 것이지만 황무지에서의 그것에 비하면 아무것도 아니다."

오리건 트레일에서 개척민들이 겪은 고생은 그들이 목적지에 당도했다고 해서 끝난 것은 아니었다. 엘비나 애퍼슨 펠로스(Elvina Apperson Fellows)는 오리건의 초기 개척 시대에 어린 신부로서 겪었던 참상을 담은 회고록을 남겼다.[24] 아버지가 황무지를 가로지르던 와중에 죽은 후 어머니는 "자기 입에 더하여 먹을 것을 물어다주어야 할 아홉 명의 입"과 함께 홀로 남겨졌다. 포틀랜드에 도착하자마자 어머니는 부두의 배들에서 빨랫감을 받아 왔고 곧이어 하숙을 치기 시작했다. 펠로스가 노년에 다음과 같이 말한 것으로 미루어 짐작할 수 있듯이 그녀 어머니의 운명이 기구했다고는 해도 당시 그녀의 운명에 비할 바가 못 되었다.

1851년 우리는 입에 풀칠하기도 힘들 만큼 곤궁에 처해 있었기 때문에 식당의 요리사였던 줄리어스 토머스라는 남자가 나와 결혼하고 싶다고 하자 엄마는 그게 낫겠다 싶어서 나를 결혼시켰다. 그는 44세였고, 나는 14세였다.

지금부터 70년 전인 1851년에 남부에는 흑인 노예제가 있었고, 미국 전역에는 마누라 노예제가 있었다. 열네 살짜리 계집애가 대부분의 시간을 술 마시는 데 보내는 마흔네 살의 남편에게서 자신을 보호하기 위해 무엇을 할 수 있었겠는가? 나는 지금도 그런 남편과 살아야 했던 소녀 시절을 떠올릴 때면 몸서리가 쳐진다. 그는 술에 취하면 자주 나를 죽이려고 했고 내가 차라리 죽는 게 낫겠다고 느낄 때까지 매질을 하곤 했다.

하루는 엄마 집에 숨어 있는데 그가 왔다. 나는 문을 걸어 잠갔다. 그는 창문으로 기어오르려 했지만 나는 그것을 막았다. 그러자 그는 화가 머리끝까지 치밀어 권총을 꺼내 나를 쏘았다. 총알은 내 머리 위로 살짝 비켜갔다. 유리창이 산산조각이 나서 내게로 쏟아졌고 공포에 질린 나는 마루에 쓰러졌다. 그는 안을 들여다보고 내가 바닥에 누워 있는 것을 발견하고는 내가 죽었다고 생각했는지 권총을 자기 입 속에 넣고 방아쇠를 당겼다. 이 일로 나는 과부가 되었다.

스무 살이 되었을 때 엘비나는 마침내 증기선의 기관사인 에드워드 펠로스라는 '착한 남자'를 만나 그 후 50년간 함께 살았다.

서부의 연애

개척자 여성이 남긴 문서 가운데 가장 고무적인 것 중 하나는 1857년과 1866년 사이에 네브래스카와 콜로라도에 살던 몰리 도시 샌퍼드가 쓴 일기다.[25] 몰리의 일기는 그녀의 가족이 인디애나폴리스를 떠나 네브래스카 시로 이주할 준비를 하고 있던 1857년 3월, 그녀의 나이 열여덟 살 때부터 시작된다. 몰리가 적극적이고 지적인 처녀였으며 좋은 교육을 받았고 훌륭한 기독교 집안에서 자랐다는 것은 의심할 여지가 없다. 그녀는 "우리는 행복한 가족이었다"고 분명히 밝히고 있다. 실제로 어머니, 아버지 그리고 6명의 형제자매와 함께 보낸 3년간의 생활을 기록한 일기에서 몰리는 친밀하고 사이 좋은 가족의 모습을 묘사하고 있다.

그녀의 가족은 인디애나폴리스에서 세인트루이스까지 기차로 움직인 뒤 네브래스카로 가는 배를 갈아탔다. 여행은 2주가 걸렸는데 그 사이에 몰리는 많은 사람들과 친분을 맺었다. 그중에는 캘리포니아를 향해 가고 있던 '매력적인' 젊은 신부와 몰리가 "그녀에게 얼을 빼앗겼다"고 말한 바 있는 리비가 있었다. 리비가 배에서 내리고 난 후 몰리는 일기에 다음과 같이 털어놓았다. "그녀는 내가 자기를 사랑하고 있다는 것을 알고 있다. 그녀는 실제로 내가 만난 소녀 중에 가장 흥미로운 사람이다." 빅토리아 여왕 시대에는 소녀들이 서로에게 강한 감정을 표출한다든가, 키스를 하거나 애정 표현을 하는 것은 부적절한 행동이 아니었다.

여름이 될 때까지 그녀의 가족은 네브래스카에 있는 가족 소유의 농장에서 지냈다. 이 시기는 몰리의 인생에서 목가적인 한때였다. 바람, 우레를 동반한 폭풍, 그리고 삶의 곤궁함에도 불구하고 몰리는 찬란한 일몰과 아름드리 느릅나무와 "드넓은 초원의 한복판"에 대해 썼다. 그리고 그 시절은 나중에 그녀의 남편이 될 남자로 인해 눈부신 것이 되었다.

몰리는 인디애나로부터 네브래스카로 막 이주한 바이 샌퍼드의 "관심을 끌기 위해" 친구에게 줄곧 조언을 들었다. 5월 5일 그를 처음 만났을 때, 그녀는 일기에 다음과 같이 썼다. "오늘 상점에서 나오는 길에 그와 마주쳤다. 아주 잘생긴 남자였다." 그녀는 덧붙이기를 "결혼을 결심할 만큼 누군가를 깊이 사랑할 수 있을지 모르겠다. 스물한 살이 될 때까지 바보 같은 아첨꾼이 아닌 훌륭하고 분별 있는 사람을 만나게 된다면 나는 기꺼이 순결한 마음을 그의 손에 맡기겠다. (……) 나는 지나치게 감상적인 신사들을 보면 금세 싫증이 난다."

3년에 걸친 연애 기간은 두 사람의 붙임성 있는 성격에다 개척자 사회의 자유분방한 환경까지 보태져 순풍에 돛단 듯이 흘러갔다. 몰리가 1857년 6월 29일의 일기에 기록했던 대로 "그토록 많은 아첨꾼들을 본 뒤에 그와 같은 사람을 만나는 것은 신선한 일이다. 이 나라에서 사람들은 얼마나 자유롭고 관대해져 가는지 경이롭기만 하다." 바이가 막 도착하자마자 사고를 당한 그녀의 조부모들을 도와 일약 '영웅'이 된 10월 15일에 몰리는 감격에 겨워 "할머니는 할아버지에게 그가 나의 연인이라고 말했고 (……) 나는 그가 바로 나 자신임을 믿는다. 오랫동안 보지 못했던 그가 온 오늘, 나는 그가 내게 엄청나게 소중한 사람임을 깨달았다. 어젯밤 우리 여자들과 그는 밤늦도록 덮개가 달린 마차에 앉아 이야기를 나누고 노래를 불렀고 그는 나의 손을 오래도록 다정하게 쥐고 있었다. 오늘 거짓말을 못하는 내 얼굴이

나를 배반하지만 않았다면 아무도 그 사실을 몰랐을 것이다."

4개월 후 바이는 한 걸음 더 진전해 그녀의 입술을 훔쳤다. "바이가 다시 나를 보러 와주었다. 그는 눈부신 모습이었고, 그의 방문은 나를 행복에 들뜨게 했다. 어느 날 밤 우리는 약간의 시간이 나서 할아버지를 찾아갔다. 별이 빛나는 하늘을 감동에 젖어 바라보며 길을 걷고 있을 때 그는 어느 별 하나를 바라보라고 했고 내가 고개를 돌리자 뺨에 키스했다! 그것은 매우 무례한 짓이었다! 하지만 나는 불쾌한 감정을 느끼기 위해 무던히도 애를 써야 했다. 그는 '그것이 잘못된 행동이라는 것을 알고 있었고 되돌리고 싶다'고 말했지만 어찌 되었든 나는 그 느낌을 오랫동안 간직하게 되었고, 그 입술은 그 이후로 나의 뺨 위에서 언제나 불타고 있다." 비록 외부적인 제약은 없었지만 빅토리아 여왕 시대의 사람들은 연애를 할 때 강렬한 육체적 접촉에 대한 욕망을 안으로 삭이고 있었다.

1858년 3월 1일에 몰리는 바이로부터 서면으로 된 최초의 고백을 받았는데, 그녀는 그 사실을 일기에 다음과 같이 털어놓고 있다. "나는 더 이상 망설이고 있을 수만은 없다. 나는 편지, 달콤한 편지를 받았다. (……) 바이가 따스한 마음으로, 진정으로 나를 사랑하고 있으며 나의 마음도 그러하기를 원한다고 했다. 나는 이제 나의 손을 그의 손에 맡길 수 있고 안락할 때나 험난할 때나 변함없이 전 생애를 그와 함께할 수 있다고 생각한다. 나는 과거의 어떤 애인보다 그를 더 많이 믿고 싶다. 나는 그에게 내 가슴속에는 한 치의 의심이나 불안감도 없다고 말해주었다. 과거에 기대했던 것처럼 미칠 듯한 사랑에 빠진 것은 아니었지만 우리는 한 걸음씩 천천히 '사랑을 향해 나아가게' 되었다. 나는 이것이 우리의 사랑이 영원하리라는 증거가 되어줄 것을 희망한다."

6월에 그들은 공식적으로 약혼을 했지만 '미래에 대한 뚜렷한 계획'은 갖고 있지 않았다. '가축 운반'부터 땅 투기에 이르기까지 바이가 돈을 버는 방법은 다양했다. 몰리는 네브래스카 시에 사는 한 부인의 지도를 받으며 재봉사로 몇 달 일했다. 항상 분별력을 잃지 않았던 그녀는 1859년 6월 1일의 일기에 다음과 같이 적고 있다. "나는 스물한 살이 되기 전에는 결혼하지 않을 것이다. 그때가 되면 우리는 내 집 마련을 할 준비가 되어 있을 것이다. 우리는 그때를 위해 둘 다 벌려고 한다."

1859년 2월 15일의 일기는 다음과 같이 시작한다. "나는 바이와 다른 두세 명의 사람들로부터 발렌타인데이 선물을 받았다. 종종 나는 바이가 좀 더 적극적이기를, 약간만 더 감성적이기를 바라곤 한다. 그는 매우 고지식하다. 하지만 만일 그가 지나친(감성적인) 사람이라면 나는 쉽게 그에게 질리고 말 것이다. 나는 그가 나를 사랑하고 있다는 것을 알고 있고 명민한 여자에게는 그것으로 충분하다." 발렌타인데이에 선물을 주고받는 일은 영국과 미국에서 이미 유행하고 있었고 공식적으로 인정받은 연인 사이뿐만 아니라 잘 모르는 남녀 사이에서도 상대방에게 관심을 표현하는 방법으로 사용되곤 했다.

그해 봄 몰리는 6세에서 9세까지의 아이들 스무 명을 모아 작은 학교를 열었고 매주 일요일이면 약혼자를 만나곤 했다. "그는 멋진 모습이었고, 나는 그를 점점 더 사랑하게 되었다." 바이보다 훨씬 조건이 좋은 남자들이 관심을 보였지만 몰리는 자신의 사랑에 충실했다.

1860년에 몰리와 바이는 마침내 결혼했다. 2월 13일, 그녀는 들떠서 바이와 오빠가 "이 지역에서는 부부 관계를 인정받으려면 법적인 서류가 필요하다고 했기 때문에 증명서를 만들기 위해 시골의 집으로 갔다. (……) 나는 웨딩케이크를 직접 만들었고 내일 오후 2시까지는 모든 준비가 끝날 것이다"라고 썼다. 그러나 사태는 그녀가 계획했던 대로 흘러가주지 않았다. 그녀가 2~3일 후에 쓴 결혼식 이야기는 개척지에서의 삶이 얼마나 불확실한 것이었는지를 잘 말해주고 있다.

> 우리의 결혼식은 내가 기대했던 것처럼 순탄하게 진행되지 않았다. 화요일 아침 우리는 만찬과 손님 접대 및 여흥을 준비하느라 바빴고, 그런 일은 우리가 살고 있던 지역처럼 좁은 곳에서는 특별한 일에 속했다. 우리는 바이를 애타게 찾았고 10시가 지나자 나는 신경이 곤두서기 시작했다. (……) 12시! 1시! 3시가 되었는데도 신랑은 나타나지 않았다. 나를 향해 온갖 농담들이 날아들었다. 나는 희망과 두려움 사이에서 전전긍긍하고 있었지만 그가 나타날 것이라는 사실만은 단 한순간도 믿어 의심치 않았다. 3시가 되어 사람들이 배가 고파 죽을 지경이 되었기 때문에 '먹고, 마시고, 즐거워하기'로 결심했다. 저녁 식사가 끝나고 밤이 다가오자 더 이상 긴장을 견디기가 힘들었다. 나는 몰래 빠져나와 눈물을 흘리고 기도를 드린 후 집에 돌아와 미소 짓고 즐거운 마음을 가지려고 했다.

몰리가 "아무 연락도 없이 오지 않은 연인"의 말발굽 소리를 듣고 나가 거의 "동태가 되다시피 한" 그를 서둘러 집 안으로 데리고 들어온 것은 한밤중이 되어서였다. 여하튼 그들은 결혼 예복을 몰래 갖춰 입고, 오랫동안 기다리느라 고생한 하객들 앞에 갑자기 나타남으로써 재앙을 기쁨으로 바꾸려고 했다. 몰리는 기쁨에 차서 결혼식의 끝에 대해 이야기했다.

우리는 식장으로 와서 문밖에서 밀턴 아저씨의 신호를 기다리며 서 있었다. 고모는 하객들이 있는 곳으로 걸어와 "우리는 샌퍼드 씨를 더 이상 기다릴 수 없습니다. 결혼식장으로 갑시다"라고 말했다. 모두 부엌을 향해 숙연하게 행진했다. 신호가 떨어지고 문이 열리자 식이 곧바로 시작되었고 바이런 N. 샌퍼드와 메리 E. 도시는 부부가 되었다. 키스와 경탄의 소리들이 한바탕 터져나왔다. 따로 남겨두었던 정찬의 일부분은 도움을 주러 온 사람들과 신랑신부가 함께 영예로운 자리에서 결혼 만찬을 할 수 있도록 제공되었다.

그리고 우리는 부엌에서 결혼했다! 너희 아름다운 신부들아! 화려하게 꾸며놓은 근사한 집에서 베일과 오렌지꽃 아래 행해지는 너희들의 맹세가 네브래스카의 황야에 있는 통나무 오두막 부엌에 있는 이 처녀의 것보다 더 참되지는 못할 것이며 너희들의 마음이 그녀의 것보다 더 행복으로 차오르지는 못할지니. 시간이 많은 것을 바꾸어놓으면 나는 더 좋은 환경에서 살게 되겠지. 그리고 이 소박한 결혼식을 생각하며 미소 지으리라. 나는 내 마음이 그때와 마찬가지로 용기 있고 진실될 것과 지금과 같이 행복할 것을 믿을 따름이다.

하지만 그녀는 나중에 이러한 다짐을 호되게 시험할 시련을 맞을 것이다.

결혼한 지 두 달이 되지 않아서 몰리와 바이, 그리고 그녀가 사랑한 가족은 새로운 삶을 찾아 네브래스카를 떠나 콜로라도로 향했다. 그곳은 진취적인 젊은 남자에게 더 많은 기회를 제공할 것이라고 여겨졌다. 더위와 비바람 속에서 하루에 32킬로미터를 행군해야 했고, 길목마다 병과 사고가 끊이지 않았던 매우 고달픈 여행이었다. 몰리는 6월 14일에 "나는 오늘로써 결혼 4개월을 맞은 신부지만 거기에 대해 많은 이야기를 하기에는 너무 피곤하다. 날씨는 너무 덥고 우리는 먼지를 뒤집어써서 너무 더럽다. 몸이 아프다. 소와 조랑말들조차 기운이 없어 보인다. 우리는 하루 휴식하기로 했다. 휴식? 우리에게 휴식이 어디 있단 말인가!"

네브래스카 시에서 덴버까지, 몰리와 바이가 함께한 10일간의 여정은 미주리에서 태평양 연안까지 걸어갔던 다른 개척자들의 5~6개월의 여정만큼 힘든 것은 결코 아니었다. 하지만 사람을 녹초로 만들 정도는 되었다. 대략 5000명 정도가 살고 있던 덴버에 도착한 후 몰리와 바이는 다른 주들에서 온 '필그림들'과 함께 야영을 했다. 바이는 가축 운반업을 다시 시작했고 "금을 채취하기 위해 바위를 가는 데 수력을 이용하는 일종의 발명품"을 만들었다. 몰리는 바느질감을 얻어왔는데 이를 통해 "믿기지 않을 만큼" 큰돈을 벌었다. 암탉들은 달걀을 공급해주었고 그녀는 그것을 고기, 생선, 우유와 교환했다. 지독한 생활고가 뛰어난 재주와 굳건한 마음을 낳았다.

오래지 않아 그들은 볼더 북서쪽에 있는 작은 광산인 골드힐의 산장으로 이사했다. 몰리는 광부들을 위한 식당에서 요리사로 일했는데 그녀는 그것을 수치스럽게 여겼다. 그녀는 "그토록 심한 향수병에 시달리는 것을 부끄러워했다." 스물두 번째 생일이었던 12월 17일, 그녀는 아직도 살아 있다는 사실에 감사했다. 2월 14일, 첫 번째 결혼기념일을 맞아 그녀는 "바이가 곁에 없다는 사실을 가슴 아파하며" 산장에 홀로 있었다. 결국 결혼식 날처럼 바이는 밤늦게 나타났다. "그는 결혼기념일을 나와 함께하기 위해 그토록 쓸쓸한 길을 16킬로미터도 넘게 걸어왔다. 만약 어떤 사람이 혹은 내가 그를 감정이 메마른 사람이라고 생각했다면 그 생각이 틀렸다는 것이 입증된 셈이다. 그는 침대에 드러누워 휴식을 취했고 나는 그에게 내 일기를 읽어주게 되어 너무 기뻤다."

몰리와 바이의 부침은 수년 동안 계속되었다. 가장 큰 아픔을 주었던 사건은 하느님이 첫 번째 아이인 "사랑스러운 아들"을 금방 "자신의 둥지"로 다시 데려간 일이었다. 몰리는 다시 한 번 자기가 살아 있다는 사실을 행운이라고 받아들였다. 남북전쟁 중 한동안 바이는 콜로라도 지원병들 틈에서 병사로 지냈고, 부부는 군대의 막사에서 살았다. 두 번째 결혼기념일에 몰리는 다음과 같이 적고 있다.

결혼한 지도 2년이 지났다! 우리는 오후 내내 처음 만난 날 이후의 추억을 곱씹으면서 지난 시간에 대해 이야기를 나누었다. 우리는 많은 부침을 함께 겪었고 얼마간의 시련과 고난을 겪었지만 그런 것들은 우리의 마음을 좀 더 가깝게 묶어주었을 뿐이다. 우리는 서로를 사랑하고 서로를 위해 살아간다.

그들의 삶은 진정한 러브스토리이자 시대를 뛰어넘는 모범적 연애이며 해피엔드이기까지 했다. 1862년 9월 몰리는 "사랑스럽기 짝이 없는" 둘째 아들을 낳았고, 그다음에는 딸을 낳았다. 바이는 덴버의 미국 조폐국에 취직을 해서 40년간 근무했다. 몰리와 바이는 둘 다 20세기까지 살았는데 바이는 88세에, 몰리는 76세에 세상을 떠났다. 가족들은 그녀를 "강한 정신력의 소유자"라고 기억했다.

남서부에서의 결혼 생활

오리건 트레일을 따라 서부로 간 개척자들의 편지, 일기, 그리고 회고록을 통해 우리는 초기 남서부 광산촌에서 살던 남편과 아내들의 일상을 재구성해볼 수 있다. 남편들이 금을 캐는 동안 아내들은 온갖 종류의 일을 도맡아 했다. 하숙집을 운영하기도 하고 세탁일을 하기도 했으며 요리사로 일하거나 광부들을 위한 모직 양말을 짜기도 하고 다른 사람의 아이를 대신 돌봐주기도 했다. 전에는 그런 적이 없었지만 이제 여성들이 돈을 벌 수 있게 된 것이다.

캘리포니아의 광산촌에서 아들에게 쓴 메리 벌루(Mary Ballou)의 편지들은 원시적인 하숙집의 허름한 부엌에서 그녀가 발휘한 빼어난 요리솜씨를 손에 잡힐 듯이 생생하게 묘사하고 있다. 그녀는 1852년 10월에 다음과 같이 편지를 썼다. "이 진창 같은 곳에서 내가 어떤 일을 하고 있는지 말해줄게. 부엌은 바닥에 꽂힌 네 개의 기둥에 마루용이 아닌 바닥용의 공장 천 조각을 씌운 것이란다."[26] 이 부엌에서 그녀는 놀라우리만큼 다양한 음식을 만들어냈다.

종종 나는 저민 고기로 만든 파이와 사과파이, 그리고 으깬 과일로 만든 파이를 만들었다. 저민 고기를 튀겨서 만든 파이와 도넛을 만들기도 했다. 비스킷도 만들고 가끔씩 인디언 조니 케이크, 건포도로 만든 즉석 푸딩과 인디언 베이크 푸딩, 훌륭한 자두 푸딩을 만

> 들고 있으며 1파운드에 40센트 하는 햄 또는 돼지고기로 소를 채운다. (……) 하루에 세 번씩 길이가 9미터나 되는 식탁에 식사를 차리고 후추통이나 식초병, 그리고 겨자 단지와 버터 종지를 채우는 것과 같은 자잘한 일들을 한다. 종종 닭들에게 모이를 주고 부엌까지 들어온 돼지들을 쫓아내며 식당에서 노새들을 내몰기도 한다.

그녀의 요리 목록은 계속된다. "나는 오늘 저녁 식사를 위해 블루베리 푸딩을 만들었다. 가끔씩은 수프와 덩굴월귤 열매로 타르트를 만들고 한 마리에 4달러짜리 닭을 굽고 12개에 3달러를 주고 산 달걀로 요리를 한다. 종종 양배추와 순무를 찌고 튀김을 만들고 스테이크를 굽는다."

그녀는 덧붙이기를 "가끔 나는 일주일에 50달러의 급료를 받고 아기들을 봐준다"고 했다. 혹은 비누, 매트리스, 시트, 깃발 등과 같이 내다팔 물건들을 만들기도 했다. 그 밖에도 마루를 닦거나 촛대의 윤을 내고, 싸움질을 하는 사내들을 말리느라 바빴다. 사랑하는 아이들을 뒤로하고 남편을 따라 서부로 왔던 메리 벌루는 "프랑스인, 네덜란드인, 스코틀랜드인, 유대인, 이탈리아인, 스웨덴인, 중국인, 인디언들과 온갖 종류의 언어와 민족이 뒤섞여 있는" 캘리포니아의 바벨탑에서 "피곤하고 아프기까지 한" 자신을 발견했다. 아들을 안심시키기 위해서였겠지만 "그들은 모두 나를 존중해준다"고 덧붙이는 것을 잊지 않았다. 이 정력적이며 유머러스하고 정식 교육을 받은 적이 없는 여성은 캔터베리에서 태평양 연안까지 약 1만 3000킬로미터에 이르는 거리를 바스의 아내처럼 굴하지 않는 정신으로 헤쳐왔다. 그런 것을 생각하면 그녀가 요리하는 모습을 상상하기가 힘들 정도다!

15년 뒤 탄광촌의 생활을 좀 더 고상한 방식으로 묘사한 문헌은 중류층 여성들이 동부의 여성들과 별반 다를 바 없는 방식으로 살 수 있었다는 것을 보여준다.[27] 네바다 주의 오로라에서 통행료 징수원의 아내였던 레이첼 해스켈(Rachel Haskell)은 두 명밖에 없는 목사들이 모두 아팠던 탓에 일요일 아침에 침대에 누워 쉬는 사치를 누렸다. 그녀는 정오에야 아침 식사를 했고 (진흙구덩이를 구른 듯한) 아들들을 씻긴 뒤 소파에 앉아 책을 읽었다. H씨라고 언급되는 그녀의 남편은 스토브 위에 저녁을 데웠고, 그녀는 설거지를 했다. 그러고 나선 "엘라(그녀의 딸)가 가족들의 합창에 맞춰 반주를 하는 동안 거실로 와 피아노 옆의 걸상 위에 걸터앉았다. 스토브 앞으로 탁자를 끌어와 아이들의 밝고 행복한 얼굴이 가까이 다가오면 남편이 《빛*Light*》이라는 책에서 읽던 곳을 찾아 다시 읽어주기 시작했다. H씨는 마루에서 제일 어린 두 아이와 놀아준 뒤 긴 소파에 가로 누워 책을 읽었다." 그것은 〈구디스 레이디스 북〉에 나옴직한 행복한 가족의 목가적인 모습이었다.

월요일에 레이첼은 엘라에게 음악 레슨을 해주고 아들들과 함께 곱셈을 공부했다. 화요일에는 빵을 굽고 "존의 선반을 사포로 문질러 매끄럽게 해놓고" 따뜻한 저녁 식사를 준비했다. 수요일에 그녀는 읍내에 사는 친구들을 찾아갔다. "실크 셔츠와 붉은색 블라우스, 모자 그리고 붉은색 숄을 걸치고서 말이다. 눈발을 헤치고 걷는 것은 힘든 일에 속했다. 나는 레비 부인을 찾아가 한바탕 수다를 떨고 난 뒤, 아홉 명쯤 되는 그녀의 명랑한 자매들과 만났고 라인 강변의 스트라스부르에 사는 그녀 부모님의 멋진 초상화를 보았다. 그다음엔 푸어스 부인 댁에 가서 C부인을 만났다. 그들이 붙잡는 통에 그들과 함께 오후를 보냈다. 저녁을 먹으라고 H씨를 부르고 우리는 어두워질 때까지 즐거

■ ■ ■

1859년 5월호 《구디스 레이디스 북》에 실린 행복한 가족의 모습을 감상적으로 묘사한 그림.

운 시간을 보냈다." 쿠퍼 부인 댁에는 여러 명의 손님들이 있었고 시끌벅적한 농담이 오갔으며 커다란 웃음이 터져 나왔다. 집에 돌아와서 H씨 부부는 다른 형제들이 잘 돌봐주고 있던 아이들을 찾았는데 "존과 매니는 그의 팔에서 잠들어 있었다." 모든 주민들이 가족과 떨어져 살고 있었기 때문에 광산촌에서의 친교 생활은 매우 중요했다. 일반적으로 새로 온 백인 이주민들은 눈에 띌 만큼 가난하거나 괴짜가 아닌 다음에는 출신국이나 종교에 관계없이 따뜻한 환대를 기대해도 좋았다. 예를 들어 레비 부인은 유대인 정착민이었는데, 남서부 지방에서는 유대인에 대한 편견 때문에 고생할 일이 거의 없었다.

해스켈을 괴롭힌 문제는 오직 하나였다. 남편이 밤늦도록 읍내에서 다른 사내들과 어울리는 일이 잦았던 것이다. 어느 날 그녀의 일기는 다음과 같이 시작되고 있다. "H씨는 친구들과 어울려 읍내로 나갔고 매우 늦은 시각까지 돌아오지 않았다. 나는 그를 기다리다가 소파에서 깜박 잠이 들었는데 눈을 떠보니 그때까지도 오지 않았다. 그래서 침대로 가 잠을 잤다. 마음은 전과 같이 괴롭지만 이제 무딜 대로 무뎌져서 더 이상 그를 기다리며 깨어 있지 않게 되었다." 또 다른 날의 일기는 "마음속의 분노 때문이라기보다는 버려진 느낌 때문에 깨어 있었다"라고 시작되어 "H씨는 훨씬 더 상냥한 사람으로 보인다"로 끝난다.

남편에 대한 레이첼 해스켈의 걱정에도 불구하고 그들은 서로에 대한 애정, 그리고 아이들과 친구들에 대한 애정으로 얽혀 따스한 동반자로 살아갔던 듯하다. 보스턴 혹은 찰스턴의 세련된 문화로부터 멀리 떨어져 사막 한가운데에 던져진 이 여인은 아내, 어머니, 주부, 친구의 역할을 충실히 해냈던 것 같다.

서부로 갈 때 개척자들은 캘리포니아, 뉴멕시코, 텍사스의 히스패닉계 마을을 지났다. 프로테스탄트들은 종종 자신들의 고유한 전통과는 판이한 이들의 가톨릭 전통을 보고 당혹스러워했다. 화려한 의복으로 치장하고 거북의 등껍데기로 만든 빗을 가진 부인들로부터 주의 깊은 감시를 받은 캘리포니아 처녀들은 흔히 13세에서 15세 사이에 결혼을 했다. 결혼은 대개, 특히 좋은 가문에서는 중매로 이루어졌고, 대다수의 젊은이들이 대대로 이어온 전통을 지키려고 했다. 처녀들은 형편에 따라 혼수 함을 채웠고, 신랑은 지참금을 지불했으며(종종 한 뭉치의 금화만큼 많은 돈을 주기도 했다) 목사들은 신성한 종교 의식에 따라 결혼식을 집전했다. 결혼식에 동반되는 의식은 보통 음주, 음악, 춤, 음식 그

리고 여흥으로 시끌벅적했다.[28]

그러나 모든 여성들이 조혼 풍습을 달갑게 생각한 것은 아니었다. 1870년대에 허버트 하우 밴크로프트(Hubert Howe Bancroft)가 남긴 기록에 따르면 몇몇 아내들은 준비도 안 된 어린 소녀들에게 결혼이라는 굴레를 강제하는 '혐오스러운' 관습을 비난했다. 로스앤젤레스의 부유하고 힘있는 피코 가문의 딸이었던 마리아 이노센트 피코 데 아빌라(Maria Inocent Pico de Avila)는 씁쓸히 회고했다.

> 부모가 시키면 아주 어린 나이에라도 무조건 결혼을 해야 하는 나쁜 풍습으로 인해 어머니들이 결혼하라며 학교에서 강제로 끌어내다시피 해서 많은 처녀들은 공부를 다 끝마치지 못했다. 나는 열네 살 이후로는 학교에 다닐 수 없었다. 엄마는 나를 농장으로 데려가서 일을 배우라고 했고, 나는 열다섯 살 8개월의 나이로 결혼식을 올렸다.[29]

미국의 남서부 합병(1846~1848년) 이후로 점점 더 많은 개척자들이 몰려오면서 다른 인종 간의 결혼이 늘어났다. 이 중 많은 경우는 남성 개척자와 노동자 계급 출신의 히스패닉 혹은 원주민 여성 사이의 '자유로운 결혼'이었다. 미군 병사들이 병영에 부속된 세탁부와의 결혼 계약에 서명한 뒤 다른 부대로 발령을 받고 나서 아내를 헌신짝처럼 버려도 누구 하나 뭐라 할 사람이 없었다.

히스패닉계 엘리트에게 연애와 결혼은 훌륭한 아내를 얻으려는 영국계 미국인과 히스패닉계 신사들 사이의 경쟁에서 이겨야 하는 힘든 의식이었다. 제임스 헨리 글리슨(James Henry Gleason)이 동부에 살던 누

이에게 보낸 편지들은 히스패닉계 부잣집 미인과 결혼하기 위해 쏟아부은 그의 노력들을 잘 보여준다.[30]

사랑하는 누이에게

나는 사랑스러운 소녀 카타리나 왓슨에게 구혼했어. 그녀의 부모님은 그녀가 열네 살밖에 먹지 않아 결혼하기에는 너무 어린 나이이니 18개월을 기다린 후에 그녀에게 다시 물어보라고 하시더군. 그녀는 다른 사람은 싫고 나를 선택하겠다고 했어…….

1847년 5월 30일 밤 11시, 몬터레이에서

친애하는 누이에게

패니, 나 결혼했어. 나의 귀여운 케이트는 지금 내 어깨에 기대고 있어. (……) 나는 10월 7일 새벽 3시에 결혼식을 올렸어. 오후에는 부모님 댁에서 아버지가 베풀어주신 성대한 만찬이 있었고 저녁에는 무도회가 벌어졌지. 비용이 거의 천 달러나 들었을걸…….

1849년 11월 15일, 몬터레이에서

친애하는 누이에게

내 아내는 영어로 편지를 쓸 수가 없기 때문에 자기의 깊은 사랑을 나더러 대신 좀 전해달라는군. (……) 그녀가 너에게 파인애플 잎으로 만든 섬유로 짠 스카프를 보내줄 거야. (……) 그건 여기서 하나에 125달러나 해.

1850년 3월 31일, 샌프란시스코에서

1800년경 무명 화가가 그린 식민지 시대의 히스패닉계 가족.

사랑하는 누이 패니에게

아내를 몬터레이에 두고 떠났어. 제발 자연의 섭리에 어긋나는 어떤 일도 일어나지 않기를 빌어. 나는 몇 달 후면 아빠가 돼. 그러고 나면 나는 오래된 지인들과 친척들을 만나기 위해서 그리고 다른 한편으로는 빽빽 울어대는 아이로부터 좀 벗어나고 싶기도 해서 집에 가려고 해. 나는 아이들을 무척 좋아하지만 다 자라지 않은 애들은 별로야.

1850년 7월 1일, 샌프란시스코에서

같은 기간에 카타리나 왓슨 글리슨은 무슨 생각을 했을까! 그녀는 자신의 추종자로 인해 황홀해했을까? 그녀는 아내가 될 사람의 미모와 재산에 이끌렸고 편지에서도 분명하게 드러나듯 우는 아이를 떠올리기만 해도 기분이 언짢은 남자와 결혼한 것을 후회했을까?

합병 이후로 남서부 지역 사회의 각계각층에서 영국계 미국인과 히스패닉계 미국인 사이의 결혼은 점점 증가했다. 이처럼 다른 민족과 결혼하는 관행은 한 세대 안에 오늘날 우리가 알고 있는 혼혈 라틴계 미국인을 양산하는 결과를 낳았다.

고생을 무릅쓰고 북부와 남서부를 향해 떠났던 남성들과 여성들의 역사는 미국 유산의 일부가 되었다. 하지만 뒤에 남은 사람들, 특히 남자들이 부르기를 기다렸던 약혼녀들과 아내들은 어떻게 되었는가? 그들의 운명에 대해 우리가 알고 있는 것은 무엇인가?

오하이오 주의 메리 카펜터 피커링(Mary Carpenter Pickering)이 만든 퀼트 이불은 1850년 오리건으로 떠났던 존 브루스 벨을 기다리며 그녀가 보낸 세월을 상징한다. 퀼트 이불을 연구해온 역사가 메리 바이워터 크로스(Mary Bywater Cross)에 따르면 바구니와 꽃 모양으로 복잡하게 수를 놓고 아플리케로 장식한 이 퀼트 이불을 만드는 데 적어도 4년은 걸렸을 것이라고 한다.[31] 서부에서 8년을 보낸 후에 존은 집으로 돌아왔고 그들은 1861년 9월 3일에 결혼식을 올렸다. 당시 메리는 서른 살 먹은 노처녀가 되어 있었다. 그녀와 남편은 오하이오에서 가정을 꾸렸지만 1864년 아이오와라는 머나먼 서부로 이주했다.

마리아 애버게일 헨리 애덤스(Maria Abagail Henry Adams)는 남편 찰스 윌슨 애덤스가 캘리포니아로 떠난 뒤 어린 아들과 단둘이서 뉴햄프

1855년경 메리 카펜터 피커링이 만든 퀼트 이불.

셔 주의 더블린에 남겨졌다. 그녀의 일기 중에서 27쪽 분량이 전해 내려온다. 1860년 1월과 1861년 7월 사이에 쓴 이 일기에서 그녀는 뉴잉글랜드의 소읍에서 벌어지는 구질구질한 일상사들(예배 참석, 결혼식, 장례식, 블루베리 따기, 사과 말리기, 이따금씩 걸리는 질병, 친척과 친지 방문 및 그들의 내방)과 함께 매일매일의 날씨(쾌청함, 비, 눈, 폭풍, 흐림)를 꼼꼼히 기록해놓았다.

하지만 이러한 침착한 기록은 멀리 떨어져 있는 남편을 그리워하는 절규로 이어졌다. "아, 오늘 밤 그의 얼굴을 볼 수만 있다면. 나는 너무 외롭다. 이 세상에 친구라곤 한 사람도 없는 것처럼 느껴진다."

찰스 윌슨 애덤스와 그의 아내 마리아 애버게일 애덤스.

(1860년 4월 15일) "아, 뼛속 깊이 외로움이 사무친다. 찰스가 곁에 있으면 얼마나 좋을까."(1860년 5월 16일) "아! 그와 함께 있기를 이토록 갈망하는데도 그럴 수가 없다."(1860년 7월 21일) "찰스를 마지막으로 본 후로 오늘까지 꼭 2년이 흘렀다."(1861년 2월 21일)

겨우 20대 초반의 나이에 약 5000킬로미터나 떨어진 곳에 남편을 두고 애절해하는 아내의 운명은 어떠했던가? 그녀의 일기와 애덤스 부부의 초상화 한 점이 샌프란시스코의 캘리포니아 역사학회에 소장되어 있기 때문에 우리는 그녀가 대서양 연안부터 태평양 연안까지의 먼 길을 쫓아가 마침내 남편을 다시 만났으리라는 것을 확신할 수 있다.

모르몬교의 중혼 풍습

서부의 아내들을 설명할 때 모르몬교도의 일부다처제 관습을 간과해서는 안 된다. 일반적으로 모르몬교도에 대해 알려진 것과는 달리 모든 모르몬교도가 일부다처제를 택하지는 않았다. 일부다처제를 택한 모르몬교도는 15~20퍼센트에 불과했던 것으로 추정된다.[32] 이 중에서도 3분의 2는 2명의 아내만을, 그리고 20퍼센트가 3명의 아내를 두었을 뿐이다. 4명 혹은 그 이상의 아내를 둔 사람은 대개 저명한 종교 지도자들이었는데, 그들은 모르몬 신학에 대한 충성심을 많은 아내와 자식 수를 통해 입증하려고 했다.

모르몬교는 남자는 아내를 많이 두면 둘수록 그리고 여자는 아이를 많이 낳으면 낳을수록 천당에서 더 많은 복을 누릴 것이라고 공언했다. 모르몬 교회당 안에서 거행된 결혼은 죽음 이후까지 계속된다고 여겨졌다(오늘날에도 마찬가지다). 일부다처제 혹은 더 흔히 쓰는 용어로 중혼(重婚)은 모르몬교도들이 유타 주에 정착했던 1852년부터 교주가 미국의 반중혼법에 승복한 해인 1890년까지 이 교파의 근본적인 교의였다. 최소한 40년간 일부일처제를 선호했던 여성들조차 교회가 그렇게 정했다는 이유로, 그리고 한 아내의 말을 빌리면 "구원받는 데 반드시 필요하기 때문에" 중혼 제도를 옹호했다. 중혼을 받아들인 한 아내는 "만일 일부다처제가 신의 뜻이라면 우리는 그것을 구현해야 한다"는 뜻을 피력하기도 했다.[33]

전형적인 일부다처제 가족은 스물세 살의 남자가 세 살 정도 연하인 여성과 결혼하면서 구성된다. 이 결혼이 그의 유일한 합법적 결혼이다. 12년쯤 지나고 나면 그는 첫 번째 아내보다 열한 살 정도 어린 두 번째 아내를 맞아들였다. 세 번째 아내를 얻는 경우, 그녀는 결혼 당시 20대 초반이어야 했다. 일부다처제를 따르든 일부일처제를 따르든 모르몬교도 여성들은 1인당 7명에서 8명에 이르는 매우 높은 출산율을 보였다.[34]

자신의 능력과 취향에 따라 남편은 같은 집의 다른 방에 아내들을 두거나 각각 다른 집(종종 서로 멀리 떨어진 집)을 얻어주는 것이 일반적이었다. 모르몬교도 아내들은 종종 다른 아내 혹은 아내들, 각각 다른 침대에서 생긴 아이들과 더불어 서로 도우며 살아가는 방법을 배워야 했다. 이들 간에는 반목과 질투뿐만 아니라 강력한 자매애가 싹트기도 했는데, 특히 자매가 한 남자와 결혼한 경우에는 더욱 그러했다.

남편의 본거지로부터 멀리 떨어진 곳에 살게 된 경우에 모르몬교도 아내는 눈에 띄게 독립적인 태도를 보였다. 그녀는 자식을 기르는 데 적지 않은 자율성을 누렸다. 사실 어머니와 자식의 관계는 부부 관계보다 우선하게 마련이었는데, 그 이유는 남편을 다른 아내들과 공유해야 했고, 남편과 멀리 떨어져 사는 경우가 잦았으며 종교적인 선교 활동을 이유로 남편이 집을 자주 비웠기 때문이다. 모르몬교도 아내가 집 밖에서 일하는 것은 드문 일이 아니었다. 모르몬 교회는 여성이 재정적으로 자립하는 것을 장려했다. 빅토리아 여왕 시대의 중류층 여성들과는 달리 모르몬교도 여성들은 결코 집 안에 갇혀 있지 않았다. 이 여성들은 농부로서, 침모로서, 사업가로서 일했고, 몇몇은 간호사나 의사가 되기도 했다. 1842년에 창립된 종교, 구빈, 문화 사업을 위한 후원 조직인 구빈협회에서도 모르몬교도 여성들이 적극적인 활동을 했다. 1872년과 1914년 사이에 가장 급진적인 여성들 일부는 〈여성의 소리Women's Exponent〉라는 신문을 창간했다. 이 신문은 세기 말의 '신여성'과 관련된 주제를 포함하여 다양한 관심사를 폭넓게 다루었다. 19세기 모르몬교의 결혼 형태는 사람들이 흔히 비슷하다고 생각하는, 남성의 정욕을 채우기 위한 이슬람의 하렘 보다는 훨씬 복잡한 것이었다.

메리 앤 헤이픈(Mary Ann Hafen)이 자손들을 위해 남긴 회고록은 유타와 네바다 주에 거주했던 일부다처제 가정의 아내의 삶을 생생하게 보여준다.[35] 첫 번째 남편(그에게 그녀는 두 번째 부인이었다)과 사별한 후에 그녀는 존 헤이픈의 청혼을 받아들이라는 부모의 강한 권유를 받았다. 그러나 존 헤이픈에게는 첫 번째 아내인 수제트가 있었고 그녀는 이 소식을 듣고 언짢아했다. 수제트는 끈질기게 반대했고, 메리 앤은 죽어도 결혼하기 싫은 마음에 눈물까지 뚝뚝 흘리면서 결혼에 동의했다. 존 헤이픈은 그 뒤에도 두 명의 아내를 더 맞아들였고, 메리 앤 헤이픈은 7명의 자식을 낳았다.

1891년 여섯 번째 아이를 낳은 뒤에 메리 앤은 남편과 다른 가족들을 유타 주에 남겨둔 채 네바다 주로 이사를 했다. 그녀의 이야기를 들어보자.

> 유타 주의 산타클라라는 많은 개척자들이 살기에는 땅이 너무 좁았다. 우리는 아이들과 함께 정착이 이미 시작되었고 값싸고 넓은 땅이 있는 네바다 주의 벙커빌로 이주하는 것이 최선이라고 결론지었다.
>
> 나는 어린 시절에 겪었던 것과 같은 고생문이 훤히 열릴 것이라는 사실을 알고 있었다. 내 아이들이 가까운 피붙이 하나 없이 낯선

땅에서 자랄 것이라는 사실, 그리고 그들 역시 새로운 땅을 개척해야 하는 고생을 겪게 될 것이라는 사실을. (……) 우리는 옥수수와 사탕수수, 목화, 호박과 멜론을 밭에 심었고, 읍내의 공터에는 야채를 심었다. 얼기설기 엮은 울타리들은 먹이를 찾아 헤매다가 길을 잃은 동물들을 피하기 위한 최소한의 보호막이었다. 하지만 우리는 그해 심었던 작물에서 대단히 좋은 수확을 얻었다. 앨버트(그녀의 아들)는 남서부 지방에서 자라는 뽕나무 묘목을 세 그루 파다가 그늘이 지지 않는 우리 집 둘레에 심었다.

메리 앤 헤이픈은 처음에 산타클라라에 두고 온 대가족을 그리워했고, 매해 고향을 방문하기 위해 갖은 노력을 다했다. 처음에 남편은 정기적으로 찾아왔다. "하지만 그는 산타클라라의 주교였고 다른 세 가족이 있었기 때문에 우리와 함께 많은 시간을 보낼 수 없었다. 따라서 내가 7명의 아이들을 대부분 혼자 힘으로 건사해야 했다"고 그녀는 전한다. "듣기 좋은 목소리를 가진 몸무게 5.6킬로그램의" 일곱 번째 아기가 태어났을 때, 그녀는 동네의 모르몬 주교 부인의 도움을 받았는데 부인은 관례대로 열흘 동안 집에 머물러주었다. 이때 그녀의 남편은 대체 어디에 있었던가? 그는 아이가 태어난 후에야 와서 들여다보았다. 일기의 저자는 자랑스러워하면서 다음과 같이 말했다. "나는 내 아이들 중 누구도 의사의 도움을 받지 않고 낳았을 뿐 아니라 임신과 관련해서 한 번도 의사를 찾지 않았다. 산파에게도 5달러 이상은 준 적이 없다."

메리 앤 헤이픈의 이야기는 사실상의 가장으로서 자신이 한 일에 대한 설명으로 이어진다.

나는 남편에게 짐이 되고 싶지 않았고 가족들과 더불어 자립해서 생활을 꾸려 나가기 위해 애썼다. 나는 수입을 늘리기 위해 마을에서 목화를 공동으로 수확하는 데 참여했다. 또한 될 수 있는 한 아이들이 학교를 빼먹지 않게 했기 때문에 다른 아이들이 학교에 가 있는 동안 어린 아기는 밭에 데리고 나갔다. 목화를 따는 일은 피곤하고 허리가 끊어질 듯한 노동이었지만 아이들의 옷을 해 입히는 데 요긴했다. 나는 뜰에 텃밭을 일구어 우리가 먹을 채소를 얻었다. 텃밭의 잡초를 제거하고 일주일에 두 번씩 물을 주는 일에는 많은 시간이 소요되었다. 돼지 한 쌍과, 암소, 그리고 몇 마리의 닭들이 있어 우리는 잘 버틸 수 있었다.

이 솔직한 이야기는 많은 모르몬교도 아내들이 경제적으로 자립했음을 입증한다. 그녀의 이야기에서 우리는 자기연민은 거의 찾아볼 수 없고, 다만 일부다처제가 부부 모두에게 스트레스였음을 알게 해 주는 아주 작은 단서만을 볼 뿐이다. 다른 여성들은 좀 더 분명하게 질투와 고통을 표현했다. 한 예로 여러 명의 아내 중 하나였던 애니 클라크 태너(Annie Clark Tanner)는 자서전에서 다음과 같이 적고 있다.

나는 종교적인 이유가 아니라면 여성들이 절대로 일부다처제를 받아들이지 않으리라고 확신한다. 어떤 여성도 커다란 희생을 각오하지 않고서는 그런 관습에 동의하지 못할 것이다. 남편과 아내 사이에는 너무도 신성한 무엇이 있어서 가족 중의 제3자는 신뢰와 편안함으로 이루어진 기존의 부부 관계를 방해하는 존재일 수밖에 없었다.[36]

이와 비슷한 이야기이지만 모르몬교의 12사도 평의회의 일원이었던 프랭클린 D. 리처즈의 첫 번째 아내인 제인 스나이더 리처즈(Jane Snyder Richards)는 10명의 다른 아내들을 가족으로 맞아들여야 했던 고충을 자세히 열거했다. 1880년 역사가인 남편을 위해 리처즈 부부의 이야기를 기록했던 허버트 하우 밴크로프트(Hubert Howe Bancroft)는 모르몬교도 여성들이 일부다처제를 "종교적 의무로 간주했으며 그에 따른 불편을 감수하는 것을 일종의 종교적 고행이라고 여기고 견뎌야 한다고 스스로에게 주입했다"[37]고 결론지었다.

모르몬교도들을 유타 주로 인도했던 종교 지도자 브리검 영(Brigham Young)도 "여자들이 스스로를 불행하다고 말한다"는 사실과 몇몇 남성들이 첫 번째 결혼 생활이 불행하게 된 것이 두 번째 아내 때문이라고 생각한다는 사실을 인정했다. 브리검 영은 모르몬교도 남성들과 여성들이 중혼을 포함해서 "복음 전체를 받아들여야 한다"고 강조했다.[38] 그렇지 않은 경우에는 이혼이라는 대안이 있었다. 1852년 2월 4일 유타 주 이혼법은 미국 전체에서 가장 자유주의적인 내용을 담고 있었고, 특히 여성에게 유리했다. 일반적인 이혼 사유에 더하여 "당사자들이 평화롭게 부부 생활을 영위할 수 없고, 헤어지는 편이 두 사람의 행복을 위해 더 좋다"는 데 대해 법정의 공감을 얻어낼 수 있다면[39] 이혼 소송은 원고의 승리로 끝나는 것이 보통이었다. 아내가 반대하는 경우 남편들은 이혼 판결을 얻어내기가 훨씬 어려웠던 반면에 결혼 생활을 참을 수 없다는 사실을 깨닫게 된 여성들은 자주 이혼 소송을 제기했다. 그러나 남편은 또 다른 아내를 얻을 기회가 얼마든지 있었다.

모르몬교도 남편이나 아내에게 사랑은 배우자를 선택하는 데 그리 중요한 기준이 아니었던 것 같다. 연애 감정이 결혼하는 데 어느 정도 영향을 미쳤다고 해도, 그것은 여성들의 회고담 속에서 전혀 강조되고 있지 않다. 오히려 모르몬교도 여성들은 집안끼리 잘 조화를 이룰 수 있는지, 경제적 책임을 질 수 있는지, 그리고 공동체의 이익에 부합하는지 등을 따져보고 남편감을 고르도록 교육 받았다. 모르몬교 사회는 이러한 방식으로 여성들에게 낭만적인 연애를 장려하고 살림에만 전념하도록 한 주류 사회의 관행에서 벗어났다.

한나 크로스비(Hannah Crosby)의 이야기는 이러한 결혼관을 잘 보여주는 예다. 1870년대에 그녀가 유타 주의 일부다처제 집안으로 시집가기로 결정하자 모르몬교도이지만 일부일처제를 고수했던 가족들은 믿으려 들지 않았다. 그녀는 "그의 아내들과 그 가정의 정신을 사랑하지만 미래의 남편감을 연인들이 사랑하듯 진정으로 사랑하지는 않는다"고 고백했다. 실제로 그녀가 결혼을 결정하는 데 가장 높이 산 것은 여러 아내들 간의 우애였다. "우리 아내들은 일을 너무나도 체계적으로 하고, 어려움 없이 질서를 잘 잡아서 우리들끼리 훌륭한 협정을 맺을 수 있다. 일정 기간 동안 한 사람이 요리와 주방 일을 진두지휘하면 다른 사람은 침구를 정리하고 청소를 했으며 또 다른 사람은 아이들을 씻기고 빗질을 했다. 7시 반이 되면 모든 식구가 아침 식사를 할 준비가 완료되었다"고 그녀는 적고 있다.

임신과 출산 기간 동안 아내들은 서로 "빈자리를 메우고 도왔다." "몇 년 동안 우리는 커다란 풍로 위에 한솥밥을 지어 먹었고 기분 나쁜 말은 한마디도 주고받은 적 없이 긴 식탁에 함께 앉아 식사를 하며 지냈다"고 그녀는 강조했다. 남편에 대해서는 거의 아무 말도 남기지 않았기 때문에 결혼 생활이 남편을 중심으로 돌아갔음에도 불구하고 남편은 불필요한 존재처럼 보인다. 모르몬교의 교리가 그녀에게 요구한 삶에 대해 심사숙고했을 때 그녀는 다만 다른 두 아내들과의 관계에 대해서만 고려했을 뿐이다. "우리가 중혼 관계로 살아가는 동안 내세의 기반을 닦았다는 것과 친자매보다 서로를 사랑하는 우리 셋이서 손을 잡고 죽는 날까지 함께 갈 것이라는 사실이 나에게는 기쁨이다."

한나 크로스비는 중혼의 장점을 정연하게 설파했다. 그녀는 "실제로 경험해보기 전에는 일부다처제의 우수성을 알 수 없다. 우리는 일부일처제를 택한 사람들이 결코 알 수 없는 많은 특권들을 누렸다"[40]고 주장했다.

몇 가지 조심스러운 일반화

빅토리아 여왕 시대 여성들의 생애가 대단히 다양했다는 것을 감안할 때, 5장의 도입부에서 내가 제기했던 것과 같은 결혼에 대한 일반화에는 항상 의문의 여지가 남을 것이다. 성별에 따른 부부간의 영역 구분이라는 이데올로기는 런던과 워싱턴에서 아이오와와 캘리포니아에 이르기까지 맹위를 떨쳤던가? 그것이 뉴욕에 사는 여권 옹호자와 조지아 주의 대농장 여주인, 캘리포니아 광산촌의 요리사, 그리고 네바다 주의 통행료 징수원의 아내에 이르기까지 모든 사람들의 삶을 지배했던가? 남녀의 영역 구분이라는 이데올로기와 여자는 집안일에 어울린다는 생각이 계급과 지역의 차이를 뛰어넘어 일률적으로 적용된 것은 아니었다. 경제적, 사회적 계층의 밑바닥으로 내려갈수록 '남자'의 일과 '여자'의 일을 분명하게 구분하는 경향은 약화되었다. 생존의 문제가 제기되면 결혼을 했든 안 했든 여자들은 자신과 가족들을 먹여 살리기 위해 어떤 일도 마다하지 않았다. 같은 맥락에서 서부로 가면 갈수록 여성은 최소한 처음에는 남편과 함께 일을 했다. 남편들과 아내들은 캔자스에서는 농부로, 와이오밍에서는 목장의 인부로, 캘리포니아에서는 하숙집 경영인으로 함께 일했다. 초기 개척자 남성들과 여성들을 고무시켰던, 남녀의 경계를 허무는 정신은 서쪽으로 갈수록 성별 간의 벽을 전복시키는 데까지 나아갔다.

하지만 성별에 따른 영역 구분의 이데올로기와 여자는 집안에 머물러야 한다는 믿음은 그렇게 호락호락 사라지지 않았다. 먼 곳으로의 여정에서조차 여자가 할 일과 남자가 할 일이 따로 있었다. 남자들이 소 떼를 몰고 마구를 손보면 여자들은 요리를 하고, 세탁과 바느질을 하고 아기들을 돌보았다.[41] 여성들은 종종 전통적으로는 하지 않던 일들, 특히 연료로 쓰기 위해 물소의 똥을 수거하는 일을 하도록 요구받았는데도 불구하고, 그에 따른 어떤 반대급부도 없이 전통적으로 아내와 어머니로서 하던 모든 일을 똑같이 수행해야 했다. "그들은 매일 발바닥에 불이 나도록 종종대며 아침 식사를 준비하고" 저녁이면 "다음 날 밤까지 버티기에 충분할 만큼"의 요리를 준비했다.[42]

여로에서 아내들이 남자들의 일을 했다고 해서 이것이 남편들과 동등한 권위를 누리게 되었다는 뜻은 아니다. 래비니아 포터(Lavinia Porter)가 들려주는 다음의 사건은 남자의 권위에 도전할 때마다 여성들이 겪었던 어려움을 잘 보여준다. 그녀가 남편에게 물소의 똥을 줍는 대신 1킬로미터쯤 떨어진 곳에 있는 숲에 가서 땔감을 줍는 게 어떻겠느냐고 제안하자 남편은 그 요구를 일언지하에 거절했다. 화가 치민 그녀는 마차로 쳐들어가 남자들에게 "저녁을 먹고 싶다면 직접 가서 땔감을 구해와요. 음식도 직접 만들고요"라고 말했다. 그러고 난 뒤 그녀는 울다가 잠이 들었다. 그녀의 남편은 저녁을 직접 지은 후 그녀를 깨우면서 화해를 하려고 했지만, 이들은 몇 주 동안 냉전 상태를 유지했다. 이 이야기를 나름대로 해석한 존 파러거와 크리스틴 스탠셀이 지적했듯이, 비록 미시시피 강 이서(以西)에서 양성 간의 경계선을 넘나드는 일이 빈번하게 일어났다고 해도, 빅토리아 여왕 시대의 전통적인 부부간 노동 분업과 권위의 남성 편중 현상은 대서양에서 태평양에 이르기까지 결혼 제도의 근간으로 남아 있었다.[43]

서부 연안에 사는 한 개척자 여성은 동부 연안에 살고 있던 자신의 언니와 마찬가지로 가사 노동 부담을 지고 결혼했다. 상대적으로 부유한 집안 출신으로 열네 살이 되던 해인 1854년 5월 4일 오리건에서 결혼식을 올렸던 신부 베세니아 오웬스 아데어(Bethenia Owens Adair)의 혼수 함에는 "네 채의 퀼트 이불 (……) 네 벌의 셔츠를 지을 수 있는 모슬린 천, 두 벌의 베갯잇, 두 개의 식탁보, 네 장의 수건이 들어 있었다." 그녀의 아버지는 딸에게 "잘생긴 승마용 암말" 한 필과 암소와 송아지, 그리고 마차와 마구를 결혼 선물로 주었다. 어머니는 어머니대로 "좋은 깃털 침대 하나와 베개들, 훌륭한 밀짚 침대 하나, 한 쌍의 담요와 여벌로 쓸 두 개의 퀼트 이불"을 선물했다. 결혼식이 끝나고 그날 오후에 그녀는 식료품과 요리 기구, 커다란 우유통, 대야와 선반, 쇠로 만든 30갤런짜리 빨래통, 양동이, 주석으로 만든 국자를 샀는데, 모두 아버지 앞으로 장부를 달아놓았다. 그녀의 남편이 가져온 것은 말 한 필과 안장, 장총 한 정, 그리고 신부를 데려다 살게 할 마루도 없고 굴뚝도 없는 3.6×4.3미터 크기의 조그만 오두막집이 전부였다.[44]

그녀가 다른 어떤 의무들을 가외로 수행하든 간에 개척자의 집에서도 아내는 여전히 집안일과 양육에 일차적인 책임을 지는 존재였다. 남편이 종종 불 위에 주전자를 올려놓는 일은 있었지만, 아내가 앓아 눕거나 산후조리를 하고 있을 때조차 남편이 집안일을 돌볼 것이라고 기대하는 사람은 아무도 없었다. 홀아비가 된다든지 해서 집안일을 하지 않을 수 없게 되었을 때 남편이 제일 먼저 떠올리는 생각은 새 아내를 맞아들이는 것이었다. 가부장제의 양대 기둥인 법과 종교에 의해 지탱되는 부부 관계에 대해 다양한 의문을 제기할 수 있다. 만약 몇몇 여성들이, 특히 남부의 여성들이 현 상태에 만족해하며 실제로 남성들의 지배를 환영한다고 했을지라도, 그것이 남부의 모든 여성들의 입장이라고 보기는 어렵다. 많은 아내들은 공공연히 혹은 암암리에 남편의 뜻을 꺾는 방법들을 찾았다.

한 개척민의 아내는 자신의 상황을 다음과 같이 분석했다. "나는 남편이 가장이 된다는 사실에 대해 이미 나름대로 생각들을 정리해두고 있었다. 나는 결혼 서약을 하는 과정에서 아내의 '복종'에 관한 남편의 의중을 떠보기 위해 주의를 기울였고, 그 결과 그가 이 용어에 동의하지 않는다는 사실을 알았다. 동의를 하든 안 하든 '복종'이라는 단어는 빠져야 했다. 나는 모든 자식들이 그런 것처럼 부모님의 보살핌을 받으며 자랐고 이제 그 시간은 끝났다. 나는 성숙한 여자가 되었고 집안의 가장 역할 가운데 반을 떠맡을 수 있게 되었다. 그의 말과 나의 말은 동등한 가치를 지니게 될 것이다."[45] 추측하건대, 이것이 사랑으로 남편을 선택했고 평등한 결혼을 희망했던 많은 여성들의 입장이었을 것이다.

북부, 남부, 중서부, 서부에 살던 많은 여성들은 행복한 결혼 생활을 기록으로 남겼지만 다른 많은 여성들은 종종 버림받거나 이혼으로 막을 내렸던 결혼 생활로 인해 수년 동안 고통을 받았다. 남편들은 다른 여자가 생겨서, 혹은 아내가 술을 먹는다거나 의기소침해졌다는 이유로, 혹은 아내가 게으르다는 이유로 아내와 자식들을 버렸다. 신문의 '사람을 찾습니다'란의 '도망간 아내들'에 관한 광고에서 알 수 있듯이 아내가 가족들을 팽개치는 경우도 있었다. 혹은 아내가 이혼 청원을 할 수도 있었는데, 이러한 현상은 이혼법이 상대적으로 여성에게 유리했던 개척지에서 두드러졌다.

남편과 아내는 갈라서고 나면, 어느 한쪽이 재혼을 원하지 않는 한 이혼 수속 문제로 골치 썩을 일이 거의 없었다. 심지어 재혼하고 싶을 때조차 미국처럼 넓은 나라에서는 낯선 땅으로 은신한 뒤 서류 정리를 하지 않고도 새로 결혼을 하는 것이 얼마든지 가능했다. 중혼은 "미국 역사 초기에 일반적인 사회 현상"[46]이었던 것으로 보인다.

베세니아 오웬스 아데어처럼 밥벌레 같은 남편을 오리건에 두고 떠날 수 있도록 도와준, 믿을 만한 부모와 용기를 가진 아내들은 거의 없었다. 4년간의 결혼 생활 끝에 한 아이의 엄마가 된 베세니아는 열여덟 살 때 부모의 집으로 돌아갔고 이혼 소송을 제기했다. 그녀보다 나이 많은 여자가 왜 남편을 버렸느냐고 묻자 베세니아는 "그가 아기에게 무자비한 매질을 했고, 나를 때리고 목을 졸랐기 때문이에요"라고 대답했다. 이 음울했던 순간 그녀가 처한 어려움은 극복할 수 없는 것처럼 보였다. "모든 사랑과 존경을 짓밟아버린 남편, 평생 따라붙을 이혼이라는 낙인, 그리고 병약한 두 살배기 아이"[47]가 그때 그녀의 삶 앞에 놓인 전부였다.

그러나 진정으로 빛나는 삶이 그녀를 기다리고 있었다. 우선 그녀는 학교에 들어가 초등교육을 마쳤다. 그리고 나서 16명의 학생을 모집하여 석 달에 2달러씩 받고 가르치기 시작했다. 그녀가 아들을 데리고 부모님의 집에서 나왔을 때, 그녀는 아이들을 가르치고 세탁 일을 해 주고 블루베리를 따면서 그럭저럭 생활을 꾸려 나갈 수 있었다. 수년간 그녀는 양장점과 모자 가게를 운영했다. 1870년에 그녀는 아들을 버클리 대학에 보낼 수 있었다.

이를 계기로 그녀의 인생은 극적으로 바뀌었다. 의학을 공부하기로 결심한 것이다. 그녀는 한 의사에게 《그레이의 해부학*Gray's Anatomy*》이라는 책을 빌려 독학으로 공부했고, 필라델피아에 있는 이클렉틱 의대에 입학했다. 유명한 의대들은 대부분 여자를 받아들이지 않았고, 의학 자체가 여성들을 위한 학문이 아니라고 여겼기 때문에 가족들은 그녀가 '집안 망신'을 시킨다고 생각했다. 그러나 그녀는 끈질기게 노력하여 이클렉틱 의대를 거쳐 여성에게 의학사를 부여한 최초의 대학 중 하나인 미시간 대학에서 의학 과정을 끝마쳤다. 그녀는 1880년 마흔 살에 학위를 땄고, 향후 25년간 고향인 오리건에서 전설적인 '여의사'로 환자들을 진료했다.

베세니아 오웬스 아데어는 미국과 영국의 아내들을 속박했던 가부장제의 견고한 틀에 금이 가기 시작했던 시기에 성인이 되었다는 점에서 운이 좋은 여성이었다. 1857년부터 1882년까지 영국에서, 그리고 1840년대에 미국에서 발효된 법은 결혼한 여성에게 더 많은 자유를 부여했고, 새로 주어진 교육과 취업의 기회는 독신 여성과 이혼한 여성에게 아내로서의 삶 대신 택할 수 있는 현실적인 대안을 제시해 주었다.

7장

인형의 집

여성 문제와 신여성

헨리크 입센의 희곡《인형의 집*Et Dukkehjem*》제3막에서 남편 헬마와 아내 노라는 크게 충돌한다. 헬마는 노라에게 "모든 것에 앞서 당신은 아내이자 엄마야"라고 말하고, 노라는 "난 더 이상 그렇게 생각하지 않아. 나는 모든 것에 앞서 인간이야. 당신이 그렇듯이. (……) 어쨌든 나는 그렇게 하고 말 거야"[1]라고 대답한다.

1789년 12월 코펜하겐 왕립 극장에서 이 작품이 초연되었을 때 큰 소동이 일어났다. 멀쩡한 여성이 아내이자 엄마로서의 본분을 부정하고 남편과 자식을 버린 채 자신의 길을 간다는 이야기는 사회를 지탱하는 가치들에 대한 모욕으로 간주되었다. 덴마크보다 몇 주 앞서 희곡이 출간된 입센의 조국 노르웨이에서는 보수주의자들이 최상의 공격 대상을 발견했다. 입센은 반대파의 비판을 즐기는 쪽이었으나 스칸디나비아 전역에서 유례없이 격렬한 반응이 일자 이번에는 한 발짝 물러섰다. 독일어판에서 그는 반대파에게 굴복하고 결말을 수정했다. 독일어판의 결말에서 노라는 문을 닫고 집을 나가는 것이 아니라 헬마의 강요에 못 이겨 잠자는 아이들을 바라본 후 막이 내리기 전에 마루에 주저앉아 울부짖는다. "아아, 이것이 나 자신에게 죄를 저지르는 일이 된다 해도 나는 아이들을 두고 떠날 수 없어."

물론 입센이 진보적인 사상가들의 갈채를 받은 것은 원본으로 인해서였다. 그저 '인형이자 아내(그전에는 아버지의 '인형이자 딸')'였을 뿐인 '인형의 집'에서 탈출하여 자유를 찾으려던 노라의 투쟁은 사회에서 완전한 시민권을 획득하기 위해 싸웠던 많은 여성들의 투쟁을 반영하는 것이었다. 노라라는 이름은 곧 아내와 어머니로서의 의무를 수행하는 것을 거부하는 한이 있더라도 자유로운 인간으로서 살아갈 권리를 쟁취하기 위해 싸우는 여성을 상징하게 되었다.

다른 걸작들과 마찬가지로 《인형의 집》은 당대의 시대상을 잘 그려내고 있다. 주인공 노라는 당대의 인습에 얽매인 노르웨이의 부르주아지 계급의 아내인 동시에 시대와 관계없이 자아 실현을 추구하는 여성의 모습을 상징한다. 그녀만의 특수한 이야기는 모든 여성의 이야기이기도 한 것이다.

당시의 시대 상황을 살펴보자. 19세기 후반에 스칸디나비아는 유럽의 다른 지역과 마찬가지로 여성 문제의 소용돌이에 휩쓸려 있었다. 노르웨이의 카밀라 콜레트(Camilla Collet)와 스웨덴의 프레데리카 브레메르(Frederika Bremer)의 소설들은 남성들이 일방적으로 특권을 누리고 있음을 일깨우는 데 지대한 공헌을 했다. 미혼 여성은 자신의 사랑을 표현하지 못하고 남성이 먼저 고백하기를 기다리면서 모든 주도권을 남성에게 맡기고 있어야만 하는가? 결혼은 독신 여성이 자신의 자유를 내주는 대신 남성의 보호를 받아들이는 가부장적인 제도인가? 법률적으로 아내는 남편의 후견에 종속되는 미성년에 머물러 있어야 하는가? 여성은 가정을 관리하는 책임을 뜻하는 '자물쇠와 열쇠'에 대한 권한 이외의 모든 경제적 권리를 포기해야 하는가?

당시 노르웨이를 지배하고 있던 스웨덴에서 여성 문제를 둘러싼 의회 내의 격론은 1874년에 새로운 법이 제정되는 것으로 막을 내렸다.

이로써 여성의 지위에 실질적인 변화가 일어났다. 처음으로 결혼한 여성이 자신의 개인 재산에 대한 약간의 통제권을 갖게 되었다. 상당한 지참금 또는 부모로부터 상속받은 재산을 가진 아내들은 대개 상류 사회의 일원이었고 같은 계층의 남성과 결혼했지만 1874년 이전에는 사회적 지위에 상관없이 결혼하면서 갖고 온 재산에 대한 권리를 인정받지 못했다. 1870년대에 스칸디나비아에서 일어난 변화들은 《인형의 집》의 노라가 남편 모르게 은행 대출을 할 수 있게 만들었다. 그녀의 절친한 친구는 이 거래가 이루어진 것에 놀라워한다(그녀는 노라가 죽어가는 아버지에게 어음에 사인을 하게 해서 대출했다는 사실을 알았더라면 더욱 놀랐을 것이다).

또한 1874년에 제정된 법에 의해 아내는 자신이 벌어서 얻은 소득을 관리할 수 있게 되었다. 이러한 법은 결혼 전에 스스로 벌어서 살았던 노동자 계급의 여성들에게 특별한 의미를 지니는 것이었다. 이 여성들은 종종 자신의 힘으로 지참금을 마련하고 신부와 가족들에게 큰 부담이 되었던 결혼식 비용을 댈 수 있을 때까지 결혼을 미루었다. 수년 동안 지속되던 이 '약혼' 기간 중에 스웨덴의 노동자 계급 여성들은 남자들과 종종 동거를 했고, 어머니가 되는 경우도 있었다(중상류층 여성들은 생각할 수도 없는 일이었다). 노동자 계급 커플 중 40~50퍼센트가 혼전 동거를 했을 것으로 추정된다. 교회나 국가의 축복 없이 동거하는 것을 지칭하는 '스톡홀름 결혼'이라는 말은 바로 이러한 현상에서 유래했다.[2]

비록 성직자(프로테스탄트가 압도적 다수를 점하던)는 이러한 현상을 달갑게 여기지 않았지만 중세 신부의 아내들이 그랬던 것처럼 '스톡홀름 결혼'에 들어간 하류층 여성들을 사회는 흔쾌히 받아들였다. 동거하는 남녀들은 전국조사(全國調査)와 같은 공적인 조사가 있을 때 파트너의 집에서 일하는 사람인 척하면서 동거를 감추려 들었다. 실제로 이런 커플들은 대개 결혼에 골인했고 아이가 있는 경우에는 부모들도 쉽게 받아들였다.

스톡홀름 결혼은 여성들이 이러한 관계에서 상당히 독립적이었다는 사실을 우리에게 알려준다. 법적인 부부가 아니었으므로 그들은 결코 남편의 후견하에 들어가지 않았다. 그들은 자신의 소득을 스스로 관리했으며 파트너의 경제적 지원에 의지하지 않았다. 역사를 통해 여성의 독립성은 스스로 벌었든 물려받았든 간에 여성이 경제적으로 자립했을 때 신장되었다. 이러한 여성의 경제적 독립은 몇몇 남자들을 매우 신경질적으로 만들었다. 20세기 말의 사회악이 결혼한 여성이 밖에 나가 일을 하는 것에서 비롯된다고 믿는 사람들은 19세기 말에 여성 문제를 둘러싸고 벌어진 논쟁을 찬찬히 살펴보아야 할 것이다. 그 논쟁은 오늘날에도 우리가 여전히 마주하고 있는 것과 똑같은 문제를 다루고 있다.

유럽에서 여성의 진보적 변화를 옹호하는 진영에는 노르웨이의 헨리크 입센과 비외른스티에르네 비외른손, 스웨덴의 프레데리카 브레메르와 엘렌 케이, 러시아계 프랑스인 작가 마리 바시키르체프, 프랑스의 운동가인 마리 모주레와 넬리 루셀, 남아프리카의 소설가 올리브 슈라이너, 아일랜드의 극작가 버나드 쇼, 오스트리아의 사회비평가 베르타 폰 주트너 등과 같은 쟁쟁한 문필가들도 포함되어 있었다. 하지만 반대 진영에도 만만찮은 인물들이 포진하고 있었다. 독일의 철학자 프리드리히 니체, 스웨덴의 극작가 아우구스트 스트린드베리, 러시아 소설가 레프 N. 톨스토이, 그리고 수많은 프랑스인들이 이러

■ ■ ■

〈철기 시대, 남자가 꿈꾸는 세상〉.
전국 여성 투표권 운동 본부가 결성된 후 이를 통해 예상할 수 있는 사회의 모습을 남성의 시각에서 풍자한 1869년의 석판화.

한 변화에 반대했다. 그러나 이들 중 그 누구도 기혼 여성들은 가부장제의 울타리 안에서 얌전히 살아야 한다고 믿었던 교황 레오 8세보다 더 많은 영향력을 행사하지는 못했다. 그는 1891년의 동문통달(同文通達)에서 "여성은 집안일에 적합하게 태어났으며 정숙하게 행동해야 하고, 아이를 잘 양육하고 가족의 안녕을 위해 힘쓰는 일에 가장 잘 어울린다"[3]고 단언했다.

풍자만화가들은 신여성인 아내와 그런 아내에게 구박받는 남편을 소재로 다루어 공전의 히트를 기록했다. 아내에게 잡혀 사는 남편들을 비웃는 오랜 전통에 따라 풍자만화가들은 결혼 생활에서 남녀의 역할이 뒤바뀐 모습을 희화했다. 여성에게 투표권을 주어야 한다는

〈현대식 결혼〉.
유럽에서 1900년에 그려진 것으로 '신여성'과의 결혼 생활을 풍자한 만화다.

주장을 비꼬고 있는 미국의 풍자만화에는 남편은 집에서 아이를 보고 세탁을 하는데, 우아하게 차려입은 아내가 다른 두 여자들이 끄는 마차에 올라타는 모습이 묘사되어 있다. 〈현대식 결혼〉이라는 독일 만화에서는 치마를 입고 슬리퍼를 신은 남편이 한 손에는 아이를, 다른 한 손에는 젖병을 들고 있고, 심술궂게 생긴 아내는 바지를 입고 뾰족한 신발을 치켜들고 있다. 그림 아래에 "그녀는 바지를 입고 있다"는 글이 적혀 있다.

영국의 신여성

1880년대와 1890년대의 영국에서 여성 문제는 정점에 도달했다. 신문과 잡지의 기사들, 소설과 희곡들, 공적인 연설과 사적인 대화들은 신여성(New Woman, 이 단어는 이미 어느 정도 일반화된 현상을 묘사하기 위해 1894년에 만들어진 것이다[4])이라는 주제에 집중되었다. 신여성의 특징은 높은 교육 수준과 독립성, 가족의 전통적인 가치를 무시하고 남성과 여성이 지켜야 할 관습적인 영역의 경계들을 무너뜨리려는 성향이다. 찬미자들의 눈에 신여성은 오랫동안 기다려온 여성 구세주로서 양성 간의 관계를 바로 세우고 가정과 사회에 커다란 기여를 하는 존재로 비쳤다. 그러나 반대자들의 눈에는 남녀 간의 영역 구별을 무너뜨리고 결혼과 모성 같은 신성한 가치들을 파괴하려고 작정한 괘씸하고 말 많은 계집으로 보였다.

신여성을 둘러싼 스캔들은 미래의 아내상이 전통적인 아내상과 달라지지 않을까 하는 남성들의 불안감에서 비롯되었다. 여성의 섹슈얼리티, 교육, 고용, 참정권 등은 점차 사회 문제로 부각되고 있었지만, 여권을 옹호하는 주장은 '진정한 여성성', 즉 자기희생적이고, 모든 것을 돌보는 아내이자 어머니로서의 역할에 대한 공격으로 여겨졌다. 결혼한 여성이 남편과 정말로 평등한 관계를 맺는다면 집안 꼴이 어떻게 되겠는가?

영국에서 처음으로 이 문제에 관한 광범위한 대중적 관심을 불러일으킨 사람은 모나 케어드(Mona Caird)로, 그녀는 1888년 《웨스트민스터 리뷰*Westminster Review*》에 〈결혼〉이라는 글을 기고한 바 있다. 이 글은 그에 대한 논평을 공개적으로 모집한 《데일리 텔레그래프*Daily Telegraph*》에 게재된 후 두 달도 채 되지 않아 2만 7000통이 넘는 독자 편지를 받았을 만큼 큰 반향을 일으켰다.

그렇다면 동시대인 가운데 한 사람이 "당대 최대의 지상(紙上) 논쟁"[5]이라고 불렀고, 이처럼 유례없는 반향을 불러일으킨 모나 케어드의 글은 어떤 내용을 담고 있었는가? 그녀는 메리 울스턴크래프트와 존 스튜어트 밀 같은 페미니스트 사상가들로부터 영향을 받았다. 모나 케어드는 여성이 수 세기 동안 남성에게 종속되어온 이유는 그것이 남자들의 이익에 부합했기 때문이며, 결혼은 여성을 노예로 만드는 원시적인 제도라고 주장했다. 그녀는 혼인 적령기의 빅토리아 여왕 시대 여성들이 결혼 시장에서 사실상 스스로를 가장 높은 입찰가를 제시한 사람에게 팔아넘기는 문제에 천착하면서 "결혼 관계에서의 소유"라는 개념이 고대의 신부 매매 관행에서 비롯된 것이라고 주장했다.

모나 케어드는 루터를 통렬하게 비판했다. 결혼의 종교적인 신성함을 부정하여 이를 상업적인 계약으로 만든 것도, 결혼을 허가받은 죄악보다 조금 나은 어떤 것으로 격상시킨 것도 루터라고 생각했다. 그녀는 "프로테스탄티즘이 결혼에 존엄성을 부여했다"고 여기는 견해를 단호히 일축하고, 루터나 멜란히톤 같은 종교개혁을 주도한 사상가들이 빅토리아 여왕 시대의 통념, 즉 여성의 주된 임무는 낳다가 죽는 한이 있어도 아이를 출산하는 것이라는 생각을 널리 퍼뜨리는 데 기여했다고 결론지었다.

케어드는 결혼은 "하나의 실패"라고 선언했다. 아내가 여전히 "구매의 체계"에 종속되어 있기 때문에 그녀는 "남편을 위한 노역 행위에 적합한" 미덕을 기르도록 강요받는다. 아내는 남편과의 "관계"를 제외하고는 자신의 지성, 지식, 고상함을 드러내지 못했다. 그러나 케어드가 설득력 있게 주장했듯이 "여성은 자기 안에 있는 남성성을 지켜야 한다." 당시 사람들은 아내의 미덕이 남편의 명예를 빛내는 것만큼이나 아내의 부덕함은 남편의 "명예를 실추시킨다"고 생각했다. 케어드가 보기에 아내의 부덕함이 남편의 명예를 훼손할 수 있다는 생각은 남성이 "주인 의식 이론을 가장 순진한 방식으로 선언한 것"에 지나지 않았다. 아내를 재산과 동등하게 취급하는 법 때문에 이러한 생각은 법정에서도 지지되었지만, 그녀는 보다 근본적인 실존적 의문을 제기한다. "자신의 행동이 아닌 다른 사람의 행동 때문에 과연 명예가 실추될 수 있는가?" (이 질문은 《인형의 집》에서 아내가 서류 위조를 한 일이 자신의 명예를 더럽힐까 봐 두려워하는 헬마에게도 적용될 수 있다).

케어드는 이 "품위를 손상시키는 노예" 상태를 개선하기 위해 급진적인 제안들을 내놓았다. 그녀가 제시한 해법 가운데 하나는 결혼 자체를 거부하는 것이다. 이는 "스스로의 자유를 희생한 대가로 결혼을 생활의 한 방편이라고 여기고 안주하는 대신에 결혼을 통해 누릴 수 있는 상대적으로 안락한 생활을 거부하는, 점점 그 수가 늘어나는 여성들"이 택한 길이었다.

그러나 케어드가 진심으로 결혼을 거부한 것은 아니었다. 그녀가 원하는 것은 '파괴'가 아닌 '재탄생', 즉 불행한 결혼 생활을 하고 있는 사람들에게까지 함께 살 것을 강제하는 법률을 포함한 결혼 제도의 잘못된 점들을 바로잡는 것이었다. 19세기 내내 증거가 충분한 간통만이 유일한 이혼 사유였고, 이혼 소송을 하는 데 들어가는 비용 또한 너무 커서 대다수의 영국 남녀들은 그러한 경우에 처했더라도 이혼을 포기할 수밖에 없었다. 케어드는 소녀들이 스스로 자립할 수 있으려면, 그리고 돈 때문에 할 수 없이 결혼하지 않으려면 좋은 교육을 받아야 한다고 주장했고, 이혼 법이 좀 더 여성에게 관대하게 개정되어야 한다고 주장했다. 그때 비로소 결혼은 의무감이 아니라 사랑과 우정에 기초한 진정한 선택의 문제가 될 것이다. 그녀의 견해에 따르면 이러한 변화는 기존의 결혼에 불만을 품은 많은 남성과 여성들에 의해 달성될 수 있을 것이다. 도덕적 르네상스가 일어나고 있다고 판단한 케어드는 "요 몇 년 동안 주목할 만한 의식의 변화가 일어났는데 이는 각성의 전조라 여겨진다"고 말하고 독자들에게 논쟁에 동참할 것을 권했다.

케어드의 글에 대한 답변을 보내온 편지들 가운데 일부가 《데일리 텔레그래프》에 실렸는데, 편지를 쓴 사람들은 아내, 남편, 독신녀, 독신남, 미망인, 홀아비, 목사, 술집 여자, 의사, 선원, 간호사, 화가, 물리학자, 여배우, 모피상, 여사무원 등이었다. 노동자 출신인 몇몇 사람들이 보내온 편지를 제외하면 모두 자존심이 강한 중류층 출신이었다. 그들 가운데 몇몇은 케어드의 견해에 동감을 표시했고, 몇몇은 반감을 나타냈다. 그들은 자기의 행복과 불행에 관한 사적인 이야기들을 털어놓기도 하고, 전통적인 결혼이 훼손되어서는 안 되는 이유를 열거하는가 하면 그 개선책을 내놓기도 했다. 많은 이들은 자기보다 먼저 편지를 쓴 특정 개인에 대해 충고를 하기도 했다. 이 편지들을 통해 우리는 수많은 개인의 초상을 비롯하여, 영국의 결혼 생활에 대한 훌륭한 파노라마를 엿볼 수 있다. 다음의 발췌문들은 결혼 생활에 실패했다고 여기는 여성들의 편지와 성공적인 결혼 생활을 하고 있다고 생각하는 여성들의 편지로 나누어져 있다.

실패한 결혼

저는 이혼 절차가 좀 더 간소화되어야 한다는 주장에 동의한다는 점을 밝히고 싶습니다. 제 경우를 예로 들어보겠습니다. 제 남편은 구제불능의 술주정뱅이입니다. 그가 돈을 잘 벌고 그 덕분에 비교적 여유 있게 살고 있는 것은 사실입니다. 하지만 그것이 제가 일주일 중 닷새는 몸을 가눌 수 없을 정도로 취한 남편과 살아야 하는 이유가 될까요?

8월 20일, 웨스트번 파크에서 루크리셔

저는 결혼을 끔찍한 재앙이라고 보는 사람들 가운데 하나입니다. 아주 어린 나이에 결혼하여 몇 년 만에 사실상 과부 신세가 되었고, 야만적인 남편 때문에 날마다 이혼을 생각하며 살아야 했으니까요. 인생이 완전히 망가질 때까지 한 남자와 살아가도록 명령하는 그 잘난 법 때문에 저는 폭행을 당해 눈 하나를 잃고서야 그와 헤어질 수 있었습니다.

8월 21일, 스트랜드 베드퍼드 스트리트에서 M. S

모나 케어드 부인, 저는 불행한 결혼을 한 사람들이 품위를 지키면서 어려움에서 벗어날 수 있는 방법을 알려주신 분들에게 진심으로 감사드리고 싶습니다. 제 경우에 결혼은 단지 남편과 잘 맞지 않았기 때문에 끔찍한 실패였습니다. 14년 동안 매일 티격태격하며 말싸움을 했을 정도로 우리는 도저히 함께 살 수 없는 사람들입니다. (……) 우리는 단 하나의 예외를 제외하고는 둘 다 결혼식 날 서로에게 했던 맹세를 모두 저버렸습니다. 다른 방법이 없다면 우리는 그저 꾹 참으며 불행 속에서 남은 날들을 보내고, 사랑도 기쁨도 없는 가정에서 자라나는 아이들의 삶 역시 어둡고 비참하게 만들고 말 것입니다.

8월 21일, 보그너 근교 펠펌의 한 지친 아내로부터

저는 버림받은 아내입니다. 남편은 제게 끔찍한 모욕을 퍼붓고 매정하게 대해왔습니다. 그러나 단언컨대 저는 결혼 서약의 신성함을 지키기 위해 죽을 힘을 다해왔기 때문에 남편이 내일이라도 돌아오라고 사람을 보낸다면 기꺼이 그렇게 할 것이고 마음에서 우러나오는 정성과 친밀감으로 그에 대한 의무를 다하기 위해 힘쓸 것입니다.

9월 10일, 워싱에서 도시 상인의 아내

저는 아무 생각 없이 사랑하지도 않는 남자와 결혼했습니다. 살다 보면 그를 사랑하게 될 것이라고 생각했지만 그렇게 되지가 않았습니다. (……) 그의 아내로서 저는 그와 함께 살아야 한다고 생각하지만 손톱만큼도 사랑하지 않고, 취향이나 성격, 추구하는 바가 저와 정반대인 남자와 계속 살아야 한다는 사실 앞에서 저의 온 영혼은 반란을 꿈꾸고 있습니다. 의무감으로 살아온 제가 의무가 아닌 사랑을 하게 된다면 얼마나 좋을까요?

9월 20일, 노르우드에서 한 결혼 모험가가

저는 남편과 성격이 전혀 맞지 않아서 고통 받고 있습니다. 저희는 싸우지는 않지만 교감이 전혀 없습니다. 서로의 생각과 감정에 대해 극단적인 혐오감만 느낄 뿐…….

저는 남편들이 아내에게도 집안일 외에 나름의 취미와 관심거리가 있다는 것을 인정한다면 불평 많고 불행한 아내들은 줄어들 것이라 믿습니다.

(……) 결혼이 '실패' 하는 이유 중 하나는 영국 남편들이 돈 문제에 대해 아내의 독립성을 인정하지 않는 데서 비롯됩니다. 독립적인 정신을 가진 여성이 동전 하나까지도 남편에게 손을 벌려서 타내야 할 때 받는 모욕감, 그리고 그것이 빚어내는 열패감과 반항심을 이해하는 남자는 거의 없습니다.

9월 26일, 켄트 주 다렌스에서 잃어버린 인생

이 편지들과 불행한 아내들이 보내온 또 다른 편지들은 종종 자신들의 불행을, 잔인하고 얕잡아보기를 좋아하며 무례하고 술만 찾는 것으로 묘사된 남편의 탓으로 돌리고 있다. 편지의 작성자는 대체로 자신을 "헌신하고 희생할 준비가 되어 있는", "모범적인 아내"가 되기 위해 온갖 노력을 다했다고 하면서 결혼 생활에 실패한 것은 환경 탓이고, 자신이 바라는 것은 조국의 법과 종교의 계율이 인정하는 출구를 찾는 것이라고 말하고 있다. 하지만 이혼을 하기 위해서 간통죄를 범하겠다는 사람은 아무도 없었다.

아내들 가운데 몇몇은 성격 차이를 문제로 삼았다. 그들은 남편 못지않게 자신의 탓도 크다고 여겼다. 사실 한 여성은 자신은 단지 "결혼 생활에 적합하지 않은 사람"이라는 사실을 인정했다. 다른 편지 작성자들과 마찬가지로 그녀는 이혼을 불가능하게 만드는 법률에 대한 반대 의사를 표명했다.

행복한 결혼

> 결혼한 지 20년 된 여자로서 몇 마디 해도 될까요? 제 소견으로 결혼은 인류 가운데 가장 약한 사람들, 즉 여성과 어린이들을 위한 제도입니다. 그리고 그것은 다른 무엇보다 그들의 이익에 부합됩니다. 남자들은 자유로운, 다시 말해서 일시적인 결혼 제도를 매우 만족스럽게 생각할 것입니다. 실제로 많은 남자들이 그러합니다. (……) 제 생각에 여성은 종속 상태에 놓이게 되어 있습니다. 인류 최초로 원죄를 범한 이브는 "그가 너를 지배하게 될 것이다"라는 말을 들었습니다. (……) 저는 여성의 관점에서 쓰고 있을 뿐입니다. 그리고 결혼 생활이 가끔 몹시 실망스럽게 여겨진다 해도 그것이 합법적으로 종족을 유지시키고 여성에게 아내다움과 명예로운 모성의 존엄성(신성함에 가까운)을 부여하는 한, 완전한 실패로 간주해서는 안 될 것입니다.
>
> 8월 10일, 브라이튼에서 믿음과 희망

당신이 명민하고, 지적이며 사교적인 여성이라면 그리고 남편에게 너무 많은 것을 기대하지 않는다면 당신은 대체적으로 행복한 아내가 될 수 있을 것입니다. (……) 당신이 사랑하는 남편을 다룰 때에는 당신의 판단을 신뢰하십시오. 무엇보다도 언제나 양쪽 모두에게 눈감아주어야 할, 따라서 참고 견뎌야 할 무언가가 있게 마련이라는 사실을 상기한다면 그는 당신을 사랑하고 존경할 것이며, 당신의 그런 점을 높이 살 것입니다. 만약 남편이 길을 잘못 들 가능성이 있다고 판단한다면 현관문 열쇠를 주어버리십시오. 그는 당신이 대수롭지 않게 여기는 자유에 곧 싫증을 느끼게 될 것입니다. 남편이 들어올 때까지 잠 안 자고 기다리는 일은 하지 마세요. 느긋하게 잠자리에 들고 그가 새벽에 돌아오더라도 다정하고 신뢰 어린 미소를 지어 보이고 난처한 질문을 던지는 일은 하지 마세요. 이러한 환경에서 남편은 (밖에서) 어떤 재미도 느끼지 못할 것이며, 장담컨대 한 달이 채 되기 전에 적당한 시간에 규칙적으로 집에 돌아올 것입니다. 당신의 결혼이 실패로 돌아갈지 말지는 많은 부분 당신에게 달려 있습니다.

8월 14일, 런던에서 에밀리 초핀

결혼 전날 밤 저는 세 가지 다짐을 했습니다. 남편을 화나게 하지 말 것, 남편에 대해 비밀을 만들지 말 것, 나의 이기적이고 철없는 행동으로 남편을 재정적인 곤경에 빠뜨리지 말 것입니다. 15년 뒤에 나는 남편에게 이 세 가지 다짐에 관해 이야기를 했습니다. 그리고 사별한 지 10년이 지난 오늘, 사랑과 부드러움으로 가득했던 그의 대답에 대해 적으려 할 때 나는 눈물로 이 종이를 적시지 않을 수 없습니다.

8월 20일, 링컨에서 결혼의 신성함을 믿는 사람

노동자의 아내가 결혼 문제에 대해서 몇 마디 해도 될는지요. 저는 결혼 40년차의 주부입니다. 그러니까 여러분이 한 번 귀 기울여 제 말을 들을 만한 가치가 있을 것입니다. 저의 의견은 "결혼은 실패가 아니다"라는 것인데 왜 그렇게 생각하는지 말해보겠습니다.

열다섯 살의 견습공이었을 때, 저는 음, 그러니까 상사와 사랑에 빠졌습니다. 그는 저보다 네 살이 많았고 역시 견습공이었지요. 우리 중 누구도 우리의 선택에 대해 부모님의 의향을 물은 적은 없었지만 우린 사랑에 빠진 그 누구보다도 행복했고 평화롭게 살았습니다. 그리고 우리는 결혼할 날을 손꼽아 기다렸습니다. 그가 준비가 되자마자 우리는 날을 잡았습니다. 어느 날 아침 우리 둘은 휴가를 내고 각각 증인이 되어줄 직장 동료 한 사람씩을 데리고 일행과 함께 교회로 행진했습니다. 그리고 아주 젊고 보기 좋은 한 쌍을 부부로 맺어주는 직업을 기쁨으로 받아들이는 어진 이의 주례로 결혼했습니다. 저의 지참금은 제가 응당 주어야 할 사랑이었지요. 그의 재산은 견습공으로서 그가 매주 벌어들이는 소득이 전부였습니다. 저축해둔 돈도 없고 초라하기 짝이 없는 '오두막집' 한 채로 결혼 생활을 시작했지만 우리는 더할 나위 없이 행복했습니다. 1년이 되지 않아 첫아들이 태어났습니다. 그 아이 뒤로 8명의 자식이 태어났는데 그중 7명은 장성한 어른이 되었습니다. (……) 왜 우리는 여자와 남자로 태어났을까요? 분명 서로의 동반자가 되기 위해서 그리고 "자식을 낳고 번창하라"는 하느님의 명령을 수행하기 위해서일 겁니다. 하느님은 우리를 즐기라고 세상에 내신 것이 아니라 역사(役事)를 하라고 세상에 내셨습니다. 여성의 역사는 어머니가 되고 아이들의 지성을 키우고 감성을 기르는 것입니다. 그러나 이 임무들을 완수하면서 진정한 여성이라면 기쁨을 느끼게 됩니다. 검은 머리가 파뿌리가 되고 다리에 힘이 빠질 무렵 자식들이 그동안의 사랑과 보살핌에 100배로 보답하는 것, 그리고 매일매일 저축에 대한 이자가 쑥쑥 늘어나는 것을 보는 것보다 인생에서 더 큰 상이 있을까요? 저는 더 나은 어떤 것도 알지 못합니다. 그리고 저는 자식들의 사랑과 예순 살 먹은 내가 난롯가에서 누리는 평온함을 로스차일드가의 부와도 바꾸지 않을 것입니다.

9월 플리머스에서 노동자의 아내

저는 남편을 만난 지 3년 만에 결혼에 골인했고, 그를 아주 많이 좋아했습니다. 우리는 행복한 결혼 생활을 하기에 충분할 만큼 서로의 취향을 잘 이해한다고 믿었습니다. 그러나 그가 제게서 멀어지고 있다는 것을 알기 전의 몇 개월 동안 우리는 아내와 남편이 아니었습니다. (……) 많은 친구들이 이렇게 충고하더군요. "그가 제멋대로 살면, 너도 그렇게 해." 그러나 저는 그렇게 해서는 그를 돌아오게 할 수 없다는 것을 알았고, 3년 동안 인내심을 갖고 견딘 후에 가장 좋은 방법을 생각해냈습니다. 그가 돌아오자 저는 아무 일도 없었다는 듯 문 앞에서 그를 맞았고 결혼 전에 늘 그에게 쏟았던 관심을 보여주었으며, 그가 어떤 친구들을 좋아하는지 알아보기 위해 애쓴 뒤 일주일에 두세 번은 한두 명의 기분 좋은 친구들과 함께 저녁을 같이 먹도록 했습니다. 점차 저는 그를 나쁜 친구들로부터 떼어놓을 수 있게 되었고 몇 년 전부터는 아주 행복하게 잘 지내고 있습니다.

9월 12일, 크로이돈의 중산층 여성

세월이 더 많이 흐르기 전에 하느님이 허락한다면 우리는 금혼식을 치르려고 합니다. 우리는 여전히 서로를 지겨워하지 않고 있습니다. 그러나 저는 많은 실수를 저질렀습니다.

(……) 저는 이제야 남편을 어떻게 다루어야 하는지 알게 되었고, 함께 나눔을 통해 별로 많지 않은 그의 즐거움을 배가시키는 법을 배웠습니다.

9월 17일, 스와프햄에서 위니 존스

전체적으로 행복한 아내들은 불행한 아내들처럼 분명한 입장을 밝히지는 않았다. 그들은 결혼이 남편의 약점을 너그럽게 받아들일 것을 요구하며 나아가 아내의 복종을 요구한다는 사실을 받아들였다. 그들은 결혼 생활을 잘 꾸려 나가는 것은 남편의 의무라기보다는 아내의 의무에 속한다고 믿었다. 한 아내는 결혼 전야에 앞으로의 행동거지에 대해 혼자서 세 가지 맹세를 했음을 15년이 지난 후에야 남편에게 털어놓았다. 다른 아내는 젊은 시절의 실수를 바로잡고 뒤늦게야 남편 다루는 법을 터득했다. 또 다른 아내는 남편을 "나쁜 친구들"로부터 조금씩 떼어놓았다. 그 밖에 진탕 쏘다니며 즐기던 남편이 밤중에 언제라도 집에 돌아올 수 있도록 하기 위해 "현관문 열쇠"를 내준 아내도 있었다. 이들은 모두 집은 바깥 세상의 풍파로부터 남편을 지켜줄 수 있는 성소여야 한다는 견해에 동의했다. '진정한 여성'은 주부이자 아내, 어머니로서의 의무에 헌신하는 여자를 의미했다.

이러한 아내들 가운데 몇 명은 분명 여성을 하느님이 명한 대로 남편에게 복종하고 아이를 많이 낳도록 운명 지어진 약한 그릇으로 바라보는 전통적인 종교적 여성관으로부터 영향을 받았다. 가장 특이한 경우는 자신의 계급을 명료하게 의식하고 있었고 자신의 운명에 만족해하던 노동자의 아내다. 결혼한 지 40년 된 이 아내와 다른 나이 든 아내들이 가장 행복해했다는 것은 짚고 넘어가야 할 사실이다. 그들은 결혼 초기의 적응, 출산, 가난 등으로 힘든 시기를 통과해야 했으나 말년에 이르러서는 신의 은총에 감사하고 있었다. 이러한 예는 노년기가 함께 살기 위해 노력하는 부부들에게 '황금기'일 수 있다는 일부 현대 심리학자들의 견해를 뒷받침하는 것처럼 보인다.[6]

영국과 대륙 사이의 논쟁의 진전

여성 문제에 관한 논쟁은 《데일리 텔레그래프》에 독자 편지가 쏟아진 사건 이후로도 오랫동안 계속되었다. 모나 케어드, 세라 그랜드, 올리브 슈라이너와 같은 영국의 여성 운동가들은 엘리자 린 린턴, 험프리 워드, 그리고 인기 소설가 위다 등의 반개혁주의자들로부터 공격을 받았다. 여성이 처한 상황의 변화에 찬성하든 반대하든 간에 남성 작가들 역시 신여성을 둘러싼 논쟁에서 뒷짐을 지고 있을 수만은 없었다. 초기 소설가들(예를 들어 제인 오스틴, 샬럿 브론테, 엘리자베스 개스켈, 찰스 디킨스)의 작품들과는 달리 1880년대와 1890년대의 소설들은 더 이상 결혼으로 막을 내리지 않았다. 그 대신에 결혼이 소설의 처음이나 중간에 등장했고, 작가들은 그 뒤 몇 장을 결혼의 문제점들에 할애했다. 어떤 소설은 아예 결혼이 성사되지 않은 채 끝나기도 했다.[7]

결혼을 '해피엔드'로 묘사하지 않고 사랑과 성, 결혼의 냉혹한 초상을 그려냈던 대륙의 작가들에 비해 영국의 작가들이 시대적으로 뒤처져 있었던 것은 사실이다. 1832년에 이미 프랑스 작가 조르주 상드(George Sand)는 모진 남편에게서 도망친 아내의 이야기를 담고 있는 《앵디아나*Indiana*》를 발표하여 동시대인들을 깜짝 놀라게 했다. 1830년대와 1840년대에 걸쳐 나온 오노레 드 발자크(Honore de Balzac)의 《인간희극*Human Comedy*》에 포함된 작품들에는 아내와 딸들을 불행하게 만드는 독단적인 남편들과 아버지들이 잔뜩 등장한다. 《두 젊은 부인의 추억*Mémoires de deux jeunes mariées*》에서 발자크는 미래의 아내들에게 결혼의 두 가지 형태, 즉 정략결혼과 열정을 수반한 낭만적 결혼을 제시하고 있다. 수녀원 부속학교를 나온 두 명의 친구는 완전히 대조적인 결혼을 한다. 한 여성은 집안을 따져서 결혼하고, 다른 한 여성은 사랑을 좇아 결혼한다. 발자크는 자신의 낭만적인 취향에도 불구하고 가정주부이자 어머니로서의 삶을 선택한 여성의 손을 들어준다. 육체적 쾌락을 탐닉하다가 첫 번째 남편을 잃고, 두 번째 결혼에서는 질투심을 이기지 못해 목숨을 잃은 정열적인 여주인공의 말로는 정신 똑바로 차리라는 경고로 들린다.

그러나 불행한 아내의 원형을(그 압권은 《보바리 부인*Madame Bovary*》이다) 만들어낸 사람은 발자크보다 한 세대 뒤의 작가인 귀스타브 플로베르(Gustave Flaubert)이다. 보바리 부인이 그 시대를 풍미했던 낭만적 사랑의 환상 속에서 성장한 애수에 찬 시골 처녀였다는 사실은 별로 중요하지 않다. 플로베르는 따분한 시골 의사의 정숙한 아내로 남기를 단호히 거부하는 그녀를 비난하기보다는 동정해야 할 비극적인 간부(姦婦)로 묘사했다. 1857년 나폴레옹 3세의 보수적인 정부는 도덕을 땅에 떨어뜨렸다는 죄목으로 플로베르와 그의 책을 출판한 사람들을 법적으로 처벌하려 했지만, 이 시도는 《보바리 부인》에 우호적인 여론, 그리고 설득력 있는 변호를 펼친 변호인과 진보적인 판사가 쏟아내는 달변의 파도에 휩쓸려버리고 말았다.

진정으로 비극적인 간부의 모습을 묘사한 작가를 꼽을 때 《안나 카레니나*Anna Karenina*》를 쓴 톨스토이를 빼놓을 수 없다. 아름답고 열정적이며 귀족적인 안나 카레니나는 냉정한 남편과 자식을 버리고 잘생긴 장교 브론스키 백작을 선택한다. 하지만 이러한 행동은 모든 사람을 파멸로 몰고 갔다. 결혼 생활을 통해서 얻은 아이뿐만 아니라 사생아까지 포기하면서 안나 카레니나는 보바리 부인처럼 자살을 택한다. 플로베르와 톨스토이를 그들의 주인공과 얼마나 동일시할 수 있을지는 모르겠지만 외도로 인해 마지막에 대가를 치르는 사람은 여전히 아내들이었다. 처벌을 받지 않는 여성의 간통이란 여전히 상상조차 할 수 없는 것이었다.

1880년대가 되면 영국의 소설가들은 결혼의 본질적 문제를 묘사하는 데 대륙의 작가들과 어깨를 나란히 하기에 이른다. 토머스 하디(Thomas Hardy)는 그 시대의 결혼이란 재앙을 배태한 지뢰밭이라는 사실을 보여주었다. 《캐스터브리지의 시장*The Mayor of Casterbridge*》에서 주인공은 젊은 시절에 아내와 아이를 뱃사람에게 팔아먹는 무도한 짓(이 행동은 나이가 들어 성공한 그를 계속 따라다니며 괴롭히고 결국 그의 몰락과 죽음을 불러온다)을 저질렀다. 《테스*Tess of the d'Urbervilles*》는 주인 남자에게 농락당하고 아기까지 낳았던 적이 있는 시골 처녀가 결혼을 하지만 그녀의 과거를 알게 된 남편으로부터 버림받는다는 이야기를 담고 있다. 마지막에 테스는 자신의 첫 남자였던 주인을 칼로 찔러 죽이고 체포되어 교수형에 처해지기 직전에 사랑했던 남편과 짧지만 행복한 시간을 보낸다. 《미천한 사람 주드*Jude the Obscure*》에서 토머스 하디는 영국의 계급 사회를 신랄하게 비판할 뿐만 아니라 대부분의 이성애적 관계에 내재하는 불행을 숙명론적 시각으로 바라보고 있다. 시골의 석공이었던 주드는 어린 나이에 속아서 불행한 결혼을 하게 되고, 곧 아내로부터 버림받는다. 나중에 그는 사촌과 사랑에 빠지고 수년 동안 사람들의 눈을 피해 살아간다. 그들 사이에서 태어난 세 아이들이 모두 비극적인 죽음으로 생을 마감하자 그와 그의 사촌은 헤어지고 주드는 비참한 최후를 맞는다. 이 작품은 토머스 하디의 소설 가운데 가장 음울하고 가장 인기가 없었다.

영국의 다른 소설가들도 결혼 제도를 비판하고 나섰고, 여성 문제를 다루었다. 조지 기싱(George Gissing)의 《짝 없는 여자들 *The Odd Women*》을 보자. '잉여 여성들'이라고도 불리는 '짝 없는 여자들'은 빅토리아 여왕 시대 후기에 여성이 남성보다 훨씬 많았기 때문에 '짝을 찾지 못하게 된' 50만 명의 여자를 가리키는 말이었다. 기싱의 소설에 등장하는 주요 인물 중 4명이 결혼하지 않은 여성이고, 그중 로다 넌과 메리 바풋은 다른 '짝 없는 여자들'을 도와주기 위해 일부러 결혼하지 않았다. 그들은 독신 여성들이 경제적으로 자립할 수 있도록 사무 보는 기술을 가르치는 학교를 설립한다. 기싱이 심정적으로 신여성을 지지했음에도 불구하고 그의 소설 속에서 우리는 전통적인 여성상과 인습적인 결혼에 찬성하는 주장과 반대하는 주장 모두를 볼 수 있다.

그는 "당대의 가장 중요한 운동인 여성 해방 운동에 헌신하는"[8] 로다 넌을 자립적이고 자긍심 강하며 지적인 인물로 묘사했다. 그러나 사람들이 그녀를 "여성스럽지 못한" 여장부라고 생각할까 봐 기싱은 로다 넌을 그녀에게 구혼한 남자 이브라드 바풋에게 애틋한 감정을 품고 있는 인물로 그려냈다. 그들은 결혼(법적, 경제적인 버팀목을 통해 유지되는 사회적 '의무')을 비판하고 "자유로운 결합(열정과 지성에 기초한 비합법적 관계)"의 장점들에 대해 토론했다. 이브라드는 로다에게 구혼할 때 다음과 같이 말했다.

> 당신은 내가 당신과 나누고 싶어하는 삶이 어떤 것인지 마음속에 그릴 수 있을 거요. 당신은 나를 잘 알기에 우리가 낡은 어휘를 그대로 사용한다면 나의 아내가 될 사람은 내가 내 방식대로 살듯이 자유롭게 자신의 인생을 살 수 있을 것이라는 사실을 이해할 거요. 마찬가지로 내가 구하는 것은 사랑이라오. 지적인 한 남자와 한 여자의 사랑은 생애 최고의 축복이 될 거요.[9]

결국 로다 넌은 어떤 의미에서든 '아내'가 되지 않기로 결심하는데, 그 이유는 이브라드 바풋이 그녀보다 결혼에 대해 훨씬 더 인습적인 생각을 갖고 있는 것으로 드러났기 때문이다.

이 소설에 등장하는 기혼 여성 두 명은 각각 아내로서의 최상의 삶과 최악의 삶을 대표한다. 그중 한 명인 패니 미클레스웨이트는 17년에 걸친 오랜 약혼 기간을 거친 끝에 아내가 되었다! 그녀와 남편은 그렇게도 긴 인내 끝에 비록 경제적인 어려움이 있긴 했지만 결혼 생활의 단꿈에 푹 빠졌다. 다른 한 명인 모니카 위도슨은 결혼하지 않은 두 언니가 겪었던 끔찍한 가난을 피하려고 잘 알지도 못하고 나이도 두 배나 많고 호감도 가지 않는 남자의 청혼을 받아들였다. 1년도 안 돼 그 결혼은 파멸의 길이었음이 드러났다. 남편의 특권을 바라보는 위도슨 부인의 낡아빠진 중산층적 시각, 젊은 아내에 대한 남편의 병적인 질투심, 서로에 대한 이해 부족이 겹친 결과 그녀는 연인의 품으로 달려가게 되었다. 비록 간통을 하지는 않았지만(그녀의 연인이 겁을 먹었기 때문이다) 그녀는 의심을 견디지 못하고 결국 남편을 떠났고 남편의 아이를 낳다가 죽었다. 기싱이 본 빅토리아 여왕 시대 후기의 결혼에서 행복한 결합이란 겨우 이런 정도였다.

한편 전통적인 결혼을 수호하려는 사람들은 끝내 단념하려고 하지 않았다. 엘리자 린 린턴(Eliza Lynn Linton)은 1891년에 '빗나간 여자들'에 관해 쓴 논문들에서 결혼으로 이룬 가정을 '평화'와 '사랑'의 안식처라고 묘사했다. 그녀는 "남자는 나라를 통치하는 것부터 밭을 가는 데 이르기까지 바깥에서 해야 할 일이 있고, 여자는 가족을 돌보고 마을을 단속하는 등 집안일을 해야 한다. 사회가 문명화되면 될수록 이러한 두 개의 기능은 더 완벽하게 분화된다"[10]고 하는 빅토리아 여왕 시대의 믿음을 절대적으로 신봉했다. 남녀의 영역 분리라는 전통적 믿음을 뒤흔들고 있던 사회의 지각 변동에도 불구하고 린턴은 그러한 믿음을 고수했다.

그녀가 비판한 것 가운데 하나는 여성이 정치에 적극적으로 참여해야 한다는 주장이었다. "여자들이 남자들처럼 정치판에서 이전투구를 벌인다면 가정의 평화는 어떻게 되겠는가?" 여성의 투표권을 요구하는 외침들에 경종을 울리면서 린턴은 이후 25년간 인구에 회자될 다음과 같은 주장을 폈다. 여성의 참정권은 남편과 아내 사이를 갈라놓을 수 있기 때문에 결혼 생활에 좋지 않다는 것이다. 그녀는 독자들에게 "사업으로 지친 남편, 또 정치에 관심이 많은 남편이 집에 돌아왔을 때, 아내가 다른 편에 투표한다고 말하는 것을 상상해보라. (우리) 모두는 아내가 직접적으로 그리고 공개적으로 남편에게 대들어서 그 가정이 불행해지는 경우들을 잘 알고 있다." 완고한 가톨릭교도, 프로테스탄트, 유대인에서부터 우생학을 신봉하는 사람들과 사회적 다윈주의자들에 이르기까지 린턴과 같은 세대의 보수주의자들은 기존의 성별 노동 분업 관습을 유지하려는 그녀의 노력에 갈채를 보냈다. 하지만 교육 받기를 원했고 경제적 자립을 갈망했고 강요된 결혼을 거부했으며 산아 제한을 원했던 신여성은 낡은 질서의 근저를 뒤흔들었다.

미국에서의 여성 문제

유럽과 마찬가지로 미국에서도 19세기 후반에 결혼을 했건 안 했건 자립을 추구하는 '신여성'들이 등장했다. 1874년 개혁주의자 애바 굴드 울슨(Abba Goold Woolson)이 "나는 아내, 어머니, 교사이기 이전에 먼저 나 자신을 위해 존재할 권리를 가진 여성이다"라고 선포했을 때, 그녀는 여성들의 마음속에서 아직 뚜렷하게 의식화되지 않았지만 대다수의 빅토리아 여왕 시대 사람들을 긴장하게 한 사상을 명확하게 밝혔다.[11]

그 후 25년이 지나는 동안 미국 여성들은 다양한 방식으로 여성의 독립과 평등을 요구하는 외침에 화답하기 시작했다. 점점 더 많은 여성들이 결혼이 반드시 필요한가에 대해 의문을 품기 시작했다. 새로운 일자리가 많아지자, 어떤 여성들은 스스로의 선택에 따라 독신으로 살게 되었다. 여성들이 주로 집안일과 관련된 분야에 종사했던 것은 사실이지만 공장 노동자, 재봉사, 모자 제조인으로, 좀 더 사회적 수준이 높은 분야에서는 교사, 사무직 노동자, 작가, 장식미술가로 일할 수 있는 기회가 점점 확대되고 있었다. 자신의 일을 중요하게 생각했던 여성들은 결혼과 직업 가운데 하나를 선택해야 했다. 앤 레아 메리트(Anna Lea Merritt)는 《리핀콧 먼슬리 매거진*Lippincott's Monthly Magazine*》에 기고한 〈예술가들을 위한 편지—특히 여성 예술가들을 위하여〉라는 글에서 이 문제를 다음과 같이 갈파했다. "여성이 성공하는 데 가장 커다란 장애물은 그녀가 절대로 아내를 가질 수 없다는 사실이다."

어떤 여성들, 특히 직업이 있거나 자기 소유의 재산이 있는 여성들은 이른바 '보스턴 결혼(두 명의 독신 여성이 지속적인 관계를 유지하는 것을 뜻하는 용어)'이라고 알려진 관계 속에서 '아내'를 가질 수 있었다.[12] 이 여성들 중 상당수가 특정한 직종에서 여성의 영역을 개척한 선구자였고, 서로 상대방의 신념과 사회관을 지지했다. 소설가 세라 오른 주잇(Sarah Orne Jewett)과 미망인이 된 그녀의 친구 애니 필스(Annie Fields)는 무려 30년 동안이나 이런 관계를 유지했다. 1891년 버클리 대학 최초의 여학생이 된 메리 에마 울리(Mary Emma Wooley)는 마운트 홀리오크 칼리지의 학장으로 재임한 긴 세월 동안 저넷 마크스(Jeannette Marks)와 함께 살았다. 프로이트의 학설이 미국 사회에 널리 퍼지기 이전까지 이러한 관계는 성적 '변태'가 아니라 성에 관심이 없는 것으로 받아들여졌다. 사회는 육체적 접촉이 없는 것으로 보이는 한, 레즈비언끼리의 파트너십을 너그럽게 받아들였다.

전통적인 이성 간의 결혼에서도 미국 아내들은 이전 세대보다 더 많은 권력을 요구했다. 빅토리아 여왕 시대 후기의 아내는 권력을 얻기 위해 남편과 사회뿐만 아니라 자신과도 투쟁해야 했다. 자신과 가족을 돌보는 데 더 많은 발언권을 얻기를 바랐지만, 그녀는 풍자만화와 캐리커처에서 빈번히 풍자되는 "성 구별이 안 되는 독한 계집"으로 분류되기를 원하지 않았다. 존경받는 중류층 여성은 결혼을 사수하려고 노력했고, 이혼을 끔찍이 혐오했으며, 절대로 남들이 있는 자리에서 남편을 곤경에 빠뜨리지 않았다. 하지만 사적인 자리에서는 그녀 역시 남편을 보기 좋게 속여 아이들에 대한 통제권, 경제권, 또 가족과 관련된 문제들의 결정권을 손아귀에 넣으려 했다. 여름이면 해변에 가야 하는가, 아니면 아내의 부모님 댁에 가야 하는가? 그녀의 남편은 모험이나 다름없는 사업에 투자해도 좋은가? 한 번 더 그가 선택한 곳으로 이사해야만 하는가? 하인을 더 고용할 돈이 있는가? 딸을 아들과 똑같이 교육시켜야 하는가? 아내가 여성 모임에 가입해도 좋은가? 아내 혼자 온천에 가거나 다른 도시에 있는 친구를 만나러 가도 좋은가? 남편은 아내가 부업으로 작가나 케이크 굽는 사람이 되어 돈을 버는 것에 반대하는가? 공식적으로는 아니었을지 몰라도 사적으로 중류층의 미국 여성들은 선조들과 비교했을 때 남편의 권위를 무조건적으로 받아들이지는 않았다.

버지니아 라스(Virginia Lass)가 편지와 일기들을 토대로 재구성한 바이올렛 블레어 재닌(Violet Blair Janin)의 일생은 강한 의지를 지녔던 한 여성의 모습을 보여준다(그녀는 결혼에 투항하는 것을 거부하고 남편 앨버트와 함께 '현대적' 결혼 생활을 했다).[13] 워싱턴 사교계의 여왕으로 수년 동안 군림했고 열두 번의 청혼(그녀의 미모와 지성, 부 때문이라고 하더라도 놀랄 만한 횟수다)을 거절했던 바이올렛 블레어는 앨버트 재닌과 1874년(애바 굴드 울슨이 주체적인 인간 존재로서 여성의 권리에 대한 유명한 선언을 했던 해이기도 하다)에 결혼한다.

그로부터 6년 전, 스무 살이었던 바이올렛 블레어는 일기에 다음과 같이 썼다. "나는 절대로 사랑하지도 결혼하지도 않을 것이다. 어떤 남자도 나의 주인이 될 수는 없기에 나는 절대로 복종 서약 같은 것은 하지 않겠다." 1년이 지나고 그녀는 열 번째로 받은 청혼에 대해 고심하면서 "어떻게 해야 하는가? 나는 나를 사랑한다고 말하는 모든 남자들을 매우 염려하고 있다. 나는 이들 모두와 결혼할 수 없을 뿐 아니라 이들 중 그 누구하고도 결혼하고 싶지 않다"고 썼다. 1870년의 일기 역시 같은 고민을 보여준다. 그녀는 "나는 어떤 남자도 사랑할 수 없을 것 같다"는 사실을 인정하고 "나는 그 어떤 남자의 노예도 되고 싶지 않다"고 선언했다.

그러나 동시에 그녀는 뉴올리언스 출신으로 진보적이고 지적인 변호사 앨버트 재닌에게 끌리고 있는 자신을 발견했다. 그는 그녀에게 관련된 책들과 팸플릿들을 구해다 줄 정도로 여성의 권리에 대한 그녀의 관심을 존중했다. 그는 그녀의 진보적인 사고방식과 여러 외국어에 능통한 어학 실력을 높이 샀을 뿐 아니라 무엇보다도 지배하기를 원하는 그녀의 요구에 기꺼이 복종할 준비가 되어 있었다. 그녀는 만족한 듯 1871년 10월 27일의 일기에 "그는 나에게 복종한다"고 썼다. 그해의 어느 날 그녀는 결혼을 승낙했다.

약혼은 그녀의 요구에 따라 비밀에 부쳐졌고, 그녀는 다른 추종자들과 끝도 없는 연애 행각을 계속해서 그의 마음을 갈가리 찢어놓았다. 한 편지에서 그는 "나는 당신을 잃을까 봐 두려워서 거의 미칠 지경입니다. 나의 오감은 온통 당신에게 쏠려 있는 것 같습니다. 당신을 빼앗긴다면 나는 정말로 불행해질 것입니다. 비록 슬프고 외롭지만 지금 나는 다가올 행복의 약속 덕택에 스스로 부자이며 축복받고 있다고 생각합니다"라고 썼다. 이것은 이들의 연애 기간 중에 있었던 수많은 위기 중 하나에 불과했다. 빅토리아 여왕 시대의 여성들이 자신의 추종자를 시험하는 것은 흔한 일이었지만 여기저기서 청혼을 받느라 바빴던 바이올렛만큼 말도 안 될 정도로 요구 사항이 많은 경우는 거의 없었다. 1872년에 그녀는 "오! 버티(앨버트의 애칭—옮긴이), 나는 당신의 인생을 망쳐버릴 겁니다. 버릇없는 미인은 좋은 아내가 될 수 없답니다"라고 썼다. 마침내 끈질긴 참을성을 발휘하여 (바이올렛의 친구들 중 한 명의 말을 빌리면 "야곱에 비견될 만한 신심으로") 앨버트는 1872년에 그들의 약혼을 공식화하는 데 성공했다.

그러나 이 사실이 곧 바이올렛이 일반적인 결혼을 받아들일 준비가 되어 있다는 뜻은 아니었으며 복종을 강요하는 결혼을 하겠다는 것은 더더욱 아니었다. 그녀의 말을 들어보자. "절대적 복종 이외의 어떤 것도 나를 만족시킬 수는 없다. 나는 나의 연인들 위에 군림한다. 당신은 내가 아무 남자랑 결혼해서 그의 뜻에 머리를 조아릴 것이라고 생각하는가. 아니다! 아니고말고! 절대로 그런 일은 없을 것이다! 나는 명령하기 위해 태어난 것이지 복종하기 위해 태어난 것이 아니다." 앨버트는 그녀가 자기 재산을 스스로 관리하겠다는 것과 그가 수개월 동안 뉴올리언스에 머물러도 자신은 워싱턴에서 살겠다는 요구를 모두 수용했다. 각각 다른 집에서 사는 문제에 관한 그녀의 말은 매우 현대적으로 들린다. "(당신에게는) 나와 항상 같은 도시에 머무를 의무가 없습니다. 당신은 어디에 있을지 결정할 권리가 있고, 나도 마찬가집니다." 결혼하기로 한 지 3년이 흐른 뒤에 바이올렛은 앨버트 재닌 부인이 되었다.

이들의 결혼 생활은 54년 동안 지속되었다. 오랫동안 결혼 생활을 한 다른 사람들과 마찬가지로 이들의 결혼 생활도 천국에서 지옥까지 다양한 단계를 거쳤다. 결혼 초기 몇 년 동안 바이올렛은 자신도 깜짝 놀랄 정도로 사랑의 기쁨을 발견했다. 앨버트가 집을 비우면 그녀는 열정으로 가득 찬 편지를 썼다. "오, 당신이 내 곁에 있어 나를 안아줄 수만 있다면(나는 당신을 무척 그리워하고 있습니다) 나의 사랑, 당신과 함께 있고 싶어서 내 가슴이 아립니다." "사랑하는 나의 남편, 오늘 밤 무엇이 나를 이토록 바보로 만드는지 모르겠습니다. 하지만 나는 바보 같은 여자이고 당신에게 이렇게 말해도 부끄럽지 않습니다." 하지만 그렇다고 해서 그녀가 원래의 협정을 파기해버리려 하는 것은 아니었다. 그녀는 그를 "남편이자 친구로서 사랑하는 것이지 주인으로서 사랑하는 것이 아님"을 분명히 했다.

그들은 경제적인 문제에 대해서는 쉽게 타협점을 찾았다. 그녀는 적절하다고 판단하는 곳에 자신의 돈을 투자했고, 그는 스스로 가장 현명하다고 생각하는 곳에 돈을 썼다. 불행히도 앨버트는 돈 문제에 관한 한 현명한 판단을 내린 적이 한 번도 없었다. 그는 사업에 계속 실패했고 정계에서도 성공하지 못했다. 이 모든 것이 행복한 결혼 생활을 망치는 데 일조했다. 게다가 바이올렛은 임신했지만 조산으로 딸을 잃었다.

1880년까지 앨버트는 뉴올리언스에서, 바이올렛은 워싱턴에서 살았기 때문에 그들은 대부분의 시간을 따로 보냈다. 그가 뉴올리언스에 와서 함께 살자고 제의했을 때 그녀는 화를 내며 "당신은 나를 부양할 수 없잖아요. 세상에 어떻게 나를 뉴올리언스에 데려다 놓을 생각을 하죠?"라고 대답했다. 그들이 다시 만나기까지는 1년 이상의 시간이 더 필요했다.

1880년 내내 앨버트는 빚더미에서 빠져나오기 위해 일을 했고, 바이올렛은 수입을 얻기 위해 형부의 서류들을 번역해주는 일을 맡았다.

그녀는 전국 여성 투표권 운동 본부, 동물 학대 방지 협회, 미국 혁명의 딸들과 같은 조직에 점점 더 깊숙이 간여했다. 바이올렛과 앨버트는 대부분의 시간 동안 따로 지냈지만 매우 다정한 삶을 살았다. 1891년 그녀는 일기에 다음과 같이 기록했다. "나는 이 도시에 다른 존경할 만한(나처럼 편안한 결혼을 한) 여성이 또 있는지 궁금하다. (……) 최소한 우리는 서로를 지겹게 하지 않았고 어떤 스캔들도 내지 않았다."

하지만 1880년대 중반에 바이올렛은 스캔들을 일으킬 뻔했다. 1883년 그녀는 오스트리아 출신의 빌헬름 리페-바이센펠트 백작을 만나 몇 년 동안 그와 긴밀한 친교를 나누었다. 그녀는 교양이 넘치는 백작에게 매혹되었고, 그 사실을 남편에게도 감추려들지 않았다. 그러나 그가 일주일에 두 번씩 집으로 전화를 한다는 사실은 숨겼다. 1886년 어느 날의 일기에 그녀는 다음과 같이 고백했다. "사람들이 내가 이런 짓을 그만두어야 한다는 걸 알기라도 한다면." 이 관계가 육체적 접촉으로 진전된 것처럼 보이지는 않지만 (바이올렛의 일기를 액면 그대로 믿는다면) 그것은 둘 모두에게 감정적이고 지적인 면에서 깊은 만족을 주었다. 그가 떠나자 바이올렛은 큰 상처를 받았고, 빌헬름 리페-바이센펠트 백작은 평생 결혼하지 않았다.

믿고 의지했던 백작이 떠나자 바이올렛은 무일푼에다가 1890년대 중반 무렵에는 자신에게 전적으로 의지해서 살아가게 된 남편에게 점점 더 정이 떨어졌다. 그녀는 남편의 사업 실패와 망가진 결혼 생활에 대해 체념하면서 1897년 12월 31일의 일기에 다음과 같이 한 해를 정리하는 말을 남겼다. "하늘이 알고 있듯, 내 결혼은 행복하지 못했지만 나는 성실한 여자로서 지금까지 나의 선택에 충실해왔다." 그로부터 2주 후에 그녀는 "앨버트는 적어도 내 일에 쓸데없이 참견하지는

■ ■ ■

프랜시스 벤저민 존스턴이 찍은 사진.
1903년 4월 19일에 워싱턴 D. C.에서 메모리얼 콘티넨털 홀 건립의 초석을 놓던 '미국 혁명의 딸들'의 회원들이다.

않는다"고 스스로를 위로하는 말을 적고 있다.

바이올렛이 모든 희망을 접은 바로 그때 앨버트는 켄터키 주의 매머드 동굴을 물려받았고 이를 통해 큰 성공을 거두어 모든 사람을 놀라게 했다. 바이올렛은 계속해서 자신의 소득으로 살아갔고, 그들은 여전히 대부분의 시간을 떨어져서 지냈지만 서로 화해하고 만년에 새롭게 애정을 확인했다. 앨버트는 1905년 변함없는 마음으로 바이올렛에게 편지를 썼다. "나는 당신이, 당신의 몸과 마음이 지닌 빼어난 매력을 통해 인생의 동반자로서 내게 주었던 것보다 눈곱만큼이라도 더 한 기쁨을 줄 수 있을 것 같은 처녀나 여자를 알지 못하며, 본 적도 없다오." 바이올렛은 1916년에 쓴 편지에서 그들이 독특한 형태로 서로 의존하고 있다고 말했다. "시간이 흐를수록 우리는 전보다 더 서로를 필요로 하고 있다고 생각해요. 언제 제게 오실 거죠?"

말년에 앨버트는 노쇠해졌고 자주 성마른 모습을 보였다. 하지만 바이올렛은 켄터키에서 수개월 동안 그를 돌보았고 마지막 몇 년 동안은 워싱턴에서 그를 충실히 간호했다. 1928년 4월에 그가 죽고 나자, 그녀는 44만 6000달러나 되는 돈을 받고 매머드 동굴을 매각했으며, 1933년 1월에 세상을 떠나기 전에 재산의 상당 부분을 워싱턴 대성당에 기증했다. 말을 아낀다 해도 그들의 결혼은 진보적인 것이었다고 할 수 있다. 하지만 동시에 그녀의 전기 작가가 지적했던 것처럼 그것은 많은 면에서 "부풀려진 흔히 있는 이야기"였다. 그녀의 특별한 결혼은 19세기 말을 풍미했고 오늘날까지도 결코 사라지지 않은 여성의 자율성과 전통적인 아내상 사이의 긴장을 증폭시켰다.

1890년대가 되자 도시에 사는 중류층의 독신 여성과 기혼 여성들에게 일어난 변화들을 무시할 수가 없게 되었다. 스미스 대학, 마운트 홀리오크 칼리지, 브린 모어 칼리지, 웰슬리 칼리지, 바사 칼리지 등 신여성들을 위한 대학, 우후죽순으로 생겨난 여성 클럽과 조직들, 독신 여성들을 위한 일자리, 그보다는 적었지만 주부들을 위한 일자리, 결혼이 여성에게 독서, 음악, 스포츠(특히 테니스와 자전거 타기) 등과의 작별을 의미하는 것이 아니라는 믿음이 여성의 자유와 기대를 고양시키는 분위기를 조성했다.

여성 해방의 최고의 상징은 자전거였다. 자신들의 제품이 "완벽한 여성용"이어서 다른 브랜드의 제품보다 낫다고 광고하는 포스터가 언제 어디서나 눈에 띄었다. 빅토리아 자전거 회사가 "자전거 타기에 어려움을 느끼는 사람들"을 위해 "기울어진 안장"을 선보인 반면, 듀플

렉스 새들 사는 1895년 4월에 보스턴 산부인과 학회가 발표한 것을 근거로 여성의 신체적 특징에서 비롯된 두려움을 이용하여 "여자는 일반적인 자전거 안장에 타서는 안 된다"고 주장했다. 자기 회사가 만든, 쿠션 있는 울퉁불퉁한 안장 앞머리가 "몸에 닿지 않는" "안전한 안장"을 사야 한다고 떠들어댔다. 본인이 자전거 타는 법을 알든 모르든 어머니들은 《레이디스 홈 저널*Ladies' Home Journal*》과 같은 잡지들을 통해 딸에게 필요한 자전거 장비들을 만드는 법을 숙지했다.

1880년대에 창간된 《레이디스 홈 저널》과 《굿 하우스키핑》은 최신 유행에 뒤지지 말라고 여성들을 종용했다. 1884년에 《레이디스 홈 저널》이 담담하게 "가장 행복한 여성들은 평범한 가정 생활을 하는 이들이다"라고 단언했다면, 10년이 흐른 후에는 결혼한 여성들이 조금은 덜 평범한 삶을 꿈꾸도록 하는 데 주력했다. '여성에게 맞는 일', '연인으로서의 남편', '여성과 바이올린'(1896년 2월호)이라는 제목의 기사들은 전통적인 집안일에 관한 정보와 함께 다른 읽을거리들을 제공했다.

이는 기본적으로 보수적인 《레이디스 홈 저널》이 아내, 어머니, 주부들을 칭송하는 것을 그만두었다는 뜻은 아니다. 그것은 사회의 변화를 어쩔 수 없이 인정한 것일 뿐이다. 따라서 《레이디스 홈 저널》은 '결혼을 거부한 여자들'의 이야기가 세간의 화제가 되는 것, 이혼을 공표하는 행위, 기혼 여성들이 집 밖에서 벌이는 광적인 행동을 개탄하는 기사를 다루었다. 루스 애시모어(Ruth Ashmore)는 〈보수적인 여성〉이라는 제목의 칼럼에서 빅토리아 여왕 시대의 인습적인 이상형을 개괄한 현모양처의 모습을 다음과 같이 그려냈다.

그녀는 남편과 아들들과 최상의 동반자 관계를 이루는 여성이다. 그녀는 무의식적으로 자기 주변을 지친 사람들에게, 특히 지친 남편에게 휴식을 제공하는 편안한 분위기로 연출해낸다. (……) 항상 그리고 변함없이 남편에게 그의 신체와 세속의 때를 씻어내기에 충분한 신선한 정신적 샘을 선사함으로써 그를 건전하고 순결하게 만드는 것이 아내가 할 수 있는 가장 숭고한 일이다.

1896년 2월호

마찬가지로 칼럼니스트 라이먼 애벗(Lyman Abbott)은 독자들의 편지에 답하면서 결혼이란 평생 동안 계속되는 성스러운 헌신이라는 시각을 고수했고, 이혼은 부유층을 넘어 중류 가정의 사람들에게까지 전파된 '전염병'이라고 간주했다(1896년 3월호). 집안일과 전혀 상관없는 주제에 관한 논평을 부탁받았을 때조차 라이먼 애벗은 독자들에게 여성의 의무를 환기시키려고 노력했다. 예를 들어 조세 개혁과 관련된 문제에 대해 자신은 "신여성이 아니지만" "투표 결과가 투표장에 간 같은 여성들의 투표보다는 어머니이든, 아내이든, 연인이든 혹은 지인으로서든 간에 남자들의 사랑을 받는 성실하고 지적인 여성들의 영향력에 더 좌지우지될 수 있기 때문에 여자들도 그런 문제에 관심을 기울여야 한다고 믿는다"고 밝힌 여성 독자의 편지를 공개했다. 우연히도 이것은 라이먼 애벗 자신의 보수적 견해와 완전히 일치하는 것이었다.

《레이디스 홈 저널》은 사설을 통해 여성의 진보적 변화를 가로막기 위해 갖은 노력을 다했다. 사설은 공공연히 "사업과 무역의 세계를 향한 계집애들의 무모한 돌진"을 비판하고 "가정 관리를 과학이라고 여기려는" 노력에는 박수를 보냈으며 "집안일을 높이 평가하는 생각을 장려"했다(1896년 2월호). 그들은 사람들이 교외로 이주하려는 경향을 찬미했다. 특히 다음과 같은 기사를 보라. "젊은 부부들이 시골로 내려가 신혼 초부터 검소하고 예쁜 집에서 사는 것은 바람직하다. (……) 처녀들이 신이 모든 이를 위해 마련하신 맑은 공기(그런데 도시에 사는 남자들은 이를 오염시키고 있다)를 더 많이 마실수록 그들의 품성은 더욱 좋아질 것이며 딸을 걱정하는 어머니들은 더욱 적어질 것이다" (1898년 12월호). 그때는 오늘날 우리가 알고 있는 것처럼 교외 생활이 미국의 아내들과 어머니들에게 이롭다는 사실이 판명되지 않았던 시대였다.

그러나 이 19세기 말의 사설들에서도 오늘날 우리의 걱정과 매우 흡사한 무엇인가를 발견할 수 있다. 때문에 이 사설들이 시대에 역행한다고 해서 간단히 무시해버리기에는 뭔가 개운하지 않다. 예를 들어 〈미국 여성들의 돌진〉이라는 제목의 1899년 기사를 보자. 이 기사는 가정 생활에 해롭다고 판명된 "돌진의 의지가 미국 여성들을 사로잡았다"는 선언으로 시작된다. "많은 아내들과 어머니들이 바깥일에 정신이 팔려 집안일을 내팽개쳤다. (……) 여성 클럽들과 여성 조직들이 추진하는 일들이 이미 도를 넘어서고 있다." 필자는 결혼한 독자들에게 집안일을 제대로 하면 여가 시간이 남지 않는다는 점을 환기시키고 다음과 같은 거만한 훈계로 글을 맺고 있다.

> 우리 여성들이 좀 더 평온한 삶을 주도해야 한다. 요즈음 이른바 '진보'라고 불리는 것이 사람들에게 건강과 마음의 평화 대신에 다른 문제들로 머릿속을 가득 채울 것을 요구하고 있다. 우리의 가정

은 휴식을 줄 수 있는 평안함을 더 필요로 하고 있다. 우리의 아내들은 그릇된 희망이나 세간에서 유행하는 잘못된 생각에 휩쓸려 경솔함과 부주의에 빠져서는 안 될 것이다.

문제를 여성의 취업 문제에 대한 생각으로 바꾸어놓으면, 100년 후에도 보수적인 남자들은 아내들과 어머니들에 대해 똑같은 비판을 늘어놓는다. 그렇다. 우리는 여성들이 좀 더 평온한 삶을 주도할 적기가 왔다고 생각한다. 불행히도 오늘날 대다수의 아내들은 그들이 원하는 경우에조차 집안일을 독립적인 직업으로 선택할 수가 없다. 주 40시간을 밖에서 일하고 집에 와서 20시간을 더 일하는 것 외에 다른 대안이 없다. 대부분의 남편들은 아직도 가사 노동을 아내와 동등하게 부담하고 있지 않으며, 다른 가족들은 가사에 실질적인 도움을 주지 못하고 있다. 맞벌이 부부의 어려움을 줄여줄 사회적 장치는 극히 미미한 실정이다. 이 사설과, 이와 유사한 문건들을 우리가 신뢰한다면, 집안일을 하인의 손에 맡길 수 있었던 100년 전의 중류층 여성들은 가족과 자기 마음의 평화에 미칠 영향은 전혀 고려하지 않고 청소와 요리 같은 단조로운 집안일보다 번잡한 바깥일을 선호했다고 추측할 수 있다.

1880년대와 1890년대에 보수적인 비평가들은 신여성이 바람이 들어 돌아다니느라 집안일을 돌보지 않는다고 비판한 반면에 진보적 사상가들은 신여성이 고정된 성 역할에 도전하고 이전보다 더 많은 독립을 획득하기 위해 노력할 권리를 갖고 있다고 옹호했다. 그들은 여성이 취업을 통해 자립할 필요가 있다는 점을 강조했는데, 이는 결혼 자

■ ■ ■
1882년경에 제작된 '가정용 재봉틀' 광고.

체에 대한 위협이라기보다는 '결혼 시장'[14]에서 여성들이 처한 취약한 처지를 종식시킬 수 있는 수단으로 여겨졌다. 경제학자 서스타인 베블런(Thorstein Veblen)은 유명한 저서 《유한 계급론*Theory of the Leisure Class*》에서 유한 계급 아내들을 날카롭게 분석하고 있다. 그에 따르면 이들은 돈을 벌기 위한 일을 하지 않음으로써 남편의 사회적 지위를 증명한다는 것이다. 베블런이 만들어낸 '과시적 소비'라는 용어는 소비주의 시대의 개막을 알리는 것이었다. 이 시대의 특징은 기혼 여성이 부를 과시하려는 용도로 고안된 가정용품과 개인용 상품의 주요 구매자가 되었다는 것이다.

기혼 여성들의 상황을 미국 자본주의의 테두리 안에서 이해했던 지식인들 가운데 샬럿 퍼킨스 길먼(Charlotte Perkins Gilman)만큼 통찰력 있는 사람은 없다. 그녀의 개혁주의적 저서 《여성과 경제 *Women and Economics*》는 남자의 소득에 의존해서 사는 것이 여성이 열등한 지위를 부여받게 된 첫 번째 원인이라는 주장을 담고 있다는 점에서 반세기 후의 시몬 드 보부아르(Simone de Beauvoir)보다 앞섰다고 할 수 있다. 길먼은 자신이 꿈꾸던 여성들을 위한 경제적 변화가 이미 일어나고 있다는 사실을 간파했다. 그녀의 목표는 그 변화를 분석하고 촉진하는 것이었다.

길먼의 다윈주의적 관점에서 보면, 여성의 집으로부터의 탈출은 19세기 산업사회가 요구한 것이기도 했다. 농장에서 여성 노동력을 대체하는 기계가 등장하면서 그들은 더 이상 전업주부로서 머물러 있지 않아도 되었다.[15] 노동 부담에서 벗어난다는 사실은 여성들에게는 자신들의 지평을 확장하고 남성과 동등한 지위를 획득하게 만드는 해방적 힘으로 여겨졌다. 길먼은 결혼 자체를 반대한 것이 아니라 여성들의 삶을 제약하고 약한 존재로 만드는 형태의 결혼을 거부했을 뿐이다. 전통적인 결혼 생활에서 "여성은 가정에 의해 편협해지고, 남성은 그 여성에 의해 편협해진다"[16]고 길먼은 적고 있다.

길먼은 가정에서의 여성 노동이 "남자들이 그렇지 않은 경우보다 더 많은 부를 창출하도록 만들기 때문에" "진정한 경제적 가치"를 지닌다는 것을 인정했다. 그러나 이 경제적 가치는 사회에서 인정받지 못했을 뿐 아니라 정당하게 보상받지도 못했다. "가장 많은 일을 하는 여성들이 가장 적게 받는다. 그리고 가장 돈 많은 여성들이 가장 적게 일한다."[17] 그녀가 제시한 해결책은 몇몇 유럽 국가들에서 그런 것처럼 여성들이 가사 노동과 육아 노동에 대해 남편에게서 수당의 형태로, 혹은 각각의 아이에 대해 정부로부터 보조금을 받아야 한다는 것이 아니라 여성들이 자신의 수입에 의존해서 살아갈 수 있는 경제적 독립을 성취하도록 장려해야 한다는 것이었다.

길먼이 경제 문제를 여성 해방의 열쇠로 강조한 것은 사실이지만 그녀가 제시한 비전은 이미 한 세대 전에 여성 역시 온전한 인간으로서 자유의지에 따라 살아갈 권리가 있다고 주창했던 애바 굴드 울슨이 표방했던 것보다 광범위한 목표들을 포괄하고 있다. 노동은 자아 실현의 기본 수단으로서 존중되었다. "일하고 무엇인가를 만드는 것은 깊은 만족을 선사할 뿐 아니라 건강에도 좋다. 오늘날 자아 실현의 욕구를 어떤 방식으로든 표현하지 못하는 소녀들은 거의 없다."[18] 개성을 존중하는 현대의 여성들은 프로크루스테스의 침대 같은 획일적인 결혼 형태를 거부할 것이다.

전문화(Specialization)는 가정 생활에서 축복으로 여겨졌다. 모든 아내가 요리사, 청소부, 유모일 필요는 없다. 오히려 점점 더 많은 여성들이 일터에 투입됨에 따라 전통적으로 그들의 몫이었던 집안일을 전문화된 노동자들이 대신할 수 있었다. 이 점에서 길먼의 사회 변화에 관한 전망이 실현되었다고 할 수 있다. 그녀는 가족이 딸린 직업 여성을 위한 아파트, 공동 식당, 숙련된 노동자들이 해주는 집 청소, "옥상 정원, 잘 훈련된 유모와 선생님들이 운영하는 탁아소와 유치원"[19]을 생각했기 때문이다. 아, 그렇다. 일하는 어머니들은 그때나 지금이나 다들 그런 곳에서 살려고 한다.

길먼은 날카로운 사회비평가이자 낙관주의적 몽상가였다. 그녀는 1903년에 한 연설에서 다음과 같이 말했다. "남녀 모두가 똑같은 사람이며 인류가 가족에 대한 의무보다 더 큰 의무와 욕망을 가지고 있다는 사실을 깨닫게 되면 지금보다 훨씬 더 행복한 결혼, 행복한 가정, 행복한 여성, 행복한 남성이 많아질 것이다."[20]

이러한 생각들이 그녀의 개인 생활에서 실현되었는가를 살펴보면 이론과 실천 사이의 간극을 새삼 알 수 있다. 길먼은 두 번 결혼했는데 1884년 24세의 나이로 미술가였던 찰스 월터 스텟슨과 첫 번째 결혼을 했다. 1년 후에 그녀는 딸 캐서린을 낳았는데 이때 그녀는 벅찬 희열과 깊은 절망을 동시에 느꼈다. 그녀의 우울증은 '정상적인' 산후 우울증을 넘어서는 것이었다. 그녀는 너무 많이 울다 지쳐서 거의 정신 착란에 가까운 상태가 되었다. 하루 종일 침대에 누워서 지내고 어떤 지적인 자극도 피하라는 S. 웨어 미첼의 처방에 따랐지만 더욱 깊은 절망으로 빠져들었을 뿐이다. 그녀의 자전적 중편 소설《황색 벽지 *The Yellow Wallpaper*》를 읽어보면 알 수 있듯이, 그녀는 자신의 우울증을 선의를 지녔지만 궁극적으로는 파괴적이고 가부장적이었던 인물들이 망쳐놓은 결혼과 어머니 노릇으로부터의 도피로 간주했다.[21] 결국 그녀는 이혼을 했지만 이 일이 1900년에 사촌인 변호사 조지 휴턴 길먼과 재혼하는 것을 막지는 못했다. 이번 결혼은 성공적이었는데 그것은 아마도 남편이 길먼의 작가와 강사 활동을 제약하지 않았기 때문인 듯하다.

두 번째 결혼을 했을 때 그녀의 입지는 확고한 상태였다. 그녀는 《여성과 경제》의 저자로 유명해졌고 그 이후 10년간 몇 권의 책과 수십 편의 논문, 그리고 수많은 강연들을 통해서 명성을 떨쳤다. 1909년에서 1916년까지 그녀는 자신이 대부분의 기사를 작성했던 월간지 《포러너*The Forerunner*》를 발간하기도 했다. 아내이자 어머니로서 길먼의 역할은 공인으로서의 화려한 활동에 가려 뒷전으로 밀려났다. 심지어 딸 캐서린을 스텟슨과 그의 재혼한 아내에게 키우라며 넘겨버리기까지 했고 다 자랄 때까지 돌보지 않았다. 만년에 샬럿과 조지 길먼, 그리고 그녀의 딸 캐서린은 뉴욕에서 제법 행복한 가정 생활을 꾸린 것으로 보이는데, 그것은 샬럿보다 일곱 살이나 어렸던 조지가 아내의 강력한 개성 앞에 꼬리를 내렸기 때문인 것으로 보인다.

샬럿 퍼킨스 길먼의 강한 의지력은 말년에 유방암과 싸우던 모습에서도 찾을 수 있다. 유방암에 걸리면 그 사실을 쉬쉬하던 시절이었는데도 길먼은 용감하게 병마와 맞서 싸우며 평정심을 잃지 않았다. 병이 있다는 것을 알게 된 1932년부터 남편이 갑자기 사망한 1934년까지 그녀는 저술과 강연 활동을 계속했다. 1935년 그녀는 딸과 함께 살기 위해 캘리포니아로 이주했으나 당대 최고의 의술로도 병을 치료할 수 없다는 것을 알았다. 그녀는 클로로포름을 다량 투여하여 스스로 목숨을 끊으면서 유서에 "나는 암 대신 클로로포름을 택했다"고 적었다. 이 유서는 그녀의 사후에 출간된 자서전 《샬럿 퍼킨스 길먼의 삶*The Living of Charlotte Perkins Gilman*》에 실려 있다.

바이올렛 블레어 재닌과 샬럿 퍼킨스 길먼은 극단적인 형태의 결혼을 한 신여성의 모습을 잘 보여준다. 두 사람은 모두 방식은 다르지만 중상류층의 여성들에게 자결(自決)의 기회를 준 시대의 산물이었다. 재닌은 사랑하는 남편에게 자신의 의지를 관철시켰고 서로 다른 도시에서 따로 각자의 삶을 살아갔으며 자기 몫의 재산을 관리하고 수많은 여성 클럽과 조직에 관여했다. 남편이 나이가 들고 병환으로 쇠약해졌던 말년에만 그녀는 남편을 구완하는 인습적인 책무를 다했을 뿐이다.

마찬가지로 샬럿 퍼킨스 길먼도 전통적인 결혼 생활에는 맞지 않는 여성이었다. 그녀는 한 번 이혼했고 딸의 양육을 기꺼이 포기했으며 전업 작가로서 자신의 길을 꿋꿋이 걸어갔고 연하의 남자와 평등한 결혼 생활을 했다. 인생과 작품을 통해 그녀는 결혼한 여성들의 변화를 주도했다. 그녀와 동시대에 살았던 영국 여성으로 《거래로서의 결혼*Marriage as a Trade*》이라는 책을 썼던 시슬리 해밀턴(Cicely Hamilton)이 그랬던 것처럼, 길먼은 여성이 다양한 직업에 종사할 수 있게 되더라도 결혼은 변함없이 대다수의 여성들에게 피할 수 없는 것이 되리라는 것을 인정했다.

길먼 이전에는 어느 누구도 일을 하는 것이 독신 여성뿐만 아니라 기혼 여성들에게도 꼭 필요하다는 사실을 그처럼 명확히 지적한 적이 없었다. 그녀는 세기말에 이미 300만 명의 미국 여성이 직업(몇 가지 예를 들면 공장 노동자, 사무원, 외판원, 교사, 부기 계원, 회계원, 회사의 관리자, 대학 교수 등)을 가지고 있다는 사실을 지적했다.[22] 비록 1990년대까지도 완전히 현실화되지는 못했지만, 기혼 여성을 포함하여 여성이 과거와는 비교할 수 없을 정도로 중요한 노동력이 될 것이라던 길먼의 예언은 정확히 들어맞았다.

그러나 여성들의 취업이 "보다 행복한 결혼, 보다 행복한 가정, 보다 행복한 남성들과 여성들"을 낳게 될 것이라던 길먼의 예측에는 의문의 여지가 있다. 다른 많은 공상가들처럼 그녀 역시 자신의 희망이 실현되는 과정에서 파생될 문제는 예견하지 못했다.

8장

임신, 여성의 원죄인가?

미국에서의 섹스, 피임, 낙태, 1840~1940년

20세기 후반 50년간 성(性) 혁명이라는 극적인 변화가 일어난다. 하지만 대부분의 혁명과 마찬가지로 이 혁명 역시 가속이 붙기 전에, 그리고 전통적 관습들을 낡은 것으로 만들어버리기 전에 수십 년 동안 서서히 잉태된 것이다. 1960년대와 1970년대에 성의 자유, 피임약, 낙태의 합법화를 옹호한 사람들은 미처 몰랐겠지만 그들은 100여 년 전에 이미 관습과 낡은 관념을 바꾸려고 노력했던 사람들의 계승자였다. 그렇다면 100여 년 전에 섹슈얼리티, 피임, 낙태 등의 문제와 관련하여 어떤 변화가 일어났고, 그것이 오늘날의 성적 규범에 어떤 영향을 미쳤는지 알아보기 위해 그 시대로 돌아가보자.

이데올로기와 경험

빅토리아 여왕 시대의 여성들은 흔히 천상의 정신의 소유자이며, 남자들에 비해 성적 욕망이 없는 순수한 '집안의 천사'로 여겨졌다. 이러한 견해는 순결한 신부나 정숙한 아내들을 묘사한 19세기의 소설들뿐만 아니라 여성의 순결 이데올로기를 부추겼던 의학 보고서들을 통해 널리 퍼졌다. 권위를 인정받은 영국 의사 윌리엄 액턴(278쪽에서 한 번 인용한 바 있다)은 "훌륭한 현모양처인 주부들은 대개 성적인 쾌락에 대해 아는 바가 거의 없다. 가정과 자식 그리고 가사 의무에 대한 사랑이 그들이 느끼는 유일한 열정이다"라고 단언했다. 그리고 좋은 여자의 특징으로 성욕의 결핍을 든 의사는 액턴만이 아니었다.[1]

여성 문제에 대한 논쟁이 대서양 양안에서 점점 격렬해지고 있던 1870년대와 1880년대에 여성의 섹슈얼리티에 대한 새로운 시각이 등장했다. 남녀를 불문하고 많은 사상가들이 여성의 성욕이 남성과 그리 다르지 않다고 주장했다. 미국의 엘리자베스 에번스(Elizabeth Evans)는 《모성의 남용*Abuse of Maternity*》에서 "남자에 비해 여자의 정욕은 훨씬 약하다"는 생각을 비웃으면서 남녀 간에 어떤 차이가 있든 간에 그것은 "교육"과 "욕망을 금기시하는 분위기"에서 비롯된 것일 뿐이라고 주장했다. 빅토리아 여왕 시대의 인습에 도전했던 그녀는 여성이 자신의 성욕을 나타내지 못하는 것을 "여론의 강제" 탓으로 돌렸다.[2] 같은 맥락에서 조지 H. 내피스(George H. Napheys) 박사는 많은 여성들이 불감증이라는 기존의 자신의 견해를 뒤집으며 다음과 같이 주장했다. "여성의 성욕이 자신의 성에 어울리지 않는 것이라는 통념은 잘못된 것이며 자연에 반하는 것이다." 남편의 욕망과 아내의 욕망은 동등하다는 사실을 인정하면서 그는 "남녀가 공유하지 않는 욕망은 있을 수 없다"고 결론지었다.[3]

다른 의학자들은 해부학적 지식을 만족스러운 성생활을 할 수 있는 열쇠로 여겼다. 그들은 특히 클리토리스의 기능을 강조하며 여성의 성기를 설명했다. 여성을 오르가슴에 이르게 하는 가장 좋은 방법은 클리토리스를 애무하는 것이라고 주장했다. 그들은 프로이트와는 달리 '클리토리스' 오르가슴과 '질' 오르가슴을 구별하지 않았다. 이러한 생각은 자신들이 '올바른' 오르가슴을 느끼지 못한다고 여기게 된 많은 여성들에게 오랫동안 부정적인 영향을 미쳤다. 1880년대에 에드워드 B. 푸트(Edward B. Foote, 미국의 대표적인 산아 제한 옹호론자—옮긴이)를 비롯한 의사들은 "클리토리스와 질의 조직"이 "성적 흥분을 유발하고" 여성에게 오르가슴을 가져다준다고 했다.[4]

기혼 여성들은 과연 이런 말들을 어떻게 생각했을까? 그들은 몇몇 빅토리아 여왕 시대의 의사들이 말해준 대로 침대에서 성적으로 흥분하지 않으려고 노력했을까? 아니면 여성에게도 성적 욕망이 있다는 생각에 동의했을까? 이 질문에 대답하기란 사실상 불가능하다. 어떤 아내나 독신녀도 자신의 성적 감흥과 성 경험에 관한 기록을 남기지 않았다. 당대의 인습은 그처럼 사적인 일을 기록하는 것을 허락하지 않았기 때문이다. 그러나 그들의 성생활을 엿볼 수 있게 해주는 몇 가지 예가 있다.

예를 들면 여성 기독교인 금주 동맹에 참여했던 기혼 여성들이 남편의 성욕과 성적 요구에 대한 자신들의 무관심에 관해 말한 적이 있다. 아마도 그들은 원치 않는 임신을 막기 위해 성관계를 피했거나 만취한 남편을 두려워했기 때문인지도 모른다. 부부가 각방을 쓸 것, 임신과 수유기에 성관계를 하지 말 것을 권했던 순결 교본의 충고에 따라 몇몇 아내들은 잠자리를 회피했다. 한 아내는 다음과 같이 말했다. "결혼 초에 남편과 나는 어떻게 하면 하느님의 뜻에 따라 성스러운 관계를 유지할 수 있는가를 배웠다. 남편은 인자하게도 내가 어린 딸을 낳을 때까지, 그리고 내가 딸에게 젖을 먹이는 동안 자신과 떨어져 지내도록 해주었다. (……) 그때처럼 나와 남편이 다정하고 조화로우며 행복하게 맺어진 적은 한 번도 없었다. 그리고 내가 축복받은 이 몇 달 동안보다 그를 더 사랑했던 적은 없었다."[5] 이 아내의 말은 마치 중세에 남편에게 순결의 맹세를 하라고 조르던 마저리 켐프가 빅토리아 여왕 시대에 부활한 것처럼 들린다.

성에 대한 좀 더 개방적인 태도를 보여주는 자료로는 1892년부터 1920년 사이에 클레리아 모셔(Clelia Mosher) 박사가 수행한 조사를 들 수 있다. 이 조사는 19세기 말에 성인이 된 45명의 미국 아내들의 독특한 모습을 보여준다.[6] 산부인과 의사이자 대학 교수였던 모셔는 환자들에게 가족사, 건강 상태, 그리고 성생활에 관한 긴 설문에 답해달라고 요청했다. 응답자들은 대부분 대학 교육을 받은 중상류층 부인들이었다. 질문 항목에는 성교를 얼마나 자주 하는지, 얼마나 자주 '오르가슴'을 경험하는지, 그것을 즐기는지 아닌지, 그리고 피임을 하는지, 성교의 '진정한 목적'은 무엇이라고 생각하는지 등 성교 경험에 관한 것들이 들어 있었다.

대부분은 한 달에 두 번에서 여덟 번 정도로 즉, 일주일에 약 한 번 꼴로 잠자리를 한다고 응답했다. 어떤 여성은 특히 신혼 첫해에 훨씬 더 자주(일주일에 세 번 혹은 매일) 했다고 대답했다. 몇몇 여성은 임신 중이나 수유기에 오랫동안 성관계를 절제했다고 말했고, 몇몇 여성은 부부 관계는 시간이 지날수록 줄었다고 지적했다. 결혼한 지 15년 된 여성은 결혼 초기에는 일주일에 2회 정도 잠자리를 했으나 "지난 6년 동안에는 모두 합해도 네 번밖에 안된다"고 말했다. 몇몇 여성들은 결혼 생활 말년에는 욕망이 감퇴한다는 것을 암시했다. 53세 여성의 말을 들어보자. "나의 욕망은 약간 줄어들었고, 매번 오르가슴에 도달하는 것도 아니지만 잠자리는 여전히 좋다."

여성의 4분의 3이 결혼 생활에서 오르가슴을 경험했고, 3분의 1은

'항상' 혹은 '대개' 그렇다고 했다. 한 여성은 "한 번도 경험한 적이 없다"고 대답했고, 또 다른 여성은 "한두 번을 제외하고는 경험한 적이 없다"고 말했다. 또 한 명의 여성은 "결혼한 지 5, 6년이 되기 전에는 오르가슴을 느낀 적이 거의 없었고" 그나마 성교 "중반"에 느낌이 왔다고 전한다. 역사가 칼 데글러(스탠퍼드 대학 고문서 보관소에서 모셔의 논문들을 발견했던 사람)는 이 오르가슴의 빈도를 1953년에 나온 킨제이 보고[7]의 빈도와 "비교해볼 만하다"라고 썼다. 45명 가운데 41명의 아내가 피임 기구를 사용했다. 남자들은 중절 성교를 하거나 ('얇은 고무막' 혹은 '고무 덮개'라고 불리던) 콘돔을 썼다. 여자들은 질 세척법(비누와 물을 이용한 질 세척법, 피임액 주입기와 깨끗한 물을 이용한 질 세척법, 이염화물을 이용한 질 세척법, 코코아 버터와 찬물을 사용하는 질 세척법)과 신체에 삽입하는 다양한 기구들(굿이어 러버 링, 자궁을 둘러싸는 고무 캡, 의사가 처방한 질 좌약)에 의존했다. 뒤에서 다시 논하겠지만 중상류층 여성들이 의사와 약사들에게서 피임 기구를 구하는 것은 매우 쉬웠다.

대다수의 여성들은 "출산은 의무다"라는 기독교인들과 다윈주의자들의 주장에 따라 임신을 성교의 가장 주된 목적이라고 여겼다. 다음의 말들에서 보듯 몇몇 사람들은 성교는 아이를 낳기 위한 것이라고만 생각했다. "임신이 될 때까지 바람직한 간격으로 행해지는 성관계, 그리고 수유가 끝날 때까지의 금욕." "임신이 될 때까지는 성관계. 임신 기간과 수유 기간에는 금욕." 31세의 한 여성은 "성관계는 오직 아이를 낳기 위해서만 할 뿐 전적으로 금욕"하는 것이 이상적인 생활이라고 주장했다.

그러나 그들이 종족 번식의 의무를 받아들였을지라도, 이들 중 많은 수의 여성들은 성을 부부를 특별한 '정신적' 끈으로 묶어주는 사랑의 표현으로 여겼다. 선동적이지는 않았지만 그들은 이 주제에 대해 다음과 같이 말했다. "내게 성은 정신적 결합을 위해 육체가 보내는 신호이자 다시 한 번 결혼 서약을 하는 일이다." "부부 관계는 그 어떤 관계보다 친밀해야 한다. 잠자리는 이것을 위한 수단이다." "내 경험에서 보면 육체적 사랑을 자주 나누는 것은 부부가 정신적으로 공감할 수 있게 해주고 두 사람의 결합을 완성시킨다. 그것은 시간이 흘러 열정이 희미해진 다음에도 결혼 생활을 유지할 수 있게 해준다." "서로가 원할 때 부부간의 성관계는 행복한 부부만이 누릴 수 있는 사랑과 공감의 끈을 만들어낸다." "성은 오직 한 사람의 상대와 나눌 수 있는 것이다. 그것은 서로에게 다정하고 친밀한 느낌을 준다."

어떤 여성들은 규칙적인 성생활의 이점으로 부부가 서로 공감할 수 있다는 것을 들었다. 그것은 "결혼 생활을 한결 안정되게" 만들어주고 부부 관계를 "정상화"시키는 것이라고 여겨졌다. 신기하게도 오늘날 건강 전문가들의 말과 비슷하게 들리는 한 아내의 선언을 들어보자. "정상적인 욕망과 욕망의 합리적인 추구는 사람을 한층 더 건강하게 만든다."

1893년에 한 여성은 오늘날에도 무리 없이 들리는 성에 대한 견해를 다음과 같이 표현했다. "나는 서로의 결합을 완성하려는 남편과 아내의 욕망이야말로 성생활을 하는 첫 번째이자 가장 고결한 이유라고 생각한다. 자식을 얻고자 하는 것은 성생활을 하는 매우 가치 있는 동기이지만 부차적인 것이다. 서로를 원하는 마음 없이 그런 이유만으로 성관계를 하는 것은 적절하지 않다. (……) 남편과 나는 성 자체를 즐긴다. 우리는 우리 자신을 위해 그것을 원하며 육체적이라기보다는 정신적으로 그것을 갈구한다. 왜냐하면 그것은 우리가 하나임을 보여주는 가장 성스러운 표현이기 때문이다." 성이 종족 보존의 수단과는 별도로 그 자체로서 가치를 지닌다는 이러한 견해는 20세기가 되면 일반적인 생각으로 자리 잡을 것이다.

피임

그러나 많은 미국인들은 이 여성, 그리고 피임을 실천했던 동년배 부인 41명과 생각이 달랐다. 신과 자연의 섭리를 따라야 한다고 믿는 사람들은 아이를 얻기 위해서만 성관계를 해야 한다고 주장했고, 백인의 감소(1800년에 미국의 백인 아내 한 명이 출산한 아기는 7명이었는데, 이 숫자는 1900년에 약 절반으로 떨어졌다)를 염려했던 사람들은 모든 형태의 피임을 반대했다.

피임 지식은 영국에서 막 시작된 산아 제한 운동의 영향을 받아 1920년대부터 미국 사회로 서서히 확산되었다. 로버트 맬서스(Robert Malthus)가 제기한 인구 과잉 문제에 대한 영국 사회의 관심과, 이와 관련해서 대중을 교육하려는 프랜시스 플레이스(Francis Place)의 노력은 피임 지식을 확산시키려는 미국 사회의 움직임에 영향을 끼쳤다. 1839년에 발표된 찰스 놀턴(Charles Knowlton)의 《철학의 열매 혹은 젊은 부부들의 내밀한 동반자 *Fruits of Philosophy; or, The Private Companion of Young Married People*》는 미국에서 의사가 출간한 최초의 피임에 관한 팸플릿이었다. 놀턴은 성관계를 한 다음 바로 질을 세척하여 정자를 씻어내는 것이 가장 효과적인 피임 방법이라고 추천했다. 그는 여성들에게 성교를 한 다음 황산알루미늄, 황산아연, 베이킹소다, 식초, 소다수를 섞은 0.5리터 정도의 물로 질을 세척하라고 했다. 놀턴은 이 방법을 쓰면 확실하고 저렴하며 안전하고, 불임을 야기하지 않고, 성교를 중단할 필요도 없다고 생각했다. 게다가 이 방법을 사용하면 여자들이 피임을 주도할 수 있기 때문에 유용하다고 생각했다.

놀턴의 후계자 가운데 한 사람인 건강서 작가 프레더릭 홀릭(Frederick Hollick)은 질 세척법과 더불어 배란기 측정법 또는 '안전한 기간'이라고 불린 피임법을 유행시켰다. 이때까지만 해도 사람들은 가임 기간과 불임 기간을 구별하지 못했다. 그 이후로, 특히 1850년대 이후로 사회 개혁가들은 원치 않는 임신을 피할 수 있는 방법들을 소개하는 책자, 팸플릿, 교본, 보고서들을 출간했다.

1860년대에 출간되어 몇 번이나 재판을 거듭한 제임스 애슈턴(James Ashton)의 저서 《자연의 서*Book of Nature*》에는 임신을 피하는 가장 대중적인 방법 다섯 가지가 열거되어 있다. "중절 성교, 질 세척법, 여성용 스펀지 사용, 콘돔 착용, 배란기 측정법"이 그것이다.[8] 그는 각각의 피임법을 대단히 직설적으로 설명하고 있으며, 남녀 파트너가 각각의 경우에 입게 될 이익과 불이익에 대해 상세하게 보고했다.

피임 정보와 기구가 눈에 띄게 증가하면서 '순결 운동'과 충돌을 피할 수 없게 되었다. 19세기 후반 50년 동안, 다른 사람들의 성생활을 통제해야겠다고 굳게 다짐한 미국과 유럽의 순결 운동가들은 남자들의 성적 방종, 매춘, 성병의 확산, 방탕한 남편의 손아귀에 묶여 있는 정숙한 아내들이 처한 위험 등에 대해 염려했다. 그들은 피임 기구들은 매춘과 연관되어 있기 때문에 가정을 망가뜨릴 것이라고 단정하고 피임에 반대했다.

이처럼 '악의 일소'를 위한 협회들이 캐벗 가와 로지 가 등의 명문가를 중심으로 보스턴과 같은 여러 도시에서 유행했다. 뉴욕에서는 광신도 앤서니 콤스톡(Anthony Comstock)을 비롯한 순결 운동의 십자군들이 YMCA를 본부로 삼아 마치 성전에 참여한 중세 기독교인들처럼 행동했다. 콤스톡의 끈질긴 노력으로 1873년에는 "임신의 예방 혹은 낙태를 목적으로 고안된 물건"을 우편으로 배달하는 것을 금지하는 법이 의회에서 통과되었다. 콤스톡은 이를 계기로 미국 우정국의 특수 요원으로 임명되어 불법 우편물을 수색하고 파기할 권한을 갖게 되었다. 그는 1915년에 숨을 거두기까지 열정적으로 이 임무를 수행했다.

책 몇 권과 팸플릿(《의학상식*Medical Common Sense*》, 《솔직한 가정 대화*Plain Home Talk*》, 《가정백과사전*Home Encyclopedia*》, 《금과옥조*Words in Pearl*》), 그리고 자신이 발행한 잡지 《헬스 먼슬리*Health Monthly*》를 통해 피임법을 옹호했던 의사 에드워드 B. 푸트(Edward Bliss Foote)가 콤스톡법이 시행된 초기에 그 희생양이 되었다. 1876년 1월에 그는 피임 정보를 담은 우편물을 배포한 혐의로 뉴욕의 연방지방법원에 기소되어 유죄판결을 받고 3000달러의 벌금형을 선고받았다. 그가 자신이 발행하던 월간지를 통해서 재정적인 도움을 요청하자 그를 지지한 약 300여 명의 사람들이 기부를 했다.[9]

콤스톡법이 도입되기 이전에는 신문, 타블로이드, 팸플릿, 건강 잡지에 피임 기구 광고가 공개적으로 실리곤 했다. 주로 성병의 감염을 막기 위한 목적으로 사용되던 양가죽 콘돔이 가황 처리된 고무 콘돔(찰스 굿이어의 발명품)으로 대체되었던 1830년대 이후로 콘돔은 점차 대중화되었다. 1840년대에는 믿을 만한 약사나 의사로부터 여성용 스펀지를 쉽게 구할 수 있었다. 살정제에 적셔져 있고 성교 후 쉽게 꺼낼 수 있도록 끈이 달려 있는 여성용 스펀지는 산아 제한에 가장 효율적인 방법 가운데 하나로 알려져 있었다.

1882년 독일 의사 빌헬름 페터 멘싱가(Wilhelm Peter Mensinga)가 발명한 페서리(pessary, 여성 성기용 고무 캡)는 1920년대까지도 미국에서 널리 보급되지 않았지만, 이와 비슷한 물건이 수십 년 전부터 이미 만들어지고 있었다. 1846년에 '아내의 보호자'라고 불리던 페서리와 비슷한 물건이 특허를 얻었고, 1860년대와 1870년대에는 2달러에서 6달러 정도를 내면 다양한 페서리를 살 수 있었다.[10]

존 데밀리오(John D' Emilio)와 에스텔 프리드먼(Estelle Freedman)은 자신들의 저서 《은밀한 일들*Intimate Matters*》에서 피임 지식을 서로 공유하던 몇몇 기혼 여성들의 이야기를 들려주었다. 1876년 메리 핼락 푸트는 친구 헬레나 길더에게 쓴 편지에서 "가족의 수를 제한하는 확실한 방법"은 남편이 "의사에게 가서 콘돔을 받는 거야. 몇몇 약국에서 구할 수도 있어. 역겹게 들릴지도 모르지만 거역할 수 없는 자연의 질서가 아니라면 어떤 것에도 정면으로 맞서야지"[11]라고 말했다.

1885년에 다코타 준주(準州)의 로즈 윌리엄스(Rose Williams)는 오하이오에 살던 앨러티 모셔에게 다음과 같은 편지를 썼다. "네가 거기서 그걸 구할 수 있는지 모르겠구나. 그건 페서리, 즉 여성용 콘돔이라는 거야. 언니가 그것을 구해왔는데 하나에 1달러였지. 언니는 5달러를 냈다고 했어. 사용 설명서가 그 안에 들어 있었지."[12] 이 두 통의 편지가 말해주듯, 교육을 많이 받았든 그렇지 못했든 여자들은 임신을 피하려는 친구들에게 정보를 전달하려고 힘썼다. 19세기 말의 몇 십 년 동안 모셔의 연구 결과에서 볼 수 있듯 대다수의 중류층 부부들은 몇 가지 피임법을 사용하고 있었다.[13]

산아 제한을 주장하는 쪽의 논리는 그것이 어머니와 아기 모두에게 좋다는 것이었다. 내피스 박사는 "너무 많은 아이들을 낳는 것"의 끔찍한 결과를 비난했다. 한 복음교회의 목사는 "유약한 아이들"을 낳게 하므로 "너무 자주 임신을 하는 것은 악"이라고 설파했다. 이와 비슷하게 W. R. D. 블랙우드 박사는 형편이 딱한 아내들을 동정하면서 다음과 같은 주장을 폈다. "많은 기혼 여성들이 임신, 출산, 수유라는 굴레에서 벗어나지 못하는 것은 과연 적절한가, 인간적인가, 바람직한가? 나는 조금도 망설이지 않고 '아니오!'라고 말할 수 있다. 그리고 큰 선을 내세워 피임을 무조건 반대하는 사람들에 대해 의혹을 품지 않을 수 없다."[14]

《여성이 알아야 할 것 *What Women Should Know*》이라는 유명한 책에서 엘리자 더피(Eliza B. Duffey)는 "강요된 임신"을 비판하고 어머니를 위한 "산아 제한"을 옹호했다. '낙태 합법화 지지'라는 말이 나오기 100여 년 전에 이미 그녀는 "개인에게 자신의 문제를 결정할 권리가 있다면, 여성에게 아이를 가지는 문제를 결정할 권리를 주어야 한다. 여성은 출산 전과 후에 고통을 견뎌야 하고 불리한 조건을 감수해야 하며 책임을 떠맡아야 한다. 자신의 건강과 인내력에 대해 당사자인 여성이 가장 잘 판단할 수 있다"[15]고 주장했다.

낙태

더피는 여성이 선택권을 가져야 한다고 생각했지만 낙태를 찬성한 것은 아니었다. 그녀는 낙태를 단호하게 반대했다. 자기 세대의 다른 많은 사람들처럼 그녀는 인간의 생명은 '태동초감(quickening)', 즉 임산부가 최초로 태동을 느끼는 순간부터 시작된다는 기존의 견해에 의문을 품었다. 18세기와 19세기 초반까지 이는 의료인들과 불문법의 공식적인 입장이었다. 결과적으로 태동 이전의 낙태(약 임신 4개월 무렵)는 범법행위로 간주되지 않았다. 레슬리 레이건(Leslie J. Reagan)의 책 《낙태가 범죄였을 때 *When Abortion Was a Crime*》에서 볼 수 있듯 만일 임신 초기에 아이를 잃으면, 유도 분만이었든 뭐였든 간에 그건 "유산된 것"[16] 일 뿐이었다.

낙태를 위한 민간요법들은 한 세대에서 다음 세대로 전수되었다. 어떤 것은 유럽에서 들여왔고, 또 어떤 것은 산파에게 배우거나 아메리카 원주민 치료사들로부터 배운 것이었다. 낙태를 위해 하제(下劑)와 감홍(甘汞), 알로에, 맥각, 청산가리, 요오드, 스트리크닌 등 독성이 있는 물질뿐만 아니라 루타 뿌리 혹은 쑥국화 잎을 혼합해 만든 탕약을 복용하는 것은 흔한 일이었다. 유산하기를 원했던 남부의 여성들은 목화씨로 만든 차를 마셨다고 한다. 가정용 의료 지침서에는 방혈, 목욕, 철분과 퀴닌 성분을 혼합한 조제약, 그리고 다른 하제들 등 '월경 방해물'들을 제거하는 데 필요한 그럴싸한 정보가 담겨 있었다.[17] 의사들은 종종 여자들을 "다시 월경이 시작되도록 (낙태를)" 돕고 싶어했지만 사생아를 낳아서 얼굴에 먹칠을 할까 봐 두려워하는 독신 여성들은 낙태를 원할 때 대개 다른 방법을 찾았다. 태동 이후의 낙태만이 법적인 처벌 대상이었고, 심지어 그에 해당하는 경우에도 기소하기는 어려웠다.

그러나 1830~1840년대부터는 뉴욕, 코네티컷, 미주리, 일리노이 등 일부 주에서 훨씬 엄격한 낙태 금지 법안이 통과되었고 태동 전과 태동 후의 태아를 구별하는 데 의문을 제기하기 시작했다. 수정된 순간부터 태아를 생명으로 여겨야 하는가, 아니면 태동이 있었던 순간부터 생명으로 여겨야 하는가? 만약 수정과 동시에 생명이 시작된다면 여성이 임신 중에 의도적으로 중절을 하는 것은 중절 시기와 상관없이 범죄 행위가 될 터였다. 그러나 만약 생명이 태동과 함께 시작되는 것이라면 태동을 느끼기 전에 중절을 하는 것은 범죄가 되지 않는다. 1888년이 되어서야 보스턴의 한 의사는 태동 전의 '태아 살해'가 불문법에 위배되는지 아닌지에 관련된 문제에 엄청난 혼란이 존재한다고 결론지었다.[18]

1860년대와 1880년대 사이에 40건도 넘는 낙태 금지 법안이 통과되었고, 그중 몇몇은 이전에 낙태를 금지하는 어떤 법 조항도 없었던 주들에서 통과된 것이었다. 낙태 금지 법안의 통과는 낙태 건수의 증가와 돌팔이 의사들이 위험한 시술을 행하는 것을 염려한 의사들의 지지에 힘입은 것이었다. 그러나 이와 똑같이 절박한 다른 문제도 존재했다. 1840년 이후로 낙태는 불행한 독신 여성만의 문제가 아니라는 것이 분명하게 밝혀졌다. 낙태를 하는 여성들 중 상당수는 "본토박이의 프로테스탄트 여성, 그것도 대개 중상류층 출신 기혼 여성"[19]이었다. 법역사학자인 로렌스 M. 프리드먼(Lawrence M. Friedman)이 지적한 바와 같이 결혼한 여성들, 특히 백인 중산층 여성들이 낙태를 묵인하는 것은 신성한 모성이라는 이데올로기에 정면으로 배치되는 것이었다.[20] 낙태 반대 운동가들은 자식을 죽인 "피도 눈물도 없는" 여성들을 비난하면서 백인 아이의 출생률을 감소시킨다는 이유로 낙태를 저주했다.

19세기 중반에 낙태를 억제하는 데 기여했던 의사들은 한 의학 잡지에 "임신한 사실을 숨길 필요도 없는데 단지 장래의 육아 부담에서 벗어나고 싶어하는 기혼 여성들"[21]의 낙태 요청에 경악하면서 엄청난 비난을 퍼부어댔다. 1850년대 중반 동안 낙태 반대 십자군 운동의 지도자 격이었던 호레이쇼 스토러(Horatio Storer) 박사는 동료 의사들에게서 낙태, 사산, 임산부의 사망에 관련된 자료를 수집하는 데 몰두했다. 미네소타 주의 한 의사는 "낙태는 우리 주변에서 비일비재하게 일어나며 사회적 지위가 높은 기혼 여성이 종종 '정식 의사'로부터 낙태를 위한 약을 구하는 것도 드문 일이 아니다"[22]라고 썼다.

미국 의사협회(American Medical Association)의 낙태 반대 입장에도 불구하고 시골과 도시 곳곳에서 많은 의사들이, 심지어 낙태가 불법화된 이후에도 낙태 시술을 했다. 1888년에 《시카고 타임스*Chicago Times*》에 실린 시카고(미국 의사협회 본부가 있는 곳)의 낙태 실태 기사에 따르면 많은 의사들이 기혼과 미혼을 가리지 않고 임신 중절을 원하는 여성들을 기꺼이 도와주고 있었다.[23] 낙태를 불법화하는 캠페인을 시작한 주체이면서도 정작 회원들이 낙태 시술을 하는 것을 막지 못했던 미국 의사협회의 입장에서 《시카고 타임스》의 낙태 실태 기사는 당혹스러운 것이었다.

《시카고 타임스》의 기사에서 주목할 것은 낙태가 미혼 여성들에게만 국한된 것이 아니라는 사실이다. 의사들 자신이 확인했듯이 중상류층 여성들은 하층 계급의 미혼모들보다 더 적극적으로 낙태 지지자들을 후원하고 나섰다. 낙태를 지지한 의사들 가운데 한 사람인 오델리아 블린(Odelia Blinn) 박사는 중절 수술을 하러 온 여성들 가운데 다수가 기혼이었다고 회고했다. 아내로서의 의무를 회피하고 커다란 죄를 저지른다는 이유로 이런 여성들을 비난했던 사람들과는 달리 블린 박사는 아내의 임신에 일차적으로 동등한 책임이 있는 남편에게 비난의 화살을 돌렸다.

19세기 말이 되었을 때 산아 제한의 수단으로 낙태를 택하는 것은 어느 역사학자의 말마따나 '공공연한 비밀'이 되었다.[24] 낙태가 부유한 '상류 사회 여성'에게 국한된 일이 아니라는 사실은 프랜시스 콜린스의 경우에서 확연히 드러났다. 레즐리 레이건이 《낙태가 범죄였을 때》에서 예로 든 프랜시스 콜린스는 노동자 출신으로 결혼을 한 두 아이의 엄마였다. 1920년 4월에 34세였던 그녀는 시카고에 있는 워너라는 의사의 진료실을 찾아가 '중절 수술'을 받았다. 의사는 그녀의 자궁에 기구를 집어넣었고 집으로 돌아온 그녀는 남편에게 '불쾌감'을 호소했다. 나중에 그녀는 하혈, 오한, 구토로 앓아누웠고 왕진을 온 워너 박사의 도움에도 불구하고 자리에서 일어나지 못했다. 4월 말경 그녀의 두 아이의 출산을 담당했고 낙태하지 말 것을 조언했던 다른 의사가 프랜시스 콜린스를 입원시켰다. 하지만 얼마 지나지 않아 그녀는 사망했다. 다른 많은 노동자 계급의 부부들과 마찬가지로 콜린스 부부는 또 다른 아이의 출생을 막기 위해서 낙태를 했을 뿐이었지만 비극적인 결말을 맞은 것이다.[25]

마거릿 생어와 산아 제한 운동

1869년 스물한 살의 앤 퍼셀이라는 여성은 마이클 히긴스와 뉴욕 주에서 결혼했다. 두 사람은 모두 노동자로 아일랜드에서 이민 온 가정 출신이었으며 명목상으로는 둘 다 가톨릭교도였지만 실제로는 앤만

이 신자였다. 가톨릭 교리가 피임을 금지했기 때문에 그녀는 당시 일반화되어 있던 어떤 종류의 피임도 할 수 없었다. 앤 퍼셀은 11명의 아이를 낳았고, 1899년에 폐병에 걸려서 사망했다. 그녀가 낳은 아이들 가운데 하나가 바로 마거릿 생어(Margaret Sanger)다.[26]

어머니에 대한 기억이 마거릿 생어가 피임을 합법화하고 기혼 여성들이 쉽게 피임 기구를 접할 수 있도록 하는 운동에 뛰어들게 된 결정적 계기였다. 간호사 교육을 받았고 1902년 23세의 나이로 젊은 건축가와 결혼했던 생어는 8년 동안 모두 3명의 아이만을 낳았다. 그녀의 가족이 1910년 뉴욕 주의 해스팅스에서 뉴욕 시로 이주했을 때, 그녀는 뉴욕의 로어 이스트사이드에 있는 이민자 거주 지역에서 시간제 간호사로 일하기 시작했다. 그녀의 어머니와 마찬가지로 계속되는 출산으로 힘겨워하는 여성들의 어려운 처지를 보고 그녀는 사회 의식에 눈을 떴다.

그녀는 특히 5달러를 받고 낙태 시술을 해주는 진료소 앞에 얼굴을 숄로 가리고 줄지어 서 있는 여성들의 모습에서 그리고 그녀가 담당한 환자들 가운데 불법 낙태로 인한 후유증을 호소하는 이들을 보고 크게 각성했다. 특히 새디 삭스라는 여성은 스스로 낙태를 하다가 패혈증에 걸려 죽은 전형적인 이민자의 아내로 그녀의 뇌리 속에 반세기 동안 남아 있게 되었다. 그녀를 담당했던 의사에 따르면 이 여인이 의존할 수 있었던 피임법이란 남편을 "지붕 위에서 자게 하는 것" 외에는 없었다.

생어는 1911년까지 사회당의 후원을 받아 성행위와 임신에 관한 대중 강연을 했고, 1912년에는 〈모든 소녀들이 반드시 알아야 할 것〉이라는 제목의 칼럼을 사회당 기관지인 《더 콜*The Call*》에 기고하기 시작했다. 이 칼럼에서 그녀는 월경, 자위 행위, 임신, 피임, 낙태 등과 같은 도발적인 주제를 다루었다. 칼럼에 대한 독자들의 반응은 사뭇 뜨거웠다(찬성과 반대 모두). 성병에 관한 논설 때문에 그녀는 강력한 반대파인 앤서니 콤스톡과 정면으로 충돌했다. 결국 콤스톡은 1913년에 그녀의 칼럼을 불법화했다. 성을 둘러싼 진보적인 변화의 물결을 거스르려던 콤스톡의 시도는 실패할 운명이었지만 그와 그의 추종자들이 진보의 속도를 늦춘 것만은 부인할 수 없는 사실이다.

이때부터 생어는 종종 법을 위반했다. 체포, 재판, 소송, 벌금, 구금으로 이어지는 일련의 사태는 격렬한 반대와 지지를 불러일으켰다. 그녀가 브루클린의 한 상가에 개설한 진료소에서 이민자 가정의 여성들에게 산아 제한에 관한 정보와 피임 기구들을 배포한 혐의로 1917년 기소되었을 때, 그녀의 환자들 가운데 30명이 소환되었고 이들은 (아마도 산아 제한의 필요성을 보여주기 위해서) 수많은 아이들을 데리고 법정에 나타났다. 유죄 판결을 받고 5000달러의 벌금형과 30일 동안의 감옥 생활 가운데 하나를 선택해야 했을 때 생어는 후자를 선택했다.

소송과 관련된 그녀의 무용담은 항소심에서 주정부의 외설 법에 따라 유죄 판결이 확정된 1918년 1월까지 계속되었다. 하지만 판사는 성병을 예방하기 위한 목적으로, 그리고 다른 의학적 목적으로 피임을 할 수 있다고 판결했다. 이 판결은 향후 몇 십 년 동안 생어와 다른 산아 제한 옹호론자들의 숨통을 틔워주었다.

그녀의 결혼 생활은 투쟁으로 점철된 세월의 격류를 통과하지 못했다. 19세기의 엘리자베스 케이디 스탠턴과는 달리 생어는 아이들을 양육하고 강의와 출판으로 얻어지는 수입으로 재정적으로 파산한 남편을 지원하고 성적으로 '순결하게' 남을 마음이 없었다. 시대가 변했고, 좌파 사상과, 미국과 유럽의 자유연애 서클에 경도된 아일랜드 혈통의 씩씩한 여성은 그 시대의 정신을 대표했다. 그녀의 애인들 가운데에는 성의학자인 헨리 해블록 엘리스와 작가 H. G. 웰스와 같이 그녀의 지적 자산을 풍부하게 만든 뛰어난 인물들이 포함되어 있었다. 헨리 해블록 엘리스는 그녀의 첫 번째 저서인 《여성과 신인종*Woman and the New Race*》의 서문을 썼고 H. G. 웰스는 두 번째 저서인 《문명의 주축*The Pivot of Civilization*》의 서문을 썼다. 1920년대에 이 두 권의 책은 모두 합쳐 50만 부 이상이 팔려 나갔다. 자신의 책을 통해 생어는 산아 제한은 결혼한 여성들이 반드시 가져야 할 권리라고 주장했을 뿐 아니라 1920년대를 거쳐 퍼져 나간 새로운 성 윤리를 옹호하고 나섰다. 아이들의 수를 결정할 권리를 가진 아내는 공적 생활을 하기가 더 쉬울 것이며 전쟁, 빈곤, 계급 갈등과 같은 절박한 문제들을 푸는 데 도움을 줄 수 있을 것이다. 인류를 위한 생어의 거대한 희망은 아직 다 실현되지 못했지만 그녀는 산아 제한 운동의 창시자로서 자신의 발자취를 역사에 아로새겨놓았다.

억압은 계속되었지만 산아 제한 운동은 몇몇 진보적인 종교 단체 등을 포함한 뜻밖의 우군을 얻었다. 1930년 런던에서 국교회의 주교들은 부부가 부모로서의 역할을 제한해야 할 도덕적 의무감을 느낄 때 피임을 해도 좋다는 신중한 성명서를 발표했다. 1년 뒤에 신학자 레이놀드 니부어(Reinhold Niebuhr)가 회장으로 있고 2200만 프로테스탄트를 대표하던 예수교의 연방위원회는 의학적, 경제적인 이유를 들어 산아 제한을 공식적으로 승인했다. 산아 제한은 모자 보건을 위한 보호 조치이자 빈곤과 인구 과잉 문제의 해결책으로 받아들여졌다. 그러나 이러한 관점을 미국의 모든 프로테스탄트 분파들이 만장일치로 인정한 것은 아니었다. 감리교, 장로교, 루터교 신자들을 포함한 보수적인 회원들은 이에 대해 등을 돌렸고 1950년대까지 자신들의 입장을 바꾸지 않았다.

가톨릭교회는 모든 형태의 피임을 반대하는 입장을 계속 견지했다. 교황 피우스 9세는 1930년 동문통달 〈정숙한 결혼에 대하여〉에서 "생명의 탄생을 억제하는 모든 인위적인 노력은 하느님과 자연의 섭리를 거스르는 것이며, 그런 일을 저지르는 사람들은 중대하고 치명적인 오점을 남기는 것이다"라고 선언했다. 그러나 어떤 면에서 이 동문통달은 부부간의 성생활을 둘러싼 수 세기 동안의 혼란을 정리해주었다. 교황은 부부 관계가 "악의 색채"를 띠지 않는다는 것을 분명히 밝혔다. 아이를 얻는 것이 성행위의 가장 중요한 목적이라고 말하고 피임을 비난하면서도 교황은 "서로 협력하고, 사랑을 키우고, 육욕을 잠재우는 것이 결혼의 제2의 목표"임을 인정했다. 이런 기조에서 교황은 결혼한 부부가 폐경기 이후에도 성생활을 계속할 권리가 있다는 것도 인정했다.

교회가 산아 제한을 공식적으로 반대했는데도 불구하고 몇몇 가톨릭 교파들은 배란기 측정법을 신도들에게 장려했다. 이런 요법은 19세기 중반부터 일부 세속의 사상가들에 의해 교회 밖에서 권장되어왔다. 그러나 과학자들이 그 원리를 완전히 밝혀낸 것은 1929년에 이르러서였다. 배란은 월경이 시작되기 16일에서 12일 전에 일어나고, 여성은 적어도 배란 8일 전에서 3일 후까지는 성생활을 자제해야 한다(이렇게 해도 100퍼센트 안전한 것은 아니다). 1932년에 가톨릭교도인 어느 의사가 쓴 《여성의 불임기와 가임기 *The Rhythm of Sterility and Fertility in Women*》라는 책이 시카고의 이름난 가톨릭 교단의 후원을 받아 출간되었는데, 이 책은 여성들에게 달력을 만들어놓고 불임기 때까지 성행위를 자제하라고 충고했다. 하지만 피우스 12세의 〈결혼 생활에 영향을 주는 도덕적 문제들〉을 통해 교회가 의학적, 우생학적, 경제적 이유로 꼭 필요한 경우 배란기 측정법을 사용해도 좋다고 공식적으로 인정하기까지는 다시 20년의 세월이 필요했다.

새로운 성 문화

산아 제한 운동과, 20세기 중반까지 대다수의 유대교와 기독교 교파들이 채택한 좀 더 개방적인 입장은 수십 년 동안 발전해온 새로운 결혼관에 부응하는 것이었다. 미국인들은 점점 더 "소비, 욕구 충족, 쾌락"[27]이 지배하는 사회의 흐름 속에서 출산 중심적인 결혼에서 사랑과 동반자로서의 부부 관계, 그리고 즐기는 성에 기초한 결혼이라는 이상을 향해 나아갔다. 성은 원래 부끄러운 것이 아니라 자연스러운 것이며 두 사람이 함께 즐기는 것이어야 한다는 생각이 평등한 결혼 생활을 이루어나가는 추진력이 되어주었다.

영화와 픽션, 그리고 논픽션에 나타난 성에 대한 개방적인 태도가 미국인들의 의식 속으로 스며들고 있었다. 개인의 불행의 주된 원인이 성적인 억압에 있다고 보았던 지그문트 프로이트와 헨리 해블록 엘리스의 선구적인 업적은 미국 사회의 이러한 변화를 촉진했다. 프로이트가 당대의 많은 사람들처럼 여성은 집 밖에서 일하지 말고 가정에서 자신의 자리를 지켜야 한다고 생각한 반면에 엘리스는 여성의 섹슈얼리티와 공적 영역에서 활동할 권리를 옹호했다.

이제 막 싹트기 시작한 이러한 이론들과 운동들이 미국 아내들의 성생활에 어떤 영향을 미쳤는가? 불행히도 이 시대 여성이 성생활에 대해 가졌던 개인적인 느낌과 경험을 기꺼이 글로 쓴 것은 빅토리아 여왕 시대보다도 드물다. 적어도 자서전, 시, 소설처럼 다른 사람에게 보이기 위해서 쓴 것들에 관한 한 그렇다. 영미권에서 여성들은 20세기 말까지도 그러한 소재로 글을 쓴 적이 없다. 아니, 있긴 하다. 몇 안되지만 남부의 작가 케이트 쇼팽(Kate Chopin)은 소설 《각성 *The Awakening*》을 통해, 그리고 영국 작가 래드클리프 홀(Radclyffe Hall)은 《외로움의 샘 *The Well of Loneliness*》을 통해 선각자로서의 역할을 수행했다. 케이트 쇼팽은 질식할 것 같은 결혼 생활 속에서도 "아이들을 기르고 남편을 존경하는 일을 신성한 특권이라고 생각하는"[28] 여성들과는 달리 자신의 운명을 개척할 것을 결심한 열정적인 어머니상을 그려냈다. 래드클리프 홀은 훨씬 더 충격적인 주제인 여성 동성애에 천착했다. 그녀의 책은 금기인 여성 동성애를 다루었기 때문에 프랑스와 미국에서는 출간될 수 있었지만 영국에서는 금서가 되었다. 쇼팽이 19세기 말에 몇몇 아내들이 틀림없이 느꼈을 결혼으로 인한 폐소공포증과 내면의 혼란을 표현했다면, 홀은 격동기의 새로운 성적 자유를 그려냈다. 하지만 두 작가 모두 주류 사회로부터 한참 동떨어져 있었다.

미국의 주류 사회는 여전히 여성들에게 결혼하기 전에는 순결을 지키고 결혼 후에는 아내이자 어머니로서의 역할에 만족하라고 강요했다. 초기 영화 산업의 감초 격이었던 악명 높은 요부와 '악녀들'만이 건전한 주부의 이미지에 도전했을 뿐이다.[29] 건전한 여성은 부부간의 성생활에서만 쾌락을 찾으며, 침실의 은밀한 일에 대해 언급하거나 글을 쓰는 것은 적절하지 못한 행동으로 여겨졌다.

이 시대 여성의 섹슈얼리티를 가장 잘 보여주는 것은 새롭게 작성된 성생활에 관한 조사 결과를 기록한 문서들이다. 좋은 예로 1929년에 출간된 캐서린 비먼트 데이비스(Katherine Bement Davis)의 《여성 2200명의 성생활의 요인들 *Factors in the Sex Lives of Twenty-two Hundred Women*》과 길버트 해밀턴(Gilbert Hamilton)의 《결혼에 대한 연구 *A Research in Marriage*》를 들 수 있다. 이 저서들은 1960년대와 1970년대의 성 혁명에 앞서 일어난 성 관념의 변화를 보여주고 있다.

빅토리아 여왕 시대의 사람들이 부부간의 성생활만 인정하고, 그 주된 목적은 출산을 위한 것이라고 생각했던 반면에 제1차 세계대전 이후의 미국인들은 출산을 위한 것이 아닌 성행위에 대해서도 관대한 시각을 갖게 되었다. 빅토리아 여왕 시대의 사람들이 여성이 남성에 비해 성욕이 약하다고 생각했던 것과는 달리 1920년대에 접어들어 사람들은 여성 역시 남성과 똑같지는 않더라도 강한 성욕을 갖고 있다고 인정하게 되었다. 세기 전환기의 아내들을 대상으로 한 모셔의 조사는, 성은 출산을 위한 것이라는 생각에서 부부간에 성 그 자체를 즐기는 것을 인정하는 방향으로 성에 대한 관점의 변화가 일어나고 있음을 보여주었다. 데이비스와 해밀턴이 실시한 1929년의 조사 결과는 이러한 변화가 이미 완료되었음을 보여주었다. 성은 출산과는 상관없이 결혼의 장점으로 널리 인식되었다.

데이비스의 조사를 좀 더 찬찬히 살펴보면 다음과 같은 사실을 알 수 있다. 대다수의 아내들이 주당 성행위 횟수를 보고하고 있는데 74퍼센트가 어떤 형태로든 피임을 하고 있었다. 이 여성들 가운데 4분의 1은 결혼 후 첫 번째 성 경험 때 불쾌감을 느꼈으며 반 이상이 결혼 생활이 길어지면서 성을 즐기게 되었다고 했다. 아내들 가운데 30퍼센트는 자신의 성욕이 남편의 성욕과 다를 바 없이 강하다고 생각했다.[30]

데이비스의 조사는 또한 혼외 관계에 대해서도 알려준다. 7퍼센트의 아내들은 결혼 전에 성관계를 한 적이 있다고 했으며, 결혼한 여성의 40퍼센트, 독신 여성의 65퍼센트가 자위를 한 적이 있고 결혼하지 않은 대졸 여성 가운데 상당수가 동성애 경험이 있다고 말했다. 데이비스가 제시한 이러한 정보는 과학적 조사에서 성이 어디까지 연구 대상(대다수 미국인들이 '부도덕'하다거나 '비정상적'이라고 생각할 수 있는 면까지도)이 될 수 있는가를 보여준다.

1929년에 행한 또 다른 조사에서 해밀턴은 성적 만족과 행복한 결혼 생활 사이에 어떤 상관관계가 있는지 알아보려고 했다. 그 세대의 많은 사람들과 마찬가지로 그는 성이 결혼에 유익한 것이며 성적인 불만족이 부부간에 심각한 불화를 일으킬 수 있다고 생각했다. 프로이트의 영향을 받은 그는 아내들이 "오르가슴을 잘 느끼지 못하는 데" 많은 관심을 기울였다. 해밀턴의 조사는 부부간의 성생활의 문제를 찾아내는 것이 목적이었으므로 그가 다음과 같은 사실을 발견한 것은 전혀 놀라운 일이 아니다. 표본으로 추출된 아내들 가운데 35퍼센트가 결혼 후 첫 번째 성관계에서 거부감과 혐오감을 느꼈다. 그들 중 다수는 한 번도 오르가슴을 경험한 적이 없었고, 5분의 1은 "심각한 신경증 환자"였다. 불임이거나 임신을 하고 싶어하는 여성들을 제외하고는 모두 피임을 하고 있었다.[31]

데이비스와 해밀턴이 수행한 조사들은 어떤 면에서 모순적이었다. 데이비스는 아내들이 일반적으로 자신들의 성 경험에 대해 만족스러워했다고 주장했다. 해밀턴은 문제점들에 초점을 맞추었고 당대의 다른 의학 전문가들과 마찬가지로 여성의 섹슈얼리티를 둘러싼 새로운 종류의 불안을 규명하고자 했다. 사회가 여성은 어떤 성적인 욕망도 품어서는 안 된다고 억압했기 때문에 19세기 중반의 아내들은 강렬한 욕망을 느끼면 불안해하곤 했다. 반면에 1세기 후 아내들은 성적 욕망이나 만족을 경험하지 못하면 불안해했다. 해밀턴과 프로이트주의자들에게 이는 그들이 남성의 삽입을 통해 '질 오르가슴'에 도달하지 못했음을 의미했다. 데이비스와 해밀턴의 조사가 갖는 가장 중요한 유사성은 결혼에서 성이 차지하는 중심적 위치, 그리고 남편과 아내들의 피임법에 관한 것이었다.

20세기 초반 성 인식의 변화는 여성에게 영향을 끼쳤던 다른 근본적인 사회 변화의 맥락 속에서 이해되어야 한다. 1920년에 마침내 여성의 참정권이 인정됨에 따라서, 점점 더 많은 여성들이 고등교육을 받고 일자리를 찾게 됨에 따라서, 그리고 종교가 세속의 전문 지식에 자리를 내주게 됨에 따라서, 신여성은 시대의 대세가 되었다. 앨프리드 킨제이(Alfred Kinsey)는 남녀의 성적 행태에 대한 조사(이에 대해서는 10장에서 논의할 것이다)를 통해 1920년대야말로 미국인들의 성 관념과 성생활이 결정적으로 변화한 격동의 시기였다고 회고했다.

새로운 성 윤리의 대중화 추세는 미국 잡지의 기사, 광고, 책, 영화에서 얼마든지 찾아볼 수 있다. 널리 퍼진 그런 책들 가운데 하나로 시카고 센트럴 YMCA 칼리지 소속의 밀리어드 에버렛(Millard S. Everett)이 쓴 《결혼의 위생학 *The Hygiene of Marriage*》을 들 수 있다.[32] 남성과 여성의 성기, 성병, 출산, 산아 제한과 같은 주제를 다루면서 그가 보여준 개방적인 태도는 자유주의적인 사조를 따르던 미국인들 사이에 널리 퍼져 있던 시대적 흐름을 반영한 것이었다. 출산을 위한 성은 이제 "그 자체가 목적"이자 "행복의 주요 구성 요소들 가운데 하나"로 간주된 성의 뒷자리로 물러났다. 이 점에 대해 에버렛은 분명하게 입장을 밝히고 있다. "출산은 결혼의 유일한 목표도, 주요한 목표도 아니다. 만약 어떤 사람이 결혼의 궁극적인 목표를 찾으려고 한다면, 그는 그것이 성적인 친교와 동반자 관계에 대한 욕망임을 발견하게 될 것이다."

에버렛이 보여주었듯이 이상적인 결혼은, 모셔의 조사에 응한 여성들 중 일부가 19세기 말에 믿었던 것, 그리고 대부분의 미국인들이 오늘날 믿고 있는 것과 밀접한 관련이 있다. 그는 부부 관계의 초기 단계에서 낭만적인 사랑을 향한 욕구, 그리고 부부 모두에게 침실 안에서의 성적 자유를 인정했으며 한 걸음 더 나아가 남편과 아내 사이의 "근본적인 평등"을 강조했다. 그는 남녀에게 "모든 면에서 비슷한 사람과 결혼할 것"을 권유했다. 또 여성들에게 "경제적인 독립"을 쟁취하라고 충고했는데 그 이유는 "그것이 단지 남성과 여성을 좀 더 나은 동반자 관계로 만들어주기 때문만이 아니라 (……) 그들이 좀 더 많은 자유를 누리도록 해줄 것이고 결과적으로 남성의 부당하고 위압적인 행동을 참아야만 하는 일이 적어질 것이기 때문"이라고 했다. 또 남편과 아내들이 "아무런 희망 없이 중세의 전통에 얽매여 있다면 몰라도"(그는 가톨릭을 비판하고 있다) 피임 지식을 갖출 것을 권유했다. 그리고 언젠가 "남성들과 여성들이 세상의 일들을 똑같이 공유하고 여성이 임신 때문에 중요한 활동에서 배제되지 않을 (……) 그리고 남성이든 여성이든 어느 누구도 '집안의 가장'이 되지 않고 진정한 동반자 관계가 되는" 그런 날이 오기를 고대했다.

평등한 결혼에 관한 이 희망에 찬 설계가 에버렛의 시대에 살고 있던 모든 미국인, 혹은 대다수 미국인들의 견해를 반영한 것은 아니었지만 그것이 백인, 중류층, 프로테스탄트적인 가치의 보루였던 YMCA의 승인을 받았다는 것은 의미심장한 일이다. 미국 사회에서 이런 부류의 아내들은 성적 쾌락을 누리는 것이 자신의 권리이며 일, 결혼, 육아가 양립될 수 있고, 배우자와의 완전한 평등이 곧 이루어질 것이라고 믿었다.

그러나 이후 몇 년 동안 몇 가지 중대한 사건이 일어나서 이러한 기대는 물거품이 되었다. 억압에서 벗어난 성생활, 평등한 결혼, 일하는 아내는 경제 공황기였던 1930년대에는 전혀 고려의 대상이 되지 못했다. 대부분의 사람들은 그저 한 명이라도(대개 남편이) 일자리를 갖고 있다는 것을 감지덕지하게 생각했다. 일하는 여성에게는 남성의 일자리를 빼앗았다는 비난이 쏟아졌고 결혼한 여성들의 고용을 제한하는 법이 제정되기까지 했다.[33] 집 밖에서 일하는 아내들, 그리고 가계 지출을 줄이지 않거나 산아 제한을 위해 애쓰지 않았던 여성들 모두가 비난의 대상이 되었다.

피임과 낙태: 대공황 시기

콤스톡법이 피임 정보와 피임 기구의 우편 배달을 금지했음에도 불구하고, 또한 절반이 넘는 주에서 피임 금지 법안들을 통과시켰음에도 불구하고 점점 더 많은 사람들이 마거릿 생어의 지도하에 피임을 합법화하고 결혼한 여성들이 피임 기구를 자유롭게 구할 수 있도록 적

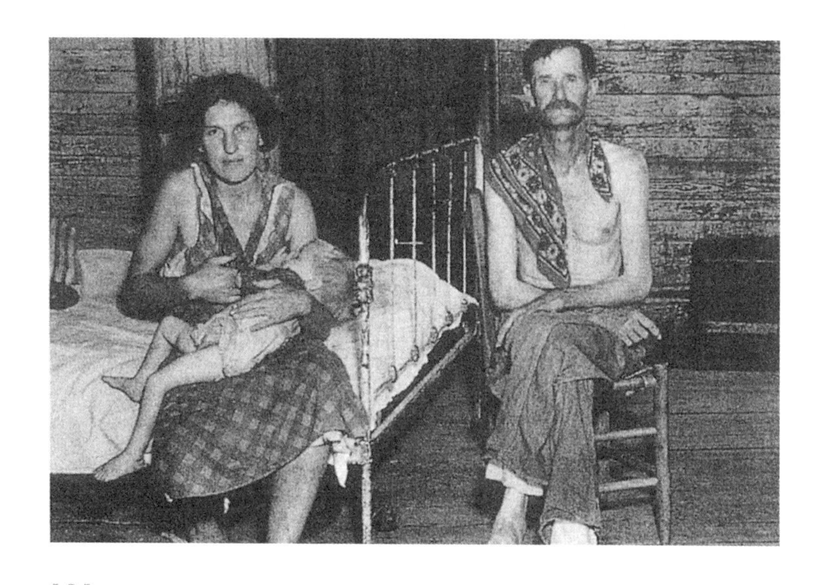

워커 에번스가 찍은 대공황 시기의 가난한 농민 부부의 사진.

극적으로 캠페인을 벌였다. 대공황 시기였던 1930년대 내내 산아 제한 운동가들은 특히 이미 낳은 자식들조차 먹여살릴 능력이 없었던 부부들에게 산아 제한의 필요성을 강조했다. 아이들을 부양할 수 없게 된다는 공포, 또한 자식이 많이 딸린 빈민 가족들은 국가에 의존해서 살아가게 될 것이라는 두려움이 많은 미국인들에게 피임의 필요성을 받아들이게 했다.

여러 번의 법적 승리로 인해 피임 기구들의 전파를 가로막고 있었던 콤스톡법의 압박이 느슨해졌다. 1930년대 중반에 이르기까지 수백만 개의 콘돔이 생산되어 모든 계층의 남자들에게 온갖 장소들(잡화점, 주유소, 이발소 등)에서 팔려 나갔다. 중류층의 아내들뿐만 아니라 가난한 아내들까지 페서리와 같은 피임 기구를 쉽게 손에 넣을 수 있었다.

1925년에 제작된 자궁 경부에 씌우는 피임 기구들.

피임 행태의 변화를 가져온 원인 가운데 상당 부분은 생어가 뉴욕시에 설립했던 산아 제한 진료소를 본떠 전국적으로 퍼져 나간 진료소에서 찾을 수 있다. 1930년대에는 미국 산아 제한 연맹의 후원을 받는 병원이 15개 주 55군데에 이르렀다. 1938년에 그 수는 500개를 넘어섰다. 데밀리오와 프리드맨은 이 시기 여성의 성생활 형태에 관한 킨제이의 연구를 분석한 뒤 나이 든 여성들과 젊은 여성들 사이의 피임 관행의 차이를 지적했다.[34] 나이 든 그룹은 콘돔(40퍼센트)에 가장 많이 의지했고, 두 번째가 페서리(31퍼센트), 그다음에는 질 세척법과 중절 성교가 뒤를 이었다. 이와는 대조적으로 젊은 여성들은 주로 페서리(61퍼센트)에 의존했고 그다음으로 콘돔을 많이 사용한 반면에 질 세척법이나 중절 성교는 거의 사용하지 않았다. 페서리가 가장 믿을 만한 방법이라고 선전했던 산아 제한 옹호론자들은 이에 무척 고무되었다.

1930년대 말엽에 아마도 대공황 때문이었겠지만 피임이 모든 사회계층에서 일반화되었다. 사회는 더 이상 피임을 공공연하게 또 도덕적으로 비난하지 않았고 당연한 것으로 받아들였다. 1937년 미국 의사협회는 공식적으로 산아 제한을 반대하는 입장을 포기했다. 1938년

《레이디스 홈 저널》이 실시한 여론 조사에서는 79퍼센트의 미국 여성이 피임 기구의 사용에 찬성하는 입장을 보였다.

피임을 인정한 것과 대조적으로 낙태는 여전히 비밀스러운 이슈로 남아 있었다. 경제 공황기 동안 낙태 건수가 엄청나게 증가했는데도 말이다. 1931년에 프레드 J. 타우시히(Fred J. Taussig) 박사는 《미국 산부인과 학회지*The American Journal of Obsterics and Gynecology*》에서 낙태는 꾸준히 늘어나고 있으며 특히 서너 명의 자녀를 둔 어머니들 사이에서 그렇다고 말했다. 그는 연간 70여만 건의 낙태 시술이 행해지고 있으며, 이 과정에서 사망하는 여성도 1만 5000여 명에 이를 것이라고 추정했다.[35]

많은 의학 논문들이 낙태의 가파른 증가세를 독신모와 기혼 여성들이 대공황 때 겪은 경제적 곤궁 탓으로 돌렸다. 기혼 여성들은 네 번째 아이나 다섯 번째 아이만을 지우는 것이 아니라 첫아이까지 지웠다. 뉴욕 시의 산아 제한 진료소에서 1000명에 가까운 여성들을 인터뷰한 여의사는 여성이 집안의 가장이고 직업을 잃고는 먹고살 수 없을 때, 혹은 그저 입 하나를 더 늘릴 수 없을 때 낙태를 한다고 결론지었다. 레즐리 레이건의 《낙태가 범죄였을 때》에 따르면 심지어 백인 중상류층의 아내들마저 과거 어느 때보다 높은 낙태율을 보였다.[36]

백인 기혼 여성들과 마찬가지로 흑인 기혼 여성들 역시 대공황 때 더 많은 낙태를 했다. 클리블랜드에 거주하던 아프리카계 미국인 외과의는 1932년 "결혼한 여성들 사이에 불법적으로 자행되는 낙태 건수가 폭발적으로 증가해왔다"고 논평했다. 같은 계층의 흑인과 백인 기혼 여성의 낙태율은 엇비슷해 보였지만 결혼하지 않은 백인 여성은 결혼하지 않은 흑인 여성보다 더 빈번히 낙태를 했다. 그것은 아마도 흑인 여성은 사생아를 출산한다 해도 자신이 속한 집단에서 배척당할 가능성이 더 낮았기 때문일 것이다.

1930년대 초반에 의사들은 엉터리 낙태 시술을 받은 후에 응급실로 실려 오는 여성들을 점점 더 많이 보게 되었다. 1935년에 뉴욕의 할렘 병원은 이런 여성들을 위한 특별 병동을 만들기도 했다. 1939년 시카고의 쿡 카운티 병원은 낙태 부작용 때문에 찾아온 1000여 명의 여성을 치료했다. 레즐리 레이건에 따르면 몇 안되는 의사들이 이런 현상에 놀라 낙태를 합법화하자고 소리 높여 주장했지만, 출판계는 주로 검열과 침묵으로 화답했을 따름이다.[37] 생어가 주도한 산아 제한 운동 역시 자신들이 불법 시술과 연관되어 있다는 의혹을 살까 봐 낙태 합법화를 지지할 수 없었다.

낙태가 공식적으로 금지되었는데도 금전적 이유에서든 인간적인 이유에서든 낙태 시술을 기꺼이 수행한 의사들이 있었다. 레즐리 레이건은 시카고에서 의술이 뛰어난 것으로 유명했던 낙태 전문가 조세핀 개버(Josephine Gabber)의 진료 행위를 추적하다가 개버의 스테이트 스트리트 클리닉에서 1932년부터 1941년 사이에 1만 8000건 이상의 낙태 시술이 행해졌다는 사실을 밝혀냈다. 환자의 80퍼센트 정도는 기혼 여성이었다. 이것은 제2차 세계대전 이전에 낙태를 경험한 여성들 가운데 대다수가 기혼 여성이었다고 주장하는 다른 연구 결과들과 일치하는 대목이다.[38] 이 중 70명의 환자 기록을 토대로 레이건은 이들 기혼 여성들 중 대다수가 가정주부였고, 4분의 1가량만이 일하는 여성이었다고 결론지었다.

여성들은 다른 의사에게 소개받거나 친구, 미용사, 약사, 혹은 간호사 등 개인적인 친분을 통해 낙태 시술자의 이름을 알아냈다. 아내들 가운데 대다수는 임신 초기에 찾아왔는데 이런 경우는 2개월이나 3개월이 지나고 나서 오는 경우보다 훨씬 쉽고 안전하게 시술을 받을 수 있었다. 개버의 수술실에서 행해진 낙태 시술은 유능한 개업의가 하는 다른 외과 수술과 비슷했다. 환자들은 문제가 생길 때에는 언제라도 의료진을 부를 것이며 정기 검진을 위해 다음 날 혹은 몇 주 후에 다시 와야 한다는 충고를 포함한 주의 사항을 듣고 병원 문을 나섰다.

뉴욕과 볼티모어 등 다른 도시들에서도 일부 유명한 의사들이 기꺼이 낙태 수술을 했다. 레즐리 레이건은 "수천 명의 여성들이 전통적인 의료 시설에서 의사의 손에 낙태 수술을 받았으며 부작용을 겪지 않았다"[39]고 말했다.

그러나 많은 여성들, 돈이 없거나 아는 사람이 없었던 이들은 필요한 시기에 적절한 치료를 받을 만큼 행운이 따라주지 않았다. 돌팔이들이 했던 뒷골목의 시술에 대한 끔찍한 이야기들과, 옷걸이나 표백제를 넣은 질 세척법을 이용하여 스스로 낙태를 한 여성들의 이야기는 1970년대의 낙태 합법화를 위한 성전(聖戰)의 와중에 세상에 공개되었다. 낙태율이 증가하기 시작했던 1920년대 말부터 낙태가 합법화되었던 1973년까지 수만 명의 여성들이 해마다 불법 낙태로 인한 부작용 때문에 응급 처치를 받아야 했다.

제2차 세계대전 직전의 수십 년 동안 기혼 여성들은 성생활과 피임 관행의 괄목할 만한 변화를 경험했다. 1930년대까지 자유주의적 사상을 가진 여성들은 결혼 생활에서 성적 쾌락을 추구하고 산아 제한을 할 권리가 있음을 당연하게 받아들이게 되었다. 이 둘은 떼려야 뗄 수 없는 관계를 맺고 있었다. 신뢰할 수 있는 피임법을 통해 원치 않는 임신의 두려움에서 벗어난 여성만이 자유롭게 성을 즐길 수 있다는 것은 개혁가들이 언제나 주장해왔던 것이다. 자식의 수를 자유롭게 선택할 수 있고, 신체적, 경제적 필요에 따라 아이들의 터울을 조절할 수 있는 아내만이 건강한 아이들을 키울 수 있다. 1942년에 가족계획이 시행되었을 때 미국 중부의 사회는 산아 제한이 행복한 결혼 생활을 하는 데 보탬이 된다고 믿게 되었다. 비록 낙태가 법적으로 공인되지는 않았지만 여성들은 과거 어느 시대보다 유리한 조건에서 결혼 생활을 시작할 수 있게 되었다.

9장

전쟁, 예기치 못한 기회

아내, 전쟁, 그리고 일, 1940~1950년

"존 도우 부인, 우리는 당신이 필요해요!"

—《여성의 가정 동반자*Women's Home Companion*》, 1942년 7월호

"나는 내 아내가 전시에 밖에서 일을 하는 것이 자랑스럽습니다."

—《맥콜스》, 1943년 9월호

"남편이 내가 내 몫을 다 하기를 원하는 것이 자랑스러워요."

—제2차 세계대전 때의 포스터

해군 장교의 아내인 이블린 거스리(Evelyn Guthrie)는 남편 할이 1941년 하와이로 배치되었을 때 그를 따라갔다. 할이 선상에서 근무하는 동안 이블린은 군병원의 환자들을 차로 수송하고 호주와 뉴질랜드에서 오는 비행단 신병들을 실어 나르는 호놀룰루 적십자 수송단 업무에 전념했다.

거스리 부부는 전쟁이 임박한 것을 알고 그에 대비했다. 그녀는 간행되지 않은 회고록에서 다음과 같이 말하고 있다. "12월 5일에 할과 나는 변호사 사무실에 가서 각자 유서에 서명했다. (……) 나는 그를 진주만에 데려다주었고 그가 승선한 군함은 미드웨이에 있는 해병들

에게 비행기를 전달해주기 위해 12월 6일 12시 1분에 출항했는데, 그 때까지도 나는 그가 탄 군함이 어디로 향하고 있는지 알지 못했다."[1]

12월 7일 아침에 그녀가 집을 떠날 때, 집주인 여자가 그녀에게 진주만이 공격당했다는 소식을 알려주었다. 그녀는 급히 적십자 제복으로 갈아입은 후 구급상자를 들고 차로 향했다. 부두로 가는 도중에 그녀는 진주만으로 급히 가고 있는 해군 장교 몇 명을 차에 태웠다. 그들은 부두에 도착했을 때 "믿을 수 없이 끔찍한 광경을 목격했다. (……) 배들이 불타고 있었고, 물 위에는 불타는 기름 사이에서 허우적거리고 있는 남자들이 있었다."

진주만이 기습 공격을 당하는 충격적인 현장에서 이블린 거스리는 간신히 목숨을 부지했다. 그녀의 눈앞에서 일본 전투기가 전함 펜실베이니아호 위로 급강하하면서 전함 앞쪽에 정박해 있는 구축함에 폭탄을 떨어뜨렸다. "폭탄이 구축함의 뱃머리를 날려버렸고, 그 충격 때문에 내 차는 부두를 가로질러 좌충우돌하며 질주했다." 가까스로 차를 제어할 수 있게 되자 그녀는 수송단 참모부로 가서 다른 몇 명의 적십자 단원을 태우고 민방위 본부로 향했다.

> 우리는 그곳이 매우 분주한 것을 알았다. 힉햄 전선에 설치된 기지에서 급전이 오면 구급차로 사용할 수 있도록 크기와 차종에 관계없이 모든 트럭들이 개조되고 있었다. 우리는 트리플러 육군 병원에서 도움을 필요로 한다는 이야기를 들었다. 우리들 네 명은 내 차를 타고 트리플러 병원에 가서 복무하겠다고 알렸다. 힉햄 전선에서 부상병이 들것에 실려 오면 우리는 상처 부위의 옷을 제거하고 부상병들을 곧장 수술실로 들여보냈다. 그다음에 우리는 흩어져

서 어떻게든 부상병을 돕기 위해 병실로 달려갔다.

(……) 적은 수이긴 했지만 부상병들을 간호하기 위하여 간호사와 의사가 병원에 속속 도착했다. 하지만 그들을 위해 할 수 있는 일은 별로 없었다. 팔과 다리를 잃은 사람들은 그날을 넘기지 못하고 죽었다. 내가 병실에 도착한 오전 10시경부터 지원 간호사 몇 명이 도착한 늦은 오후까지 나는 완전히 무력감을 느꼈다. 내가 할 수 있었던 일은 오로지 한 손으로는 죽어가는 사람의 손을 붙잡고, 나머지 손으로는 또 다른 사람에게 물 한 잔을 건네주거나, 사람들이 미끄러지지 않도록 바닥의 피를 닦아내면서, 흥분한 위생병이 부지런히 일할 수 있도록 하는 것뿐이었다.

다음 며칠 동안 이블린 거스리는 해군 병원과 육군 병원으로 의료 물자를 수송하는 일을 했다. 라디오 방송을 듣고 달려온 헌혈 대기자들이 있는 민간 병원을 돕기도 했다. 그녀는 또한 "전사자의 장례를 위해 파견된 해군 군종 목사를 수송하는 매우 슬픈 임무도 맡았다"고 회상했다.

남편을 전선에 보낸 '현역 군인의 아내들'은 '민간인 아내들'이 가족과 함께 집에 머물 수 있도록 참모부의 야간 당직에 지원했다. 3주간 이블린 거스리는 남편의 소식을 듣지 못했다. 나중에야 사병이 아파트로 찾아와서, 할은 괜찮다며, 다만 너무 바빠서 전화를 걸기 위해 육지에 나올 시간조차 없을 정도라고 알려주었다.

"크리스마스 바로 직전에 맷슨 정기선 가운데 한 척이 현역 여군과 아이들을 소개(疏開)하기 위하여 항구에 도착했다. 악단이 '알로하'를 연주하고 사람들이 화환을 씌워주었던 때와는 아주 달랐다."

몇 달 후 자녀가 있는 대부분의 현역 군인의 아내들과 다른 많은 사람들이 소개된 후, 전쟁과 관련하여 정부에 고용된 사람을 제외하고는 어떤 아내도 그곳에 남을 수 없다는 결정이 내려졌다. 이블린 거스리는 남아 있기 위하여 일주일에 6일 동안 호놀룰루 우체국에서 편지를 검열하는 일을 맡았다. 그녀는 적에게 도움을 줄 수 있다고 생각되는 물품들을 제거하면서 하루에 약 130통의 편지를 검열했다.

그녀의 회고록에 따르면 종종 일을 하기 어려운 때가 있었다. "한 번은 같은 남자가 쓴 두 통의 편지를 검열한 적이 있었는데, 한 통은 아내에게 보내는 것이었고, 다른 한 통은 정부에 보내는 것이었다. 그는 정부에 보내는 편지에 전쟁 채권을 동봉했는데, 그것을 꺼내서 아내에게 보내는 편지에 넣고 싶은 마음을 억누르기가 너무 힘들었다."

거의 100일에 가까운 이 기간 동안 그녀는 남편이 어디 있는지도 알지 못했다. 코럴해 해전이 끝나고 5월에 그가 탄 군함이 하와이로 돌아왔는데, 그는 몹시 야윈 채로 육지에 내렸다. 항구에서 며칠을 보낸 후 그는 다시 바다로 갔다. 이블린 거스리는 남편 없이 스무 번째 결혼기념일을 맞이했다.

한 달 후에 훨씬 더 야윈 남편이 미드웨이 해전에서 살아 돌아왔다. 친구들은 "특별한 방식으로 할의 생환을 축복"했다. 그가 건강을 회복하는 동안에 그녀는 검열소에서 계속 일했다. 진주만이 공격당한 지 1년 정도 지난 12월 초에 그녀는 캘리포니아에서 어머니가 심장마비로 돌아가실지도 모른다는 전화를 받았다. "유일한 혈육으로서 본토로 돌아가는 것 말고는 선택의 여지가 없었다. 지금 하와이를 떠나면 다시 돌아오지 못할 것이다. 나는 그를 살아서 볼 수 있을지 기약하지 못한 채 할에게 작별 인사를 했다."

다행히도 그녀의 남편 역시 승진과 함께 새로운 직위를 얻어 곧 본토로 배치되었다. 거스리 부부는 전쟁에서 살아남아 여러 해를 함께 살았다. 전쟁 중에 '현역 군인의 아내'로서 그녀가 했던 행동은 진정한 의미의 봉사였다.

그녀가 1941년의 운명적인 공격 시기 동안 진주만에 있었다는 사실은 거스리 부부의 인생에서 중요한 이정표가 되었다. 군인의 아내답게 그녀는 적십자에서 자원봉사자로 일했고 그곳에서 매우 두드러진 역할을 한 것 같다. 같은 계층의 아내들과 달리 그녀는 전쟁 중에 사회의 부름에 응해 일을 했다. 계층과 상관없이 수백만 명의 기혼 여성(1940년 15퍼센트에서 1945년 24퍼센트 이상으로 증가)이 전쟁 중에 사회의 필요에 부응하여 일을 했다.[2]

20세기가 시작된 이후 이미 여성의 고용이 꾸준히 증가 추세에 있었기 때문에 제2차 세계대전은 이미 진행되고 있던 변화를 촉진했을 뿐이라고 주장할 수도 있다. 또 제2차 세계대전은 여성의 고용, 특히 기혼 여성의 고용에 혁명적인 변화를 일으킨 촉매제였다고 주장할 수도 있다. 전시에 새로 고용된 여성 노동자 650만 명 가운데 370만 명이 기혼자였다. 미국 역사상 처음으로 미혼 여성 노동자보다 기혼 여성 노동자의 수가 더 많아진 것이다.

기혼 여성의 수적인 우위는 부분적으로 전쟁 중 앞날에 대한 불안과 위기감 때문에 수많은 남녀가 서둘러 결혼한 것에서 기인한 것이기도 했다. 수많은 병사들이 휴가 때 집에 돌아와서 결혼식을 올리면서 전쟁 전의 예상보다 약 100만 건 이상 많은 결혼이 성사되었다. 1942년에 결혼했던 신부들 가운데 한 명은 50년이 지난 후에 다음과 같이 회상했다. "전시가 아니었다면 우리는 그토록 서둘러 결혼하지 않았을 것이다."[3] 1944년에 기혼 여성의 수는 1940년보다 250만 명이나 더 증가했다.

당초 전시인력관리위원회는 가정주부들의 구직을 촉진하는 것을 꺼렸고, 그 대신 가족에 대한 의무를 강조했다. 그러나 많은 애국적 시민, 조직, 잡지들은 미혼 여성뿐만 아니라 기혼 여성도 남성들이 군대로 차출되어 공석이 된 자리를 채우고 전쟁 물자를 생산하는 데 필요한 인력이라고 하며 기혼 여성의 구직을 독려했다. 미국 정부 간행물 출판소가 내놓은 포스터 가운데 하나는 "당신의 아내는 전시에 직업을 가져야 합니까?"라고 묻고 있다. 남편에게 질문을 던지는 형식을 취하고 있는 이 포스터에는 아내에게 신문을 읽어주는 남편의 모습과 그 옆에서 재봉틀을 돌리는 여성 그리고 공장에서 일하는 여성의 모습이 나란히 실려 있다. 포스터에는 위의 질문에 대한 대답으로 "건강하고 14세 미만의 자녀가 없는 모든 여성은 전시에 직업을 가질 준비가 되어 있어야 한다"고 적혀 있다.

라디오에서는 1분 특별 방송을 통해 다음과 같은 메시지를 전하는 지방 여성들의 목소리를 들려주었다. "제 이름은 ○○인데 ○○시의 가정주부님들께 진심으로 호소합니다. 저도 역시 가정주부이며 올해까지 집안일 말고는 일을 한 적이 한 번도 없습니다. 하지만 가족을 돌보고 전쟁 채권을 구입하는 것만으로는 충분할 것 같지 않았습니다. 그래서 하루에 8시간씩 일하는 직업을 얻고, 가사일도 전처럼 해내고 있습니다. (……) 제 남편은 저를 자랑스럽게 여깁니다. 저 역시 지금처럼 행복한 적이 없습니다. 저는 정말로 전쟁의 종식을 앞당기는 데 기여하고 있다고 느낀답니다."[4]

제2차 세계대전 때의 포스터. "당신의 아내는 전시에 직업을 가져야 합니까?" 라고 적혀 있다.

대공황 때에는 일하는 아내가 "남자의 직업을 뺏는다"는 이유로 공공연한 비난의 대상이 되었다면, 이제는 노동력 부족으로 인해 일하는 아내가 칭송되었다. 가정주부에서 공장 노동자가 된 로지(Rosie)는 국민적 우상이 되었다. 전장에서 남편과 합류했던 미국 독립전쟁 시대의 아내인 '몰리 피처(Mollie Pitcher)'처럼 로지는 남자의 빈자리를 채웠다며 사람들의 존경을 한 몸에 받았다. 그러나 레일라 J. 러프(Leila J. Rupp)가 전시의 선전을 연구한 글에서 말했듯이 이런 전환은 어디까지나 일시적인 것이었다. 전쟁이 끝나면 이 여성들이 아내, 어머니, 가정주부라는 원래의 자리로 돌아갈 것을 누구나 알고 있었다.[5]

이와 같은 기혼 여성의 대규모 고용은 역사가인 윌리엄 체이프(William Chafe)가 "기업과 정부가 추진한 정책의 근본적인 변동"[6]이라고 부르는 현상을 보여주었다. 기혼 여성을 고용하는 것을 금지한 기존의 조치는 나이 든 여성, 즉 35세 이상의 여성을 차별하는 정책이라는 이유로 폐기되었다. 대부분 기혼이었던 나이 든 여성들은 여성 노동의 새 장을 열었다. 학교에 다니거나 이미 성인이 된 자녀를 둔 그들은 집안일 대신 서류를 정리하고 기계의 나사를 조이는 일을 할 기회를 즐겁게 받아들였다. 상대적으로 집안일과 육아 부담이 덜한 이러한 여성들은 여성 노동력을 풍부하게 했다.[7] 1940년에 노동자 35명 가운데 여성이 2명이었던 것에 비하여 전쟁이 끝났을 때 이 수치는 3명으로 증가했다.

또 다른 변화로는 어린 자녀를 둔 여성의 취업이 늘어난 것을 들 수 있다. 당초 전시인력관리위원회는 어머니의 가장 중요한 의무는 자식을 돌보며 가정을 지키는 것이라는 통념에 따랐으나, 머지않아 태도를 바꾸었다. 전쟁에서 승리하기 위해서는 자식이 있든 없든 모든 사람이 필요했다. 이러한 이유에서 전시인력관리위원회는 정부기관이 "일하는 어머니들이 안심하고 자녀를 맡길 수 있는 탁아 프로그램을 연방 차원에서 개발하고 통합하며 조정하도록" 조치했다.[8]

몇몇 탁아소는 저소득층 가정의 자녀를 위한 노동 관리 제도를 통해 이미 지원을 받고 있었는데, 18만 명의 취학 전 아동과 취학 아동이 1942~1943년에 새로 이 제도의 수혜 대상이 되었다. 1943년 6월 이후에 같은 제도에 의거한 탁아소 프로젝트는 중단되었고, 방위산업체에 종사하는 어머니의 자녀를 위해 제정된 랜햄 법안의 규정에 따라 새로운 프로그램이 수립되었다. 이 프로그램이 가장 활발하게 운영되었을 때에는 연방의 지원을 받은 3000개의 탁아소에서 13만 명의 어린이들이 보살핌을 받았다. 동시에 전국적으로 다른 프로그램들이 국가, 지방 및 민간기관에 의하여 시행되었으나, 1943년 전시인력관리위원회의 보고에 따르면 그것들은 어림잡아 200만 명 가까이 되는 지원이 필요한 아동들을 모두 돌보기에는 역부족이었다.

정부의 정책에만 문제가 있었던 것은 아니다. 아이들의 보육 문제에 관한 한 미국의 어머니들은 공동으로 해결책을 마련하는 데 미온적인 태도를 보였고, 대개 가족 구성원, 이웃, 친구들과 협의하는 것을 선호했다. 윌리엄 터틀(William M. Tuttle)의 〈아빠는 전장으로 갔어요〉라는 글은 어머니들이 임시적으로 고안해낸 육아 문제에 대한 다양한 해결책을 상세하게 기록하고 있다.[9] 어떤 이들은 야간조로 일하면서 주간조인 아버지나 할아버지, 할머니에게 또는 손위 형제자매에게 아이를 맡기거나 홀로 내버려두었다. 어떤 사람은 주간에 일하는 며느리와 번갈아 아이를 돌보기 위해 자신의 어머니가 야간조로 일했던 것을 회상했다. 혼자서 아이를 기르는 어머니들은 주간조로 일하면서 자녀를 방과 후에 홀로 남겨두었다.

이러한 '열쇠' 아동(부모가 맞벌이를 해서 집 열쇠를 갖고 다니는 아이)은 양식 있는 미국인들의 마음속에 염려를 불러일으켰다. 《더 나은 가정과 정원*Better Homes and Gardens*》 1943년 5월호에는 금발의 소년이 "엄마가 군수 물자 공장에서 일하면 누가 나를 돌보지?"라고 묻는 모습이 실려 있다. 이와 비슷한 어델 프리시전 프로덕츠 사의 애국적인 내용의 광고를 보면 금발의 소녀가 작업복을 입은 엄마에게 "엄마, 언제 다시 집으로 돌아올 거예요?"라고 질문한다. 엄마는 낙관적으로 다음과 같이 대답한다. "환희에 찬 날이 곧 오면 엄마는 다시 집에 돌아가서 엄마가 가장 좋아하는 일(아빠가 퇴근할 때 너와 아빠를 위해 집안일을 하는 것)을 할 거란다. 엄마가 어델 프리시전 프로덕츠 사에서 더 나은 비행기를 생산하기 위해 필요한 수압밸브, 배관집게와 폐색기, 그리고 착빙 방지 기구들을 만드는 것이 그날을 앞당기는 데 도움을 주고 있단다."

위와 같은 낙관적인 대답에도 불구하고 어머니가 아이를 제대로 돌보지 못하게 됨으로써 몇 가지 문제가 파생되었다. 대중적인 잡지들은 일부 아동들이 철저히 방관되고 있음을 우려했다. 일터에서 파김치가 되어 돌아온 엄마들은 아이들을 조금도 보살필 수 없을 때가 있었다. 업무 수행 능력도 나빠졌다. 일부 직장 여성들은 결근율이 잦았는데, 이들은 아픈 아이 때문에 종종 근무 시간을 줄이거나 일을 그만두기도 했다.

민영 군수공장들은 여성 직공들을 붙들어두기 위해 혁신적인 조치를 마련했다. 예를 들어 로스앤젤레스의 항공업체들은 여름에도 학교를 개방해달라고 시에 청원했는데, 이는 많은 어머니 노동자들이 방학 때 아이들과 집에 있어야 했기 때문이다. 오리건 주 포틀랜드에 있는 카이저 사에서는 어머니 노동자들을 배려하는 조치가 시행되었는데, 18개월에서 6세까지의 아동을 하루 종일 돌봐주는 부설 보육원을 설립한 것이다. 조선소에서 근무하던 2만 5000명의 여성 노동자를 둔 진보적인 생각을 가진 경영자 덕분에 카이저 아동 보육 센터는 "훌륭한 아동 보육 시설을 운영함으로써 민영 기업이 아이를 둔 여성의 노동 조건을 개선하기 위해 노력한 모범적인 사례로 남아 있다."[10]

하지만 기업과 지역 사회가 마련한 대책만으로는 아동 보육 문제를 해결할 수 없었다. 미국은 주간 보육 시설, 파출부, 매점, 조리된 음식 및 일주일에 한 번씩의 쇼핑을 위한 오후 자유 시간[11] 등 일하는 아내와 어머니에게 폭넓은 편의를 제공하는 영국의 모범을 따르지 않았다. 더구나 영국은 기혼 여성을 위해 2교대제를 시행했기 때문에 2명의 여성이 교대해가며 종일 근무자의 작업을 수행할 수 있었다. 이러한 제도는 영국의 전쟁 수행과 일하는 아내 모두에게 유리한 것이었다.

전쟁 중 미국 아내들은 작업복 차림으로 도시락을 들고 공장에 가거나 스타킹을 신고 장갑을 낀 채 사무실로 출근할 때에도 가사에 대한 책임에서 벗어나지 못했다. 오늘날과 마찬가지로 그 당시에도 여성은 여러 가지 일을 동시에 하면서 과로로 쓰러지지 않으려고 노력해야 했다. 어째서 이 여성들은 집안일을 하는 것도 모자라 일주일에 5~6일을 교대조나 아니면 야간조로 일을 했을까?

많은 이들은 확실히 애국심에 고무되었다. 남편이나 애인을 군에 보낸 사람들은 자신들의 노동이 전쟁을 빨리 끝내는 데 일조하고 멀리서 싸우는 남자들의 생사에 직접적인 영향을 미치기를 희망했다. 그들은 다음과 같은 포스터의 선전 문구를 믿었다. "기도만으로 그가 집에 빨리 돌아오게 하지는 못할 것입니다. 전쟁에 관련된 일을 하세요!" 그리고 "그가 남겨놓고 간 일을 하세요."

다른 이유는 경제적인 것이었다. 넉넉지 못한 수당으로 사는 군무원의 아내들은 종종 생계를 유지하기가 어려웠다. 매사추세츠 주의 애솔에서 둘째 아이를 임신한 한 해병의 아내와 어머니의 생계비 계산에 따르면, 집세(20달러), 전기료(3.75달러), 전화요금(2달러), 우유 값(6.5달러), 세탁비(4달러), 식료품비(30달러), 보험료(2.95달러), 기름값(2.8달러)을 내고 나니, "의복, 의약품, 동절기 연료, 신문, 잡지, 오락 등"의 명목으로 나온 그녀의 월급 80달러에서 남은 돈은 겨우 8달러밖에 되지 않았다.[12] 1944년까지 약 400만 명의 군인의 아내들 가운데 136만 명의 여성이 취업을 했다.[13]

남편이 군인이든 아니든 여성과 나머지 가족은 일을 찾아 전시에 부흥한 새로운 도시로 몰려들었다. 이들은 애팔래치아 지역, 남부, 평야 지대를 떠나 서부, 동부 해안, 그리고 오대호 연안으로 이주했다. 농촌을 등진 사람들은 윌로 런에 세계 최대 규모의 공장을 짓고 엄청난 양의 폭탄을 생산하고 있던 디트로이트 같은 번창하는 도시로 갔다. 그들은 열악한 집과 이동주택 주차 지역에 몰려 살았고 친척과 친구들이 도시에 올 수 있도록 고향에 돈을 보냈다.[14]

전시의 임금 수준은 미국 역사상 가장 높았고, 이 임금은 남자들이 하던 일을 대신하는 여성들에게 지급되었다. 남편에게 전적으로 의지하던 아내들이 이제 새 가구나 의복, 심지어 집을 사는 일 등 가정 경제에 기여하고 있었다. 어떤 사람들은 난생처음 돈을 벌고 있는 것에 대해 그리고 그 돈을 쓰는 데 어느 정도 발언권을 갖는 데 대해 뿌듯해했다. 여유가 있는 사람들은 할부로 도자기와 은 식기를 샀고, 고향에 사는 부모에게 선물을 보냈으며, 전쟁 채권을 구입하고 자녀를 대학에 보내기 위해 저축을 했다. 그들 중 많은 사람들은 그저 집 밖에 나와 있을 수 있다는 것만으로 즐거워했다. 퓨젓사운드 해군 제조창에서 일한 여성 노동자는 "웬일인지 부엌에는 부산한 조선소에서 느낄 수 있는 매력이 없었다"[15]고 말했다.

전쟁은 여성의 고용 형태에 지속적으로 영향을 미쳤다. 전쟁 전에는 미혼의 젊은 여성들이 일자리를 독점했으나, 전후에는 태반이 기혼자와 중년 여성 차지였다. 1940년에는 638만 명의 미혼 여성과 468만 명의 기혼 여성이 고용되었다. 10년이 지난 후에 이 비율은 527만 명의 미혼 여성 대 864만 명의 기혼 여성으로 바뀌었다.[16] 전반적으로 전시의 아내들은 1920년대와 1930년대에 결혼한 여성들보다 직장 경험이 더 많았고, 비록 전쟁 직후에 전체적으로 여성의 고용이 감소했을지라도 결혼 후 일을 하는 데 더 적극적이었다.[17]

다음 반세기 동안에 직장과 집안일을 겸하는 여성의 비율은 상상할 수 없을 만큼 증가했다. 기혼 여성 4명 가운데 1명만이 취업을 했던 1950년대에 태어난 여자아이라면 기혼 여성 5명 가운데 3명 이상이 거의 모든 직종에서 일하고 있는 오늘날에 태어난 여자아이와는 아주 다른 여성상을 가졌을 것이다. 그리고 기혼이든 미혼이든 관계없이 자녀를 가진 여성의 비율은 거의 5명 중 4명에 이른다. 다음 페이지에서 나는 전시에 서로 다른 경제 영역에서, 그리고 다양한 지역에서 일한 여성들을 좀 더 상세하게 살펴볼 것이다.

조선소의 아내들

제2차 세계대전 동안에 가장 급여 수준이 높은 기업 가운데 하나였던 조선소는 미혼이든 기혼이든, 젊든 그렇지 않든, 자녀가 있든 없든 관계없이 많은 여성을 고용했다. 오리건 주 포틀랜드 시에 있는 조선소의 경우를 살펴보자. 1942년에 이 공장은 여성을 고용하는 것을 거부했지만, 1943년 3월이 되자 500명의 여성을 직원으로 고용했다. 성장한 자녀를 둔 베레니스 톰슨이 이 조선소에서 일하게 되었을 때, 남편은 노골적으로 비웃었다. 그녀는 다음과 같이 회상했다. "나는 몹시 가난했어요. 그래서 내 능력을 보여준다는 점에서도 일을 하는 의미는 굉장히 컸어요. 남편은 켄터키 출신이었는데, 여자들은 아무것도 할 줄 모른다고 생각했지요. 그래서 내가 남편에게 그렇지 않다는 것을 증명해 보였어요." 결국 그녀의 임금으로 새 집의 대금을 치르게 되자 남편은 그녀의 지위 상승을 현실로 받아들여야 했다.[18]

조선소에서 일한 로자 딕슨의 남편은 그곳이 여성에게 어울리지 않는 곳이라고 생각했다. 그녀에 따르면 남편은 "오, 당신은 저 조선소에서 일할 수 없을 거야. 사람들이 얼마나 거칠고 말투도 지독한데"라고 말했다. 쥐꼬리만 한 임금을 받는 상점에서 일자리를 구한 후에 그녀는 남편에게 "그래, 난 이런 직업은 갖지 않을 거야. 조선소가 임금을 더 많이 주거든" 하고 응수했다. 5명 가운데 3명의 자녀를 집에 남겨둔 채로 그녀는 포틀랜드 지역의 작은 조선소에서 용접공으로 일했고, 그다음엔 배관 조립공 보조가 되었다. 그녀는 1946년까지 다양한 직업을 거쳤다. 딕슨 부부는 두 사람의 소득으로 여생을 보낼 집을 마련했다.[19]

여성은 남편의 반대뿐만 아니라 남성 노동자들의 노골적인 성차별을 극복해야 했는데, 그들 중 많은 사람들이 여성은 선박 건조와 어울리지 않는다고 믿었다. 여성을 동료로 받아들이는 데 적대적인 남성들 사이에서 여성이 용접공, 리벳공, 선박 부품 설비공, 전기공, 도장공, 기계공, 보일러 제조공으로서 자신의 능력을 증명하는 것은 쉬운 일이 아니었다.

《하퍼스 매거진*Harper's Magazine*》 1943년 9월호에 실린 버지니아 스노 윌킨슨의 〈주부에서 선박 설비공으로〉라는 글은 조선소에서 근무했던 여성의 경험담을 생생하게 보여준다. 버지니아 윌킨슨의 남편은 그녀가 캘리포니아 주의 리치몬드 시에 있는 카이저 조선소에서 일하는 것을 반대하지 않았다. 실제로 그녀의 가족은 그녀와 마찬가지로 들떠 있었고, 그녀는 남편과 아이들에게 첫 출근을 앞두고 아침 5시 30분에 깨워달라는 부탁까지 할 수 있을 정도였다.[20]

그러나 회사에 출근했을 때 신입 사원 교육을 담당하는 남자가 의심의 눈초리를 보내며 그녀와 다른 여섯 명의 여성을 맞이했다. "이런 젠장! 여자 선박 설비공이라니! 도대체 내가 왜 이런 일을 해야 해?" 버지니아 윌킨슨은 이미 안전 교육을 받았기 때문에 곧 선박 설비공 보조로 일하게 되었다. 그녀는 간단한 설명을 들은 다음 다양한 작업 지시를 받았지만, 대부분의 시간은 다른 노동자들처럼 그저 대기하면서 주변에 서 있었다. 선박을 건조하는 조립 라인은 비효율적으로 운영되는 것처럼 보였다.

왜 이렇게 노는 시간이 많았을까? 십장은 경영진이 작업장에 한꺼번에 투입할 수 있는 것보다 더 많은 남성과 여성을 고용했다고 설명했다. "일 잘하는 사람 몇 명을 뽑으려면 일단 많은 사람을 데려와야 해요." 그는 또한 배를 만드는 과정에서 여성이 할 일을 설명해 주었다.

"여성들 역시 할 일이 있어요. 남자들은 이런 생각에 찬성하지 않고 노조에서 반대표를 던졌지만요. 하지만 때가 되면 그들도 여성이 일하는 데 익숙해질 것이고 별로 개의치 않을 겁니다. 남자들은 판금 공장에서 일하는 여성들에 대해서도 비슷한 기분을 느끼곤 했지만, 이

제 공장은 여성으로 가득 찼는걸요. 여성들이 좌지우지하고 있고, 이제 더 이상 여성들에 대한 적대감은 남아 있지 않아요. 아직까지는 공장에서 여성들이 그리 많이 눈에 띄지 않지만, 전쟁이 계속되면 많이 볼 수 있을 겁니다."

버지니아 윌킨슨은 남성들이 자신을 "마님"이나 "여보"라고 부르며 빈정거리는 일에 익숙해졌지만 여성이라는 이유로 철저하게 멸시당하는 일을 경험하기도 했다. 그녀를 포함하여 3명의 여성 노동자가 작업반에 배정되었을 때 그들은 열정적으로 그리고 효율적으로 서로 협력했다. "우리는 주어진 작업을 함께하면서 서로 잘 어울렸다. 나는 우리가 얼마나 빨리 임무를 완수하는지, 검사하는 데 얼마나 신중한지, 적당히 측량하는 것을 얼마나 경멸하는지 알게 되었다. 일단 우리에게 책임이 주어지면, 우리 자신의 일에 몰두하면, 또 할 일이 충분히 많으면 말이다."

하지만 여성조는 지속되지 못할 운명이었다. 오후 늦게 3명의 여성은 "점점 더 남성들의 적대적인 시선을 느꼈다. 그들은 '분노에 차서' 여성들을 건설조로 보내야 한다고 말했다. 그들이 우리를 경쟁자로 여기게 된 최초의 사건이었다. 다음 날 아무런 설명 없이 우리 일감이 남성들에게 주어졌다. 우리는 우리의 일이라고 생각했던 것을 남성들이 하고 있는 것을 지켜보아야 했다."

어떤 여성 노동자는 남성들이 조선소도 판금 공장처럼 "여성들로 넘치게" 될까 봐 두려워했다고 말했다. 버지니아 윌킨슨은 "가장이자 여러 명의 식구들을 부양하려고 애쓰는" 남성이, 경험은 부족한데 남성과 같은 임금을 받는 여성 때문에 직장을 잃는 것을 받아들이기는 어려웠을 거라고 너그럽게 이해했다. 그녀는 시간당 95센트를 받고 일을 시작했다.

6주 후에 그녀는 1개 조를 감독하는 책임을 맡았다. 그녀는 자신의 조에 배당된 강철 자재의 크기를 측정하고 분필로 표시를 했다. 또한 기계로 자재를 들어올려 정해진 자리에 용접할 수 있도록 용접 위치를 지정했다. 크레인이 자재를 들어올리는 것을 지켜보면서, 그리고 나중에 그녀가 만든 군대 수송선이 바다로 나가는 광경을 바라보면서 버지니아 윌킨슨은 벅찬 감동을 느꼈다. "이렇게 배 위에서 함께 작업하니 아주 좋았다"라고 그녀는 회상했다.

그녀는 이야기를 좋게 마무리했지만 우리는 이 이야기에서 조선소의 남자 노동자들 사이에 팽배했던 병적인 여성 혐오를 눈치챌 수 있다. 전쟁 전 1939년에 조선 산업 전체 피고용자의 겨우 2퍼센트만이 여성이었다. 과감하게 작업장에 나온 여성들은 휘파람과 야유 세례를 받아야 했다.[21] 하지만 조선소에 많은 여성이 고용되면서 통계뿐만 아니라 분위기도 급변했다. 1944년에는 조선소 노동자의 10~20퍼센트가 여성이었으며, 대부분의 남성들은 어쩔 수 없이 여성을 존중하는 법을 배웠다.

조선 산업에서 몇몇 여성들은 관리자로 승진했다. 예를 들어 앨라배마 주 모빌의 조선소에서는 13명의 여성이 당당히 간부의 자리에 올랐다. 그들 가운데 한 명인 어떤 아내는 여러 명의 남성을 포함해 14명으로 이루어진 작업반을 감독했다.[22]

조선소에서 일하는 모든 여성이 선박 건조 노동자는 아니었다. 많은 여성들이 비서, 경리, 청소부, 요리사, 매점 운영자로 일했다. 1944년 당시 유럽에 파병된 군인 남편을 둔 30세의 아내이자 어머니였던 폴리 크로는 켄터키 주의 루이빌에서 친정 부모와 살면서 인디애나

주의 앤더슨 근방에 있는 제퍼슨 선박 기계 회사에서 사무원으로 일했다. 그녀가 남편에게 보낸 편지들을 통해 우리는 시어머니에게 아이를 맡기고 일하는 여성 노동자의 생활을 엿볼 수 있다.

사랑하는 당신

당신은 이제 직장 여성의 남편이에요. 저를 배를 만드는 귀여운 연인이라고 불러주세요! 야호! 저는 오후 4시부터 자정까지 일하게 되어서 이제 케이크를 마음껏 굽고 먹을 수 있어요. 저는 일하기를 원하지만 빌을 하루 종일 혼자 내버려두고 싶지는 않아요. 시어머니는 빌을 기꺼이 돌봐주었지만 너무 힘든 일이었고 빌도 나를 필요로 하고 있답니다. 시어머니는 이제 하루에 한 번만 아이를 먹이고 재우시기만 하면 돼요. (……) 결국 내가 원하던 일을 찾은 셈이죠. 오후 4시부터 자정까지 하는 일의 급료는 시간당 70센트, 주당 36달러 40센트, 그리고 한 달에 145달러 60센트로 시작해서 두 달이 지나면 인상될 거예요. 물론 제가 일을 잘한다면 그렇다는 얘기이고, 저는 당연히 그렇게 될 것이라고 생각해요.

(……) 수표책을 열어본 후 저는 다른 사람에게 의지하지 않고 수표를 쓸 수 있다는 사실이 얼마나 자랑스러웠는지 몰라요.

잘 자요, 여보.

그리고 사랑해요, 폴리가.

1944년 6월 12일, 루이빌에서[23]

폴리에게는 운 좋게도 아들을 돌보아줄 시어머니가 있었다. 가장 큰 걱정거리는 45분이 걸리는 직장까지 출퇴근하는 일이었지만, 일단 그 문제가 해결되자 그녀는 방위산업체 노동자로서 새로운 생활에 열심이었다. 그녀는 1944년 11월 9일에 남편에게 보낸 편지에 "저는 이곳이 좋아요. (……) 그리고 벌 수 있을 때 많은 돈을 벌고 싶어요"라고 썼다. 그때까지 그녀는 은행에 780달러를 저축해두었는데, 식구 수가 적은 가족이 6개월 동안 소박하게 살기에는 충분했다.

각각 한 아이의 어머니, 다섯 자녀의 어머니로서 폴리 크로와 버지니아 윌킨슨이 겪은 경험은 육아와 출퇴근의 어려움과 작업장에서 벌어지는 성차별에도 불구하고 조선소에서 일하는 것이 (아이를 돌보는 데 다른 사람의 도움을 받을 수 있었던 백인 여성들에게) 풍요롭고 만족스러운 경험이었음을 말해준다. 하지만 조선소에서 일했던 흑인 여성은 뿌리 깊은 인종 차별에 직면해야 했다. 전쟁이 일어나기 전에 미국 전역에서 흑인 여성들은 가정부나 식당 종업원으로 일하거나 농장에서 일하는 등 허드렛일을 주로 했다. 방위산업체가 급료가 높은 일자리를 그들에게 개방했을 때, 수천 명의 흑인 여성들은 새로운 직장이 멀리 떨어진 곳에 있어도 즉시 기존의 일터를 떠났다. 많은 사람들이 조선소들이 새로 들어선 서부 해안 지대로 몰려들었다.

에이미 케셀만이 녹취한 포틀랜드와 밴쿠버에 있는 조선소에서 일한 여성 노동자들의 구술담을 들어보면 작업장에서 심한 인종 차별을 경험했던 흑인 여성들의 이야기가 나온다. 여섯 명의 흑인 여성들이 자신들을 '깜둥이'라고 부르며 부당하게 취급했던 십장에 대하여 관리자에게 불평한 후에, 그들은 모두 야간 근무조에서 오후 근무조로 배치되었고, 얼마 후에는 오직 주간 근무만 할 수 있다고 통보받았다. 모두 자녀가 있었고 야간 근무조에 맞추어 자녀 보육 준비를 했기 때문에 변경된 근무 일정은 그들에게 매우 불리했다. 그중 한 명은 다음과 같이 회고했다. "남편이 전장에 나갔기 때문에 두 아이 중 하나는 학교에 보내고 또 하나는 탁아소에 맡겨야 하는 형편이라 낮에 일하는 것은 불가능하다고 말했어요. (……) 하지만 제 요청은 묵살되었습니다." 결국 그들은 카이저 밴쿠버 조선소 경영진과 전시인력관리위원회에 항의를 했지만 소용이 없었다.[24]

이와 비슷한 사건들이 전국적으로 다른 흑인 여성들에게도 일어났다. 어떤 방위산업체 관련 노동자 양성 프로그램은 흑인 여성들을 받아들이지 않았고, 많은 군수 공장들은 흑인 여성의 고용을 거부하거나 일단 고용하더라도 중요하지 않은 작업에 배치하거나 격리했다. 경영진은 백인 노동자들이 '유색' 여성과 함께 일하는 것을 받아들이지 않을 것이라고 주장하면서 이러한 관행을 합리화했다. 캐런 앤더슨의 《전시의 여성》에 따르면 볼티모어 근방에 있는 에지우드 군수공장에서 처음으로 흑인 여성을 고용했을 때, 파업과 거센 항의가 일어났다.[25]

군수공장 노동자로 일한 남부 여성들

흑인과 백인을 차별하는 것은 남부의 해묵은 관습이었다. 메리 토머스(Mary Thomas)가 《딕시에서의 리벳 박는 일과 배급*Riveting and Rationing in Dixie*》에 기록했던 앨라배마 주의 군수공장에 다니는 여성 노동자의 예를 살펴보자.[26] 전쟁 전에 백인 부인들은 직장에 나가 일하는 경우가 드물었다. 그들은 결혼 전에는 몇 년 동안 일했지만 결혼하고 나서는 오로지 가족에게 헌신했다. 남편의 수입만으로는 가족을 부양하기 어렵기 때문에 일을 해야 했던 여성들은 유복한 남부 여성들로부터 멸시를 받았다. 남부에서 중류층의 부인이 일을 하는 것은 사회적으로 허용되지 않았다.

흑인 여성들은 기혼이든 미혼이든 완전히 다른 상황에 처해 있었다. 그들은 경제적인 이유로 일을 해야 했고, 거의 절반의 흑인 여성들이 하인으로 일하거나 농장에서 일했다. 앨라배마 주 여러 지역에서 군수공장이 문을 열었을 때, 많은 흑인 여성들은 전에 하던 하찮고 급여도 적은 일을 그만두고 최소한 두세 배는 많은 임금을 받는 직업에 종사했다.

앨라배마 주 모빌 시 브루클리 평원에 있는 에어 서비스 커맨드 사는 주에서 가장 많은 여성 노동자를 고용하는 회사였는데, 오직 백인 여성만 고용했다. 에어 서비스 커맨드 사는 그러한 피부색 규정이 허락하는 범위 안에서 독신 여성, 기혼 여성, 노인 및 장애인들을 고용했다. 그들은 1943년까지 1만 7000명을 고용했는데, 그중 절반이 여성이었고, 800명은 장애인이었다. 하지만 에어 서비스 커맨드 사는 흑인 여성은 거의 고용하지 않았고 또 급료가 낮은 자리에 배치했다는 이유로 공정고용실천위원회에 고발되었다.

모빌 시는 앨라배마 주의 시골과 이웃의 주들로부터 전례 없이 많은 여성을 끌어모은 신흥 도시 가운데 하나였다. 많은 여성들이 군수공장에 다니는 민간인 남편을 따라가 역시 직업을 얻었다. 모빌 시에서 남편을 만난 어떤 부인은 시민복지협회에 취직했고 나중에 주임이 되었다. 또 다른 부인은 요리나 하고 브리지 게임을 하면서 지내다가 관리 책임자가 되어 돈을 벌게 된 후 자신이 이 일을 매우 만족스러워하고 있다는 사실을 깨달았다. 또 다른 나이 든 여성은 결혼하고 직장을 그만두었다가 두 딸을 키운 후에 중앙 문서부의 책임자로 고용되었다.

그녀는 자신보다 어린 여성들에게 다음과 같이 충고했다. "네가 일찍 결혼을 하면 가족을 돌보고 다른 모든 일을 한 다음에 여전히 좋은 시간을 보낼 수 있는 시간이 남게 되지. 네가 할머니가 될 것이라고 해서 아무런 시도도 하지 않고 움츠러들 필요는 없어."[27]

미국의 다른 지역에서처럼 남부 지방의 여러 곳에서도 애국심과 경제적인 필요성 때문에 여성들은 뚜렷한 목적 의식을 갖고 가정에서 공장으로 갔다. 많은 여성들은 이러한 변화를 고된 전업주부 노릇에서 벗어나는 일로 여기며 환영했다. 캐런 앤더슨은 전시의 여성에 대해 조사하면서 볼티모어에서 일했던 여성 몇 명을 대상으로 그들이 이러한 변화를 통해 느낀 자신감에 대해 구술한 것을 녹취했다. 어떤 여성은 서부 버지니아의 석탄 노동자의 아내라는 불안정한 지위에서 높은 급료를 받는 도시의 직업인이 된 데 감사했다. 이스턴 항공에서 기계공으로 일했던 그녀는 남편이 군복무를 하고 있는데 자신은 "집에 머물러 있는 것이 정서적으로도 그렇고 기질적으로도 맞지 않아서" 변화가 필요했다고 말했다. 남편의 강요로 공장을 그만두었을 때 그녀는 매우 신경질적이 되었고, 의사의 조언에 따라 다시 일터로 돌아갔다.[28]

여성들이 군수공장에 들어감에 따라 볼티모어의 여성들은 과거에는 남자의 영역에 속했던 다양한 직종에서 일할 수 있게 되었다. 비록 전통적으로 여성의 영역에 속한 점원 일은 공장 일보다는 급료가 적었지만 이 일은 계속해서 여성 노동자의 몫이었다. 캐런 앤더슨에 따르면 이 일은 "공장 일보다는 노동 시간이 적고, 조립 라인에서 일하는 것보다 신체적으로 덜 고되고, 사무직과 환경이 비슷하고, 전시에 일시적으로 부흥한 제조업 분야에서 일하는 것보다 장기적으로 안정적인 직업"이며, 성 역할에 대한 통념에 비추어 덜 위협적인 일이었다.[29] 평시에는 백인 여성들에게만 개방되었기 때문에 그런 직업 훈련과 직종에는 접근조차 할 수 없었던 흑인 여성들도 전시의 특수한 경제적 상황으로 인해 혜택을 받았다. 볼티모어에서 하녀로 일한 적이 있는 흑인 여성의 수는 전쟁 기간 동안에 거의 반으로 줄어들었는데, 이는 다른 분야에서 직업을 구할 수 있었기 때문이다.[30] 그들은 앨라배마의 흑인 여성들보다 형편이 나았는데, 이는 단지 남부 한가운데 있는 앨라배마의 뿌리 깊은 편견 탓만은 아니었다. 이 여성들은 노동자 부족 현상이 심각했던 워싱턴에 더욱 가까이 있었기 때문이다.

전쟁은 정상적인 사람이라면 누구도 환영할 수 없는 것이다. 전통적으로 삶을 아름답고 풍요하게 만들기 위해 헌신하는 여성의 경우에는 더욱 그러했다. 그러나 전쟁이 여성에게 이전에는 생각할 수 없었던 책임과 독립성을 부여하고 새로운 기회를 제공했다는 것 또한 사실이다. 남성의 부재와 남성 노동력의 부족, 강요된 혹은 자발적인 이별, 애국심과 모험 정신, 직업에서 남녀의 성 역할에 따른 구분이 모호해진 것, 새로운 여성 조직의 결성 등 이 모든 요소로 인하여 여성들은 지도 없이 길을 찾아야 하는 낯선 환경에 놓였다.

미 여군과 여성 비상 자원봉사대

여성으로만 구성된 두 개의 새로운 조직을 살펴보자. 하나는 1942년 5월 프랭클린 D. 루스벨트 대통령이 창설하고 이듬해 여군(WAC)으로 개칭된 육군여군지원단(WAAC)이고, 다른 하나는 1942년 7월에 창설된 미국 해군의 여군 예비 부대(WAVES)이다. 이 두 개의 군사 조직을(나중에 미국 해안 경비대[SPARS]와 여성 보조 페리 함대[WAFS]가 추가된다) 모든 미국인들이 쌍수를 들고 환영한 것은 아니었다. 공장 작업복을 입은 여성들의 모습을 한탄했던 사람들은 타이피스트, 요리사, 우체부, 전화교환수, 운전사로서뿐만 아니라 정보장교, 통역, 레이더 전문가, 의료기술자, 관제탑 오퍼레이터, 공습 교관, 사진사로서 남자들의 일을 대신한 유니폼 차림의 여성들을 보는 것도 극도로 싫어했다. 이들 여성들은 직접 전투에 참여하는 것이 금지되었지만 사실상 위험한 지역에서 일을 했고 몇몇은 부상을 입거나 전사하기도 했다.

이 모든 조직에서 비록 그 수는 적었지만 기혼 여성들은 독신 여성들과 나란히 봉사했다. 젊은 기혼 여성은 남편이 해외로 파견되어 배를 타게 되면 여군이나 여군 예비 부대에 입대했다. 다음 사례는 세 아내의 입대 과정을 잘 보여준다.

여군 예비 부대가 창설된 지 얼마 되지 않았던 1942년에 거트루드 모리스(Gertrude Morris)는 캘리포니아 북부의 포트 브래그에서 멀지 않은 곳에서 중위였던 남편과 살던 신혼의 주부였다. 모리스 중위가 결혼한 지 두 달 만에 북아프리카로 배치를 받자 거트루드 모리스는 여군 예비 부대에 입대했다. 그녀의 기억에 따르면 전쟁 초기 아이오와의 포트 데 무안에서 기본 군사 훈련을 받았다. "영하의 날씨에 눈이 엄청나게 쌓여 있는 가운데 아직 해도 뜨지 않은 새벽 6시에 일어났다. 나는 작업복 위에 커다란 남성용 GI 코트를 걸치고 있었다."[31]

기본 군사 훈련을 마친 후 조지아로, 다음엔 미주리로, 그다음엔 텍사스로 배치되었다. 그녀는 사무원으로 일했고 모스 부호를 배웠으며 관제탑에서 교통 정리를 하는 "가장 흥미진진한 일"을 했다. 1944년 가을에 남편이 북아프리카에서 시칠리아로, 프랑스로, 독일로 옮겨간 후 그녀 역시 해외 파견 명령을 받았다. "나는 굉장히 흥분한 상태였다. 해외로 나가게 되었기 때문만이 아니라 운이 따르면 남편과 같은 곳에 있게 될지도 모른다고 생각했기 때문이다. (……) 물론 군대의 명령이 우선이었고, 나는 태평양 연안 지역에서 일하게 되었다." 그녀는 뉴기니로 보내졌고 필리핀에서 복무를 마쳤다. "최전방 부대로부터 너무 멀리 떨어진 곳에서 근무하지는 않았지만 진짜 위험에 노출된 적도 없었다."

전쟁이 끝나고 남편이 유럽에서 돌아왔을 때도 그녀는 여전히 태평양에서 집으로 돌아가라는 명령을 기다리고 있었다. 남편이 워싱턴 여군의 지휘관인 오베타 컬프 호비에게 압력을 넣으려고 온갖 노력을 다했음에도 거트루드 모리스는 1945년 10월까지도 집으로 돌아갈 수 없었다. 전쟁이 끝난 후 남편과 재회한 그녀는 다시 교사로 일했고 두 딸을 낳았으며, 전쟁 기간 동안의 체험을 "모험의 시간, 발전을 위한 기회, 봉사의 시기"라고 회상하곤 했다.

앨비라 "팻" 발렌캄프(Alvira "Pat" Vahlenkamp)는 공군 조종사인 찰스 "척" 멜빈과 1943년 9월에 결혼했다. 남편이 1944년 봄 프랑스로 파견되자 앨비라는 또 다른 군인이 해외로 파견되는 것을 막을 수 있지 않을까 하는 생각에서 여군에 입대했다. 처음에 남편은 그녀가 내린 결정을 달갑게 여기지 않았지만 나중에는 그녀를 무척 자랑스럽게 여겼다. 그녀의 편지들에는 기본 군사 훈련 과정에서 여성에게 요구되는 매일매일의 힘든 일과와 남편에 대한 걱정이 잘 나타나 있다.

사랑하는 남편에게

여기 있는 여자 병사들에게 일요일은 그저 또 다른 하루에 불과해요. 우리는 6시 30분에 기상하여 8시에 아침 식사를 한답니다. 3시부터 식사 때까지 강연을 듣고 나면 자유 시간이 주어지고요. 우리는 모두 군복을 입고 있어요. 그래서 5명의 여자들은 군대 매점으로, 오락실로 몰려갔지요. 겨우 한 시간 남짓 머물렀을 뿐이지만…….

여보, 제발 저를 계속 사랑해주세요. 그럴 거지요? 그게 내가 원하는 것이자, 필요로 하는 모든 것이에요. 당신을 끔찍이 그리워하고 끝없이 생각한답니다. 나는 어젯밤 꿈에서 당신이 나를 더 이상 사랑하지 않는다는 말을 들었어요. 그것은 공포스러운 일이었지요. (……) 지금 당신이 여기에 나와 함께 있다면, 그리고 우리가 함께 도란도란 살 수 있다면 나는 정말 행복할 거예요.

사랑을 담아, 앨비라[32]

1944년 8월 13일, 포트 데 무안에서

기지의 막사에서 앨비라는 여름에 "시원한" 위쪽 침상에서 지냈고, 취사일을 훌륭하게 해냈으며, 군대는 "점점 지낼 만한 곳이 되고 있다"고 편지에 썼다. 그녀는 자신이 헌신적이고 성실한 아내라는 사실을 남편에게 확신시키려고 노력하면서도 여군에서 일하는 즐거움을 숨기지 않았다. "물론 나는 당신이 여군을 어떻게 생각하고 있는지 잘 알고 있어요. 하지만 여보, 당신의 아내가 여전히 변함없이 당신의 아내임을 늘 잊지 말아주세요. 제가 무슨 일을 하든 저는 오직 당신만을 사랑할 거예요."

도로시 반스(Dorothy Barnes)와 제임스 R. 스티븐스(James R. Stephens)는 1942년 6월 캘리포니아에서 대학을 졸업하고 3개월 후 전운이 감도는 가운데 애리조나로 함께 갔다. 제임스가 육군통신대 사진사로 군복무를 하게 되자 도로시는 육군에 입대했다.[33]

그녀는 뉴욕 시의 헌터 칼리지 신병 교육대에 입소했는데 그곳에서의 경험은 별로 좋은 기억을 남기지 못했다. "우리는 새벽이 되기도 전에 일어났고, 밤 10시 취침 시간이 될 무렵에는 기진맥진했다. 발목까지 물이 차오르는 주방에서 근대와 감자 껍질을 벗기며 취사일을 하고, 군사 조직론 강의를 듣고, 보초를 서고, 해군가를 부르려면 하루가 모자랄 지경이었다. 소등 시간이 되면 나는 베개에 얼굴을 묻고 울곤 했다."

어떻든 간에 그녀는 기본 군사 훈련 과정을 무사히 수료했고, 오하이오에서 무선 전신 교습을 받은 후 샌프란시스코의 트레저 아일랜드 해군 기지로 자대 배치를 받았다. 이 기간 동안 남편은 태평양으로 보내졌고, 이때부터 도로시는 그의 생사조차 알 수 없는 긴 침묵의 시간을 보내야 했다. 그가 하와이로 복귀한다는 소식을 들었을 때 그녀는 기쁨에 들떠 하와이로 전출시켜달라고 요청했다.

몇 년 후에 그녀는 다음과 같이 회상했다. "트레저 아일랜드 해군 기지의 대령과의 면담은 내가 넘어야 하는 커다란 장애물이었다. 그는 매우 엄격한 기준으로 인사 문제를 처리하기 때문에 그를 설득해서 남편이 있는 곳으로 가려면 매우 애국적인 태도를 보여야 한다고 들었다. 그래서 나는 미리 면담에서 할 애국적인 말들을 준비해놓았다."

그러나 실제 면담 때 그녀는 남편과 함께 있고 싶다는 바람을 무심결에 불쑥 내비치고 말았다. 뜻밖에도 대령은 그녀의 전출 사유를 둘만의 비밀로 하라는 단서를 붙여 그 요구를 받아들였다. 일단 하와이에 함께 있게 된 후에도 도로시와 남편은 기지 밖에서 만나기 위해 외박 기회를 만드는 데 많은 어려움을 겪었다. 오래 가지 않아 그녀는 임신을 했다. 군 복무를 하는 데 임신은 중대한 장애로 간주되었기 때문에 도로시는 몇 달 뒤 나머지 군 복무를 면제받고 해군에서 제대했다.

전쟁이 끝날 때까지

여성 조선 노동자들, 항공기 수리공, 육군과 여군 예비 부대의 애국적 여성의 이야기는 전시에 사람들의 주목을 받았다. 그들이 얼마나 많은 주목을 받았는지 평범한 직업에 종사한 여성들의 노력이 빛이 바랠 정도였다. 대다수의 기혼 여성들은 전업주부였다. 전쟁이 절정에 달했을 때 돈을 벌기 위해 일하는 여성과 돈을 벌지 않고 집에 있는 여성의 비율은 1 대 3이었다. 미시시피 주 클리블랜드에 살던 키스 프레지어 소머빌(Keith Frazier Somerville)은 2개월에 한 번씩 신문에 기고했다. 그녀는 아무런 조명을 받지 못하는 아내들의 입장을 잘 대변했다. "나와 이곳에 있는, 군대와 상관없는 아내들은 리벳공도 아니고 용접공도 아니지만 집을 지키며 뒤에 남아 있다! 우리를 부엌을 지키는 여성들(Women in Numerous Kitchens, WINKS)이라고 불러달라!"[34]

주간지인 《볼리바르 커머셜*Bolivar Commercial*》에 연재되던 소머빌의 '친애하는 청년들에게'라는 칼럼은 전 세계에 나가 있는 볼리바르 카운티 출신의 군인들을 대상으로 한 것이었다. 전직 교사였고 적극적인 공동체의 일원이었던 그녀는 집에 남아 있는 사랑하는 가족들과 외국에 있는 친구들의 소식을 전해주기에 좋은 입장에 있었다. '친애하는 청년들에게' 칼럼은 몇몇 집에 있는 아내와 어머니들을 제외하고 모든 사람들이 힘겨운 시기를 겪고 있던 미국의 작은 마을의 풍경을 잘 묘사했다.

이 지역 출신의 군인들은 계속해서 전국의 훈련소와 특수 훈련 프로그램을 마치고 유럽과 태평양 지역으로 배치를 받아 수송되었다. 연인과 아내들은 만날 수 있는 곳이라면 어디에서나 그들을 만났다. 빌릴 방도 없는 신흥 도시에서, 부엌과 욕실을 겸한 임시 거처에서, 군인들이 꿈같은 휴가를 받으면 자신들의 집에서.

소머빌은 칼럼에서 전국을 강타한 결혼 열풍을 보도했다. 1943년 6월 18일에 그녀가 쓴 글을 보자.

> 친애하는 청년들에게
>
> 케이트 버(기자 겸 라디오 진행자)는 "미국은 지금 결혼 피로연으로 법석입니다"라고 말합니다. 매달 15만 쌍이 결혼을 합니다! 물자 부족에도 불구하고 사랑보다 더 필요한 것은 없나 봅니다. 그래요, 우리 볼리바르 카운티의 젊은이들도 예외가 아닙니다. 전에 제가 말씀드렸듯이 그들 역시 결혼하느라 난리입니다. 지난 월요일 캘리포니아의 샌디에이고에서는 빌 로리와 머틀 린지가 조촐한 결혼식을 올렸습니다. (……) 빌리는 요즘 기분이 날아갈 것 같지만 해군은 여전히 '제한된 복무'를 할 것을 요구하고 있습니다. 당신도 알다시피 그는 전쟁에서 최초로 부상당한 청년들 가운데 하나입니다.

음, 델타 출신의 어여쁜 신부는 그에게 좋은 약이 될 것입니다.

(……) 금요일에 아름다운 조이스 슐라(다행히도 그녀는 결혼식까지 연기하게 만든 맹장 수술 결과가 좋아 완쾌되었습니다)는 전에 깁슨 항구에서 근무하다가 지금은 워싱턴의 농업 조정청에서 일하고 있는 로버트 헤이스와 곧 결혼할 예정입니다.

(……) 네빈 슬레지는 코퍼스 크리스티 해군 항공 기지에서 벗어나자마자(이번 주 어느 날일 겁니다) 팔방미인인 브렌다 윌슨과 결혼하기 위해 집으로 오고 있습니다.

(……) 결혼 열풍은 이웃 마을인 페이스도 강타했습니다. 1년을 하와이에서 보낸 로버트 그랜섬이 20일의 휴가를 받아 집에 와 있는데 지난 주 매력적인 이디스 로트와 결혼했다는 소식, 들었습니까? 그는 형인 그레이(뉴욕 출발항에서 요리사 노릇을 하고 있는)에게 뒤지고 싶지 않았습니다. 그레이는 지난 12월 집에 왔을 때 에셀 퀸튼과 결혼했지요! 그리고 루푸스 에이콕도 최근에 예쁜 조지아 여성과 결혼을 했습니다. 그는 노스캘리포니아 낙하산 부대 소속입니다.

(……) 아직 페이스에서의 결혼 이야기는 전하지 못했군요! 프랭크 톰슨은 올봄에 텍사스의 루보크에 있는 글라이더 스쿨을 졸업했는데, 졸업식 날 벳시 워렐과 결혼했습니다!

신부들은 하나같이 '어여쁜', '팔방미인인', '매력적인' 여성으로 묘사되었다. 거의 모든 칼럼은 전쟁 때문에 서두른 결혼식을 경사라고 소개했다. 소머빌은 1943년 7월 2일 다음과 같이 말했다. "결혼은 여전히 매우 훌륭한 제도이며 비록 불완전하다고 해도 화려한 독신 생활보다 훨씬 낫습니다!" 12월 3일에 그녀는 최신 통계를 인용하며 "1943

년에 적어도 200만 쌍이 결혼했고, 인구 1000명당 14건의 결혼이 새로 이루어졌습니다. 제1차 세계대전 중에 이 수치는 1000명당 11건이었습니다. 아들이 아버지 세대를 수치에서 앞섰군요!"라고 썼다.

출생률도 기록적이었다. 1939년에 신생아는 246만 6000명이었는데, 1941년에는 270만 3000명이 되었다. 일부 미국인들이 전쟁에서 아버지를 잃은 아이들에 대해 우려를 나타냈지만 여론은 결혼과 마찬가지로 아이를 낳는 것이 국익에 도움이 된다는 쪽이었다.[35]

출생률 증가 현상에 대해 소머빌은 1943년 3월 12일에 다음과 같이 적고 있다. "베이비붐에 대해 들어본 적이 있습니까? 많은 군인들이 막 아빠가 되었습니다! 페이스 출신의 지미 뉴먼은 갓 태어난 딸을 보기 위해 키슬러 필드에서 달려왔습니다. 피트 개밀은 태어난 지 한 달 된 쌍둥이(1.8킬로그램의 딸과 2.3킬로그램의 아들)를 데리고 애리조나의 피닉스에서 스켄의 집으로 돌아왔습니다. 당연히 델타 주 출신으로 그린우드에 있는 그의 아내 프랜시스 포스터도 가족들에게 아이를 보여주기 위해 함께 왔지요! (……) '어깨가 으쓱한 아빠' 랠프 콜린스 리드는 펜들턴 기지(캘리포니아의 오션사이드에 있는 가장 큰 해군 기지)에서 아들과 아내 로레인 루스코를 보기 위해 집에 왔습니다."

1944년 1월 7일자 칼럼에서 결혼한 사람들과 태어난 아이들의 명단을 다시 한 번 나열한 후, 소머빌은 다음과 같은 재미있는 정보를 덧붙였다. "아빠가 해외로 나간 후에 아이가 태어나면 엉클 샘(미국 정부의 애칭—옮긴이)이 V-메일(전시 특수 우편—옮긴이)로 아기 사진을 아빠에게 보내주고 있다는 것을 알고 계셨습니까?

1943년 12월 3일에 소머빌은 육군 중위인 남편이 여전히 복무 중인데도 일레인 타일러가 딸과 어린 아들을 데리고 "전쟁이 끝날 때까지

(For the duration)" 지내기 위해 미시시피의 맥케인 기지에서 집으로 돌아왔다고 적었다. "전쟁이 끝날 때까지"라는 표현은 기간은 정해지지 않았지만 언젠가 전쟁은 끝날 것이고 현재 상황은 어디까지나 일시적인 것일 뿐이라는 뜻으로 전시에 흔히 사용되었다. 아내들과 가족들은 전쟁이 끝나면 '정상적인' 삶을 되찾을 거라는 희망을 가졌다. 그러면서 그들은 스스로를 돌보기 위해 최선을 다했고 소머빌처럼 멀리 떨어져 있는 '청년들에게' 미소를 담은 사진을 보냈다.

가내 전선에서의 살림살이

전업주부와 어머니들(기혼 여성 4명 가운데 3명)은 고향에 머물면서 전시에 태어난 아이들과 자식들을 돌보았다. 또한 그들은 종종 부모들을 부양했다. 부유한 여성들조차 가정부를 구하기 어려웠고 물자가 부족하고 비쌌던 전시 상황에서 주부가 된다는 것은 쉽지 않은 일이었다. 기름, 고기, 설탕, 커피, 버터와 다른 지방 제품을 정부가 배급했기 때문에 유통은 제대로 이루어지지 않았고, 식사 준비는 힘들었다.

1942년판《훌륭한 가정 요리*The Good Housekeeping Cookbook*》는 "전쟁이 가정의 부엌에 새로운 문제를 제기했다"는 사실을 인정했다. 문제는 "식량 배급, 가격 변동, 몇몇 식품의 품귀 현상과 식료품점에 물건이 부족한 현상 등인데 이는 정부가 미군과 연합군들에게 일부 식품을 거의 전적으로 공급하기 때문이다."[36] 주부들에게 이러한 문제에 대처하는 방법을 알려주는 전시용 부록이 책에 딸려 있었다. 이 책은 주부들에게 음식물 찌꺼기를 적게 남기도록 적당한 양을 구입하고,

장보기를 줄이기 위해 2~3일 간격으로 식단을 짜며, 매일의 음식이 영양 섭취에 적정한지 확인하고 "가능한 방법을 모두 동원하여 쓰레기를 만들지 말라"고 조언했다.

요리하는 사람들에게는 "보통 때라면 버리는 한 조각의 지방도 절약하라"고 권고했다. 이러한 내용의 포스터는 컨테이너 박스나 냉장고에 붙여졌으며 푸줏간에도 나붙었다. 미국 정부 간행물 제작소가 발간한 포스터에는 프라이팬에서 떨어진 지방으로 폭발물을 만드는 모습이 그려져 있었다. "주부 여러분! 폭발물을 만들기 위해 낭비되는 지방을 절약합시다! 그것을 푸줏간에 가져다주세요!"라는 표어와 함께 말이다.

양철 통조림은 귀해졌는데, 양철이 군수품을 만드는 데 쓰였기 때문이다. 《훌륭한 가정 요리》는 가정주부들에게 "모든 캔을 절약하세요. 상표를 떼고 철저히 씻으세요. 캔이 아주 깨끗하지 않으면 재활용할 수 없습니다. 캔의 위와 아랫부분을 제거하고 양면이 거의 붙을 때까지 발로 눌러서 캔을 납작하게 만드세요"라고 권했다. 그런 캔들은 수집소로 보내졌다.

요리책의 전시 부록에는 '맞벌이를 하는 주부'를 위한 14가지 제안이 담겨 있었다. 그 내용을 보면, 일하는 아내에게 식단을 간소하게 짜고 비스킷, 머핀, 케이크 반죽 및 통조림에 담긴 빵뿐만 아니라 급속 냉동된 야채, 생선, 고기 및 과일을 이용하라고 권장하고 있다. 마지막 제안은 용모를 단정히 하라는 것이었다. "저녁 식사를 하라고 알리기 전에 반드시 머리를 단정히 하고 얼굴에 분을 바르세요. 그러고 나면 당신은 마음에서 우러나온 미소로 가족과 손님들을 맞이할 수 있을 것입니다." 전쟁 기간 내내 공장이나 가정에서 여성들은 외모가

팜올리브 비누 광고. "나는 그가 소중히 여기는 나의 아름다움을 지킬 것을 맹세합니다."
전시의 활동으로 인해 아름다운 외모가 훼손될지도 모른다고 생각한 군인의 아내와 애인들의 우려를 교묘하게 이용한 광고다. 이 광고는 아름다움을 가꾸는 것도 애국의 한 형태라고 선전하고 있다.

중요하며 여성적이고 매력적인 외모가 국가적인 사기를 높이는 데 기여한다는 말을 귀에 못이 박이도록 들었다.

공식적으로 공급이 제한된 식품은 거의 없었지만(미국인들은 연합국인 영국이나 프랑스 또는 적국들과는 달리 식량 부족 문제에 직면하지는 않았다) 많은 식품들의 공급이 달렸다. 신선한 야채와 과일 혹은 야채와 과일 통조림이 부족했기 때문에 많은 주부들은 "승리 채전(菜田)"에서 채소를 기르고 이를 손수 통조림으로 만들어야 했다. 버터가 부족해 식탁에 마가린이 도입되었다. 처음에 마가린 제조업자들은 낙농업자들의 견제로 마가린을 버터와 같은 색으로 만들 수 없었다. 그래서 그들은 마가린을 진황색으로 만들기 위해 염료를 첨가해야 했다.

의복이 모자랐기 때문에 많은 여성들은 나이 든 친척과 친구들로부터 물려받은 옷들을 수선하고 치수를 고쳐야 했다. 또 자라나는 아이들을 위해 계속해서 신발을 찾아야만 했다. 토스터, 달걀 거품기, 냉장고, 식기세척기 같은 가전제품은 모두 공급이 부족한 상태였다.

1944년 《하퍼스 매거진》 4월호에 실린 〈전후의 집안 살림〉이라는 제목의 기사는 가정주부들이 특히 서비스 분야에서 직면하고 있는 많은 어려움에 관심을 기울였다. "세탁소에서는 전보다 세탁물 수거와 배달을 덜 하고 있다. (……) 진공청소기, 다리미 또는 물이 새는 수도꼭지를 고치려면 시간이 너무 오래 걸린다. (……) 식료품 가게와 푸줏간에서는 대부분 배달을 중단했다. 장보기는 전보다 시간이 더 오래 걸린다(가게에는 점원이 더욱 줄었고, 배급표와 교환권 사용으로 인해 계산이 복잡해졌기 때문에). 차를 타고 쉽고 신속하게 했던 장보기, 어린아이 등교시키기, 기타 사무 처리를 지금은 도보로 또는 버스나 전차를 타고 해야 한다. 그리고 파출부를 구하기가 너무 어렵기 때문에 집안일을 도와줄 일손이 모자란다."[37] 전쟁 전에 미국 가정 가운데 상근 하인을 고용했던 상위 10퍼센트의 특권층은 1944년에 절반가량으로 줄어들었다.

흑인 하인들이 있었던 남부의 도시를 제외하고 하녀가 드물었던 중하류층의 가정에는 새로운 존재, 즉 전시 하숙인이 있었다. 일부 시골에서 주택 부족 현상이 나타나자 주택청은 약 150만의 공동 주거 가정을 만드는 것을 목표로 '공동 주거' 캠페인을 벌였다. 많은 가정이

제2차 세계대전 때의 포스터. "올 겨울에는 먹을 것이 많겠네요, 그렇죠 엄마?" 가정주부들에게 직접 과일과 야채를 길러 통조림을 만들라고 장려하고 있다.

주택난 완화에 도움이 되고 가외 수입을 가져다주는 하숙을 치기 시작했다.

종종 하숙인들은 가족의 좋은 친구가 되었는데, 이들에게 아이를 봐 달라고 부탁하거나 위급한 일이 생겼을 때 의지할 수 있었기 때문이다. 다른 전쟁 노동자 가족과 함께 이주한 텍사스의 포트워스 시의 이민 가정의 경우가 이에 해당했다. 수년이 지난 후 아이들 가운데 한 명이 회고했듯이 두 명의 아버지는 밤에 일하고 "낮에는 두 명의 어머니가 있다는 것은 멋진 일이었다."[38] 캘리포니아 주 버클리에 살았던 흑인 가족의 경우도 마찬가지였는데, 하숙인은 젊은 흑인, 그의 아내 그리고 부엌에 살고 있는 아이, 2층 방에 있는 2명의 젊은이로 모두 5명이었다. 주인 내외가 둘 다 우체국에서 일했는데 부인은 일주일에 6일씩 오전 7시에서 오후 3시 30분까지 일했기 때문에 일터에 나가 있는 동안 집에 다른 여성이 있다는 데 만족스러워했다.[39]

'하숙집 여주인'은 역사가 아주 오래된 직업이다. 수 세기 동안 아내, 미망인, 미혼녀들은 자신과 가족의 생계를 위하여 방을 세놓거나 하숙을 쳤다. 대부분 초라한 집이었음에도 불구하고 하숙집 주인이라는 직업은 존중받는 여성 직업으로, 전시에도 역시 명예로운 일로 간주되었다.

자원봉사 활동

전쟁 중에 아내와 어머니들은 사회의 다양한 활동에 참여할 것을 요구받았다. 소머빌은 칼럼에서 자원봉사 활동을 통해 전쟁에 공헌한 여성들에게 경의를 표했다. 1943년 5월 21일자 칼럼에서 그녀는 "앨버트 스미스 부인에게 영광이 있기를. 그녀는 항상 다정한 미소를 띤 채 열정적으로 전쟁 채권 판매 운동을 했다. 그녀가 앞으로 무슨 일을 하든 자신의 노고에 합당한 성공을 거둘 것이다." "톰 보셔트 부인의 아늑한 집에서 적십자 뜨개질 반의 15명의 숙녀들을 가르쳤던 에드 코스만 부인에게, 그리고 지역의 보급 사무소에서 일했던 로이스 하디 부인에게도 경의를 표한다"라고 썼다.

회원이 120만 명에 달했던 여성들의 클럽은 방위 활동에 전심전력을 다했다.[40] 공동의 목표를 위해 다양한 조직들이 한데 뭉친 경우도 있었다. 그중 가장 두드러진 조직을 열거하면 다음과 같다. 여성 기업인 및 전문가 전국 연합, 미국 혁명의 딸들, 젊은 여성들의 기독교 협회, 전국 가톨릭 여성 평의회, 전국 유대교 여성 평의회, 전국 흑인 여성 평의회, 4H, 주부 클럽, 주니어 리그 등. 지역의 모든 회원제 클럽과 독서 모임들은 전쟁 채권 판매 운동을 이끈다든지, 신문지나 양철 깡통을 모은다든지, 군인들을 위해 양말을 짠다든지, 비상 사태에 대비한다든지 하면서 나름대로 전쟁에 기여할 방법을 찾아냈다. 전쟁과 관련된 문제들을 해결하기 위해 새로운 조직과 운동들이 들불처럼 일어났다. 텍사스에서는 여성 클럽 연합이 건강한 식생활을 장려하는 정부의 노력에 부응하면서 주(州) 차원에서 건강 캠페인을 벌이기도 했다. 신시내티와 샌프란시스코, 그리고 다른 도시들에서는 방위산업체 노동자들의 주택 수요를 해결하기 위한 모임이 만들어졌다.

적군의 공격에 대한 공포가 널리 퍼져 있던 해변 도시들에서 사람들은 민병대를 조직했다. 그들은 적의 공습과 적기가 나타나는지 감시하기 위해 자리를 지켰다. 간호사, 간호 보조원, 구급차 기사, 교환수로 훈련된 수천 명의 여성들이 후방을 지켰다. 이 여성들 가운데 다수는 적십자를 후원했다. 몇몇 지역에서 그들은 아이들과 노인, 장애인들에게 특별한 주의를 기울이며 철수를 준비했다. 그들은 무엇보다도 가족의 안녕을 책임져야 한다는 말을 들었다. "모든 미국 어머니의 첫 번째 임무는 가족을 적절하게 훈련하고 그들이 규율을 지키게 하는 것이다."[41]

미국 적십자사는 전국에서 가장 많은 수의 자원봉사자들을 거느리고 있었다. 클라라 바턴(Clara Barton)이 1881년에 설립한 적십자는 위급한 상황에 빠진 사람들을 위해 봉사하는 단체다. 적십자는 간호사로, 운전사로, 구급차 기사로, 간이식당의 운영자로, 전화 및 전보 교환수로, 병사 가족들과의 연락책으로, 그리고 어려움에 처한 민간인들을 위한 구조 노동자로 봉사활동을 하는 여성들에게 많이 의존했다.

적십자에서 활동하는 것은 몇 년에 걸친 전쟁 기간 동안 수천 명의 여성들에게 하나의 삶의 방식이 되었다. 이블린 거스리처럼 이들은 대개 결혼한 중상류층 여성들이었고 중년이었다. 그러나 사회적 지위가 낮은 젊은 여성들 또한 특히 남편들이 집에서 멀리 떨어진 곳에 배치되어 있을 때, 적십자에서 일하는 것으로 자신들의 애국심을 나타냈다.

유타 주 출신으로 전직 초등학교 교사였던 마저리 레이드 킬팩(Marjorie Reid Killpack)은 처음 2년 동안 해군에 복무 중인 남편의 부임지를 따라다녔다. 하지만 그가 배를 타고 태평양으로 떠나자 유타로 돌아왔다. 그녀는 그곳 적십자에서 자원봉사 활동을 하기로 결심했다. 1944년 3월 8일자의 편지에서 그녀는 변함없이 남편에 대한 존경심을 나타냈지만 적십자에서 활동하며 싹튼 독립 정신 또한 드러냈다.

사랑하는 당신에게

엘리엇, 오늘 내게 어떤 일이 일어났어요. 나는 당신이 찬성해주었으면 해요. 마거릿 켈러가 미국 적십자사의 그린웰 부인에게 연락해보라고 말했어요. 그들은 자원봉사자를 필요로 하고 있어요. 나는 여기서 봉사활동을 할 것인지 결정하기 위해 아침에 시험적으로 일을 하고 있어요. 이 일은 완전히 나를 사로잡을 만큼 새로운 것이고, 오래전부터 하고 싶었어요.

(……) 나는 격주로 밤에 전보를 받기 위해 깨어 있어야 하고 주말마다 일을 해야 해요. 하지만 거기서 일하는 여자 둘이 말하는데, 뭔가 재미있는 일이 끊임없이 생긴다는군요. 그리고 이 일은 흥미진진해요.

엘리엇, 나는 올바른 결정을 내리기 위해 최선을 다해왔다고 생각해요. 내가 적십자에 계속 남아 있을지는 확실치 않아요. 하지만 언젠가 다른 일을 구한다면 여기에서 일했던 경험이 훌륭한 추천장이 될 거라고 생각해요. 당신도 부디 좋다고 생각해주길 빌어요. 당신이 찬성하지 않는다면 될 수 있는 한 빨리 알려주세요. 나의 행복과 마음의 평화를 위해 당신의 동의가 꼭 필요해요.

잘 자요. 내 사랑. 하느님이 당신을 축복하기를.

당신을 사랑하는 마저리[42]

한 달 후 마저리는 월요일, 토요일, 일요일에 적십자에서 봉사활동을 하기 시작했다. 남편 그리고 아이들과 함께 사는 아내라면 아마 소화하기 힘든 일정이었을 것이다. 일은 남편이 위험한 전쟁터에 나가 있다는 사실과 남편 없이 사는 외로움을 잊게 해주었다. 그녀는 1944년 11월 1일에 다음과 같이 쓰고 있다.

> 그런데 여보, 내 삶은 너무나 바쁘게 지나가고 있어요. 하지만 당신이 곁에 없는 한 나의 나날들은 완전하지 못해요. 외롭고 공허한 마음을 달래려고 노력하면서 시간을 보내기 때문에 내가 너무 많은 생각에 빠져 있을 수 없을 정도로 바쁘다는 것이 그나마 다행이에요.

전쟁이 계속되고 많은 군인들이 상이용사가 되어 집으로 돌아오자 적십자는 재활 프로그램에서 중요한 역할을 수행하게 되었다. 적십자가 후원하는 '그레이 레이디스'의 회원이라는 사실은 재활을 위해 애쓰는 남자들을 돕는 나이 든 여성들의 자랑거리가 되었다. 캘리포니아 멘로 파크에 있는 디블 제너럴 병원에서 이 여성들과 다른 적십자 자원봉사자들은 사지가 절단되었거나, 끔찍한 화상을 입었거나, 시력을 잃은 상이군인들이 용기를 잃지 않도록 북돋우며 그들의 침상 곁에서 많은 시간을 보냈다. 그들은 유명한 엔터테이너들에게 의뢰해서 오락 프로그램을 만들었으며, 남자들이 뜨개질, 가죽 다루기, 보석 세공, 도자기 만들기, 목공, 라디오 수리 등의 직업 훈련을 받을 수 있도록 도와주었다. 그들은 정규 직원들이 너무 바빠서 할 수 없었던 나머지 일들을 대신하기 위해 그곳에 있었다.

디블에서 적십자 활동을 개척했던 메이벨 하그로브 부인의 일기를 보면 그녀가 처음 한 일이 퇴원하는 남자들을 위해 계급장을 무료로 달아주는 것이었다는 내용이 나온다.

첫 수강생은 아시아풍의 리본을 단 청년이었다. 그는 품행이 매우 단정했다. (……) 다음 사람은 결혼반지를 끼지 않은 것을 서운해하던 잘생긴 청년이었다. 나는 그에게 부인이 당신을 믿어주었으니 기뻐해야 한다고 말해주었다. 제1차 세계대전 당시 내가 결혼을 할 때 "나는 내 남편에게 결혼반지를 반드시 끼도록 했거든!" (……) 한 흑인 청년이 와서는 공군 계급장을 어깨에 달아달라고 부탁했다. 나는 내 아들이 육군 항공대(AAF: Army Air Forces—옮긴이)에 있었기 때문에 그가 친근하게 느껴진다고 말해주었다. 한 유대인 청년은 앉아서 나를 바라보고 있었다. 나는 그에게 뭐 바느질해줄 것이 있느냐고 물었다. 그는 "아니요, 저는 병참 부대에 오기 전까지 재단사였어요"라고 대답했다. (……) 내가 집에 데려오고 싶었던 청년이 한 명 있었다. 그의 이름은 곤잘레스였다. 그는 내게 가족사진을 보여주었다. 그의 아버지는 콜로라도에 살고 있었고 어머니와 결혼한 누이는 롱비치에 살고 있었다. 그는 캘리포니아 북부 지역에 가본 적이 한 번도 없었다. 나는 그의 리본에 금빛 별들을 붙여주었다. 하나는 자줏빛 하트 리본이었다. 그 역시 품행이 단정했다. 그는 팰러앨토에는 갈 곳이 없었기 때문에 병원으로 돌아와 잠을 잤다.[43]

하그로브의 일기는 적십자에서 자원봉사자로 일한 여성들의 도움을 받은 '청년들'의 모습을 잘 보여준다. 유럽인 조상을 둔 백인들뿐만 아니라 아시아계 미국인, 아프리카계 미국인, 유대인, 라틴계 미국인들까지 다양한 청년들이 있었다. 하그로브는 비록 그들의 민족과 종교를 상세하게 적어놓았지만 상이군인을 치료할 때에는 어떤 편견도 갖지 않았던 듯하다.

1944년 12월 베이 에어리어의 한 지방지에는 다음과 같은 기사가 실렸다.

> 세 군데 반도 지회의 적십자 소속 여성들은 그동안의 노고에 합당한 크리스마스 휴가를 보냈다. 적십자는 병원에 47개의 크리스마스트리를 장식했다. 43개의 작은 트리는 병동에, 4개의 큰 트리는 휴게실과 식당에 세워졌다. 미술공예단은 환자들에게 금속 트리 장식들(이것은 반짝이는 현대적 장식물들임이 밝혀졌다)을 만드는 법을 가르치는 데 엄청난 시간을 쏟았다.
>
> 지역 단체들의 기부금으로 마련한 총 1600개의 선물이 적십자에 의해 선택되고 배달되었다. 원하는 선물 목록의 맨 위는 면도 로션, 주머니용 액자, 필통과 군용 양말과 넥타이가 차지했다. 1600개의 붉은색 털실로 스티치를 한 빨강, 초록, 흰색의 가방들도 병원에 배달되었다. 그 주머니들은 사탕(그중 대부분은 일반인들이 마련한 것이다)과 담배 두 갑, 그리고 적십자의 선물로 채워졌다.

전후의 아내들

제2차 세계대전 동안, 그리고 전후에 거의 100만 명에 가까운 외국인 여성이 미군과 결혼을 했다.[44] 미국 정부가 이런 결혼을 억제하기 위해 끝없는 서류 절차를 거치도록 하는 등 장벽을 겹겹이 쳤는데도 불구하고 사랑에 빠진 미군들은 쉽게 포기하지 않았다. 유럽에서 그 대

유럽과 아시아에서 약 100만 명의 병사들이 '전쟁 신부'를 맞아들였다. 1951년 2월 10일에 도쿄의 미국 영사관을 방문한 이 신랑 신부는 공법 717조에 의거하여 결혼한 마지막 커플이었다. 이 법에 의해 1300쌍의 미군과 일본인 여성의 결혼이 성사되었다.

상은 주로 영국(1944년 봄에는 기록적인 수치를 남겼다), 프랑스, 이탈리아 여성들이었다. 피점령국 여성과의 교제 불가 정책을 공식적으로 펼쳤는데도 점령 기간 동안 미군은 독일인, 오스트리아인들과 결혼을 했다. 태평양 지역에서 그들은 오스트레일리아, 뉴질랜드 여성과 결혼을 했고, 1945년에 제정된 전쟁 신부 조례가 아시아 이민자들을 거부하려는 목적에서 만들어진 기존의 법률을 무효화시킨 이래로 중국, 일본,

필리핀 출신의 여성들과도 결혼을 했다. 이 여성들 가운데 75퍼센트가 실제로 미국으로 건너왔다.

유럽이 해방된 이후 미국인들은 전후 재건을 위한 준비를 시작했다. 전쟁의 종식과 귀향 군인들에 관련된 문제는 그들의 아내와 가족의 문제이기도 했다. 1944년《하퍼스 매거진》에 실린〈전후의 집안 살림〉(이미 언급한 적이 있는)이라는 기사는 여성의 미래와 가능성을 진보적인 관점으로 바라보고 있다. 필자들은 여성이 "남편과 아이들의 단순한 심부름꾼"으로 계속 남을 것인지, 아니면 아내들이 "집안일이라는 좋은 일을 하면서도 바깥일을 계속할" 수 있게 해주는 시스템이 고안될 것인지 의문을 제기하고 있다. 필자들은 가정부를 거느리게 될 사람들이 점점 줄어들 것이라는 (올바른) 가정하에서 "가정부 없이 즐겁게 살기" 위한 제안들을 내놓았다. 그들이 제안하고 예상했던 일 가운데 몇몇은 그냥 묻히고 말았지만 가장 중요한 몇 가지 제안(공동의 가사와 육아에 관계된 것들)은 실현되었다.

첫째, 전후에 전전(戰前)의 비효율적이던 모델들을 대체하는 좀 더 질이 좋으면서도 값싼 진공청소기, 토스터, 전기믹서, 세탁기, 튼튼한 식기세척기들과 시간 절약형 가전제품들이 생산되었다. 비록 기사의 필자들도 예견했듯이 여전히 이 물건들이 끊임없는 청소와 수리를 필요로 하긴 했지만 말이다. 둘째, 서비스의 질을 보장하고 장비를 잘 갖추었으면서도 시간까지 꼬박꼬박 맞춰주는 청소 서비스 업체의 등장을 들 수 있다. 또한 전쟁 중에 가속화되었던 이미 조리된 음식의 소비 증가 추세는 전후에도 계속되었다.

하지만 필자들이 훌륭한 서비스를 제공해줄 것이라고 예측했던 보육 학교와 육아 센터는 수요자들의 요구를 충족시키는 데는 미치지 못했다. 전후 미국의 아내들은 한 세대 전의 어머니들과 마찬가지로 자력으로 아이를 기를 수밖에 없었다. 연방정부가 보조하는 보육 학교와 육아 센터는 전쟁이 끝나면서 사라졌다.

여론은 (《하퍼스 매거진》의 기사에도 불구하고) 여성들은 집으로 돌아가야 하며, 아내이자 어머니, 주부로서의 역할을 다시 수행해야 한다는 쪽이었다. 남자들이 집으로 돌아왔으니 결혼한 여성이 일할 이유도 없어진 것이다. 그리고 수천 명의 제대 군인들이 실업에 시달리고 있었기 때문에 여성들은 다시 한 번 남자들의 일자리를 빼앗지 말라는 소리를 들어야 했다.

끔찍한 전쟁터에서 살아 돌아온 남자들에게는 보장된 일자리와 사랑으로 넘치는 가정이라는 보상을 기대할 이유가 충분했다. 물론 모든 남자들이 그 같은 행운을 누렸던 것은 아니다. 몇몇 남자들은 집에서 가까운, 혹은 자신이 선택한 분야에 일자리가 없다는 것을 깨달았고 직업에 대한 기대치를 낮추어야 했다. 게다가 주택이 부족하여 많은 부부들이 부모 집에 얹혀살아야 했고, 이는 결혼 생활에 세대 간의 갈등까지 추가하는 꼴이 되었다. 어떤 아내의 회상을 들어보자.

> 돈은 한 푼도 없었고 아파트도 없었다. 우리는 어쩔 수 없이 엄마와 살게 되었다. (……) 나보다 두 살 위인 언니는 군대에서 돌아온 남편과 아기와 함께 이곳에 있다. (……) 한 집에 결혼한 부부 두 쌍이 같이 살고 있다. 나는 임신 중이고 언니는 아기가 하나 있다. 이건 미친 짓, 미친 짓이다. 나는 이곳을 떠나게 될 날까지 기다릴 수가 없다.[45]

전쟁 중 집안의 가장이 된 어머니들이 아이들과 친숙하지도 않고 집안 분위기에도 익숙하지 못한 남편에게 권위를 돌려주는 것은 종종 힘든 일이었다. 한 아내는 남편이 전쟁터에서 2년 만에 돌아와서 처음 아들을 보았으며, 한동안 가족이 서로 적응하느라 힘든 시기를 보내야 했다고 회상했다. "예전에는 한 사람의 가장이 명령을 했는데 이제 두 명의 가장이 명령을 했다."[46]

서둘러 결혼을 했다가 수개월, 수년씩 헤어져 살았던 군인 남편과 아내들은 전쟁이 끝나서 재결합하게 되자 함께 사는 데 적응해야 하는 현실적 문제에 부딪혔다. 1946년에 이혼율은 25퍼센트까지 치솟았다.[47]

일부 기혼 여성들은 일을 계속하는 문제를 두고 갈등을 겪었다. 그들은 월급 봉투에 딸려 온 독립을 맛보았고 이를 남편의 아량과 맞교환하고 싶어하지 않았다. 하지만 남편들은 여자가 계속 일을 할 경우 자신이 무능한 것처럼 보이게 될까 봐 두려워했다. 성공한 남편들은 집에 있는 아내를 부양할 수 있는 능력을 뽐냈지만, 많은 남자들이 공황기의 불안했던 기억을 떨치지 못했다. 남편의 동의를 얻은 경우에도 아내들이 항상 전쟁 중에 얻었던 일을 계속할 수 있었던 것은 아니다. 그들은 전쟁 중 호황을 누렸던 산업의 경기가 나빠지자 직장에서 쫓겨났고 제대 군인들을 선호하는 다른 분야의 일자리에서도 내쳐졌다.

다른 한편으로 직업을 가졌던 여성들 가운데 많은 수가 전쟁이 끝나자 다시 주부의 대열에 합류하여 오직 집안일과 부엌에만 매달리는 것을 선택했다. 전쟁이 시작되기 20년 혹은 30년 전에 출생한 여성들은 아내와 남편, 특히 어머니에게는 각각 정해진 역할이 있다는 것을 믿도록 사회화되었다. 한 여성은 수년 후에 다음과 같이 회상했다.

"나는 좋은 어머니가 되는 데 헌신했다. 일을 하겠다는 생각은 한 번도 해보지 않았다. 우리 세대의 여자들은 모두 좋은 어머니가 되어야 한다고 교육 받았다. 그것이 인생의 목표였다."[48]

어떤 아내는 자부심으로 가득 차서 자신이 현모양처로서 보낸 세월을 다음과 같이 회상했다. "나는 일할 필요가 조금도 없었어요. 나는 아이들을 잘 키웠어요. 나는 주부로서의 내 일을 사랑합니다. 여자는 사랑받기를 원하고 사랑하는 남자에게 자신이 중요한 존재이기를 바랍니다. 그가 일터에서 집으로 돌아올 때 나는 데이트라도 나가는 것처럼 한껏 모양을 냈지요. 나는 언제나 그렇게 했습니다."[49]

정부와 기업, 그리고 여성 잡지가 선전한 주부와 어머니의 이미지는 가정 이데올로기를 계속해서 강화했다. 1944년에 《레이디스 홈 저널》에 난 기사는 이미 대다수의 여성 노동자들이 전쟁이 끝나면 전업주부가 되기를 원했다고 주장했다. 필자인 넬 자일스(Nell Giles)는 전국 조사 연구 결과를 다음과 같이 요약했다. "결혼을 원하는 미국 여성이 자신을 부양할 수 있는 남자를 찾는다면, 집에서 가족을 돌보는 지극히 중요한 일을 해야 하기 때문에 직업은 더 이상 아무런 의미를 갖지 못한다. 아이는 3명이 이상적이다."[50]

〈미국인이 사는 법〉이라는 기사에서 남편과 아이를 위해 자신의 연주자 인생을 포기했던 에크의 이야기를 다룬 1945년 4월호에서 보듯, 《레이디스 홈 저널》은 이 메시지를 반복해서 독자들에게 전달했다. 이 선택에 대해 그녀가 어떤 불만을 느꼈는지는 다음과 같은 주장에 가려져버렸다. "여자가 남자를 위해 진정한 가정을 일찍 만들수록 그는 더 빨리 성공하게 되고 그녀에게 더 좋은 집과 가정부, 예쁜 옷 등을 선사할 수 있게 된다. (……) 아내가 일을 하는 경우 그만큼 성공하는 남자는 거의 없다."[51] 여성 독자를 겨냥한 이와 유사한 기사들에는 아이들의 안녕과 남편의 안락뿐만 아니라 남편의 성공까지도 아내의 책임이라는 믿음이 깔려 있다. 만약 남편이 성공하지 못하면 그건 의심할 바 없이 아내의 잘못이 되는 것이다.

5년 후인 1950년 9월호 《레이디스 홈 저널》에 실린 〈행복한 결혼 생활 만들기〉라는 기사는 아내들에게 "그의 취향에 맞추세요. 음식이나 가구 배치, 심지어 당신의 외모까지도. 설사 변덕이 죽 끓듯 하더라도 그의 뜻을 받아주는 것이 당신이 그를 진정으로 기쁘게 해주고 싶다는 마음을 남편에게 전달하는 최선의 방법입니다"[52]라는 메시지를 전달했다. 과연 《레이디스 홈 저널》의 독자들 가운데 이 메시지가 100년 전 미국과 영국의 아내들이 귀에 못이 박이도록 들었던 이야기와 똑같다는 것을 알아차린 사람이 몇이나 되었을지 궁금하다.

하지만 미국의 주부들이 모두 가정에서 천상의 행복을 경험한 것이 아니었다는 징후들이 있다. 예를 들어 1947년의 《라이프 매거진*Life Magazine*》은 〈미국 여성의 딜레마〉라는 특집 기사에서 가족을 사랑하는 많은 아내들과 어머니들이 바깥 세상에 참여하고 싶어한다는 것을 인정했다. 하지만 이 여성들이 어떻게 집안일과 사회 생활을 동시에 할 수 있겠는가? 물론 사회는 이러한 문제를 해결할 아무런 대안을 제시하지 못했다. 윌리엄 체이프가 지적한 것처럼 비록 이러한 갈등이 과장된 것이고, 주로 백인 중류층 여성들에게 한정된 것이었다 해도 《라이프 매거진》의 편집자들은 앞으로도 끊임없이 반복될 문제를 정확히 지적했던 것이다.[53]

10장

내일을 향한 한 걸음

새로운 아내상을 향하여, 1950~2000년

"누구나 알고 있듯 이야기가 끝나기 전에 나는 적어도 여성이라면 한 명씩 가져야 하는 남편을 가지게 될 것이다."

—그레이스 팰리, 〈잘 가, 행운을 빌게〉, 1956

"일하는 모든 여성에게는 아내가 필요하다."

—20세기 속담

미국의 아내가 지난 반세기 동안 근본적인 변화를 겪었다는 것은 모두가 아는 사실이다. 50년 전 백인 중산층 여성은 자신과 고향이 같고 민족, 인종, 종교가 같은 남자와 결혼하는 것이 일반적이었다. 그들은 서너 명의 자녀를 두고 차 두 대를 굴리며 집 안 전체에 카펫을 깔고 싶어했다. 결혼 전 이 여성들은 약간 대담한 애무를 해보았을 테지만 "얼굴에 먹칠을 할까 봐" 두려워서, 혹은 임신할까 봐 걱정이 돼서 최소한 약혼반지를 끼기 전까지는 "넘지 말아야 할 선은 넘지 않았을 것이다." 일반적으로 백인 중산층 여성에게 결혼은 더 이상 교육을 받을 수 없음을, 아이는 직장을 그만두어야 한다는 것을 의미했다. 그들은 이혼한 사람들을 거의 알지 못했고 결혼 생활이 죽는 날까지 계속되리라고 기대했다. 이혼을 하거나 미망인이 되는 경우에도 사람들은

■ ■ ■

1950년대 6월의 신부와 그녀의 어머니

그녀를 '부인(Mrs.)'이라고 불렀다. 당시 부인은 '아가씨(Miss.)'보다 한 층 더 지위가 높은 사람으로 여겨졌다.

오늘날에는 계급과 인종을 불문하고 결혼 전에 성관계를 해보지 않고 결혼하는 여성은 거의 없다. 독신 여성이 결혼 전에 그리고 결혼하는 대신에 연인과 함께 사는 일은 너무도 흔해서 동거는 사실상 보편화되었다. 미혼인 상태로 임신을 해도 반드시 서둘러 결혼식장으로 달려갈 필요가 없다. 첫아이의 40퍼센트가 혼외 관계에서 태어나고 있다. 여성들의 평균 결혼 연령은 1950년대에는 20세였지만 오늘날에는 25세로 5년이나 높아졌다. 많은 여성들이 종교, 인종, 출신지, 민족이 다른 남자와 결혼하고 있다. 그리고 많은 여성들이 결혼과 출산 이후에도 일을 계속한다. 오늘날 북미의 어머니들은 유럽, 러시아, 중국, 일본, 오스트레일리아, 뉴질랜드의 평균 출산율과 비슷하게 대개 2명의 아이를 낳는다. 이 수치는 라틴아메리카나 아프리카의 출산율보다는 훨씬 낮은 것이다. 미국 아내 2명 가운데 1명은 첫 번째 결혼을 이혼으로 마감한다. 하지만 이러한 경험에도 불구하고 여성들은 두 번, 심지어 세 번씩 다시 아내가 되곤 한다. 이 모든 경우에 기혼 여성은 독신 여성과 마찬가지로 중립적인 용어인 '미즈(Ms.)'[1]로 불린다.

물론 민족, 인종, 종교, 그리고 개인의 특성에 따라 결혼 풍속은 크게 달라지곤 한다. 예를 들어 백인 여성이 임신을 하면 아프리카계나 히스패닉계 미국인 여성들이 그런 것보다 출산 전에 결혼할 가능성이 많다. 일본계 미국인은 중국계 미국인과 비교했을 때 자기들끼리 결혼하는 경우가 더 많다. 유대인들은 유대인이 아닌 사람과 결혼하는 경우가 잦다. 무슬림 남자들은 무슬림 여자들에 비해 다른 종교를 가진 사람과 결혼하는 경우가 더 많다. 이혼은 시골보다는 뉴욕이나 로스앤젤레스 같은 대도시에서 더 흔하다. 이혼 가정의 아이들은 이혼하지 않은 부모들의 자녀들보다 결혼하는 비율이 낮으며, 이혼한 사람들은 다른 사람을 만날 때 재혼하기보다는 그냥 같이 사는 경우가 많다. 이처럼 특수한 집단 사이에 분명한 차이가 있는 것은 사실이지만, 미국의 모든 아내들은 전체적으로 같은 방향을 향해 나아가고 있다. 즉 혼전 성교와 혼외 성교가 더 많아지고 여성의 경제적 독립성이 더 강화되며 이혼이 점점 증가하고 만혼이 늘어나고 있는 것이다.

이러한 현상은 바로 어제 시작된 것도 아니고 격동기였던 1960년대나 페미니즘의 시대인 1970년대에 시작된 것도 아니다. 그 기원은 100년도 훨씬 더 전에 시작된 역사적 변화 속에서 찾을 수 있다. 그것은 특히 미국 부부들의 성생활에 대한 태도와 경험, 그리고 여성의 취업 기회의 변화에 근거하고 있다. 출산을 위한 성에서 쾌락을 위한 성이라는 성 관념의 변화, 노동 인구 가운데 여성이 차지하는 비중의 증가가 '새로운 아내'의 탄생에 중요한 역할을 했다.

1950년대의 여성들이 끝없는 집안일에만 파묻혀 있었던 것은 아니며, 1970년대와 1980년대에 성인이 된 그 딸들 역시 이 시대를 특징지었던 페미니즘과 성적 자유라는 틀에 언제나 고정되어 있었던 것은 아니다. 그들이 변화한 것은 새로운 가치와 풍속을 만들어낸 다음 세대의 영향을 받았기 때문이다. 그리고 거의 대부분의 여성들에게 해당되었던 변화가, 이 여성들이 나이 들어가면서 서로 다른 형태로 나타났기 때문이다.

나는 이 책을 쓰기 위해 지난 반세기 동안의 아내들을 연구하면서 생생한 사례들을 관찰할 수 있었다. 자신의 결혼 이야기를 나에게 털어놓았던 아내들 가운데 많은 수는 30대, 40대, 50대, 60대이고 극히 소수이긴 하지만 70대와 80대도 있다. 나는 미국 아내들의 적응 능력에 거듭해서 감동받았다. 나이가 지긋한 어머니들은 자기 세대에 상상조차 할 수 없었던 딸들의 행동을 받아들였고, 종종 딸의 전례를 따라 삶의 방식을 바꾸기까지 했다. 자신의 딸들이나 다른 젊은이들이 세상을 다르게 보도록 만들었기 때문에 얼마나 많은 아내들이 중년의 나이에 학교로 돌아가고, 직업을 구했으며 성적인 만남을 가졌고 이혼하고 재혼하고 혹은 남편과 좀 더 평등한 관계로 나아갔던가?

다음에 나올 이야기들은 기혼 여성들이 너무나도 극적으로 변화해서 '아내'라는 단어가 과거에 연상시켰던 많은 의미들을 잃고, 아직 시간의 시험을 통과하지 않은 다른 의미들을 얻었던 지난 반세기 동안에 일어난 눈이 핑핑 돌 정도의 변화를 보여준다.

성 혁명: 킨제이 보고에서 코스모 보고서까지

20세기 중반 이래로 많은 사람들이 미국인들의 성생활을 연구해왔다. 남녀의 성 풍속도를 담은 앨프리드 킨제이의 책은 1948년에서 1953년 사이에 일약 베스트셀러가 되었고, 후대 성의학자들의 연구에 초석이 되어주었다.[2] 그의 조사는 전통적인 종교적, 도덕적 교의를 거스르는 것이었다. 그에 따르면 대부분의 성인 남성이 자위한 적이 있으며, 그들 가운데 90퍼센트가 혼전 성교를 한 적이 있고, 50퍼센트는 혼외정사를 한 적이 있고, 3분의 1은 동성애를 경험했다. 여성들 역시 더 이상 빅토리아 여왕 시대의 낡은 규범에 구애받지 않았다. 킨제이의 조사 대상인 5940명의 백인 여성 가운데 약 5분의 3가량이 자위행위를 했고, 50퍼센트에 가까운 여성들이 결혼 전에 성 경험을 했으며, 4분의 1은 혼외정사를 한 경험이 있었다. 독신 여성들의 3~12퍼센트는 레즈비언이었고('레즈비언'을 어떻게 정의하느냐에 따라 달라지지만), 20~25퍼센트의 기혼 여성은 불법 낙태를 한 적이 있었다.

킨제이가 조사한 여성들의 범위는 1899년 이전에 태어난 여성부터 1929년 이전에 태어난 여성까지 40년 가까이에 걸쳐 있다. 부부 관계의 빈도는 큰 차이를 보이지 않았지만 1900년에서 1909년 사이에 태어났거나 1920년대에 결혼한 세대부터 아내들이 오르가슴을 느끼는 빈도가 증가하는 것으로 나타났다. 이 여성들의 예는 부부 관계란 성적인 쾌락을 얻기 위한 것이란 인식이 높아지고 있음을 입증했다. 킨제이는 여성들이 오르가슴을 느끼는 빈도가 높아지는 것을 1920년대에 일어난 성 혁명과 연관시켰고, 그 영향이 지속되는 이유는 "한결 솔직한 태도와 지난 20년간 이루어진 성에 대한 좀 더 자유로운 토론"[3]의 결과라고 생각했다.

킨제이 연구가 방대한 통계 자료에 근거하고 있음에도 불구하고 그는 숫자가 모든 것을 나타내주지 않는다는 점을 분명히 했다. 예를 들면 '대략 50퍼센트'의 결혼한 여성들이 결혼 전에 성관계를 맺었다고 해서 미국 여성들이 문란하다는 뜻은 결코 아니다. 킨제이에 따르면 "결혼 전 맺은 성관계의 대부분이 결혼 1~2년 전에 이루어졌으며" 그 상대는 약혼자였다.[4] 혼외정사에 전통적으로 엄격한 잣대를 들이대온 미국인들이지만 약혼한 사람들의 성관계에 대해서는 너그러웠다.

일단 결혼하고 나면 침실에서 부부가 하는 행동과 하지 않는 행동에 엄청난 다양성이 존재했다. 키스는 99.4퍼센트가, 남자가 여자의 가슴을 손이나 입으로 애무하는 것은 각각 95퍼센트와 93퍼센트가, 여자가 남자의 성기를 손으로 애무하는 것은 91퍼센트가, 남자가 여자의 성기를 입으로 애무하는 것은 54퍼센트가, 여자가 남자의 성기를 입으로 애무하는 것은 49퍼센트가 행하는 전희였다. 어떤 부부들은 전희에 3분만을 할애하는 반면에 어떤 사람들은 30분, 1시간 또는 그 이상의 시간을 쏟는 경우도 있었다. 대부분은 4분에서 20분 정도로 전희를 했다. 다양한 전희는 "좀 더 잘 교육받은 집단에서" 두드러졌다.[5] 성행위 시 남자가 위에 올라가는 체위가 가장 흔했고, 젊은 여성들의 경우에는 여성 상위 체위가 점차 흔한 것이 되어가고 있었다. 1900년 이전에 태어난 여성들이 성행위를 할 때도 옷을 입고 있었던 것과는 대조적으로 이보다 젊은 여성들은 옷을 다 벗고 성행위를 하는 경향이 있었다.

킨제이는 그의 연구가 "결혼 생활을 하는 동안 발생하는 성적 문제들 가운데 몇 가지를 해결하기 위해 상세한 정보"를 필요로 하는 부부들에게 특히 유용할 것이라고 믿었다. 그는 "우리가 조사한 이혼 사례 가운데 4분의 3 정도가 성적인 문제가 원인이 되었던 것"으로 추정했고, "부부간의 만족스러운 성관계가 행복한 결혼 생활을 하는 데 기여할 수 있을 것이다"[6]라는 자신의 주장을 뒷받침하기 위해 목사, 교사, 의사, 그리고 다른 임상의들의 권위를 빌렸다. 킨제이는 성적인 만족이 행복한 결혼 생활을 유지하는 초석이 된다는 인식이 퍼져 나가고 대중에게 신뢰를 얻는 데 학문적으로 기여했다.

킨제이가 인간의 성행위에 관한 많은 자료를 수집한 뛰어난 연구자로서 각광받았던 것은 사실이지만 그의 연구를 비판하는 사람들도 적지 않았다. 버나드 칼리지의 밀리센트 매킨토시(Millicent McIntosh)는 킨제이의 책이 광범위하게 보급됨으로써 "우리 시대의 도덕적 풍토에 혼란이 가중될 것"을 우려했다. 그녀는 젊은이들이 "이러한 통계의 포로가 되어" "정상적으로" 보이기 위해 이를 흉내 낼까 봐 염려했다.[7] 다른 비판자들은 킨제이의 관점이 지나치게 도덕적이라든가, 그가 엄청난 규모의 자료를 제대로 분석하는 데 실패했다고 불평을 터뜨렸다.

그러나 펜실베이니아 의대의 결혼 상담가였던 에밀리 머드(Emily Mudd)가 1954년에 지적했듯이 "중요한 것은 과거에 사람들이 생각했던 것보다 여성의 성적 욕망이 강하다는 것이 킨제이의 분석을 통해 입증되었다는 사실이다."[8] 의미심장하게도 성적 욕망은 오늘날 여성에게 자연스러운 것으로, 나아가 바람직한 것으로 받아들여지고 있다.

여성의 성생활에 관한 킨제이 보고가 1953년에 처음 출간되었을 때 이미 1930년 이후에 출생한 신세대 아내들이 있었다. 이들은 이른 나이에 결혼을 해서 일찍 아이들을 낳았고 대개 20대 후반에 출산을 끝냈다.[9] 성인으로서 그들의 정체성은 아내와 어머니로서의 지위에 따라 결정되었다. 뛰어난 사회학자 탤컷 파슨스(Talcott Parsons)는 대담하게 다음과 같이 말했다. "여성의 기본적인 지위는 남편의 아내, 그의 아이들의 어머니로서의 지위다."[10] 사실 이 시기의 여론 조사에 따르면 젊은 여성들이 가장 열망하는 것은 유능한 남자의 아내이자 성공한 자식들의 어머니가 되는 일이었다. 그들의 지위는 남편의 경력과 아이들의 성취에 달려 있었다.

아내이자 어머니가 되는 과정에서 1950년대의 여성들 역시 대개 남자였던 산부인과 의사들에게 크게 의존했다. 의사의 진료실에서 그들은 피임을 위해 페서리를 시술하는 일을 경험하거나 임신 여부를 알아보는 소변 검사를 받았다. 일단 임신했다는 것을 알고 나면 여성은 임신 기간 동안 그리고 산고를 치르는 과정에서 의사에게 의지했다. 최신 산부인과 시술법을 배운 미국 의사들은 유럽, 특히 영국에서 그랜틀리 딕 리드(Grantly Dick Read)라는 런던의 산부인과 의사의 영향하에 점차 호응을 얻어가던 '자연분만'이라는 새로운 이상에 그다지 관심이 없었다. 출산 과정에서 적극적인 참여자가 되라고 여성들을 독려하는 대신 그들은 전문가의 손에 모든 것을 맡기라고 조언했다. 많은 여성들은 적절한 호흡법이나 혹시 일어날 수도 있는 마취, 제왕절개 가능성을 전혀 알지 못한 채 분만실로 들어갔다. 임산부를 위한 강의나 라마즈(무통분만법) 그룹도, 산파도 없었고 초보 엄마를 위해 구체적인 조언을 줄 수 있는 것이라고는 1946년에 출간된 벤저민 스폭(Benjamin Spock) 박사의 책 《아기와 아동을 돌보기 위한 상식*Common Sense Book of Baby Care*》이 전부였다.

모유를 먹이는 문제가 제기되었을 때 미국 의사들은 적대적이지는 않다 해도 대체로 무관심한 반응을 보였다. 1930년대에 유아용 유동식이 등장하자 대다수의 미국 여성들은 아이에게 모유를 먹이는 것을 중단했다. 1940년과 1970년 사이에는 25퍼센트의 여성만이 모유를 먹였을 뿐이다. 의료계는 유동식이 모유의 완벽한 대체품이라고 생각했기 때문에 여성들은 아기에게 꼭 젖을 물려야 할 필요성을 느끼지 못했다. 미국 여성들이 아기에게 모유를 먹이는 것이 이로운 일이라는 것을 깨닫기까지는 다시 한 세대가 지나야 했다.[11]

미국 사회는 전후의 모자 보건에 대해 자부심을 품고 있었다. 1940년부터 1949년까지 영아 사망률과 유아 사망률은 급격하게 감소했다. 병원에서 출산을 한 여성들, 즉 1950년대 어머니들 가운데 약 90퍼센트는 안전하게 건강한 아이를 낳을 것을 기대할 수 있었다.[12]

이 시기의 대중매체들은 남편을 붙잡고 지키기 위해 안달하는 여성상을 보여주었다. 캐서린 헵번과 로잘린드 러셀 같은 스타들이 항공기 조종사, 법조인, 기자 역으로 등장했던 1930년대와 1940년대의 커리

어우먼 영화는 한물가 버렸다. 대신 도리스 데이와 데비 레이놀즈가 분한 귀여운 여대생이나 활달한 아내가 명랑하고 착실하며 은근히 성적 매력이 있는 미국인들의 이상이 되었다. 엘리자베스 테일러와 메릴린 먼로처럼 다양한 형태의 성적 매력을 과시하던 슈퍼스타들조차 영화의 마지막에서는 면사포를 썼다(의미심장하게도 메릴린 먼로는 짧은 생애 동안 세 번 결혼했고, 엘리자베스 테일러는 일곱 번 결혼했는데 그중 한 명인 리처드 버튼과는 두 번이나 결혼했다).

1950년대 텔레비전은 〈아빠가 제일 잘 알아Father Knows Best〉, 〈아이 러브 루시I Love Lucy〉, 〈오지와 해리엇Ozzie and Harriet〉 등의 시트콤을 통해 행복한 가족의 모습을 보여주었다. 사랑스러운 전업주부는 밥벌이를 하는 남편과 티격태격하면서도 늘 따스한 손길로 남편을 제압한다. 하지만 방송에서 루시는 그녀가 쇼비즈니스계에서 일하는 것을 반대하는 남편의 뜻을 거역하지 못했다. 그러나 실제 생활에서 루시를 연기한 스타는 엄청난 수입을 올리는 사람이었고(그녀는 심지어 CBS가 텔레비전에서 '임신'이라는 단어를 사용하지 못하도록 했던 시기에도 임신한 몸으로 계속 일을 하려고 했다) 텔레비전 드라마의 일부로서 아들 리키를 낳았다.[13]

텔레비전에 나오는 완벽한 엄마들은 티끌 하나 없는 깨끗한 집에서 말쑥한 아이들과 살았다. 부자와 빈민의 거실에 배달된 이러한 허구적 이미지는 몇몇 사람들에게 완벽한 가정과는 거리가 먼 자신의 가정에 대해 의문을 품게 만들었다. 흑인 작가인 아사타 셰커(Assata Shakur)는 어린 시절에 다음과 같이 자문했다고 회상했다.

> 우리 엄마는 왜 내가 학교에서 돌아올 때 갓 구운 쿠키를 내놓지 않는 거지? 왜 우리는 낡은 아파트가 아니라 뒤뜰이 있고 앞마당이

있는 단독주택에서 살지 않는 거지? 엄마가 컬을 만드는 도구로 머리를 말고 누더기 같은 실내복을 입고 집 안을 청소하는 걸 보면서 나는 '정말 가관이군' 하고 생각했다. 왜 엄마는 텔레비전에 나오는 엄마들처럼 하이힐을 신고 블라우스를 입은 채 청소를 하지 않는 거지?[14]

텔레비전 드라마, 할리우드 영화, 광고는 예쁜 옷을 입고, 멋진 머리 모양을 한 차분한 가정주부라는 환상을 만들었다. 결국 노동절약형 가전제품과 인스턴트 식품이 보급된 후에 집안일은 땀 흘릴 필요가 없는 쉬운 일로 여겨졌다. 하지만 실제로 새로운 상품들이 여성의 집안일을 줄여준 것은 아니었다. 전업주부들은 주당 평균 51시간에서 56시간을 집안일을 하는 데 소모했다.[15] 텔레비전과 여성 잡지, 가정 문제 상담 서적과 광고, 즉 집을 청결히 하고 매력적인 아내가 되도록 부추긴 것은 주부들에게 더 많은 일과 걱정거리를 가져다주었다. 《레드북*Redbook*》 1960년 9월호에서 한 주부는 결혼한 지 10년이 되었는데도 남편은 여전히 그녀에게 "패니 파머와 메릴린 먼로를 섞어놓은 모습"을 기대한다며 불만을 토로했다. 성미가 까다로운 남편을 둔 어떤 주부는 다음과 같이 털어놓았다. "저녁 식사가 늦어지거나 남편이 일찍 집에 들어왔는데 내가 아직 머리를 말고 있으면 굉장히 짜증을 내요." 가정을 소중하게 여기는 것이 다시 유행했고, 이는 아내의 기본적인 욕구를 만족시키는 것이라고 여겨졌다. 그렇지 못할 경우 그녀는 뭔가 잘못된 사람으로 취급되었다.

프로이트를 추종하던 심리학자들과 정신과 의사들은(이 시기는 프로이트주의자들의 황금기였다) 결혼한 여성이 취업을 해서 돈을 버는 가외의 짐

■ ■ ■

1950년대 후반의 깁슨 울트라 600 전기레인지. 주부가 전기레인지로 요리를 하며 즐거워하고 있다.

을 떠맡지 않고 아내이자 어머니로서의 역할을 수행함으로써 성취감을 맛볼 수 있어야 한다고 생각했다. 이런 점에서 보면 1880년대에 프로이트가 자신의 약혼녀에게 존 스튜어트 밀의 페미니스트적 사상을 매도하는 편지를 쓴 이후로 정신분석학계의 입장은 거의 변화하지 않았음을 알 수 있다. 프로이트는 "여성을 남성과 똑같이 생존 경쟁의 전장으로 보내는 것은 비현실적"이라고 생각했으며, 자신의 아내를 "경쟁적인 역할로부터 조용하고 방해받지 않는 집안 활동"으로 옮겨 놓는 데 추호의 흔들림도 없었다.[16]

그로부터 70년이 지난 1950년대 초반에 영국의 정신분석학자 존 볼비(John Bowlby)는 애착 이론(attachment theory)을 발전시키는 데 프로이트로부터 많은 영향을 받았다. 존 볼비는 어린아이를 둔 어머니는 오직 아이를 양육하는 데만 헌신해야 하며, 아이를 기르는 동안 사회생활이나 일을 해서는 안 된다고 주장했다. 그의 말을 들어보자. "어린아이를 둔 어머니는 돈벌이를 할 만큼 자유롭지 않으며, 또 자유로워서도 안 된다."[17]

'남근 선망(penis envy, 1970년대까지도 잘 나가던 프로이트의 낡은 이론)'을 품고 있는 것이 분명한 여성들은 직장 동료이든 남편이든 아들이든 남자들을 보살피기보다는 그들과 경쟁하고 싶어하는 경향이 있다. 몇몇 혁신적인 정신분석학자들, 즉 캐런 호니(karen Horney)와 클라라 톰슨(Clara Thompson) 등은 남근 선망을 전통적으로 남성의 것이었던 특권들을 쟁취하려는 여성의 열망이라고 상징적으로 이해했지만 대다수의 정신분석학자들은 프로이트의 이론을 문자 그대로 받아들였다.

실비아 플래스(Sylvia Plath)는 1963년에 발표한 소설 《유리 종 모양의 그릇*The Bell Jar*》에서 10년 전에 겪은 신경쇠약의 경험을 토대로 한 남자 정신과 의사의 초상을 그려냈다. 그것은 당대 정신분석학의 이론과 실태를 다소 과장되게 표현한 것이지만 시사하는 바가 많다. 아름다운 아내와 두 아이의 사진을 책상 위에 올려놓은 고든 박사는 《유리 종 모양의 그릇》의 주인공인 에스터 그린우드를 거의 미칠 지경으로 만들어갔던 불안을 도무지 이해할 수가 없었다. 에스터의 우울증은 (실비아의 경우와 마찬가지로) 그녀를 일생 동안 상처 받기 쉬운 사람으로 만들어놓은 아버지의 이른 죽음, 그리고 작가가 되고 싶은 그녀의 열망과 현모양처가 될 것을 종용했던 사회의 요구 사이에서 느꼈던 갈등과 관련되어 있었다.[18] 고든 박사가 내린 충격 요법은 그녀의 처지를 개선시키기는커녕 그녀가 자살을 기도하게 만들었다.

에스터는 다행히도 두 번째에는 좀 더 나은 정신과 의사였던 놀런 박사의 치료를 받았다. 그러나 놀런 박사 또한 당대의 진부한 정신분석학의 틀에서 벗어나지 못했다. 그녀는 에스터가 엄마를 증오했다고 말하자 에스터를 칭찬했다. 당시는 필립 와일리(Philip Wylie)의 책 《독사들의 세대*Generation of Vipers*》가 베스트셀러였고, 아이를 과잉 보호한 어머니가 제2차 세계대전 당시 징병검사에서 입대 부적격 판정을 받은 200만 명의 남자들에 대해 책임이 있다는 정신과 의사 에드워드 스트레커(Edward Strecker)의 이론이 크게 유행했던 시기로, 어머니에 대한 비난이 사회적으로 절정에 달해 있었다. 정신분열증에 끼치는 유전적 영향을 제대로 알지 못한 채 정신과 의사들은 정신분열증에 걸린 어린이들과 많은 가족, 사회의 질병들을 설명하는 데 '정신분열적 어머니'라는 용어를 사용했다.

아내는 아이들의 교육뿐만 아니라 결혼의 성공과 실패를 결정하는 존재로 여겨졌다. 결혼 생활이 잘못되면 그것은 그의 잘못이 아니라 그녀의 잘못이었다. 하버드 대학의 한 원로 정신과 의사는 1960년대에 다음과 같은 글을 쓰고도 무사할 수 있었다. "어린아이의 인격 형성에 어머니가 엄청난 영향을 끼치는 것과 마찬가지로 나는 결혼 생활을 하는 데 아내가 남편에게 엄청난 영향을 미친다고 생각한다. (……) 결혼 생활을 하는 동안 남편은 아내의 요구를 받아들이거나 거부하게 된다. 이 과정에서 아내는 남편에게 결정적인 영향력을 발휘한다. (……) 결혼 생활이 '제대로 유지되고 못 되고는' 어디까지나 아내에게 달렸다."[19] 대부분의 아내들은 결혼이 실패로 돌아갈 경우 남편보다는 자신에게 더 많은 비난이 쏟아지리라는 사실을 알고 있었다. 그리고 이들 대부분은 어니스트 헤밍웨이의 《프랜시스 매코머의 짧고 행복한 생애 *The Short Happy Life of Francis Macomber*》(1938)나 슬론 윌슨(Sloan Wilson)의 《회색 플란넬 수트를 걸친 남자 *The Man in the Gray Flannel Suit*》(1955)에 묘사된 것과 같이 자신의 삶에 만족하지 못하고 남편을 망가뜨리는 데 혈안이 된 고약한 아내를 닮고 싶어하지 않았다.

1949년 프랑스에서 출간되었고 1953년에 영어로 번역된 시몬 드 보부아르의 《제2의 성 *The Second Sex*》에는 완전히 다른 모습의 여성들이 등장했다. 여성이 처한 상황을 날카롭게 통찰하고 있는 이 책은 페미니즘 운동에 엄청난 영향을 미쳤다. 보부아르는 결혼에 대해 회의적인 시각을 품고 있었다. 1929년부터 1980년까지 그녀와 동반자 관계를 유지했던 장 폴 사르트르와 그녀는 결혼을 실존주의적 자유와 양립될 수 없는 부르주아지의 제도라며 철저히 거부했다. 모성에 대해서는 더욱 가혹했다. 그녀는 모성이야말로 여성을 스스로의 운명을 적극적으로 개척하는 창조자가 아니라 출산을 위한 수동적인 그릇으로 만드는 주범이라고 믿었다. 어떻게 보면 그녀의 분석은 그다지 새로울 것도 없지만 적어도 두 가지 점에서 옳았다. 첫째, 그녀는 성이 사회적으로 만들어지는 것이라고 보았다. "여성은 여자로 태어나는 것이 아니라 여자로 만들어지는 것이다"라는 유명한 말은 그러한 견해를 피력한 것이다. 둘째, 그녀는 여성이 경제적으로 남성에게 의존하는 한 영원히 제2의 성에 머무를 수밖에 없다고 확신했다. 이 두 가지는 이후 수십 년 동안 페미니스트 운동가들의 신조가 되었다.

그러나 프랑스의 시몬 드 보부아르도, 미국의 실비아 플래스도 당대의 '대표적인' 여성으로 간주되지는 못했다. 미국에서 그런 지위를 가진 여성은 퍼스트레이디였던 메이미 아이젠하워(Mamie Eisenhower)였다. 1953년 7월호 《여성의 가정 생활 동반자*Woman's Home Companion*》는 그녀를 "잘난 척하는 페미니스트가 아닌 여자"라고 묘사했고 《더 나은 가정과 정원*Better Homes Companion*》은 "지식인이 되려고" 안달하지 않는 여자라고 치켜세웠다.[20] 암암리에 그녀는 평등권 수정 조항(Equal Rights Amendment, ERA) 등 자유주의적 대의에 헌신했던 전 퍼스트레이디 엘리너 루스벨트(Eleanor Roosevelt)와 비교되었다.

1950년대를 통틀어 자유주의자들과 보수주의자들은 여성 관련 문제를 둘러싸고 서로 대립했다. 이 문제들 가운데 몇몇은 오늘날에도 여전히 유효하다. 1950년대 초에 코네티컷에서는 낙태의 합법성에 관한 논쟁이 일어났고, 1950년대 말까지도 뉴욕의 공공병원에서는 피임 상담이 금지되었다. 1960년에 식품의약청(FDA)은 그 이듬해부터 경구 피임약(에노비드와 노루틴)을 사용할 수 있도록 허가했다. 이때부터 경구 피임약의 복용은 가장 선호되는 피임법으로 자리를 잡았다. 그것은 착용이 거북한 페서리보다 간편하고 100퍼센트에 가까운 성공을 보장했다. 하지만 아직 경구 피임약을 장기적으로 복용했을 때 어떤 부작용이 있는지 밝혀지지 않은 상태였다. 경구 피임약의 보급은 여러 가지 면에서 1950년대 말을 특징짓는 것이었다.

《우리가 한 번도 가보지 않은 길*The Way We Never Were*》이라는 책에서 스테파니 쿤츠(Stephanie Coontz)는 1950년대의 어두운 이면을 폭로했다.[21] 알코올 중독, 자살, 광기, 가정 폭력, 아내와 아동에 대한 학대는 사회 사업가, 정신과 의사, 목사, 신부, 랍비들에게는 잘 알려져 있었지만 대중에게는 대부분 숨겨져 있었다. 심지어 전문가들조차 그중 몇 가지 문제를 심각하게 고려하지 않았다. 사실 1970년대 후반까지만 해도 가정 폭력에 대한 본격적인 연구는 이루어지지 않았다. 그 이전까지 가정 폭력 문제는 사회과학계, 의료계, 경찰들에게 무시당했을 뿐만 아니라 남편을 괴롭히는 아내들이 당연히 받아야 하는 대가라는 식으로 "깔끔하게 정리되었다." 정신과 의사였던 헬렌 도이치(Helene Deutch)는 여성의 수동성과 마조히즘에 대한 정교한 이론을 근거로 희생자인 여성에게 죄를 뒤집어씌우는 관점에 무게를 실어주었다. 이와 비슷하게 정신분석학자들은 근친상간을 '유혹적인' 소녀가 유발하는 것으로 안이하게 이해했다. 이런저런 이유로 발생하는 불행한 결혼 생활로 인해 1950년대의 부부 가운데 4분의 1에서 3분의 1에 이르는 부부가 이혼했다.

많은 수의 미국 아내들이 결혼 생활에 만족하지 못하고 있다는 데 대중 언론들이 주목하기 시작했다. 1956년 《맥콜스*McCall's*》는 〈도망친 엄마〉라는 제목의 특집 기사를 실었고, 《레이디스 홈 저널》은 '젊은 엄마의 곤경'이라는 주제에 한 호를 할애했다.[22] 1960년 9월호 《레드북》에 실린 〈왜 어머니들은 덫에 걸렸다고 느끼는가?〉라는 기사는 아내, 어머니, 사회 구성원으로서 자신들에게 요구되는 수많은 역할에 의해 "밀고 당겨짐"을 느끼는 "절망적으로 불안한" 주부들의 모습을 포착해냈다. 어떤 주부는 매일 자신이 겪는 아침 풍경이 오래된 맥스 브라더스의 코미디를 닮았다고 묘사했다.

> 나는 설거지를 하고 정신없이 아이들을 챙겨 학교에 보내고 국화를 가꾸기 위해 뜰로 달음질치고, 운영위원회 때문에 전화를 걸기 위해 다시 집으로 달려 들어오고, 막내가 블록으로 집짓기 하는 것을 도와주고 정보를 놓치지 않기 위해 15분 동안 신문을 훑어보고, 그러고는 일주일에 세 번씩 하는 빨래를 하기 위해 세탁실로 뛰어박질해 내려간다. 정오가 되어서야 비로소 나는 숨을 돌릴 수 있다.

1962년 세상을 떠들썩하게 한 책을 썼던 미라 카모롭스키(Mirra Komarovsky)에 따르면 《레이디스 홈 저널》과 《레드북》의 독자인 중류층 여성들과는 대조적으로 노동자 계급의 여성들은 주부로서의 역할을 좀 더 쉽게 받아들였다. 카모롭스키는 "신분이 하락한 증거는 거의 없으며", "교육 받은 주부들이 자신의 역할에 불만을 품었다고 믿을 만한 증거는 거의 없다"[23]고 썼다. 성 역할은 명쾌했다. 남자는 "능력 있는 부양자"여야 했고, 여자는 전업주부이자 어머니여야 했다. 남자들은 대부분 아내가 집 밖에서 일하는 것을 원치 않았다. 그것이 남편의 소득이 많지 않다는 것을 보여주기 때문이었다. 대신 남자들은 일터에서 돌아온 후에 가사 노동을 하는 것이 부적절하다고 믿었다. 전체의 5분의 4에 해당하는 가정에서 요리, 세탁, 청소는 어디까지나 여자들의 일이었다. 약 3분의 1에 해당하는 남편은 이따금 아내가 설거지 하는 것을 도왔다. 어떤 아내는 풍자만화를 보면 마누라에게 쥐여 사는 남편들이나 설거지를 하는 것이기 때문에 한 번도 남편에게 허드렛일을 시켜본 적이 없다고 말했다. 약 20퍼센트의 부부가 남편이 여자가 할 일이라고 생각하는 집안일을 거들지 않는다는 이유로 부부싸움을 했다. 육아에 아버지가 참여하는 문제에 관한 남편들의 반응은 다음 세 가지 중 하나였다. 3분의 1은 거의 아내를 도와주지 않았고, 3분의 1은 가끔 도와주었고, 나머지 3분의 1은 자주 혹은 규칙적으로 도와주었다.

전형적인 노동자 계급 아내의 하루는 가족을 위해 아침 식사를 짓고 아이들을 학교에 보내기 위해 이른 새벽에 시작되었다. 그러고 나면 집안을 청소하고 세탁과 다림질을 했다. 어린아이들이 있고 날씨가 허락한다면, 아이들을 공원이나 쇼핑센터로 데려가고, 가끔 커피를 마시려고 친구 집에 들를 것이다. 남편이 대개 5시나 5시 30분경에 퇴근해 돌아오면 바로 식사를 할 수 있도록 그녀는 늦지 않게 집으로 돌아갈 것이다.

대부분의 배우자들이 여자가 있어야 할 곳은 집이라고 생각했음에도 몇몇 아내들은 직업이 있었다. 이들 가운데 일부는 이중고에 시달렸고 자신이 벌지 않아도 먹고살 수만 있다면 기꺼이 집에 있으려고 했다. 남편이 아내가 일을 하는 것이 자신의 월급이 적기 때문이라고 생각하는 경우 이러한 상황은 문제를 한층 더 복잡하게 했다. 다른 한편으로 전업주부의 3분의 1은 단지 집에서 벗어나고 싶어서 일자리를 (시간제라면 더욱 좋겠지만) 얻고 싶어했다.

중상류층의 아내들은 집 밖으로 나갈 수 있는 다양한 방법들을 알고 있었다. 교회나 유대교 회당, 박물관, 여성 유권자 연맹, 준비된 부모들의 모임, 상류 사회 주니어 연맹 등과 같은 곳에는 자원봉사자의 손길을 필요로 하는 일이 얼마든지 있었다. 많은 아내들은 프리메이슨이나 재향군인회, 그리고 다양한 직능집단과 같은 남자들의 조직을 지원하는 보조 단체에 속해 있었다. 이런 자원봉사 활동은 여성들에게 목적 의식을 심어주었고, 집 밖에서의 사회 활동을 가능하게 해주었다. 동시에 브리지 게임 모임, 정원 가꾸기 동호회, 독서 클럽에 가입하는 것은 여성의 문화적, 지적 흥미를 충족시켜주었다.

몇몇 아내들은 꼭 그럴 필요가 없는데도 일을 했다. 일하는 아내들은 전후에 계속해서 증가하고 있었다. 1960년에는 기혼 여성의 30퍼센트가 노동을 했는데, 이 수치는 1940년의 2배에 해당한다. 흥미롭게도 가장 높은 증가율을 보인 것은 남편의 소득이 당시에는 상당히 넉넉한 수준이었던 연간 7000달러에서 1만 달러에 이르는 고학력의 아내들이었다.[24]

1940년에 결혼한 한 여성은 교사로서 일했던 지난날을 기쁘게 회상했다. "1년쯤 일을 하려고 했는데 25년이나 하게 되었어요. 나는 내 일을 사랑했지요. 나는 일하는 순간을 모두 사랑했습니다. 일하는 게 쉽지만은 않았어요. (……) 처음에 남편은 싫어했지만, 그도 내가 일을 즐긴다는 것을 알게 되었습니다."[25]

어떤 이들은 집에 있는 것이 너무도 불행하다는 이유만으로 일을 했다. 어떤 아내는 다시 일을 하기로 마음먹은 이유를 다음과 같이 설명했다.

"막내가 열 살쯤 되었을 때였어요. (……) 나는 그 아이가 벽에다 손자국을 내는 것을 보며 머리를 쥐어뜯는 나 자신을 발견했어요. 그리고 머리를 스치는 생각이 있었죠. (……) 내가 가정을 이끌어 나가는 게 아니라 가정이 나를 이끌어 나가고 있구나."

그녀는 남편에게 다시 일을 하고 싶다고 말했다. "나는 일을 하고 싶어요. 내 인생이 너무나 갑갑해서 내가 살 가치가 없는 존재라는 생각이 들 정도예요. 나는 이 집에서 나가야 해요! 나는 다른 성인들과 함께 있고 싶어요."

> 남편은 손을 주머니에 넣었다. 그러고는 "여기 돈이 있어. 당신 뭐가 사고 싶어서 그래? 그럼 이걸로 사"라고 말했다. 나는 그에게 이 일은 돈과 아무 상관도 없다는 것을 설명하려 했다. (……) 내가 말할 수 있는 것은 내가 언제 마루를 닦았는가, 혹은 슈퍼마켓에서 싸게 산 물건이 있다든가 하는 것뿐이었다. 나 자신이 바보처럼 느껴졌다. 나는 내 머리가 굳어지고 있다는 것을 감지하기 시작했다. 내가 남편에게 내 뜻을 이해시키자 그는 흥분하지 않고 만약 그것이 내가 원하는 것이라면 모든 방법을 동원해서 나를 후원하겠다고 말했다.[26]

아내를 사랑하고 아내가 행복하기를 바랐던 남편들은 이처럼 결혼하면서 기대했던 것과는 판이한 생활방식을 받아들여야 했다.

미시간 대학이 디트로이트와 그 근교의 농촌에서 900명의 아내들을 대상으로 연구한 결과가 1960년에 《남편과 아내들 *Husbands and Wives*》이라는 제목으로 출간되었는데, 사회 계층에 따라 달라지는 결혼 생활의 실태를 분석하고 있다.[27] 조사 결과에 따르면 여전히 남편에게 무게 중심이 기울어져 있지만 부부 사이에 점점 평등한 의사 결정이 이루어지는 경향이 있었다. 또한 이 조사는 '여가장주의(momism)' 신화의 정체를 폭로하면서 아내와 어머니가 남편과 아이들에게 행사하는 영향력이 엄청나게 과장된 것임을 보여주었다. 그리 놀랄 일도 아니지만 화이트칼라 계급의 남성들은 노동자 계급의 남성들보다 많은 권위를 행사하고 있었다. 소득이 높을수록 남자들은 지역 사회에서 위신이 더 높았고 집안에서 더 많은 결정권을 가졌다. 하지만 이렇게 지위가 높은 남성들이 사회적 지위가 낮은 남성들보다 집에서 허드렛일을 더 많이 하고 있었다. 성공한 화이트칼라 남성들은 '여자가 일하는 것'이 불명예스러운 일이 아니라고 생각할 만큼 자신감이 있었던 것이다.

소득원으로서 남편들은 아내와 비교 대상이 되지 않았다. 저소득 가정에서는 3명 가운데 1명의 아내가 일을 하고 있었지만 상류층 가정에서 그 비율은 20명 가운데 1명꼴이었다. 고소득 가정의 아내들은 내조, 충고, 살림 솜씨가 남편의 성공에 실질적인 도움을 준다고 굳게 믿었다.

결혼이 주는 혜택을 그 중요도에 따라 열거해달라는 요청에 아내들은 다음과 같은 순으로 대답했다. 첫 번째, 동반자 관계. 두 번째, 아이를 가질 수 있는 기회. 세 번째, 이해와 정서적 도움. 네 번째, 사랑과 애착. 다섯 번째, 경제적 혜택. 아내들은 어리석고 돈만 밝히는 것처럼 보일까 봐 경제적 혜택에 더 높은 점수를 주기를 꺼려했겠지만 사랑과 애착이 겨우 네 번째에 머물렀다는 것은 놀라운 일이 아닐 수 없다. 이 설문에 답한 아내들은 실용적이고 현실적인 사람들이었던 것 같다. 동반자와 아이들을 얻는 것을 결혼의 가장 큰 혜택으로 여겼으니 말이다.

그러나 아이들이 전적으로 축복으로만 여겨진 것은 아니다. 아이들은 아무리 기쁨을 준다 해도 피곤한 존재이기도 했다. 부부간의 관심을 멀어지게 하고 양육, 병치레, 돈 문제와 같은 걱정거리를 제공했을 뿐만 아니라 부부싸움의 원인이 되곤 했기 때문이다. 거의 모든 아내들이 결혼 후 몇 년이 지나고 나면 남편과의 동반자 관계에서 만족감이 줄어드는 것을 경험했다. 아이가 태어나면 남편들은 더 열심히, 더 오래 일해야 한다는 압박을 느꼈고, 많은 아내들은 부부간의 정이 약해지는 데 불만을 나타냈다. 통계학적으로 보면 신혼 초 2년 내에는 52퍼센트의 아내들이 결혼 생활에 만족했으며 현저한 불만족을 표시한 사람은 없었다. 20년이 지나면 6퍼센트만이 여전히 매우 만족한다고 답변했고, 21퍼센트는 눈에 띄게 불만족을 표시했다.

조사 결과에 따르면 결혼 생활에 대한 만족도는 처음 20년 동안 하강 곡선을 그리다가 다시 상승한다. 아이들이 성장해서 사회로 나가면 결혼 생활의 문제는 줄어들었다. 아이들을 양육하는 어려움을 극복하고 나면, 부부들은 연구자들이 이른바 제2의 허니문이라고 불렀던 것을 경험했다. 이는 40년 뒤 오늘날의 연구자들이 발견한 것과도 완전히 일치하는 결혼 생활의 궤적이다.

20세기의 후반 50년 동안 "집에서 살림하는 여자"라는 표현은 가정주부의 위상이 낮아진 것을 반영한다.[28] 시카고에 살던 1960년대의 한 가정주부는 스터즈 터클(Studs Turkel)과의 라디오 인터뷰에서 자신의 상황을 다음과 같이 솔직하게 표현했다. "주부는 주부일 뿐이죠. 그게 다예요. 조금도 중요하지 않은 사람이지요. 일해서 돈을 벌어 오는 사람이 그렇지 않은 사람보다 훨씬 중요하지요. 나는 주부를 비하할 생각은 없지만 다들 그렇게 생각하지 않나요?" 그렇지만 그녀는 다음과 같은 말을 덧붙였다. "하지만 사실 나는 내가 하는 일이 중요하다고 생각해요. 나는 주부로서의 삶을 사랑해요." 이 여성은 자신들의 운명에 대해 많은 주부들이 느꼈던 상반된 감정을 표현했다. 주부들은 자신들을 바라보는 사회의 멸시 어린 시선을 내면화했기 때문에, 이 여성처럼 요리와 청소, 그리고 가족을 돌보는 것을 좋아하면서도 돈벌이를 하지 않는 데 대해 '죄책감'을 느꼈다.[29]

크리스마스 쿠키를 굽고 있는 한 아내를 모델로 내세운 제너럴 밀스 사는 광고에 "그냥 주부라고요?"라는 카피를 달았다. 이 질문의 아래에는 욕을 얻어먹는 주부가 스스로에게 후한 점수를 주고, 계속 쿠키를 구울 수 있도록 용기를 북돋우는 긴 글이 붙어 있었다.

> 그녀의 직업은 여성이 선택할 수 있는 일 중 가장 중요한 것입니다. (……) 그녀의 일은 가족이 잘 먹고, 잘 입고, 잘 씻도록 하는 것입니다. 그녀의 희망은 좋은 시민을 길러내고 (……) 가족들이 행복하고 자신의 삶에 만족하는 것입니다. 그녀의 노동은 종종 새벽이 되기도 전에 시작되어 침대에 눕기 직전까지 계속될 수도 있습니다. 그것도 일주일 내내 말이죠. 월급이요? 그녀가 가장 가치 있게 평가하는 보상은 가족이 사랑으로 화답하는 것입니다.

주부들의 자신감을 북돋아주려는 이러한 노력에도 불구하고 많은 주부들이 일상의 무미건조함, 고단함, 고립감에 시달렸다. 가사 노동을 좀 더 편하게 만들어주고 생활을 즐겁게 해주는(그 방면의 마케팅에 종사하는 사람들의 말에 따르면) 각종 생활용품들, 덱세드린 같은 새로 나온 경구 피임약, 여성의 생물학적 운명과 가족 내에서의 성스러운 지위에 대한 담론들도 교외의 새장에서 일부 아내들이 느끼는 좌절감과 고립감을 덜어주지는 못했다. 주부들이 처한 곤경을 강렬하게 묘사했던 베티 프리던(Betty Friedan)의 《여성의 신비*Feminine Mystique*》는 양식 있는 미국인들의 아픈 곳을 찔렀고 100만 부 이상 팔려 나갔다.

베티 프리던이 날카롭게 지적한 "이름을 가지지 못한 문제"는 미국에서 여성 운동을 다시 한 번 촉발시켰다. 프랑스에서 14년 전에 출간된 시몬 드 보부아르의 《제2의 성》과는 달리 《여성의 신비》가 일으킨 논란은 정치적 행동으로 이어졌다. 1949년 당시 시몬 드 보부아르의 프랑스가 여전히 전쟁의 후유증을 겪고 있었던 것과는 달리 1963년 베티 프리던의 미국은 사회적 변화를 수용할 수 있을 만큼 충분히 성숙한 상태였다.

1963년은 앨라배마 주 버밍엄에서 민권 행진이 있었던 해이자 마틴 루터 킹 목사가 워싱턴 D. C.에서 '나에겐 꿈이 있습니다'라는 연설을 했던 해다. 1964년에 린든 존슨 대통령은 기념비적인 공민권법에 서명했다. 이 공민권법에는 고용에 있어서 성 차별을 금지하는 내용도 포함되어 있다. 1965년 워싱턴에서는 1만 5000명의 학생들이 베트남 전쟁에 반대하는 시위를 벌였다.

여성 운동은 이와 같은 대중의 정치적 자각 위에서 탄생했다. 1966년 전국여성협회(National Organization for Women, NOW)가 설립되었을 때 초대 회장으로 베티 프리던이 추대되었다. 보수적 언론인 《내셔널 옵서버*National Observer*》가 1면에 다음과 같은 기사를 실긴 했지만 당시 이 사건은 헤드라인 뉴스감이 될 만큼 화제가 되지는 않았다.

모든 미국 남편들에게 경고합니다. 남성이 지배하는 시대는 얼마 남지 않았습니다. 법과 관습에 의해 희생되고 격하된 당신의 아내들이 새로운 구세주를 찾았습니다. 그것은 바로 19세기 여성 참정권론자들이 주장했던 여성 해방의 꿈을 실현시키기 위해 대중적 압력 집단으로 출범한, 신여성의 권리를 주장하는 전투적인 조직인 전국여성협회입니다.[30]

전국여성협회는 남성들과 대등하게 일하고 공적인 일에 참여하기 위해서 어떻게 로비를 해야 하는지, 그리고 여성을 대표해서 어떻게 소송을 해야 하는지를 민권 운동을 통해 배웠다. 전국여성협회는 제일 먼저 성을 상품화하는 광고를 중단하라고 촉구하는 캠페인을 시작했다. 남녀 평등 헌법 수정안의 통과를 지원했으며, 낙태의 합법화에 찬성했다.

하지만 대부분의 미국인들은 전국여성협회의 활동을 지나치게 급진적이라고 생각했다. 기자이자 출판인의 아내였던 클레어 부스 루스는 1967년 《맥콜스》에 투고한 기사 〈전국여성협회인가? 아니면 '여자는 절대 안 된다'인가?〉에서 대중은 "경제적, 사회적 영역 전반에서 여성의 '열등한' 지위에 관한" 전국여성협회의 시각에 거부감을 느낀다고 썼다. 루스는 남편들이 조금만 더 아내를 인정해주면 대부분의 여성들이 자신의 운명에 만족할 것이라는 입장을 고수했다. "남편들이여, 아내들을 칭찬해주세요! 그러면 그녀들이 얼마나 빨리 차별에 대해 불평을 늘어놓는 일을 그만두는지 보고 놀랄 것입니다."[31]

1968년은 모든 국민에게 그랬듯이 여성 운동 진영에도 중요한 해였다. 그해에 마틴 루터 킹 목사가 멤피스에서 피살되었다. 로버트 케네

디 대통령은 로스앤젤레스에서 암살당했다. 여성 해방 운동 조직들은 애틀랜틱 시티에서 개최된 미스 아메리카 선발 대회에 반대하는 시위를 벌였다.

전통적인 가치들에 대한 위협에 놀란 보수파들은 모든 전선에서 반격을 시도했다. 1968년에 교황은 동문통달 '인간 생명'을 통해 피임약을 포함한 모든 인공적인 산아 제한 방법에 부정적인 입장을 표명했다. 1969년 존 버치 협회는 학교에서 성 교육 프로그램을 실시하는 데 반대했다. 1970년에는 낙태 합법화를 막기 위해 전국 생명권 위원회가 설립되었다.

하지만 그 무엇도 전국을 휩쓸고 있던 인종 차별과 성차별에 대한 항의, 낙태 금지법에 대한 항의, 베트남 전쟁 반대 항의의 도도한 물결을 되돌릴 수는 없었다. 기혼 여성들은 반전 시위에 참여하여 행진을 했다. 흑인과 백인들은 남부에서 민권을 요구하며 시위를 벌였다. 어머니의 날에 그들은 백악관 앞에서 "카네이션 말고 권리를 달라"고 외쳤다. 참정권 운동 이후로 그렇게 많은 기혼 여성들과 미혼 여성들이 거리로 쏟아져 나온 것은 처음이었다.

한 풍자만화는 정치적 시위 군중의 일원인 기혼 여성의 패러독스를 잘 포착하고 있다. 'ERA(평등권 수정 조항) NOW'라고 쓰인 티셔츠를 입고 'ERA YES'라는 피켓을 든 중년 여성이 현관의 그네에 풀이 죽어 앉아 있다. 개 한 마리가 옆에 앉아 있고, 신문을 들고 침실용 슬리퍼를 신은 채 나온 남편에게는 두 개의 말풍선이 달려 있다. "잘 싸웠어, 매들린. 끝까지 싸웠군. 당신은 신뢰를 저버리지 않았어. 그런데 지금은 집에 들어와 저녁을 지어야 할 시간이야!"[32] 아내의 정치 참여나 공적인 활동이 얼마나 활발하든 간에 상관없이 많은 남편들은 아내가

■ ■ ■
케이트 파머의 정치 풍자만화. 〈ERA YES〉

부엌으로 돌아오기를 바랐다.

1970년까지 아내들의 3분의 2와, 6세 미만의 아이를 가진 어머니들 가운데 3분의 2가 일을 하고 있었다.[33] 직장에 다니는 여성의 증가는 미국의 여성상을 계속해서 새롭게 바꾸어 나갔다. 1970년의 조사는 이런 현실을 잘 반영해주고 있다. 약 70퍼센트에 해당하는 여대생들이 "여성이 집 안에만 있어야 한다는 주장은 터무니없다"는 데 동의했다.[34]

1970년대에는 여성 해방에 관한 책들이 쏟아져 나와 논란을 일으켰다. 슐러미스 파이어스톤(Shulamith Firestone)은 《성의 방언*Dialects of Sex*》에서 남성의 억압으로부터 여성이 해방되는 유일한 길은 사회가 출산과 양육을 책임지는 것이라고 주장했다. 그녀는 여성의 신체 외부에서 행해지는 시험관 아기 만들기(다른 페미니스트들도 선뜻 받아들이기를 꺼려한 일종의 《멋진 신세계》식 해결책)를 그 대안으로 제시하기까지 했다. 케이트 밀레트(Kate Millett)의 《성정치학*Sexual Politics*》은 D. H 로렌스와 헨리 밀러 등 몇몇 남성 작가들의 성 묘사가 얼마나 여성을 왜곡하고 있는지 보여줌으로써 이들의 작품에 대한 독해 방식을 혁명적으로 바꾸어놓았다. 저메인 그리어(Germaine Greer)는 《여자 환관*Female Eunuch*》에서 여자가 아니라 남자를 성적 노리개로 만들었다. 그녀는 여성이 가족과 결혼에 방해받지 않고 남성이 누리는 것과 동등한 성적 자유를 획득하지 않는 한 완전히 해방될 수 없을 것이라고 주장했다.[35]

글로리아 스타이넘(Gloria Steinem)은 국민의 의식 고양에 중요한 역할을 수행하게 될 《미즈*Ms.*》라는 잡지를 창간했다. 1971년 12월에 발간된 창간 준비호에는 〈주부의 진실한 순간〉, 〈성 역할 없이 아이를 기르는 법〉, 〈여성들이 낙태에 관한 진실을 밝힌다〉, 〈복지는 여성의 문제다〉, 그리고 이제는 고전이 된 에세이 〈나는 왜 아내를 원하는가?〉 등의 기사가 실려 있었다. 표지에는 8개의 손이 달린 임산부의 모습이 그려져 있는데 각각의 손에는 프라이팬, 시계, 먼지떨이, 타자기, 운전대, 다리미, 전화, 거울이 들려 있었다. 8년 전 출간된 베티 프리던의 책이 그랬던 것처럼 스타이넘의 잡지는 미국의 수만 가정에 경종을 울렸다.

에리카 종(Erica Jong)의 《비상의 두려움*Fear of Flying*》은 해방된 여성상을 보여주고 여성 소설의 전환점이 되어주었다. 여주인공은 성적으로 자유로운 존재가 되는 것과 아내가 되는 것, 두 가지 상반된 의무 사이에서 갈등한다. 그녀는 (남자처럼) 자유로운 성생활을 꿈꾸지만 여성은 남편에게 의존해야 하고 가족에게 헌신해야 한다는 생각에 얽매여 있다. 결국 그녀는 남편에게 돌아간다. 하지만 그녀는 스스로에게 이와 비슷한 질문을 던지고 있던 한 세대의 여성 독자들에게 엄청난 영향을 미쳤다.

알렉스 컴퍼트(Alex Comfort)는 페미니스트도 아니었고 여성 작가도 아니었지만, 소설 《성의 기쁨*Joy of Sex*》을 통해 남녀 모두에게 천상의 음식을 맛보듯 사랑을 나누는 법을 가르쳐주었다. 보스턴 여성 보건 공동체가 펴낸 《우리의 몸, 우리 자신*Our bodies, Ourselves*》은 여성에게 남자 의사들의 눈이 아닌 자신의 눈을 통해 스스로를 보라고 가르쳤다. 뿐만 아니라 이 책은 모유 수유, 유방암 등 여성의 건강과 관련된 문제에 사회가 적극적으로 나설 것을 요구하는 운동이 시작되는 데 기여했다.

1970년대 초반에는 여성에게 영향을 미친 중요한 변화들이 많이 일어났다. 그중 가장 중요한 것은 임신 3개월 안의 낙태를 금지시킨 모든 주 법을 무효로 선언한 로 대 웨이드(Roe VS Wade) 사건의 대법원 판결이다. 임신 3개월 내의 낙태에 대한 결정권은 이제 여성과 의사의 손에 넘어갔다. 임신 4개월에서 6개월 사이에 국가는 여성의 보건을 위해 낙태 절차를 규제할 수 있고, 마지막 3개월 동안에 국가는 낙태를 금지할 수도 있다. 미국 역사상 최초로 최고 법정이 낙태를 허용하는 법적 가이드라인을 제시한 것이다. 이후 수많은 보수파들과 우익 인사와 조직들은 이 결정에 반대하는 운동을 벌였고, 낙태를 어렵게 만들려고 했지만, 로 대 웨이드 사건의 판결은 여성들이 임신과 출산에 관한 통제권을 획득하기 위해 싸워온 지난한 투쟁의 역사에 한 획을 그었다.

로 대 웨이드 사건의 대법원 판결은 킨제이 보고서가 발간된 이후 미국 사회에서 성 개방 풍조가 확산된 것과 관련이 있다. 윌리엄 H. 마스터스와 버지니아 E. 존슨 마스터스 부부가 1960년대의 성생활에 관한 책을 쓰기 위해 자료를 수집할 때 어려웠던 점은 성적인 취향에 관련된 내용을 인터뷰하는 것이 아니라 실제 성행위 중에 사람들이 흥분하고 오르가슴을 느끼는 순간들을 녹음기에 담는 것이었다.[36] 마스터스 부부는 정교한 녹음 시설을 갖춘 실험실에서 사람들을 관찰하면서 남성과 여성을 오르가슴에 도달하도록 하는, 혹은 도달하지 못하도록 하는 테크닉을 연구했다. 그 결과 그들은 여성의 오르가슴에 두 가지 유형이 있다는 믿음이 사실이 아니라는 것을 적나라하게 폭로했다. 여성들의 오르가슴에는 오직 한 가지 유형밖에 없었는데 그것은 클리토리스를 직접 자극할 때 가장 쉽게 일어났다. 삽입을 통해서만 오르가슴을 느낄 수 있는 것이 아니라고 말하면서, 그들은 많은 여성들에게 남성 상위 체위가 아닌 다른 방식으로도 오르가슴에 도달할 수 있다는 것을 알려주었다. 더 나아가 만약 여성의 오르가슴이 대부분 테크닉의 문제라면 오르가슴에 도달하지 못하는 것은 치료할 수 있다는 결론이 나오게 된다. 킨제이와 다른 선배들처럼 마스터스 부부는 이혼의 원인이 대부분 성적인 문제에서 비롯된 것이라고 믿었으며, 성 치료법(그들이 이 새로운 영역의 탄생에 기여했다)이 부부들의 이혼을 막아줄 수 있다고 굳게 믿었다.

1970년대를 통틀어 여성의 섹슈얼리티에 대해 활발한 조사와 연구가 행해졌다. 1976년의 《하이트 보고서 *Hite Report*》는 남녀 간의 성행위를 강조하는 대신에 여성들에게 자위, 바이브레이터, 구강 성교, 남자와 함께든 아니든 오르가슴을 느끼게 해주는 것이라면 무엇이 됐든 자신에게 잘 맞는 수단을 이용하라고 조언했다.

《하이트 보고서》에 대응하여 《레드북》은 별도의 조사를 했다. 놀랍게도 《레드북》은 기혼 여성 10만 명의 응답을 받아냈고, 조사 결과는 전반적인 성적 만족도를 잘 반영했다. 《레드북》의 조사에 응답한 사람 가운데 63퍼센트가 남성 파트너와 더불어 항상, 혹은 거의 항상 오르가슴을 경험한다고 답했다. 30퍼센트는 심지어 성관계를 더 자주 했으면 좋겠다고 답했다.

나는 1970년대 말에 스탠퍼드 대학의 여성 연구소에서 실시한 여성의 성생활에 관한 조사에 참여했다. 1954년에 스탠퍼드 대학과 웰슬리 칼리지에 입학했던 여자 졸업생 가운데 결혼한 여성이 조사 대상이었다(각각 적어도 한 명 이상의 대학생 딸을 두고 있었다).[37] 141명의 어머니 가운데 93명이 스탠퍼드 대학 출신이고, 48명이 웰슬리 칼리지 출신이었는데, 이들이 고등학교 시절부터 조사 시점까지 가졌던 성적 태도에 대한 질문을 했다.

어머니들은 대개 45세 혹은 46세의 가정주부였는데 3명 가운데 2명은 시간제로, 혹은 전일제로 집 밖에서 일을 하고 있었다. 그들은 대부분 사업을 하거나 전문직에 종사하며 승승장구하는 첫 번째 남편과 여전히 함께 살고 있었다. 물론 8명부터 1명까지 자녀 수는 다양했지만, 평균 3~4명의 자녀를 두고 있었다. 대부분 중상류층 백인으로 구성된 이 표본은 한 가지 중요한 점에서 킨제이가 조사 대상으로 삼은 여성들과 구별된다. 그들 대다수가 키스나 대담한 페팅을 한 적이 있었지만, 결혼 전에 성관계를 했다고 응답한 사람은 이들 가운데 6퍼센트에 불과했다. 이러한 낮은 혼전 성교 횟수는 웰슬리 칼리지와 스탠퍼드 대학 출신 여성들이 진실을 말하지 않았음을 의미하는가, 아니면 그들이 더 많은 보호를 받았다는 것인가, 그것도 아니면 그들이 동시대의 다른 여성들보다 자제력이 강했다는 것을 뜻하는가? 그들이 가장 긍정적으로 여긴 경험은 성행위가 아니라 첫째 아이의 탄생이었다(91퍼센트). 두 번째는 첫사랑의 경험이었다(86퍼센트).

중년에 갓 접어든 이들은 현재의 삶에 대해 잃은 것도 있고 얻은 것도 있다고 평가했다. 몇몇 여성들은 자신을 성적인 면에서 "시드는 꽃"이라고 여기고 있었다. 그들은 외모와 건강, 그리고 성 능력의 퇴조를 가져오는 갱년기 증상이 나타나는 데 대해 근심과 염려를 표현했다. 그들은 또한 대학을 졸업한 이후로 25년간 눈에 띄게 증가하고 있는 이혼 가능성에 대해 속수무책이라고 느꼈다. 하지만 대다수의 여성들은 현재 모습에 만족했다. 아내와 어머니로서의 경험은 대부분의 경우 성적인 존재로서의 자신을 포함해서 여성들이 자신감과 자기애를 갖는 데 기여했다.

응답자의 74퍼센트는 자신의 성적 태도가 대학생 시절에 비해 점점 개방적이 되었다고 말했다. 이러한 변화의 많은 부분이 딸들의 영향 때문이라고 했다. 딸들이 지나치게 성적으로 개방되어 있다는 걱정을 하면서도 그들은 풍속의 변화를 받아들였다. 예를 들어 많은 어머니들이 만약 미혼의 딸이 성 경험을 즐기게 된다면 피임약을 구해주겠다고 말했다. 어머니들 가운데 절반은 딸이 결혼하기 전에 임신했다는 사실을 알게 된다면 낙태를 권하겠다고 했다. 절반에 못 미치는 어머니들만이 딸이 결혼할 때까지 처녀이기를 바랐다. 하지만 성 개방 풍조에도 불구하고 동성애는 여전히 사회적 금기였다. 어머니들은 딸이 결혼 전에 남자와 성관계를 맺는 것은 눈감아줄 수 있어도 동성애

관계를 맺는 것은 용납하지 못했다. 90퍼센트에 해당하는 어머니들이 "당신의 딸이 동성애 경험이 있다면 어떻게 느끼겠느냐?"라는 물음에 "매우 거부감을 느낀다" 혹은 "거부감을 느낀다"고 답변했다.

교육 수준이 높고 경제적 안정을 누리는 이들 40대 중반의 기혼 여성들의 모습은 1960년대와 1970년대 성 혁명을 거치면서 미국의 아내들이 변화에 어떻게 적응했는지 잘 보여준다. 그들 자신은 성에 관련해서 여러 가지 제약을 받았던 세대였지만, 딸들의 새로운 성 풍속을 받아들여야 했던 것이다. 대다수는 시간이 가면서 변화했고 자신들은 전혀 알지 못했던, 결혼 전에 자유롭게 성을 즐기는 풍속을 딸들을 위해 받아들였다.

이들의 딸이 직면하고 있던 상황은 1980년에 《코스모폴리탄*Cosmopolitan*》이 실시한 조사에 상세히 기록되어 있다. 그 규모와 파장면에서 《레드북》의 조사를 능가했던 《코스모 보고서*Cosmo Report*》는 성생활을 즐기는 독신 여성과 기혼 여성 10만 6000명의 응답에 근거한 것이다. 이 조사에 응한 여성들의 대답은 성 혁명이 지나치게 급진적이었다고 생각한 사람들의 염려가 사실임을 확인해주었다. 여성들의 압도적 다수(이 조사에서는 95퍼센트)가 결혼 전에 성 경험을 했다. 이 수치와 비교해보면 킨제이의 50퍼센트라는 통계는 별로 놀라운 것도 아니다. 더욱이 린다 울프(Linda Wolfe)가 《코스모 보고서》의 1장에서 지적했듯이 "결혼 전에 성관계를 맺었다고 해도 사회가 손가락질하지는 않는다."[38]

《코스모 보고서》는 결혼한 사람과 결혼하지 않은 사람을 따로 분류하지 않았지만 편지를 동봉한 많은 사람들은 자신을 아내라고 소개했다. 무기명이었기 때문에 그들은 남편이나 연인들과 가졌던 성 경험에 대해 자유롭게 입을 열었다.

> 구강 성교? "그것보다 더 좋은 것은 없죠." 항문 성교? "그렇게 해서 엄청난 오르가슴을 느꼈어요." 자위? "빅터(내 바이브레이터)와 함께 잠자리에 든답니다." 오르가슴을 느끼는 척하는 것? "그걸 절대 나쁘게 생각하지 마세요." 스와핑? "우리는 버지니아에서도 그걸 했어요."

대부분의 응답자들이 40세 미만이었지만, 내밀한 이야기를 다른 사람과 공유하고 싶어하는 40대 이상의 아내들도 많이 있었다. 다음의 예를 보자.

> 저는 72세의 건강한 여성입니다. 남편은 74세이고 역시 건강하답니다. 결혼한 지 50년 되었고 7명의 아이들을 두었죠. 아이들은 모두 결혼했습니다. 저는 아주 훌륭한 성생활을 즐겼어요. 60세가 넘어서도 일주일에 다섯 번은 거뜬했죠. 지금은 일주일에 두 번 합니다. 항상 성을 즐겼지만 진정한 오르가슴을 처음으로 느낀 건 69세 때였죠. 스릴 만점이었습니다. 남편은 이제 성욕이 조금씩 감퇴해 가기 때문에 저를 자극하기 위해 더 많은 시간을 소비합니다.
>
> 미네소타에서 한 여자

매우 적은 수의 여성만이 혼외정사에 대해 이야기했다. 코네티컷에 사는 26세의 시장 조사 전문가는 직장 동료와 3년 동안 내연의 관계를 맺었다. 그녀는 "결혼 후에 일을 계속하게 되었을 때 직장이 내게 그런 즐거움을 주리라고는 꿈에도 생각하지 못했죠"라고 말했다.

결혼 20년차인 펜실베이니아에 사는 41세의 여성은 훨씬 끔찍한 이야기를 했다.

> 나는 모든 사람이 폴란드 출신이고 다들 옆집의 숟가락 개수까지 알고 지내는 작은 마을에서 자랐지요. (……) 고등학교를 졸업하자마자 나는 차에서 섹스를 했고 임신해서 결혼했습니다.
>
> (……) 하루는 전화 수리 기술자를 우연히 만났는데 그는 오후에 저와 섹스를 하러 오기 시작했어요. 그가 남편보다 더 따뜻한 사람은 아니었지만 그건 분명 나의 우중충한 삶에 커다란 변화를 가져다주었습니다. 몇 년 후에는 뭇사람들과는 확실히 다른 새 남자를 만났지요. 그는 내게 선물을 하고, 나를 칭찬하고, 내게 특별한 존재이기를 원했으며 침대에서 내가 만족할 때까지 버틸 수 있었습니다. 그런데 그가 자기 아내에게 우리 일을 털어놓았고, 그녀는 또 내 남편에게 다 폭로해버렸어요. 결국 남편이 우릴 죽여버리겠다고 난리를 치면서 모든 것이 끝장났죠
>
> (……) 우리에게는 세 명의 아이와 큰 개 두 마리가 있습니다. 나는 절대 저녁에 친구를 만나러 외출하지 않고 섹스도 하지 않고 용돈은커녕 생활비조차 받지 못합니다. 나는 술을 마시기 시작했고 몸무게가 7킬로그램이나 불었으며 인생을 포기하기 직전입니다.

26세에 결혼해서 지금은 58세가 된 한 할머니는 다음과 같이 회상했다. "당시에는 이중 잣대가 매우 강하게 적용되었습니다. 남편은 여자들이랑 수없이 자고 돌아다녔으면서도 처녀랑 결혼하기를 원했고

정말 그렇게 했습니다. 그는 6개월 전까지 나의 첫사랑이자 유일한 연인이었습니다." 이때 그녀는 마음이 잘 맞는 남자를 만났고 불륜의 사랑을 시작했다. 그녀는 죄의식을 느끼지 않는다고 하면서도 이렇게 말했다. "나는 남편을 결코 떠날 수 없어요. 오랫동안 함께해온 세월을 돌아보면, 그건 남편을 죽이는 행위라고 생각해요."

종종 불륜은 첫 번째 결혼을 마감하고 두 번째 결혼으로 나아가게 만들기도 했다. 그건 훨씬 행복한 경우였다. 다음의 네 가지 사례를 살펴보자.

첫 번째 결혼을 끝낼 용기를 내는 데에는 5년의 세월과 세 번의 불륜 경험이 필요했다. 지금 나는 두 번째 결혼 생활을 아무 문제 없이 5년째 지속해오고 있다. 왜? 내 사랑은 두 번째 남편이니까.

조지아에서 32세의 여자

중산층 가정에서 자란 나는 인생의 궁극적인 목적은 성실한 아내, 헌신적인 어머니가 되는 것이며 교외에 아름다운 집을 갖는 것이라고 교육 받았다. 이혼이란 있을 수 없는 일이었다. 어머니가 되면 나가서 일을 해서도 안 되었다. 나는 불행했다. 내가 도대체 무엇을 할 수 있었겠는가? 내게는 6년이나 비서로 근무한 훌륭한 경력이 있었기 때문에 인생을 새로 시작하는 데 일터가 가장 적합한 장소처럼 보였다. 면접을 보러 갔는데 일이 잘되려고 그랬는지 금세 다른 사람의 멋진 남편과 침대에 눕게 되었다. 6개월 후 나는 남편을 떠나 나의 연인에게로 갔다. 나는 지금도 여전히 그와 함께 있다.

텍사스에서 어느 비서

남편은 내게 어떻게 그런 더러운 비밀을 감출 수 있었느냐고 물었습니다. (……) 텔레비전을 볼 때 혹은 심지어 성행위를 할 때, 그는 내게 아버지와 잘 때는 기분이 어땠느냐고 묻곤 했지요. (……) 어느 날 그는 밤늦게 만취해서 집에 들어와서는 나를 불결하다고 몰아세우고 심지어 공포에 질려 비명을 지르는 어린 세 아이들 앞에서 나를 때렸습니다. 결국 나는 내가 이런 벌을 받아야 할 이유가 없으며 아버지와의 사이에 있었던 일이 나의 잘못은 아니라는 것을 깨달았습니다. 마침내 나는 혼자 살면서 아이들을 내 손으로 키우겠다고 결심했습니다. 그 후 집을 나왔고 새로운 일을 찾았습니다. 몇 달이 지나자 나는 자신감을 회복하기 시작했고, 마침내는 다른 남자를 내 삶 속으로 받아들이는 날이 왔습니다. 나는 처음부터 나의 문제를 그에게 털어놓았고 그는 늘 똑같은 대답을 들려주었어요. "나는 당신을 사랑하고 당신의 문제라는 것 중 어느 하나도 나의 사랑을 털끝만큼도 훼손하지는 못한다오." 이 남자와 결혼해서 3년의 세월을 함께 보냈습니다. 우리의 사랑은 나날이 커가고 있습니다.

콜로라도에서 한 여자가

27세에 이혼을 하고 3년간 독신 생활을 하는 동안 나는 성적인 자유를 만끽하면서 다양한 연인을 거느렸죠. 몇 번인가는 3명이 동시에 하기도 했어요. 항상 어떤 약속도 하지 않았고 어떤 미래도 꿈꾸지 않았어요. 그냥 쾌락을 즐긴 거죠. 그러고는 어떤 남자와 사랑에 빠졌어요. 나는 서른 살이고 좋은 엄마이며 성공한 사업가입니다. 그리고 친구들은 믿지 않겠지만 나는 한 남자의 여자가 되었습니다.

나는 기쁜 마음으로 성 혁명의 전장을 떠납니다.

아이오와에서 자란 30세 여성

이 편지들을 1888년에 《데일리 텔레그래프》에 온 편지들과 비교해 보면 마치 서로 다른 행성에서 온 여성들을 보고 있는 듯하다. 100년이 채 되지 않아 아내들은 결혼을 종교적 의무가 아니라 성적 만족을 위한 전쟁터라고 여기게 되었다. 그리고 아내를 만족시키지 못하는 남편을 연인이나 두 번째 남편으로 갈아치울 수 있는 존재로 생각하게 된 것이다. 이 두 묶음의 편지들은 매우 다른 조건에서 작성되었다. 앞의 것들이 근엄한 영국 신문사에 게재된 결혼에 관한 글에 대해 독자들이 찬반의 의견을 보내온 것이라면 뒤의 것들은 성적인 자유를 누리는 여성들을 대상으로 한 미국 여성지의 설문에 대한 응답이다. 그 차이는 실로 엄청나다.

1980년에 편지를 쓴 여성들이 보여주는 자신감은, 피임약을 쉽게 손에 넣을 수 있는 환경에서 기인한 것인가? 아니면 1973년의 로 대 웨이드 사건의 대법원 판결로 낙태가 합법화된 것에서 기인한 것인가? 분명 피임과 낙태의 합법화로 많은 여성들이 임신에 대한 두려움 없이 성생활을 즐길 수 있게 되었다. 그러나 이것이 결코 전부는 아니다.

편지들은 성 혁명의 절정기에조차 대부분의 여성들이 만족스러운 성생활보다 더 많은 것을 원했다는 것을 보여준다. 그들은 사랑, 따스함, 존경, 우정, 헌신을 원했다. 즉 바람직한 부부간의 성관계는 서로에 대한 이해를 바탕으로 이루어지는 것이다. 결혼 전에 애인과 성관계를 가졌던 좀 더 젊은 아내들은 대부분이 결혼하기 전에 적어도 자신과 남편이 침대에서 궁합이 맞는지 아닌지 알고 있었고, 결혼이 지속적인 성적 만족감을 제공할 뿐 아니라 다른 종류의 성취감, 즉 동반자, 경제적 안정, 그리고 자녀들을 줄 수 있다는 것을 알았다. 그렇지 않다면 도대체 왜 결혼하겠는가?

《코스모 보고서》가 폭로한 것들 중 하나는 성 혁명이 젊은 독신 여성들에게만 해당하는 얘기가 아니었다는 점이다. 성 개방 풍조가 좀 더 나이 든 기혼 여성들에게로 퍼져 나갔으며 그들 가운데 일부는 40대, 50대, 60대에 새로운 관계를 시작했고, 그중 한 명은 70대에 남편과 함께 성생활에서 발견하는 쾌락에 대해 말하기를 주저하지 않았다.

빅토리아 여왕 시대의 아내들이 조심스럽게 내보였던 어두운 비밀들 중 몇 가지는 100년 후 만천하에 공개되었다. 음주는 여전히 빅토리아 여왕 시대 사람들이 완곡하게 '야만성'이라고 표현했던 것, 그리고 1980년 세대가 가정 폭력과 성폭행이라고 불렀던 것과 연관되어 있었다. 부녀간의 근친상간 역시 어린 시절에 입은 외상의 영향 때문에 종종 결혼 생활을 망쳐버리고 말았던 성인 여성들이 직면한 문제였다.

성의 개방과 열린 광장에서 성과 관련된 문제들을 토론하고 싶어하는 여성들의 의지는 빅토리아 여왕 시대식의 억압에 종지부를 찍었다. 하지만 바로 여기에서 새로운 사회 문제들이 싹트기 시작했다. 10대 엄마들의 증가, 에이즈를 포함한 성병의 확산, 이혼과 한부모의 증가 등이 그것이다.

노동 혁명: 맞벌이 부부의 증가

1960년대 이래로 여성의 자유로운 성생활은 더 많은 노동 시장에의 참여(만약 양자가 한데 뒤얽히지 않았다고 치면)와 함께 이루어졌다. 우리가 보았듯이 이 두 가지 경향은 이미 20세기 초반에 시작되었지만 제2차 세계대전을 거치면서 가속화되었고, 특히 여성 운동을 비롯한 전후의 정치 운동 속에서 확고하게 뿌리내렸다. 1960년에는 아내들 가운데 30퍼센트가 일을 했다. 20년이 지난 후 그 비율은 54퍼센트로 늘어났다. 1990년대 중반에 60퍼센트의 미국 가정이 맞벌이 부부였고, 30퍼센트만이 남자는 생계 부양자이고 여자는 가정주부인 전통적인 가족 형태를 고수했으며, 10퍼센트는 전혀 소득원이 없거나 한 사람의 시간제 노동자가 벌어들이는 소득에 의존했다. 유럽 여성들, 특히 아내가 일하는 것이 당연시되었던 스칸디나비아 국가들과 프랑스, 영국의 여성들도 이런 풍조를 따랐다.[39]

1960년대에서 1980년대 사이에 일하는 여성의 수가 증가함에 따라 미국인들의 결혼관이 변화했다. 단지 많은 아내들이 돈을 벌었기 때문만은 아니다. 노동자 계급의 여성들은 옛날부터 가족의 생계를 위해 일을 해왔다. 아내의 일은 남편의 일에 비해 부차적인 것이며, 아내는 남편을 위해 자신의 일을 희생해야 한다는 믿음은 1960년대에 흔들리기 시작했다. 실제로 1969년에는 남편과 아내가 둘 다 일을 하고 있고, 남편의 직업을 무조건 우선시하지 않는 가족 유형을 지칭하는 '맞벌이 가족'이라는 신조어가 생겨났다.[40] 아내가 남편의 출세를 위해 헌신하던 "한 사람의 성공에 두 사람이 매달리는 부부"와는 대조적으로 맞벌이 부부는 외견상 남편과 아내가 직장에서 성공하는 데 동등하게 투자한다. 1960년대 이래로 육아를 위해 일을 잠시 그만두는 경우에도 많은 여성들은 일을 띄엄띄엄 하다 마는 것이 아니라 장기적인 헌신을 요구하는 '직업'으로 생각하기 시작했다. 부부 모두가 직장에서 성공하는 것은 종종 부부가 각자의 삶을 산다는 것을 의미했고, 사람들은 그런 상황에서 모든 결혼이 유지될 수 있는 것은 아니라는 사실을 깨닫기도 했다.

맞벌이 가족을 떠받치던 평등주의적 철학에도 불구하고 아내들은 계속해서 가사와 육아 부담을 남편보다 많이 져야 했고, 이러한 부당함은 일하는 부부 사이에서 꺼지지 않는 갈등의 불씨로 남아 있었다. 1970년대의 "개인적인 것이 정치적인 것이다(the personal is the political)"라는 페미니스트의 구호는, 많은 여성들이 사회의 변화가 집에서 시작되리라는 것을 믿게 만들었다. 아내들이 변호사로, 의사로, 컴퓨터 프로그래머로, 택시와 버스 운전사로, 관리자로, 시장으로 변신하는 동안, 남편들은 청소부와 베이비시터의 일을 하지 않을 수 없게 되었다. 당연히 많은 남성들은 전통적으로 여성의 일이었던 이러한 저급한 일을 받아들이기를 주저했다. 그러나 점차 몇몇 남자들이 집안일을 돕기 시작했다. 쓰레기를 내다놓고 식료품점에서 음식을 사고 설거지를 하는 것은 미국 남편들이 가정화되는 과정의 첫 단계였다.

또 다른 혁명이 일어나고 있었다. 성 혁명처럼 떠들썩하지는 않았지만 가정 생활을 근본적으로 뒤바꿔놓을 혁명이 소리 없이 잉태되고 있었다. 1950년대에 손가락 하나 까딱하지 않던 아버지의 아들들은 1970년대, 1980년대를 거치면서 식탁을 차리고, 직접 청소하는 법을 배웠다. 그것은 사회학자들이 우리에게 남자들이 가사 노동을 하는 시간과 비율을 알려주며, 남자들이 아직 제 몫을 다 하고 있지 않다는 것을 지속적으로 환기시켜주었던 데에서 알 수 있듯 매우 더딘 혁명이었다.[41] 그러나 아주 조금씩 남편들은 비록 아내만큼 집안일에 많은 시간을 쏟지는 못하더라도 자신들 역시 가사에 책임이 있다고 생각하기 시작했다.

집안일을 둘러싸고 부부싸움이 일어날 소지가 있었고 실제로 일어나고 있었다. 1989년 가사 분담에 대한 남편과 아내의 생각을 조사하여 비교한 바에 따르면 "기대와 행동 사이에 엄청난 간극"이 있는 것으로 나타났다.[42] 남편과 아내들은 모두 자신이 상대방이 느끼는 것보다 훨씬 더 많이 가사 노동을 하고 있다고 주장했다. 그렇지만 그들은 대부분 남편들이 돈 관리와 집수리, 그리고 마당 일에 일차적인 책임이 있다는 데 동의했고, 남편들 중 3분의 1은 집안일을 규칙적으로 거들고 있었다.

교육을 많이 받은 남편들은 교육을 적게 받은 남편들에 비해 가사에 대한 책임을 더 잘 받아들였다.[43] 1991~1992년에 스탠퍼드 대학이 1981년 입학생을 대상으로 한 설문 조사에 따르면 절반에 가까운 남편과 아내가 배우자와 가사 노동을 공동으로 분담하고 있으며 자신들이 "가사 분담 문제의 최전선에" 있다고 답했다.[44] 교육을 많이 받은 남편들에게는 소득 수준이 비슷한 일하는 아내가 있을 가능성이 높다. 때문에 이들에게는 남자는 생계 부양자이고 여자는 가정주부라는 전통적인 가족 형태를 유지할 근거가 희박했다.

부성의 이상과 실천에도 급진적인 변화가 일어났다. 아내가 아이를 낳을 때 남편은 좀 더 적극적으로 출산 과정에 참여하도록 권유받았다. 남편이 분만실에 들어가기를 회피하는 것은 금기시되었다. 오늘날 남편들은 임신한 아내가 호흡법을 배우는 것을 돕고 아이가 태어나는 순간에 곁을 지킨다. 많은 남편들이 정해진 시각에 아이에게 우유를 먹이고 기저귀 가는 일을 한다. 시대의 변화를 읽을 수 있는 징표 가운데 하나는 공항의 남자 화장실에 아기 기저귀를 갈 수 있도록 테이블을 설치한 것이다.

10년 전까지만 해도 우스꽝스럽게 보였겠지만 이제 아버지들은 자연스럽게 아기띠로 아기를 매고 다닌다. 이런 모습을 한 번 더 돌아보는 사람은 아무도 없다. 그들은 최신형 바퀴가 달린 다종다양한 보행기를 밀어주고, 아이들을 차에 태울 때 안전벨트를 해주고, 아이를 앞이나 뒤에 태우고 자전거를 타기도 한다.

예전에 아기를 돌보는 아버지는 웃음거리였다. 프랑스의 시사만화가 오노레 도미에(Honoré Daumier)는 잘난 척하는 여자의 남편이 요람의 아이를 흔들면서 실크해트를 쓴 방문객에게 다음과 같이 말하는 것을 웃음거리로 삼았던 적이 있다. "선생님, 제 아내가 오늘 아침에 영감이 떠올라서 그녀를 만나게 해드릴 수 없습니다. 보시다시피 저는 우리의 마지막 합작품에 신경을 써야 합니다." 7장에서 소개했던 독일과 미국의 만화들에서 볼 수 있듯 19세기 후반까지 시사만화와 풍자만화는 부부간의 역할이 뒤바뀐 것을 한껏 조롱했다.

〈미스터 맘〉, 〈세 남자와 아기 바구니〉, 〈미세스 다웃파이어〉 등과 같이 전통적으로 여성의 임무였던 일을 하는 남자를 웃음거리로 만드는 영화가 없었던 것은 아니지만 20세기의 마지막 몇 십 년 동안 사람들은 아기를 돌보는 아버지와 돈을 버는 어머니의 모습에 익숙해졌다. 이와 함께 두 개의 신조어가 생겨났다. '주부(主夫, househusband)'와 '집에 있는 남편(stay-at-home dad)'이 그것이다. 그는 아마도 화가이거나 작가, 아니면 단지 실업자일 것이고 그의 아내는 성공한 변호사, 의

■ ■ ■

레이드 옐롬이 캘리포니아 북부 지역에서 찍은 부부의 사진.
부부가 딸 쌍둥이를 아기띠로 둘러서 앞으로 매고 있다.

사, 치과의사, 사업가, 엔지니어, 관리자 혹은 학자일 것이다. 그들 가운데 어느 누구도 그런 상황을 환영하지는 않았지만 그렇다고 해서 반드시 가족이 붕괴되는 것은 아니었다.

현재 200만 명에 가까운 아버지들이 아내가 일하는 동안 온종일 아이들을 돌보고 있고, 300만 명은 반일 혹은 더 짧은 시간 동안 아이를 본다. 각종 회의, 후원 단체, 시사회보, 웹사이트들은 《뉴욕 타임스》

2000년 1월 2일자 기사에 실린 '집에 있는 남편들'의 요구에 응하고 있다. 그들 가운데 많은 수가 일차적인 양육자로서의 새로운 역할에 만족했지만 동시에 고립감과 우울증, 지위 상실감을 호소했다. 이러한 불만들은 이미 오랫동안 셀 수 없이 많은 가정주부들의 입에서 쏟아져 나왔던 것이다.

집에 있는 어떤 남편은《뉴욕 타임스》의 기사에 대한 답글 형식으로 특집란에 실린 편지에서 "아이들을 기르는 것은 세상에서 가장 힘들고 표가 나지 않는 일이다"라고 말했다. 덧붙여 "살림을 도맡아 한 지 3년 반 만에 나는 '여자의 일은 해도 해도 끝이 없다'는 격언이 진실임을 알게 되었다"라고 했다. 이 남편은 "문명화된 세상을 만들어가는 데 어머니들이 행하는 중요한 역할"을 직접 해봄으로써 실감하게 되었다.

직장 여성이 남자 아내를 가진다는 것은 여전히 매우 드문 일이다. 대부분의 아내들은 힘겹게 두 개의 장소에서 두 개의 '교대 근무'를 그때그때 적당히 해나가면서 살아가고 있다. 특히 아이들이 있는 경우 직장과 가족 사이의 갈등은 완전히 해결할 수 없는 지속적인 문제들을 양산한다. 13명의 일하는 어머니를 포함한 30명의 여성을 1972년부터 20년간 연구한 바 있는 심리학자 루텔렌 요셀슨(Ruthellen Josselson)은 직장과 아이를 가진 모든 여성들이, 특히 아이들이 아직 어렸을 때, 직장인으로서의 의무와 부모로서의 의무 사이에서 짓눌려 지냈다고 보고했다. 그러나 요셀슨에 따르면 이들 일하는 엄마들은 아이가 없는 여성들보다 일을 통해 더 큰 행복을 느꼈다. 아무리 바쁘고 힘들어도 자신이 다양한 인생 경험을 즐기고 있다고 생각했고, 또 아이들이 출세에 방해가 된다고 여기지도 않았다. 그들은 가족과의 생활이 일터에서 자신을 자극하는 원동력이라고 생각했다.[45]

요셀슨의 표본은 작았고, 그녀의 해석은 나 자신을 포함한 다른 사회 비평가들이 그랬듯이 기혼 여성들과 어머니들이 직업을 갖는 것이 꼭 필요한 일일 뿐만 아니라 유익한 것이라고 믿고 싶어했던 조사자 자신의 생각을 반영한 것인지도 모른다. 그럼에도 그녀의 연구에는 전업주부로서 살았던 아내들의 견해가 반영되어 있다. 1981년 스탠퍼드 대학 입학생 가운데 한 명으로 집에서 아이들과 함께 온종일 지내는 것을 선택했던 여성은 1991~1992년 설문지에 다음과 같이 적었다. "(살림은) 찬사를 받는 일은 아니지만 중요한 일이다. 자신의 발전보다 아이들의 행복을 중시하는 것은 가치 있는 일이며, 그 가치는 인정받아 마땅하다." 또 다른 전업주부는 조금 목소리를 낮추어 다음과 같이 말했다. "나는 일과 아이 기르기를 동시에 하는 것이 너무 힘들다고 생각해서 직업을 갖지 않았다."[46] 전업주부들은 종종 지적인 도전과 직장에서의 동료 관계를 아쉬워했지만 대부분 자신의 결정에 만족했다.

스탠퍼드 대학에서 실시한 조사를 주도한 마이라 스트로버(Myra Strober)와 아그네스 챈(Agnes Chan)은 전업주부이자 어머니인 여성의 남편과 일하는 여성의 남편의 수입에 차이가 없음을 지적했다. 하지만 아내의 출신 계급에는 주목할 만한 차이가 존재했다. 상류층 가정에서 자란 여성들은 전업주부가 되는 경향이 강했다. "그 이유는 그들이 성공한 아버지를 둔 유복한 가정의 형태를 내면화했기 때문일 것이며, 이혼할 경우 부모에게 기댈 수 있기 때문일 터이다."[47]

81학번 스탠퍼드 대학 출신의 어머니들 중 3분의 1만이 전업주부였고, 이들 가운데 대다수는 아이들이 다 크면 다시 직장으로 돌아가기를 원했다. 이 여성들의 대부분은 직장인과 아내와 어머니로서의 역할을 겸하고 있었다. 많은 아내들은 자신이 남편을 위해 양보했다고 말했다. 그 예들을 살펴보자. "나는 시카고에 있는 어떤 회사에서 좋은 조건으로 승진을 제의받았어요. 하지만 남편과 함께 살기 위해 거절했지요." "나는 보스턴으로 발령을 받았는데, 남편이 워싱턴 D. C.에 있었기 때문에 갈 수가 없었어요." "나는 남편이 경영대학원에 진학하면서 뉴욕으로 이사를 해야 했고, 결국 직장을 떠나게 되었어요. 그 뒤 캘리포니아로 다시 돌아오기 위해 또 한 번 직장을 그만두어야 했지요."[48] 부부가 함께 살기 위해서는 타협이 필요하지만 언제나 희생하는 쪽은 아내였고, 여성은 결국 적은 임금과 남편보다 못한 일자리로 만족해야 했다.

대부분의 경우 스탠퍼드 대학 졸업생들은 계층과 관계없이 모든 맞벌이 부부가 맞닥뜨리는 것과 동일한 문제를 가지고 씨름하고 있었다. 밥벌이를 하는 가장은 집에 있는 아내를 갖고 있다는 생각이 여전히 만연한 사회에서 일과 가정 그리고 아이들을 어떻게 조화시켜 나갈 것인가 하는 문제였다(소포 배달, 집수리, 아이의 병, 진료 예약 등을 생각해보라). 일하는 부부들이 받는 맞벌이 스트레스의 영향은 이제 모든 토론장에서 많은 기자들과 심리학자, 도덕군자들의 단골 메뉴가 되었다. 《샌프란시스코 크로니클》은 〈부부가 함께 문제에 대처해 나가는 방법〉이라는 제목의 칼럼(2000년 1월 16일자)에서 가족과 직장 문제를 다루면서 개인적인 삶에까지 일이 영향을 미치는 것에 불만을 터뜨린 독자 150명이 보낸 편지들을 요약해서 소개했다. 결혼 생활은 관리자들이 노동자들에게, 또 노동자들이 스스로에게 부과한 비현실적인 요구들에서 비롯된 스트레스로 말미암아 붕괴되었거나 붕괴되기 일보 직전이었다. 편지의 말미에는 부부 치료, 교회 나가기, 가족 휴가의 이점

등의 내용이 들어 있었다. 우선순위를 매긴 뒤 결혼을 그 맨 위에 올려놓으려고 하는 의식적인 노력은 몇몇 부부들에게 특히 효과가 있었다. 할 일이 너무 많은 세상에서 함께할 수 있는 일을 계획해보는 것도 결혼을 파국에서 건져내는 방법일 수 있다.

대기업이든 중소기업이든, 학원이든, 혹은 정부기구이든 고용주들은 맞벌이 가족의 요구에 부응하는 데 막 손을 대기 시작한 상태였다. 일자리 나누기와 탄력 근로 시간제는 아직도 매우 드물었고, 그나마 가능한 경우에 한정된 시간제 노동은 이런 선택을 한 사람을 주변인으로 만들기 일쑤다. 1993년에 제정된 가족 보건법에는 50인 이상 고용 사업장에서 직원이 가족 혹은 질병과 관련된 이유로 휴가를 신청할 경우 같은 자리로의 복귀를 보장하는 12주의 가족 휴가 및 병가를 주도록 규정하고 있음에도 불구하고 육아 휴가는 기간이 짧고 무급이다. 이 휴가는 출산과 신생아의 육아, 그리고 입양을 위한 준비나 양자를 돌보는 것, 심각한 질병에 걸린 직계 가족(배우자, 자녀, 부모 등)을 간호하는 경우를 포함한다.

이 점에서 영국은 몇몇 유럽 국가들, 예를 들어 일하는 어머니 혹은 아버지에게 아이가 태어나면 11개월간의 유급 육아 휴가를 주는 스웨덴이나 총 1년 6개월의 육아 휴가 기간 중에 1년은 유급 육아 휴가를 보장하는 덴마크에 비해 훨씬 후진적이다. 영국은 토니 블레어가 총리였던 당시 그의 아내이며 이름난 노동 법률가이자 네 아이의 어머니인 체리 블레어가, 막내가 태어났을 때 남편에게 휴가를 내라고 (실패하긴 했지만) 압력을 가하면서 영국 정치의 심장부에 육아 휴가의 문제를 정면으로 제기했음에도 불구하고 겨우 13주의 육아 휴가를 주고 있을 뿐이다. 대부분의 유럽 국가 역시 이미 반세기도 더 전에 만들어진 프랑스의 제도를 따라 국가가 보조하는 주간 보육 센터를 두고 있다. 세계 최선진 산업 국가인 미국이나 일본은 유급 육아 휴직 면에서나 적절한 보육 서비스 면에서나 수요를 충족시키지 못하고 있다.[49] 미국의 엄마들은 휴가 일정을 맞추기 위해, 병가와 12주의 육아 휴가를 얻기 위해 애써야 하며 다시 직장으로 복귀하고 나면 보육을 위해 수입의 상당 부분을 지출해야 한다.

그래도 미국 사회에 희망의 징조가 있다면 그것은 전국적으로 시행되고 있는 아동을 대상으로 한 오후 3시부터 6시까지의 방과 후 프로그램일 것이다. 이 프로그램은 기업과 재단, 연방정부의 협조를 얻어 음악과 수학에서 요리와 건축에 이르기까지 아이들에게 다양한 배움의 기회를 제공하고 있다. 취학 아동을 둔 어머니의 78퍼센트가 직장에 다니고 있는 현실에서 이러한 프로그램은 일하는 부모들에게는 하늘이 내린 선물과 같다.

집 안팎에서 일하고 있는 미국의 아내와 어머니들 대다수는 아이들에게 적절한 주간 보육과 학교 교육, 편안한 주거, 균형 잡힌 식사, 깨끗한 의복, 매주 하는 규칙적인 오락, 그리고 여름휴가를 선사하기 위해 쉴 새 없이 머리를 굴리고 쇼를 한다. 그들이 불평을 하고 몇몇이 경제적인 여건만 허락해서 전업주부로 복귀하는 것은 전혀 놀라운 일이 아니다.

그러나 스테파니 쿤츠가 《우리가 실제로 서 있는 길*The Way We Really Are*》에서 주장한 것처럼 아내들과 어머니들은 경제적인 이유뿐만 아니라 다른 여러 가지 이유로 인해 일을 계속할 것이다. 대부분의 여성들은 일에서 기쁨을 얻고 있다. "인터뷰에서 그녀들은 비록 적당한 보육 시설을 찾는 어려움, 그리고 남편과 잡다한 집안일을 두고 밀고 당기면서 겪는 어려움에도 불구하고 시종일관 일을 통해 얻는 사회적 존경과 자긍심, 그리고 동료애를 좋아한다고 말했다." 이런 입장을 지지하면서 쿤츠는 일하는 여성의 3분의 1만이 생계를 위해 일하고 돈 문제가 해결되면 집에 있고 싶어한다고 보고한 1995년의 해리스 조사를 증거로 제시하고 있다.[50]

기혼 여성들이 일을 하고 싶어하는 데에는 몇 가지 이유가 있다. 제일 큰 이유는 남편에게 경제적으로 의존하고 싶지 않기 때문이다. 그들은 남자에게 부양받는 한 여성은 언제나 제2의 성으로 남을 뿐이라던 초기 페미니스트들, 그중에서도 샬럿 퍼킨스 길먼과 시몬 드 보부아르의 교훈을 잊지 않았다. 몇몇은 어머니가 아버지에게 용돈을 타 썼으며 경제권이 없었다는 것을 기억한다. 많은 아내들은 돈을 버는 일이 자신을 남편과 동등한 반열에 올려놓는다고 느꼈다. 맞벌이를 하는 한 아내는 다음과 같은 말로 그 느낌을 표현했다. "나는 누군가가 나를 부양하기 때문이 아니라 내가 원하기 때문에 그 사람과 관계를 맺는다. 나는 '그럼요. 당신은 식탁에 차릴 음식을 마련할 돈을, 그리고 나를 먹여 살릴 돈을 벌어오는 사람이죠'라고 말하지 않아도 된다. 나 역시 돈을 벌어오기 때문이다."[51]

대부분의 여성들은 젠더 이론가인 스트로버와 챈이 말한 '교섭력 이론(theory of bargaining power)'을 본능적으로 체득한다. 즉 "더 많은 자원, 특히 경제적 자원을 가져오는 배우자일수록, 그 혹은 그녀는 더 큰 교섭력을 갖게 된다."[52] 교섭력은 누구의 일을 더 우선시할 것인지부터 가사 노동을 어떻게 분담할 것인지에 이르기까지 거의 모든 사안에 대해 부부가 내리는 결정에 영향을 미친다. 이처럼 부부 관계를 노골적으로 경제적 관점으로 바라보는 것은 결코 학자들만이 아니다. 여성 잡지들조차 돈을 버는 아내가 행사하는 강력한 영향력을 인정하고 있다. 임상심리학자인 주디스 실스(Judith Sills)는 가정을 사수하는 요새임을 자처하는 《패밀리 서클 *Family Circle*》 2000년 3월 7일자에 기고한 글에서 "부부간의 세력 균형은 한 사람이 돈을 벌기를 멈추거나 시작할 때 변화한다. (……) 권력은 자동적으로 돈을 버는 사람에게 주어진다"고 썼다.

어떤 아내들과 남편들은 계속해서 각각 딴 주머니를 찬다. 부부 두 쌍 가운데 한 쌍이 이혼하는 현실에서 각각의 배우자는 만일의 경우에 대비하여 돈 문제에 관해 신중해야 한다고 느낀다. 안정적인 결혼생활을 하는 여자들조차 아이를 낳고 휴직하게 되면 월급과 근속 연수 둘 다를 잃게 될까 봐 두려워한다. 그 이유는 이혼할 경우 극단적인 재정적 궁핍 상태에 빠지게 되기 때문이다.[53]

사회복지제도 역시 휴직하는 사람들에게 불리하게 운용되고 있다. 공인회계사로 아이들이 어렸을 때 집에 있었던 아내 겸 어머니는 그것을 날카롭게 지적했다. "1년에 1분기를 아이들을 돌보기 위해 집에 머무르는 여성은 사회보장제도로부터 어떤 혜택도 받지 못한다. 그리고 이 무혜택이 쌓이고 쌓이면 최종 연봉을 낮추는 효과를 가져온다. 나는 사회보장 제도에 따른 명세서를 받을 때마다 매번 입에 거품을 문다. 매년 0의 행렬이다."[54]

기혼 여성들이 일을 하는 중요한 이유 가운데 하나는 가정의 울타리 안에 갇혀 있고 싶지 않다는 것이다. 그들은 전통적인 가정이라는 새장 안에 갇혀 있기를 원하지 않는다. 여성들의 교육 수준이 높아지면서 여성의 영역은 부엌, 거실, 정원을 훨씬 넘어서게 되었다. 다시 한 번 우리는 여성들의 교육 수준이 높아진 것이 상대적으로 최근의 현상이라는 사실을 상기해야 한다. 미국의 여자대학, 그리고 대부분의 남녀공학 대학은 19세기 후반에야 만들어졌으며 주로 중상류층 출신의 여학생들에게만, 그것도 아주 적은 수에게만 문호를 개방했을 뿐이다. 1950년 말에 학사 학위를 받은 여학생은 남학생 3명당 1명꼴이었다.[55] 오늘날 여성들은 남성과 견주어도 손색이 없을 만큼 교육을 받고 있다. 학사 학위를 받은 학생의 55퍼센트, 법학 · 의학사 학위를 받은 학생의 50퍼센트 이상, 그리고 박사 학위를 받은 학생의 45퍼센트가 여성이다. 대학을 다니는 동안 여학생들은 장래에 직장에서 남학생들과 동등하게 자신의 능력을 발휘할 수 있기를 희망한다. 일은 개인의 사회성뿐만 아니라 지성을 요구하는 도전이다. 그것은 직장에서 다른 사람들과 사귈 수 있는 기회를 주고 종종 삶에 변화를 가져다준다.

나는 노동의 본질에 대한 어떤 환상도 품고 있지 않다. 노동이 항상 지성을 필요로 하는 것은 아니며, 상상력을 자극하는 경우 역시 드물다. 노동은 스트레스와 고통을 줄 수 있고 개인적인 삶에 손상을 가할 수도 있다. 그러나 가까운 미래에 노동이 사라질 것이라고 상상하기란 어렵다. 남편들과 마찬가지로 아내들 역시 노동을 통해 자신 안에서 그리고 집 안에서 찾기 힘든 만족을 추구한다. 오늘날 대부분의 남편들은 아내가 집 밖에서 일을 할 것이라 여기고, 많은 남성들은 아내의 '가장 든든한 후원자'임을 자처한다. 더욱이 많은 남편들은 가족을 부양하는 짐을 아내와 나누어 지기를 원한다.

물론 그러한 일을 원하지 않는 여성도 있을 것이다. 이들은 남편과 아이들을 위해 집에 남는 것을 선호한다. 아이들을 돌보고, 아이들을 학교에 데려다주고 데려오는 일에서, 아이들이 축구나 야구 경기를 하는 것을 지켜보는 일에서, 요리, 청소, 세탁, 다림질, 정원 손질, 바느질, 쇼핑을 하는 것에서, 부모나 아픈 친척을 간호하는 일에서 기쁨을 느낀다. 이론적으로 가정주부들, 특히 가사 도우미나 전문 청소부를 고용할 여건이 되는 주부들은 직장 여성들보다 독서, 이메일 답장, 인터넷 서핑, 텔레비전 시청, 테니스, 요가, 헬스, 하이킹, 피아노, 음악 감상, 그림, 오락, 편지 쓰기 혹은 글쓰기, 자원봉사, 친구 만나기 등에 할애할 수 있는 시간이 많고 자신의 리듬에 맞게 살아갈 수 있다. 그러나 전업주부들은, 특히 아이가 있는 주부들은 자신의 생활을 여가라고 여기지 않는다. 집과 가족, 사회에 대한 의무들은 항상 자기만을 위해 확보하고 싶은 시간을 빼앗는다. 그 이유는 아마도 집안일이란 특성상 예측할 수 없기 때문일 것이다. 아이가 아플 수도 있고 세탁기가 고장 날 수도 있으며 폭풍이 불어와 지붕을 망가뜨릴 수도 있다. 더욱이 부가적인 소득원이 없는 경우에 가정주부들은 집에 있기 위해서 종종 물질적 보상을 포기해야만 한다. 어떤 여성들은 아이들이 어렸을 때 아이들 곁에 있을 수 있다는 것 자체가 충분한 보상이라고 여긴다. 가정주부(혹은 남자 가정주부)의 인생은 그것이 자신의 자유의지에 따른 것일 때, 그리고 배우자의 소득이 충분할 때, 혹은 자기 앞으로 된 재산을 충분히 갖고 있을 때 성취감을 준다. 오늘날 이런 삶을 선택할 수 있을 만큼 경제적 여유가 있는 여성은 상대적으로 적다.

여성의 수명이 늘어남에 따라 자녀 양육에 쏟는 시간은 전체 수명에 비추어 볼 때 상대적으로 줄어들었다. 많은 사람들이 그러하듯 여성이 20대 후반까지 아이를 낳는다고 치면, 그리고 80세 정도까지 살 수 있다고 가정하면, 그녀는 인생의 3분의 1만을 본격적으로 자식을 기르는 데 쓰는 셈이 된다. 자녀 양육 기간의 전과 후에 그녀는 일 또는 지속적인 자원봉사를 할 수 있는 긴 시간을 가지게 되는 셈이다. 아이들이 어렸을 때 잠시 직장을 떠나는 이들까지 포함해 대부분의 아내들은 경제적인 이유로 일을 하고, 꼭 일할 필요가 없는 아내들도 스스로 원해서 일터로 가곤 한다.

모든 사회 혁명에는 이미 확보한 영토에서 전부 아니면 일부 후퇴할 것을 강요하는 보수적 반동이 뒤따른다. 1980년 로널드 레이건의 당선으로 '가족적 가치'의 기치를 내건 보수파의 반격은 성 혁명과 페미니스트 혁명이 거둔 승리의 일부를 무위로 돌려버렸다. 1980년대를 거치면서 낙태의 권리는 박탈되기 시작했다. 평등권 수정 조항(ERA)은 땅에 묻혔다. 양성성(androgyny)은 섹시한 속옷과 유방 확대 수술, 그리고 가슴을 크게 보이도록 하는 브래지어 등이 만들어낸 새로운 여성성에 자리를 내주었다. 아름다운 웨딩드레스를 입고 화려한 결혼식을 치르는 것이 다시 유행했다. 아내가 남편을 망친다는 이유로, 그리고 어머니가 직장에서의 성공을 위해 아이들을 희생시킨다는 죄목으로, 여성의 노동은 비난의 대상이 되었다. 언론은 여성이 가정과 직장에서 동시에 성공할 수 있는가에 대해 회의적이었으며 "양손에 떡을 쥐려고 하는" 일하는 여성들을 신랄하게 비난했다.[56]

1992년의 반동을 기록으로 남긴 수전 팔루디(Susan Faludi)는 1980년대를 풍미했던 반페미니스트적 신화의 일부를 타파했다.[57] 여성의 성취를 폄하하는 데 혈안이 되어 있는 잡지와 신문들은 문제가 많은 조사를 주로 인용했는데, 30세가 넘었는데도 결혼하지 않은 여성은 아예 결혼을 못하게 되는 경우가 많다고 결론을 내린 하버드 대학과 예일 대학의 결혼 생활에 대한 공동 연구(1986)라든가 이혼한 여성들의

73퍼센트가 이혼 후 1년이 지나고 나서 생활 수준이 하락했다고 보고한 사회학자 레노어 바이츠만(Lenore Weitzman)의 연구(1985)와 같은 것이다. 뒤이은 연구는 이 두 조사의 결과가 심하게 과장되었음을 밝혀냈다. 미디어가 퍼뜨린 해방된 여성의 어둡고 불길한 모습과 힘든 일을 그만두고 집에 들어앉은 어머니의 행복한 모습은 명백히 역사의 시계를 멈추고 여성들을 서둘러 안전한 집으로 돌려보내기 위해 만들어진 것이다.

하지만 역사가 루스 로젠(Ruth Rosen)이 갈파한 바에 따르면 "20세기 말 현재, 페미니스트적 사고는 우리 문화 속으로 너무나 깊숙이 파고들어 어떤 저항도, 어떤 정치적 기도도 그것을 없애버릴 수는 없다."[58] 성 혁명과 페미니스트 혁명이 도를 넘었다고 투덜대는 사람들조차 딸과 연인들에게 혼전 순결을 지키라거나 결혼하면 하루 종일 부엌에 있어야 한다고 요구하지 않는다. 점점 더 많은 남자들이 신부를 구할 때 침실과 회의실에 함께 비중을 두게 되었다.

바가지를 긁는, 냉랭한, 목석 같은, 매력 없는 아내들에 대한 낡은 농담은 이제 그 수명이 다했다. 헤니 영맨이라는 코미디언이 아내를 웃음거리로 삼을 때 애용하던 레퍼토리를 기억하는가? "누가 내 마누라 좀 데려가요!" "내 아내는 쇼핑광이랍니다." "머드팩을 하니 이틀은 너무 예쁘게 보였죠. 그런 다음에 머드가 떨어져나갔답니다." "나는 한 여자와 49년째 열애 중입니다. 만약 내 아내가 이 사실을 안다면 나를 죽이려 들겠죠." 아내들은 더 이상 이처럼 남편이 거만을 떨며 농담의 소재로 삼을 수 있는 대상이 아니다. 실상은 오히려 남편에 대한 농담이 더 많아지고 있는 추세다. 최근 이메일을 통해 돌아다니는 얘기를 들어보라.

"나는 생각한다. 고로 나는 독신이다."

리즈 윈스테드

"나는 그럴 필요를 못 느껴서 결혼을 안 했다. 내 집에는 남편을 두는 목적에 부합하는 세 마리의 애완동물이 있다. 나는 아침마다 투덜거리는 개 한 마리와 오후 내내 맹세에 맹세를 거듭하는 앵무새 한 마리, 그리고 밤늦게 집으로 돌아오는 고양이 한 마리를 기르고 있다."

메리 코렐리

"모든 성공한 남편 뒤에는 아연해하는 아내가 있다."

메리언 피어슨

마지막 농담과 유사한 내용의 1999년판 우스갯소리 가운데 다음과 같은 것이 있다.

힐러리 클린턴과 빌 클린턴이 주유소에 차를 몰고 들어갔다. 주유소에서 일하는 남자가 퍼스트레이디를 특히 따뜻하게 맞이했다. 주유소를 나온 뒤, 힐러리는 남편에게 그 남자가 어릴 때 남자친구들 가운데 한 명이라고 말했다. 빌은 짐짓 잘난 체하며 "주유소에서 일하는 남자 대신 나랑 결혼해서 좋지?"라고 물었다. 그러자 힐러리는 "내가 저 남자랑 결혼했으면 저 사람이 지금 대통령일걸?" 하고 응수했다.

새로운 아내상이 함축하는 것

힐러리 클린턴과 빌 클린턴의 일화는 아내의 새로운 역할에 내재하는 몇 가지 모호함을 적나라하게 보여주었다. 1990년대의 연속극처럼 그것은 맞벌이 부부의 야망, 결혼, 부정, 용서와 사랑의 극적인 이야기를 담고 있다. 1992년에 미국 사회는 힐러리 로드햄 클린턴을 받아들일 준비가 되어 있지 않았다. 전통적인 아내의 모습을 훌륭하게 체현했던 낸시 레이건과 바버라 부시 다음에 등장한, 남편과 마찬가지로 변호사인 퍼스트레이디는 너무나도 위협적인 존재로 비쳤다. 미국인들은 그녀의 정치적 활동을 의심의 눈초리로 지켜보았고 그녀가 추진한 의료 보건 계획이 실패로 끝났을 때 역시 자신들의 생각이 맞았다고 생각했다. 클린턴 대통령의 첫 번째 임기 동안에 힐러리는 대중의 지지를 얻기 위해 지치지 않고 전술과 머리 모양을 바꾸었다. 그러나 그녀가 어떤 일을 해도 사람들은 불편한 감정을 숨기지 않았다.

하지만 힐러리가 상처받은 아내가 되자 모든 것이 변했다. 클린턴 대통령과 모니카 르윈스키의 섹스 스캔들이 대중매체를 도배하는데도 힐러리 클린턴이 모든 것을 참으며 품위를 지키자 그녀의 인기가 치솟았다. 그녀는 "남편을 끝까지 지키는" 여성, 즉 다른 미국 아내들이 자기와 동일시하는 아내가 되었다. 클린턴의 나쁜 평판이 그의 아내에게 똑같이 전이되지 않았던 것이다. 그녀는 남편의 임기 마지막 해 동안 퍼스트레이디의 역할을 포기하면서까지 자신의 일을 추구하기로 결정함으로써 이 선정적인 이야기에서 빠져나왔다. 내가 이 글을 쓰고 있는 동안에 그녀는 막 상원의원에 당선되었다. 이제 미국의 대중은 힐러리 로드햄 클린턴과 같이 고등교육을 받았고 자신감 넘치며 야망이 있는 아내들을 받아들일 준비가 된 것인가?

새로운 아내의 주요한 특징은 믿을 만한 기준이 되는 여성 잡지들에서 찾아볼 수 있다. 새천년이 시작될 때 잡지들은 가사, 요리법, 다이어트, 건강, 일, 자녀, 사랑, 섹스에 초점을 맞추었다. '일곱 자매'(《레이디스 홈 저널》, 《레드북》, 《맥콜스》, 《굿 하우스키핑》, 《패밀리 서클》, 《여성시대》, 《더 나은 가정과 정원》)라는 애칭으로 불리는 잡지들 가운데 가장 유서 깊은 잡지들은 그동안 자녀를 둔 전통적인 아내들에게 편집 방향을 맞춰왔지만 시대의 흐름에 맞춰 변화하지 않으면 안 되었다. 오늘날에는 앞의 잡지들 역시 독신 여성을 대상으로 하는 잡지(예를 들어 《글래머》, 《코스모폴리탄》, 《마드무아젤》)의 주무기인 성생활과 관련된 대담한 기사들을 싣고 있다.

《레이디스 홈 저널》 2000년 1월호에 실린 〈부부간의 성생활 증진법 101가지〉라는 기사는 부부가 침실에서 '더 많은 정열'을 불태울 필요가 있으며, 그것은 어디까지나 아내의 몫이라고 말하고 있다. 《레드북》 2월호에 실린 〈행복한 부부들이 오래 지속되는 결혼에 대하여 알고 있는 것〉이라는 제목의 빼어난 기사는 "섹스에 관한 39가지 난처한 질문"을 상세한 그림과 함께 소개하고 있다. 《레이디스 홈 저널》이 출간하는 좀 더 상위 연령층 독자를 겨냥한 여성 잡지인 《모어》는 〈나는 다른 여성이다〉라는 제목으로 익명의 여성이 유부남과의 사랑으로 인해 겪은 시련과 고난을 고백하는 내용을 담은 놀라우리만큼 솔직하고 대담한 기사를 실었다.

심지어 경제적인 문제도 섹시해야 한다. 《굿 하우스키핑》 2000년 1월호에 실린 〈재정상의 친밀함 만들기 — 부부가 부자 되는 법〉이라는 기사는 주식 구입 과정에 성적인 코드를 슬쩍 끼워넣고 있다. 이 기사를 보자.

> 사랑하는 사람을 위하여 주식을 산다고 생각해보세요. 그런 선물이 얼마나 섹시할까요(그럼요, 섹시하죠). (……) 어느 날 저녁, 극장에 가는 대신에 금융 세미나에 함께 슬그머니 들어가서, 뒷자리에 앉고는 옷을 가지런히 한 다음에 가장 좋은 향수를 뿌리세요. 당신 가족의 상황을 보여주는 기사를 특집으로 실은 경제 잡지가 꽂혀 있는 신문 가판대를 훑어보고, 조용히 둘이서만 그것을 읽어보세요. 강력하고 적극적인 행동이 당신의 돈을 불어나게 하고, 당신과 당신의 남편이 더욱 가까워지도록 도울 것입니다.

이 기사는 결혼을 유지하는 데 섹스와 돈이 얼마나 중요한가를 잘 보여준다. 부부가 함께 돈 문제를 책임질 때 부부 사이에 강한 유대가 형성된다는 것이다. 남성이 혼자서 가족의 재산을 관리했던 시대와 달리 오늘날 평등한 부부 사이에서 섹스와 돈은 부부를 더욱 가깝게 만들어주는 공동의 모험으로 여겨진다. 그것이 부부를 더욱 갈라놓는 경우를 제외한다면 말이다. 대중매체가 성적 능력을 다른 덕성들보다 훨씬 가치 있는 것으로 부추기면서 새천년 벽두를 아내의 두 가지 능력에 바치는 찬가로 장식한 것은 놀라운 일이 아니다. 훌륭한 섹스는 결혼을 지속하는 데 필수적이라는 20세기 중반 킨제이의 믿음은 이제 미국인들에게 진부한 것이 되어버렸다. 성적인 만족이 특히 결혼 초반에 부부의 행복을 평가하는 민감한 지표로 널리 인정되는 것은 사실이지만, 서투른 또는 최소한의 성생활을 해도 행복한 부부가 있고,

만족스러운 성생활을 하면서도 불행한 부부가 있다는 것은 의심할 여지가 없다.[59]

그러면 도대체 19세기 초 최상의 지위를 획득했고 그 이후로도 계속 특별한 지위를 누렸던 사랑이라는 낭만적인 감정의 실체는 무엇인가? 과거에는 적어도 중하류층 부부 사이에서는 사랑이 섹스보다 우선했고, 실제로 사랑할 때 섹스를 하는 것이라고 여겼다. 오늘날 그것은 보통 반대 방향으로 진행된다. 젊은이들은 여러 상대와 섹스를 하고 난 다음에 그들 중 한 사람과 "사랑에 빠진다." 뒤이어 성욕과 낭만적인 사랑이 적당히 버무려지면 남녀는 영원히 함께 살겠다고 맹세하게 된다. 그러나 섹스와 사랑만으로 관계를 유지할 수 있는 것은 아니다. 설령 그럴 수 있다 쳐도 일생 동안 그렇게 할 수는 없다. 길게 보면 관계를 유지하는 데 공통의 취미, 가치와 목표, 그리고 상대방에 대한 존경과 도덕적 책임 등이 섹스, 사랑, 돈만큼이나 중요하다는 것이 증명된다.

평균적으로 약 25세에 결혼하는 오늘날의 젊은 여성들 중에는 아내가 되기 전에 적어도 대학 교육을 받은 적이 있고 직업을 가져본 경험이 있는 사람이 많다. 그들은 남편들과 상대적으로 동등한 기반 위에서 결혼 생활을 시작한다. 부부가 서로의 동반자가 되는 결혼이라는 오래된 이상은 부부간의 평등이라는 새로운 이름으로 다시 주목받았다.

불행히도 오늘날 결혼 생활에서 진정한 남녀 평등은 아직 이루어지지 않았다. 《결혼의 미래*The Future of Marriage*》에서 사회학자 제시 버나드(Jessie Bernard)가 제시한 전범을 따른 1997년의 조사 연구는 지금도 결혼 생활에서 '남성'의 입장이 '여성'의 입장보다 낫다는 것을 보여준다.[60] 조사, 면접 및 개인적인 판단을 토대로 축적된 결혼 생활 만족도에 관한 자료를 보면 남편이 아내보다 결혼에 대하여 훨씬 긍정적인 견해를 가지고 있으며 아내는 이보다 훨씬 낮은 만족도를 보여준다. 한 가지 일관된 조사 결과는 독신녀가 정신 건강과 관련된 모든 항목(예를 들어 자살, 우울증, 신경쇠약)에서 유부녀보다 상태가 양호한 반면에, 독신남은 유부남보다 나쁘다는 것이다.[61] 아내가 남편보다 직업과 가족에 대한 의무 때문에 더 많은 스트레스를 받고, 여성이 자녀, 연로한 부모 및 아픈 가족들을 돌보는 데 더 많은 시간을 보낸다는 것은 누구나 아는 사실이다.

이혼할 때, 경제적으로 손해를 보는 쪽은 대부분 아내다. 최근의 통계에 따르면 이혼할 경우 여성의 생활 수준은 27퍼센트 하락하지만 남성의 생활 수준은 10퍼센트 상승하는 것으로 나타났다.[62] 이것은 이혼이 미치는 경제적 결과를 놓고 볼 때 아내와 남편 사이에 거의 40퍼센트나 차이 난다는 것을 보여준다. 부분적으로 이러한 차이는 대부분의 경우에 어머니가 자녀를 맡게 된다는 사실에 기인한다. 어머니가 양육비를 받는 경우에도 그 액수는 많지 않고 심지어 받아내기 어려울 때도 있다. 다른 원인으로는 일반적으로 여성의 소득 능력이 떨어진다는 것을 들 수 있다. 여성의 임금은 남성의 75퍼센트 수준이다. 여성들은 여전히 저임금 직종에 몰려 있는 데다, 남편의 출세를 위해 희생해온 탓으로, 또 가정과 자녀에 대한 책임 때문에 승진에서 불리한 위치에 놓인다.

이혼은 많은 여성과 그 자녀들에게 경제적 불이익을 줄 뿐만 아니라 치유하기 어려운 마음의 상처를 남긴다. 1970년에 캘리포니아 주에서 최초로 법제화되었고, 이어 미국 대부분의 주에서 채택된 쌍방이 결혼 해지에 책임이 없는 이혼(no-fault divorce) 제도가 질질 끄는 이혼 소송의 와중에 부부가 서로 상처 입는 것을 방지하기 위해 마련되었다고는 해도, 오늘날 이혼은 예전과 마찬가지로 견디기 어려운 것이다. 이혼은 여전히 배우자와 자녀, 그리고 주변 사람들에게 오래도록 상흔을 남긴다.

3명의 자녀를 둔 똑 부러지는 이혼녀 수전 스트레이트의 글은 이혼이 자신의 삶을 어떻게 파괴했으며, 이 경험을 가장 가까운 친구와 어떻게 공유했는지를 잘 보여주고 있다.

나의 가장 가까운 벗 재닌, 그녀의 아이들이 내 아이들을 돌보아 주었고 또 함께 놀아주었다. 그녀는 자동차 사고로 남편을 잃었다. 재닌과 나는 둘 다 그해 서른다섯 살이었다. 우리가 이 문제를 홀로 헤쳐 나가야 한다는 사실이 믿기지 않았다. 7명의 아이라니. 전기가 들어오다 말다 하고, 지하실에는 물이 차고, 울타리는 웃자랐으며, 지붕이 뜯겨 나간 낡은 집이라니. 재닌은 간호학교 졸업반이었고 나는 일을 하고 있었다. 우리는 망연자실해 있었다.

늦은 밤, 우리는 둘 다 미쳐 날뛴 적도 여러 번 있었다. 그녀도 나처럼 열네 살에 남편을 만났다. 이야기를 나눈 뒤, 침대에 누우면 몸이 여기저기 쑤셨다. 설거지에 마루 닦기, 가지치기, 아이들 머리 감기기 등으로 내 손에는 물이 마를 날이 없었다. 결혼할 당시, 나는 늘 열심히 일하고, 아이들을 낳고, 내 집을 마련하고, 즐겁게 살아가는 꿈을 꾸었다.

그리고 남편이 처음 떠나갔을 때 내가 좀 더 열심히 일을 했던 것을 떠올렸다. 하지만 새싹이 움트던 바로 그 뽕나무 가지에서 이듬해가 되면 낙엽이 뚝뚝 떨어지듯이, 이 모든 것이 현실이었다. 진공 청소기를 고치고, 거미를 잡고, 아이들에게 철자법을 가르치고, 숫자 카드로 셈놀이를 하고, 유치원 등록금을 내고, 나무 다듬는 일을 나는 영원히 계속해야 한다.

종종 나 자신이 당나귀처럼 느껴진다. 체격은 왜소하고, 고창증에 걸린 것처럼 발은 딱딱하고, 등은 약간 굽었다. 사는 것은 너무나 힘겹고 원하는 대로 되는 것은 하나도 없다.[63]

수전 스트레이트의 이야기는 불행히도 남편이 떠났거나 기꺼이 불행한 결혼 생활에 종지부를 찍었거나, 그것도 아니면 애초에 남편을 둔 적이 없었던, 수많은 미국 어머니들의 삶 속에서 계속 반복된다. 그녀의 말을 빌리면 그녀 자신을 포함한 이혼녀들은 어떤 '후원'도 받을 수 없었다. 그리고 후원이란 바로 '결혼의 핵심'이다. 따라서 자신과 아이들이 "약간 삐딱하게" 보여도 그녀는 자신을 비난하지 말아달라고 요구했다. "우리를 보면서 머리를 절레절레 흔들며 저런 무책임한 여자 같으니 하고 생각하지는 마십시오. 책임을 진다는 것은 이제 내가 능숙하게 할 수 있는 유일한 일입니다."

재혼할 때 남성은 종종 '더 젊은 여자'와 결혼을 하며 훨씬 쉽게 새로운 가정을 꾸리는 경향이 있다. 재혼할 때 여성은 동갑이거나 더 나이 많은 남자를 만나지만 나이 든 여자가 나이 든 남자보다 더 많기 때문에 선택의 폭은 훨씬 좁다. 나이 든 남자와 나이 든 여자의 차이는 출산 능력이다. 40대나 60대나 혹은 그 이후까지도 아이를 만들 수 있는 남성과는 달리 여성은 (기술적 개입이 있지 않은 한) 폐경기 이후에는 임신을 할 수 없다. 아이가 아직 어렸을 때 아버지가 사망할 가능성이 높기 때문에 이것이 권할 만한 일인지 아닌지는 잘 모르겠지만, 아무튼 나이와 상관없는 생식 능력은 근본적으로 남자 쪽에 실존적인 우위를 부여해준다.

하지만 여성도 남성에 비해 유리한 조건이 몇 가지 있다. 그들은 대략 7년 정도 더 오래 산다. 그들은 아이를 자신의 몸 속에서 열 달 동안 기르며, 임신과 수유를 통해 자녀와 특별한 관계를 맺을 수 있다. 그들은 아마도 양성 간의 관계와 동성 간의 관계를 쉽게 넘나들 수 있다는 점에서 성적 지향에서는 남자들에 비해 유연하다고 볼 수 있을 것이다(모든 사람이 이 사실을 이점이라고 생각하지는 않겠지만). 남성에게는 절친한 친구가 적은 편인 데 비해 여성은 다른 여성들과 자주 깊은 즐거움을 나누고 지속적인 버팀목이 되어주는 친교 관계를 맺는다.

많은 여성들이 지난 이삼십 년 동안 배운 것이 있다면 아내가 되는 것이 유일한 선택지는 아니라는 사실이다. 여성이 더 이상 남자에게 경제적으로 의존하지 않기 때문에 단지 생존을 위해 결혼을 할 필요는 없다. 기업인과 전문직 여성들은 결혼을 미루는 경향이 있고 종종 아예 결혼을 하지 않는다. "여성들이 돈을 많이 벌면 벌수록 결혼하고 싶어하는 열망은 그만큼 줄어든다"는 수전 팔루디(Susan Faludi)의 단언은 전혀 놀라운 것이 아니다.[64] 그리고 어머니와 어머니가 아닌 여자 사이에 임금 격차가 벌어지기 때문에 결혼 그 자체보다 어머니가 된다는 것이 더 문제가 되고 있다. 아이가 없는 여성의 시간당 임금은 대략 남성의 90퍼센트인 반면에 아이가 있는 여성의 시간당 임금은 70퍼센트에 불과하다.[65] 따라서 현재와 미래의 경제적 복지에 관심이 있는 여성이라면 결혼하는 것, 그리고 어머니가 되는 것이 직업에 미치는 영향을 고려하지 않을 수 없다.

사회학자 헨리 워커(Henry Walker)가 발전시킨 '결혼 시장' 이론에 따르면 흑인 여성의 결혼 빈도가 낮은 것은 이들이 새롭게 획득한 (흑인 남성과 거의 대등한) 돈 버는 능력 탓이다. 더 중요한 원인이 있다면, 백인 여성이 생활력 있는 백인 남성을 만날 수 있는 기회가 많은 데 비해 흑인 여성이 그런 흑인 남성을 만날 수 있는 기회가 적다는 사실이다. 그 이유는 흑인이 살해당하고, 감옥에 들어가고, 실직할 확률이 백인에 비해 훨씬 높기 때문이다.[66]

놀랄 일도 아니지만 회사와 기관이 일종의 '가족' 대용이 되고 있기 때문에 인종을 막론하고 모든 여성들에게 직업은 점점 중요해지고 있다. 많은 사람들은 이제 직장 동료들에게 친밀한 인간관계를 기대하며 가족이나 공동체에서 발견하지 못한 의미를 찾으려고 한다. 실제로 직장에 대한 기대가 점점 커지고 있는 현상은 직장이 미국인들의 삶의 중심에서 가정을 대체하고 있다고 믿는 사회평론가들에게 주목을 받고 있다.

재택 근무를 하는 경우에 가정 생활과 직장 생활이 '뒤섞여버리는 것(merging)' 또한 주목할 만한 현상이다. 컴퓨터 덕분에 재택 근무를 할 수 있게 되면서 일 때문에 소중한 가정 생활에 필요한 시간을 빼앗길 위험이 있다. 이것은 일중독자들에게나 일어나는 문제일 수도 있겠지만 자녀 양육을 위해 유연한 스케줄을 필요로 하는 부모에게는 희소식이 될 수도 있다. 어떤 점에서 사실상 우리는 집이 곧 일터였고 아이들을 언제나 곁에 끼고 있을 수 있었던 장인들과 전문가, 그리고 상인들이 살던 산업사회 이전의 상태로 돌아가고 있는 중인지도 모른다.

결혼에 대한 대안은 여러 형태를 띨 수 있다. 혼자 사는 미국인의 수(전 가구의 4분의 1)는 역사상 최고치에 달하고 있다. 이성 커플이 결혼할 것인지 말 것인지를 결정하는 데 종종 수년이 걸리기 때문에 결혼하지 않고 동거하는 남녀의 수 역시 역대 최고치를 기록하고 있다. 비록 많은 사람들이 적지 않은 도시와 주, 기관이 제공하는 '동거 관계' 인증제를 통해 이익을 챙기는 것은 사실이지만 동성 커플은 결혼 증명서가 제공하는 법적, 경제적 혜택을 누리지 못하고 있다. 버몬트 주에서 통과된 동성애자의 결혼을 인정한 '시민 결합(civil unions)' 법안은 앞으로 동성 커플뿐만 아니라 동거와 결혼 사이의 중간 단계를 선택하고자 하는 이성애자들에게도 많은 도움을 줄 것이다.

이와 마찬가지로 아이가 없는 것은 더 이상 성인 여성에게 저주로 여겨지지 않을 것이다. 어떤 인구학자들에 따르면 1998년에 40~44세의 여성 중 아이가 없는 여성의 비율은 19퍼센트였고(1980년의 10퍼센트에 비하면 크게 증가한 것이다), 이들 중 많은 수가 선택에 의해 아이를 낳지 않았다.[67] 동시에 과거처럼 사회의 비난을 받지 않아도 되는 가운데 독신모의 수가 증가했다. 원치 않는 임신을 하게 된 미혼의 소녀들과 여성들이 낙태를 하거나 입양을 택하는 대신, 그냥 아이를 낳고 기르기로 결심하는 경우도 자주 있다. 일부 결혼하지 않은 여성들, 특히 40세 언저리의 여성들은 결혼은 거부한 채 아이 낳는 것을 선택하고 있다. 이러한 소녀들과 여성들은 모두 자식을 기르면서 만만찮은 도전을 받게 된다. 현재 어머니와 아버지 가운데 한 명만 있는 가정의 아이들은 부모가 모두 있는 가정의 아이들에 비해 빈곤 속에서 자라는 경우가 많다.

어떤 독신모들은 친척이나 친구와 함께 살면서 가족의 네트워크를 확장하려고 노력한다. 결혼한 어머니보다 독신모가 압도적으로 많은 흑인 사회에서 아이들은 어머니나 할머니가 가장인 집에서 자라난다. 이들에게 아버지를 돌려주려는 민간과 정부의 노력이 머지않아 이런 경향을 조금 바꿔놓을지도 모르지만, 결혼한 부부와 그들의 자녀로 구성되는 핵가족(이 가족 형태가 수적으로 정점을 이룬 것은 흑인의 경우 1950년, 백인의 경우 1960년이다)이 미국 사회에서 과거와 같은 주도적 위치를 차지하게 되리라는 기대는 난망해 보인다.[68]

그렇다면 오늘날 여성이 아내가 되었을 때 진심으로 고대하는 것, 혹은 적어도 희망하는 것은 무엇일까? 물론 그녀는 자신의 결혼이 평생토록 지속되는 50퍼센트에 들기를 희망한다. 누구나 알고 있는 이혼 통계에도 불구하고 사람들은 자신의 결혼만은 '영원할 것을' 믿는다. 《뉴욕 타임스 매거진*New York Times Magazine*》 2000년 5월 7일자에 따르면 이 수치는 86퍼센트에 달한다. 그리고 대부분의 여성들은 여전히 어머니가 되기를 희망한다. 사실 어머니가 된다는 것은 아직도 대부분의 여성에게는 중요한 일이며 《여학생들*School Girls*》과 《흐름*Flux*》을 쓴 페기 오렌스타인(Peggy Orenstein)의 말에 따르면 "많은 젊은 독신 여성들에게 결혼은 낭만적인 환상의 원천으로 자리 잡고" 있는지도 모른다.[69]

새로운 아내는 '자식들 때문에' 같이 산다고 말하던 과거의 아내들과는 달리 아이들을 핑계로 결혼 생활을 계속할 수는 없을 것이다. 사실 아이들은 유아기에, 그리고 청소년기에 부부 사이에 갈등을 일으키는 원인으로 알려져 있다. 스트레스로 가득한 자녀 양육 기간을 잘 보낸 부부들은 이후의 삶에서 보너스를 얻는 행운을 누리기 쉽다. 나이 든 부부들은 둘만의 추억을 토대로 특별한 유대 관계(과거의 눈물과 환희를 보상해줄 만큼의)를 맺게 된다. 마크 트웨인은 "어떤 남자 혹은 어떤 여자도 결혼 후 25년이 지나지 않고서는 완전한 사랑이 무엇인지 알지 못한다"[70]라고 말했다.

결혼 생활을 시작하는 누군가가 "기쁠 때나 슬플 때나" 함께할 것을 서약할 때, 그 사람은 '슬플 때'를 거의 상정하지 않는다. 그러나 마음의 슬픔과 비극, 질병, 그리고 죽음은 결혼의 일부로서 특히 말년에는 늘 따라붙게 되어 있다. 그러고 나면 그는 당신이 옛날에 어땠는지를 기억해주는 사람, 그리고 지금 있는 그대로의 당신을 변함없이 돌보는 사람으로서 일생을 함께하는 반려자의 지지와 사랑에 특별한 고마움을 느끼게 된다. 타인의 가장 친밀한 증인이 된다는 것은 오직 시간이 흐른 후에야 그 가치를 완전히 인정할 수 있게 되는 특권이다. 아이들과의 씨름, 한쪽 혹은 양쪽의 부정(不貞), 한쪽 부모의 죽음, 자식들이 어른이 되기 위해 겪는 고통의 시간 등 결혼 초기와 중기의 폭풍우에 맞서 싸우는 것을 통해 당신은 그 세월을 함께한 사람에 대해 누구도 대신할 수 없는 애착을 갖게 된다.

물론 내가 '부정'이라고 부른 것은 부부가 이전처럼 계속 함께할 수 없게 만들기도 한다. 부부 가운데 한 사람이 외도를 하면 결혼 생활이 끝나기도 한다. 그러나 많은 경우에는 그렇지 않다. 비록 불륜의 사랑에 빠져도 많은 사람들은 여전히 부부 관계를 '근본적인' 관계로 여긴다. 오늘날 젊은이들은 결혼 전에 한 명 이상의 파트너와 성관계를 맺을 기회가 있고, 대개 성숙한 나이에 결혼하기 때문에 서약을 교환할 때 일부일처제를 기꺼이 받아들일 준비가 되어 있다. 하지만 우리가 알고 있듯이 '의무'는 종종 예상치 못한 열정 앞에서 흔들리곤 한다.

심지어 배우자에게 진지하게 헌신하는 경우에도 유혹을 거부하기는 어려우며 결혼한 남자와 마찬가지로 결혼한 여자도 과거에 비해 이런 유혹에 쉽게 몸을 맡기는 경우가 많다. 그것이 종종 분란과 고통을 불러오는 것은 사실이지만, 그렇다고 해서 반드시 이혼이나 영원한 고통으로 이어지는 것은 아니다. 남편이나 아내가 불륜의 사랑을 하게 될 때는 수많은 이유가 있게 마련이지만 섹스 그 자체는 일부에 불과하다. 불륜은 부부가 자신들의 관계를 더욱더 면밀히 돌아보게 하고, 결혼의 의미를 다시 생각하게 하고 상대방에게 헌신하는 촉매제가 될 수 있다.

평생 동안 지속되는 결혼에 관한 통계를 보면서 오늘날의 젊은이들이 이혼으로 인해 치르는 고통, 미혼 부모로서 겪는 어려움을 생각하면 안타까운 마음이 든다. 그럼에도 나는 과거에 대다수의 결혼한 여성들이 받아들였던, 그리고 여전히 지구상의 많은 곳에서 여성들이 경험하고 있는 제한된 삶과 극적인 대조를 이루는, 젊은이들의 확대된 가능성을 믿는다. 무엇보다도 그들이 수 세기에 걸쳐 이룩해온 평등한 결혼이라는 이상을 향해 지치지 않고 나아갈 용기를 가지기를 기원한다.

아내, 배우자, 파트너, 동반자, 그리고 모든 연인들이 사랑과 깊은 이해를 통해 자신이 선택한 짝과 맺어지기를 원한다. 그러한 결합은 헌신, 거듭되는 헌신을 요구한다. 아이러니하게도 오늘날 우리는 결혼을 옛날에 독신의 수사나 수녀들에게 기대했던 것과 똑같은 헌신을 요구하는 소명으로 여기는 것인지도 모른다. 규범이나 금기가 별로 없는 이 시대에 아내가 된다는 것은 특별한 노력이 필요한 일이다. 버지니아 울프가 말한 것처럼 "우리의 어머니를 거울로 삼는 것"만으로는 충분하지 않다. 우리는 미래를 예측해야 하고, 아들과 딸들에게 어떤 형태의 결혼을 유산으로 물려줄지 자문해야 한다.

오늘날 남편에게 의존하고 남편을 위해 희생하는 전통적인 아내상은 더 이상 이상적인 아내상을 대표하지 않는다. 아내로서 살아갈 것을 선택한 많은 여성들은 경제적 독립을 바탕으로, 그리고 걸음마 단계이긴 하지만 남편과의 동등한 가사 분담을 통해 한층 더 완벽한 부부 관계를 창조하기 위해 싸우고 있다. 나는 사회가 새로운 아내상을 만들기 위해 출산의 고통을 치러야 한다 해도 대중들은 '가련한 여성'의 죽음을 조금도 슬퍼하지 않을 것이라고 생각한다.

◆ 주석 ◆

1장

1 〈창세기〉의 번역본은 Robert Alter, *Genesis: Translation and Commentary*(New York and London: W. W. Norton, 1996)를, 다른 성경 인용구는 King James 버전을 빌려 왔다.
2 E. Amado Levi-Valensi, "Marriage et couple: l'avènement du couple", *Encyclopedia Universalis*(Paris: Encylopedia Universalis France, c. 1968, 1974~1975 printing), vol. 10, p. 520.
3 Pamela Norris, *Eve: A Biography*(New York: New York University Press, 1999), pp. 58~61.
4 Frank Alvarez-Pereyre and Florence Heymann, "The Desire for Transcendence: the Hebrew Family Model and Jewish Family Practices", *A History of the Family*, ed. André Burguière et al.; trans. Sarah Hanbury Tenison, Rosemary Morris, and Andrew Wilson(Oxford: Polity Press, 1996), vol. 1, p. 175.
5 Robert Alter가 날카롭게 지적했듯이, 90대에 접어든 사라가 이삭을 낳고 '웃었을' 때, 그녀는 기뻐하면서도 다른 사람들이 자신을 비웃을까 봐 염려했을 것이다. Alter, *Genesis*, p. 97.
6 이 두 가지 형벌을 묘사한 삽화가 들어 있는 중세의 문서로는 13세기 Agen의 "Traité de Droit"를 참조하라. 이것은 David Nicolle, *The Hamlyn History of Medieval Life*(London: Hamlyn, 1997), p. 116에 재수록되어 있다. 그리고 츠비카우 시립 아카이브(Stadtarchiv Zwichau)에 소장된 1348 츠비케나우어 시법령집(Zwickenauer Stadtrechtbuch)은 Erika Uitz, *The Legend of Good Women: Medieval Women in Towns and Cities*, trans. Sheila Marnie(Mount Kisco, New York: Moyer Bell

Limited, 1988), p. 122에도 재수록되어 있다.

7 *Women's Lives in Medieval Europe: A Sourcebook*, ed. Emilie Amt(New York and London: Routledge, 1993), pp. 67~68.

8 이 주제에 관한 Bernadette J. Brooten, *Love Between Women: Early Chiristian Responses to Female Homeroticism*(Chicago and London: University of Chicago Press, 1996), p. 62의 논의를 참조하라. 다른 해석으로는 Peter J. Gomes, *The Good Book: Reading the Bible with Mind and Heart*(New York: William Morrow and Company, 1996). p. 153을 참조하라.

9 고대 세계의 동성애를 다루고 있는 중요한 저서로는 John Boswell, *Christianity, Social Tolerance, and Homosexuality: Gay People in Western Europe from the Beginning of the Christian Era to the Fourteenth Century*(Chicago: University of Chicago Press, 1980); John Boswell, *The Marriage of Likeness: Same-Sex Unions in Pre-Modern Europe*(London : HarperCollins, 1995); Brooten, *Love Between Women* 등이 있다.

10 Isaiah M. Gafni, "The Institution of Marriage in Rabbinic Times", *The Jewish Family*, ed. David Kraemer(New York and Oxford: Oxford University Press, 1989), pp. 13~30.

11 Norris, *Eve*, pp. 75~77.

12 James A. Brundage, *Sex, Law and Marriage in the Middle Ages*(Aldershot, Hampshire, Great Britain: Variorum, 1993), chapters 1 and 2.

13 Homer, *The Odyssey*, trans. E. V. Rieu(Harmondsworth, Middlesex: Penguin Books, 1966), pp. 345~346. Rieu의 번역본이 Robert Fagles의 번역본(New York: Penguin, 1996, pp. 461~466)보다 이 자리에서 인용하기에 더 적절하다.

14 Eva Cantarell, *Pandora's Daughters*, trans. Maureen B. Fant(Baltimore and London: Johns Hopkins University Press, 1987), p. 25.

15 Ralph Sealey, *Women and Law in Classical Greece*(Chapel Hill and London: University of North Carolina Press, 1990), p. 14.

16 Nancy Demand, *Birth, Death, and Motherhood in Classical Greece*(Baltimore and London: The Johns Hopkins University Press, 1994), p. 2.

17 Ibid. pp. 14~15

18 Homer, *The Iliad*, trans. Robert Fagles, 18: 573~579(New York: Viking Penguin, 1990), p. 483.

19 Cantarell, *Pandora's Daughters*, pp. 48~49.

20 Lysias의 연설 "On the Slaying of Eratosthenes"(Oxford ed.), sections 23~26은 Elizabeth Wayland Barber, *Women's Work: The First 20,000 Years*(New York and London: Norton, 1994), pp. 273~277에서 인용되고 논의되었다. 또한 Sabine Melchior-Bonnet and Aude de Tocqueville, *Histoire de l'Adultère*(Paris: Editions de la Martinière, 1999), pp. 10~20을 참조하라.

21 Plato, *The Symposium*, trans. Robin Waterfield(Oxford and New York: Oxford University Press, 1994), p. 28.

22 Cantarell, *Pandora's Daughters*, pp. 82~83.

23 Bruce S. Thornton, *Eros: The Myth of Ancient Greek Sexuality*(Boulder Colorado: Westview Press, 1997), p. 100.

24 Jane McIntosh Snyder, *Lesbian Desire in the Lyrics of Sappho*(New York: Columbia University Press, 1997), p. 8.

25 D. C. Moses, "Livy's Lucretia and the Validity of Coerced Consent in Roman Law", *Consent and Coercion to Sex and Marriage in Ancient and Medieval Societies*, ed. A. E. Laiou(Washington, D. C., Dumbarton, Oaks Research Library and Collection, 1993), pp. 39~81을 참조하라.

26 Pliny, *Letters and Panegyricus*(Cambridge, Massachusetts: Harvard University Press, Loeb Classics, 1969), vol. 1, pp. 43~47.

27 Susan Treggiari, *Roman Marriage: "Iusti Coniuges" from the Time of Cicero to the Time of Ulpian*(Oxford: Clarendon Press, 1991), pp. 159~160. 이 책은 로마 시대 결혼에 관한 중요한 책으로, 나는 이 책의 많은 부분을 참고했다.

28 Ovid, *Amores*, trans. Grant Showerman(Cambridge, Mass., and London: Harvard University Press and William Heinemann, Ltd., 1977), p. 381.

29 *The Latin Poets*, ed. Francis R. B. Godolphin(New York: The Modern Library, 1949), pp. 23~31.

30 Thomas Wiedemann, *Adults and Children in the Roman Empire*(London: Routledge, 1989), p. 86.

31 *Plutarch's Lives*, trans. John Dryden(New York: The Modern Library, 1955), p. 1065.

32 *Women's Lives in Medieval Europe: A Sourcebook*, ed. Emile Amt(New York and London: Routledge, 1993), pp. 34~35.

33 Pliny, *Letters and Panegyricus*, vol. 1, pp. 469~471.

34 Plutarch, "Advice on Marriage", *Selected Essays and Dialogues*(Oxford and New York: Oxford University Press, 1993), p. 286.

35 *Plutarch's Lives*, p. 774.

36 Gordon Williams, "Representations of Roman Women in Literature", *I Claudia: Women in Ancient Rome*, ed. Diana Kleiner and Susan Matheson(New Haven: Yale University Art Gallery, 1996), pp. 132~133.

37 Marilyn Yalom, *A History of the Breast*(New York: Knopf, 1997), pp. 25~26.

38 Aline Rousselle, "The Family under the Roman Empire: Signs and Gestures", *A History of the Family*, ed. Burguière, Klapisch-Zuber, Selen, and Zonabend, vol. 1, p. 275.

39 Mary Hamer, *Signs of Cleopatra: History, Politics, Representation*(London and New York: Routledge, 1993), p. 9.

40 이 이야기와 안토니우스와 클레오파트라에 관한 인용은 *Plutarch's Lives*, pp. 1137, 1148, 1152를 참조했다.

41 J. P. V. D. Balsdon, *Roman Women: Their History and Habits*(London: The Bodley Head, 1962), p. 68.

42 Klaus Fitschen, "Courtly Portraits of Women in the Era of the Adoptive Emperors (98~180) and Their Reception in Roman Society", *I Claudia*, ed. Kleiner and Matheson, p. 53.

43 Pliny, *Letters and Panegyricus*, vol. 1, pp. 403, 411.

44 Jean-Noël Robert, *Eros Romain: Sexe et morale dans l'ancienne Rome*(Paris: Hachette Littératures, 1998), pp. 135~137, and *Women's Lives in Medieval Europe*, ed. Amt. pp. 29~31.

45 Treggiari, *Roman Marriage*, pp. 231~241.

46 Boswell, *The Marriage of Likeness*, p. 65.

47 Suetonius, *The Twelve Caesars*, trans. Robert Graves(Harmondsworth, Middlesex, England: Penguin Books, 1972), p. 223.

48 Juvenal, *The Satires*, trans. Niall Rudd(Oxford: Clarendon Press, 1991), Satire 2, lines 135~138, p. 13.

49 Juvenal, *The Satires*, Satire 6, lines 34~36, p. 38.

50 Brooten, *Love between Women*, p. 29.

51 Plutarch, *Eroticus, in Selected Essays and Dialogues*(Oxford and New York: Oxford University Press, 1993), pp. 249~250, 279, 281을 인용했다.

52 Juvenal, *The Satires*, p. 46.

2장

1 중세 여성들의 이야기를 전통적인 방식으로 소개한 Karen Glente and Lise Winther-Jensen(ed.), *Female Power in the Middle Ages*(Copenhagen: C. A. Reitzel, 1989), 서문을 참조하라.

2 Christopher N. L. Brooke, *The Medieval Idea of Marriage*(Oxford: Oxford University Press, 1989); Alan Macfarlane, *Marriage and Love in England: Modes of Reproduction 1300-1840*(Oxford: Basil Blackwell, 1986); Roderick Phillips, *Putting Asunder: A History of Divorce in Western Society*(Cambridge, New York, New Rochelle, Melbourne, Sydney: Cambridge University Press, 1988), pp. 26~27; Frances and Joseph Gies, *Marriage and the Family in the Middle Ages*(New York: Harper and Row, 1987)를 참조하라.

3 이는 중세 전문가 Jo Ann McNamara의 견해다. "Victims of Progress", in *Female Power in the Middle Ages*, ed. Glente and Winther-Jensen, p. 29.

4 이 사례와 다음에 나오는 내용은 Shulamith Shahar, *The Fourth Estate: A History of Women in the Middle Ages*, trans. Chaya Galai(London and New York: Methuen, 1983), pp. 89~90에서 빌려 왔다.

5 Barbara A. Hanawalt, *The Ties That Bound: Peasant Families in Medieval England*(New York and Oxford: Oxford University Press, 1986), p. 208에서 발췌해서 인용했다.

6 Olwen Hufton, *The Prospect Before Her: A History of Women in Western Europe*, vol. 1, 1500~1800(New York: Alfred A. Knopf, 1996), p. 70.

7 Werner Rösener, *Peasants in the Middle Ages*, trans. Alexander Stützer(Cambridge, England: Polity Press, 1992), p. 179.

8 Martha Saxton, "Foreword", to Erika Uitz, *The Legend of Good Women: Medieval Women in Towns and Cities*, trans. Sheila Marnie(Mount Kisco, New York, 1990), p. 9.

9 *Women's Lives in Medieval Europe: A Sourcebook*, ed. Emilie Amt(New York and London: Routledge, 1993), pp. 140~142.

10 Georges Duby, *Mâle Moyen Âge : De l'amour et autres essais*(Paris: Flammarion, 1990), pp. 29~30에 소개된 삽화다.

11 *Women's Lives*, ed. Amt, p. 66.

12 다음 인용들은 York manual에서 왔다. York manual은 George Elliott Howard가 *A History of Matrimonial Institutions*(Chicago: The University of Chicago Press, 1904), vol. 1, pp. 304~307에서 인용했던 Surtess Society Publications 63 no. 23에 나와 있다.

13 Samuel N. Rosenberg, "The Medieval Hebrew-French Wedding Song", *Shofar*, fall 1992, vol. 11, no. 1, pp. 26~28. 이 노래에 주목하도록 해준 로젠버그 교수에게 감사한다.

14 이 논의는 Georges Duby가 쓴 두 편의 유명한 글에 신세를 지고 있다. "Le mariage dans la société du haut Moyen Age"와 "L'amour en France au XIIe siècle", in Duby, *Mâle Moyen Âge*, pp. 40~42. 또한 J. L. Flandrin, *Un temps pour embrasser: Aux origines de la morale sexuelle occidentale*(VIe-XIe sciècle)(Paris: Le Seuil, 1983)을 참조하라.

15 *Women's Lives*, ed. Amt. p. 23.

16 Shahar, *The Fourth Estate*, image 15에 재수록되었다.

17 Brigitte Cazelles,"Saints' Lives", in *A New History of French Literature*, ed. Denis Hollier(Cambridge, Massachusetts: Harvard University Press, 1994), pp. 13~18.

18 가장 최근에 이들의 편지를 현대 프랑스어로 번역한 역자는 엘로이즈와 아벨라르가 실존했던 인물이며 그들의 삶에 관한 기본적 사실들은 "동시대인들에 의해 확인된 바 있다"고 단언했다. 그러나 현존하는 가장 오래된 필사본은 13세기의 것으로, 즉 사건이 일어난 지 100년 후에 쓰인 것이기 때문에 오늘날 남아 있는 필사본들이 얼마나 원

본에 가까운지 알기 어렵다. Héloïse et Abélard, *Lettres et Vies*, trans. Yves Ferroul(Paris: GF-Flammarion, 1996), pp. 30~31.

19 Denis de Rougemont, *Love in the Western World*(New York: Pantheon, 1956). 원저는 *L'Amour et l'Occident*(Paris: Plon, 1946)이다.

20 Chrétien de Troyes, *Lancelot ou le Chevalier de la Charrette*, ed. Mireille Demaules, trans. Daniel Poirion(Paris: Gallimard, 1996), pp. 127~128.

21 Shahar, *The Fourth Estate*, p. 163.

22 *The Key to Love(La Clef d'Amors)*, in *The Comedy of Eros: Medieval French Guides to the Art of Love*, trans. Norman R. Shapiro(Urbana and Chicago: University of Illinois Press, 1977), p. 36.

23 *The Key to Love*, in *The Comedy of Eros*, p. 16.

24 Guiart, *The Art of Love(L'Art d'Amors)*, in *The Comedy of Eros*, p. 50.

25 Richard de Fournival, *Advice on Love(Consaus d'Amours)*, in *The Comedy of Eros*, p. 104.

26 Richard de Fournival, *Advice on Love*, in *The Comedy of Eros*, p. 116.

27 Robert de Blois, *Advice to Ladies(Le Chastoiement des Dames)*, in *The Comedy of Eros*, p. 76.

28 Ibid., p. 68.

29 Ria Lemaire, "The Semiotics of Private and Public Matrimonial Systems and their Discourse", in *Female Power*, ed. Glente and Winther-Jensen, pp. 77~104.

30 Ibid., p. 81.

31 Ibid., p. 86.

32 *Chansons des Trouvères*, ed. Samuel N. Rosenberg and Hans Tischler, with the collaboration of Marie-Geneviève Grossel(Paris: Livre de Poche, 1995), pp. 80~81.

33 Shulamith Shahar, "Cultural Attitudes and Strategies of Oppression: Medieval Motherhood" in *Female Power*, ed. Glente and Winther-Jensen, pp. 44~45.

34 Merry E. Wiesner, *Women and Gender in Early Modern Europe*(Cambridge: Cambridge University Press, 1993), pp. 51~52.

35 *Women's Lives*, ed. Amt, p. 97.

36 Marilyn Yalom, *A History of the Breast*(New York: Knopf, 1997), p. 37을 참조하라.

37 *Women's Writing in Middle English*, ed. Alexandra Barratt(London and New York: Longman, 1992), p. 35.

38 Erika Uitz, *The Legend of Good Women*(Mount Kisco, New York: Moyer Bell Limited, 1990), pp. 71~72.

39 Uitz의 책은 대륙 여성들의 노동에 대한 정보의 보고다. 다음도 참조하라. *Women's Lives*, ed. Amt, pp. 194~214.

40 Hufton, *The Prospect*, p. 64.

41 *Women's Lives*, ed. Amt, p. 208.

42 Ibid., p. 108.

43 Pearl Hogrefe, *Tudor Women : Commoners and Queens*(Ames: Iowa State University Press, 1975), p. xii; and *Private Life in the Fifteenth Century : Illustrated Letters of the Paston Family*, ed. Roger Virgoe(New York: Weidenfeld and Nicolson, 1989), p. 139.

44 *Le Mesnagier de Paris*(Paris: Livre de Poche, 1993), p. 25.

45 Chaucer, *Canterbury Tales*, ed. A. Kent and Constance Hieatt(New York: Bantam Books, 1964), pp. 187, 189, 219.

46 *The Book of Margery Kempe*(Harmondsworth, Middlesex: Penguin Books, 1985). 이 인용문과 다음의 인용문은 pp. 42~47, 57~58, 60에서 발췌한 것이다.

47 Carol Lee Flinders는 그들의 이야기를 다음의 책에서 아름답게 풀어놓고 있다. *Enduring Grace : Living Portraits of Seven Women Mystics*(San Francisco: HarperSanFrancisco, 1993).

48 *Christine's Vision*, part III. Andrea Hopkins, *Most Wise and Valiant Ladies*(New York: Welcome Rain, Distributed by Stewart, Tabori & Chang, 1997), p. 112에서 재인용.

49 *Christine de Pisan's Ballades, Rondeaux, and Virelais*, ed. Kenneth Varty (Leicester: Leicester University Press, 1965), pp. 3 and 5. 인용한 시는 내가 번역한 것이다. Pisan의 시들을 영어로 번역한 것을 보려면 다음을 참조하라. *The Writings of Christine de Pisan*, ed. Charity Cannon Willard(New York: Persea Books, 1994).

50 Boccaccio, *Decameron*, VII, 5.

51 Beatrice Gottlieb, *The Family in the Western World from the Black Death to the Industrial Age*(New York and Oxford: Oxford University Press, 1993), p. 76.

52 Charles de la Roncière, "Tuscan Notables on the Eve of the Renaissance", in *A History of Private Life: Revelations of the Medieval World*, ed. Georges Duby, trans. Arthur Goldhammer(Cambridge, Mass., and Lonon: The Belknap Press of Harvard University Press, 1988), vol. 2, p. 293.

53 Gottlieb, *The Family*, p. 74.

54 Christiane Klapisch-Zuber, "The Griselda Complex", in *Women, Family, and Ritual in Renaissance Italy*, trans. Lydia Cochrane(Chicago and London: The University of Chicago Press, 1985), p. 214; David Herlihy and Christian Klapisch-Zuber, *Tuscans and their Families: A Study of the Florentine Catasto of 1427*(New Haven and London: Yale University Press, 1985), pp. 223~226.

55 Stanley Chajnacki, "The Power of Love: Wives and Husbands in Late Medieval Venice", in *Women and Power in the Middle Ages*, ed. Mary Erler and Maryanne Kowalski(Athens and London: University of Georgia Press, 1988), pp. 126~148.

56 James S. Grubb, *Provincial Families of the Renaissance: Private and Public Life in*

the Veneto(Baltimore and London: The Johns Hopkins University Press, 1996), pp. 20~21.

57 Gene Brucker, *Giovanni and Lusanna: Love and Marriage in Renaissance Florence* (Berkeley and Los Angeles: University of California Press, 1986). Giovanni와 Lusanna의 이야기에 대한 Brucker의 설명은 너무나 재미있을 뿐만 아니라 이 책에서만 볼 수 있기 때문에 나는 다음 쪽들에서 그것을 길게 풀어놓았다.

58 *The Jew in the Medieval World: A Sourcebook*, ed. Jacob R. Marcus(Cincinnati: The Union American Hebrew Congregation, 1938), *Women's Lives in Medieval Europe*, ed. Amt, pp. 293~296에 재수록되었다.

59 Gottlieb, *The Family*, p. 130. 이탈리아의 경우는 다음을 참조하라. David Herlihy and Christian Klapisch-Zuber, *Tuscans*, pp. 83~84.

60 Diane G. Scillia, "Israel van Meckenem's Marriage à la Mode: The Alltagsleben", in *New Images of Medieval Women: Essays Toward a Cultural Anthropology*, ed. Edelgard E. DuBruck(Lewiston, New York: The Edwin Mellen Press, 1989), 그림 8과 9.

3장

1 Martin Luther, "An Open Letter to the Christian Nobility", in *Three Treatises* (Philadelphia: The Fortress Press, 1960), pp. 68~69.

2 Martin Luther, "The Babylonian Captivity of the Church", in *Three Treatises*, p. 235.

3 Martin Luther, *Sämmtliche Werke*(Erlangen and Frankfurt: 1826~1857), vol. 20, p. 84. Merry E. Wiesner, *Women and Gender in Early Modern Europe*(Cambridge, England: Cambridge University Press, 1993), p. 9에서 재인용.

4 *Dr. Martin Luther's Small Catechism*(Saint Louis: Concordia Publishing House, 1971), p. 28과 p. 72.

5 Edith Simon, *Luther Alive: Martin Luther and the Making of the Reformation* (Garden City, New York: Doubleday & Company, 1968), p. 327.

6 Roland Bainton, *Women of the Reformation in Germany and Italy*(Minneapolis, Minnesota: Augsburg Publishing House, 1971), p. 27.

7 *Schachzabelbuch*, Codex poet., 1467, Würtembergische Landesbibliothek, Stuttgart. Erika Uitz, *The Legend of Good Women*, p. 143에 재수록되었다.

8 Bainton, *Women*, p. 36에서 Luther의 *Tischreden*을 인용했다.

9 Bainton, *Women*, p. 82.

10 Ibid., pp. 87~88.

11 Ibid., p. 88.

12 Ibid., p. 91.

13 Eric Jose Carlson, *Marriage and the English Reformation*(Oxford, England, and Cambridge, Massachusetts: Blackwell, 1994), p. 42.

14 Lawrence Stone, *The Family, Sex and Marriage in England, 1500-1800*(London: Weidenfeld & Nicolson, 1977), p. 135.

15 Anthony Fletcher, "The Protestant Idea of Marriage in Early Modern England", in *Religion, Culture and Society in Early Modern Britain*(Cambridge, England: Cambridge University Press, 1994), p. 173.

16 Ibid., p. 167.

17 William Gouge, *Domestical Duties*(London: 1622), Epistle Dedicatory. Fletcher, "The Protestant Idea", p. 168에서 재인용.

18 William Gouge, *Domestical Duties*, ed. N. H. Keeble(London: 1622). *The Cultural Identity of Seventeenth-Century Woman*(London and New York: Routledge, 1994), p. 155에서 재인용.

19 Michael MacDonald, *Mystical Bedlam: Madness, Anxiety and Healing in Seventeenth-Century England*(Cambridge, England: Cambridge University Press, 1981), p. 100~101.

20 William Gouge, *Domestical Duties*. Anthony Fletcher, *Gender, Sex and Subordination in England 1500-1800*(New Haven and London: Yale University Press, 1995), p. 113에서 재인용.

21 Eric Carlson, *Marriage*, p. 114.

22 영국인들의 만혼에 대해서는 다음을 참조하라. Peter Laslett, *The World We Have Lost*(New York: Charles Scribner's Sons, 1971), pp. 84~85. Richard Smith의 1550년에서 1599년 사이의 통계는 Carlson, *Marriage*, p. 106에서 재인용. 영국인들의 독신에 대해서는 Alan Macfarlane, *Marriage and Love in England: Modes of Reproduction 1300-1840*(Oxford: Basil Blackwell, 1986), p. 8과 그다음 쪽들을 참조하라.

23 Pearl Hogrefe, *Tudor Women: Commoners and Queens*(Ames: Iowa State University Press, 1975), p. 18.

24 John R. Gillis, *For Better, for Worse: British Marriages, 1600 to the Present*(New York and Oxford: Oxford University Press, 1985), pp. 45~46.

25 Merry E. Wiesner, *Women and Gender in Early Modern Europe*(Cambridge, England: Cambridge University Press, 1993), p. 49.

26 Gillis, *For Better*, p. 43.

27 Ibid., p. 63. 제2장(pp. 55~83)은 결혼식 관행에 관한 정보의 보고라고 할 수 있다.

28 Hogrefe, *Tudor Women*, p. 20. *Bartholomew Fairing for Parents*(1589)의 저자인 John Stockwood의 말을 인용했다.

29 Thos Becon, *Workes*(1560). Macfarlane, *Marriage and Love*, p. 135에서 재인용.

30 H. Smith, *A Preparative to Marriage*(London: 1591), p. 26. Fletcher, *Gender, Sex, and Subordination*, p. 106에서 재인용.

31 Montesquieu, *The Spirit of the Laws*(1975), vol. 2, p. 6 및 Engels, *Origin of the Family*(1902), p. 88. Macfarlane, *Marriage and Love*, pp. 124~125에서 재인용.

32 Fletcher, *Gender, Sex, and Subordination*, p. 155.

33 예를 들어 W. Chappell과 W. Ebsworth가 편집한 *The Roxburgh ballads*(London and Hertford, 1869~99), 전 9권 가운데 1권 451쪽의 *Halfe a dozen good wives: all for a penny*(London, 1635?)를 참조하라. 이것은 Jenny Kermode and Garthine Walker, ed., *Women, Crime and the Courts in Early Modern England*(London: UCL Press, 1994), plate 5에 재수록되었다.

34 Martin Ingram, "'Scolding Women Cucked or Washed': A Crisis in Gender Relations in Early Modern England?", *Women, Crime and the Courts*, ed. Kermode and Walker, pp. 48~80.

35 MacDonald, *Mystical Bedlam*, p. 98.

36 Laura Gowing, "Language, Power and the Law: Women's Slander Litigation in Early Modern London", in *Women, Crime and the Courts*, ed. Kermode and Walker, pp. 29, 34~35.

37 Carlson, *Marriage*, p. 147.

38 William Whateley, *The Bride Bush*(1623). Keeble, *The Cultural Identity*, p. 150에서 재인용.

39 MacDonald, *Mystical Bedlam*, p. 40.

40 William Whateley, *The Bride Bush*(Amsterdam: Thetrum Orbis Terrarum, 1623; Norwood, New Jersey: W. J. Johnson, 1975). Fletcher, "The Protestant Idea", p. 177에서 재인용.

41 Gouge, *Domestical Duties*, p. 361. Fletcher, *Gender, Sex, and Subordination*, p. 114에서 재인용.

42 "The Bridegroomes Comming", in *The Complete Poetry and Selected Prose of John Donne*(New York: Modern Library, 1952), p. 181.

43 Thynne 가족의 서한에 관한 정보는 A. D. Wall, *Two Elizabethan Women: Correspondence of Joan and Maria Thynne 1575-1611*(Wiltshire Record Society, vol. 38, 1983)에 기초한 Fletcher, *Gender, Sex and Subordination*, pp. 154~157에서 발췌했다.

44 *The Englishwoman' Diary*, ed. Harriet Blodgett(London: Fourth Estate, 1992), p. 17에서 얻은 것이다. Blodgett는 Dorothy Meads가 편집한 *Diary of Lady Margaret Hoby*(London: Routledge and Sons, 1930)에서 발췌한 것을 재수록했다.

45 Dod(1612). Rosamond Rosenmeier, *Anne Bradstreet Revisited*(Boston: Twayne Publishers, 1991), p. 16에서 재인용. Rosenmeier의 책은 Bradstreet의 삶과 작품에 대한 깊이 있는 통찰을 보여준다.

46 Rosenmeier, *Anne Bradstreet*, p. 73.

47 *The Complete Works of Anne Bradstreet*, ed. Joseph R. McElrath, Jr., and Allan P. Robb(Boston: Twayne Publishers, 1981), p. 216.

48 Ibid.

49 Ibid.

50 Lyle Koehler, *A Search for Power: The "Weaker Sex", in Seventeenth-Century New England*(Urbana, Chicago, London: University of Illinois Press, 1980), pp. 56~57.

51 Elizabeth Wade White, *Anne Bradstreet: The Tenth Muse*(New York: Oxford University Press, 1971), p. 4. 이 책은 Bradstreet를 이해하는 데 있어 가장 필수적인 전기이다.

52 The *Complete Works of Anne Bradstreet*, p. 200.

53 Nancy Woloch, *Women and the American Experience*(New York: Knopf, 1984), p. 23.

54 *The Complete Works of Anne Bradstreet*, pp. 179~180.

55 Ibid., p. 180.

56 Ibid., p. 181.

57 Ibid., pp. 182~183.

58 Woloch, *Women and the American Experience*, pp. 41~42.

59 White, *Anne Bradstreet*, pp. 172~173.

60 *The Complete Works of Anne Bradstreet*, pp. 7~8.

61 Koehler, *A Search*, p. 41.

62 Laurel Thatcher Ulich, *Good Wives: Image and Reality in the Lives of Women in Northern New England 1650-1750*(New York: Vintage Books, 1991), p. 218. 이 글은 *Winthrop Papers*, Part 3N, MHS Collections, 5th Ser., I, pp. 104~105를 인용하고 있다.

63 이 시기의 Bradstreet의 삶에 대해서는 White, *Anne Bradstreet*, pp. 226~250을 참조하라.

64 Ibid., p. 255.

65 Thomas Parker, *The Coppy of a Letter Written... to His Sister*(London, 1650), p. 13. Edmund S. Morgan, *The Puritan Family*(New York: Harper & Row, 1966), p. 44에서 재인용.

66 Koehler, *A Search*, p. 54.

67 Morgan, *The Puritan Family*, p. 87.

68 *The Complete Works of Anne Bradstreet*, p. 167.

69 Laurel Ulrich, *Good Wives*, pp. 111~112.

70 Edmund S. Morgan, "The Puritan and Sex", *The New England Quarterly* 15(1942), p. 602; Julia Cherry Spruill, *Women's Life and Work in the Southern*

Colonies(Chapel Hill: The University of North Carolina Press, 1938), pp. 314~320; Edmund Morgan, *The Puritan Family*, p. 41.

71 John D'Emilio and Estelle B. Freedman, *Intimate Matters: A History of Sexuality in America*(Chicago and London: The University of Chicago Press, 1997), p. 28.

72 Elizabeth Anticaglia, *Twelve American Women*(Chicago: Nelson Hall Co., 1975), pp. 8~9.

73 *Antinomianism in the Colony of Massachusetts Bay*, ed. Charles F. Adams (Boston, 1894), p. 329. Morgan, *The Puritan Family*, p. 19에서 재인용.

74 Melville Cobbledick, "The Status of Women in Puritan New England, 1630-1660: A Demographic Study", Ph. D. diss., Yale University, 1936. University Microfilms, Ann Arbor Michigan, p. 67.

75 Ibid., p. 78.

76 Nancy Woloch, *Women and the American Experience*, p. 30.

77 White, *Anne Bradstreet*, p. 132.

78 Morgan, "The Puritans and Sex", p. 600.

79 Spruill, *Women's Life and Work*, pp. 321~322.

80 Ulrich, *Good Wives*, pp. 19~20.

81 Ibid., p. 23.

82 Woloch, *Women and the American Experience*, p. 22.

83 Koehler, *A Search*, p. 124.

84 Woloch, *Women and the American Experience*, p. 18.

85 Ibid., p. 19 및 H. R. McIlwaine, "The Maids Who Came to Virginia in 1620 and 1621 for Husbands", *The Reviewer* 1(April 1, 1921), pp. 109~110.

86 Spruill, *Women's Life and Work*, pp. 8~9 및 Carol Birkin, *First Generations: Women in Colonial America*(New York: Hill and Wang, 1996), p. 6.

87 George Alsop, "Character of the Province of Maryland", in *Narratives of Early Maryland*, ed. Clayton C. Hall(New York: Charles Scribner's Sons, 1910), p. 358.

88 Spruill, *Women's Life and Work*, p. 15.

89 이 사건 및 다음에 나오는 사건에 대해서는 Roger Thompson, *Women in Stuart England and America: A Comparative Study*(London and Boston: Routledge & Kegan Paul, 1974), pp. 36~37을 참조하라.

90 Anne Firor Scott and Suzanne Lebsock, *Virginia Women: The First Two Hundred Years*(Williamsburg, Virginia: The Colonial Williamsburg Foundation, 1988), p. 16.

91 Suzanne Lebsock, *Virginia Women 1600-1945*(Richmond: Virginia State Library, 1987), p. 28.

92 Robert E. T. Roberts, "Black-White Intermarriage in the United States", in *Inside the Mixed Marriage: Accounts of Changing Attitudes, Patterns, and Perceptions of Cross-Cultural and Interracial Marriage*, ed. Walton R. Johnson and D. Michael

Warren(Lanham, New York, and London: University Press of America, 1994), p. 25.

93 Robert J. Sickels, *Race, Marriage and the Law*(Albuquerque: University of New Mexico Press, 1972), p. 64.

94 Lebsock, *Virginia Women*, p. 29.

95 Thompson, *Women in Stuart England and America*, p. 43.

96 D'Emilio and Freedman, *Intimate Matters*, p. 36.

97 Roberts, "Black-White Intermarriage", in *Inside the Mixed Marriage*, ed. Johnson and Warren, p. 28.

98 H. R. McIlwaine, "The Maids", p. 111.

99 Edmund S. Morgan, "The Puritans and Sex", p. 592.

100 Morgan, *The Puritan Family*, p. 47.

101 John Gillis, *For Better*, p. 14.

4장

1 Jean-Jacques Rousseau, *Emile*(London: J. M. Dent & Sons, Ltd., 1943), Book V. 루소를 여성의 적으로 보는 것이 유행이 되어버렸다 해도 그의 *La Nouvelle Héloïse*에 나오는 Julie와 *Confessions*의 Warens 부인에 대한 호의적인 묘사를 잊어서는 안 될 것이다. 다른 위대한 사상가들이나 문필가들과 마찬가지로 루소 역시 많은 모순을 지니고 있었다.

2 Dr. James Fordyce, *The Character and Conduct of the Female Sex*(London: T. Cadell, 1776), p. 40.

3 Mary Beth Norton, *Liberty's Daughters: The Revolutionary Experience of American Women, 1750-1800*(Boston and Toronto: Little, Brown and Company, 1980), pp. 117~124.

4 John Ogden, *The Female Guide: or, Thoughts on the Education of That Sex, accomodated to the State of Society, Manners, and Government in the United States* (Concord, New Hampshire, 1793, pp. 39~41). Linda K. Kerber, *Women of the Republic: Intellect and Ideology in Revolutionary America*(Chapel Hill: University of North Carolina Press, 1980), p. 252에서 재인용.

5 Norton, *Liberty's Daughters*, p. 21.

6 Julia Cherry Spruill, *Women's Life and Work in the Southern Colonies*(Chapel Hill: University of North Carolina Press, 1938), p. 66.

7 Ibid., p. 109.

8 Ibid., p. 179.

9 *Maryland Journal*, January 20, 1774. Spruill, *Women's Life and Work*, p. 180에서 재인용.

10 *South Carolina Gazette*, July 12, 1770. Spruill, *Women's Life and Work*, p. 182에서 재인용.

11 Edith B. Gelles, *First Thoughts: Life and Letters of Abigail Adams*(New York: Twayne Publishers, 1998), p. 3. Gelles, *Portia: The World of Abigail Adams* (Bloomington: Indiana University Press, 1992)도 참조하라.

12 *The Book of Abigail and John: Selected Letters of the Adams Family 1762-1784*, ed. L. H. Butterfield, Marc Friedlaender and Mary-Jo Kline(Cambridge, Massachusetts, and London: Harvard University Press, 1975), p. 121.

13 Ibid., p. 121.

14 Ibid., p. 123.

15 Gelles, *First Thoughts*, p. 15.

16 Ibid., p. 171.

17 Ibid., p. 172.

18 Woloch, *Women and the American Experience*, p. 85.

19 Pattie Cowell, *Women Poets in Pre-Revolutionary America, 1650-1775, An Anthology*(Troy, New York: The Whitston Publishing Company, 1981), p. 55에서 재인용.

20 Norton, *Liberty's Daughters*, p. 171.

21 Ibid., p. 177. 이 부분은 Norton의 연구에 크게 의존하고 있다, pp. 170~194.

22 Alfred F. Young, "The Women of Boston: 'Persons of Consequence' in the Making of the American Revolution, 1765-1776", *Women and Politics in the Age of the Democratic Revolution*, ed. Harriet B. Applewhite and Darline G. Levy(Ann Arbor: the University of Michigan Press, 1990), 특히 pp. 193~207.

23 Ibid., p. 196.

24 Carol Berkin, *First Generations: Women in Colonial America*(New York: Hill and Wang, 1996), p. 167.

25 Norton, *Liberty's Daughters*, p. 176.

26 *Sklavin oder Bürgerin? Französische Revolution und Neue Weiblichkeit 1760-1830*, ed. Viktoria Schmidt-Linsenhoff(Frankfurt: Historisches Museum Frankfurt, Jonas Verlag, 1989), p. 125.

27 Karen Offen, *European Feminisms, 1700-1950*(Stanford: Stanford University Press, 2000), pp. 27~68. *Women, the Family, and Freedom: The Debate in Documents*, ed. Susan Groag Bell and Karen M. Offen, vol. 1, 1750~1880 (Stanford: Stanford University Press, 1983), pp. 97~109도 참조하라.

28 Karen Offen, "Was Mary Wollstonecraft a Feminist? A Contextual Re-reading of *A Vindication of the Rights of Woman, 1792-1992*", *in Quilting A New Canon: Stitching Women's Words*, ed. Uma Parameswaran(Toronto: Sister Vision, Black Women and Women of Colour Press, 1996), p. 16.

29 Marilyn Yalom, *Blood Sisters: the French Revolution in Women's Memory*(New York: Basic Books, 1993), p. 93. Roland 부인에 대한 좀 더 상세한 설명은 pp. 75~96에서 찾아볼 수 있다.

30 Mme Roland, *Mémoires de Mme Roland*, ed. Paul de Roux(Paris: Mercure de France, 1986), p. 63. 인용문은 모두 내가 번역한 것이다.

31 Ibid., p. 65.

32 Ibid., pp. 93, 155.

33 C. A. Dauban, *Etude sur Madame Roland et son temps*(Paris: Henri Plon, 1864), p. CL.

34 Elisabeth Le Bas, "Manuscrit de Mme Le Bas", in *Autour de Robespierre, Le Conventionnel Le Bas*, ed. Stefant-Paul(pseudonym of Paul Coutant)(Paris: Flammarion, 1901), p. 127. 여기에서 인용한 Le Bas 부인의 말과 다음에 인용한 그녀의 말들은 Yalom, *Blood Sisters*, 제7장에도 나와 있다.

35 Marie-Victoire de La Villirouët, *Une femme avocat, épisodes de la Révolution à Lamballe et à Paris. Mémoires de la comtesse de La Villirouët, née de Lambilly*, ed. Comte de Bellevue(Paris: J. Poisson, 1902), p. 33.

36 Madame de Ménerville, *Souvenirs d'Émigration*(Paris: P. Roger, 1934), p. 170.

37 Linda Kerber, *Women of the Republic*, pp. 119~120.

38 Mary Wollstonecraft, *A Vindication of the Rights of Woman*(London: J. Johnson, 1792); ed. Miriam Kramnick(Harmondsworth, England: Penguin Books, 1975), p. 270.

39 Linda Kerber는 다음과 같은 자신의 기념비적 논문에서 "공화국의 어머니"라는 말을 처음으로 사용했다. "The Republican Mother: Women and the Enlightenment—An American Perspective", *American Quarterly* 28(Summer 1796), pp. 107~205.

40 Linda S. Popofsky and Marianne B. Sheldon, "French and American Women in the Age of Democratic Revolution, 1770~1815: A Comparative Perspective", in *History of European Ideas*, "Women in European Culture and Society" issue, 1987, p. 601.

41 Elke Harten and Hans-Christian Harten, *Femmes, Culture, et Révolution*(Paris: des femmes, 1989), pp. 561~562.

42 Edith Gelles, "Revisiting and Revising the Republican Mother", 미간행 논문.

43 '남성'이라는 단어를 추가해서 변용한 "에고에 복무하는 퇴행"이라는 말은 20세기 심리 치료 문학의 독자들에게는 친숙한 표현일 것이다.

5장

1 Theo Gift, "Little Woman", *Cassell's Magazine*, 1873, vol. 7(new series), p. 240.

Judith Rowbotham, *Good Girls Make Good Wives*(Oxford: Basil Blackwell Ltd, 1989), p. 11에서 재인용.

2 Eliza Holman citation from *The American Slave: A Composite Autobiography*, ed. Geroge P. Rawick(Westport, Connecticut: Greenwood Press, 1972), vol. 4, part 2, p. 150.

3 Eliza(Chaplin) Nelson Letters 1819~1869. Essex Institute Library. Salem, Massachusetts. Mirra Bank, *Anonymous Was a Woman*(New York: St. Martin's Press, 1979), p. 50에서 재인용.

4 특히 Edward Shorter, *The Making of the Modern Family*(New York: Basic Books, 1975)와 Carl Degler, *At Odds: Women and the Family in America from the Revolution to the Present*(New York and Oxford: Oxford University Press, 1981)를 참조하라. 한 세기에 걸쳐 빅토리아 여왕 시대의 결혼이 한편으로는 낭만적이고 동반자적인 부부 관계를 통해, 또 한편으로는 경제적, 사회적 계약을 통해 유지되었다는 사실을 잘 보여주는 논문으로는 다음을 참조하라. Kate Washington, "The Thing Bartered: Love, Economics, and the Victorian Couple", in *Inside the American Couple*, ed. Marilyn Yalom and Laura Carstensen(Berkeley: University of California Press, forthcoming).

5 Penny Kane, *Victorian Families in Fact and Fiction*(New York: St. Martin's Press, 1995), pp. 98~99.

6 Katherine Moore, *Victorian Wives*(New York: St. Martin's Press, 1974), pp. 57~58. Pamela Neville-Sington, *Fanny Trollope: The Life and Adventures of a Clever Woman*(London: Viking, 1997), pp. 32~33. 1770년대에 John Gregory가 했던 충고는 여전히 유효했다. "이 나라의 여성은 처음 사랑에 빠졌을 때 조심스럽게 행동할 줄 알며 신중함과 섬세함을 발휘하여 스스로를 보호할 것이다. 멋진 남자가 사랑을 고백한 후에야 서로 간의 관심은 정당화된다." John Gregory, *A Father's Legacy to His Daughters*(Chambersburg, Pennsylvania. Printed by Dover & Harper, for M. Carey, Philadelphia, 1796 〔London: 1774〕).

7 이 인용문과 다음 두 인용문은 Lotte and Joseph Hamburger, *Troubled Lives: John and Sarah Austin*(Toronto, Buffalo, London: University of Toronto Press, 1985), pp. 12, 13, 23에서 발췌한 것이다.

8 Françoise Basch, *Relative Creatures: Victorian Women in Society and the Novel*, trans. Anthony Rudolf(New York: Schocken, 1974), p. 26.

9 Greg와 Ruskin의 말은 Basch, *Relative Creatures*, p. 5 및 p. 6에서 발췌하여 인용했다.

10 William Acton, *The Functions and Disorders of the Reproductive Organs in Youth, in Adult Age, and in Advanced Life*(London: John Churchill, 1857). 1897년 Philadelphia 판본이 다음에 인용되어 있다. *Victorian Woman: A Documentary Account of Women's Lives in Nineteenth-Century England, France, and the United States*, ed. Erna Hellerstein, Leslie Hume, Karen Offen, Estelle Freedman,

Barbara Gelpi and Marilyn Yalom(Stanford: Stanford University Press, 1981), p. 178, 1897년 Philadelphia 판본에서 재인용.

11 Auguste Debay, *Hygiène et physiologie du mariage*(Paris: E. Dentu, 1849), p. 138.

12 Charlotte Brontë, 1839년 3월 12일자 Ellen Nussey에게 보내는 편지. Patricia Beer, *Reader, I Married Him*(London and Basingstoke: The Macmillan Press Ltd., 1974), p. 6에서 재인용.

13 Neville-Sington, *Fanny Trollope*, p. 45에서 재인용.

14 *Not in God's Image: Women in History from the Greeks to the Victorians*, ed. Julia O'Faolain and Lauro Martines(New York, Hagerstown, San Francisco, London: Harper & Row Publishers, 1973), p. 318.

15 *Victorian Women*, ed. Hellerstein et al., p. 258. 제5장에 나오는 많은 내용은 1977년부터 1981년까지 국립인문학기금에서 재정 지원을 받았고, 내가 책임연구원으로 참여했던 Stanford Center for Research on Women의 Victorian Women 프로젝트에서 가져왔다.

16 The Hon. Mrs. Norton, *A Letter to the Queen on Lord Chancellor Cranworth's Marriage and Divorce Bill*(London: Longman, Brown, Green and Longmans, 1855), pp. 9~11.

17 Lee Holcombe, "Victorian Wives and Property: Reform of the Married Women's Property Law, 1857~1882", in *A Widening Sphere: Changing Roles of Victorian Women*, ed. Martha Vicinus(Bloomington and London: Indiana University Press, 1977), p. 19.

18 *Victorian Women*, ed. Hellerstein et al., p. 260.

19 Lee Holcombe, "Victorian Wives and Property", in *A Widening Sphere*, ed. Vicinus, p. 15.

20 *Women, the Family, and Freedom: The Debate in Documents*, ed. Susan Groag Bell and Karen M. Offen(Stanford: Stanford University Press, 1983), vol. 1, 1750~1880, p. 253.

21 *The Elizabeth Cady Stanton-Susan B. Anthony Reader: Correspondence, Writings, Speeches*, ed. Ellen DuBois(Boston: Northeastern University Press, 1992), pp. 55~56.

22 Hendrik Hartog, *Man and Wife in America: A History*(Cambridge, Massachusetts: Harvard University Press, 2000), pp. 287~295.

23 Frances Trollope, *Domestic Manners of the Americans*(Oxford and New York: Oxford University Press, 1984[1831]), p. 98.

24 J. S. Buckingham, *The Slave States of America*(London: Fisher, Son & Co., 1842), vol. 1, p. 127.

25 Ibid., p. 231.

26 Letter from Mrs. Vivia A. B. Henderson, *Woman's Journal*, November 19, 1898, p. 375. Barbara Ehrenreich and Deirdre English, *For Her Own Good: 150 Years of the Experts' Advice to Women*(Garden City, New York: Anchor Press/Doubleday, 1978), p. 150.

27 Katherine Moore, *Victorian Wives*(New York: St. Martin's Press, 1974), p. xxv에서 재인용.

28 Sara Grimké, *Letters on the Equality of the Sexes*(Boston: I. Knapp, 1838), p. 51.

29 George W. Burnap, *The Sphere and Duties of Woman*(Baltimore: John Murphy, 1848), pp. 145~146. 또한 Frances B. Cogan, *All American Girl: The Ideal of Real Womanhood in Mid-Nineteenth-Century America*(Athens and London: The University of Georgia Press), p. 79를 참조하라.

30 *Victorian Women*, ed. Hellerstein et al., pp. 15~17.

31 Burnap, *The Sphere*, pp. 45~46. 19세기 미국 여성을 지배하던 가사 이데올로기를 이해하려면, Glenna Matthews, *Just a Housewife: The Rise and Fall of Domesticity in America*(New York and Oxford: Oxford University Press, 1987) 중 특히 제1장과 제2장을 참조하라. 또한 Nancy M. Theriot, *Mothers and Daughters in Nineteenth-Century America: The Biosocial Construction of Feminity*(Lexington: The University Press of Kentucky, 1996)와 Ruth H. Bloch, "American Feminine Ideals in Transition: The Rise of the Model Mother, 1785-1815", *Feminist Studies*, 4(1978), pp. 101~125을 참조하라.

32 Elizabeth Cady Stanton, *Eighty Years and More: Reminiscences 1815-1897*(New York: Schocken Books, 1971[1898]). 모든 인용문은 이 판본에서 발췌한 것이다.

33 Ellen M. Plante, *Women at Home in Victorian America: A Social History*(New York: Facts on File, Inc.), 1997, p. 23.

34 Harvey Green, *The Light of the Home: An Intimate View of the Lives of Women in Victorian America*(New York: Pantheon Books, 1983), p. 43.

35 Caroll Smith-Rosenberg, *Disorderly Conduct: Visions of Gender in America*(New York: Knopf, 1985), pp. 53~76.

36 Elizabeth Cady Stanton, *Solitude of Self, An Address delivered before the United States Congressional Committee on the Judiciary, Monday, January 18, 1892*, National American Woman Suffrage Association Series(Microfilm, New Haven, Conn., Research Publication, 1977. History of Women, Reel 935, no. 7967), pp. 3~20.

37 George Fitzhugh, *Sociology for the South*(Richmond: Morris, 1854), pp. 214, 217.

38 Marli F. Weiner, *Mistresses and Slaves: Plantation Women in South Carolina, 1830-1880*(Urbana and Chicago: University of Illinois Press, 1998), pp. 66, 73.

39 Virginia Cary, *Letters on Female Character, Addressed to a Young Lady, on the Death of Her Mother*(Richmond: 1828), p. 149. Suzanne Lebsock, *Virginia Women*

1600-1945(Richmond: Virginia State Library, 1987), p. 63에서 재인용.

40 Eleanor Miot Boatwright, *Status of Women in Georgia, 1783-1860*(Brooklyn, New York: Carlson Publishing, Inc., 1994), p. 24와 p. 53에서 발췌해서 인용했다.

41 Boatwright, *Status*, p. 27. 미국의 제7차 인구 조사(1850년)와 제8차 인구 조사(1860년)를 인용하고 있다.

42 Boatwright, *Status*, p. 33.

43 *Tokens of Affection: The Letters of a Planter's Daughter in the Old South*, ed. Carol Bleser(Athens, Georgia, and London: The University of Georgia Press, 1996), pp. 110~111, 120, 131.

44 Boatwright, *Status*, p. 88.

45 Ibid., p. 36에서 Batesville(Arkansas) News를 실은 *Augusta Georgia Constitutionalist*, February 25, 1841을 인용하고 있다.

46 Sarah Anderson diary, May 6, 1827. Jan Lewis, *The Pursuit of Happiness: Family and Values in Jefferson's Virginia*(Cambridge, England: Cambridge University Press, 1984), p. 198에서 재인용.

47 Anne Firor Scott, *The Southern Lady: From Pedestal to Politics 1830-1930* (Chicago and London: The University of Chicago Press, 1970), pp. 27~28.

48 Weiner, *Mistress and Slaves*; Eugene D. Genovese, "Life in the Big House", in *A Heritage of Her Own*, ed. Nancy Cott and Elizabeth Pleck(New York: Simon and Schuster, 1979), pp. 290~297; Genovese, *Roll, Jordan, Role: The World the Slaves Made*(New York: Vintage Books, 1974).

49 Weiner, *Mistresses and Slaves*, pp. 35~36.

50 Harriet Jacobs(필명은 Linda Brent), *Incidents in the Life of a Slave Girl*(Boston: Published for the Author, 1861), p. 20.

51 Weiner, *Mistresses and Slaves*, pp. 35~36.

52 *The American Slave*, ed. George P. Rawick(Westport, Conn.: Greenwood Publishing Co., 1972), vol. 5, part 3, p. 83.

53 *The American Slave*, ed. Rawick, vol. 5, part 3, p. 77.

54 Scott, *The Southern Lady*, pp. 38~39.

55 Janet Farrell Brodie, *Contraception and Abortion in Nineteenth-Century America*(Ithaca and London: Cornell University Press, 1994), p. 2.

56 Weiner, *Mistresses and Slaves*, p. 22.

57 *The American Slave*, ed. Rawick, vol. 4, part 2, p. 163.

58 Ibid., p. 42.

59 Ibid., vol. 5, part 3, p. 191.

60 Ibid., part 4, pp. 176~178.

61 Weiner, *Mistresses and Slaves*, p. 85.

62 Ibid., p. 81.

63 *The American Slave*, ed. Rawick, vol. 4, part 2, pp. 104~105.
64 Eugene D. Genovese, *Roll, Jordan, Roll*, pp. 477~478.
65 Degler, *At Odds*, p. 114.
66 *The American Slave*, ed. Rawick, vol. 4, part 1, p. 63.
67 Ibid., p. 79.
68 Ibid., vol. 4, part 2, p. 288.
69 Ibid., p. 136.
70 Ibid., vol. 5, part 3, p. 244.
71 Ibid., vol. 4, part 1, p. 207.
72 Ibid., vol. 4, part 2, p. 17, 194.
73 Ibid., vol. 5, part 3, p. 258.
74 Herbert G. Gutman, *The Black Family in Slavery and Freedom, 1750-1925*(New York: Vintage Books), p. 51.
75 Herbert G. Gutman, "Marital and Sexual Norms among Slave Women", in *A Heritage of Her Own*, ed. Cott and Pleck. p. 301.
76 Genovese, *Roll, Jordan, Roll*, p. 467.
77 *In Joy and in Sorrow: Women, Family, and Marriage in the Victorian South, 1830-1900*, ed. Carol Bleser(New York: Oxford University Press, 1991), p. 108.
78 *The American Slave*, ed. Rawick, vol. 4, part 1, p. 77.
79 Ibid., p. 107.
80 Ibid., p. 86.
81 Ibid., vol. 5, part 3, pp. 191~192.
82 Ibid., vol. 4, part 1, p. 224.
83 Ibid., vol. 4, part 2, p. 205.
84 *Weevils in the Wheat: Interviews with Virginia Ex-Slaves*, ed. Charles L. Perdue, Jr., Thomas E. Barden, and Robert K. Phillips(Bloomington, Ind.: University of Indiana Press, 1980), pp. 48~49. Lebsock, *Virginia Women*, p. 75에서 재인용.
85 Weiner, *Mistresses and Slaves*, p. 75.
86 Harriet Jacobs, *Incidents in the Life of a Slave Girl*, p. 53.
87 *The American Slave*, ed. Rawick, vol. 5, part 4, p. 167.
88 Ibid., vol. 4, part 2, p. 164.
89 Frances Anne Kemble, *Journal of a Residence on a Georgian Plantation in 1838-1839*(New York: Alfred A. Knopf, 1961), pp. 132~133, 136~137, 140.
90 Boatwright, *Status*, p. 55.
91 Anne Firor Scott, *The Southern Lady*, chapter 3, pp. 46~79. 또한 Lebsock, *Virginia Women*, pp. 76~77을 참조하라.
92 Buckingham, *Slave States*, vol. 1, pp. 140~141.
93 Scott, *The Southern Lady*, p. 40에서 재인용.

94 *The American Slave*, ed. Rawick, vol. 4, part 1, p. 69.

95 Ibid., vol. 5, part 4, p. 222.

6장

1 Julie Roy Jeffrey, *Frontier Woman: The Trans-Mississippi West, 1840–1880*(New York: Hill and Wang, 1979)과 Glenda Riley, *The Female Frontier: A Comparative View of Women on the Prairie and the Plains*(Lawrence, Kansas: University of Kansas, 1988)는 1840년대에서 1880년대 사이 미시시피 강 저편의 여성들에 대한 지식의 지평을 크게 확장시켜준 두 개의 연구다. Jeffrey는 1840년대부터 1880년대 사이에 극서 지방에 위치했던 농업 개척지부터 1849년 캘리포니아 골드러시와 함께 개장한 금광 개척지역에 이어 도시의 개척도 연구했다. Riley는 아이오와, 미주리, 일리노이, 미네소타, 인디애나와 같은 대초원 지대의 주들, 그리고 캔자스, 다코타, 네브래스카, 오클라호마 및 콜로라도, 텍사스, 와이오밍, 몬태나 일부에 걸쳐 있는 평원 지대의 주들에 초점을 맞추었다. Joanna L. Stratton, *Pioneer Woman: Voices from the Kansas Frontier*(New York: Simon and Schuster, 1981)는 캔자스만을 중점적으로 다루고 있다. Stratton은 할머니의 다락에서 800명의 캔자스 여성들이 쓴 회고록을 발견하는 믿기 어려운 행운을 손에 넣었다. 이 보물은 1884년에 캔자스로 이주했던 그녀의 증조모가 전해준 것으로 밝혀졌다. 또 다른 자료로는 다음과 같은 것들이 있다. Lillian Schlissel, *Women's Diaries of the Westward Journey*(New York: Schocken, 1982); ed. Kenneth L. Holmes, *Covered Wagon Women: Diaries from the Western Trails, 1840–1890*, 11 volumes(Glendale, CA: Arthur H. Clark Company, 1983~93).

2 Charles Marc Bost, *Les derniers puritains: pionniers d'Amérique, 1851–1920* (Paris: Hachette, 1977).

3 Riley, *The Female Frontier*, p. 48에서 재인용.

4 Ibid., p. 31.

5 Ibid., p. 46.

6 Stratton, *Pioneer Women*, p. 55에서 재인용

7 Mary Jane Hayden, *Pioneer Days*(San Jose, California: Murgotten's 1915), Cathy Luchetti, *"I Do!" Courtship, Love and Marriage on the American Frontier*(New York: Crown Trade Paperbacks, 1996), pp. 215~216에서 재인용.

8 Stratton, *Pioneer Women*, p. 44에서 재인용.

9 Susan Butruille, *Women's Voices from the Oregon Trail*(Boise, Idaho: Tamarack Books, 1993), p. 49에서 재인용.

10 Riley, *The Female Frontier*, p. 49. Cf. Jeffrey, *Frontier Women*, p. 57.

11 Bost, *Les derniers puritains*, p. 181. 인용문의 번역은 저자가 한 것이다.

12 *Mollie: The Journal of Mollie Dorsey Sanford in Nebraska and Colorado Territories, 1857-1866*(Lincoln: University of Nebraska Press, 1959), pp. 145~146.

13 Fred Lockley, *Conversations with Pioneer Women*(Eugene, Oregon: Rainy Day Press, 1993), pp. 98~99.

14 Luchetti, *"I Do!"*, pp. 170~172.

15 Susan Armitage, "Women's Literature and the American Frontier: A New Perspective on the Frontier Myth", *Women, Women Writers, and the West*, ed. L. L. Lee and Merrill Lewis(Troy, New York: The Whitston Publishing Company, 1980), pp. 5~13.

16 Sarah Winnemucca Hopkins, *Life among the Piutes: their wrongs and claims*, ed. Mrs. Horace Mann(Boston: For Sale by Cupples Upham and Co., G. P. Putnam's Sons, New York, and by the author, 1883). Sarah Winnemuca의 짧은 전기가 다음 책에 실려 있다. Elinor, Rickey, *Eminent Women of the West*(Berkeley: Howell-North Books, 1975), pp. 125~151.

17 이번과 다음 문단은 Luchetti, *"I Do!,"* pp. 257~262에 기초한 것이다.

18 Andrew Garcia, *Tough Trip Through Paradise*, ed. Bennet Stein(New York: Houghton Mifflin, 1967).

19 Johnny Faragher and Christine Stansell, "Women and their Families on the Overland Trail to California and Oregon, 1842-1867", in *A Heritage of Her Own: Toward a New Social History of American Women*, ed. Nancy Cott and Elisabeth Pleck(New York: Simon and Schuster, 1979), p. 246.

20 다음에 나오는 이야기는 Ruth Karr McKee, *Mary Richardson Walker: Her Book*(Caldwell, Idaho: The Caxton Printers, Ltd., 1945)을 토대로 한 것이다.

21 Luchetti, *"I Do!"*, p. 184.

22 "Original Diary of Kitturah Penton(Mrs. George) Belknap", Susan Butruille, *Women's Voices*, p. 53과 그다음 쪽들에서 재인용.

23 "Notes by the Wayside en Route to Oregon", by Lydia A. Rudd. Typescript in the collection of Lilly Library, Indiana University, Bloomington, Indiana.

24 Lockley, *Conversations*, pp. 42~44.

25 *Mollie: The Journal of Mollie Dorsey Sanford*, pp. xxx.

26 Mary Ballou, "'I Hear the Hogs in My Kitchen': A Woman's View of the Gold Rush", in *Let Them Speak for Themselves: Women in the American West 1849-1900*, ed. Christiane Fischer(Hamden, Connecticut: Archon Books, 1977), pp. 42~46.

27 Rachel Haskell, "A Literate Woman in the Mines: the Diary of Rachel Haskell", in *Let Them Speak*, ed. Fischer, pp. 58~72.

28 James Henry Gleason, *Beloved Sister: The Letters of James Henry Gleason, 1841-1859*(Glendale, CA: The Arthur H. Clark Co., 1978).

29 Genaro Padilla, "'Yo Sola Aprendi' : Mexican Women's Personal Narratives from Nineteenth-Century California", in *Revealing Lives: Autobiography, Biography, and Gender*, ed. Susan Groag Bell and Marilyn Yalom(Albany: SUNY Press, 1990), p. 123.

30 Luchetti, *"I Do!"*, pp. 284~285.

31 Mary Bywater Cross, *Treasures in the Trunk: Quilts of the Oregon Trail*(Nashville Tennessee: Rutledge Hill Press, 1993), pp. 123~124.

32 Stanley Snow Ivins, "Notes on Mormon Polygamy", *Western Humanities Review* 10(1956), pp. 229~239, and James E. Smith and Philip R. Kunz, "Polygamy and Fertility in Nineteenth-Century America", *Population Studies* 30(1976), pp. 465~480.

33 Jeffrey, *Frontier Women*, pp. 166 and 172.

34 Ibid., p. 165.

35 Mary Ann Hafen, "Memories of a Handcart Pioneer, with some account of frontier life in Utah and Nevada", in *Let Them Speak*, ed. Fischer, pp. 101~108.

36 Annie Clark Tanner, *A Mormon Mother: An Autobiography*(Salt Lake City: University of Utah Press, 1969), p. 116.

37 Lawrence Foster, "Polygamy and the Frontier: Mormon Women in Early Utah", *History of Women in the United States*, ed. Nancy Cott(Munich, London, New York, and Paris: K. G. Saur, 1992), vol. 2, p. 269.

38 Jeffrey, *Frontier Women*, p. 170.

39 Foster, "Polygamy", in *History of Women*, ed. Cott, pp. 279~280.

40 Hannah Crosby, *Sketch of the Life of Hannah A. Crosby*, from the Historical Records Survey and the Federal Writers project of the Utah Works Administration, 1935~39. Luchetti, *"I Do!"*, pp. 187~188에서 재인용.

41 John Faragher, *Women and Men on the Overland Trail*(New Haven and London: Yale University Press, 1979), chapter 3.

42 Helen M. Carpenter, "A Trip Across the Plains in an Ox Wagon, 1857"(manuscript diary, Huntington Library), pp. 27~28. Faragher and Stansell, "Women and Their Families on the Overland Trail", in *A Heritage of Her Own*, ed. Cott and Pleck, p. 254에서 재인용.

43 Faragher and Stansell, "Women and Their Families on the Overland Trail", in *A Heritage of Her Own*, ed. Cott and Pleck, p. 255.

44 Bethenia Owens-Adair, *Dr. Owens-Adair: Some of Her Life Experiences*(Portland, Oregon: Mann & Beach, 1906), pp. 24~27.

45 Stratton, *Pioneer Women*, p. 58에서 재인용.

46 Hendrik Hartog, *Man and Wife in America: A History*(Cambridge, Massachussets: Harvard University Press, 2000), p. 87.

47 Owens-Adair, *Dr. Owens-Adair*, pp. 52~53.

7장

1 이번과 다음 인용문은 Henrick Ibsen, *A Doll's House and Other Plays*(Baltimore, Maryland: Penguin Books, 1967), trans. Peter Watts, pp. 228 and 334, note 11에서 발췌한 것이다.

2 Margareta R. Matovic, *Stockholmsakenskap: Familjebildning och partnerval i Stockholm 1850-1890*(Stockholm: LiberFörlags, 1984), English summary, pp. 364~377.

3 Leo XIII, *Rerum Novarum*, 15 May 1891, *Women, the Family, and Freedom*, ed. Susan Groag Bell and Karen Offen(Stanford: Stanford University Press, 1983), vol. 2, p. 95에서 발췌했다.

4 이 용어는 Sarah Grand의 다음 논문에서 처음 사용되었다. Sarah Grand, "The New Aspect of the Woman Question", in *North America Review*, vol. 158(1894), p. xxx. *The Late Victorian Marriage Question*, ed. Ann Heilmann(London: Routledge, 1998), vol. 2, pp. 271~276에서 재인용. 이 자리를 빌려 내가 인용한 책을 편집했고, 여성 문제에 대한 다른 자료들을 쉽게 얻을 수 있는 5권짜리 책을 Routledge/Thoemmes Press collection에서 펴낸 Heilmann에게 빚을 지고 있음을 밝힌다.

5 Dedication Page to *Is Marriage a Failure?*, ed. Harry A. Quilter(London: Swan Sonnenschein & Co, 1888). Facsimile copy(New York: Garland, 1984)

6 Susan Turk Charles and Laura L. Carstensen, "Marriage in Old Age", in *Inside the American Couple*, ed. Marilyn Yalom and Laura L. Carstensen(Berkeley: University of California Press, forthcoming).

7 John Lucas, *The Literature of Change: Studies in the 19th Century Provincial Novel*(Hassocks, England: Harvester Press, 1977).

8 George Gissing, *The Odd Women* [1893](New York: W. W. Norton, 1977), p. 87.

9 Ibid., p. 180.

10 Eliza Lynn Linton, "The Wild Women as Politicians", Nineteenth Century, vol. 30(1891), pp. 79~88. Linton이 쓴 "Wild Women"이라는 제목의 연작 논문 3편은 Heilmann, *The Late Victorian Marriage Question*의 1권 마지막 부분에 실려 있다.

11 Abba Goold Woolson, ed., *Dress Reform*(New York: Arno Press, 1974[1874]), p. 134.

12 Lillian Faderman, *Surpassing the Love of Men: Romantic Friendship and Love between Women from the Renaissance to the Present*(New York: William Morrow and Company, Inc., 1981), p. 190. 다음 책도 참조하라. Faderman, *To Believe in*

Women: What Lesbians Have Done for America—A History(Boston and New York: Houghton Mifflin Company, 1999).

13 다음의 내용은 Virginia Jeans Laas, *Love and Power in the Nineteenth Century : The Marriage of Violet Blair*(Fayetteville: The University of Arkansas Press, 1998)에 근거하고 있다.

14 Sondra R, Herman, "Loving Courtship or the Marriage Market: The Ideal and Its Critics, 1871-1911", in *History of Women in the United States*, ed. Nancy Cott(Munich, London, New York, Paris: K. G. Saur, 1992), vol. 2, pp. 298~315.

15 Carl Degler, "Introduction", to Charlotte Perkins Gilman, *Women and Economics* (New York, Hagerstown, San Francisco, London: Harper & Row, 1966), p. xxv.

16 Charlotte Perkins Gilman, *The Home: Its Work and Influence*(Urbana: University of Illinois Press, 1972 [1902]), p. 277.

17 Gilman, *Women and Economics*, pp. 13~15.

18 Ibid., p. 157.

19 Ibid., p. 242.

20 Gilman, "All the World to Her", *Independent*, July 9, 1903, p. 1616.

21 모성과 우울증의 상관관계에 대해서는 다음을 참조하라. Marilyn Yalom, *Maternity, Mortality, and the Literature of Madness*(University Park and London: Pennsylvania State University Press, 1985).

22 Carl Degler, *At Odds: Women and the Family in America from the Revolution to the Present*(New York: Oxford University Press, 1981), pp. 409~410.

8장

1 William Acton, *The Functions and Disorders of the Reproductive Organs in Childhood, Youth, Adult Age, and Advanced Life Considered in Their Physiological, Social, and Moral Relations*(3rd Am. ed.; Philadelphia, 1871), p. 164, Hellerstein et al ed., *Victorian Women*, p. 178에서 재인용. 또한 John S. Haller, Jr., and Robin M. Haller, *The Physician and Sexuality in Victorian America*(Urbana, Chicago, London: University of Illinois Press, 1974), pp. 97~102 및 Carl Degler, *At Odds*(New York: Oxford University Press, 1981), pp. 253~259을 참조하라.

2 Elizabeth Edson Evans, *The Abuse of Maternity*(Philadelphia: J. B. Lippincott & Co., 1875), pp. 118~119.

3 George H. Napheys, *The Transmission of Life. Counsels on the Nature and Hygiene*(Philadephia, 1871)과 *The Physical Life of Woman: Advice to the Maiden, Wife and Mother*(Toronto: Rose Publishing Co., 1880, 3rd Canadian ed.), p. 76을

비교해보라.

4 Edward B. Foote, *Plain Home Talk*(New York: Murray Hill Publishing Co., 1891), p. 631.

5 Haller and Haller, *The Physician*, pp. 132~133에서 인용했다.

6 James Mahood and Kristine Wenburg, ed., *The Mosher Survey*(New York: Arno, 1980), Julia A. Ericksen, *Kiss and Tell: Surveying Sex in the Twentieth Century* (Cambridge, Massachusetts and London: Harvard University Press, 1999), pp. 28~30에 요약되어 있다.

7 Carl Degler, "Introduction", *The Mosher Survey*, ed. Mahood and Wenburg, p. xiii.

8 Janet Farrell Brodie, *Contraception and Abortion in Nineteenth-Century America* (Ithaca and London: Cornell University Press, 1994), p. 185.

9 Norman Himes, *Medical History of Contraception*(Baltimore: The Williams & Wilkins Company, 1936), pp. 276~278.

10 Brodie, *Contraception*, pp. 216~219.

11 1876년 12월 21일자 푸트가 길더에게 보내는 편지, Mary Hallock Foote Papers, Special Collections, Green Library, Stanford University. John D'Emilio and Estelle Freedman, *Intimate Matters: A History of Sexuality in America*(Chicago and London: The University of Chicago Press, 1997)에서 인용했다.

12 Elizabeth Hampsten, *Read This Only to Yourself: The Private Writings of Mid-Western Women, 1880-1910*(Bloomington: Indiana University Press, 1982), p. 104. D'Emilio and Freedman에서 인용했다.

13 이것은 Peter Gay가 *The Bourgeois Experience: Victoria to Freud*(New York and Oxford: Oxford University Press, 1984), p. 258에서 밝힌 견해인데, Brodie, D'Emilio와 Freedman 및 19세기 성(性)을 전공하는 다른 역사가들의 의견도 그와 마찬가지다.

14 Napheys, *Physical Life*, p. 91 및 W. R. D. Blackwood, "The Prevention of Conception", *Medical and Surgical Reporter* 59(1888), p. 396. Haller and Haller, *The Physician*, p. 123에서 인용.

15 Eliza B. Duffey, *What Women Should Know: A Woman's Book About Women* (Philadelphia: J. M. Stoddart & Co., 1873), pp. 131~133. Arno Press에서 1974년에 재출간되었다.

16 Leslie J. Reagan, *When Abortion Was a Crime: Women, Medicine, and Law in the United States, 1867-1973*(Berkeley, Los Angeles, London: University of California Press, 1997), p. 8.

17 James C. Mohr, *Abortion in America: The Origins and Evolution of National Policy, 1800-1900*(New York: Oxford University Press, 1978), p. 6과 그다음 쪽들을 참조하라.

18 Brodie, *Contraception*, p. 255.

19 Mohr, *Abortion*, p. 86.

20 Lawrence J. Friedman, *Crime and Punishment in American History*(New York: Basic Books, 1993), pp. 229~230.

21 Mohr, *Abortion*, p. 88에서 인용했다.

22 Brodie, *Contraception*, p. 268.

23 Reagan, *When Abortion*, pp. 46~61.

24 Ibid., chapter 1, "An Open Secret."

25 Ibid., p. 20.

26 마거릿 생어와 산아 제한 운동에 관한 논의는 기본적으로 Ellen Chesler, *Woman of Valor: Margaret Sanger and the Birth Control Movement in America*(New York: Simon and Schuster, 1992)에 기초하고 있다.

27 D'Emilio and Freedman, *Intimate Matters*, p. 172.

28 Kate Chopin, *The Awakening*(New York: Avon Books, 1972), p. 16.

29 Bram Dijkstra, *Evil Sisters*(New York: knopf, 1996).

30 Katherine B. Davis, *Factors in the Sex Life of Twenty-two Hundred Women*(New York: Harper & Brothers, 1929).

31 Dr. G.V. Hamilton, *A Research in Marriage*(New York: Albert and Charles Boni, 1929).

32 Millard S. Everett, Ph. D., *The Hygiene of Marriage: A Detailed Consideration of Sex and Marriage*(New York: The Vanguard Press, 1932).

33 Wiliam Chafe, *The Paradox of Change: American Women in the 20th Century*(New York and Oxford: Oxford University Press, 1991), pp. 115~116.

34 D'Emilio and Freedman, *Intimate Matters*, p. 246.

35 Dr. Fred J. Taussig, "Abortion in Relation to Fetal and Maternal Welfare", *The American Journal of Obstetrics and Gynecology*, November and December 1931.

36 이 구절 및 그다음 구절은 Leslie J. Reagan, *When Abortion Was a Crime*, pp. 135~136에 기초하고 있다.

37 초기의 낙태 지지자들의 논의는 Reagan, *When Abortion*, pp. 139~140을 참조하라.

38 Ibid., p. 151.

39 Ibid., p. 159.

9장

1 Evelyn W. Guthrie, "Home is Where You Hand Your Hat", 미간행 원고, Hoover Archives, Stanford University.

2 이 사항 및 다음의 통계는 William Chafe, *The Paradox of Change: American*

Women in the 20th Century(New York and Oxford: Oxford University Press, 1991), pp. 130~131을 인용한 것이다.

3 Finnegan Alford-Cooper, *For Keeps: Marriages That Last a Lifetime*(Armonk, New York and London: M. E. Sharpe, 1998), p. 4.

4 Leila J. Rupp, *Mobilizing Women for War: German and American Propaganda, 1939-1945*(Princeton, New Jersey: Princeton University Press, 1978), pp. 141~142.

5 Rupp, *Mobilizing Women*, p. 138.

6 Chafe, *The Paradox*, p. 131.

7 Karen Anderson, *Wartime Women: Sex Roles, Family Relations, and the Status of Women During World War II*(Westport, Connecticut, and London: Greenwood Press, 1981), p. 5.

8 International Labour Office, *The War and Women's Employment: the Experience of the United Kingdom and the United States*(Montreal: ILO, 1946), p. 234.

9 William M. Tuttle, Jr., *Daddy's Gone to War: The Second World War in the Lives of Amemica's Children*(New York and Oxford: Oxford University Press, 1993), chapter 5.

10 Tuttle, *Daddy's Gone to War*, p. 84 및 Chafe, *The Paradox*, pp. 144~145.

11 International Labour Office, *The War*, p. 279.

12 *Since You Went Away: World War II Letters from American Women on the Home Front*, ed. Judy Barrett Litoff and David C. Smith(New York and Oxford: Oxford University Press, 1991), p. 105.

13 Tuttle, *Daddy's Gone to War*, pp. 70~71.

14 Ibid., pp. 60~63.

15 Anderson, *Wartime Women*, p. 29에서 재인용.

16 Glenna Matthews, *Just a Housewife: The Rise and Fall of Domesticity in America*(New York and Oxford: Oxford University Press, 1987), p. 267. 또한 Anderson, *Wartime Women*, pp. 7~9을 참조하라.

17 Alford-Cooper, *For Keeps*, p. 111.

18 Amy Kesselman, *Fleeting Opportunities: Women Shipyard Workers in Portland and Vancouver during World War II and Reconversion*(Albany: State University of New York Press, 1990), p. 29.

19 Kesselman, *Fleeting Opportunities*, pp. 1~2, 28.

20 Virginia Snow Wilkinson, "From Housewife to Shipfitter", *Harper's*, September, 1943, pp. 328~337.

21 Kesselman, *Fleeting Opportunities*, p. 6.

22 Mary Martha Thomas, *Riveting and Rationing in Dixie*(Tuscaloosa and London: University of Alabama Press, 1987), p. 43.

23 *Since You Went Away*, ed. Litoff and Smith, p. 147.

24 Kesselman, *Fleeting Opportunities*, pp. 42~43.

25 Anderson, *Wartime Women*, p. 37.

26 Thomas, *Riveting*, p. 6 및 chapter 3.

27 Ibid., p. 60.

28 Anderson, *Wartime Women*, pp. 28~29.

29 Ibid., pp. 32~33.

30 Ibid., p. 34.

31 거트루드 모리스의 이야기는 Olga Gruhzit-Hoyt, *They Also Served: American Women in World War II*(New York: A Birch Lane Press Book, Carol Publishing Group, 1995), pp. 77~80에 나와 있다.

32 *Since You Went Away*, ed. Litoff and Smith, p. 163.

33 도로시 반스의 이야기는 Gruhzit-Hoyt, *They Also Served*, pp. 109~114에 나와 있다.

34 *Dear Boys: World War II Letters from a Woman Back Home*, ed. Judy Barnett Litoff and David C. Smith(Jackson and London: University Press of Mississippi, 1991), p. 155.

35 Tuttle, *Daddy's Gone to War*, pp. 24~25.

36 *The Good Housekeeping Cookbook*(New York and Toronto: Farrar & Rinehart, Inc., 1942), Preface.

37 Priscilla Robertson and Hawley Jones, "Housekeeping after the War", *Harper's Magazine*, April, 1994, p. 430.

38 Tuttle, *Daddy's Gone to War*, pp. 65~66.

39 Natsuki Aruga, "Continuity during Change in World War II: Berkeley, California, as Seen through the Eyes of Children", Ph. D. dissertation, Stanford University, May 1996, p. 181.

40 Margaret Culkin Banning, *Women in Defense*(New York: Duell, Sloan and Pearce, 1942), pp. 142~146.

41 Banning, *Women in Defense*, p. 177.

42 *Since You Went Away*, ed. Litoff and Smith, p. 101.

43 Maybelle Hargrove, "Diary of a Volunteer Red Corps Worker in Dibble General Hospital, World War II", in the Papers of Mrs. Edsall Ford, in the Hoover Archives, Stanford University.

44 Elfrieda Berthiaume Shukert and Barbara Smith Subetta, *War Brides of World War II*(Novato, CA: Presidio Press, 1988), pp. 1~2.

45 Alford-Cooper, *For Keeps*, p. 47.

46 Ibid., p. 46.

47 Steven Mintz and Susan Kellogg, *Domestic Revolutions*(New York: Free Press, 1988), p. 171.

48 Alford-Cooper, *For Keeps*, p. 108.

49 Ibid., p. 109.

50 Nell Giles, "What About the Women", *Ladies' Home Journal*, June 1944, pp. 22~23. Rupp, *Mobilizing Women*, p. 161에서 재인용.

51 Glenna Matthews, "Just a Housewife", p. 208에서 재인용.

52 Ibid., p. 210.

53 William Chafe, *The Paradox*, pp. 175~176.

10장

1 동거에 관한 정보를 보려면 *New York Times*, 2000년 2월 15일자 D8에 보도된 바 있는 미시간 대학의 Institute for Social Research에서 행한 Pamela J. Smock의 연구를 참조하라. 혼외 출산에 관한 통계로는 Amara Bachu, "Trends in Marital Status of U. S. Women at First Birth: 1930 to 1994", U. S. Bureau of the Census, Population Division Working Paper No. 20, March 1998을 참조하라. 1990년과 1994년 사이에 흑인 어머니의 86퍼센트, 히스패닉계 여성의 55퍼센트, 백인 여성의 46퍼센트가 결혼하지 않은 상태에서 임신하거나 출산했다. 이 여성들 중 41퍼센트는 첫아이를 낳았을 때 미혼이었다.

2 Alfred Kinsey, Wardell Pomeroy, and Clyde Martin, *Sexual Behavior in the Human Male*(Philadelphia and London:W. B. Saunders, 1948), and Alfred Kinsey, Wardell Pomeroy, Clyde Martin and Paul Gebhard, *Sexual Behavior in the Human Female*(New York: W. B. Saunders, 1953).

3 Kinsey et al., *Sexual Behavior in the Human Female*, Pocket Book Edition, 1965, p. 358.

4 Ibid., p. 286.

5 Ibid., p. 364.

6 Ibid., pp. 11~12.

7 Millicent McIntosh, Ph. D., "I am concerned…", in *An Analysis of the Kinsey Reports on Sexual Behavior in the Human Male and Female*, ed. Donald Geddes (New York: Dutton, 1954), pp. 140~141.

8 Emily Mudd, Ph. D., "Implications for Marriage and Sexual Adjustment", in ibid., p. 137.

9 Stephanie Coontz, *The Way We Never Were*(New York: Basic Books, 1992), p. 26.

10 Talcott Parsons, "Age and Sex in the Social Structure of the United States", in *Essays in Sociological Theory*(Glencoe, Illinois: Free Press, 1949), p. 223.

11 Marilyn Yalom, *A History of the Breast*(New York: Knopf, 1997), p. 141.

12 Susan M. Hartmann, *The Home Front and Beyond: American Women in the 1940s*(Boston: Twayne Publishers, 1982), pp. 174~175.

13 Eugenia Kaledin, *Mothers and More: American Women in the 1950s*(Boston: Twayne Publishers, 1984), p. 27.

14 Assata Shakur, *Assata*(Chicago: Lawrence Hill Books, 1987), p. 37. Ruth Rosen, *The World Split Open: How the Modern Women's Movement Changed America*(New York: Viking, 2000), p. 44에서 재인용.

15 Hartmann, *The Home Front*, p. 168.

16 Letter to Martha Bernays, November 15, 1883, in *The Letters of Sigmund Freud*(New York: Basic Books, 1975), p. 28.

17 John Bowlby, *Maternal Care and Mental Health*(Geneva: World Health Organization, 1951).

18 Marilyn Yalom, *Maternity, Mortality and the Literature of Madness*(University Park and London: Pennsylvania State University Press, 1985), chapter 2.

19 Joseph C. Reingold, M.D., Ph.D., *The Fear of Being a Woman: A Theory of Maternal Destructiveness*(New York and London: Grune & Stratton, 1964), pp. 421~422.

20 Toni Carabillo, Judith Meuli, June Bundy Csida, *Feminist Chronicles 1953-1993* (Los Angeles: Women's Graphics, 1993), p. 39.

21 Coontz, *The Way We Never Were*, pp. 35~37.

22 Ibid., p. 37.

23 Mirra Komarovsky, *Blue-Collar Marriage*(New Haven: Vintage, 1962), p. 49.

24 Chafe, *The Paradox*, p. 188.

25 Finnegan Alford-Cooper, *For Keeps: Marriages That Last a Lifetime*(Armonk, New York and London: M. E. Sharpe, 1998), p. 113.

26 Alford-Cooper, *For Keeps*, pp. 113~114.

27 Robert O. Blood and Donald Wolfe, *Husbands and Wives*(Glencoe, Illinois: The Free Press, 1960).

28 Glenna Matthews, *Just a Housewife: The Rise and Fall of Domesticity in America*(New York and Oxford: Oxford University Press, 1987).

29 Studs Terkel, *Working: People Talk About What They Do All Day and How They Feel About What They Do*(New York: Pantheon Books, 1974), p. 301.

30 Carabillo, Meueli, Csida, *Feminist Chronicles*, p. 48.

31 Ibid., p. 50.

32 *Newsweek*, 1999년 12월 20일자에 실린 풍자만화다.

33 Kingsley Davis, "Wives and Work: A Theory of the Sex-Role Revolution and Its Consequences", in *Feminism, Children and the New Families*, ed. Sanford M. Dornbusch and Myra H. Strober(New York: Guilford Publications, Inc., 1988), p. 68; Myra H. Strober and Agnes Miling Kaneko Chan, *The Road Winds Uphill All*

the Way: Gender Work and Family in the United States and Japan(Cambridge, Massachusetts, and London: MIT Press, 1999), p. xiv.

34 Chafe, *The Paradox*, p. 212.

35 이 부분은 Rosen, *The World Split Open*, pp. 152~155에 의존했다.

36 William H. Masters and Virginia E. Johnson, *Human Sexual Response*(Boston: Little, Brown, 1966) 및 Masters and Johnson, *Human Sexual Inadequacy*(Boston: Little, Brown, 1970).

37 Marilyn Yalom, Wenda Brewster, and Suzanne Estler(1981), "Women of the Fifties: Their Past Sexual Experiences and Current Sexual Attitudes in the Context of Mother/Daughter Relationships", *Sex Roles: A Journal of Research* 7(9), pp. 877~888. 또한 Marilyn Yalom, Suzanne Estler, and Wenda Brewster(1982), "Changes in Female Sexuality: A Study of Mother/Daughter Communication and Generational Differences", *Psychology of Women Quarterly* 7(2), pp. 141~154를 참조하라.

38 Linda Wolfe, *Women and Sex in the 80s: The Cosmo Report*(Toronto, New York, London, Sydney: Bantam Books, 1982).

39 Myra H. Strober, "Two-Earner Families", and Davis, "Wives and Work", in *Feminism*, ed. Dornbusch and Strober, pp. 161, 168.

40 Rhona Rapoport and Robert Rapoport, "The Dual Career Family", *Human Relations* 22, 1969, pp. 3~30. 또한 *Dual-Career Couples*, ed. Fran Pepitone-Rockwell(Beverly Hills and London: Sage Publications, 1980), pp. 14~15.

41 Arlie Hochschild, *The Second Shift: Working Parents and the Revolution at Home*(New York: Avon, 1989), pp. 271~278의 부록을 참조하라.

42 Dana Vannoy-Hiller and William W. Philliber, *Equal Partners: Successful Women in Marriage*(Newbury Park, London, New Delhi: Sage Publications, 1989), p. 107.

43 Frances K. Goldschneider and Linda J. Waite, *New Families, No Families?*(Berkeley: University of California Press, 1991), p. 129.

44 Strober and Chan, *The Road*, p. 205.

45 Ruthellen Josselson, *Revising Herself: The Story of Women's Identity from College to Midlife*(New York and Oxford: Oxford University Press, 1996), pp. 200~202.

46 Strober and Chan, *The Road*, pp. 94, 103.

47 Ibid., pp. 98~99.

48 Ibid., p. 101.

49 Ibid., p. 222.

50 Stephanie Coontz, *The Way We Really Are*(New York: Basic Books, 1997), p. 58.

51 Rosanna Hertz, *More Equal than Others: Women and Men in Dual-Career Marriages*(Berkeley, Los Angeles, London: University of California Press, 1986), p. 101.

52 Strober and Chan, *The Road*, p. 87.

53 David Elkind, *Ties That Stress: The New Family Imbalance*(Cambridge, Massachusetts and London: Cambridge University Press, 1994), p. 51.

54 *Wellesley*, Winter 2000, p. 25.

55 Cynthia Fuchs Epstein, *Woman's Place: Options and Limits in Professional Careers*(Berkeley, Los Angeles, London: University of California Press, 1971), p. 57.

56 Vannoy-Hiller and Philliber, *Equal Partners*, pp. 16~17.

57 Susan Faludi, *Backlash: the Undeclared War Against American Women*(New York: Crown Publishers, Inc., 1992).

58 Rosen, *The World Split Open*, p. xv.

59 예를 들어 Komarovsky, *Blue-Collar Marriage*, pp. 94~111을 참조하라.

60 Janice M. Steil, *Marital Equality: Its Relationship to the Well-Being of Husbands and Wives*(Thousand Oaks, London, New Delhi: Sage Publications, 1997), p. xix. 또한 Alford-Cooper의 *For Keeps*, p. 107에 나타난 결혼에 대한 남성과 여성의 생각의 차이에 주목하라.

61 Faludi, *Backlash*, pp. 17, 36~37.

62 Richard R. Peterson, "A Re-Evaluation of the Economic Consequences of Divorce", *American Sociological Review*, vol. 61, no. 3, June 1996, pp. 528~536.

63 Susan Straight, "One Drip at a Time", in *Mothers Who Think: Tales of Real-Live Parenthood*, ed. Camille Peri and Kate Moses(New York: Villard Books, 1999), pp. 50, 51, 55. 미국에서의 이혼에 대해 좀 더 상세하게 알고 싶다면 Barbara Defoe Whitehead, *The Divorce Culture: Rethinking Our Commitments to Marriage and Family*(New York: Vintage Books, 1998)를 참조하라.

64 Faludi, *Backlash*, p. 16.

65 *Boston Globe*, May 13, 2000, A19. 컬럼비아 대학의 경제학자인 Jane Waldfogel의 글을 인용하고 있다.

66 Henry A. Walker, "Black-White Differences in Marriage and Family Patterns", in *Feminism*, ed. Dornbusch and Strober, pp. 87~112.

67 Margaret L. Usdansky, "Numbers Show Families Growing Closer as They Pull Apart", *New York Times*, March 8, 2000, D10.

68 Walker, "Black-White Differences," in *Feminism*, ed. Dornbusch and Strober, pp. 92~93.

69 Peggy Orenstein, *Flux: Women on Sex, Work, Kids, Love and Life in a Half Changed World*(New York: Doubleday, 2000), p. 39.

70 이 구절은 Susan Turk Charles and Laura L. Carstensen, "Marriage in Old Age", in *Inside the American Couple*, ed. Marilyn Yalom and Laura Carstensen(Berkeley: University of California Press, 2002)에서 인용했다.

◆ 그림 출처 ◆

1장

- *Adam and Eve* by Lucas Cranach, the Elder. Norton Simon Art Foundation, Pasadena, California.
- Italian Ketubah, 1752. Musée de l'Art et de l'Histoire Judaïque, Paris. Photo RMN.
- Grave Stela, circa 400 B.C.E. J. Paul Getty Museum, Los Angeles.
- Wall painting from Pompei, before 79 C. E. Museo Archeologico Nazionale, Naples.
- Fragment of the Roman sarcophagus of M. Cornelius Status, Louvre, Paris.

2장

- Da Costa Book of Hours, the month of April, 1515. Pierpoint Morgan Library, New York.
- Liber Feudorum Maior, Donación de Bernat Ató a Gausfred III. Late twelfth century. Archivo Corona Aragón, Barcelona.
- Marriage of Saint Godelieve, central panel. Master of the Saint Godelieve Legend, fourth quarter of the fifteenth century. Metropolitan Museum of Art, New York, John Stewart Kennedy Fund, 1912(12.79).
- Jewish wedding ring, Fourteenth-century Alsace(Colmar). Musée du Moyen Age, Cluny, on loan to the Musée de l'Art et de l'Histoire Judaïque, Paris. Photo RMN.
- Page from "Der Jungfrauspiegel", Rheinisches Landesmuseum, Bonn.
- Italian game board, circa 1410. Courtesy of the Fogg Museum, Harvard University

Art Museums, Henry W. Bliss Fund, 1925:8.

- Israhel van Meckenem, *The Organ Player and his Wife*, circa 1495~1503. National Gallery of Art, Washington, D. C.

3장

- *Katharina von Bora* by Lucas Cranach the Elder. Nationalmuseum med Prins Eugens Waldemarsudde, Stockholm.
- Wife accompanying husband for a tooth extraction. Pen drawing from a chess manual, 1467. Württembergische Landesbibliothek, Stuttgart. Reproduced from Erika Uitz, *The Legend of Good Women*, Mount Kisco, NY: Moyer Bell Ltd.
- Wives of Henry VIII. British engraving, 1796. Fine Arts Museums of San Francisco, Achenbach Foundation for Graphic Arts, 1963. 30. 21327.
- *A New Year's Gift for Shrewes* by Thomas Cecil, circa 1625~1640. British Museum, London.
- American oak cradle. 1625~1675. Metropolitan Museum of Art, Gift of Mrs. Russell Sage, 1909.
- Pocahontas. Engraving by Simon van de Passe, 1616. National Portrait Gallery, Washington, D. C.

4장

- Abigail Adams. Pastel portrait by Benjamin Blyth, circa 1766. Courtesy of the Massachusetts Historical Society.
- Portrait of Chief Justice and Mrs. Oliver Ellsworth by Ralph Earl(1751~1801). Wadsworth Atheneum, Hartford. Gift of the Ellsworth Heirs.
- *Lavoisier and his Wife* by Jacques Louis David. Metropolitan Museum of Art, New York.
- "Declaration of the rights of man and citizen." Engraving by Niquet le Jeune, 1789. Musée Carnavalet, Paris.

5장

- *The Long Engagement* by Arthur Hughes, 1859. Birmingham City Museums and Art Gallery.

- Elizabeth Cady Stanton and daughter. Photo courtesy of Elizabeth Cady Stanton Trust.
- "Purity", *Godey's Lady's Book*, July 1850. Courtesy of Department of Special Collections, Stanford University Libraries.
- Marriage certificate, Currier lithograph, 1848. Fine Arts Museums of San Francisco, Achenbach Foundation for Graphic Arts, Gift of Anne Hoopes in memory of Edgar M. Hoopes III, 1989.1.106.
- Elderly black couple. Photo by Frances Benjamin Johnston, 1899. Library of Congress, Washington, D. C. From the American History CD-Rom.

6장

- Gold rush cartoon signed Manning, published by Park Row, New York, circa 1849. California Historical Society, San Francisco, FN-28824.
- "Home and the Homeless", *Godey's Lady's Book*, May, 1859. Courtesy of Department of Special Collections, Stanford University Libraries.
- Spanish colonial family, circa 1800. Mission San Diego de Alcala Museum. Copyright Kathleen Cohen.
- Mary Carpenter Pickering Bell Quilt, circa 1855. Smithsonian Institution, Washington, D. C.
- Charles Wilson Adams and Maria Abagail Henry Adams. Daguerreotype. California Historical Society, San Francisco, FN-25741.

7장

- "The Age of Iron", Currier and Ives lithograph, 1869. Library of Congress, Washington, D. C.
- Modern Marriage–*Moderne Ehe*, 1900. Photo Irenco Robert Bier AB, Stockholm.
- Daughters of the American Revolution, April 19, 1903. Photo by Frances Benjamin Johnston. Library of Congress, Washington, D. C. From the American History CD-Rom.
- "Domestic Sewing Machine", circa 1882. Lithograph signed W. J. Morgan & Company, Cleveland. Library of Congress, Washington, D. C.

8장

- Depression couple. Photo by Walker Evans, 1935. Library of Congress, Washington, D. C. From the American History CD-Rom.
- Contraceptive caps, circa 1925. Wellcome Medical Library, London.

9장

- "Should Your Wife Take a War Job?" World War II poster. Hoover Institution, Stanford University.
- Palmolive soap advertisement, World War II.
- Home canning poster, World War II. Hoover Institution, Stanford University.
- Japanese "War bride", February 10, 1951. Library of Congress, Washington, D. C. Fifties June bride. Private collection.

10장

- Gibson Ultra 600 Electric Range. Quantity Postcards, San Francisco.
- ERA YES. Kate Palmer, 1982. By permission of the cartoonist.
- New parents with twin girls. Photo Reid Yalom, 2000.

◆ 참고 문헌 ◆

- "Dear Abby" column by Abigail Van Buren. Copyright 1998 Universal Press Syndicate. Reprinted with permission. All rights reserved.
- Norman R. Shapiro, *The Comedy of Eros*, 2nd edition(Urbana and Chicago: University of Illinois Press, 1997).
- *The Book of Margery Kempe*, translated by B. A. Windeatt(Penguin Classics, 1965), copyright B. A. Windeatt, 1965.
- Gene Bruckner, *Giovanni and Lusanna: Love and Marriage in Renaissance Florence*(Berkeley, California: University of California Press, 1986). Permission granted by the Regents of the University of California and the University of California Press.
- Elizabeth Cady Stanton, *Eighty Years and More: Reminiscences 1815-1897*(New York: Schocken Books, 1971[1899]).
- *The American Slave*, ed. George P. Rawick(Westport, Connecticut: Greenwood Publishing Group, Inc., 1972), vols. 4 and 5.
- Mollie Sanford, *Mollie: The Journal of Mollie Dorsey Sanford*(Lincoln, Nebraska: University of Nebraska Press, 1959).
- James Henry Gleason, *Beloved Sister: The Letters of James Henry Gleason, 1841-1859*(Glendale, CA: The Arthur H. Clark Co., 1978).
- Susan G. Butruille, *Women's Voices from the Oregon Trail*(Boise, Idaho: Tamarack Books, 1995).
- Lydia A. Rudd, "Notes by the Wayside en Route to Oregon", Lilly Library, Indiana University, Bloomington, IN.
- *The Late-Victorian Marriage Question*, ed. Ann Heilmann(London: Routledge

/Thoemmes Press, 1998). 5 vols.
- Victorian Jeans Laas, *Love and Power in the Nineteenth Century: The Marriage of Violet Blair*(Fayetteville: The University of Arkansas Press, 1998).
- Mrs. Maybell Hargrove, Unpublished diary, in Mrs. Edsel P. Ford Collection, Hoover Institution Archives, Stanford University.
- *Dear Boys: World War II Letters from a Woman Back Home*, ed. Judy Barnett Litoff and Davie C. Smith(Jackson and London: University Press of Mississippi, 1991).
- *Since You Went Away: World War II Letters from American Women on the Home Front*, 1991, edited by Judy Barnett Litoff and David C. Smith. Used by permission of Oxford University Press, Inc.
- Linda Wolfe, *Women and Sex in the 80s: The Cosmo Report*(New York: Arbor House, 1981),(Bantam paperback, 1982).

수백 명 혹은 수천 명의 연구자들이 여성사와 가족사 영역에서 이룩한 업적들이 없었다면 나는 이 책을 결코 쓰지 못했을 것이다. 미주에서 인용한 수많은 작품들은 내가 참조했던 방대한 1차, 2차 자료들 가운데 극히 일부에 불과하다. 내가 그 이름을 여기 적었든 그렇지 않든, 이 책을 쓰는 동안 나와 함께했던 동료들과 자매들 모두에게 인사를 전한다.

나와 알고 지내는 많은 동료들이 이 책이 만들어지기까지 큰 도움을 주었다. 무엇보다도 먼저 지난 25년간 내 학문의 보금자리였던 스탠퍼드 대학의 여성과 성 연구소(Stanford Institute for Research on Women and Gender)에서 함께 일했던 학자들과 동료들에게 감사드린다. 특히 선배 학자인 수전 그로그 벨의 비판적 독해와 연구소 소장인 로라 카스텐슨 교수의 아낌없는 지원에 많이 의지했다. 선배 학자들인 이디스 젤러스와 캐런 오펜 역시 초고, 특히 4장에 대해 중요한 논평을 해주었다.

스탠퍼드 대학의 많은 교수들이 값진 조언을 해주었다. 영문학과의 바바라 겔피 교수, 불문학과의 마리 아포스톨리드 교수, 역사학과의 키스 베이커, 애런 로드리그, 폴 시버 교수에게 감사드린다. 마지막 장을 쓸 때 큰 도움을 주었고 내가 교수 생활을 하는 동안 줄곧 내게 커다란 영향을 미쳤던 교육학과의 마이라 스트로버 교수에게는 이 자리를 빌려 심심한 감사의 뜻을 전한다.

오벌린 칼리지의 슐러미스 매그너스 교수는 성경 자료에 관해 유용한 논평을 해주었고, 버클리 대학의 명예교수인 아이라 라피두스 교수 덕택으로 나는 이슬람의 관습들에 대해 눈을 뜰 수 있었다. 플라톤의 작품들을 프랑스어로 번역한 바 있는 모니크 칸토 스퍼버 교수는 그리스 · 로마 시대 부분을 비판적으로 읽어주었다. 인디애나 대학의 새뮤얼 로젠버그 교수는 친절하게도 중세를 다룬 장에 대해 논평을 해주었다. 캔자스 대학의 윌리엄 터틀 교수는 제2차 세계대전을 다룬 장에 대해서 도움을 주었다. 뉴욕 시립대학 대학원 사회학과에 재직 중인 뛰어난 교수 신시아 푹스 엡스타인은 내가 이 글을 쓰기 시작했을 때부터 아낌없는 격려를 보내주었다. 이 책을 쓰는 동안 줄곧 통찰력 있는 평을 해주었다. 소설가 베스 구천은 나에게 19세기의 퀼트 이불 만드는 법에 대한 많은 정보를 알려주었다.

성실한 자세로 나의 연구를 뒷받침해준 마거릿 퍼니와 케이트 베드퍼드에게도 감사의 인사를 하고 싶다. 그들은 나를 위해 도서관에서 한 무더기의 책들을 빌려오고 반납하는 수고를 아끼지 않았다. 또한 여러 세대에 걸쳐 보였던 결혼의 기이함에 대해 그들이 보여준 반응은 내가 글을 쓰는 데 커다란 도움이 되었다.

몇 년간 알고 지내온 베이직 북스 출판사의 편집장 조앤 밀러에게도 고마움을 전한다. 나는 애초에 부부에 대해서 연구할 생각이었는데 그가 아내에 대해서 연구해보라고 제안했다. 나의 저작권 대리인이자 친구인 샌드라 디크스트라는 이 프로젝트를 밀고 나가면서 조금도 머뭇거리지 않았고 미국과 영국의 훌륭한 출판사들을 소개해주었다. 조엘 델버고는 하퍼콜린스 사에 재직할 당시 이 책을 만드는 데 아낌없는 지원을 해주었고 줄리아 세레브린스키는 책이 완성될 때까지 편집 작업을 훌륭하게 해냈다.

늘 그렇듯이 내가 글을 쓰는 동안 남편인 스탠퍼드 대학 정신의학과의 명예교수인 어빈 옐롬이 꼼꼼하게 글을 읽고 평을 해주었다. 의견이 서로 엇갈릴 때마다 우리는 활발한 토론을 했다. 그와 결혼한 지 46년이 지난 후에야 비로소 나는 '아내'라는 단어에 숨겨진 셀 수 없이 많은 의미들을 알게 되었다.

일그러진 아내들의 이야기가 아침저녁으로 TV 브라운관에 넘쳐난다. 이런 때에 아내에 관한 진지한 이야기를 읽고자 이 책을 펴든 독자들은 아내라는 자리를 상대화하고 역사화하면서 균형감을 유지하고 있는 저자의 안내를 쉽게 따라갈 수 있을 것이다. 이 책은 역사에 등장하는 아내(들)의 이야기다. 역사가 시작된 이래 성인 여성은 대개 아내의 동의어였다. 성인 여성이지만 아내가 아닌 사람은 비정상인으로 분류되었다. 또한 아내가 된다는 것은 자동적으로 어머니가 되는 것을 의미했다. 역사 속에서 아내와 어머니는, 적어도 최근까지 한 사람 속에서 모두 체현되는 것이 당연했다. 이유가 누구에게 있든 어머니가 되지 못하면 아내의 자격을 박탈당하거나 죄인 취급을 당했다. 하지만 현대 사회에서는 아내이지만 어머니가 아니거나, 아내도 어머니도 아닌 여성들이 얼마든지 있다.

따라서 아내의 역사가 결혼, 이혼, 여성성, 모성, 섹슈얼리티 등 페미니즘과 연관된 거의 모든 주제를 다루는 것은 조금도 이상한 일이 아니다. 또한 아내의 역사가 여성의 신체와 정신에 아로새겨진 타자의 욕망을 드러내는 것 역시 너무나도 자연스런 일이다. 타자의 욕망을 자신의 것으로 내면화하고 그에 따라 자신의 신체를 통제하거나 길들이는 것을 포함해서 여성성은 오랫동안 사회의, 좀 더 구체적으로는 남성의 시선에 의해 규정되어 왔다. 남성이 욕망하는 것을 제공하거나 혹은 남성이 욕망하는 것을 자신의 욕망이라고 오인하는 것이 여성이 지켜야 할 덕목으로 받아들여졌다.

이러한 남성의 시선을 거부하는 여자는 남성은 물론 같은 여성들로부터도 비난을 받았으며 어떤 곳에서는 마녀나 무당으로, 또 다른 곳에서는 문란하고 미풍양속을 해치는 여자로 지목되어 사회로부터 배척당했다. 20세기 초반까지도 서구에서조차 독립적이고 교육받은 '중성적 여성'은 '블루스타킹'으로 비하되었고 두려운 존재였다. 글을 쓰는 여성도 마찬가지였다. 본문에 나오는 "한가한 오후는 악처를 양산한다"와 같은 속담들은 다양하게 변주되어 여러 나라들에서 여성을 길들일 때 이용되었다.

저자 매릴린 옐롬은 이러한 남성의 시선을 거둔 자리에서 비로소 드러나는 여성의 욕망에 대해 본격적인 글쓰기를 시도하고 있다. 옐롬이 묘사하고 있는 역사 속의 아내는 일방적인 희생자도, 영웅적인 투사도 아니다. 다만 자신의 내러티브를 구성할 줄 알고, 관계 속에서 자신의 위치를 성찰하며, 관계의 지속과 단절에 책임을 지는 사람일 뿐이다. 《오디세이아》의 주인공 페넬로페로부터 종교개혁 지도자 루터의 아내 카테리나, 페미니즘의 시작을 알렸던 엘리자베스 케이디 스탠턴, 한때 동정의 대상이 돼야 했던 힐러리 클린턴에 이르기까지 그때 그곳에서 아내로 산다는 것에 주인공들이 어떤 의미를 부여했는지를 방대한 문헌 자료와 작가의 통찰력으로 구성해낸 데 이 책의 미덕이 있다.

한국으로 눈을 돌리면 어떨까. 불행히도 한 사람의 발전이 다른 사람의 희생에 근거했던 한 시대에 희생은 대부분 여성의 몫이었다. 1970~1980년대의 이야기들은 동생이나 오빠를 대학에 보내기 위해 공장으로, 남의 집으로 흩어져야 했던 어린 여성들의 애환을 다루고 있다. 평범한 여성이 언론에 등장할 때는 남편 없이 아이들을 훌륭하게 길러 성공시켰을 때나 평생 김밥을 말아 번 돈을 대학에 기부했을 때와 같이 자신을 희생시킨 미담의 주인공이 될 때뿐이었다. 아내의 이름으로 여성이 역사에 등장할 때도 마찬가지였다. 그녀는 군소리 없이 끝없는 희생으로 남편의 성공에 밑거름이 되었거나 기껏해야 남편을 더 빛나게 해주는 조연으로 표상된다.

21세기의 초입에 서 있는 한국 사회에서 여성의 대학 진학률, 고시 합격률, 취업률은 한 세대 전과 비교할 수 없을 만큼 놀라운 수준으로 올라섰다. 하지만 많은 여성들이 아내가 되기를 스스로 포기하거나 황혼에 접어들어 아내의 자리를 내놓고 독신으로 돌아오고 있다. 아내의 자리에 공석이 늘어난다는 것은 어떤 의미일까. 아마도 그 지난했던 시기의 희생들이 수혜자들로부터, 혹은 공동체로부터 제대로 보답 받지 못한 것에 대한 여성들의 무의식적인 복수 같은 것이리라. 그게 아니라면 여전히 동등한 조건에서 일하고 사랑하고 살아가기가 힘든 사회적 조건 탓이리라. 2011년 세계경제포럼(WEF)의 〈글로벌 성 격차 보고서Global Gender Gap Report〉에서 분석 대상 135개국 가운데 한국이 107위를 차지한 것만 봐도 그렇다. 한국여성정책연구원의 〈2011년 한국의 성평등보고서〉에서도 한국에서 여성의 경제적 지위가 여전히 매우 낮고 특히 의사 결정 부문에서 우려할 만한 수준인 것으로 드러났다. 또한 한국의 경우 여성 취업률 그래프가 출산을 계기로 처졌다가 육아 이후 늘어나는 전형적인 V 곡선을 그리고 있다는 사실도 잘 알려져 있다. 아내로서, 어머니로서 살아가기가 녹록지 않기 때문에 독신으로 살아가는 여성은 점점 늘어나고 출산율은 낮아지는 것이다.

훌륭한 역사가이자 동시대의 관찰자로서 옐롬은 행복한 아내의 삶이 '타자'의 시선에 의해서가 아니라 '자신'에 의해서 만들어진다고 말한다. 책을 읽다보면 아주 긴 세월이 걸리긴 했지만 결코 지속될 수 없었던 것들이 수정되고 변화했음을 눈치챌 수 있다. 돌이킬 수 없는 경향처럼 늘어만 가고 있는 비혼(非婚)의 시대에 성찰자의 몫은 더 이상 지속될 수 없는 것들을 발견하고 공동체의 합의에 의해 그것을 수정하는 일일 것이다.

트위터와 페이스북이 시대의 매체로 떠오르고, 전자 출판이 급증하고 있는 오늘날 이미 절판됐던 책이 오롯한 무게감과 물질성을 가진 종이책으로 다시 나오게 되다니 감격스럽다. 《아내의 역사》를 처음 번역한 시점으로부터 10년이 흘렀다. 시공사에서 《아내— 순종 또는 반항의 역사》라는 제목으로 출간되었던 이 책은 한 번 절판이 되면서 영영 묻혀버리는가 했는데 도서출판 책과함께에서 흔쾌히 재출간을 결정하여 다시 세상의 빛을 보게 되었다. 역자로서 감사하고 기쁜 일이다. 특히 특유의 집요함과 꼼꼼함으로 모든 문장을 다시 원문과 대조하고 잘못된 점을 고치는 데 정성을 다했던 도서출판 책과함께의 이보람 편집자에 대한 감사의 마음을 여기에 남기고 싶다. 그 분이 아니었다면 처음의 오역이 이번에도 고스란히 남아 부끄러운 모습으로 독자를 만났을 것이다.

책을 번역하면서 어려움이 적지 않았다. 페미니즘을 본격적으로 공부한 적이 없는 역자로서는 번역을 하면서 자기모순에 빠지곤 했다. 외화를 볼 때마다 똑같은 영어 문장, 이를테면 'Good night'을 화자에 따라 '안녕히 주무세요'와 '잘 자'로 번역해놓은 것을 보면서 분개하곤 했지만 나 역시도 막상 번역을 하다 보면 자동적으로 남편이 하는 말은 반말로, 아내가 하는 말은 존댓말로 바꾸어놓기 일쑤였기 때문이다. 그렇다고 양측 모두 존댓말로 바꾸어놓으면 뜻이 잘 전달되지 않는 것 같아서 어정쩡한 어투로 타협을 해야 했다. 독자들의 이해를 구한다. 번역상의 오류는 모두 역자의 탓이다. 저자는 이 책을 한때 아내였거나 지금도 아내인, 혹은 아내가 되려고 하는 사람들에게 헌정하고 있지만, 역자로서는 한때 아내를 둔 적이 있거나 지금 아내가 있는, 혹은 아내를 구하는 사람들에게 이 책을 권하고 싶다.

2012년 5월

이호영

아내의 역사

1판 1쇄 2012년 5월 11일
1판 4쇄 2016년 9월 30일

지은이 | 매릴린 옐롬
옮긴이 | 이호영

펴낸곳 | 도서출판 책과함께
주소 | (04022) 서울시 동교로 70 소와소빌딩 2층
전화 | (02) 335-1982~3
팩스 | (02) 335-1316
전자우편 | prpub@hanmail.net
블로그 | blog.naver.com/prpub
등록 | 2003년 4월 3일 제25100-2003-392호

ISBN 978-89-97735-00-6 03900

이 도서의 국립중앙도서관 출판시도서목록(CIP)은 e-CIP 홈페이지(http://www.nl.go.kr/ecip)와
국가자료공동목록시스템(http://www.nl.go.kr/kolisnet)에서 이용하실 수 있습니다.
(CIP제어번호: CIP2012001919)